舟田正之先生古稀祝賀

# 経済法の現代的課題

舟田正之先生

謹んで古稀をお祝いし

舟田正之先生に捧げます

執筆者一同

# 目　次

## 総　論

戦前・戦中期における経済（統制）法学の興亡
　　――もうひとつの「日本経済法学会」………………平林英勝　*1*

見えざる手のない市場における競争促進
　　――独占禁止法の前提となる認識について………大槻文俊　*21*

「消費者の権利」と独占禁止法……………………………岩本　諭　*37*

EU 競争政策の目指すもの…………………………………山本和史　*57*

経済民主化と公正取引法の目的
　　――Economic Democracy and the purpose of the
　　　　Fair Trade Act ……………………………………韓　都律　*79*

労働組合・団体交渉・労働協約と独占禁止法
　　――労働者概念をめぐる試論………………………和久井理子　*97*

債権法改正案について
　　――原始的不能概念の廃棄を中心に………………角　紀代恵　*117*

## カルテル

スポーツの特異性と競争法の適用
　　――欧州競争法と競争政策における展開を中心に……齊藤高広　*135*

米国反トラスト法におけるハブ・アンド・スポー
　ク型協調行動規制

　　　　――共謀と累積的反競争効果の検討を中心として……渕川和彦　155

## 私的独占・市場支配的地位の濫用

排除行為規制の現状と課題　……………………………栗田　誠　175

独禁法における行為の悪性にかかわる諸概念・分
　析手法の再検討
　　　　――不正手段の公正競争阻害性・能率競争・人為性…越知保見　197

Google ケースにおける市場画定と市場支配　………柴田潤子　221

エッセンシャル・ファシリティの意義と供用　……河谷清文　243

## 企業結合

単独効果の理論的基礎
　　　　――水平的企業結合規制の再検討……………………川濱　昇　261

## 不公正な取引方法

不公正取引規制に期待される政策的役割　…………鈴木孝之　285

相対的市場力の濫用と公正な競争秩序
　　　　――英国とドイツの規制から学ぶこと　………………森平明彦　303

消耗品ビジネスに対する独占禁止法の適用可能性
　……………………………………………………………伊藤隆史　323

E-commerce と選択的流通制度　………………………中川寛子　345

優越的地位の濫用規制に関する考察　………………藤田　稔　377

大規模小売業告示から見る優越的地位濫用規制の
　あり方
　　　　――優越ガイドライン及びトイザらス審決における不
　　　　　当な返品・減額の分析を踏まえて……………………伊永大輔　395

目　次

Small business の保護とフランチャイズ規制
　　——オーストラリアに焦点を当てて……………長谷河亜希子　*417*

保険業への景品表示法適用
　　——優良誤認表示と有利誤認表示………………山　本　裕　子　*437*

## 域外適用

域外の資源国有企業に対する競争法的規律
　　——ガスプロム事件の背景…………………………武　田　邦　宣　*455*

競争法と国際的二重処罰　………………………………土　田　和　博　*471*

## エンフォースメント

公正取引委員会の裁量処分にかかる司法審査
　　——直接訴訟を見据えて……………………………林　　秀　弥　*487*

実質的証拠法則について　………………………………鵜　瀞　惠　子　*501*

課徴金減免制度の効果の検討　…………………………泉　水　文　雄　*523*

競争法違反と金銭的ペナルティー算定
　　——シンガポール競争法を素材として…………西　村　暢　史　*539*

EU 競争法における確約決定の制度と運用…………金　井　貴　嗣　*555*

## 政府規制

許可事業者に対する監督処分をめぐる訴訟について
　　——タクシー乗務距離制限をめぐる近時の判例を中心
　　　に………………………………………………………神　橋　一　彦　*573*

タクシー事業に対する運賃規制および参入・増車
　規制の問題点　…………………………………………渡　辺　昭　成　*591*

近時の米国におけるコモン・キャリア規制をめぐ
　る議論について …………………………………松宮広和　607

インターネット相互接続市場における競争政策上
　の課題
　　　──ネットワーク中立性規制の外延 ……………東條吉純　629

英国における市場調査の役割
　　　──エネルギー市場に関する調査事例を手がかりに…若林亜理砂　647

地域医療法人の連携促進に伴う競争政策上の課題
　に関する一考察
　　　──地域医療連携推進法人制度を中心に ……………佐藤吾郎　669


舟田正之先生　略歴・研究業績　683

あとがき　699

## 執筆者紹介 （執筆順）

| | |
|---|---|
| 平林 英勝 　前中央大学客員教授 | 藤田 稔 　山形大学教授 |
| 大槻 文俊 　専修大学准教授 | 伊永 大輔 　広島修道大学教授 |
| 岩本 諭 　佐賀大学教授 | 長谷河 亜希子 　弘前大学准教授 |
| 山本 和史 　公正取引委員会委員 | 山本 裕子 　大東文化大学教授 |
| 韓 都律 (Han Doyul) 　高麗大学客員研究委員（韓国） | 武田 邦宣 　大阪大学教授 |
| 和久井 理子 　大阪市立大学特任教授 | 土田 和博 　早稲田大学教授 |
| 角 紀代恵 　立教大学教授 | 林 秀弥 　名古屋大学教授 |
| 齊藤 高広 　南山大学教授 | 鵜瀞 惠子 　東洋学園大学教授 |
| 渕川 和彦 　山口大学准教授 | 泉水 文雄 　神戸大学教授 |
| 栗田 誠 　千葉大学教授 | 西村 暢史 　中央大学教授 |
| 越知 保見 　明治大学教授・弁護士 | 金井 貴嗣 　中央大学教授 |
| 柴田 潤子 　香川大学教授 | 神橋 一彦 　立教大学教授 |
| 河谷 清文 　中央大学教授 | 渡辺 昭成 　国士舘大学教授 |
| 川濵 昇 　京都大学教授 | 松宮 広和 　群馬大学准教授 |
| 鈴木 孝之 　白鷗大学教授 | 東條 吉純 　立教大学教授 |
| 森平 明彦 　高千穂大学教授 | 若林 亜理砂 　駒澤大学教授 |
| 伊藤 隆史 　常葉大学教授 | 佐藤 吾郎 　岡山大学教授 |
| 中川 寛子 　北海道大学教授 | |

# 戦前・戦中期における経済（統制）法学の興亡
## ——もうひとつの「日本経済法学会」

平 林 英 勝

はじめに
I　経済（統制）法学の興隆
II　東京商大と日本経済法学会の設立
III　日本経済法学会大会の開催状況
IV　日本経済法学会における報告の内容について
V　経済（統制）法学の反省と問題点——概念法学と歴史認識
VI　経済（統制）法学の遺産と現代における経済法の独自性


## はじめに

　戦前・戦中期に現在の「日本経済法学会」と同名の学会が存在したが，この学会は敗戦とともに自然消滅した。本稿は，もうひとつの「日本経済法学会」の設立・活動を跡付けつつ，何故に経済（統制）法学[1]が興りかつ亡んだのかを検討することにしたい。[2]

---

1) 本稿において経済法学に（統制）を付すのは，その研究対象が現在の経済法学とまったく理念を異にする経済統制法であることを示すためである。なお，本稿において，紙幅の都合上脚注を相当割愛した。

## I　経済（統制）法学の興隆

　わが国において，最初に「経済法」という言葉を用いたのは，労働法学者の孫田秀春であった。ドイツにおいては，第1次世界大戦と革命を経て，物価抑制，戦後復興，社会化のための各種の経済立法が行われたが，孫田は，大正13年（1924），ドイツで盛んに議論された Wirtschaftsrecht に「経済法」という訳語をあて，彼の地の諸学説を紹介した。[3] 以後，わが国において，ドイツの諸学説に拠りつつ，新興の経済法とはいったい何かを探求するのが経済（統制）法学の最大の課題となった。以下では，時代の推移とともにわが国の学説が「経済法」をどのように理解したのかを整理することを通じて，経済（統制）法学の興隆の経過を瞥見してみよう。[4]

　孫田は，経済法を「社会化経済制度の全体をいふもの」と解し，「生産組織の問題にのみ限局せられない分配問題消費問題等苟も社会化思想を以つて見舞はれている問題は総て経済法の範囲」であると広くとらえた。とはいえ，「社会化（Sozialisierung）」とは，生産手段の公有化をめざすワイマール時代初期の社会主義思想にほかならないが，ドイツでも実際に公有化が実現することはな

---

2) 東京大学社会科学研究所編・ファシズム期の国家と社会(4)戦時日本の法体制（昭和54年）231頁以下〔本間重紀執筆〕は，マルクス主義の立場から，戦時下の経済法理論を批判的に解明する前提として，戦時企業統制を詳細に分析しているが，法理論の具体的な検討はしていない。最近，近現代法史学者による戦時下の法学者の研究が進んでいるが，本稿に直接関連するものとして，小石川裕介「常盤敏太――日本経済法学会の設立と東京商科大学」小野博司ほか編・戦時体制と法学者（平成28年）369頁所収がある。

3) 孫田秀春・労働法総論（大正13年）143頁以下。ドイツの戦前の諸学説については，福光家慶「経済法の概念（その一）学説の回顧」神戸法学雑誌3巻2号（昭和28年）223頁以下，丹宗昭信「ドイツ経済法学説史略考」北大法学論集19巻2号（同43年）227頁以下，吉永栄助・経済法学の基礎理論第2巻（同51年）43頁以下参照。ドイツの学説でも経済法が公法・私法と異なる独自の法分科であるかについて肯定説（企業（者）説，組織経済説，共同経済説）と否定説（蒐集説，世界観説，方法説）があった。

4) 戦前の経済法に関しては夥しい文献があり，本稿は，東京商科大学新聞部編・商学研究の栞（昭和17年）595頁以下〔常盤敏太執筆〕，菊池春雄・経済法入門（同18年）106頁以下を手がかりとしてわが国の主要な学説の流れを筆者なりに整理したものにすぎない。わが国の経済法学説史については，丹宗昭信「学説100年史　経済法」ジュリ400号（同43年）195頁以下に優れた分析があり，本稿も同論文に負うところが大きい。

かったし，わが国では社会主義思想が受容される余地もなく，孫田の経済法＝社会化説が浸透することはなかった。

孫田は，経済法を労働法と並ぶ「社会法」——人格主義・集団主義の精神に貫かれた階級的特別法——として固有の法域をなすと主張した。橋本文雄も市民法の修正・補完としての社会法を提唱した——ただし，階級的性格を否定する——が，経済法について，政治法・宗教法等と並ぶ「経済生活関係を規律する国家意思たる見地に於て統一されたる法律分科」であると経済法の独立分科性を強調した。しかし，このような漠然とした定義では，経済法の実質的内容は明らかでなかった。

昭和6年（1931），昭和恐慌に伴う産業合理化の一環として，重要産業統制法（「重要産業ノ統制ニ関スル法律」）が制定された。同法はアウトサイダー規制を含むカルテルの助成を主眼とし，あわせてカルテルの監督を意図したものであった（5年の時限立法であるが，延長された）。しかし，同法の制定が特に法学者の経済法への関心を喚起することはなかった。それはおそらく，当時はカルテルを禁止する法令がなく，カルテルも単に私的自治の作用と考えられたからであろう（ただし，重要産業統制法は私的自治への間接的な国家的介入の法である）。

そうしたなかで，北村五良は，近代資本主義の発展により，自由競争の法である民・商法から独占を許容し監督する経済法の時代に移行したとし，「経済法の理念は，分配の正義なりといふも過言ではな」いと指摘した。北村説は，早い段階で経済法を分配（実質的平等）の観点から独占に対する規制・監督の

---

5) ドイツにおいて公有化は行われなかったが，1919年の石炭業規制法およびカリ業規制法にみられるように労使等の自主管理による強制シンジケートが組織された。ドイツの経済法は革命の産物でもあった。なお，カルテルの助長が行われる一方，1923年に経済力濫用禁止令（いわゆるカルテル令）が制定されたが，カルテルを規制するには不十分であった。ナチの政権掌握後の1933年には強制カルテル法が制定された。

6) 孫田・前掲注3）162頁。

7) 橋本文雄「経済法の概念㊦」経済論叢27巻2号（昭和3年）105頁。

8) 大隅健一郎「カルテルの法律的組織」法学論叢28巻5号（昭和7年）1頁，同・企業合同法の研究（同10年）は，カルテルの私法的側面の検討に終始している。

9) 北村五良「経済法の理念」国民経済雑誌54巻4号（昭和8年）20頁。北村の「流通の正義」，「分配の正義」とは，それぞれ，ラートブルフのいう，同位者間の「交換的正義」，上下関係における「配分的正義」に示唆を受けたものであろう。

法としてとらえたところに意義がある。

　昭和12年（1937）に日中戦争（当時の呼称では「支那事変」）が勃発すると，国家による経済統制が始まる（輸出入品等臨時措置法等の制定）が，翌13年（1938）には来たるべき総力戦に備えて国家総動員法が制定された。同法は，労務・物資・資金・施設・事業・物価等広汎な分野に及ぶ戦時経済統制立法であり，その後同法の委任に基づく多数の総動員勅令が発せられた。日中戦争，そして経済統制は，長期化することが見込まれた。ここにおいて，全国の法学者（主として民法・商法・行政法学者）が一挙に経済法に関心を持ち，注目するところとなった。

　恒藤恭は，「最近極めて活発に行はれたわが国の経済統制立法は，……当面の時局を超えて，国民経済の一般的再編成，別言すれば，東亜新秩序建設の使命の達成に適した統制経済の実現を目標とする統制立法がすでに着手された」と述べて，「独占資本主義の成熟によってもたらされた……『自由主義経済から統制経済への転移』の過程」とみた[10]。菊池勇夫も総力戦の時代には国民経済の全機構にわたって計画的統制が必要になるが，「之を可能にする経済的基礎が資本主義の独占段階において漸く成熟したと認められる」と観察した[11]。菊池はまた，国家総動員法にみられる各種統制を「ほぼ経済法に付いて構想される総合的体系の理想型に近いものを示している」と述べた[12]。

　こうして，経済法とは一時的な不況対策を超える経済統制法のことであって，固有の法領域とみる見解が主流となっていく。そのような見地から経済法の理論体系を構築した代表的学説が，峯村光郎と常盤敏太のそれであった。もちろん，一方では，多くの商法学者が経済法の出現に対し商法の自主性を維持しようと経済法＝企業法説（商法経済法合一論）をとったし[13]，他方では，有力な公法

---

10) 恒藤恭「自由経済法と経済統制法」経済学雑誌4巻4号（昭和14年）2頁・1頁。「東亜新秩序の建設」の政府方針は昭和13年11月の第2次近衛声明によって発せられたが，同時に行われた池田成彬蔵相兼商工相の声明は「今後相当長期に亙って経済統制を行ふ要がある」と述べた（同年11月3日付け東京朝日新聞記事「更に長期経済統制」）。「東亜新秩序の建設」は，いわゆる京都学派によってわが国の「世界史的使命」とされ，多くの知識人に影響を及ぼした。

11) 菊池勇夫・経済統制法（昭和15年）11頁。

12) 菊池勇夫「経済法の領域について」日本経済法学会編・経済法の諸問題(2)（昭和16年）39頁。

学者が公法・私法を超えた経済法の独立分科性を否定するということがあった。[14]しかし，これらの商法学説・公法学説は，経済統制法の目的・機能が独占やカルテルを助長・監督したり，価格等を直接規制するというように市場における自由な競争や取引を制限することにあることを見ないものであった。[15]

峯村光郎は，次のように説いた。[16]

---

13) 経済法＝企業法（商法経済法合一論）をとった商法学説としては，「商法自体の社会化的発展が存するからして，経済法の標榜せる原理の独自性は次第に褪色し，やがて自らを基本たる商法の中に没すべき運命を有する」とする西原寛一説（同・商法総則（昭和13年）70頁），「商法の社会性を顕現化する企業法はその発展する合理性の故に，統合化の過程を経て経済法の王座に浸入すべきもの」とする米谷隆三説（「企業法より経済法へ」東京商大研究年報法学研究（同16年）45頁）のほか，大隅健一郎説，津曲蔵之丞説などがあった。

これに対し，鈴木竹雄は，「各経済主体の利益と国民経済の利益とをそれぞれ基礎に置いて商法と経済統制法とを分離して取り扱ふべきこと」を主張して，両法合一論を批判した（「経済の変遷と商法」杉山教授還暦祝賀記念論文集（昭和17年）636頁）。この論争は，商法と独占禁止法との関係として戦後も続く。

14) 美濃部達吉は，経済法の概念の実際上の価値は認めるものの，経済法と非経済法とは法律の性質上区別はなく，「其の区別〔公法・私法の区別――筆者注〕を超越し，経済に関する法であるや否やというような標準を以て，法の体系を立つること」に異議を唱えた（「経済法に付いての一般的考察」法時12巻8号（昭和15年）3頁）。しかし，経済（統制）法学が追求したのは，形式的な法体系上の「経済法」ではなく，実質的な意味での「経済法」であった。東京商大内において，美濃部説を支持する田上穣治と常盤敏太の間で経済法論争があった。

行政法学においては，経済統制は行政作用法の一部門であり，国家の権力的関与に注目することになる。田中二郎は，国家総動員体制の成立によって，「国家は全経済の最高の指導者として果又経済自体の直接の形成者として登場」したと見た（「経済統制法の狙ひとその基礎構造」国家学会雑誌56巻6号（昭和17年）107頁）。これを受けて，原龍之助は，「統制経済の下においては，各個の経済活動は……国家の統制に積極的に協力すべき倫理的義務を課せられる」と説いた（「経済統制法の地位と其の特質」経済学雑誌11巻5号（同17年）73頁）。行政法学の目に，独占や統制の弊害は視野に入らなかった。ただし，田中は国防経済体制のイデオロギー的把握を戒めている。

15) 丹宗・前掲注4) 215頁は，経済法＝企業法説は「"企業"とか"経済"といった統一的実体概念をもって，経済法を把えようとした結果，……民商法との区別を見失い」，行政法理論は，「行政作用法的観点からしか問題を扱わないことの結果，市場支配そのものを規制対象とする法律分科の存在すべき必然性を見落とし」たと指摘した。

16) 峯村光郎・統制経済法（昭和13年）120頁・143頁。峯村説は，経済法を「組織経済に固有な法」とするゴールトシュミットに示唆を受け，「組織経済を統制経済に置き換え」たものとされる（吉永・前掲注3) 63頁）。ゴールトシュミットは，組織経済の標識として，カルテル，トラスト，コンツェルン等の企業結合を挙げ，組織経済を公正化するために統制を行う「強大なる国家」が必要であるという（加古祐二郎「経済法と組織経済」法学論叢27巻1号（同7年）131頁・133頁）。その点で，ファッショ的要素は否定できない。

「……経済立法は，資本主義が自由経済の段階から独占経済の段階へ進展したことに照応して，民法及び商法の体系に対する修補として発現せるものである。

国民経済に対するという統一的国家意思による計画的統制としての統制経済は，資本主義体制の非全体性を，多かれ少なかれ，必ず否定するものであって，これなしには成り立ち得ないのである。個人の自由意思による私法上の関係，例へば所有権の行使及び契約の締結などを，全体経済及び全体社会といふ如き国家的立場から，有機的に組織された経済共同体を理念とする全体性原理によって規制しようとして，国家的干渉或いは拘束のなされるところに経済法の成立をみるのである。」

「経済法一般の目的は，……恐慌克服或いは軍需生産力拡充のために，資本の集中と産業の独占を擁護しながら，同時にそのためにする経済統制に起因する一切の矛盾欠陥に対して，対応的な手段を提供して国民多数の生活の安定を確定することを指導原理としなければならない。」

常盤敏太は，次のように主張した。

「経済法とは共同経済社会の生活秩序に固有な法律規範の全体である。」

「公法私法の時代には，公法は権力の原理を維持し，私法は自由平等の原理を指導原理となしたのに付加して新らしい経済法は共同の原理が指導的なのである。この共同は自発的なると強制的なるとを問はない。」

「経済法の本体が共同であるとすればそこに共同者の独占形態を見るのである。その当然の結果として独占利潤を招来する。かくて，独占利潤を，独占資本主義なる故に成就しつつある経済共同体をそれ自身として発展せしむる限度に，止むることが必要である。……戦時又は非常時において独占利潤が個人或いは私所有物に還元されることなく経済共同体自身の機能を積極的に拡大する必要があるからである。わたくしは之を『統体資本主義』と謂ふことが出来ると思ふ。」[17]

「今迄の自由経済生活秩序には無かった倫理が，ここに提示せられた……それは全体である国家の繁栄であり，個である国民の厚生であるのである。」[18]

峯村・常盤両説は，自由資本主義が独占資本主義へ発展したとの歴史の認識から，全体社会または共同経済社会における法としての経済法の概念を定立し，それによって独占を強化しかつその弊害を監督する経済統制法としての経済法

---

17) 常盤・前掲注4) 614頁・630頁。
18) 常盤敏太「統制経済と経済倫理」統制経済1巻1号（昭和15年）21頁。常盤説は，経済法を「社会における共同経済の法」とみるドニストリヤンスキーの説に類似するが，それとは別に自ら形成したという（常盤・前掲注4) 619頁以下）。ドニストリヤンスキーは，「個人と国家との独自の領域の間に新たに『社会』をツレーガーとする他の独自の法的領域」を経済法の領域とする（同著〔橋本文雄訳〕「法の体系における経済法の地位」橋本文雄・社会法と市民法（昭和32年復刻版）571頁）。ドニストリヤンスキーや常盤がいう「共同経済社会」とはいかなる社会なのか必ずしも明らかでない。民主社会でなければ，容易に全体主義社会に転じるであろう。

を展開することで共通している。全体性や共同性の優位を強調する点でファシズムの思想[19]というべきであり，それが戦時経済体制を合理化する役割を果たしたことは否定できない。

## II　東京商大と日本経済法学会の設立

### 1　東京商大における経済（統制）法学

　経済（統制）法学の興隆に大きく貢献したのが，日本経済法学会の設立とその活動である。学会の設立を主導したのは，東京商科大学（現在の一橋大学。以下「東京商大」という。昭和19年に生産優先の軍部の要求を受けて「東京産業大学」に改称）であった。

　東京商大は商学・経済学の分野では東京帝大をしのぐような高い評価を得ていたが，歴史の浅い法学部門は不振をかこっていた。そこに統制経済の進展とともに登場したのが経済法である。経済法は商学・経済学と密接に関連するから，東大法学に対抗する一橋特有の法学研究の新天地を開拓するものとして，法学関係教官の間に経済法研究熱が急速に高まった[20]。

　東京商大では昭和15年（1940）度から経済法の講義が行われるようになった[21]が，講義は米谷隆三（商法），吉永栄助（同），常盤敏太（民法），吾妻光俊（同），田上穣治（行政法）の5教官（!）によって，それぞれの立場から交互に行われた[22]。

　これに先立ち，昭和14年（1939）4月に経済法研究所が設置された（主任格は米谷）。研究所がまず取り組んだ仕事は，全国の法学研究者等に呼びかけて経済法に関する学会を立ち上げることであった。これまで，法学の世界では学

---

19)　峯村説も常盤説もナチの思想や学説に直接依拠しているわけでないが，ナチは明確な経済構想を有しないものの，私的資本主義を維持しつつ，経済過程への国家的介入を常に開き，「公益は私益に優先する」を信条としていたので，共通する部分は多い。

20)　如水会学園史刊行委員会・戦争の時代と一橋（平成元年）16頁・59頁〔丸山泰男執筆〕。

21)　これに先立ち，九州帝国大学では菊池勇夫によって昭和12年に「経済法概論」の講義が行われている。

22)　吉永栄助「一橋学問の伝統と反省：経済法」一橋論叢34巻4号（一橋大学創立八十周年記念号，昭和30年）511頁，喜多了祐「商法・経済法(1)」学問史刊行委員会・一橋大学学問史（同61年）685頁，山部俊文「我が校の経済法講座紹介(3)」公取平成3年11月号44頁。

会は各大学に設けられ（東京帝大の法学協会など），全国レベルでの学会の結成は初めてのことであった。[23]

　経済法研究所のもう一つの仕事は，経済法に関する研究雑誌を刊行することであった。今日では忘れ去られているが，その機関誌『統制経済』は，昭和15年（1940）の創刊号から昭和19年（1944）の8巻4号まで及ぶ大冊であり（編集発行印刷人は常盤），多くの経済法・経済学の研究者や官庁・企業の実務家が寄稿した。[24]

## 2　日本経済法学会の設立と東京帝大関係者の不参加問題

　昭和14年（1939）11月13日，日本経済法学会の創立総会が東京・神田の東京商大の一橋講堂で開催された。当日は，台湾，朝鮮を含む全国の大学，専門学校の教員のほか政府関係者，弁護士，実業家ら90名が出席した（最終的に会員は123名）。[25] 創立総会では，学会規則案の審議に時間を費やしたが，その際次のような一幕があった。

　すなわち，学会の名称に「日本」を付加したことについて，「日本主義に引つ張つて行くのではないか」と，大橋光雄（京都帝大）が疑念を提起した。これに対して，起草者の常盤は「『イデオロギー』の問題はございませぬ」と否定し，議長の孫田秀春（上智大）は，「経済法とはどんな法律を云ふのだと……最初からさう云ふものを決めて学会を作ると云ふことは，私個人として面白くない」とした上で，「外国に皆さんの研究などを発表される場合に，……日本と云ふ文字が附いて居つた方が宜い」と説明して了承されたのである。[26]

　役員として，このとき理事長職は置かれず，専務理事に米谷隆三（東京商大），

---

23)　日本経済法学会編・経済法の諸問題(1)第1回日本経済法学会報告（以下「第1回学会報告」という）（昭和15年）2頁「編者序言」（編者は専務理事米谷とみられる）は，「この学会がわが邦法学界の伝統たる個人主義・孤立主義・排他主義を排して，最初に全国的組織の統合的に結成したのも，経済法の特質の致すところ」と自負している。それまで専門を共通にしても，雑誌や著書で名を知っているだけで研究者どうし顔を合わせることがなかった。

24)　創刊号に高瀬荘太郎学長が「創刊に序す」と一文を寄せているが，高瀬は戦後第1次吉田内閣の国務大臣（経済安定本部総務長官）として国会において独占禁止法の提案理由を述べることになる。

25)　昭和14年11月25日付け一橋新聞記事「法学界の尖端を行く　本学経済法研究所の活躍」。

26)　「第1回学会報告」99頁以下。大橋は戦後公取委の初代委員の一人となる。

常務理事に石田文次郎（京都帝大），菊池勇夫（九州帝大），北村五良（神戸商大），末川博（大阪商大），寺尾元彦（早稲田大），常盤敏太（東京商大）の６名が選出された。学会の事務所は，東京商大の経済法研究所に置かれることになった。

　東京帝大関係者は，牧野英一（刑法）を除いて，参加しなかった。この点についても，大橋から質問があり，設立準備を行った常盤から，東大の諸先生にも案内状を出したが，ある先生からは「大変結構だが，唯自分としては暫く差控へたい，忙しくもある」との返事があったと報告された。この東大不参加問題は，第２回大会以降も懸案となり，米谷専務理事が東大の先生に働きかけることになったが，結局不調に終わった。

　何故，東京帝大関係者が学会に加入しなかったのか，必ずしも明らかでない。東京帝大にも経済法に関心をもつ学者は少なくないはずであったが，経済法の独自性に否定的見解（美濃部，田中（二））や経済法＝企業法説に慎重な見解（田中（耕），鈴木）をとる者が多かったことと無関係ではなかったであろう。そして，当時同大法学部内は反時局派が多数であった（天皇機関説事件は昭和10年）から，時流に掉さすような日本経済法学会に参加するのを潔しとしなかったのではあるまいか。

---

27) 「第１回学会報告」100頁。
28) 　第２回大会総会において理事に一任して東大の参加を勧誘することで一致した（「第２回学会報告」（昭和16年）183頁以下）。同席していた牧野英一は，「私としてできるだけの努力は致すつもりでありますが，いろいろ複雑なやうであります」と発言した。第３回大会総会において，米谷専務理事は，「学内の情勢から致しまして未だ其の時期ではないやうにお見受けしました」と報告した（「第３回学会報告」（昭和17年）211頁）。第３回大会は東京帝大または京都帝大で開くことに決定されたが，東京帝大が「種々の事情のため辞した」ので，京都帝大が引受けた（吉永栄助「日本経済法学会」一橋論叢9巻2号（同年）111頁）。
　なお，東京帝大関係者の「解説法学」と対比して，日本経済法学会の活動を「周縁」に位置づける見解（出口雄一「戦時法研究の意義と射程」小野ほか編・前掲注2）106頁）がある。しかし，全国の学者が参加した学会の活動内容を見れば，こうした評価は東大偏重というべきである。
29) 　松沢弘陽ほか編・丸山眞男回顧談(上)（平成18年）261頁以下。丸山によれば，東大法学部は「自由主義教授のかたまり」であり，「法学部のマジョリティは，はっきり言えば田中〔耕太郎——筆者注〕派」であったという。田中はナチの法理念を批判する一方，経済法の独自性についても懐疑的な見方をした。丸山は，「刑法の牧野英一先生は，全く主流ではないのです。……牧野先生は非常に評判が悪かった」とも語っている。

## Ⅲ　日本経済法学会大会の開催状況

### 1　第1回大会の開催状況

　昭和14年（1939）11月13日，創立総会に引き続き，研究報告と質疑が行われた。報告者とテーマは次のとおりであり，報告はもっぱら口頭で行われた。
　①　峯村光郎（慶応義塾大）「経済法の指導原理」
　②　佐藤昌彦（北海道帝大）「所有権制限の一形態」
　③　大橋光雄（京都帝大）「コルポラティズムに就て」
　④　高田源清（高岡高商）「商工組合に於ける若干の問題」
　⑤　中村武（東京地裁判事）「不正競争殊に不当廉売に就て」
　⑥　村上秀三郎（弁護士）「商号保護に関する問題」

　各報告の内容や質疑を紹介することはできないが，次のような注目すべきやりとりがあった。すなわち，峯村が，外国資本との競争や戦争準備のための大資本の強化という目標と，公共性の観点からの独占の監督の必要という矛盾をいかに調和させるかが経済法の課題であると報告したところ，赤松要（東京商大，経済政策）が，米国の反トラスト法やドイツのカルテル令を引合いに，「経済法が……之〔独占のこと——筆者注〕を阻止する場合があると思ふ」と根本的な質問をした。峯村は「自由経済が独占的な段階に入って来ると，……法の力を以てトラスト結成を認めなければならないやうな矛盾に逢着したのではないか」と応じたが，それ以上に議論は深まらなかった[30]。

　当時，米国はニューディール初期の政策から反トラスト政策の強化に転換していた（1938年（昭和13）にルーズヴェルトの「反独占教書」が出されている）が，わが国の経済法研究者は米国の動向にはまったく関心がなく，学会大会において反トラスト法が言及されることはほとんどなかった。そもそも当時はドイツ法の圧倒的な影響下にあったし，経済法を資本主義の独占段階の法と規定するならば，自由競争の法としての反トラスト法は時代遅れに映じたのであろう。

---

　　30)　「第1回学会報告」18頁以下。大橋報告に対する長場正利（早稲田大）質問も参照（同書47頁以下）。

## 2 第2回大会の開催状況

　第2回大会は，昭和15年（1940）11月13日・14日，神戸商大において開催された。報告者とテーマは，次のとおりである。

- ① 　菊池勇夫（九州帝大）「経済法の領域について」
- ② 　吾妻光俊（東京商大）「独逸経済法体系の特色」
- ③ 　佐藤昌彦（北海道帝大）「経済刑法の一問題――北海道に於ける盗伐事件を通じての窃盗及贓物犯の研究」
- ④ 　常盤敏太（東京商大）「経済犯の基礎としての経済倫理」
- ⑤ 　一ノ瀬長治（中央大）「職分刑法としての経済刑法と其の経済倫理的基礎――就中価格刑法を中心として」
- ⑥ 　北村五良（神戸商大）「公共企業概念の防衛」
- ⑦ 　高田源清（高岡高商）「満州国の組合機構について」
- ⑧ 　実方正雄（大阪商大）「自治的経済統制法について」
- ⑨ 　後藤清（台北帝大）「厚生法と統制経済法」

　第2回大会において特記すべきは，第2日午後に牧野英一が「新体制と経済法」と題して長時間の公開講演を行ったことである。新体制とは第2次近衛内閣の下で行き詰まった資本主義を革新しようとする運動が目指したものであるが，牧野によれば，新体制には5原則（公益優先，最低生活の保障，総力主義，科学主義，勤労主義），最近の立法には4種（執行権の強化，企業法の新しい構成，労働法の台頭，刑法における教育刑主義）があるとした上で，昭和12年（1937）以降の非常時立法が物の統制→人の統制→社会の統制へと発展してきたと整理した。また，「権力と好意と技術の三位一体が新国家理念を構成し，……経済法の基本原理を成す」と説いた。[31]

　牧野は自由法論者であると同時に，家族主義的権威主義的国家観の持ち主でもあったが，[32] 日本経済法学会はこの法学界の巨魁を名誉会員をもって遇した。[33]

---

31）「第2回学会報告」9頁以下。
32）牧野は，「陛下の赤子たるの幸福を感謝しつつ，わが国の有形無形の国力を最大限度に発揮することの御奉公に誠を致さねばならぬ」と本講演を結んでいる。
33）「第3回学会報告」240頁。

## 3 第3回大会の開催状況

　第3回大会は，昭和16年（1941）11月17日・18日，京都帝大において開催された。総会・大会に先立ち，「宮城遥拝及び出征皇軍将士に対しまして，感謝の祈願の黙禱」が行われた[34]。この大会について，学会報告の「編者序言」は，次のように述べている（米谷専務理事執筆[35]）。

　「……畏くも大東亜戦争の大詔を奉戴したるは実に本大会の二旬も経ざる後のことであった。日米間の国際的緊迫化は吾人が奇しくもラジオによって本大会晩餐会の席上聴くことを得たる東条首相の憂国的演説を通して切々と感じられたのであった。吾々は，先づこの如き雰囲気の中に本論説及びその討議がなされたることを銘記する。

　今や大東亜新秩序建設への新経済体制を裏付ける統制法規は逐年激増し，無数の法規は事態の現実的要請に直接応召してゐる。そこに経済法は漸くその様相を顕現しつつあるが，これが未だ，合理的基礎を欠く嫌いを免れ得ない。されば，これが法学的分析と体系付けとは一に斯学研究者に課せられたる職分でなければならぬ。既に，斯学研究者は勇敢にこの職分を遂行してゐるのである。既成市民法体系に於ける民・商法・行政法・刑法等の法系は好むと好まざるとを問はず全面的に経済法化されつつある。そして全法学は斯学によって新秩序の中にあって推進されつつある。されば，斯法研究者は法秩序に於ける一億国民総進軍の指導的役割を負荷されてゐるのである。これ斯法研究に早くも挺身したるものの無上の光栄といはねばならぬ。

　吾等曠古の世局に当り，大東亜新秩序建設の一翼を擔ふ者，烈々たる学問報国の赤心に燃ゆるを覚ゆ。吾等は思想戦の前線に立つものである。……」（傍点筆者）

　第3回大会における報告者とテーマは，次のとおりであった[36]。

① 中濱虎一（名古屋高商）「配給統制法に於ける割当票等に就いて」
② 中村彌三次（早稲田大）「統制会の経済法的構成」
③ 伊部政一（外務省）「ソ聯邦に於ける経済統制の特徴」
④ 末川博（大阪商大）「統制法に於ける目的と其の極限」

---

34)　「第3回学会報告」205頁。

35)　「第3回学会報告」「編者序言」。渡辺洋三は，この編者序言をとらえて，「経済法学会が，ファシズム下の経済統制法を正当化することを目的とするものであった」と評し（東京大学社会科学研究所編・前掲注2）45頁），近現代法史の文献もこの評価を引用することがある。しかし，編者序言は編者個人の執筆になるものであるし，学会が一定の学説やイデオロギーを前提としていたわけでなく（創立総会における孫田議長の前掲発言（前掲注26））等参照），研究者の自由な意見交換の場であったことは学会報告を見れば明らかである。

36)　そのほかに報告はされなかったが，学会報告に掲載されている論文として，麻生平八郎（明治大）「固定資本増加の傾向と経済法」，宇賀田順三（九州帝大）「経済保安警察に就いて」がある。

⑤　中川一郎（名古屋高商）「労働立法の国民的考察」
⑥　米谷隆三（東京商大）「経済立法と階層原理──殊に重要産業団体令の階層的展開に及ぶ」
⑦　原龍之助（大阪商大）「経済行政の型に付て」
⑧　舟橋諄一（九州帝大）「『民法典への訣別論』について」

第3回総会において，理事長職を設けることになり，石田文次郎（京都帝大）が理事長に就いた。

## 4　第4回大会の開催状況

第4回大会は，昭和17年（1942）11月22日・23日，九州帝大において開催された[37]。報告者とテーマは，次のとおりである。
①　石田文次郎（京都帝大）「契約の新構造」
②　北村五良（神戸商大）「営団の法性について」
③　岩田新（中央大）「経済法の意義及範囲について」
④　後藤清（元台北帝大）「統制経済の原理と労務統制への適用」
⑤　原田幾造（元鉱山監督局長）「石炭鉱業の現状と統制法令」
⑥　谷口知平（大阪商大）「代行人の地位について」
⑦　田上穣治（東京商大）「国家総動員法上の勅令について」
⑧　田中和夫（九州帝大）「英国戦時物品価格法」
⑨　大隅健一郎（京都帝大）「国策会社と営団」
⑩　石崎政一郎（東北帝大）「消費統制法の概観」

これらの報告の後，「経済法の体系の問題」について，初の共同研究（シンポジウム）が行われた。まず菊池がこの問題に関し解説した後，理論家の峯村，

---

37)　「第4回学会報告」は，作成されなかった。以下の記述は，昭和17年12月8日付け九州帝国大学新聞記事「日本経済法学会　第4回総会及び大会」，大平善梧「日本経済法学会第4回大会」一橋論叢10巻6号（昭和17年）96頁以下，常盤敏太「日本経済法学会」統制経済5巻6号（同）151頁による。皇道精神に基づく岩田報告に対して，石田との間で「白熱的な」質疑応答があった。大会終了後，日産化学の折尾炭鉱を見学した。

常盤および吉田諄吉（彦根高商）がそれぞれ見解を述べ，行政法の立場から宇賀田順三（九州帝大），民法の立場から石田，舟橋，商法の立場から西原寛一（京城帝大）がそれぞれコメントし，実方が経済法の特色について触れるなど活発な意見が述べられた。

### 5 第5回大会の開催状況

第5回大会は，学徒出陣直前の昭和18年（1943）10月8日・9日，慶応義塾大学において開催が予定されたが，実際に開催されたか否かは不明である[38]。報告者とテーマは，次のとおり予定された。

① 定塚道雄（判事）「経済統制判例法に就て」
② 後藤清「被徴用者の法的地位」
③ 浅井清信（立命館大）「雇用関係の特質と労務統制立法」
④ 中川一郎（名古屋高商）「勤労法と勤労者協同体」
⑤ 常盤敏太（東京商大）「経済組織法の基礎」
⑥ 吾妻光俊（東京商大）「労務統制法の課題」

## Ⅳ 日本経済法学会における報告の内容について

学会大会における報告の内容は，上記の各報告者のテーマからもわかるように，経済法の概念や指導原理に関するもの，海外の法・経済体制を紹介するもの，刑法・労働法などの周辺領域について考察するものが多かった。奇妙なことに，経済統制法の体系の根幹をなす国家総動員法について──第4回の田上報告を除き──正面から取り組んだ報告はなかった[39]。

各報告の重点は経済統制法令をどう認識しどう理解するかに注がれ，その運用状況に言及し検討したものはほとんどなかった。また，経済統制法を批判的

---

38) 確定的な資料が見当たらず，あるのは開催予定を伝える昭和18年9月10日付け三田新聞記事「盛会を期待される第5回経済法学会」のみである。同記事によると，そのほかの報告者として，小池隆一（慶応義塾大），長岡富三（立命館大），実方正雄（大阪商大）の名が挙がっている。なお，三田新聞につき，江口公典慶応義塾大学教授のご協力を得た。
39) 田上は総動員勅令を法治主義の観点から解明したようである。

に考察する報告も皆無と言ってよかった。

　運用状況に触れた数少ない報告に，第3回大会に提出された宇賀田の「経済保安警察に就いて」という論文があった。それによると，統制法令の運用は，昭和13年（1938）5月の経済保安警察の発足以降の徹底履行を第一義とした防犯時代，同14年（1939）半ば以降の取締強化の時代，同15年（1940）末以降の経済生活の指導（具体的には転業・失業の相談）に積極的に乗り出した時代に整理されるという。宇賀田は「聖戦勝利の条件としての国内秩序の維持」の観点から経済保安警察のあり方を論じているが，ここで注目されるのは，取締強化の時代に年間違反件数は97万件余，違反者は100万を超えたという膨大な数字である[40]。このような法の実効性・規範性を疑わしめる深刻な事態が生じていながら，学会報告や文献において経済統制法のこのような側面を直視した研究は見当たらない[41]。

　経済法の研究が行われている窓外では，このような統制法令違反が激増していただけでなく，戦時経済体制への編成とともに，統制会等によるピラミッド型の統制機構の確立，軍需産業の巨大化と平和産業の縮小，中小零細企業の整理統合，財閥の膨張と企業系列化が進行していた。

## V　経済（統制）法学の反省と問題点——概念法学と歴史認識

　昭和20年（1945）8月15日に敗戦を迎え，国家総動員法等の統制法令は廃止されることとなった。日本経済法学会も，既に活動をやめており，自然消滅した。学会の設立・活動に多大の貢献をした東京商大の米谷，常盤両名は，公職追放令に基づき学内に設置された教育職員適格審査会により著書論文等が「極端な国家主義を鼓吹した」として学園から追放された[42]。

---

40) 「第3回学会報告」44頁以下。小石川裕介「戦時下の経済統制法令違反」小野ほか編・前掲注2) 393頁以下も参照。

41) この点について警鐘を鳴らし，統制法令の法社会学的考察の必要を説いたのが，末広厳太郎「経済統制法の法律社会学的考察」法時13巻10号（昭和16年）10頁である。ただし，そこで末広が説く統制経済の円滑な運営のための処方箋は彼のそれまでの市民法学的立場とは異なるものである。

42) 昭和22年1月1日付け一橋新聞記事「適格審査おわる」。

敗戦は，わが国の法学界にも反省を迫ることになった。昭和24年（1949）に10名の法学者が戦前の法学について共同討議を行ったが，そこで次のような発言があった。[43]

「これまでの法律学は，……一旦できた法律は皆もっともなものだという前提の上に立って，それぞれに何か合理的な根拠——立法理由——を説明してきかせる，そういう実定法の正当化ということが，従来の法律学の『理論』であった……」（川島武宜）

「日本が明治になって西ヨーロッパの法律学を受け入れた際に，こういう現実的な経済的，社会的乃至政治的な構造や，それらと結びついた一般的な社会思想から遊離して，いわばその形骸だけを輸入した。……法律学は単なる概念法学になり，社会生活の現実の地盤や社会思想の地盤から切り離された単なる法技術学となり，……」（川島武宜，傍点原文）

「それは結局，法律学者だけが悪いのではなく，日本においては，政治社会そのものがデモクラティックになっていなかったということです。市民の考え方が法律に反映し，法律学の中に摂取されるというような条件が非常に欠けていたのではないかと思います。」（末広厳太郎）

「……たとえば，国家とか公共とかいえば，それは何であるかを考えもしないで，無条件的にそれを前提として法の解釈をしたり適用をしたりするのが常であった……」（末川博）

ここに見られる法学者の自己批判は，経済（統制）法学にも逐一あてはまるのではないか。批判を一言でいえば，「概念法学」ということである。概念法学とは，イェーリングのパンデクテン法学に対する非難に由来するが，いうならば，法がどうあるべきかを問わず，たとえ不当な法であっても，法である以上法として尊重し，法が何であるかを究明し解釈・適用する態度である（よくいえば法実証主義）。19世紀半ば以降のドイツにおいて，そして明治末期以降のわが国において概念法学が盛んになった。

第1次大戦後，経済法が登場し公法・私法の混合現象が生じると，概念法学の無力さを痛感させることになり，社会経済の変動に対応する生きた法律学が求められるようになった。[44] ドイツでは多様な経済法学説が唱えられたが，わが国における経済（統制）法学は，ドイツより遅れて本格化し経済法＝経済統制

---

43) 末広厳太郎ほか・日本の法学（昭和25年）172頁・178頁・194頁（原文は法律時報昭和24年4月号所収）。

44) 丹宗昭信「ドイツ経済法学説史略考」北大法学論集19巻2号（昭和43年）236頁。

法として独自性を追求した。そのため，代表的学説は，経済法の概念を「独占資本主義段階の共同経済社会の法」とドグマティックに措定し，そのイデオロギーをもって実定経済統制法令を正当化した。経済（統制）法学はイデオロギー性という点で概念法学と性質を異にするが，どちらも法が客観的に果たす機能を見ようとせず，現実からの遊離という点では変わらない。

のみならず，経済（統制）法学は，歴史認識においても見誤った。昭和恐慌以降の統制経済に対しては，当時二つの見方があった。すなわち，統制経済を，①恐慌克服・戦時経済のための一時的措置とみる見方と，②自由経済から次の段階への資本主義の変質とみる見方である。峯村・常盤の学説は，明らかに②の見方に立っている。どうして，資本主義が独占段階へ移行したのか，峯村は次のように述べている。

「世界恐慌以後に於ける資本主義組織の基本構造は，自由競争──生産費切下の必要──生産規模拡大の必要──固定資本の相対的増大──固定費の相対的増大──生産制限の不可能──独占体結成の必要といふ一聯の過程を通じて，自由競争は内的必然性を以て，……自由資本主義から独占資本主義へ移行したのである。」（傍点筆者）

しかし，固定資本の増大が独占を招くとは限らない──それは当該産業の市場規模と最適生産規模が関係する──し，独占体が形成されたのは独占を禁止する政策がとられなかったからにすぎない。経済（統制）法学が拠りどころにしたのは，自由経済も（ソ連型の）計画経済も否定して公益重視の統制経済を主張する「協同主義」の経済学であり，当時はそれが革新的なものと映った。

統制経済を①のようにみて，経済法を捉えようとした冷静な法学者も存在した。たとえば，末川博は，次のように述べた。

「……統制経済もこれまでの自由経済（自由主義経済）に対立せしめて考へられてゐるのが常であるけれども，現実にはなほ自由経済の基盤を前提としてその上に進展せしめられてゐるところが多い。理念においては個人主義的な利潤追求を排撃しつつ

---

45) 柳澤治・戦前・戦時日本の経済思想とナチズム（平成20年）7頁。
46) 峯村光郎・法と統制経済（昭和17年）5頁（ただし，武村忠雄・統制経済と景気変動（同13年）12頁からの引用である）。
47) 本位田祥男・統制経済の理論──協同経済への道（昭和13年），昭和研究会・協同主義の経済倫理（同15年）等参照。
48) 末川博「統制経済と私法制度」経済学雑誌4巻4号（昭和14年）33頁。このような認識から，末川は経済法を実定法規から実証的に把握しようとした。

も実際においては自己責任の企業者創意を重要視する。即ちそこに飛躍はない。だから，統制経済は本質的には自由経済に代替するものではなくて，自由経済を規制し指導するものであるといふ風に観ることができるであらう。」（傍点筆者）

　東京商大において，米谷，常盤らの同僚経済法研究者を傍らで観察していた田中誠二（商法）は，戦後，次のように記している[49]。すなわち，「戦争という病理的な，かつ一時的な現象に対処するための応急的な法を中心として経済法の概念を定めるのは，必ずしも適当でな」い，と。

　経済（統制）法学の歴史認識上の錯誤は何故生じたのか？　一般的な背景としては，昭和恐慌を経て自由資本主義の無秩序性に対する根本的な不信，そして総力戦への予兆にともなう高度国防国家や東亜新秩序の建設への期待，があったように思われる。

## Ⅵ　経済（統制）法学の遺産と現代における経済法の独自性

　昭和26年（1951）5月4日，田中誠二らにより「経済法学会」が設立された[50]。学会の設立が遅れかつ「日本経済法学会」とは無関係に組織されたのは，「『日本経済法学会』の評価は人によって見解が分れていると思われ，これを承継した学会という形をとることは，創立関係者の一致の賛成をうることができない状勢にあった」からであった[51]。旧学会の否定の趣旨で結成されたからであろうか，新学会には矢沢惇ら東京大学関係者も参加した。

　経済法の概念について種々の見解があったが，学会理事長に就いた田中誠二は「独占禁止法および公益事業についての諸法令を中心とする経済法，すなわち企業の社会的コントロールを中心とする経済法」と捉え[52]，経済法の指導原理を経済統制から市場原理へと正反対に位置付けた。今日経済法の独自性が疑わ

---

49)　田中誠二・新版経済法概説（昭和37年）23頁（ただし，戦後の経済法概念の混乱に関する文脈においてである）。田中は商法が専門であるが，「カルテル法律論（一）（二）」法学協会雑誌40巻12号1頁・41巻1号88頁（大正11年・12年）を執筆しており，元来経済法に関心があった。

50)　経済法学会の設立時の問題意識や初期の活動については，来生新「経済法学会の発足とその創生期の活動に見る問題意識」法学研究81巻12号（平成20年）89頁以下参照。

51)　田中誠二「経済法学会創立20周年に当りて」経済法14号（昭和46年）2頁以下。

52)　田中誠二「発刊の辞」経済法1号（昭和33年）4頁。

れることはないが，それは戦前・戦中期の経済（統制）法学の遺産である。とはいえ，現代における経済法の概念そして独自性は，単なる経済への国家的介入という時代を超えた価値中立的な性格ではなく，市場経済と民主主義にこそ求められるべきであろう。[53]

---

[53] 戦後の経済法概念を確立する上で先駆的業績となった丹宗昭信「経済法（学）の独自性」経済法1号（昭和33年）12頁以下は，適用除外の多かった時代を反映して，経済法を市場統制（＝市場支配）に関する法として経済統制法も独禁法も統一的に把握しようとした。その後，丹宗説も経済法の中心に独禁法を据えるようになった。

# 見えざる手のない市場における競争促進
―― 独占禁止法の前提となる認識について

大 槻 文 俊

　Ⅰ　はじめに
　Ⅱ　学説の状況
　Ⅲ　需給均衡理論への批判
　Ⅳ　結びに代えて


## Ⅰ　はじめに

　本稿は，独占禁止法によって競争を促進しても，市場における商品の需要量と供給量が，新古典派経済学が言うような均衡に近づく保証はなく，需給が均衡に近づくことを前提とした独占禁止法の解釈・運用は妥当でないことを再確認しようとするものである。
　独占禁止法は，公正かつ自由な競争を促進する法律であり，独占禁止法における違反行為の規定には，「競争を実質的に制限すること」や「公正な競争を阻害するおそれ」など，行為が競争に与える影響が要件として含まれている。そのため，独占禁止法は，法理論の形成において経済学を参照することが少なくない。経済学には様々なものがあるが，その是非はともかく，新古典派経済学が独占禁止法の理論に大きな影響を与えていることは，異論のないところであろう。独占禁止法の理論形成に影響を与えてきた産業組織論も，初期の理論は，新古典派経済学の理論を土台にして作られていたし，その後，ゲーム理論などが取り入れられるようになったが，新古典派の理論が重要な位置を占めて

いると思われる。

　新古典派経済学は，古典力学に着想を得て，数式によって経済を記述することを目指すものである。この経済学の理論は，均衡概念を中心にして組み立てられている。新古典派経済学が経済分析に用いる経済モデルには，完全競争モデル，独占のモデルなどがある。完全競争モデルによって示される完全競争市場における需要と供給の均衡が，最も望ましい状態とされる。完全競争が実現された市場では，商品の需要量と供給量が一致する点がただ一つあり，これが均衡点となる。この均衡点で決定される商品の価格と供給量が，その市場にとって最適な価格と供給量であり，最適な資源配分すなわち資源配分の効率性が達成された状態であるとされる。この需要と供給を均衡させる作用は，市場の自動調整作用などと称されることもあるし，周知のごとく，アダム・スミスの言葉を借りて「見えざる手」と呼ばれることもある。

　新古典派の経済モデルは，市場を極端に単純化した経済の模型であり，現実世界には存在しえないような複数の条件を前提にして成り立つものであるので，現実の市場で完全競争が実現されるわけではない。完全競争モデルは，経済分析の起点と位置付けられる。完全競争市場と完全競争ではない市場を比較して，完全競争ではない市場の特徴や問題点を論ずるのである。新古典派といっても経済学者により考え方に相当の幅があり，現実の市場にも需給均衡作用が働いていると信じ，市場の見えざる手の働きを強く信頼する立場から，市場の失敗を重視して，現実市場の多くは完全競争と大きく異なると考え，政府などによる市場の規制を重視する立場まで，多様である。しかし，経済分析において完全競争を基準に置いている点では同じである。

　新古典派経済学の需給均衡の理論に対して，経済学者や物理学者から，様々な批判がなされている。それは，どのようにして需要と供給が均衡するのか説明されていないこと，市場に需給均衡作用があると考えると説明できない現象があること，均衡作用の存在を反証する事実があることなどである。

　独占禁止法に目を転じると，独占禁止法の学説においても既に，市場で需給を均衡させることは独占禁止法が競争の促進によって目指すものではないという見解が示されている。しかし，その後も，このような見解が独占禁止法の研究者によって広く共有されていない懸念がある。独占禁止法の研究者の中には，

新古典派経済学の影響を受け，独占禁止法によって競争を促進すれば，促進した分だけ需要と供給が均衡点に近づくという考えに基づいて，独占禁止法の解釈や適用を論じる向きがある。それらの論者は，市場の自動調整作用がどの程度強く作用するのかについては，論者により考え方に違いがあると思われるが，程度の違いはあれ，競争制限行為を取り除き競争を活発化することが，市場の条件を完全競争のそれに近づけることにつながり，需要の量と供給の量を均衡点で決まる量に近づけることになると理解するものであると思われる。そこで，本稿は，競争の促進によって需給が均衡点に近づく保証はないことを改めて確認しようとするのである。

需給均衡作用については，実際に市場において需給を均衡させる力が働くのかどうかという問題のほかに，均衡作用があるとしても，需給の均衡によって実現される資源配分は社会的に望ましい配分なのかどうかという問題がある。本稿では，前者の問題を中心に扱うことにする。付言すると，後者の問題については，完全競争により実現する資源配分が社会的に最良のものではないことが指摘されている[1]。

## II 学説の状況

### 1 2008年川濵論文以前

独占禁止法と需給均衡について詳細に論じた比較的初期の論攷として，来生

---

[1] 新古典派の経済学者であるスティグリッツも，「競争的配分には公平性の問題が生じる。効率性はいかなる経済システムにおいても望ましい特性であるが，公平性はまた別の問題である」と述べている（JOSEPH E. STIGLIZ & CARL E. WALSH, ECONOMICS, 4th ed., 28 (2006)（ジョセフ・スティグリッツ＝カール・ウォルシュ・スティグリッツ・入門経済学（第4版，2012）38頁））。さらに，「民間市場で効率的な資源配分が実現されたとしても，そこでの所得配分が不平等であり，一部の人は，最低限の生活水準を維持する所得すら得られないこともある」と述べている（ジョセフ・スティグリッツ＝カール・ウォルシュ・スティグリッツ・ミクロ経済学（第4版，2013）72頁（See, id. at 28））。

　産業組織論の研究者である小西唯雄は，「完全競争を政策目的（ないし政策規準）とすることの問題点」は三つあるとし，その一つに「劣悪な経済成果」を挙げる（小西唯雄・産業組織政策(2001) 49頁）。そして，経済成果が劣悪である理由は，「アトミスティックな（原始状の）市場構造のもとでは，産業・企業は規模の経済を享受できず，また大規模な技術革新による進歩・発展も期待できない」ことにあると述べている（小西・前掲書51頁）。

の概説書がある[2]。来生は，基本的に新古典派の理論に基づいて独占禁止法の解釈論を組み立てている。同書によれば，「独占禁止法は……市場における自由競争を通じて資源の効率的な配分を実現する，競争政策の手段として位置付けられる」[3]。独占禁止法1条の「究極目的は，すべての財の供給が完全競争的になされる時に実現される，パレート最適的な効率的資源配分を一方の極に置き，他方の極に動態的なダイナミックな効率性の達成の観念を置く，総合的な資源配分の効率性を意味する」とする[4]。

　もっとも，来生は，経済理論を違法性判断に直結させるわけではない。「理論モデルは現実とは直接関わりを持たない分析の手段である」ので，「そのままでは，これを現実評価を本来の目的とする法概念としては利用しえない」として，「法解釈論としては，理論モデルに何らかの修正を施さねばならない」とする[5]。また，現実市場の条件を部分的に改善することによって，必ず「現実の資源配分をベストに接近させる」保証がないことを認めている。これを認めた上で，しかし，「何らかの理論が，現実を確実にセカンド・ベストに接近させる方法を示すまでは，たとえ理論的な保証のない行為ではあっても……自由の確保による企業のダイナミズムの確保と矛盾しない形で，現実の市場を完全競争の理論モデルの諸条件に少しでも接近させることが，それだけ現実の資源配分をモデルの示す効率性に接近させると確信する」[6]という信条を述べている。

　来生と比較して新古典派の理論から距離を置く今村の著作にも，市場の競争には需給を均衡させる作用があるとの認識を窺わせる記述がある。今村は，「公正且つ自由な競争が完全に行われるためには」，「完全競争または純粋競争と呼ばれる状態」になければならないが，「現実には，このように純粋な，公正且つ自由な競争秩序というものは在しない」とした上で，「完全競争には，モデルとしての意義が認められる」と述べている[7]。現実に完全競争は存在しないとしながらも，完全競争を純粋に公正かつ自由な競争秩序であると捉えてい

---

2) 来生新・経済活動と法 (1987)。
3) 来生・前掲注2) 48頁。
4) 来生・前掲注2) 61頁。
5) 来生・前掲注2) 61頁。
6) 来生・前掲注2) 63～64頁。
7) 今村成和・独占禁止法入門 (第4版, 1993) 4頁。

るのである。

　また，実方は，独占禁止法の経済的目的の一つとして，「資源の適正配分・効率の達成」を挙げている。「需要と供給に対応して価格が柔軟に変動して市場機構の調節機能がうまく作動していれば，価格のシグナル機能を通じて資源の適正かつ効率的な配分が達成される。ここでは資源の割当てという困難な課題の解決を，特定の機構にではなく市場機構に委ねるのが競争維持政策の手法である」と述べている。さらに，この文章に付けた注釈の中で次のように述べている。「資源の配分に関する決定を人為的に行うためには……大量の情報を処理しなければならず，この判断を委ねられた機構がいかに優れていても，そこに価値判断が含まれている以上判断の誤りを避けることができない。これに対し市場機構を利用する場合には，これらの大量の情報が自動的に処理され個人的な価値判断が介入する余地はない。資源の配分を市場機構に委ねれば情報処理・意思決定が効率的に行われるから，市場機構を利用するという手法は効率の点からみて適切な選択である」。ここにも，市場の自動調整機能に対する信頼が読み取れる。

## 2　2008年の川濱論文

　前記のような需給均衡作用の位置付けに関する見解に対して川濱は，2008年の論文において，完全競争市場は独占禁止法が目指すべきものではないという主張を行った。同論文によれば，「完全競争とは市場参加者の決定によって価格に影響することがないこと，すなわち市場参加者が市場価格を所与として行動する価格受容者であることを意味する。そこで市場参加者が価格受容者となるための市場構造の諸条件をあげ，それを理想として近づくことを独禁法の目的とするかが如き言説がかつて見られたし，いまでもそのような誤解がある。しかし，完全競争条件を現実に満たすことは通常不可能であるし，望ましいとも限らない。また，完全競争の諸条件のいくつかが同時に不充足の場合，一部

---

　8)　実方謙二・独占禁止法（第4版，1998）2頁。
　9)　実方・前掲注8) 3頁。
　10)　川濱昇「市場秩序法としての独禁法（一）～（三・完）」民商139巻3号（2008）265頁，民商139巻4＝5号（2009）439頁，民商139巻6号（2009）581頁。

の条件を充足させたところで事態の改善になる保証もない」というのである[11]。さらに続けて，「完全競争で観察されない慣行が観察されたとしても，それは反競争的な慣行であるよりも，不完全競争に起因する不効率等に対処するための慣行である可能性もあり，完全競争をベースラインとすることはやはり妥当ではない」とする[12]。

### 3　2008年川濱論文以降

しかし，その後も，需給均衡作用に基づいて独占禁止法による競争促進の意義を説明する見解が少なからぬ論者により示されている。

独占禁止法の目的や違法性判断と新古典派経済学の理論を最も強く結びつけて考えていると思われるのが，大録の2011年の著作である[13]。大録は，独占禁止法の目的は総余剰を最大化することであると述べている。曰く，「競争の不完全生の問題（独占・寡占等）の規制については，独禁法は，効率性（一般消費者の利益）を目的にしていると考えられる。……独禁法1条……『一般消費者の利益の確保』が効率性（総余剰最大）のことであると考えられる」。「独禁法の一条の目的に含まれる一般消費者は当該商品の購入者ではなく，供給者も含めた国民全体のことを指し，一般消費者の利益は総余剰のことを指していると考える必要がある」[15]。更に，競争が十分に行われれば，需要と供給が均衡点に達するかのような記述もある。同書には，「競争機能が発揮されていれば，需要曲線と供給曲線の交点で価格と数量が決まる」[16]，「競争機能が働けば，価格と競争価格（限界費用）は乖離しない」[17]とある。大録の立論は，経済理論と法理論の区別が十分なされていないきらいがあるが，市場の競争に需給を均衡させる力があると考えていることは間違いないと思われる[18]。

大録ほどの徹底は見られないものの，佐藤も，需給均衡作用を強く信じてい

---

11)　川濱・前掲注10）139巻3号288頁。
12)　川濱・前掲注10）139巻3号289頁。
13)　大録英一・独占禁止法の体系的理解Ⅰ（2011）。
14)　大録・前掲注13）155頁。
15)　大録・前掲注13）156頁。
16)　大録・前掲注13）16頁。
17)　大録・前掲注13）3頁。

ると思われる。2010年の著作において，「各自が自己の有利になるように考えて最善の経済行動をすれば，『市場』が自然に需給の自動調整作用を営み，需給が均衡に向かうことになる。自由な競争市場におけるすばらしい自動調整の機能を彼〔アダム・スミス——引用者注〕はいわば発見し，これを『見えざる手』と表現したのである。」と述べている[19]。

この他に，完全競争モデルと現実市場との違いの大きさを認識しながらも，ある程度の自動調整作用の存在を肯定し，競争が活発になることにより需要と供給がより均衡点に近づくという認識に基づいていると思われる見解が複数見られる。

岩本は，「市場を少しでも完全競争に近いものに保つことが経済的効率性の高さを確保する上で望ましいということを推論することが概ね可能であるように思われる」としつつ，しかし，「より現実に近い市場については，競争の意義は，いささか明瞭性を欠くものとなると言わなければならない」と述べる[20]。

土田は，市場メカニズムとは市場の自動調整機能のことであり，市場には，「売手と買手の取引を成立させようとする行動の集合として競争が生じ，『神の見えざる手』（市場メカニズム）が働き，誰も恣意的に価格や生産・販売数量等を決定できない状態が成立すると考えられる」と述べ，補足説明として，「現実の市場は，完全競争が成立している状態からズレがあることも少なくないが，独禁法は，できるだけ，このような理想的な状態を維持しようとしているといってよい」と述べている[21]。

泉水の著作にも，需給均衡作用の存在を肯定すると読める記述がある。それは，「経済秩序は市場における競争に任せるだけでうまく機能するとは限らない。独禁法は基本的に，市場において競争を制限しまたは競争を阻害する行為

---

18) 大録も，需給の均衡により社会的に望ましい資源の配分がなされるとは述べていない。大録は，独占禁止法はパレート効率的な資源配分のみを考えるべきで，富の再分配は別の制度で行うべきであると述べている。市場の競争による資源配分だけでは，公正な資源の配分としては不十分であり，資源を再分配する他の制度によって補う必要があると考えるのである（大録・前掲注13）154頁，156頁）。
19) 佐藤一雄ほか編・テキスト独占禁止法（再訂2版，2010）6頁〔佐藤一雄〕。
20) 岩本章吾・独占禁止法精義（2013）91頁。
21) 土田和博ほか・条文から学ぶ独占禁止法（2014）2頁〔土田和博〕。

を禁止し，市場における競争を妨げる状況を改善し，競争条件を整備することで，市場の自動調整作用に任せようとするものである」という部分である[22]。

## III　需給均衡理論への批判

### 1　説明されない見えざる手の仕組み

　この章では，需給の均衡に批判的な経済学の論攷を見ていくことにする。

　経済学者の佐伯啓思によると「市場では需要・供給によって価格が決まる」という命題「さえも厳密には実証できない」という。「そのように解釈しているだけ」だということである[23]。佐伯によれば，「『自由な市場競争』が果たして安定した『市場秩序』を形成するかどうかは決して自明なことではない[24]」。市場の「『不確定性』は……市場経済を攪乱する一大要因になる[25]」としており，「自由な市場競争は根源的な不安定性を抱えており，特に市場競争は経済システムだけではなく『社会』を不安定化する[26]」という見方をしている。

　経済学者の岩井克人も，現実市場で需要と供給を均衡させる作用が働くことを説明できていないことを指摘している。岩井は，「新古典派経済学の需給法則なるものは，その実，理論的な裏付けを欠いている法則ならぬ法則なのである[27]」とする。需給均衡法則の理論的説明に用いられるのが，ワルラスが提示した市場競り人による価格決定のモデルである[28]。しかしこのモデルには問題がある。「新古典派経済学の基本原理とは，個々の売り手や買い手の自己利益のみに導かれた『分権的』な意思決定は，市場における価格機構の媒介によって『あたかも見えざる手に導かれるように』全体として調和に達することができるという命題であった」。ところが，競り人により成り立つ市場とは集権的な市場である。市場の調和を説明するには，「価格の決定権を独占して市場での

---

22)　金井貴嗣ほか編著・独占禁止法（第5版，2015）3頁〔泉水文雄〕。
23)　佐伯啓思・経済学の犯罪（2012）116頁。
24)　佐伯・前掲注23）123頁。
25)　佐伯・前掲注23）147頁。
26)　佐伯・前掲注23）109頁。
27)　岩井克人・不均衡動学の理論（1987）15頁。
28)　岩井・前掲注27）16頁。

取引を一手に『集中化』する市場せり人なる超越者」が市場に存在しなければならないことになるのである。このようなことから，岩井は，「ワルラスのせり人のモデルは……分権的な資本主義経済全体のモデルにはなりえない」と述べている。

　物理学者のマーク・ブキャナンは，経済物理学の理論を用いて金融市場の価格変動を分析して，需要と供給を均衡させる作用では説明できないことを明らかにしている。市場に需給を均衡させる作用があるということは，市場では負のフィードバックのみが作用するということを意味する。負のフィードバックとはシステムを釣り合いが取れた状態に戻す力である。何らかの原因で価格や供給量が均衡点から離れた場合，均衡点に引き戻そうとする力のみが働くということである。しかし，これでは，金融バブルが起こることを説明できない。均衡力が働く市場ではバブルは起こるはずがないからである。ブキャナンは，市場では，正のフィードバックも生じているとする。正のフィードバックとは，システムにある小さな変動が徐々に大きくなっていくプロセスを示すものである。ブキャナンの著作から，少なくとも金融市場は，需給均衡法則に支配されていないことがわかる。他の商品の市場については別途詳細な分析が必要であろうが，既述のように，「見えざる手」を説明するのに新古典派経済学で用いられるのが株式市場の競り人である。金融市場においても均衡が説明できないということは，株式市場の競り人も「見えざる手」の働きをしていないということであろう。

　進化経済学の立場から需給が均衡しないことを示す研究として，経済学者である江頭進の研究がある。市場で需要と供給が均衡することは，一物一価が成り立つことを意味する。江頭は，「取引費用が存在しなくても，一物一価が成立しない場合がある」ことを，次のような調査で明らかにしている。これは，2010年3月23日の東京の秋葉原の一辺200mのほぼ正方形の地域の内部に存

---

29)　岩井・前掲注27) 16〜17頁。
30)　岩井・前掲注27) 17頁。
31)　MARK BUCHANAN, FORECAST (2013)（マーク・ブキャナン・市場は物理法則で動く (2015)）.
32)　*See, id.* at 2（前掲注31) 10頁を参照）.
33)　江頭進「進化経済学における市場理論」八木紀一郎ほか編・進化経済学の諸潮流 (2011) 19頁。

在する代表的な5つの店舗におけるコンピュータ部品 Intel Core i7 960 の販売価格を調べたものである。A 店が 55,800 円，B 店が 52,940 円，C 店が 55,800 円，D 店が 54,470 円，E 店が 55,480 円となっており，同時期のインターネットで販売されていたものの最安値が 54,748 円である。「一店舗間の距離は，20 m と離れていない」ので，顧客がすべての店舗間の価格差を調べるのは容易であるし，各店舗の店員が他店の価格を調べることも容易である。また，「このコンピュータ部品は，発売後数カ月がすでに過ぎており，時間的に見ても，価格調整の時間がなかったとは言い難い」という。にもかかわらず，各店舗間の価格の間には最大 5％，価格にして 3,000 円近い開きがあったのである。取引費用が極めて小さく，価格調整の時間があったと思われる事例でも，店舗間の裁定が働いていないものが見られるのである。[34] 蛇足であるが，もう一つ興味深いのは，インターネットよりも安い価格で販売している店舗があることである。このような価格の多様性がある原因として，江頭は，この商品の取引が，「集約的な市場に売り手と買い手を集めて一斉に行われている」のではなく，「取引のタイミングもそれに関する知識もばらばらな相対取引であること」にあることを指摘している。[35]

## 2　生産の観点からの批判

生産の観点から需給均衡の理論を批判するものがある。経済学者の宇沢弘文は，経済学者ソースティン・ヴェブレンの理論を敷衍する形で，次のような説明をしている。商品などを生産する企業の設備や機械などの固定的な生産要素は，「過去の時点において計画され，生産され，据え付けられたものである」。過去の時点では現時点での市場の諸条件について正確な知識を持ちえないので，過去の投資活動の帰結として決まる現時点での固定的な生産要素の量と質とが，現時点での市場の諸条件のもとで最適なものである保証はない。現時点で存在する固定的な生産要素が完全に利用されることは偶然にしか起こらない。[36] このようなことから，各企業のなかに蓄積されている生産要素が固定的であるときには，総供給額と総需要額とが等しくなるようなメカニズムは存在せず，需要

---

34) 江頭・前掲注 33) 21〜22 頁。
35) 江頭・前掲注 33) 22 頁。

と供給が乖離するのが一般的状況となるという[37]。

経済学者の谷口和久は，見込み生産の観点から需要と供給の均衡を否定する。大半の製品で見込み生産が行われている。「生産活動には物理的な時間が必要であるので，すべての生産活動が受注生産になったとすると，経済は成り立たない」という。見込み生産では注文量と生産量が一致することは，偶然にしか起こらない[38]。

## 3 不完全情報に起因する現象

新古典派経済学においても，現実市場には需要と供給の均衡を妨げる様々な要素があることが指摘されている。その一つが，情報の不完全性に起因するものである。完全競争市場では情報が完全であること（取引対象となる商品に関する必要な情報はすべて知っていること）が仮定されているが，現実の市場では市場参加者は部分的な情報しか持っていない。完全競争市場では，企業は販売価格を決める力を持たない，すなわち価格受容者であるとされるが，不完全情報の市場では，企業が価格を設定する力を持つことが認識されている。

不完全情報によるものの一つが，インセンティブ問題と呼ばれるものである。生産物市場で見ると，企業には良質な商品を生産するインセンティブがなければならないが，現実には顧客が商品の品質を正確に知ることができないことが多く，そのような場合，企業のインセンティブ形成に評判が重要な役割を果たす。価格が低すぎると，企業は評判を維持するインセンティブを持たなくなるので，消費者は，低い価格の商品の品質は低いと予想するようになる。そうすると，企業にとっては価格を引き下げることは必ずしもより多くの顧客の獲得につながらないことになり，価格が均衡水準より高めに維持されることになる[39]。

---

36) 宇沢弘文・経済学の考え方 (1989) 98～99頁。
　　新古典派経済学では，生産要素は費用も時間もかけずに他の用途に転用できること，および生産要素を生産過程に投入し，産出物となり市場に供給されて販売されるまでに要する時間がゼロまたは無視できるほど短いことが前提となっている（同書80～81頁）。そのため，固定的生産要素があっても需要と供給が乖離しないのである。
37) 宇沢・前掲注36) 230～231頁。
38) 谷口和久・生産と市場の進化経済学 (2011) 19～20頁。
39) STIGLITZ & WALSH, supra note 1, at 337-39（前掲注1) ミクロ経済学482～485頁）。

先に，進化経済学における一物一価を否定する研究を紹介したが，新古典派経済学においても，この問題は価格の分散の問題として認識されている。これは，同じ商品が店によって異なる価格で販売されており，その価格差が店の立地条件やサービスの質のような他の特性によって説明することができない場合のことをいう。完全競争市場では取引対象となる商品に関する情報を収集する活動，すなわち探索のための費用はゼロであると仮定されているが，現実の市場では情報を収集するには費用がかかる。探索には費用がかかるので，探索は，関連する情報のすべてを入手する前に終わることになる。探索に費用がかかる場合，価格が高い店にも顧客が訪れ，一つの商品が店によって異なる価格で販売される[40]。すなわち，商品の価格は一つに収斂しない，一物一価が成り立たないのである。

　広告の問題もある。完全競争市場では広告は不要であるが，現実市場では情報が不完全なので，広告によって消費者に商品の情報を伝えることになる。しかし，広告には，商品情報を提供するのではなく，イメージの演出によりその商品を購入するよう消費者を説得するものもある。これは，他の商品と差異があるという消費者の感覚を造り出し，需要量を均衡点から引き離すものである[41]。

　不完全情報から生じる現象として，ほかに隠れた欠陥がある自動車が販売される市場で起こる逆選択などがある。不完全情報に起因するもののほか，完全競争の需給均衡を妨げる要素は様々ある。市場構造で見ると，供給者の数が少ない順に，独占，寡占そして独占的競争（寡占より多いが完全競争より少ない）がある。外部性の問題もある。完全競争の均衡を妨げる要素は，新古典派経済学では市場の失敗と呼ばれるものであるが，現実の市場では，このような多様な要素が複合して存在する。すると，新古典派の理論によっても，競争制限行為を取り除いて競争を促しても，必ず需給の均衡が一定程度改善されるという単純な結論にはならないと思われる。ただ，完全競争モデルを基準としているので，現実市場でも需給均衡作用が働くことを明示のまたは暗黙の前提とした議論がなされる傾向があると思われる。

---

40)　*Id.* at 342-45（前掲注 1）ミクロ経済学 490〜491 頁）．
41)　*Id.* at 347-48（前掲注 1）ミクロ経済学 498〜500 頁）．

## Ⅳ　結びに代えて

　本稿では，独占禁止法を適用し競争を促進しても需要と供給が特定の均衡状態に近づくとは言えないことを確認した。少なくとも，一般論としてそのように言うことはできない。現実の市場で需要と供給を均衡させる力が作用することは経済学において十分に説明できておらず，むしろ均衡作用の存在を否定する学説が存在するのである。

　日本では，相当量の商品が市場で提供されており，普段，商品の不足を感じることはない。このようなことから，自由競争市場によって需要と釣り合う量の商品が供給されているからである，という説明は直感的に受け入れやすいと思われる。しかし，需要を満たす十分な商品が供給されているのは，需要より多い量の商品が供給されているが故であると考えるほうが正しいように思われる。

　例えば，一般的な消費財を考える。工場で大量生産を行う製造業者は，見込み生産を行っており，売り逃しを防ぐために，または小売業者からの注文に迅速に対応するために，需要見込みよりも多めに生産することになろう。小売業者も，特に大規模小売業者は，商品が豊富にあるという印象を与えて消費者の購買意欲を高めるため，常に棚を商品でいっぱいにしておこうとするのだが，そのためには，消費者が購入するより多くの商品を仕入れる必要がある。小売店は，欠品が出るのをおそれるし，製造業者や卸売業者に対して，欠品が出ないように商品を供給することを求める。流通のどの段階においても，一定数の商品が売れ残ることが想定されており，商品の価格も売れ残りがでることを前提に設定されていると思われる。このように，市場では一般に需要より多い量の商品が供給されていると考えられる。農水省の発表によると，食品廃棄物等の発生量は，平成21年から25年まで，毎年2000万トン前後に上るが[42]，これも需要を上回る商品が供給されていることを示すものである。

　以上のように，本稿では，独占禁止法が競争制限行為を違法とする意義を理

---

[42] 農林水産省ウェブサイト「食品廃棄物等の年間発生量及び食品循環資源の再生利用等実施率について」http://www.maff.go.jp/j/shokusan/recycle/syokuhin/kouhyou.html

解する上で前提となる実態の認識について論じたが，最後に，需給均衡作用に関する上記のような認識が独占禁止法の解釈・運用とどのような関わりを持っているのかについて，若干の考察を行うことにする。

まず，市場において競争による需給均衡作用が期待できないということになれば，法目的を定めた独占禁止法第1条の直接目的（「公正且つ自由な競争を促進」）にも究極目的（「一般消費者の利益を確保するとともに，国民経済の民主的で健全な発達を促進する」）にも，需要と供給を均衡させ資源配分を適正化することを含めることはできないことになる。もっとも，日本の独占禁止法においては，新古典派のいう配分的効率性の実現を独占禁止法の唯一のまたは主たる目的であるとする主張は，ほとんど支持を得られていない。

独占禁止法違反行為の要件である「競争を実質的に制限すること」の意義にも関係する。競争の実質的制限とは市場支配力の形成，維持または強化であると解するのが通説・判例である。この市場支配力とは，その意思で，ある程度自由に，価格，品質，数量その他各般の条件を左右することができる力である。経済学では，完全競争市場における事業者が取引する価格を左右する力をまったく持たない（価格受容者である）状態と対比して，価格を左右できる力を市場支配力（または価格支配力）と呼ぶ。これに対して，独占禁止法における市場支配力は，法的な概念であり，経済学の市場支配力とは異なる意味のものとするのが一般的な理解である。需給の均衡作用が期待できなくても，市場支配力に基づく違法性判断が不当ということにはならないであろう。

市場支配力を形成することの違法性は，市場の需給均衡作用を前提にしなくても説明が可能である。ここでは全体を網羅した議論はできないが，例えば，札幌市で事業を行う石油小売業者が共同して一般家庭向け灯油の販売価格を引き上げる場合を考える。利益の配分について考えると，この石油小売業者による価格カルテルが行われることにより，カルテルがなく競争が行われれば消費者の手元に残ったはずの利益を，石油小売業者が得ることになる。カルテル行為を止めさせ競争を回復することは，このような利益の配分を是正することになる。入札談合や価格維持効果のある数量制限カルテルも同様の説明が可能である。市場支配力の形成の不当性は，このような利益配分の観点からも説明可能である。[43]

本稿は，独占禁止法の解釈・運用に経済学は不要であると主張するものではない。経済学には，新古典派以外にも様々なものがある。経済学の中から独占禁止法の解釈・運用に必要な理論を選び出すことが必要になろう。

　新古典派経済学のように，いかなる時代の市場にも，いかなる地域の市場にも，またいかなる商品の市場にも妥当する，普遍的な経済理論を作ろうとすることには批判がある。ブキャナンは，経済学の目指すべき方向について次のように述べている。先に気象学を引き合いに出し，気象学では，「単純で普遍的な気象理論」というものは存在せず，「数多くの関連モデルや概念……気象のさまざまな側面を理解するのに役立つ複数の理論がある」ことを指摘する。その上で，「市場や経済の科学もこれと同じように，一つの普遍的理論を追求するのではなく，多彩な関連モデルや理論を取りそろえることを目指すべき」であり，「具体的な現象のそれぞれに合わせたモデルや理論が必要」なのだと主張する。市場を正のフィードバックが生じる不均衡なものと見るブキャナンは，このような理論やモデルは，「個人や企業，政府，その他の経済活動への参加者間の相互作用のフィードバックから，最も重要な経済現象がどのように生じてくるか，という点を重視する」ことになると述べている[45]。

　独占禁止法の解釈・運用も，絶対不変の経済原理が分かっていなければできないというものではないであろう。対象を絞った経済理論や経済モデルが有用な場合もあると思われる。経済モデルの構築においては，進化経済学や経済物理学において，コンピュータによるシミュレーションを利用したモデルの構築が試みられている。これは，コンピュータ上でプログラムされた複数のまたは多数の市場参加者に取引をさせて，取引価格の動きなどを分析するものである。より現実市場に近い想定の経済モデルの構築が期待できる。

---

43）　利益配分の観点から不当性を説明することは，独占禁止法の目的について従来から論じられてきた私的経済力の抑止，消費者の利益の確保，民主的な経済秩序形成の議論と整合するものである（独占禁止法の目的については，根岸哲＝舟田正之・独占禁止法概説（第5版，2015）27～29頁，実方謙二・独占禁止法と現代経済（増補版，1977）229～230頁，岸井大太郎ほか・経済法（第8版，2016）6～8頁〔岸井大太郎〕などを参照）。

44）　経済学には制度派，行動学派など様々なものがあり諸学派を幅広く知ることが経済を理解するには必要であると解くものに HA-JOON CHANG, ECONOMICS: THE USER'S GUIDE (2014)（ハジュン・チャン・経済学の95％はただの常識にすぎない（2015））がある。

45）　BUCHANAN, supra note 31, at 19（前掲注31）39頁）。

独占禁止法の解釈・適用において経済学を利用するとき，独占禁止法が経済学に何を求めるのかが問題となる。独占禁止法が実現しようとするものが何かが明らかになることにより，解釈・運用に役立つ経済分析，経済理論はどのようなものかが決まるのであるが，他方で，独占禁止法が何を実現しようとするのかは，競争によって何が実現されるのかについての実態認識が基礎にあり，その解明には経済学の助けが必要になるであろう。独占禁止法と広い意味での経済学との間で対話を続けることが求められていると言えよう。

# 「消費者の権利」と独占禁止法

岩　本　　諭

　　Ⅰ　はじめに——問題の所在と検討の視角
　　Ⅱ　「消費者の権利」の意義と日本における理解状況
　　Ⅲ　「消費者の権利」と独占禁止法上の課題
　　おわりに

## Ⅰ　はじめに——問題の所在と検討の視角

　独占禁止法の保護法益は，公正かつ自由な競争の促進とこれによって実現される一般消費者の利益の確保と経済の民主的な発達の促進である。独占禁止法は，日本で最初に「競争」を保護法益とした法律であり，また同時に，日本で最初に「消費者」の利益の確保を法目的に掲げた法律である[1]。

　同法制定から約 70 年の間，独占禁止法は数次に亘る弱体化と強化の改正の中にあって，同法の目的規定（1条）は制定当時のままの条文が維持されてきているが，「一般消費者の利益」の理解は当時のままといえるのであろうか。

　ニセ牛缶事件を契機とする不当表示問題への対策に際して，独占禁止法を補完する特例法と位置付けられた景品表示法（1962 年）が制定され，表示・景品・懸賞付販売に対する規制は景品表示法を中心として展開されることとなった。消費者保護基本法（1968 年）が制定され，国と自治体による消費者保護行政の二元体制が構築される中，時代とともに独占禁止法の体系とは別の消費者

---

1) 丹宗暁信＝伊従寛・経済法総論（1999）401 頁，404 頁。

法の体系が整備されることにより，次第にそれぞれの法領域が確立する経過を辿っている。

　1990年代に政府規制改革推進計画に基づく規制改革と競争政策の一層の強化が進展していく中で，公正取引委員会は「消費者政策の積極的推進」及び「競争政策と消費者政策の一体的取組」を主要政策目標として掲げ，その具体的検討項目として，第一に表示規制の強化を，第二に消費者の適正な選択を歪める行為の規制（ぎまん的勧誘行為，一方的不利益行為，困惑行為）を設定していた（公正取引委員会「消費者取引問題研究会」〔平成14年11月報告書〕）。第一の項目は景品表示法の規制強化であり，第二の項目は景品表示法又は不公正な取引方法による課題克服を主な内容とするものであった。[2]

　しかしながら，その後も相次ぐ消費者問題への抜本的体制の強化の観点から，2009年9月に消費者庁が設立され，同庁の下に消費者法の多くの権限が集約され，独占禁止法の特例法であった景品表示法もこの時に移管された。この時期を境に，公正取引委員会において消費者政策と競争政策の一体的推進という政策目標が掲げられることはなくなり，公正取引委員会－独占禁止法，消費者庁－消費者法といった関係を基本とした独占禁止法の運用が図られている状況がある。

　今日の独占禁止法の運用をめぐる考え方には，事業者間の競争行為と取引行為をもっぱら法適用の対象とする方向性が見られることから，事業者と消費者の間の取引に係る問題は，独占禁止法の領域ではなく，民法や消費者契約法による私人間の解決，又は特定商取引法，景品表示法・食品表示法による規制を基本とする消費者法の領域において対処される問題であるとの認識が強まっているのではないかと思われる。

　本稿では，独占禁止法が消費者法としての性格を有していることを肯定した上で，独占禁止法の「一般消費者の利益」の確保という目的規定の意味の確認を通して，同法の役割について「消費者の権利」の視座から考察を行うものである。[3]

---

2) 同報告書の概要について，森貴＝中薗裕子「『消費者政策の積極的な推進へ向けて──消費者取引問題研究会報告書』の概要」公取627号（2003）53頁以下。

## Ⅱ 「消費者の権利」の意義と日本における理解状況

　本章においては，検討の視角となる「消費者の権利」の概要と日本における理解の状況について簡略に整理する。なお，「消費者の権利」という用語には，ケネディ特別教書に由来する，いわゆる権利章典としての消費者の権利（Consumer Bill of Rights）と，消費者契約法（2001年制定）で用いられる消費者の権利義務（3条1項・2項，10条）のように実定法上の権利として定められたものがある。前者の意味で用いる場合には，かぎ括弧で表記する。

### 1　「消費者の権利」のプロフィール——ケネディ特別教書と「消費者の権利」の国際的潮流

　ケネディ特別教書（1962年）を出発点として，「消費者の権利」という考え方が世界に広まったことは周知の事実である。同特別教書は，消費者には「安全の権利」「知らされる権利」「選択する権利」「意見が反映される権利」の4つの権利が存在すること，この権利を擁護し消費者保護を実現する上で国家・行政が取り組むべき施策について述べたものである。

　アメリカ合衆国では，その後，フォード大統領の時代の1975年に「消費者教育を受ける権利」が追加され，現在5つの権利がある。

　このケネディ特別教書の4つの権利は，1960年にアメリカ合衆国，英国，オランダ，ベルギー，オーストラリアの5か国の消費者団体を理事として設立された国際消費者機構（IOCU，1995年にコンシューマー・インターナショナル〔CI〕に改称）において，8つの「消費者の権利」に拡充された。

　EUでは，1975年に欧州理事会で決議された「消費者保護及び情報政策に関する予備計画」において「健康と安全の権利」「経済的利益が保護される権利」

---

3）　現在，民法改正の議論においても，契約法と事業者規制法と二つの態様を併せ持つ消費者法領域を民法との関係においてどのように位置付けるかの検討がなされているが，本稿は日本の経済法と消費者法の関係を取り上げるものである。民法改正議論と消費者法の位置付けに関する論稿として，鹿野菜穂子「消費者法と法典化」岩谷十郎＝片山直也＝北居功編・法典とは何か（2014）265頁がある。

「救済のされる権利」「情報と教育の権利」「意見表明の権利」が明記されたのが「消費者の権利」に関する最初の取り組みであった。EU 条約レベルでは，2003 年発効のニース条約 153 条 1 項に「情報」「教育」「消費者の組織化」の 3 つの「消費者の権利」規定が導入され，2009 年発効の欧州機能条約（リスボン条約）169 条 1 項に引き継がれている。

## 2 日本における「消費者の権利」をめぐる状況――消費者基本法以前における「消費者の権利」をめぐる議論

日本では，消費者運動の高まりの中で 1957 年に開催された第 1 回全国消費者大会において，消費者が主権者であるとする「消費者宣言」がなされたことが，消費者の存在が主権ないし権利との関係で認識される初期の出来事であったといえる[4]。日本における「消費者の権利」をめぐる議論は，1962 年の前記ケネディ特別教書の「消費者の権利」の権利性の捉え方について展開されてきたが，かつては消極的な立場と積極的に肯定する立場が見られた[5]。日本で最初に「消費者の権利」を主唱されたのは正田彬教授であり，「安全」「表示」「公共料金等の取引条件の決定への参加」「情報」の 4 つの権利がその内容である[6]。

日本の消費者行政・政策の基本法として制定された消費者保護基本法（1968 年）は，ケネディ特別教書の影響の下で立法作業がなされたが，「消費者の権利」規定の導入に対する強い反発の中で，「利益の擁護」の文言が妥協案として示され，最終的に消費者の権利規定は導入されなかった[7]。

同基本法の改正によって 2004 年に成立した消費者基本法の中に権利規定が置かれたことから，現在は「消費者の権利」自体を否定する見解は見当たらな

---

4) この「消費者宣言」は，労働者と消費者が資本主義，具体的には独占資本によるカルテルによる搾取に対抗する力を結集することの必要性を唱えているが，この宣言の締めくくりに「消費者大衆こそ主権者」であり，「この権利をまも」ることが宣言されている。歴史背景を含めた詳細な文献として，原山浩介・消費者の戦後史（2011）162 頁。
5) この点については，岩本論「自治体における消費者行政の展開と競争政策――消費者基本法の制定を契機として」片岡寛光先生古稀祝賀・行政の未来（2006）269 頁で検討した。
6) 正田彬・消費者の権利（1972），同・消費者の権利（新版，2010）。
7) 当時の立法担当者の回顧録では，「消費者の権利」規定に対する業界を中心とした強い反発が見られる中で，「消費者の利益の擁護」の文言が権利規定の趣旨を踏まえたものとして導入された経緯が明らかにされている。及川昭伍＝田口義明・消費者事件歴史の証言（2015）14 頁。

い。今日の議論は,「消費者の権利」の性格,その意味内容の捉え方をめぐって展開されている。

### 3　消費者基本法における8つの権利の規定

消費者基本法に定められた「消費者の権利」規定は,同法2条1項の「基本理念」一文の中に盛り込まれるかたちで規定されているが,「国民の消費生活における……適切かつ迅速に救済されること」までの記載の中に,CIが掲げる8つの権利の内容が網羅されている。同法の立法担当者による解説においても,「立法の過程においては,国際消費者機構(CI)の8つの消費者の権利との関係が議論となり,基本法の2条1項には,その内容が余すところなく位置づけられることとなった。」ことが述べられており,日本における「消費者の権利」は8つの権利であることは明らかである[8]。

この8つの権利を消費者基本法2条1項の記載の順に列挙すると,①消費生活の基本的需要が充たされる権利,②健全な生活環境が確保される権利,③安全が確保される権利,④選択の機会が確保される権利,⑤必要な情報提供を受ける権利,⑥教育の機会が確保される権利,⑦意見を反映する権利,⑧被害を救済される権利,である。

### 4　「消費者の権利」の性格

#### (1)　消費者概念と「消費者の権利」

ケネディ特別教書において,消費者に関する特段の説明はなされていないが,同教書は「消費者とは,我々全てを含んでいる。」という一文で始まる。

従来から,消費者概念については,生活者,市民といった概念との近似性又は類似性が取り上げられてきており,「消費者の権利」も生活者としての権利として説明されることもある。さらに,近年,消費者市民(consumer citizen)という考え方が国民生活審議会や国民生活白書において取り上げられている[9]。

日本の法制度において消費者は,個別の法律において定義されており,全て

---

[8]　吉田尚弘「消費者保護基本法の一部を改正する法律」ジュリ1275号(2004)87頁。
[9]　岩本諭「日本の消費者市民社会」岩本諭=谷村賢治編著・消費者市民社会の構築と消費者教育(2013)21頁。

の法律に共通する定義を有しているわけではない。個別の法律ごとの定義において，文言と意味内容で共通していることは，消費者は事業者との関係において定義されていることである。最初に定義規定が置かれた消費者契約法2条1項は，「『消費者』とは，個人（事業として又は事業のために契約の当事者となる場合におけるものを除く。）をいう。」と定めている。このほか，電子消費者契約法2条2項，法の適用に関する通則法11条1項に，同様の定義規定がある。消費者行政法である消費者安全法2条1項は消費者を，「個人（商業，工業，金融業その他の事業を行う場合におけるものを除く。）」と定義している。このように，事業者の対義語として消費者を定義する立法は，ドイツ，EUにおいても見られる。

これらの法律上の消費者の定義は，消費者が事業者とは区別される「個人」であること以上の内容を持つものではない。「個人」には性別，年齢といった属性以外にも，障がいの有無，判断能力の程度など様々な側面があり，かかる多様な属性は事業者との取引，消費生活の場面にも反映される。ケネディ特別教書の「消費者の権利」の消費者とは，消費者の多様性を捨象して画一的なモデルとしての——とりわけ市場における合理的判断を行うプレイヤーとしての——消費者ではなく，現代経済社会の中で消費生活を営む全ての人間の意味において理解する必要がある。「消費者の権利」は多様な消費者が権利行使の主体であることを前提としているものといえよう。

### (2) 請求権としての「消費者の権利」

「消費者の権利」の性格をめぐる捉え方には，理念としての権利説，私法上の権利説，憲法上の権利（人権）説がある。理念としての権利説は，消費者政

---

10) 永井和之編・法学入門（2014）115頁〔遠藤研一郎〕。
11) 現在の日本において進行している貧困層の増大が「消費者の選択する権利」自体を有名無実化している実態が指摘されている。植田勝博「消費者の権利が崩壊する日」現代消費者法 No. 31（2016）53頁。
12) 細川幸一「人権としての消費者の権利」江橋崇編著・グローバル・コンパクトの新展開（2008）228頁，岩本諭「消費者の権利と責任」岩村＝谷村編著・前掲注9）137頁，同「消費者政策における『保護』と『自立』」法政大学大原社会問題研究所＝菅富美枝編著・成年後見制度の新たなグランド・デザイン（2013）164頁。

策・行政の意義と目的は「消費者の権利」の実現にあるが，それ以外の国の諸政策の立案と実施に際しても，「消費者の権利」を尊重し，権利を侵害しないことへの最大限の配慮が必要とされるとするものである。また，私法上の権利説は，市場における事業者と消費者との関係，とりわけ市場力・情報力・交渉力の格差の存在を前提とした事業者と消費者の取引において，消費者の諸権利が侵害され，または侵害されるおそれがある場合に，消費者関係法を通じて事業者に対して被害の救済と被害から予防を求めることができる権利として捉えるものである。憲法上の人権として捉える立場は，日本国憲法には存在していない「消費者の権利」について，生存権として，幸福追求権として，あるいは新たな人権として，憲法上の根拠を明確にする必要性を唱えるものである。

　これらの捉え方は，いずれも相互に排他的な関係にあるものではない。重要なことは，消費者とは何か，消費者が――たんなる「国民」と同じレベルで捉えるのではなく――現代の経済社会においていかなる存在であるかという基本認識の上に，「消費者の権利」の意義を確認することが，「消費者の権利」の法的な性格を考察する原点であるということである。

　前述のとおり，消費者は，個別の法律で事業者と対峙する関係において捉えられているが，こうした関係に着目すると，「消費者の権利」は事業者に対する請求権としての性格を有していることは否定できない。その一方で，8つの「消費者の権利」の個々の権利には，事業者に対する請求だけでは実現が困難な内容を有しているものが少なくない。例えば，「知らされる権利」の内容は，情報の権利や事業者に表示させる権利といわれることがあるが，消費者が事業者に対して商品・サービスに係る情報を過不足なく表示させることを求める場合に，その事業者の情報提供や表示の態様が消費者にとって不十分である場合には，行政による規制の強化や立法による法の不備の是正を求めることになろう。また，「消費者の権利」の中には，「消費者教育の権利」のように，そもそも事業者に対する請求によっては実現せず，国家の作用によって初めて実現可能な内容のものがある。したがって，「消費者の権利」の行使の相手方には，事業者のみならず，国家も含まれると見る必要がある。ここでの国家とは，立法，行政，司法を指すのであり，その意味において，「消費者の権利」の法的性格は，国家と消費者との関係において，三権に対する請求権という視点から

明らかにすることもできよう。

## Ⅲ 「消費者の権利」と独占禁止法上の課題

### 1 一般消費者の利益と「消費者の権利」の関係性
(1) 「一般消費者の利益」の意味内容と捉え方

司法において，一般消費者の利益と「消費者の権利」の関係性について直接言及した判例はないが，一般消費者の利益という独占禁止法の保護法益の捉え方に関する判例として，3つの判決を時系列で取り上げる。

景品表示法をめぐる民事事件に関わる最高裁判決として，不服申立ての却下審決「ジュース表示事件」判決（昭和53・3・14）がある。[13] この最高裁判決は，独占禁止法及びその特例を定めた景品表示法は「公正な競争秩序の維持すなわち，公共の利益の実現」を目的としているとした上で，景品表示法によって享受する一般消費者の利益は，「公益の保護の結果として生ずる反射的な利益ないし事実上の利益であって，本来私人等権利主体の個人的な利益を保護することを目的とする法規により保障される法律上保護された利益とはいえない。」と判示した。本判決は，一般消費者の利益を「反射的利益ないし事実上の利益」と見たものであり，この立場からは一般消費者の利益の意味・内容を積極的に捉えることは困難といえる。

次に「石油カルテル刑事事件」最高裁判決（昭和59・2・24刑集38巻4号1287頁）がある。この判決は「公共の利益」の解釈は独占禁止法1条の目的規定から導かれること，そして1条に定められる公正かつ自由な競争の促進を直接目的，一般消費者の利益の確保と経済の民主的発達の促進を究極目的として分類・整理して，公共の利益の要件はこの直接目的と究極目的の比較衡量において判断されることを示したものである。

「豊田商事事件」国家賠償請求訴訟における大阪高裁判決（平成10・1・29審決集44巻555頁）は，豊田商事による金地金の現物の存在を前提とした取引の内容が有利誤認表示に該当するとした上で，独占禁止法及び景品表示法の一般

---

13) 「ジュース表示事件」最高裁昭和53・3・14判決（民集32巻2号211頁）。

消費者の利益を「究極目的」であるとし,「具体的な事情の下において,個別の国民の権利利益との関係で,公取委の公務員が右規制権限を行使すべき条理上の法的作為義務があり,これを行使しないことが右独禁法等の究極目的に反し,著しく不合理である場合があることを全く否定することはできない。」として公取委が主張した反射的利益論に基づく主張を退けた（なお,判決は,規制権限を発動しなかったことに対しては条理に反して不合理とはいえず権限不行使の違法性を否定し,原告の請求を退けた）。

このように,司法判断における一般消費者の利益の捉え方は,「石油カルテル刑事事件」最高裁判決における独占禁止法の究極目的としての位置付けが示されて以降,下級審の国家賠償請求事件の事案ではあるものの「豊田商事事件」高裁判決において反射的利益論は採用されておらず,「ジュース表示事件」最高裁判決の見解に留まっているとはいえない。消費者基本法に「消費者の権利」規定が法定されたことによって,「消費者の権利」を一般消費者の利益の内容として捉えることになるかについては,今後の判例の動向が注目される。

学説の状況を見ると,大別して,一般消費者の利益について,競争の促進の反射的利益と見る立場（消極説）と,積極的に法の保護法益と捉える立場（積極説）がある。

消極説は,国による市場の競争の維持,競争制限の除去によって「公正かつ自由な競争」が確保されることによって,一般消費者はその作用によって競争の利益を享受することができるにすぎず,したがって一般消費者の利益は独占禁止法の運用による競争秩序の確保の反射的利益と見るものであり,前掲「ジュース表示事件」最高裁判決と同じ立場といえる。

積極説は,「消費者の権利」を同法の最も重要な保護法益であるとする。そして,一般消費者の利益の意味・内容については,「消費者の権利」を含むとする見解[14],「消費者の権利」のうち選択の権利と知らされる権利が一般消費者の利益の中核であるとする見解が見られる[15]。

根岸＝舟田説は,民主的経済秩序と経済学の消費者主権を「法律的に捉え直し,消費者の『権利』という観点からみるならば,民主的な経済秩序を形成す

---

14) 今村成和ほか編・注解経済法上巻（1985）24頁〔今村成和〕。
15) 根岸哲＝舟田正之・独占禁止法概説（第5版,2015）29頁。

るためには，競争政策によって，個々の消費者に『選ぶ権利（競争価格によって商品やサービスに接することが保障されること）』と，その前提としての『知らされる権利（不当な表示や広告から保護され，自主的かつ合理的な選択を行うために必要な情報が与えられること）』を確保することが不可欠になると言う」べきであるとしている。[16]

また，金井貴嗣教授は，民主主義の精神と同様に，経済民主主義もまた経済社会の底辺にある消費者が秩序を自らつくり担う精神の実現にあり，「『一般消費者の利益』はア・プリオリにその内容が確定されているものではなく，基本的には『消費者の権利ないし自由』の実現を通して確保されるものと考えられる」とする。[17]

(2) 「一般消費者」と消費者の多様性——独占禁止法における適合性原則の視座

独占禁止法，景品表示法，食品表示法などの目的規定でいわれる「一般消費者の利益」の一般消費者について，いずれの法律においても定義や説明はなされていない。これらの法律にいわれる一般消費者とは何を意味するかについて若干見ておきたい。

独占禁止法の学説，実務においては，一般消費者そのものについての言及はあまりない。正田彬教授は，一般消費者を「商品流通過程の底辺を構成し，ほかにその負担を転嫁しえない取引主体」として，また「いわば独占段階の取引社会における従属関係の底辺を形成するものとして」性格付けられるとする。この見解は一般消費者を現代経済社会における位置付けの中で捉えたものであるが，一般消費者と消費者を区別せず，同じものと捉えている。[18]

一般消費者に関する踏み込んだ裁判例はないが，前掲「ジュース表示事件」最高裁判決は，「一般消費者の利益」について，「公正取引委員会による……公益の保護を通じ国民一般が共通してもつにいたる抽象的，平均的，一般的利

---

16) 根岸＝舟田・前掲注15) 29頁。
17) 金井貴嗣「現代における競争秩序と法」正田彬ほか・現代経済社会と法 現代経済法講座1 (1990) 125頁，同「独占禁止法の目的と体系」日本経済法学会編・独禁法の理論と展開 経済法講座第2巻 (2002) 6頁。
18) 正田彬・全訂独占禁止法Ⅰ (1980) 121頁。

益」と述べており，ここでは一般消費者は国民と同じレベルで認識されている。日本の国民は全て消費者であるという認識に立てば，国民＝消費者であることは間違いない。他方，国民と消費者とは量的規模として一致していても，消費者性は国民とは異なる性格であるということも否定できないと思われる。

一般消費者は消費者と全くの同義と捉えてよいか，あるいは一般的な消費者モデルを意図した概念かについては明らかではないが，この検討の手がかりとなるのがEUの立法例である。

事業者－消費者の間の不公正な取引に関するEU2005年指令は，「高水準の消費者保護」と「消費者の権利」を定めたEU条約（ニース条約）153条を受けたものである。同指令は保護される消費者について，2つのカテゴリー——平均的消費者と脆弱な消費者——を設定している。前者の「平均的な消費者」とは「合理的に十分に情報を提供され，かつ合理的に注意深く用心深い消費者」であり「社会的，文化的かつ言語上の要素に配慮する消費者」である。後者の「脆弱な (vulnerable) 消費者」は，子どもや障がい者を典型とするものであり，これらの消費者には格別の保護を必要とすること，またその保護のための基準は，脆弱な消費者の集団における平均とすることを述べている[19]。この平均的消費者と脆弱な消費者の概念，及び両者の関係については議論があるが，現在のEUにおける消費者保護のベンチマークといえる。また，この「脆弱な消費者」というカテゴリーがEU消費者法制度の中に置かれたことは，適合性原則を踏まえた消費者の多様性に配慮した消費者法制の重要性を示したものといえる[20]。

日本法における一般消費者の用語が消費者と同義であり，また消費者が年齢，性別，所得・経済状況，判断能力などの面で多様な属性を有する個人であることから，それぞれの法律の目的である「一般消費者の利益」を正面から理解しようとすれば，かかる消費者の多様性を念頭に置いて法の解釈と運用を考慮する視点——適合性の原則——が，独占禁止法や景品表示法等においても検討される必要性があると思われる。

この点について，一般消費者とは，「漠然とした日常語としての一般消費者

---

[19] EU不公正取引指令（2005年）前文para.18。
[20] 岩本論「子どもに対する広告規制の理念と展開」消費者教育35冊（2015）35頁。

ではなく，当該商品役務を購入するような人たちという意味で，限定された層の一般消費者である。」とする見解がある。[21] この見解に立てば，事業者の行為とその行為の影響に対する評価を通じて，例えば子どもを顧客とする商品・サービス（玩具，あるいはオンライン・ゲームなど）をめぐる顧客誘引行為とその行為の不当性を判断する際には，当該商品・サービスの需要者から構成される顧客層や市場を画定して法適用がなされることにより，これらの需要者の利益＝一般消費者の利益が確保できることになる。この見解は，現行の独占禁止法や景品表示法の解釈と適用によって，消費者の多様性に配慮した法運用の可能性を示すものということができる。

### 2 「消費者の権利」から見た独占禁止法と競争政策の課題

前述のとおり，独占禁止法の「一般消費者の利益」は，積極的に「消費者の権利」をその意味内容として見ることができるとするのが，今日の一般的な学説における理解であるということを踏まえて，本款においては，消費者基本法に定められている8つの「消費者の権利」の立場から，競争秩序を構成する法制度との関係について検討する。

今日の学説においては，8つの権利のうち選択に関する権利と知らされる権利が独占禁止法の「一般消費者の利益」の意味内容として取り上げられているが，その他の6つの権利については，Ⅱで概観したように，様々な性質・内容の権利が見られる。そこで，以下では，便宜上，8つの権利について，第一に，公正かつ自由な競争と関係するもの，第二に公正かつ自由な競争を維持するための独占禁止法の諸制度と関係するもの，第三に広く競争政策に関係するもの，に三分類して，それぞれ検討してみたい。

#### (1) 「消費者の権利」と公正かつ自由な競争——第1分類

8つの権利のうち，独占禁止法の直接目的である「公正かつ自由な競争」の促進によって実現される権利内容として最も関わりがあるのは，「選択の機会が確保される権利」と「知らされる権利」である。ここでは，「消費者の権利」

---

21) 白石忠志・独占禁止法（第2版，2009）225頁。

から見た独占禁止法の実体規定の解釈と運用に関する課題を整理したい。
① 「選択の機会が確保される権利」の視点
　選択の権利については，選択の自由と選択の適正さの確保の二面がある。前者の選択の自由は，市場における事業者による自由な事業活動，すなわち競争の機会が確保されることによって保障されるものであり，公正取引委員会が独占禁止法を適切に運用することにより，選択の自由は確保されている。
　選択の適正さは，事業者と消費者の間に存在する3つの力——市場（価格）支配力，情報力，交渉力——の格差の存在を市場経済の所与の要因として，これらの格差に起因する事業者と消費者の間の取引における不公正さを除去することによって確保される。
　独占禁止法上，公正競争阻害性は，自由競争の減殺，不公正な競争手段，自由な競争基盤の侵害であると説明されており，消費者の選択の適正さは後二者の除去によって実現するものといえる。
　不公正な取引方法の旧一般指定6が事業者と消費者の間の取引をめぐる問題に適用された事案として「ホリディ・マジック事件」（公取委勧告審決昭和50・6・13審決集22巻11頁）があるが，同事件の後に，マルチ商法等を規律する旧訪問販売法（現在の特定商取引法）が整備されたこともあり，同種の事案に独占禁止法が適用されたことはない。特定商取引法は，いくつかの販売形態を特定して規制する法律であり，同法の規制対象には含まれない事案も少なくない。その一例として，インターネットを含む通信販売の広告による勧誘の問題がある。今日，インターネット広告には，アフィリエイト，ステルスマーケティング，行動ターゲティングなど顧客を巧みに購入に誘引する型の広告が氾濫している。広告の内容に優良又は有利であると誤認させる情報が含まれる場合には景品表示法による不当表示規制の問題となるが，これらのタイプの広告は，顧客への勧誘方法の問題として見るべき側面がある。特定商取引法には通信販売の広告に関する規定があるが，法が定める一定の条件を充たしている限り違法となることはない。消費者契約法は適格消費者団体による差止請求権の行使の対象として「勧誘」（消費契約12条1項）を定めているが，「サン・クロレラ販売事件」控訴審判決（大阪高裁平成28・2・25判決〔金判1490号34頁〕）は，不特定多数に向けられた広告は勧誘には該当しないとした。顧客を事業者の一方的

な情報によって契約に至らせるこうした広告上の勧誘については、現行の消費者関係法の課題となっているが、かかる問題に対して、不公正な取引方法（ぎまん的顧客誘引）の適用の余地があると思われる[22]。

独占禁止法の顧客誘引に関する規制制度については、これを不要とする見解もある[23]。公正取引委員会によるこれらの規制制度の運用が低調な実態があることは否めないが、独占禁止法と消費者法の体系と規制領域が不明確な現在の日本の法制度の状況を鑑みた場合、「消費者の権利」の観点からこれらの規制制度を不要と見ることはできない。

また顧客誘引の問題は、優越的地位の濫用（独禁2条9項5号）の射程と見ることもできる。学説の通説的理解では、優越的地位の濫用は事業者と消費者の間の取引が適用対象とされている。他方、公正取引委員会の運用例としてこれまで適用されたことはない。公正取引委員会「優越的地位の濫用ガイドライン」（2010年）では、もっぱら事業者間の取引を念頭に運用基準が策定されており、対消費者取引に今後独占禁止法が適用される可能性は極めて乏しい。Iで触れたように、公正取引委員会において優越的地位の濫用による対消費者取引への適用が検討された経緯があるが、こうした運用方針のシフトは、独占禁止法と消費者法の関係整備が不十分な現在の状況から、消費者にとって歓迎される事態とはいえない。

② 「知らされる権利」の視点

「知らされる権利」は、事業者の提供する商品・サービスに関する情報が、正確かつ過不足なく提供されることを確保するための権利である。通常は、商品・サービスに付される表示によって情報がもたらされるが、その情報が消費者を誤認させるものである場合には、景品表示法の不当表示として規制される。この権利は、「選択する権利」の前提ともいえる権利であるが、ここでは景品表示法と独占禁止法の関係に関わる事項について検討する。

消費者庁設立とともに公正取引委員会から同庁に所掌が移管された景品表示法の改正は、同法が独占禁止法の特例でなくなったことによるものであり、目

---

[22] 岩本諭「広告規制と経済法――広告問題に対する射程の考察」現代消費者法 No.32（2016）30頁。

[23] 村上政博ほか編・条解独占禁止法（2014）215頁、218頁。

的規定,不当表示,景品・懸賞付販売の規制基準に及んでいる。

　この改正については,立法担当者によると改正前後で同法の実体規制の範囲に「実質上変更ない」とされている。しかしながら,目的規定(景表1条),景品・懸賞付販売規制,不当表示の禁止の各条文において「公正な競争を確保」から「一般消費者による自主的かつ合理的な選択」への保護法益の変更がなされていること,また独占禁止法から切り離され消費者法に位置付けられたことから,運用上の大幅な変更はないと思われるものの,法制度自体の変更がないと見ることには問題があると思われる。

　不当表示規制を例にとると,不当表示行為の主体は,「表示内容の決定に関与した事業者」を基本として判断されている[24]。インターネット上の仮想ショッピングモールに出店した複数の事業者が不当表示を行った場合には,当該ショッピングモールの主催事業者は,個々の出店事業者の表示内容の決定に関わらない限り不当表示の行為主体とはならない。こうした事案が頻発する場合には,当該ショッピングモールでの販売行為自体が不当表示の温床といえるのであり,当該主催事業者が出店事業者の不当表示を放置していた場合には,その行為自体が欺まん的顧客誘引となる可能性がある。しかしながら,独占禁止法と移管された景品表示法の運用に変更がないとされた場合には,景品表示法の不当表示に該当しない事業者に対して独占禁止法による規制はなされる余地は少ないといえる。

　またポイント・サービスを例にとると,消費者庁は景品表示法の対象(景品)ではないとしている。この例についても,景品表示法は改正前後で運用に変更がないとした場合に,ポイント・サービスを競争手段とした問題が惹起した場合には,不公正な取引方法の問題として取り上げることも困難になる。独占禁止法との関係が切断され,法益も規制基準も変更された以上,別個の法律であることを前提とした法運用が行われなければ,法律のすき間を不本意に生み出すことになる。したがって,移管された景品表示法と独占禁止法の関係について,上記の問題点を踏まえて問い直すことが必要であると思われる[25]。

---

24) 例えば「ベイクルーズ事件」東京高裁平成20・5・23判決(審決集55巻842頁)。
25) 根岸＝舟田・前掲注15) 223頁。

(2) 「消費者の権利」と独占禁止法の諸制度――第2分類

　この分類に属するのは，「救済される権利」と「意見が反映される権利」である。

① 「救済される権利」の視点

　独占禁止法は，差止請求に関する規定（24条）と民法の特例である損害賠償請求に関する規定（25条）を定めている。これらの民事救済制度は消費者にとって利用しやすいとはいいがたい実態があるが，その克服の1つの方策として適格消費者団体制度の活用がある。

　内閣総理大臣から認定された適格消費者団体は，事業者の行為に対する差止請求権を行使することが認められている（消費契約12条）。現在，適格消費者団体の差止請求の対象となる事業者の行為は，消費者契約法，特定商取引法，景品表示法と食品表示法の規定に違反する場合である。したがって，独占禁止法違反行為はその対象とはされていない。独占禁止法24条の差止制度の導入に際しては，慎重論が根強く，そのため当面は不公正な取引方法のみを対象とすることで立法がなされた。[26]

　消費者問題は契約，表示上のトラブルに限定されるものではなく，特に価格に関する問題は，消費者個人によって対応できる問題ではなく，適格消費者団体が当事者となることによってはじめて，対応の糸口となる問題である。その意味において，不公正な取引方法にかぎらず，企業集中を含む全ての独占禁止法違反行為を適格消費者団体による差止請求の対象とする法制度の見直しは検討の余地がある。[27]

　損害賠償請求についても，一消費者による権利行使が容易ではないことは，差止請求権の場合と同様である。消費者による損害回復の事案は，個々の被害が少額であることが少なくないことから，同一の事業者の行為による被害回復を容易になさしめるために，新たに特定の適格消費者団体による集団的被害回復制度が設けられた。同制度が消費者の損害回復にとって十分に機能するかど

---

26) 根岸哲編・注釈独占禁止法（2009）578頁〔泉水文雄〕。
27) EU，ドイツにおける企業集中に対する消費者訴権については，岩本諭「競争当局による企業結合承認と第三者異議申立て制度に関する比較法的視座」奥島孝康先生古稀記念論文集第1巻〈下篇〉・現代企業法学の理論と動態（2011）899頁。

うかの見極めが必要であることは当然であるが，現行の独占禁止法25条及び民法709条に基づく消費者を原告とする損害賠償請求訴訟の活用が十分ではないことから，損害賠償請求訴訟についても，特定適格消費者団体を当事者とする新たな仕組みを検討する余地はあると思われる。

② 「意見が反映される権利」の視点

消費者にとって契約トラブル，勧誘行為，不当表示に限らず，価格，販売方法等，事業者との間に起因する問題は全て消費者問題であり，その相談先は，基本的に，自治体に所在する消費生活センターである。消費生活センターは，都道府県については消費者安全法で必置が義務付けられ（同法10条1項），市町村には設置の努力義務がある（同法10条2項）。

公正取引委員会は全国ブロックごとに地方事務所が置かれているが，同委員会は，自治体に出先機関を設置していない。多くの消費生活センターは，国民生活センターとPIO-NETで結ばれており，自治体で受けた相談内容は国民生活センターに集約される仕組みとなっている。契約トラブル，多重債務といった相談以外にも，価格，表示，食品安全などの問題が，こうした組織と仕組みの中で国民生活センターに集約され，内容によって，それぞれの行政機関に適切に仕分けされ伝達されることが期待されている。

消費者にとって，消費生活センターは全ての消費者問題の窓口である。国民生活センターと消費者庁との間における情報共有体制は確立しているが，独占禁止法に関わる問題が消費生活センターに寄せられた場合の情報の取り扱いの面で，遅滞なく公正取引委員会に伝達・集約されるシステムが構築されているかについては，現状において十分といえる状況にはない。したがって，全国ブロックごとに置かれている公正取引委員会の地方事務所と消費生活センターの直接的な情報ルートの構築が必要であると思われる。

### (3) 「消費者の権利」と広義の競争政策――第3分類

この分類に属するのは，「安全が確保される権利」，「消費者教育を受ける権利」，「消費生活の基本的需要が充たされる権利」と「健全な生活環境が確保される権利」である。

① 「安全が確保される権利」の視点

商品・サービスが安全であることは，市場経済の前提である。同時に，安全は，市場機能によって確保されるものではないことから，安全確保のための規制は，市場の競争秩序とは別に必要とされる。

　安全に関する法律としては，民事法である製造物責任法，行政規律である食品安全法，消費者安全法，消費生活用製品安全法などが整備されている。

　消費者にとってその商品が安全であるかどうかは，当該商品に付された表示がほとんど唯一の判断の手がかりとなる。2015年に施行された食品表示法は，急遽整備された「機能性表示食品」に関する制度を含んでいるが，機能性表示食品は，特定保健用食品とは異なり，製造事業者による届出のみで販売することができる商品である。国の許可に係る特定保健用食品とは異なり，その食品の機能に関する証拠は事業者側の提出したデータで十分とされているものであることから，消費者側から懸念する意見表明がなされている。表示が適切であることと，その食品が安全であるかどうかは別個の問題であることから，機能性表示食品については，その表示の在り方を含めて，安全確保の観点から，規制制度の見直しの必要があることを指摘しておきたい。

② 「消費者教育を受ける権利」の視点

　日本では，2012年に消費者教育推進法が制定され，翌年に「消費者教育推進基本計画」が閣議決定されたことを受けて，現在ほとんどの自治体（都道府県レベル）において消費者教育推進計画が策定された状況にある。

　「消費者教育を受ける権利」は，個々の消費者が「選択する権利」，「知らされる権利」や「救済を受ける権利」を適切に行使する上での基本的知識を習得するために不可欠な教育の機会を確保するためのものであり，公正取引委員会が実施している教育事業をはじめ広く競争政策の基盤（インフラストラクチャー）を深耕するものであるといえる。

③ 「消費生活の基本的需要が充たされる権利」と「健全な生活環境が確保される権利」の視点

　これらの権利については，権利内容についての具体性に乏しいことから，その必要性を含めて消極的ないし不要なものとして捉える見方がある[28]。

---

28) 及川＝田口・前掲注7) 135頁。

現在の日本において，これら2つの権利の意義について言及しておきたい。震災等によるライフラインの途絶や食料不足は，消費者の生活基盤の喪失を惹起しており，また原発被災による環境汚染は生命・健康を脅かす事態となっている。国民の消費生活の基本的需要，健全な生活環境の確保が喫緊の課題であるにもかかわらず，早急かつ着実な回復が図られない事態は消費者基本法制定後に見舞われた種々の不幸な自然災害後の対応状況を見ても深刻である。かかる事態については，消費者政策担当官庁も，この2つの権利の観点から必要な施策を実践する責務があるといえよう。

使用後製品のリサイクルについても，同様のことが指摘できる。生活環境の保全と向上は，事業者とエンドユーザーである消費者の双方による共通理解と行動が一定の方向に向かうことによって実現されるものである。

これらの権利の実現を通じた生活基盤の確保と生活環境の確保は，国家の作用のみで実現できるものではなく，事業者と消費者の協働を必要とするものであり，競争政策の目線による関与が不可欠であると思われる。

## お わ り に

本稿では，「消費者の権利」を視座として，消費者と独占禁止法との関係を中心に検討してきた。独占禁止法と消費者法の両者の関係は，現在の曖昧な境界線を維持していくことが消費者の保護と利益の確保にとって有効であるのか，あるいは明確なかたちで法制度が再構築される必要があるのかについては，今後の検討課題としたい。

70年を迎えた独占禁止法の今後の在り方を考えるための一視座として本稿を位置付けたい。

# EU 競争政策の目指すもの

山 本 和 史

I　はじめに
II　ヴェステアー委員に託されたミッション
III　EU 競争政策の最近の動向
IV　結びに代えて


## I　はじめに

　欧州委員会は，加盟 28 カ国の政府間の合意に基づいて任命された委員（委員長を含む。）28 名で構成されており，任期は 5 年である。現在，競争政策の担当委員はデンマーク出身のマルグレーテ・ヴェステアー（Ms. Margrethe Vestager）委員が担当しており，2014 年 11 月に就任した。

　本稿は，EU がどのような分野に重点を置いて競争政策を進めていこうとしているのかを概観した上で，ヴェステアー委員の就任以降，具体的にどのような取組が進められているかについて，その動向を紹介するものである。[1)2)3)]

---

1)　本稿の執筆に当たっては，欧州連合日本政府代表部の鈴木健太一等書記官から各種の資料の提供と多くの教示を受けた。この場を借りて，お礼を申し上げます。
2)　本稿中，意見にわたる部分は筆者の個人的な見解であり，筆者が属する組織（公正取引委員会）の見解を表すものではない。また，本稿は，2016 年 3 月末時点における欧州委員会のプレスリリースその他の公開情報に基づいて作成している。

## II ヴェステアー委員に託されたミッション

### 1 ユンカー委員長からのミッション・レター

2014年9月,欧州委員会のジャン=クロード・ユンカー(Jean-Claude Juncker)次期委員長(当時)は,欧州委員会の新体制について公表し,競争担当委員候補として指名したヴェステアー氏に対してミッション・レターを送り[4],期待したい事項として,①デジタル単一市場,エネルギー政策,金融サービス等の分野への取組,②反トラスト・カルテル,企業結合及び国家補助の分野における競争法の効果的な執行,③本分野における欧州委員会の世界的な評価の維持・強化と国際協力の促進を挙げた。

### 2 アルムニア前競争担当委員が指摘した今後の課題

(1) ヴェステアー委員の前任のホアキン・アルムニア(Joaquin Almunia)委員は,2014年9月,自身の5年間の競争法の執行を振り返ったスピーチにおいて[5],以下の指摘を行っている。

(ア) カルテルに対する競争法の執行は,最も優先順位の高い事項の1つであった。最近の傾向として,強力な国際協力を必要とするグローバルなカルテルの増大と,金融やエネルギーといった,これまでの産業分野とは異なる分野の事件が増加している。

我々は,制裁金により違反行為を防止し,リニエンシー・プログラムにより企業がカルテルの発見と調査に協力するように仕向けている。2010年以降,欧州委員会はカルテルを行った企業に対して88億ユーロの制裁金を賦課して

---

3) 欧州委員会の競争法の最近の動向を紹介する論文や資料としては,以下のものがある。
・「EU競争法セミナー〜日本企業が知っておくべきEU競争法の最新動向2016〜」(欧州連合日本政府代表部,2016年1月15日) http://www.eu.emb-japan.go.jp/itpr_en/00_000064.html
・杉本武重「欧州委員会による最近のEU競争法の執行と競争政策の動向」公取782号(2015)18〜27頁。
4) http://ec.europa.eu/archives/juncker-commission/docs/vestager_en.pdf
5) Joaquin ALMUNIA, Looking back at five years of competition enforcement in the EU, 10/09/2014 (europa.eu/rapid/press-release_SPEECH-14-588_en.htm).

きたが，個々の事件においては，予防効果を踏まえつつ，事案に応じた分析を行って制裁金を課している。

制裁金に関しては，①子会社の違反行為に係る親会社の責任の追及等，EU内の加盟国の競争当局間における制裁金の算定方針の更なる収斂と，②EU加盟国の競争当局が十分な体制と，同様の審査・執行権限を持つことになるよう今後の進展に期待する。

（イ）反トラスト規制に係る損害賠償訴訟について，被害者による賠償請求を促進するために欧州委員会が提案した指令は近々に採択されることが見込まれており，これによって被害を受けた者が賠償を求める訴訟の増加が期待され得る。

（ウ）市場支配的地位の濫用の関係では，デジタル市場が新たな論点となってきている。

デジタル市場においては，成功者が急に出現して大きなプラットフォームを築くことができるが，そうした事業者が，市場の他の事業者が消費者に接触する門番となるような場合には競争上の懸念が生じることとなる。このことは，ネットワーク効果のある産業分野において特に問題となる。デジタル分野では，ネットワーク効果がビッグ・データと強くリンクしていて，ビッグ・データへのアクセスが参入の主たる障壁となっている。また，デジタル・プラットフォームは，ユーザーに対する面と広告主に対する面の2つの面をもって運営される傾向があるが，ユーザーの数が増えれば当該プラットフォームは広告主にとってより価値のあるものとなり，広告収入が増えれば，より多くのユーザーを惹きつけるための投資を行うことが可能となる。

（エ）近年は，いわゆる「スマートフォン戦争」について，競争政策と知的財産権が交錯する場面が多くなってきた。欧州委員会はこの4月にサムスン[6]とモトローラ[7]に関する2つの決定を行った。これらの決定を通じて，企業は特許

---

6) http://europa.eu/rapid/press-release_IP-14-490_en.htm
7) http://europa.eu/rapid/press-release_IP-14-489_en.htm
 なお，本件において，欧州委員会は，①標準必須特許に基づく差止請求について，EU機能条約102条（市場支配的地位の濫用の禁止）の下で論ぜられた裁判例が欧州裁判所にはないこと，②本件の問題については，加盟国裁判所における結論がこれまでのところ区々であることを理由として，モトローラに対して制裁金を課さないことを決定した。

侵害に対していつでも差止請求を行うことができること，他方で，標準必須特許（SEP（standard-essential patent））を所有する企業がFRAND（fair reasonable and non-discriminatory）条件でのライセンス供与を約束しておきながら当該条件の下でのライセンスの供与を受ける意思を有する企業に対して差止請求を行う場合には，市場支配的地位の濫用行為となり得ることが明らかになった。

　また，これらの決定は，欧州委員会が，①違反を正式に認定する「禁止決定」（この場合，制裁金が賦課される可能性がある。）と，②「確約（commitments）決定」（企業が欧州委員会の懸念に対して，法的に拘束力をもつ確約を行うもの）の2つの異なる決定を行うことができることを示している。確約決定は，2004年5月に導入されて以降，欧州委員会の決定のうち半分強を占めており，より早く効果的な市場の開放を実現するために行われているが，全ての事件が確約決定によって処理され得る訳ではなく，効果的な提案が行われなかったり，はっきりとした先例を作った方が良いと考えられる事案については禁止決定が選択される。

　（オ）　合併規制の分野においては，グローバル化が特に現実のものになっているが，個別の合併事案の分析において関連市場が常に世界市場となることを意味する訳ではない。多くの事業分野において各国単位の市場が広がり，EU全体を関連市場として画定した事案は増えてきているが，電気通信のように周波数の配分や規制が未だ国ごとに行われていることに起因して各国単位のものがある。

　(2)　アルムニア委員は，また，2014年9月，EU競争政策の産業別の課題をテーマとしたスピーチ[8]を行い，エネルギー分野における競争法の執行について，反トラスト規制に関してガス及び電力の分野における多くの企業について調査を行ってきたとして，ガス分野については，ドイツ，イタリア，フランス，ベルギー等の国々において市場を開放するための事件調査を行ってきたこと，また，電力分野については，2008年のドイツのE.ONに対する件や2013年のチェコのCEZに対する件等のように，大手の電力会社が市場における地位を濫

---

[8]　Joaquin ALMUNIA, EU competition policy and sectoral challenges, 12/09/2014（Speech/14/592）.

用することのないように対処してきたことを指摘している。

## Ⅲ　EU 競争政策の最近の動向

　前記Ⅱにおいて，ヴェステアー委員に託されたミッションを見てきたが，この中から浮かび上がってくるキーワード，すなわち，どのような分野等が今後の課題として挙げられていたかを整理すると，①「経済のグローバル化」，②「加盟国の競争当局との連携」，③「国際協力」，④「損害賠償請求の促進」，⑤「エネルギー分野」，⑥「デジタル分野」，⑦「知的財産権」があり，これらが EU 競争法のカルテル規制（EU 機能条約 101 条の競争制限的協定・協調的行為等の規制），市場支配的地位の濫用行為の規制（同 102 条）及び合併規制と紡ぎ合って EU 競争政策の運用が進められている。以下では，それぞれのキーワードについて，ヴェステアー委員が就任した 2014 年 11 月以降，EU においてどのような取組が進められてきているか，個別の事例及びその意義付けについて見ていくこととしたい。

### 1　経済のグローバル化
#### (1)　合 併 規 制
　ヴェステアー委員は，2015 月 3 月，EU における合併規制の導入から 25 周年を迎えるに当たり，合併規制における市場画定について，以下の指摘を行っている。[9]
① 　地理的な市場の画定方法を見直すべきとの意見を言う者は，「我々の企業が大きくなるのを助けなければ，国際的なライバル達に勝つことはできない。全世界規模でライバル達と競争しているのだから，欧州委員会は欧州や加盟国の市場を見るのではなく，全世界の市場を見るべきである。」と主張するが，私は賛成しない。
② 　欧州委員会の目的は，欧州単一市場における競争者の保護ではなく，競争自体の保護にある。市場の画定に当たっては，顧客（customers）を中心

---

9) Margrethe Vestager, Thoughts on merger reform and market definition, 12/03/2015.

に考える。市場を画定しているのは我々ではなく，市場自体が自ら画定しているのである。

③ 通常，合併に競争上の問題がある場合には，企業からの問題解消措置を受けて合併を承認することになる。これは欧州チャンピオンやナショナル・チャンピオンについての問題を解決する良い方法の例である。合併規制は，ナショナル・チャンピオンを保護するのではなく，欧州企業が世界のリーダーになれるように競争的な環境を促進している。合併規制，そして競争政策は，欧州単一市場でビジネスを行うに当たり，誰もが同じ条件となることを務めとしている。

(2) **国際カルテル**

(ア) 欧州司法裁判所は，2015年7月，液晶ディスプレイ(LCD)パネルのカルテルについての欧州委員会の決定に関する欧州普通裁判所の判決を支持し，InnoLux（台湾）に対する2億8800万ユーロの制裁金の賦課を認める判決を行った。[10]

本件はパソコン等の製品に組み込まれる部品であるLCDパネルについての価格カルテルであるところ，InnoLuxは，自社の子会社が欧州経済領域(EEA)外で最終製品に組み込みを行ったLCDパネルについて，最終製品が域内で販売されたとしても，当該販売に係るLCDパネルの売上を制裁金の算定の基礎にすることは適当ではないと主張していた。欧州司法裁判所は，InnoLux及びその親子関係にある事業者は，①部品のカルテルによる価格の上昇を最終製品の価格に転嫁することによって，また，②転嫁されていなければ，親子関係にある事業者はカルテルが行われた当該部品を購入する競争事業者と比べてコスト上優位に立つことによって，いずれの場合にもカルテルによる利益を享受していることを理由として，当該最終製品の販売と本件のカルテルとの関連性を認め，制裁金の算定に当たって，当該最終製品の売上高をパネル価格に相当する分まで考慮できるとした。

(イ) 欧州委員会は，2015年10月，光学式ディスク・ドライブに係る価格

---

10) http://curia.europa.eu/jcms/upload/docs/application/pdf/2015-07/cp150079en.pdf

カルテルについて，オランダ，台湾，日本の企業8社が，コンピューター製造業者2社が行った入札において調整を行っていたとして，合計約1億1600万ユーロの制裁金を賦課した。[11]

本件のカルテル行為は欧州経済領域外で行われていたが，世界的規模で実施されていた。

（ウ）　欧州委員会は，2015年11月，テレビ，ゲーム機や携帯電話等の電子機器で使用される電子部品の電解コンデンサ（electrolytic capacitor）に関して，アジアの電解コンデンサ製造業者10社が日本において会合を行い，今後の市場の動向，価格及び特定の顧客情報について話し合いを行っていた疑いを持っているとして，10社に対して異議告知書（Statement of Objections）を送付した。[12]本件の審査は，2014年3月に世界数カ国の競争当局により開始されたものであるとしている。

（エ）　欧州委員会は，2016年1月，自動車のエンジン関連の重要部品であるスタータとオルタネータの自動車部品製造業者3社（いずれも日本企業）がカルテルを行っていたとして，合計約1億3800万ユーロの制裁金を賦課した。[13] 3社によるカルテル行為は欧州経済領域外で行われたものであったが，カルテルの対象部品は欧州経済領域内の自動車メーカーに直接販売され，域内の顧客に影響を与えるものであったとしている。また，本件は，2008年に和解手続（settlement procedure）[14]が導入されて以来，和解手続が行われた20件目の案件であるとしている。

## 2　加盟国の競争当局との連携

(1)　ヴェステアー委員は，2015年11月，「欧州についての見方」とのスピーチにおいて，加盟国の競争当局との連携及び加盟国競争当局の独立性と執行

---

11)　http://europa.eu/rapid/press-release_IP-15-5885_en.htm
12)　http://europa.eu/rapid/press-release_IP-15-5980_en.htm
13)　http://europa.eu/rapid/press-release_IP-16-173_en.htm
14)　カルテル事案について，手続の簡略化と迅速化を目的として導入された制度。関係人が違反行為への関与を認め，その責任を負うとする場合，欧州委員会の決定の採択に至る手続が簡略化され，制裁金が一律に10％減額される。全てのカルテル事件が対象となるわけではなく，欧州委員会は広範な裁量を持っており，和解の協議を打ち切ることもできる。

力の強化の必要について，以下の指摘を行っている[15]。
① 欧州の競争法は，欧州競争ネットワーク（European Competition Network：ECN）という28のEU加盟国と欧州委員会の29からなるチームによって執行されている。
② 欧州委員会は，2003年にECNを創設した。欧州委員会の役割は，欧州全体の視点からECNの活動を調整し，また，複数の加盟国に関係する事件について対応を行うというものである。
③ EU全体で競争政策に関する基準は同一であるが，それは基本的な原理についてであって，加盟国の競争当局の中には，必要な証拠を収集し，また，カルテルを抑止するために十分な制裁金を賦課する法的権限を持たない当局がある。
④ 証拠収集に関しては，スマートフォンやノートパソコンといった機器を調査する権限を持たない競争当局は多くの証拠を見逃してしまうことになる。また，制裁金については，同じ違反行為に対する制裁金の水準が最大で25倍もの開きがあるし[16]，制裁金は違反行為の行われた期間の全てを対象として算定されるべきところ，一部の期間についてしか賦課できない当局が存在する。
⑤ 競争当局が人々から信頼を得るためには，誰からの指図も受けずに公平に法適用することを公式に保証されること，及び有能で熟練した職員と予算が不足している加盟国の競争当局の状況を改善することが必要である。
⑥ 我々はこの問題についての意見募集を開始した[17]。今後，EUレベルでの法制化を検討していくこととなる。

(2) 加盟国の競争当局との連携に関する個別の事例として，ヴェステアー委

---

15) Margrethe Vestager, Perspectives on Europe, 20/11/2015.
16) 制裁金に関して，加盟国との連携に直接関係するものではないが，欧州議会は，2016年1月，欧州委員会の2014年の競争政策に係る年次報告に対する報告書を本会議で採択し，欧州委員会に対応を求める点の1つとして，競争法違反行為に対する制裁金について，法人のみならず，責任のある自然人に対する賦課も行われるべきであり，また，その額は抑止のために十分に高いものであるべきとしている。European Parliament News(REF.: 20160118 IPR 10328).
17) http://europa.eu/rapid/press-release_IP-15-5998_en.htm

員は，2015年12月，「欧州のデジタル化への展望」と題するスピーチにおいて，電子商取引は欧州委員会だけで対応するには領域が広すぎるため，加盟国との強い協力関係が重要となることを指摘し，オンラインのホテル予約市場の問題について，欧州委員会は自ら決定を行うのではなく，加盟国競争当局間の調整を行っていることを紹介している[18]。この問題について，欧州委員会は，2014年12月，フランス，スウェーデンとイタリアの競争当局が，オンライン旅行代理店のBooking.comとホテルとの間の契約における，いわゆる「パリティ条項（parity clauses）」（最安値での提供を約束する条項）について懸念していること，同社が懸念を解消するため確約案を提案したこと，この提案が市場テストの結果として妥当であると認められた場合，これらの3カ国の競争当局は同社の確約案に法的拘束力を持たせることとなること，また，本件について，欧州委員会はこれらEU加盟国における審査についての調整は行っているが，独自の審査は開始していないことを明らかにしていた[19]。

## 3 国際協力

(1) ヴェステアー委員は，2015年4月，「地球村（global village）における競争法の執行」と題するスピーチを行い，国際協力について，以下の指摘を行っている[20]。

① 世界経済のグローバル化が進み，企業が国際的な事業展開を進めている中において，1990年代初頭には20ほどだった競争当局が今日では130ほどにまで増加しており，世界中に競争の文化が拡がっている。

② 競争当局の増加は課題も生み出している。例えば，2つの多国籍企業が合併する場合において，各競争当局が異なる問題解消措置を前提に承認をしたらどうなるであろうか。各国の競争当局は，異なる結論を出さないようにする責任を共有しており，協力と意見交換が必要である。

③ 我々は，EU加盟国の競争当局と緊密に協力するとともに，世界中の競

---

18) Margrethe Vestager, The vision of a digital Europe: challenges and opportunities, 8/12/2015.
19) http://europa.eu/rapid/press-release_IP-14-2661_en.htm
20) Margrethe Vestager, Enforcing competition rules in the global village, 20/04/2015.

争当局との協力にも前向きに取り組んでおり，スイス，日本，韓国，カナダ及び米国とは競争分野に特化した2国間協定を結んでいる。また，多国間のフォーラムに積極的に参加し，OECD や 132 のメンバーが参加する競争当局間の最も大きなグローバルフォーラムである ICN（International Competition Network）において競争法の収斂を進めようと努力している。
④　2国間協定や国際フォーラムでの協力も，実際の事件において協力が行われてこそ価値があるものであり，2012年と2013年に欧州委員会が決定を行った案件のうち，EU 以外の競争当局と協力を行った案件は 62％ となっている[21]。

(2)　欧州委員会競争総局は，2015年10月，中国の商務部（MOFCOM）と企業結合審査の協力の枠組に関するベスト・プラクティスに署名した[22]。署名した実務的なガイダンスは，欧州委員会と商務部との間における企業結合審査の協力と調整を強化するために特化した枠組を構築するものであるとしている。

(3)　欧州委員会は，2016年3月，ヴェステアー委員が訪日して公正取引委員会の杉本和行委員長と会合（日 EU 競争当局意見交換）を行い，日 EU 独占禁止協力協定の改定に向けた準備を行うことに同意した。ヴェステアー委員は，欧州委員会と日本の公正取引委員会はこれまで強固な関係による利益を享受してきたが，共通する事件の審査において両当局間で証拠の交換を可能とするための必要な準備を行うことを合意したとしている[23]。

### 4　損害賠償請求の促進
欧州委員会は，アルムニア氏が担当委員だった 2013年6月，反トラスト法違反の損害賠償に関する指令案を提案した[24]。指令案は，被害者が被った損害に

---

21)　ヴェステアー委員は，2015年9月，ICN の合併ワークショップにおけるスピーチにおいて，各国の競争当局間の協力を進めていくためには何よりも担当者間で強いネットワークを構築して，互いに電話をかけ合うことができるような関係になってほしいと強調している（Merger review: Building a global community of practice, 24/09/2015）。
22)　http://europa.eu/rapid/press-release_IP-15-5843_en.htm
23)　European Commission, Daily News, 15/03/2016.

対する賠償を求める際の実務上の障害を取り除き，反トラスト法違反の被害者による損害賠償請求を促進することを目的としている。指令案は，2014年4月に欧州議会で採択され，同年11月には欧州閣僚理事会で採択された。欧州委員会は，これを歓迎し，欧州司法裁判所は反トラスト法違反の被害者に補償を受ける権利があることを認めているが，加盟国の手続上の障害等により，実際には被害者のほとんどが補償を受けていないとして，指令には，問題点を除去する改善点として，以下のものが盛り込まれていると指摘している。

① EU加盟国裁判所は，被害者が補償を求めた場合，企業に対して，証拠の開示を命じることができる。裁判所による証拠開示命令は，請求に見合ったものであり，秘密情報が適正に保護されるものであることが必要である。

② 違反行為の認定に係るEU加盟国の競争当局による最終決定は，当該加盟国の裁判所における訴訟において，自動的に違反行為の証拠となる。

③ 競争当局による違反行為の確定後，最低1年間，被害者は損害賠償を請求することができる。

なお，各加盟国政府は，当該指針の内容を実施するまで，2年間の猶予期間を与えられており，2016年12月26日が期限となっている。

## 5 エネルギー分野

(1) 欧州委員会は，2015年3月，ブルガリアの大手国有エネルギー企業であるBEH（Bulgarian Energy Holdings）とその子会社が，競合他社によるガス輸送ネットワーク及びガス貯蔵施設の利用を拒否すること等により，ブルガリアにおける天然ガス市場において市場支配的地位を濫用した疑いがあるとして異議告知書を送付した。[27]

---

24) http://europa.eu/rapid/press-release_IP-13-525_en.htm
25) 欧州閣僚理事会は，各加盟国の代表者（閣僚レベル）で構成され，欧州委員会の提案に基づき，欧州議会と協議した上で指令（directive）を定めることができる。指令は，「達成されるべき結果」について加盟国を拘束するが，結果を達成するための形式・方法については加盟国の当局に選択が委ねられており，指令は加盟国の国内法により置き換えられることによって効力を持つことになる。
26) http://europa.eu/rapid/press-release_IP-14-1580_en.htm

また，欧州委員会は，2015年12月，BEHが，ブルガリアの電力卸売市場において取引先事業者に対して電力の転売を制限していることが市場支配的地位の濫用行為に当たるおそれがあるとの懸念を有していたところ，BEHから，①独立した第三者と共同する形での電力取引所の創設と将来的な運営権のブルガリア財務省への移管，②今後5年間，同電力取引所の電力スポット市場に一定量の電力を供給することが確約として提案されたことから，この確約の提案についての市場テストを行った上，確約に法的拘束力を付与する決定を行ったことを公表した。[28]

　(2)　欧州委員会は，2015年4月，ガスプロム（Gazprom）に対し，同社がEUの中東欧地域（ブルガリア等の8カ国）の天然ガスの取引先との間での契約において，輸出禁止や特定地域での使用を義務付ける仕向地条項（destination clauses）を含む地域制限を課すことによって，同地域の天然ガス市場においてEU競争法に違反する市場支配的地位の濫用に該当する行為を行っていた疑いがあるとして異議告知書を送付した。[29]

### 6　デジタル分野
#### (1)　電子商取引分野に係る業界実態調査
　（ア）　欧州委員会は，2015年3月，ヴェステアー委員がベルリンの会議において，デジタル単一市場の実現に向けて電子商取引分野に係る業界実態調査（sector inquiry）を実施することを欧州委員会に対して提案することを決定した旨を公表した。[30] ベルリンにおいて行われたスピーチにおいて，ヴェステアー委員は，本件について以下の指摘を行っている。[31]

　①　EUでは欧州統合により国境がなくなったが，デジタル分野においては

---

27) http://europa.eu/rapid/press-release_IP-15-4651_en.htm
28) http://europa.eu/rapid/press-release_IP-15-6289_en.htm
29) http://europa.eu/rapid/press-release_IP-15-4828_en.htm
　　なお，ガスプロムは，天然ガスの生産量が世界最大のロシア企業である。
30) http://europa.eu/rapid/press-release_IP-15-4701_en.htm
31) Margrethe Vestager, Competition policy for the Digital Single Market: Focus on e-commerce, 26/03/2015,（Speech/15/4704）.

68

未だ国境が存在しており，我々は真のデジタル単一市場の創設に向けて強い決意を持っている。

② 電子商取引はデジタル単一市場の核となる分野であり，2014年には欧州の消費者の2人に1人がオンラインでの買い物を経験している。しかし，国境を越えたオンラインでの買い物を経験した消費者は7人のうち1人の割合に過ぎず，その理由として，企業が国境を越えた取引を制限するための技術的障壁を設けて地域制限（geo-blocking）を行っていることがある。

③ こうした制限は，EU競争法の適用対象となるものである。欧州委員会は2010年に垂直的取引制限に関するガイドライン等を見直し，原則として全ての販売業者は製品を販売するに当たってインターネットの利用を容認されなければならないことを明らかにしており，いわゆる受動的な[32]オンライン販売を禁止することはハードコア制限とされている。

④ オンライン市場は変化が速く，ガイドラインは一般的な考え方を提供するものなので，個別事例の分析とともに，デジタル市場とその変化をよく理解しようと努力をする肉付けが必要である。変化の速い市場全般についての知識を得るため，私は，欧州委員会に対して，電子商取引分野における業界実態調査の実施を提案するつもりである。主な狙いは，国境を越えた電子商取引についての障壁が何かを明らかにすることにある。

⑤ 電子商取引について，こうした調査を行うことを通じて，デジタル市場に係る取組がEU競争政策において優先課題であることを示し，また，オンライン販売の制限に対する欧州委員会と各国の競争当局の取組が強化され，統一的な対応が進められることが期待される。

（イ）その後，欧州委員会は，2015年5月に調査を開始し，2016年3月，同調査の暫定的な調査結果として，欧州域内において，消費者の所在する地域に応じて消費財の購入やデジタル・コンテンツへのアクセスを制限する地域制限が広く実施されていることを公表した。[33]

欧州委員会は，調査に対する小売業者及びコンテンツ供給業者からの1400

---

32) 「受動的な」（passive）オンライン販売とは，例えば事業者が広告メールを送信する等，能動的にアプローチしていないにもかかわらず，ユーザーからの求めに応じて販売を行うことを指す。

33) http://europa.eu/rapid/press-release_IP-16-922_en.htm

以上の回答によれば，①消費財をオンライン上で販売する小売業者の 38% 及びデジタル・コンテンツの販売業者（providers）の 68% が地域制限を実施していること，②消費財を販売する小売業者の 12% 及びデジタル・コンテンツの販売業者の 59% が，消費財やデジタル・コンテンツの供給業者との間で契約に基づいて国境を越えた販売の制限を行っていることが明らかになったとしている。最終報告書は 2017 年の第 1 四半期の公表が予定されている。

(2) グーグルのショッピング比較サービスに対する異議告知書の送付とアンドロイドについての正式審査

　欧州委員会は，グーグルのショッピング比較サービス等に関する調査を 2010 年 11 月に開始していたところ，2015 年 4 月，欧州委員会はグーグルに対し，グーグルが自社の検索結果ページにおいて自らの提供するショッピング比較サービスを競合他社のものよりも体系的に優遇することによって，欧州経済領域内のインターネット検索サービス市場における支配的地位を濫用した疑いがあるとする異議告知書を送付した。

　また，同社の携帯用 OS のアンドロイドに関するグーグルの行為について，別の正式審査を開始したことも公表し，グーグルがスマートフォンやタブレット製造業者に対して，グーグルのアプリやサービスだけをプリ・インストールすることを要求し又はインセンティブを与えることによって，競争事業者のアプリやサービスの開発と市場参入を違法に阻害したかどうか等について審査するとした。[34]

(3) アマゾンの電子書籍の流通に関する取決めについての正式審査

　欧州委員会は，2015 年 6 月，アマゾンが出版社との契約において，出版社がアマゾンの競争事業者に対してより有利な条件を提示した場合にアマゾンに通知させたり，アマゾンに対しても同様の条件を提示させる条項を入れていることについて，これによってアマゾンの競争事業者である電子書籍の流通業者

---

34）　http://europa.eu/rapid/press-release_IP-15-4780_en.htm
　　　http://europa.eu/rapid/press-release_MEMO-15-4781_en.htm
　　　http://europa.eu/rapid/press-release_MEMO-15-4782_en.htm

が新たな革新的製品やサービスを生み出すことが困難となっているのではないかとの懸念を有しているとして正式調査を開始したことを公表した。調査は，英語及びドイツ語の電子書籍を対象としている。

### (4) クアルコムに対する異議告知書の送付

　欧州委員会は，2015年12月，ベースバンドチップ（スマートフォン等の携帯通信機器の重要部品）の世界最大の供給業者であるクアルコム（Qualcomm）に対して2つの異議告知書を送付し，同社が，①クアルコムのベースバンドチップのみを使うことを条件として大手のスマートフォン等の製造業者に相当額の金銭を支払っていた，また，②競争事業者であるアイセラ（Icera）が高度なデータ転送速度を提供してクアルコムを脅かすようになってきた時期に，アイセラを市場から排除するため，コスト割れ販売を行うことによって「略奪的価格設定」（predatory pricing）を行っていた旨の予備的見解を通知した。

### (5) 電気通信分野における競争

　ヴェステアー委員は，2015年10月，電気通信分野における競争についてスピーチを行い，以下の指摘を行っている。
① 　欧州各国には3社から4社の移動通信事業者が存在しているが，消費者は自国の市場に囚われていることから，この分野の合併は各国単位の地理的市場を基礎に分析されることになる。
② 　ここ数年，オーストリア，アイルランド，ドイツといった欧州の国々において移動通信事業者間の合併が行われてきているが，これらは4社から3社への合併案件であり，条件付で承認されている。
③ 　デンマークにおける最近の統合案件については，欧州委員会が正式な決定を出す前に事業者側が取りやめを決定した。欧州委員会は，当該案件について，当事会社から提案のあった問題解消措置は我々の競争上の懸念を解消するには不十分なものと考え，禁止決定を行う方向に進んでいた。

---

35) http://europa.eu/rapid/press-release_IP-15-5166_en.htm
36) http://europa.eu/rapid/press-release_IP-15-6271_en.htm
37) Margrethe Vestager, Competition in telecom markets, 2/10/2015.

④　当該合併が実現すると,デンマーク最大のネットワーク・オペレーターが生まれ,市場構造は高度に集中して上位2社で約80％のシェアを占めることになって小さな1社が残るだけとなる。我々の懸念に対して,当事会社は2つの問題解消措置を提案した。1つは,新規の4番目の事業者の参入促進のため,周波数の一部を新規参入業者に譲渡し,自らのネットワークにもアクセスできるようにすることを提案するものであった。しかし,我々は,そうした参入事業者が現れることについて強い疑念を抱いていた。次に,2番目の提案として,当事会社は自らのネットワークの一部を譲渡すること等を提案したが,結局のところ範囲や規模の点で不十分なものであった。

⑤　デンマークの案件から得られる教訓は,次の3点である。
- ある国における移動通信事業者の数について,魔法の数字（magic number）は存在しないということ
- 投資の促進のために合併が必要との声があるが,我々は,実際に投資が行われるのか,そのために合併が必要なのか,その利益は消費者に還元されるのかについて慎重に検討する必要がある。
- 問題解消措置は,合併のもたらす競争上の懸念に対して包括的で効果的なものとなっていることが必要である。デンマークの案件においては,これが第4の移動通信事業者（Mobile Network Operator：MNO）の創設であり,2012年のオーストリアや2014年のアイルランド,ドイツの案件においては,より構造的でない解決方法である新たな仮想移動通信事業者（Mobile Virtual Network Operator：MVNO）の創設であったが,これらは市場や当事会社の特徴を踏まえて判断されたものである。

(6) ビッグ・データと競争

欧州委員会のヴェステアー委員は,2016年1月,「ビッグ・データの世界における競争」と題するスピーチを行い,以下の指摘を行っている。[38]

①　ビッグ・データと呼ばれる膨大な量の情報の集積は,企業のコスト削減

---

[38] Margrethe Vestager, Competition in a big data world, 17/01/2016.

を可能にし，企業による顧客へのより良いサービスを可能にするものであるが，少数の企業がデータをコントロールすることで競争事業者を市場から追い出す力となり得るものである。我々は，ある企業が多くの情報を保持しているからという理由だけで競争法の執行を行うことはないが，情報の種類や，競争事業者が同様に情報の入手可能性があるか確認する必要がある。我々は，これまで，例えばフェイスブックとワッツアップ（WhatsApp）の合併においてこの点についての検討を行ったが[39]，当該合併以後においても他の事業者は多くの有用なデータにアクセス可能であることから，深刻な競争上の懸念は生じないと判断された。

② これまでのところ，我々はビッグ・データの問題に関する競争法上の問題を認定していないが，継続して注視していくつもりである。ただし，この問題について新たな競争法のルールブックが必要になることはない。必要なことは，市場に注意を払い，必要な場合には対応するということである。

## 7 知的財産権

(1) 欧州司法裁判所は，2015年7月，ドイツのデュッセルドルフ地方裁判所から，ファーウェイ（Huawei）社とZTE社との標準必須特許（SEP）侵害訴訟についての照会を受けて，標準必須特許権者による差止訴訟の提起と市場支配的地位の濫用行為との関係について，以下のとおり判示した[40]。

---

[39] http://europa.eu/rapid/press-release_IP-14-1088_en.htm
　ヴェステアー委員は，2016年3月，「EU合併規制制度の改善について」と題するスピーチにおいて，このフェイスブックとWhatsAppの合併に関して，フェイスブックは6億人の顧客を持つWhatsAppの買収に190億ドルを支払ったもののWhatsAppの売上が小さかったために欧州委員会への届出基準を満たしていなかったことを紹介して，合併相手の企業価値は売上だけではなく，資産や顧客基盤，データの集積であることもあるし，企業のイノベーション能力自体であるかもしれないので，現行の届出基準に満たないとしても競争に明確な影響を与える可能性があるものがあるとして，届出基準の在り方の問題について欧州委員会競争総局に検討を依頼していることを明らかにしている（Refining the EU merger control system, 10/03/2016）。なお，EUの合併規則においては，共同体規模以下の合併案件であっても，3カ国以上の加盟国に届出が必要な案件については欧州委員会への付託を申請できる。

[40] http://curia.europa.eu/jcms/upload/docs/application/pdf/2015-07/cp150088en.pdf

① EU法は，特許権等の知的財産権に関する排他的権利行使の保護に努めるとともに自由競争の維持に努めている。侵害訴訟を提起する権利といった排他的権利行使は特許権者の権利の一部であり，それが支配的地位を有する事業者による訴訟であったとしても，当該権利行使の結果であれば，支配的地位の濫用には当たらない旨を明らかにしてきている。

② しかし，本件で問題となっている状況は，上記の判例法とは区別され得る。その理由は，第1に，本件は標準必須特許（標準化団体が定める規格に適合する製品の製造を企画している全ての競争事業者にとって必要不可欠な特許）に関するものであること，第2に，当該特許は特許権者が標準化団体に対してFRAND条件で第三者にライセンスするという変更できない誓約をしたことによって標準必須特許の地位を得たものだからである。

③ 標準化団体に対してFRAND条件で第三者にライセンスするという変更できない誓約を行い，標準化団体が定める規格に適合する標準必須特許の特許権者となった者が差止訴訟を提起することは，次の場合に限り支配的地位の濫用には当たらない。

・特許権者が，訴訟の提起に先立ち，第1に，被疑侵害者に対し，問題の特許を特定し，侵害行為が行われている状況を具体的に示すことにより，警告を行っており，第2に，被疑侵害者がFRAND条件でライセンス契約を締結する意思を表明した後に，当該被疑侵害者に対して，FRAND条件でライセンスするために，特にロイヤリティやその算定方法を特定した具体的な書面での提案を行っている場合。

・被疑侵害者が問題となっている特許を使用し続けている場合，被疑侵害者がその分野で認められている商慣行に従って，当該提案に誠実に対応してこなかった場合。これは客観的な要素に基づいて証明されるべき問題であり，特に遅延作戦ではないことを示す必要がある。

(2) 知的財産権と競争に関して，ヴェステアー委員は，2015年9月のスピーチにおいて，標準必須特許について，以下の指摘を行っている。[41]

---

41) Margrethe Vestager, Intellectual property and competition, 11/09/2015.

① 標準必須特許に関しては，標準自体は「相互運用性（interoperability）」をもたらすものとして消費者及び経済にとって良いものと言える。

　重要なことは，標準設定機関の標準に組み込まれる技術についての特許を有している場合，当該メンバーは事前に，全ての第三者に対して当該特許のライセンスを FRAND 条件で付与することを約束しなければならないことである。FRAND 条件は，標準が全ての者に開放されていることを保証し，また，特許権者が自らの発明の対価として公正な（fair）報酬を得ることを保証するものである。

② 欧州委員会は，2014 年にモトローラとサムスンに対する 2 つの決定を行った。また，欧州司法裁判所は，2 カ月前のファーウェイ社と ZTE 社との事件において，標準必須特許は FRAND 条件でのライセンスを約束するものであることから他の特許とは異なるものであり，また，FRAND 条件でのライセンスを受ける意思を有する企業に対して差止は行われるべきではないという欧州委員会の立場が正しいことを確認した。

## Ⅳ　結びに代えて

　以上，最近の EU 競争政策の動向を見てきたが，経済のグローバル化への対応，デジタル分野等における単一市場の実現のための取組は，今後とも続けられていくものと思われる。また，2016 年 2 月，ヴェステアー委員は，「反トラスト規制における優先事項の設定」と題するスピーチを行い，加盟国との連携，事件審査を進めるに当たっての企業との協力関係の強化の必要性及び優先順位を付けた競争法の執行の必要性について，以下の指摘を行っていることを報告[42]して，本稿を終えることとしたい。

① 競争法の執行は欧州委員会だけでなく，EU 加盟国の当局によっても行われており，競争法の決定の 85％ は加盟国の当局によるものである。しかし，加盟国当局の中には証拠の収集権限，効果的な制裁金減免制度，抑止のために十分な制裁金制度，人々からの信頼を得るために必要な独立性

---

42) Margrethe Vestager, Setting priorities in antitrust, 01/02/2016.

の法的な保証といった点について強化を必要とする当局があると聞いており，問題解決のための法制化に向けて努力していきたい。
② 欧州委員会の調査手続をできるだけ効率的にするためには企業サイドの協力が必要であり，企業のこうした取組を奨励したい。したがって，違反を認め，市場における問題を解消する措置を申し出てきた企業に対しては，見返りを与えるべきである。欧州委員会が事件処理を迅速に行い，市場における競争を回復することができれば，消費者の被害も小さくなる。そのためには制裁金を減額する価値があると考えている。我々のガイドラインは協力する企業に対する制裁金の減額を認めているが，欧州委員会がカルテル以外の事案について制裁金の減額を行ってから10年以上経っており，その活用についてきちんと検討を行うべき時が来ていると考えている。
③ 我々は優先順位を付けて競争法の執行を行っていく必要がある。私は，重要な事件を選んでいくに当たり，次の3つの基準を持っている。
・この事件を取り上げることにより，人々の生活が改善するか。
・この事件を取り上げることは，当該事件を超えたインパクトをもたらすか。
・この事件を欧州委員会が処理すること，また，競争当局が取り扱うことが最も適切であるか。

我々は，限られた資源をできるだけ有効に活用しながら，市民及び消費者の利益のために市場が機能するようにしていく必要がある。

なお，最後に，舟田先生と筆者とのつながりを一言述べさせていただきたい。筆者は，大学生の時に舟田先生からご指導を受ける機会があり，以来，公正取引委員会に入局後も様々な場面で貴重なご助言をいただいてきた。また，平成17年度には立教大学法学部で経済法のゼミを担当するという機会をいただいた。

今般，舟田先生の古稀を寿ぐ論文集への寄稿にあたって，これまでの先生とのつながりを思い起こしながらテーマを考えていた際，35年前に私が公取委からパリ大学に留学生として派遣されていた時期に，公取委からの海外調査の委託を受けてパリを訪れられた先生とカルティエラタンで食事をしながらヨー

ロッパの状況をお話ししたことが懐かしく思い出された。当時と比べると、ヨーロッパにおける EU の競争法の比重は格段に高まり、また、その運用は世界の他の競争当局に大きな影響を与えるようになってきている。こうしたことから、本稿で EU 競争政策の最近の動向をご報告することで、これまで先生から受けてきた数々のご指導に対する感謝の気持ちを表すこととしたい。

# 経済民主化と公正取引法の目的
## ── Economic Democracy and the purpose of the Fair Trade Act

韓　都　律

I　はじめに
II　公正取引法の目的をめぐる学説
III　公正取引法における競争制限・取引阻害
IV　韓国憲法上の経済民主化
V　公正取引法の目的
VI　おわりに

## I　はじめに

　韓国の「独占規制及び公正取引に関する法律」（以下，「公正取引法」）は，その第1条において，「この法律は，事業者の市場支配的地位の濫用及び過度の経済力の集中を防止し，不当な共同行為及び不公正取引行為を規制して，公正かつ自由な競争を促進することにより，創意的な企業活動を助長し，消費者を保護することと合わせて，国民経済の均衡ある発展を図ることを目的とする」と定めている。この目的規定については，市場支配的地位の濫用禁止，過度な経済力集中の抑制，不当な共同行為の制限，不公正取引行為の禁止を通じて，公正かつ自由な競争を促進することを直接の目的としていることについては異論がない。しかし，公正かつ自由な競争を促進することにより，それがもたらす究極の目的，すなわち，創意的な企業活動を助長し，消費者を保護すること

と合わせて国民経済の均衡ある発展を図ることが具体的に何を意味するのかについては，さまざまな議論が行われている。

　公正取引法の目的規定は制定当時から今まで一回も改正がなかった珍しい規定であり，公正取引法の諸規定全体を通した指導的な解釈方針を示すものである。したがって，この目的規定が公正取引法の諸規定の解釈の基準として具体的に大きな影響を与えることはほとんどないであろうが，公正取引法の諸規定の性格をどのように位置づけるかによっては，法の運用に与える意義は少なくないと考えられる。すなわち，公正取引法の目的を市場全体の競争を保護するものとしてみるか，それとも競争秩序の中で活動する個人の競争機能，あるいは取引の自由を保護するものとみるかによって，公正取引法の解釈・運用に与える影響は変わると考えられる。[1]

　韓国では，不公正取引行為，特にその中でも不当な顧客誘引と優越的地位の濫用行為に対する規制件数が，他の規定よりはるかに多い。公正取引法制定当時から2014年までの不公正取引行為の事件処理件数を見ると，不当な顧客誘引と優越的地位の濫用が全体の58.3%を占めている。[2] 特に優越的地位の濫用規定については，競争との関連性が少ない，または弱者保護規制であるから運用を控えるべきである，との批判が強い。

　このように韓国公正取引委員会が競争との直接的な関連性がない規制を中心に行っていることは，韓国市場における競争の促進は，市場で活動する個人の取引の自由が保護されなければ成り立たないとの認識に基づいていると考えられる。韓国公正取引法においては，不公正取引行為は，市場支配的地位の濫用や不当な共同行為の予防規制でなく，それ自体独自の規制として位置づけるべきである。しかし，公正取引法における不公正取引行為の性格，位置づけがどのようなものかいまだに明確になっていない。本稿ではこのような韓国の事情を考え合わせて，公正取引法の目的を改めて顧みようとするものである。公正取引法の目的・性格を明確にすることによって，公正取引法の各規制，特に不

---

1) 取引の自由という概念は，舟田正之・不公正な取引方法（2009）1～284頁の説くところを受け入れたものであり，本稿の論理構成はこれに大きく依存している。
2) 韓国公正取引委員会「2014年統計年報」16頁。同14頁よれば，特に不公正取引行為は，公正取引法諸規制の事件処理件数の約70%を占める。

公正取引行為の性格が明確になるし，また，それによって不公正取引行為をどのように運用していくかが明らかになるからである。

## II　公正取引法の目的をめぐる学説

　公正取引法は，①事業者の市場支配的地位の濫用及び過度の経済力の集中を防止し，不当な共同行為及び不公正取引行為を規制して，②公正かつ自由な競争を促進することにより，③創意的な企業活動を助長し，④消費者を保護することと合わせて，⑤国民経済の均衡ある発展を図ることを目的とする（番号は筆者）。

　公正取引法の目的規定をめぐって多様な論争が行われているが，本条について，規制手段，直接的目的，究極的目的のように三段構成を基本とする説が有力である。[3]①が公正取引法の規制手段を示し，②が①を通じてなされる直接的目的を，③，④，⑤が究極的な目的を表すと説かれている。しかし，③，④，⑤の究極的な目的と②の直接的な目的の内容をめぐる解釈については，学説上見解が一致していない。

　まず，公正取引法の目的をめぐる通説的見解[4]（第一説）は，③，④，⑤の究極的目的をあくまで直接的目的である公正かつ自由な競争を促進することによってなされる結果であると考える説である。この説によれば，消費者保護は直接的な目的である公正かつ自由な競争を促進することによってなされる間接的・反射的な効果に過ぎない。しかし，この場合にも究極的な目的である消費者保護を公正かつ自由な競争を促進することによってなされる間接的・反射的な効果ではなく，公正かつ自由な競争の促進を通じて向かうべき法の目的として理解すべきであるとする見解もある。[5]

　第二説[6]は，公正取引法の目的について規制手段，直接的な目的，究極的な目

---

3)　このような三段構成を批判する見解もある。이문지「不公正取引行為의 規制와 經濟的效率性」企業法研究第 5 輯（2000）248〜249 頁。
4)　권재열・経済法（2005）58 頁以下，박상용엉기섭・経済法原論（2006）33 頁以下，이호영・独占規制法의 理論과 実務（2006）1 頁以下等。
5)　신현윤・経済法（2006）129 頁。
6)　권오승・経済法（第 4 版，2004）78 頁以下。

的という三段構成を維持しながら，究極的な目的である③と⑤の規定は妥当ではないという説である。公正取引法の直接的な目的である公正かつ自由な競争が維持されれば，事業者はそのような競争で生き残るために創意的な企業活動を行うしかないので，③は公正取引法の意義ではあるかもしれないが，究極的な目的ではないと説かれる。⑤に関しては，公正取引法は公正な競争の維持を通じて資源配分の効率性を達成するための制度であるから，同法の実効性を確保すれば，むしろ地域間または産業間不均衡が生じるので，このような意味で⑤で公正取引法の究極的な目的として規定したのは妥当ではないという。④に対しては，消費者保護を消費者救済という意味として解釈すれば，公正取引法の究極的な目的にならないが，公正取引法が規制する市場支配的地位の濫用，企業結合，不当な共同行為，不公正取引行為などの規制は，消費者利益を侵害するおそれがある行為も規制しているから，このような意味では公正取引法も消費者保護に寄与すると説かれる。しかし，消費者主権の実現という積極的な意味として解釈する場合は，消費者保護も公正取引法の究極的な目的になれるという。この学説は，資源配分の効率性ないし消費者福祉の増進と経済力集中の防止を公正取引法の究極的な目的とする。しかし，この学説も結局，公正取引法の究極的な目的は，直接的な目的である公正かつ自由な競争を通じてなされる間接的・反射的な利益であると考える意味では，通説と同様な論理構造をしている。

第三説[7]は，③の「創意的な企業活動を助長し」は，本法の適正な運営，すなわち公正かつ自由な競争を促進することによって期待される経済的な効果をさすという。したがって，この部分は公正取引法の目的というより，公正取引法が持つ価値を表現するものであると説かれる。また，④と⑤が「合わせて」という表現でつながっている点から，両者を同時に実現すべき関係であると理解する。この説は，消費者保護を公正取引法の間接的な目的というより，直接的な目的として解釈しようとすることにその意義がある。すなわち，公正取引法を独占規制と公正取引規制に分けて，消費者の利益を侵害するおそれが強い不当な共同行為と不公正取引行為の場合は，消費者保護目的を直接的な目的，す

---

7) 김성천「公正取引法의 目的과 消費者保護」消費者問題研究第 19 号（1997）131 頁以下．

なわち消費者権利の実現という意味として当該規定を解釈し，運用すべきであると主張する。

第四説[8]は，公正取引法は競争促進を通じて経済的な効率を増進することに目的があるので，衡平性の追求または経済的な弱者を保護する政策を公正取引法の目的とすべきではないと説くものである。したがって，公正取引法の目的として消費者の保護を排除すべきであるとする。この説によれば，③，④，⑤の究極的な目的はあまり意味を持たない規定である。

この法目的について，事業者団体による価格決定に関する大法院判決（2005年8月19日）は，次のように判示している。

「不当な共同行為を禁止する立法趣旨は，直接的には公正かつ自由な競争を促進し，究極的には消費者を保護することと合わせて国民経済の均衡ある発展を図ることにある。これに照らしてみると，事業者団体による価格決定行為が一定の取引分野の競争が減少して事業者団体の意思により，ある程度自由に価格の決定に影響を与えるか，または与えるおそれがある状態を招く行為に該当する以上，これにより競争が制限される程度と比べて，同法第19条第2項の各号に定められた目的等[9]に資する効果が大きく，消費者を保護することと合わせて国民経済の均衡ある発展を図るという法の究極的な目的に実質的に反しないと認められる例外的な場合に該当しない限り，上記のような価格決定行為は不当であるとしかいえない」[10]。

すなわち，判例は公正取引法の目的について，②の「公正かつ自由な競争を促進」という直接的な目的と，③，④，⑤の究極的な目的に分けて，②に反する行為は原則として不当とし，しかし，例外的に③，④，⑤の究極的な目的に実質的に反しない場合は不当としない，という論理を展開している。

## Ⅲ　公正取引法における競争制限・取引阻害

公正取引法の究極的な目的を論ずる際に，資源配分や経済的な効率性を持ち

---

[8] 이승철「韓国 公正取引政策의 成果와 進路」市場經濟와 法治主義를 위한 政府 3府의 役割 規制研究시리즈23（1995）232頁。
[9] 「第1項の規定は，不当な共同行為が次の各号の1に該当する目的のために行われる場合であって大統領令が定める要件に該当して公正取引委員会の認可を受けた場合には，これを適用しない。1. 産業合理化，2. 研究・技術開発，3. 不況の克服，4. 産業構造の調整，5. 取引条件の合理化，6. 中小企業の競争力向上」。
[10] 2005年8月19日判決，事件番号：2003두9251。

込むことは，競争概念を経済学で論じられるものと同様な概念として考えるからである。公正取引法上の競争概念は，あくまで法概念であるので，現実の競争の多面性をすべて捉える必要はないし，また経済学上の競争概念と一致する必要性もない。したがって，競争をさまざまな経済学的立場から評価して，効果的な競争と非効果的な競争を区別して，前者を指すということではない。法律上は「公正かつ自由な競争」という限定しかないので，それ以外の評価・判断基準を外から持ち込んで，それをそのまま公正取引法の目的とすること，あるいは公正取引法の解釈論に直接結び付けることは，実定法としての公正取引法の枠を超えるものである。前記公正取引法の目的をめぐる諸説は，公正取引法の究極的な目的を結局経済的な効率性と結び付けて考えている点で，妥当な法解釈とはいえない。

　公正取引法上競争の制限が問題になるのは，市場支配的地位の濫用，企業結合，不当な共同行為，事業者団体の禁止行為である。これらの行為については一定の取引分野における競争を実質的に制限する場合に問題になる。また，不公正取引行為は公正な取引を阻害するおそれ（＝公正取引阻害性）がある場合に問題になる。

　不公正取引行為は，日本独占禁止法における不公正な取引方法を受け入れたものである。日本の不公正な取引方法は，競争の減殺，競争手段の不公正さ，競争基盤の侵害がある場合（以下，三条件説），公正競争阻害性が認められると解されている。韓国の不公正取引行為の場合は，競争制限性と不公正性がある場合に，公正取引阻害性が認められるとされ，不公正性は競争手段の不公正さと競争基盤侵害性を意味する。これは，日本の不公正な取引方法における三条件説と似ている。しかし，韓国公正取引委員会の「不公正取引行為の審査指針」によれば，競争制限性について「当該行為によって市場競争の程度または競争事業者（潜在的競争事業者を含む）の数が有意義な水準に減るかまたは，減るおそれがあるかを意味する」と説明している。一見，「競争の（実質的）制限」よりも市場への影響が小さい場合に競争制限性が認められているように見える。また，三条件説における競争の減殺は，問題となる行為の抽象的な性格のことを指すものであるが，要件として，具体的な競争侵害まで含めているわけではない。しかし，韓国の公正取引阻害性における競争制限性は，まるで競

争に与える具体的な侵害を含めているように見える。このように不公正取引行為は日本の不公正な取引方法を受け入れたものであるが，その具体的な内容については日本と違う見解をとっているように思われる。また学説上，日本独占禁止法における三条件説のようなものは見当たらない。ただし，公正取引阻害性を競争制限性より広い概念であるという解釈がなされている。

　不公正取引行為の性格やその規制の内容を統一的に定立することは重要である。韓国公正取引委員会は不公正取引行為を競争制限性，競争手段の不公正さ，競争基盤の侵害性をもって判断してきたので，競争制限性に該当する行為については，市場の画定や競争の侵害性をもって規制すべきだ，という主張が強く提起されている。他方で，このような動きは，結局不公正取引行為を違う性格の規制類型をひとつにまとめたものに過ぎないから，競争との関連性がない規制（優越的地位の濫用や不当な顧客誘引等）を公正取引法ではなく，別の法律を作ってそれにより規制すべきであるという主張もまた根強い。

　公正取引法における競争は，競争を実質的に制限する場合の競争と不公正取引行為における競争とに分けることができる。しかし，このように分けたとして，そこにおける競争が別々の意味をもつものではない。競争は形式論理的には競争侵害行為に先行しているが，公正取引法の全規定の中における概念として両者は別々に分けられるものではなく，相関連しあうものとして捉えるべきである。競争を実質的に制限する場合の競争は，公正取引法第2条第1項8号の2において「一定の取引分野の競争が減少して特定事業者または事業者団体の意思によりある程度自由に価格・数量・品質その他取引条件等の決定に影響を及ぼし，または及ぼすおそれのある状態を招く行為」であると定められている。すなわち，競争制限行為を市場支配力との関連で捉えているし，ここにおける競争は市場における全体としての競争である。

　これに対し，不公正取引行為における競争は，それが実質的に制限される場合の競争とどのような関係にあるか法律上明確になっていない。また，不公正取引行為に該当するための公正取引阻害性も競争との関連性を明確に示していない。しかし，公正取引法は，その目的規定において不公正取引行為を禁止することによって公正かつ自由な競争を促進するといっているので，公正取引阻害性は競争との関連性をもつ。また，不公正取引行為の禁止を通じて行う公正

かつ自由な競争の維持ないし促進は，公正かつ自由な競争を直接に保護することではなく，公正な取引を阻害するおそれがある行為を禁止することを通じて行う。

そうすると，競争の実質的な制限における競争と不公正取引行為における競争の性格が違うようにみえる。そこで，そのような見方が妥当なものかどうか確かめる必要がある。それを確認するために，韓国憲法上の経済民主化という概念を持ち込んで考察してみる。韓国憲法は経済に関する規定の中に経済民主化という用語を用いてあり，それが韓国経済秩序の基本となっているからである。

## IV　韓国憲法上の経済民主化

### 1　経済民主化規定の沿革

韓国の憲法は 1948 年制定後，今まで 9 回改正されており，最後に 1987 年に改正されたものが現在の憲法である。韓国の憲法は，1948 年制定時から経済に関する基本規定をおいている。1948 年憲法は，第 84 条において「大韓民国の経済秩序は，すべての国民に生活の基本的需要を充足させることができる社会正義の実現と均衡ある国民経済の発展をその基本にする。各人の経済の自由はこの限界で保障する」と定めていた。この規定は 1962 年憲法改正で変更される。1962 年憲法第 111 条第 1 項は，「大韓民国の経済秩序は，個人の経済上の自由と創意を尊重することを基本にする」とし，第 2 項は「国家はすべての国民に生活の基本的需要を充足させる社会正義の実現と均衡ある国民経済の発展のために必要な範囲内で経済に関する規制と調整をする」，とされていた。この規定はまた 1980 年の憲法改正で，新たに第 3 項が付け加えられた。すなわち，1980 年憲法第 120 条第 1 項・2 項は 1962 年憲法第 111 条第 1 項・2 項と同様であり，第 3 項において「独占・寡占の弊害は適正に規制・調整する」という規定が追加されたのである。これらの規定は 1987 年の憲法改正でまた改正される。1987 年憲法すなわち現在の憲法は，第 119 条第 1 項において，「大韓民国の経済秩序は，個人及び企業の経済上の自由及び創意を尊重することを基本とする」，とし，第 2 項は，「国は，均衡ある国民経済の成長及び安定

並びに適正な所得の分配を維持し，市場の支配及び経済力の濫用を防止し，経済主体間の調和を通じた経済の民主化のため，経済に関する規制及び調整をすることができる」，と定めている。

憲法改正が多かったため，そこにおける経済に関する規定もよく変わったことが分かる。1948年憲法は，国民の未熟な私的資本に対する理解，国家の経済統制と国家主導の経済成長の必要性などのことを総合的に考えなければならなかった。そのため，1948年憲法における経済秩序は自由経済秩序と統制経済秩序が混合されたワイマール憲法を受け入れ，社会的市場経済秩序を採択したといわれる。[11]

1962年憲法は，当時北朝鮮との理念的対決と独裁政権を正当化するために，社会的市場経済秩序を経済的自由主義または市場民主主義へ変更したものと評価されている。[12]

1980年憲法改正については，朴正熙政権の国家主導の経済開発が「先成長後分配」の不均衡の成長政策をとった結果，大企業中心に国家の経済力が集中したので，分配不均衡の問題と独占に対する規制と調整の必要性が認められ，その旨が明文化されたものである。[13]

## 2 経済民主化をめぐる学説

現行の1987年憲法は，第119条第2項において「経済主体間の調和を通じた経済の民主化」という規定を加えた。この経済民主化条項に対する論争においては，それを実質的に否定する立場，最小限に制限的な意味しか与えない立場，積極的な規範的意味を与える立場がある。

まず，経済民主化を否定する見解によれば，経済民主化は用語の誤用であるし，経済秩序に関する基本規範に反するものなので削除すべきである。特に大企業中心の財界は，経済民主化は企業の投資を萎縮させるので，正常な経済活動を抑制し，また経済の効率性を阻害すると主張する。また，民主化というの

---

11) 신용옥「制憲憲法의 社会経済秩序 構成理念」韓国史研究第144号（2009）33-34頁参照。
12) 이병천「大韓民国 憲法의 経済理念과 第119条의 한 해석」동향과 전망 第83号（2011）156-157頁参照。
13) 홍종학「新企業主義와 韓国経済」記憶과展望第19号（2008）17-19頁参照。

は政治的な概念であり，民主化の前に経済という言葉をつけること自体が成り立たないものであり，したがって，経済民主化は経済の政治化の誤記であり，これは経済と政治両方をダメにするとされる。また，民主主義というのは政府の意思を決定する方法または手続に関係するものであり，自生的な秩序である市場により規律される経済を民主化するというのは，社会主義を志向するという意味しかないとも説かれる[14]。

経済民主化に対して最小限に制限的な意味しか与えない立場は，憲法は法律と違って規範的意味だけではなく，象徴的な意味をもつ場合もあり，経済民主化は宣言的な意味しかもたないもので，それ自体に独自的な意味はないとされる[15]。しかし，経済民主化については，その具体的な内容は多様であるが，積極的な意味を付与する立場が多い。

その例として，経済民主化は民主主義と資本主義の共生原理として特定の経済勢力が国家を支配しないようにすることを目指すものだと説く見解がある。この立場によれば，経済民主化は経済勢力間の力の不均衡を是正することであり，経済規制に対する憲法的・法律的な論争が起きれば，結局力があるものが勝つので，それを防ぐために作られたものが経済民主化であると説かれる[16]。同様な立場として，経済の公共性を確保し，少数のもののための経済から多数の国民のための経済へと移るのが経済民主化であるという見解もある[17]。

また，経済民主化を，経済の自律性とともに市場と企業の民主化をあわせる経済領域における民主化という広い概念として理解する見解もある。経済民主化は経済領域が国家から自律性を回復するためのものであり，また経済領域での権力を経済主体の自由と経済主体である人間の尊厳性を確保するために統制することが，経済民主化の核心的な問題であると説かれる[18]。

さらに，経済民主化を意思決定権限の分散として理解する見解も多数見られる[19]。

---

14) 이진순 정순훈「市場経済秩序와 憲法」自由企業센터 (1997) 216頁。
15) 전광석「憲法 第119条」憲法注釈 4 (2010) 489頁以下。
16) 김종인・지금 왜 経済民主化인가 (2012) 39-41頁。
17) 유종일・経済民主化가 希望이다 (2012) 96-97頁。
18) 송기춘「経済正義와 憲法」韓国公法学会共同学術大会資料集 (2013) 33頁。
19) 김문현「韓国憲法上 国家와 市場」公法研究第41輯第1号 (2012) 68頁。

また，経済民主化をこれより広い意味として理解する見解も見られる。たとえば，労働者と使用者の関係だけではなく，家計，消費者，企業など多様な市場参加者の実質的な平等と参加を保障する意味として解釈し，その核心的な内容は経済力を実質的な正義の観念にしたがって多数に配分することとする見解である。[20]

### 3　経済民主化をめぐる学説に対する批判

　前記の経済民主化をめぐる学説については，次のような批判がなされている。[21]

　第一は，経済民主化を否定する見解に対する批判として，憲法で明示的に規定されている条項の規範性自体を否定することは妥当でないという。憲法で規定されているのはすでに規範の一部であり，解釈の前提になるからである。[22]

　第二は，経済民主化に関する解釈として，分配の実質的な平等のための労働者の参加は経済民主化の一部として認められるが，これは経済民主化の意味を正確に捉えたとはいえないという批判がある。事業者と労働者の関係はすでに労働三権によって確保されているので，これをもって経済民主化が達成されたとはいえないからである。

　第三は，経済勢力間の不均衡を是正しようとすることは経済民主化として理解できる。国が企業に好意的な介入をしてきたことに対する反省として，労働者・事業者間の均衡のとれた，中立的で公正な介入を求めることは経済民主化に合致するものである。しかし，経済民主化の意味を，経済力の不均衡を是正するのみに限定することは妥当ではないという批判がなされている。

　第四は，経済民主化には確かに「経済的意思決定の分散」という意味がある。しかし，経済的な利益追求の誘因によって意思決定が行われる経済の属性を考えると，意思決定が分散されるべきであるという民主主義の原理が経済の分野において正当化されるとは考えられない。

---

20)　권건보「經濟民主化와 福祉의 公法的 基礎와 課題」公法研究第41輯第2号（2012）76-77頁。

21)　以下は，이장희，「憲法 第119条 第2項 經濟民主化의 意味」公法研究第42輯第2号（2013）104頁以下参照。

22)　이장희・前掲注21）98頁。

このように，経済民主化には多様な学説とそれに対する批判がある。経済民主化に対して積極的に規範的な意味を与えようとする学説は，それなりに経済民主化に関する内容を含んでいるが，経済民主化の核心を積極的に表現しているとは思われない。分配の実質的な平等や経済力の集中が問題になるのは，そのことによって市場参加者の実質的な自由が保障されなくなるからであると考えられる。これについては以下で述べる。

### 4　憲法第119条

憲法第119条第2項で規定されている「経済民主化」は，同条1項と2項との関係から，解釈の根拠を探ることができる。この1項と2項の関係については，原則と例外または基本と補充の関係と見る立場が多い。この立場によると，韓国憲法上の経済秩序は，資本主義的市場経済秩序を基本としながら（1項），例外的に国家の規制と調整が正当化される経済秩序である（2項）。これは，原則的に市場の自律性によって作動する経済に対し，国家が例外的に介入する場合，第2項で規定されている経済上の理由によって正当化されることを意味する。この立場では，市場は人為的な制度によって操作されない，自生的な秩序という点が強調される。そして自生能力を持つ市場秩序に対する国家の介入が正当化されるためには，市場秩序の自律性に任せることのできない例外的な場合（＝市場の失敗）が立証されなければならない[23]。

しかし，このような解釈には同意できないところが多い。前記の主張は，憲法規範間に優劣関係が存在するという前提を基礎にして展開しているからである。憲法の解釈上，憲法規範間の緊張ないし不調和を完全に排除することはできないとしても，最大限にこれを緩和し，憲法の統一性を維持しなければならない。また，この説は，国家の経済に対する介入を国家と自由の対立の問題として捉え，経済秩序の形成における国家の役割を縮小するものである。しかし，資本主義的市場経済秩序は内在的に矛盾を抱えており，それは自由放任主義によって，国家の役割を最小限に限定するだけでは克服することができない。上の議論は，国家の積極的な介入を通じて経済主体間の実質的な自由が達成され

---

[23]　유승익「憲法 第119条 第2項 "経済의民主化" 解釈論」法学研究第47輯（2012）4頁。

るようにすべきであるという国家の役割を見逃している。

　上の立場と異なり，韓国憲法第119条第1項と第2項の関係は，原則と例外ではなく，同等な関係として把握する見解が妥当であると考える[24]。この見解によれば，国家の経済秩序は人間の尊厳を実現するために存在するものであり，憲法第119条は経済秩序に自由と社会的正義を結合した規定であると理解する。また国家の政策は，個人の経済的自由の実質的な基盤を形成し維持する役割を果たすことが基本になるべきものであり，経済秩序に対する国家の干渉と形成は，自由市場秩序において必然的な結果である。

　韓国憲法裁判所は，憲法第119条第1項と第2項の関係を同等な条項として捉えて，次のように判断している。

　「わが憲法は，前文及び第119条以下の経済に関する章において均衡ある国民経済の成長と安定，適正な所得の分配，市場の支配と経済力の濫用の防止，経済主体間の調和を通じた経済民主化，均衡ある地域経済の育成，中小企業の保護育成，消費者保護等経済領域においての国家目標を明示的に規定することによって，わが憲法の経済秩序は私有財産制をもとにして自由競争を尊重する自由市場経済秩序を基本にしながらも，これに伴う色々な矛盾を除去し，社会福祉・社会正義を実現するために，国家的規制と調整を容認する社会的市場経済秩序としての性格を持っている[25]」。

　前記の議論や韓国憲法裁判所の判断から考えると，韓国憲法上，経済民主化は単に市場経済秩序における例外・補充的な規定ではなく，その中で積極的に解釈すべきであるということになる。

## 5　経済民主化の意味

　憲法第119条第2項によれば，経済民主化は「経済主体間の調和を通じ」て行われるものである。この経済主体間の調和を理解するためには韓国の憲法前文の考察が必要である。

　韓国憲法前文を見ると，「……わが大韓国民は，……自律と調和を基礎として自由民主的基本秩序を一層確固にして，政治，経済，社会及び文化のすべて

---

[24]　김형성「経済憲法과 経済干渉의 限界」公法研究第21輯（1993）237頁。
[25]　憲法裁判所2001年6月28日判決，事件番号：2007헌마132。

の領域において各人の機会を均等にし，能力を最高度に発揮させ，自由及び権利に伴う責任と義務を完遂させ，内には国民生活の均等なる向上を期し……」，と定められている。韓国憲法の前文は憲法の一部であり，憲法解釈の拘束的基準としての性格をもっているので，経済民主化を考察する際に重要な基準になる。ここで重点があるところは，「自律と調和を基礎として自由民主的基本秩序を一層確固にして」というところである。「自由民主的基本秩序」の中には，市場経済秩序を基礎とする経済秩序が含まれると解されている[26]。したがって，この規定から市場経済秩序は自律と調和を基礎として成り立つといえるし，また経済上の自由が憲法上経済秩序における出発点である。

しかし，経済上の自由には調和が必要である。経済は現実的に経済力の差によってその力の濫用の可能性があり，経済上の自由が極端に走る場合は常に他人の自由を侵害するおそれがある。このように自律と調和は，自由民主的な基本秩序と市場経済秩序を理解する端緒になり，各人の機会の均衡も自律と調和の上に可能であるということが憲法の態度である。

経済上の自由の調和は，原則としては自由な競争を通じて達成される。しかし，場合によっては自由な競争を通じて達成されないときもあり，そのような場合は，国家の規制と調整を通じて調和が図られることになる。特に経済立法（公正取引法がその中心である）は，経済主体間の調和を図るための国家の役割の出発点になる。

民主主義は，多元的な社会において多様な価値を調和することによって民主的な正当性を確保するための制度である。同様に経済においても，経済民主化のための諸制度とその運用は，経済的利益の多様性と相互衝突する現実社会においてそれらの調和のための民主的意思を形成し，社会的合意を導き出すことが期待される。

このように，経済民主化は共同体構成員の自由と平等を調和するものであるので，経済と民主主義は自由と平等を共通の理念的価値として共有する。したがって，社会・経済的な立法は経済民主化のための立法であり，また経済民主化の立場から相互衝突する経済憲法的な目標を調和するように努力すべきであ

---

26) 憲法裁判所1990年4月2日判決，事件番号：89헌가113参照。

27)
る。

　このような見解は憲法裁判所の判決に明確に現れている。憲法裁判所は，「憲法第119条第2項は国家が経済領域において実現する目標の一つとして適正な所得の分配をあげているが，このことから必ず所得に対して累進税率による総合課税を施行するという憲法的義務が租税立法者に課されているとはいえない。むしろ立法者は，社会・経済政策を施行するにあたり，所得の再分配という観点だけではなく，相互競争し衝突する色々な目標，たとえば均衡ある国民経済の成長及び安定，雇用の安定などをともに考慮し調和しなければならない。また，変化する社会・経済状況に適応するために，政策の優先順位を決めることも重要である。したがって，適正な所得の分配を無条件的に実現するように要求したり，政策的に常に最優先的な配慮をするように求めたりするものではない」としている。
28)

　また，このような立場から，憲法第119条第2項の経済民主化の前に規定されている経済目標，すなわち，「均衡ある国民経済の成長及び安定並びに適正な所得の分配を維持し，市場の支配及び経済力の濫用を防止し」ということを考えると，これらはその具体的な実現を目的とするものではなく，経済民主化のための考慮要素であるということが分かる。前記で述べたように経済民主化が共同体の自由と平等を調和するもの，すなわち，経済主体間の実質的な自由の調和を意味するとすれば，たとえば「市場支配及び経済力濫用の防止」が経済民主化と関連して問題になるのは，市場支配と経済力濫用それ自体ではなく，それらによって経済主体の実質的な自由が侵害されることからである。

## V　公正取引法の目的

　公正取引法の目的を明らかにすることに意義があるのは，公正取引法の諸規定の中でも不公正取引行為の性格を明確にすることにつながるからである。市場支配的地位の濫用や不当な共同行為などは，市場における競争を実質的に制限する場合に規制されるので，公正取引法の目的である公正かつ自由な競争の

---

27)　이정희・前掲注21) 117頁。
28)　憲法裁判所1999年11月25日判決，事件番号：98헌마55。

促進に直接つながる規制であると普通に考えられる。しかし，不公正取引行為は公正取引阻害性がある場合に規制の対象となり，またその行為類型には競争との関連性がないと見られるものも含まれているので，公正取引法の目的に合わない規制であるという批判がある。したがって，公正取引法の目的と不公正取引行為の性格，また競争との関連性がない行為類型をどのように扱うかが問題になる。

　このような問題を解くために，前述のように公正取引法の目的や韓国憲法上の経済民主化に対する諸説を見てきた。まず，韓国憲法における経済民主化は，経済主体間の実質的な自由の調和，または実現であると解すべきである。それは，経済憲法といわれる公正取引法の目的と直接関連するものである。経済民主化は韓国憲法が経済における基本理念として表したものであり，それが経済憲法といわれる公正取引法において具体化されるのは当然のことである。したがって，公正取引法は基本的に経済主体間の実質的な自由を守るための法律になる。また，公正取引法の目的上，公正かつ自由な競争は，市場支配的地位の濫用及び過度の経済力の集中，不当な共同行為及び不公正取引行為に対する規制手段を通して行うものである。しかし，ここで公正かつ自由な競争と関連して問題になるのは不公正取引行為なので，ここでは不公正取引行為に限定して論ずる。

　公正かつ自由な競争は，すべての市場参加者が実質的な意味で経済活動の主体としての独立性と自立性をもって意思決定し，活動しうるという意味で取引の自由を有していることによって成立する。これは韓国憲法上の経済民主主義の意味でもある。しかし，ここにおける公正な競争は，公正取引法において直接に実現しようとするものではない。たとえば，不公正取引行為に当たる行為を判断する場合，その行為が具体的に市場における競争の状態を直接的に評価して，公正な競争かどうかを判断するのではない。より具体的にいえば，中小企業間の過当競争は公正な競争に当たるかどうかという形で，個別具体的な市場の状態に対する判断基準として直接に用いることではない。不公正取引行為を規制する理由は，それにより直接的に公正な競争を積極的に保護するのではなく，それを可能とする条件を破壊する行為からの防衛ということに，重点がある。

すなわち，公正取引法における「公正かつ自由な競争」は，個別具体的行為に対する判断基準として直接的に用いるものではなく，法的判断・評価のための論理的基礎として捉えられる。したがって，公正取引法が問題にするのは，市場参加者が自由で自主的な判断で取引し，競争をしているかどうかである。

　公正かつ自由な競争を促進するという意味が，市場参加者の取引の自由を確保するということであれば，公正取引法の究極的な目的とされる「創意的な企業活動を助長し，消費者を保護することと合わせて，国民経済の均衡ある発展」は，それらを具体的に実現するものではなく，市場参加者の取引の自由が確保される市場秩序を指すものと解される。前記Ⅱ②の「公正かつ自由な競争を促進すること」と③，④，⑤の究極の目的は別々に顧慮するものではなく，同一線上で考えるべきである。すなわち，公正かつ自由な競争の促進というのは，市場参加者の取引の自由を保護することであり，それはまた③創意的な企業活動を助長し，④消費者を保護することと合わせて，⑤国民経済の均衡ある発展を図る経済秩序においてなされるものである。

## Ⅵ　おわりに

　韓国において不公正取引行為が問題になるのは，競争との関連性であり，直接的な関連性がない行為類型をどのように解釈するかである。競争との関連性が問題となるのは，公正取引法における「公正かつ自由な競争」が公正取引法における直接の目的であるからである。したがって，公正取引法における諸規定は競争との関連性をもたなければいけないし，また競争との関連性がない規定は，公正取引法からはずすべきであるという考え方はある程度理解できる。

　しかし，ここでまず考えるべきことは，公正かつ自由な競争はどのようなものか具体的に定義できるものではないことである。公正取引法の諸規定は，ほとんど公正かつ自由な競争を阻害するか，または阻害の可能性がある行為を規制している。またその判断において競争を実質的に制限する場合か，あるいは競争を阻害する可能性がある場合か，という形で規制している。この場合，競争を阻害する可能性がある行為に当たる行為類型が不公正取引行為である。したがって，競争を実質的に制限する場合の競争と，競争を阻害する可能性があ

る場合の競争は，違うものではなく，同一線上で論じられるものである。すなわち，市場支配的地位の濫用や不当な共同行為の禁止を通じて保護する競争と，不公正取引行為の禁止を通じて保護する競争は，性格が違うものではなく，両方市場参加者の取引の自由を保護することによって守られる競争である。

　競争は多様な形で行われるものであるが，その基礎をなすのは市場参加者の取引の自由である。市場参加者の取引の自由が確保されなければ，公正かつ自由な競争は期待できない。不公正取引行為の規制は，このように市場参加者の取引の自由を確保することによって，公正かつ自由な競争を促進するものである。したがって，不公正取引行為の中に競争との関連性を直接的にもたない行為類型があるとして，それを批判するのは妥当ではない。むしろ市場参加者の取引の自由を確保するために取引自体を規制対象にするのは当然である。

　公正取引法は，このように取引の自由を確保することによって，公正かつ自由な競争を促進することにその目的がある。これはまた，韓国憲法が定めた経済民主化からもうかがえるものである。韓国憲法が経済民主化を定めているのは，経済主体間の実質的な自由の調和を保護するためであり，そのことと，経済憲法といわれる公正取引法の目的が市場参加者の取引の自由を確保することであるということは，相関連して理解することができるのである。

# 労働組合・団体交渉・労働協約と独占禁止法
## ―― 労働者概念をめぐる試論

和久井理子

I　問題の所在
II　準備的考察
III　労使関係と独禁法適用の必要性
IV　労働契約と独禁法19条及び下請法
V　むすびにかえて

## I　問題の所在

　フリーランスのジャーナリスト，フランチャイジーのコンビニエンス・ストア店長，一人親方，スポーツ選手らであって一定の事業者の指揮命令に従って業務を行う者や特定の事業者に経済的に依存する者は，独禁法の適用がある事業者か，労働者か。
　独禁法が適用されるのは事業者又はその団体であって，事業者性を有さない労働者やその組合（労働組合，以下「組合」ということがある）に独禁法が適用されないことについては従来から争いがない。しかし，労働法では事業者性があっても労働者性が常に否定されるわけではない。そこで，事業者としての性格ももつ労働者の行為に独禁法がいかに適用されるのかが問題となる。独禁法は事業者が役務の対価を共同で取り決める行為を厳しく規制しており，労働者にもこのような規律が及ぶのかどうかが特に問題となる。
　使用者についてはどうか。使用者が共同で労働条件を設定する行為等は独禁

法上いかに評価されるか。使用者が独禁法上の事業者となりうること及びこの場合に独禁法が適用されることには疑問の余地がないものの，労働組合法（以下，「労組法」という）の使用者の団体（使用者団体[1]）にかかる規定では使用者間で労働条件について合意を行うことを予定しているものとみることができる。そこで使用者側の行為を独禁法ではいかに規制するのかが問題となる。

以下では，事業者及び労働者の定義を検討し，独禁法と労働組合・労組法の関係について原理的な考察を行った後に，事業者性をもつ労働者・使用者の行為に独禁法をいかに適用すべきかを検討する。

## II 準備的考察

### 1 独禁法における事業者の定義及び労働者の位置づけ

#### (1) 事業者

独禁法の主要な規定である3条，8条及び19条は，事業者ないしその団体に適用される。事業者について，独禁法2条1項は「商業，工業，金融業その他の事業を行う者」と定義しており，これは「なんらかの経済的利益の供給に対応し反対給付を反覆継続して受ける経済活動を指し，その主体の法的性格は問うところではない」と解釈されてきている（都営と畜場事件＝最判平成元・12・14民集43巻12号2078頁）。

事業者であるかどうかは問題となっている行為との関係で判断され，ある活動について事業者と認められる者が他の活動に関しても常に事業者と評価されるわけではない。たとえば，自治体はと畜場を経営したりバス事業を運営したりする側面においては事業者であるが（前掲都営と畜場事件，下関市福祉バス事件

---

[1] 使用者団体は様々な定義が可能である。間宏・日本の使用者団体と労使関係――社会史的研究（1981）等参照。本稿ではこの語を労組法上，団体交渉ないし協約締結の当事者となりうる使用者の団体をさすものとして用いる。この意味での使用者団体の数は多くはない。西谷敏・労働法（第2版，2013）292頁参照。ただ，非正規労働者の組織化の進行等に伴い使用者団体が協約当事者となることが今後重要な課題となりうることが指摘されている。野川忍・労働協約法（2015）79頁。さらにそもそも労組法上の現在の使用者団体の定義は狭すぎるとの指摘も存在はする。外尾健一・団結権保障の法理I（1998）57頁以下。なお，広義の使用者団体を含む使用者側の団体形成・活動状況については南雲智映「使用者団体の活動」久本憲夫編著・労使コミュニケーション（2009）200頁以下を参照。

＝山口地判平成 18・1・16 審決集 52 巻 918 頁等参照），条例を制定することについて事業者ではない。事業者団体は，事業を行う限りでは事業者であって当該事業遂行上行う取引その他行為には事業者に適用される規定が適用され，そうでない部分については事業者団体に関する規定が適用される（例として，滋賀県生コンクリート工業組合事件＝勧告審決平成 5・11・18 審決集 40 巻 171 頁（8 条），神奈川生コンクリート協会事件＝勧告審決平成 2・2・15 審決集 36 巻 44 頁（19 条）参照）。

(2) **独禁法上の労働者の位置づけ**

上記の解釈によれば，労務を供給し賃金を反復継続して受ける経済活動を営む労働者は事業者にあたりそうにみえる。しかし，従来から労働者には独禁法は適用されないと解されてきた。[2] さらに，事業者であるというためには経済的に独立した主体である必要があること，[3] 及び，使用従属関係におかれて他人の指揮命令下にある場合には事業者とならないことが指摘されてきた。[4]

---

2) 田中誠二ほか・コンメンタール独占禁止法（1981）62 頁〔福岡博之〕，今村成和ほか編・注解経済法上巻（1985）29 頁〔丹宗昭信〕，日本経済法学会編・独禁法の理論と展開 1（2002）26 頁〔江口公典〕，根岸哲編・注釈独占禁止法（2009）9 頁〔根岸哲〕，川濵昇ほか著・ベーシック経済法（第 4 版，2014）27 頁〔川濵昇〕，金井貴嗣ほか編著・独占禁止法（第 5 版，2015）23 頁〔泉水文雄〕，根岸哲＝舟田正之・独占禁止法概説（第 5 版，2015）37 頁。制定時にもこのように理解されていたことについて西村暢史ほか・原始独占禁止法の制定過程と現行法への示唆（公取委競争政策研究センター共同研究）（2006）135 頁以下参照。

3) 土田和博ほか著・条文から学ぶ独占禁止法（2014）26 頁〔土田和博〕。

4) 土田・前掲注 3）26 頁〔土田〕。同書ではさらにプロスポーツ選手，タレントなどが独立した主体として役務等を提供する場合には事業者であり，同じ者が労務・業務の対価の引き上げを求めて共同ボイコットないしストライキ等を行う場合にこれを事業者として行っているのか，労働者として行っているのかは，現実の契約形態・内容が従属性を有するかどうかで決まること，この種の行為は通常は事業者の行為とはいえないと考えられることを指摘している。同上・26〜27頁。これと同じ趣旨の説明を行うものに岸井大太郎ほか著・経済法（第 8 版，2016）17 頁〔岸井大太郎〕がある。なお，独禁法 2 条 1 項後段では，事業者団体規制に関する規定に関しては「事業者の利益のためにする行為を行う役員，従業員，代理人その他の者」を「事業者とみなす」とする規定があるが，事業者団体の違反行為を規定する 8 条で違反行為の主体となるのは「事業者団体」であり，従業員等が違反行為主体になることはない。また，労働者は，労働組合の活動を自己の被用者たる「事業者の利益のために」行為を行う者ではないことから，労働組合との関係で事業者とみなされることもないし，労働者の結合体ないし連合体が事業者団体（2 条 2 項）にあたるとされることもなければ，この結合体等に 8 条が適用されることもない。

(3) 労働法上の「労働者」――労組法上の定義

　労働法には，労使関係・労働組合について規定する労組法，労働契約に関するもの，労働基準に関するものなどがあり，「労働者」の定義は，これらの法目的等に応じて異なる。[5] 労働者の行為に対する独禁法適用の有無とその帰結が深刻な問題を提起するのは，複数の経済主体の共同行為についてであり，このため団体交渉（以下，「団交」という）を行い労働協約（以下，「協約」という）を締結する行為が独禁法上いかに評価されるかが特に重要である。以上より，以下本項では，これらにかかわる権利及びルールを規定する労組法において労働者がいかに定義されているかを検討する。

　労組法上，労働者は，「職業の種類を問わず，賃金，給料その他これに準ずる収入によつて生活する者」と定義されている（3条）。抽象性が高いこの定義によっては労働者か否かを判断することが難しいことが多く，判例[6]，厚生労働省労使関係法研究会報告書（平成23年）及び通説的見解[7]等においては，基本的判断要素として，事業組織への組入れ，契約内容の一方的・定型的決定，補充的判断要素として，業務の依頼に応ずべき関係，指揮監督下で労務提供を行い一定の時間的場所的拘束を受けること，顕著な事業者性を有さないことを考慮して労働者性の有無を判断すべきだとしている。[8] これらの判断要素のうち，顕著な事業者性については，「恒常的に自己の才覚で利得する機会を有し，業務における損益を負担し，他人労働力を利用する可能性ないし実態があり，機材・材料の経費を負担し，自らリスクを引き受けて事業を行う者とみられる」かどうかの検討が行われる。

---

5) 西谷敏・労働法（第2版，2013）28頁，水町勇一郎・労働法（第5版，2014）64頁以下。菅野和夫・労働法（第11版，2016）781頁も参照。

6) 新国立劇場運営財団事件＝最判平成23・4・12民集65巻3号943頁，INAXメンテナンス事件＝最判平成23・4・12労判1026号27頁，ビクター事件＝最判平成24・2・21民集66巻3号955頁等。

7) 荒木尚志・労働法（第2版，2013）534頁以下，菅野・前掲注5）786頁，水町・前掲5）68頁。

8) この労働者概念ないし判断基準には批判がある。西谷・前掲注1）80頁以下参照。

## (4) 「事業者」と「労働者」の関係,その他の問題

　このようにみてくると,事業者性をもつ労働者が労組法上は存在することになり,この者の行為に独禁法がいかに適用されるのかが問題となる。

　また,本稿冒頭で示唆したように,使用者が労働条件等に関して行う共同行為を独禁法上いかに評価するかの問題もある。労組法では,使用者団体が協約の締結その他の事項に関して交渉を行い,協約の当事者となることを前提とした規定をおいている(6条,14条)。この規定は,使用者が労働条件その他に関する協約の締結及びその内容に関して意思の連絡を行い,この結果を協約の形式で拘束力のあるものとすることを予定していると解することができる。この種の行為その他労働条件にかかる使用者には独禁法がいかに適用されるか[9]。独禁法上の事業者たる使用者らが労働者の安全保護や雇用確保を目的として行う共同行為に独禁法が適用されることには異論がないといってよいが[10],雇用や労働条件それ自体について取決めを行うことなどについては従来詳しくは論じられてこなかった[11]。

　なお,独禁法及び労働法の学説の一部には最近,労働者一般について独禁法上,事業者に該当する可能性を認めるべきであるとし,労働者が事業者に当たるかどうかは個別具体的に判断すれば良いとする見解や労働者が団結しても独禁法に違反しないのは事業者性を欠くためではなく労働関係法令に基づいた行為が独禁法上正当化されるためであると説く例がみられるようになっているが[13],本稿においては,このような形で問題を設定することはしない。使用者の指揮

---

[9]　なお,事業者団体法(昭和23年制定,昭和28年廃止)4条1項6号は,事業者団体が「構成事業者の全部又は一部から委任を受けた場合に,委任された権限の範囲内において,労働組合と団体交渉を行うこと」が許容されることを明示的に規定していた。

[10]　公取委・事業者団体の活動に関する独占禁止法上の指針(平成7年10月30日,最終改訂平成22年1月1日)第2・8(2),公取委・事業者の活動に関する相談事例集(平成23年度)事例8など参照。

[11]　公取委公表文書中では東日本大震災に関連するQ&A・問5〈http://www.jftc.go.jp/soudan/shinsaikanren/23jishinqa.html〉accessed 1 July 2016(労働条件に関しては独禁法の適用がないことを示唆)がある程度である。

[12]　白石忠志＝多田敏明・論点体系独占禁止法(2014)7頁〔滝澤紗矢子〕。

[13]　白石忠志・独占禁止法(第2版,2009)120頁。議論状況について,さらに荒木尚志「労働組合法上の労働者と独占禁止法上の事業者――労働法と経済法の交錯問題に関する一考察」渡辺章先生古稀記念・労働法が目指すべきもの(2011)200頁以下参照。

監督下で労務のみを提供してこれに対する反対給付を行うに過ぎない者が独禁法上の事業者に該当しないことは，文言上明らかである。従来，労働者に独禁法の適用がないとしてきた学説は，このような労働者を念頭におき，労働者に独禁法を適用することとすれば組合活動を阻害しかねないことを考慮して，労働者に独禁法の適用はないと述べてきたものと考えられるが，これと異なる見方をとるべき社会的・経済的現実も存在しない。

## 2 労働組合，団体交渉，労働協約と独禁法
### (1) 労働組合の機能と法的地位

事業者性をも有する労組法上の労働者の行為に独禁法はいかに適用されるべきか。

この問題を考えるにあたっては，労働組合とその活動の中心である団体交渉（以下，「団交」という）及び労働協約（以下，「協約」という）が経済社会において有する意義及びこれらの活動に関係する権利等と独禁法との関係を確認しておくことが有用であると考えられる。

労働組合は，現代の経済社会において様々な有用な機能を果たしており，さらに多くの機能を果たす可能性をもっている。[14] これらの機能の中には，団交・協約締結過程を主導しこれらの主体として労働条件を向上することのみならず，労働契約や労働法上保障された労働者の権利が実効的に守られるようにすること，経営・雇用等にかかわる労働者の意見をくみあげ労働者の経営参加を促すこと，事業内容・組織等の変更過程における労働者の保護とその潤滑化，社会・経済のあり方を経営者層と協議し政策立案につなげることその他民主的政治過程への労働者の参加・関与促進などが含まれる。労使間紛争・争議を一定のルールに沿った形で行い解決することを通じて労使間の平和を維持・促進することも，いうまでもなく労働組合が有する基本的な機能の一つである。労働

---

14) 西谷・前掲注1) 2〜4頁，水町勇一郎「『労働契約』か『社会関係』か？——団体交渉の基盤と射程に関する比較法的考察」菅野和夫先生古稀記念・労働法学の展望（2013）525頁以下ほか，仁田道夫＝日本労働組合総連合会・これからの集団的労使関係を問う——現場と研究者の対話（2015）参照。経済的観点からの組合・団交制度の評価について Tito Boeri and Jan van Ours, The Economics of Imperfect Labor Markets (2nd ed, 2013) ch 3 がある（但し協約適用率の高い欧州についての分析であり日本には妥当しそうにない記述も多い）。

者層の健康・生活が一定水準以上に維持されなければ長期的に又は経済全体としては停滞を余儀なくされうるところ，このような事態に陥る歯止めとなる機能も有している。そして，日本国憲法は，勤労者の団結権及び団交その他の団体行動をする権利を明示的に保障し（28条），労組法がこれを具体化している。

### (2) 独禁法の目的

これに対して，独禁法は，事業活動及び事業者間の関係を規律することによって商品・役務の市場における自由かつ公正な競争を維持している。自由で公正な競争が維持されていることは，市場メカニズムが効率的かつ消費者にとって利益になるように機能するための前提である。自由競争秩序，いいかえれば市場において競争が自由かつ公正に行われ競争が不当に制限されていない状況下において商品・役務を取引し事業活動を行うことができることは消費者と事業者に認められた重要な権利である[15]。

また，独禁法では，究極的には，競争的な条件によって商品・役務を選択することを可能にすること等を通じて「一般消費者の利益を確保」するとともに，市場を構成する事業者に競争する自由及び取引する自由を確保することで「国民経済の民主的で健全な発達」を目指している[16]。独禁法も労働組合及び労組法も戦後，経済の民主化を進める過程で再構築・整備されたものであり[17]，主体となるのが消費者か労働者かという違いはあるものの，一部の限られた者が経営・産業・経済全般を統制するというのではなく，これらにおいて民主的コントロールが及ぶようにしようとする点において労働法と独禁法とは共通の指向を有している。

---

[15] 自由競争秩序の下で経済的活動を行うという利益ないし権利を憲法上に根拠をもつものと位置づけることができるかどうかについては，土田和博「憲法と経済法」日本経済法学会編・経済法講座1　経済法の理論と展開（2002）16頁以下参照。

[16] 金井貴嗣「独占禁止法の目的と体系」日本経済法学会編・経済法講座2　独禁法の理論と展開[1]（2002）6〜8頁。

[17] 経済民主化過程（初期）の労働組合の位置づけと変化について兵藤釗・労働の戦後史(上)（1997）1〜58頁参照。

(3) 労働組合と独禁法の関係

　労働組合及びいわゆる労働三権の保障と上記のような目的を有する独禁法ないしこれが維持しようとする自由競争秩序とは，本来的に対立するものではない。事業活動に関して営業の自由が保障され，経済憲法としての独禁法が存在する一方で，労働者の団結権等が明文で保障されている日本の憲法の下では，労働者間及び労働者・使用者間の関係については労働組合及び労働者の法的保護を通じて実質的自由と平等を保障する体制をとる一方で，商品等が取引される一般の市場においては自由競争秩序が妥当することを予定しているとみることができる。労組法を中心とする法制度と独禁法とでは，規律しようとする社会経済関係が本質的に異なっているのである。[18]

　労働組合が独禁法の規律する事項と異なる事象を扱っていることは，労組法上の労働者性を判断する上での考慮事項（上記）にも表れている。事業組織に組み入れられているということは，雇用関係に入れば労務（役務）はそれ自体としては取引の対象となることはなく，提供者間で価格・品質をめぐる競争が直接的には行われるものでないことを意味する。指揮監督下で労務提供を行い一定の時間的場所的拘束を受けていることについても，これと類似する傾向を示すものといえる。また，契約内容が使用者により一方的・定型的に決定され個別交渉の余地がないこと及び業務の依頼に応ずべき関係があることは，労務（役務）提供者側での競争の余地が限定的であることを意味し，同時に提供者側が価格，品質，数量等取引の条件を左右する地位に立ちにくいことをも示唆している。労務対価性，なかでも報酬が仕事の完成に対してというより業務量・時間に基づいて算出されることについては労働市場に特異な取引形態とはいえないものの，独禁法適用事件中圧倒的に多くの割合を占める商品や工事・請負等の役務等とは異なる取引が行われているとはいえる。

　さらに，独禁法が保護しようとする自由競争経済秩序においては他の法律等によって禁じられる行為を行うことで価格を下げることなどにより顧客を誘引することを予定するものではない。このような行為はたとえ低価等により競争を活発にしているように見える場合であっても独禁法ないし自由競争経済秩序

---

[18]　丹宗暁信＝伊従寛・経済法総論（1999）218頁。

上,肯定的に評価されることはない。労働法との関係でいえば,労働者保護のために法律により設定された最低賃金や憲法上保障された労働組合活動,労使間の基本的ルールである労働協約を破って価格等を下げ,一見すると活発ともいえそうな競争活動を行ったり競争上有利な地位に立ったりすることは,独禁法の保障する自由競争経済秩序においては本来的には肯定的には評価されるべきではないといえる。

(4) 小 括

このようにみると労働法と独禁法とは本質的ないし原理的に衝突したり矛盾したりするものではなく,独禁法が維持促進しようとする競争は本来的には労働者の権利及び労働条件が保障され適切に維持されていることの前提の上に成り立つという関係にあるということができそうである。

そして,このような理解に立つならば,労組法上労働者と認められ,労使関係において労働条件の維持・向上をはかるべきアクターとしての地位にある者については,事業者性を持つかどうかにかかわらず,事業者間の競争の基礎となるべき労働条件の維持向上のために団体活動,団交等を行うことを積極的に承認し,このコロラリーとして独禁法の適用は一切行わないこととすることが適切であるようにも思われる。

ただ,独禁法と労組法等の関係と,労組法上のアクターたる者に独禁法を適用すべきかどうかは概念上,区別可能な問題ではある。組合ないし労働者の共同行動が競争秩序の観点から容認しがたい衝突を作り出すのであれば,場合によっては独禁法を適用し競争の観点からの規律を及ぼさざるを得ないかもしれない。そこで次章では,より具体的に組合等の諸行為について競争への影響を検討した上で,独禁法適用の可否を検討することとする。これに先立ち労使関係にかかる共同行為について労組法上どのようなルールが存在しているかを確

---

19) 大阪バス協会事件＝審判審決平成7・7・10審決集42巻3頁参照。この種の競争的行為は独禁法上,「保護に値しない競争」と評価することも可能であろう。この概念について,根岸＝舟田・前掲注2) 48～49頁参照。

20) 体制内化された労働者が競争秩序及び消費者利益に相反する行動をとる危険性を指摘したものとして富山康吉「現代の経済における自由」法時42巻13号(1970) 99～100頁。

認する。

## III 労使関係と独禁法適用の必要性

### 1 準備的検討——労組法上の団交・協約のルール

使用者は，自らが雇用する労働者の代表（組合等）が団交を申し入れた場合，これを理由なく拒むことができない（労組法7条2号）。団交において交渉等を行う事項については当事者が自由に設定することができるが，判例等は，次の事項については，使用者は団交を行うことを拒むことができないとしている（義務的交渉事項）。この事項には，①賃金，労働時間等労働条件，②就業規則の制定及び改廃，③解雇，配転，懲戒等組合員の身分地位に関わる事項，④組合に対する便宜供与その他企業内における組合の活動にかかわる事項など，⑤団交・争議行為の手続にかかる事項等，労働条件組合員の経済的地位向上ないし労使関係上重要な事項が含まれる[22]。いわゆる経営に関する事項や管理運営にかかわる事項であっても，労働条件ないし組合員の経済的地位に関係する事項であれば義務的交渉事項に該当するのであり，このため例えば事業譲渡，管理者の人事等も義務的交渉事項となりうる[23]。

労働者側で団交の当事者となるのは，労働者，労働組合，相手方（使用者）に雇われる者を構成員とする個人加盟労組（いわゆるユニオン），上部団体等である[24]。これらの者が行う団交申入れについては，正当な理由なく拒否できないという労組法上の保護が及ぶ（但し，労働者が自主的に組織する団体であることが条件であり（労組法2条），上部団体については独立の労働組合としての組織性及び統率力などをもつ場合に限るなどの条件はある）。協約の当事者となるのも，ほぼこ[25]

---

[21] 結果として本稿での結論は，本問題についての本格的論稿である荒木・前掲注13）205頁及び大橋敏道「独占禁止法と労働法の交錯——Labor Exemption の日米比較」福岡大学法学論叢48巻1号（2003）19頁以下とほぼ同じものとなっている。荒木・前掲注13）では独禁政策上独禁法不適用が看過しえない例外的場合に独禁法の適用を認めるのに対して，本稿では現状において看過しえないような状況を生じさせることは考えにくいとの認識に立って，例外的にかような問題状況があるのであれば立法による対処を行うべきであるとする違いはある。

[22] 西谷・前掲注1）296頁以下，菅野・前掲注5）850頁以下。

[23] 西谷・前掲注1）299頁以下，菅野・前掲注5）850頁以下。

[24] 西谷・前掲注1）285頁以下，菅野・前掲注5）840頁以下。

れらの者である。[26]

　使用者側では，労働条件について現実的かつ具体的に支配・決定することができる地位にある者[27]又は労働者を雇用する者その他労働関係に対して実質的支配力ないし影響力を及ぼしうる立場にある者[28]が団交義務を負うとされる。[29]団交を意義あらしめる程度の統率力を備える場合であって団体の定款又は規約上に根拠がある場合には，使用者団体も団交当事者になる。[30]労働者側が統率力を欠く使用者の団体と交渉を行うことは自由ではあるが，団交応諾義務などの法的保護は基本的には及ばない。協約について，使用者側の当事者となるのも，ほぼこれらの者である。[31]

　労働協約は，原則として協約当事者たる組合の組合員にのみ適用されるが，一定の場合には協約中でも労働条件等にかかわる一定の部分（規範的部分）は同一工場又は地域において同種の労働に従業する非組合員にも拡張して適用される（労組法17条，18条）。使用者側については，このような効力拡張制度は存在しない。

　組合はいかなる活動も行うことができるわけではない。暴力の行使は明文で禁じられている（労組法1条2項但書）。組合の団交その他の行為については，正当と認められない場合には刑事上の責任が問われることがあり，正当でない争議行為により使用者が損害を受けた場合には民事上の責任が問われることもある（同1条2項及び8条）。[32]組合員らが争議行為の過程で第三者に対して暴行，

---

25)　西谷・前掲注1）289頁以下，菅野・前掲注5）843頁以下。
26)　西谷・前掲注1）330頁以下，菅野・前掲注5）870頁以下。詳しくいうと，争議団は団交当事者になるが協約当事者にならないなどの違いはある。
27)　朝日放送事件＝最判平成7・2・28民集49巻2号559頁，水町・前掲注5）409頁以下。
28)　西谷・前掲注1）291頁以下。
29)　さらに詳しい判例等の状況については厚生労働省労政担当参事官室編・労働組合法／労働関係調整法（六訂新版，2015）393頁以下参照。また，議論状況について道幸哲也・労働委員会の役割と不当労働行為法理――組合活動を支える仕組みと法（2014）166頁以下参照。
30)　西谷・前掲注1）292頁以下，菅野・前掲注5）847頁。
31)　西谷・前掲注1）334頁以下，菅野・前掲注5）871頁。
32)　これらの規定は直接的には正当な組合活動と争議行為それぞれについて刑事免責及び民事免責を規定するものである。解釈上，組合活動にも民事免責が認められるとされている。西谷・前掲注1）51頁以下，菅野・前掲注5）906頁以下。これらの規定等の運用の状況について，厚労省・前掲注29）190頁以下及び510頁以下参照。

直接の加害等を行った場合であって争議行為と評価することができないときなどに，例外的に第三者に対する責任を負うことになることもある。[33]

## 2 労働組合の活動と独禁法
### (1) はじめに
本項以下では，組合の行為に独禁法を適用すべきか否かを具体的に検討する。

団交，協約等の組合の活動が競争に対してもつ影響は，使用者側が単独である場合（グループ会社であるなど競争の観点から実質的にみて単独である場合を含む。以下，同じ）と複数の場合とで異なる。

団交，協約等において協議等の対象となる事項には様々なものが含まれるが，これらの事項にかかる交渉及び取決め並びにこの過程で行われる行為は，競争にどのような影響を与えるだろうか。他方で，これらは，労働者の諸権利保護にどの程度密接に関連し，労働法上いかなる位置づけが与えられているだろうか。

以下では，労働者ないし組合側の行為と使用者側の行為に分けて検討することとし，本項ではまず労働者ないし組合側の行為について検討する。なお，使用者が独禁法上の事業者にあたるとは限らないが，本項の以下の部分では紙幅の都合上，事業者性を備える使用者を想定して検討する。

### (2) 組合員の賃上げ等労働条件に関する行為
労働条件をめぐって労働者が団体で行動し，団交を行うことは憲法上認められ労組法により具体化された権利の行使である。団交の対象となる諸事項のうちでも，労働条件は義務的交渉事項である。

① 使用者（事業者）が単独である場合

競争に与える影響について，団交と協約締結が1使用者を相手方として行われる場合には，事業者間の競争に与える影響は通常ない。

② 使用者（事業者）等が複数である場合

複数の使用者（事業者）を相手方とする場合，使用者団体が相手方である場

---

[33] 西谷・前掲注1) 465 頁。

合，又は，労働組合又はその連合体に複数企業の被用者が含まれており各使用者に対して統一的な要求を行ってこれを実現しようとする場合には，相手方たる使用者における費用の一部を共通化することにより使用者（事業者間）の競争を緩和する可能性が存在はする。さらに，このような場合に，労働集約性の高い事業者が競争上不利になる可能性はある。しかし，このような場合でも，競争に対して識別可能な程度に影響が及ぶのは，労働組合員が一定の事業内の相当数の企業により雇用されているとともに当該組合に加盟している組合員数が多く，当該企業内に雇用される者のかなりの割合の事業者数の労働条件が当該組合との協約によって左右されることになるとともに，使用者が提供する商品・役務に占める労務費の割合が大きい場合に限られよう。

　企業別労組が多い上に組合員比率の低い日本においては，上記のような状況が生じることはごく稀であると考えられる。

　そもそも組合側がそれを要求するという場合でもない限り使用者側が共同し又は使用者団体を通じて団交等に応じるかどうかは使用者側が決めることであり，労働者側の要求が労働条件に関するものに留まる限り，労働条件の使用者間の共同的決定を通じて生じる事業者間の競争制限効果の発生について労働者側に責任を負わせることはできない。

　以上より，事業者性を有する場合であっても，労働者が労働条件に直接的にかかわる事項について団交等を行う行為については独禁法を適用することは不適切であり，その必要性も認められない。例外的に競争政策の観点から規律が必要な事業分野・労使関係が存在する場合であっても，組合活動の重要性と独禁法適用がもつ萎縮効果に鑑みて独禁法の適用は控えるべきであり，ある種のスポーツのように事業・取引等を限定した特別法を制定することにより対処することが適切であると考える。

　③　効力拡張について

　ここまでの検討では，組合が自らの構成員たる労働者について団交を行い協約を締結する場合を想定してきた。組合が行う団交及び協約締結は，協約の拡張効力を通じて，同一使用者に雇用され又は同一地域内で従業する非組合員に対しても影響を与えることがある。しかし，このような効力拡張があることは，上記の検討の結果を左右するものではない。効力拡張が1使用者の雇用する労

働者についてのみ起こる場合には上記①の検討が，このほかの場合には上記②の検討がこのまま妥当する。

(3) **使用者が業として供給する商品・役務の価格等に関する行為**

　使用者が提供する商品・役務の対価，供給数量，品質等は，通常の場合には，団交における義務的交渉事項としては扱われていないと考えられる。もっとも，これら商品等の対価が低いこと等が労働条件の悪化をもたらしたり，その理由とされたりすることが多く，労働者側としては商品・役務が高い水準に維持されることから利益を受ける可能性がある。そして，このために労働条件にかかる事項といえる場合がありうる。

　競争への影響について，労働組合の団交・協約の相手方たる使用者が事業において限られた地位を占めるに過ぎない場合には，団交・協約上事業者の商品・役務の対価について制約を加えても競争に影響が及ばないことは勿論，当該事業者の商品・役務の価格を高くさせることは商品・役務市場において顧客の離反を招くだけであって結局のところ当該事業者において雇用される者の利益にもならないことから，このような内容の協約が締結されることは通常，そもそもないと考えられる。問題となるのは，市場において単独で又は集合としてみて相当の地位を占める使用者を相手方として協約上，使用者が提供する商品・役務の対価を取り決める――なかでも高いものに維持させる――場合である。

　既に述べたように労働者側がこのような協定が締結されることに利益をもたないとは言い切れないが，使用者側としては賃金切り下げ等労働条件の悪化を行うことなく商品・役務の対価を低くすることができるはずであり，これらの事項について協約を締結することが労働者の地位を保護する上で必須であるとは言いにくい。他方で，競争への影響という側面からみると，事業者側では賃金等労働条件以外の部分で企業努力を行って顧客に対してよりよい条件で商品・役務を提供して余地がありえたところ，そのような可能性ないし自由が制約され，顧客ないし消費者の側においてもよりよい条件での商品・役務を享受できなくなることになる。このように事業活動を制限し，消費者利益を損なうことは，労働条件を維持する必要性によっては正当化することは難しいと考え

られる。

　もっとも，これらはかような協約等が締結された場合に組合に独禁法上の責任を負わせるべきであることは意味しない。このような形で競争への影響が及ぶことは多いとは考えられない上に，上記(2)の場合と同様に使用者が共同して対応するのかどうかは通常は使用者側が決めることであり組合に競争制限の責任を負わせることは不適切である。さらに，組合は労働条件の維持向上を追求しており，使用者側が数ある実現・確保手段のうち商品・役務市場での競争回避を選択した場合には，組合が競争制限効果を生じさせたとは評価できない。また，例外的に組合が積極的に関与して現に競争及び消費者等第三者への影響が生じた場合であっても，悪影響の根拠となった協約等を公序良俗違反（民法90条）により無効とすれば足りるのであって，独禁法上の制裁を課す必要はない。

### (4) 争議行為，ボイコット等——使用者の事業を妨害する行為

　独禁法上，事業を妨害する行為には3条後段のみならず19条（不公正な取引方法）の規律も及ぶ。独禁法・事業法では，共同行為ないし3条適用に関しては規模の経済等に着目して寛容な立場をとる場合でも，不公正な取引方法の使用は許さないとしている例が多い（独禁法22条，道路運送法18条等）。

　しかし，争議行為は憲法上保障され労組法にも根拠のある行為である。労務提供を拒否された使用者は競争上，不利な地位に立つことになるかもしれないが，この場合であっても市場における競争に識別できる程度の悪影響が及ぶとは限らない。この点いずれにしても合法に行われる労務提供拒否等争議行為が競争への影響を理由として禁止等されることはありえない。

　労組法上正当でない争議行為であって使用者を相手方とする行為については，既にみたように民事免責・刑事免責が及ばなくなる。この上，さらに進んで独禁法を適用する必要性は認めがたい[34]。

　第三者に対して事業妨害を行ったり，第三者に圧力をかけて間接的に使用者

---

[34] 適用するとなれば独禁法運用の中心的機関である公取委が争議行為の労組法上の正当性を判断することになると考えられるが，そのような判断を公取委が行うことが適切であるのかも疑問である。

の業務を妨害させたりする場合はどうか。これらの行為についても使用者との関係で労働条件の維持・向上を目的としている場合があるものと考えられる。このような行為の独禁法上の評価は，使用者を相手方とする争議行為等と同じでよいのではないだろうか。他方で，使用者に対して労働条件の維持向上を目的とするのでない場合には，営業妨害等として民刑事上の責任を追求すれば十分であり，この場合にも同様に独禁法を適用する必要はないと思われる。[35]

## 3 使用者（事業者）・使用者団体の活動と独禁法

使用者側の共同行為，即ち，使用者団体の行為その他団交等にあたって使用者間で意思を通じ合って行う行為については，たとえそれが労組法上定められた団交，協約等のルールにのっとっているようにみえる場合であっても，競争への影響と独禁法上の評価は異なるものになる。

第一に，使用者側は独禁法上「事業者」であることが多いが，この場合に使用者たる事業者に独禁法の適用があること，そして事業者間で自由競争秩序が維持されるべきことには疑いがない。第二に，労働者と異なり，憲法上使用者には団結の権利は認められていない。第三に，使用者側には，労働者に対して団結して行動しなければ自己の生存すら危ぶまれるといったような緊迫した団体行動の必要性は通常，存在しない。第四に，事業者たる使用者は，商品・役務の市場において相互に競争を回避したり競争者を排除したりすることにより，直接的に利益を受けることができる立場にある。競争関係にある者が意思を通じ合って競争を回避する行為や，複数の事業者が共同して行う排除行為は，競争回避・ライバル排除を通じて競争と消費者に悪影響を与えつつ，行為者を利する結果となることが多い。第五に，事業者たる使用者は労働者と異なって，事業の編成，営業方針，商品・役務の品質等を決定しうる立場にあり，一定の労働条件を達成するためには様々な方法をとりうる立場にある。最後に，法人であって特に規模の大きい企業でもある使用者（事業者）については，リスク

---

35) 事業者たる使用者が労働組合や労働者に妨害行為を行わせている場合（例として神鉄タクシー事件＝大阪高判平成 26・10・31 審決集 61 集 260 頁（独禁法 19 条），姫路生コン協組仮処分事件＝神戸地姫路支判昭和 61・3・10 判時 1218 号 119 頁（不法行為）がある）には原則として当該事業者を独禁法違反に問えば足りる。

を労働者よりも受け入れやすい立場にあり，独禁法による規制を受けるリスクのために効率的ないし経済的・社会的に望ましい活動に対する委縮効果が生じる可能性は比較的低いと考えられる。

　以上より，使用者側については，労働条件の向上を標榜して競争制限・阻害する行為が行われないよう独禁法に基づく規制が厳格に行われる必要がある。なかでも，複数の使用者らが意思を連絡しあって，①使用者が業として供給する商品・役務の価格・数量を取り決めることとなる結果を生じさせること，及び，②使用者らが事業活動を行う市場から特定の事業者を排除するような結果を生じさせることは，労組法上の使用者団体であったり[36]，労働条件の向上を目的に掲げ，団交・協約を通じて行う場合であったりする場合であっても許されないと考えるべきである。他方で，労組法上使用者団体としての地位を認められる者が団体内部で労働条件について意思連絡を行い，使用者団体として使用者横断的に対応する意向をもって団交に臨み協約を締結することは，労組法上当然に想定しうる行為であり，独禁法の適用はないと考えるべきであろう。そして，これら以外の複数使用者・使用者団体の行為については，独禁法が適用されることは承認した上で，競争制限・阻害効果の有無を個別具体的に検討し，競争への悪影響があるとみられる場合には問題の行為が労働条件の維持等の目的達成にとって相当な手段であるのか，他により競争制限的な手段は存在しないのかなどを検討しつつ，最終的には問題の行為によって達成される労働者利益等と自由競争秩序という法益を比較衡量して独禁法違反かどうかを判断すべきである。

---

36）　事業者団体が顧客争奪禁止の協定を行っていたことを理由として独禁法8条1項1号［現8条1号］に基づく排除措置命令が出された次の事件では，団体は使用者団体でもあったのではないかと思われる（明らかではない）。大阪港運協会事件＝勧告審決昭和38・10・25審決集12巻29頁，名古屋港運協会事件＝勧告審決昭和38・10・25審決集12巻26頁，東京湾港運安定協会事件＝勧告審決昭和38・10・25審決集12巻23頁，兵庫県港運協会事件＝勧告審決昭和38・10・25審決集12巻32頁。

## Ⅳ 労働契約と独禁法 19 条及び下請法

### 1 問題の所在

ここまでは労働者間の共同行為を念頭において独禁法適用のあり方を検討してきた。これ以外の文脈においては，労働者でも事業者でもある者を独禁法上どのように扱うことが適切だろうか。本稿の目的からは外れるが，ここまで論じたことの射程を確認するためにも，以下では独禁法 19 条について簡単に検討する。

19 条について，争議行為等組合の活動として行われる場合については既に述べたとおりであり，ここではこれ以外の行為について考える。検討は，①行為主体が労働者性を有する事業者である場合と②労働者性を持たない事業者が行為主体であり，行為の対象が労働者性を有する事業者である場合に分けて行うべきである。以下，順に検討する。

### 2 労働者性を有する事業者による 19 条違反

19 条の適用がありうる行為であって争議等の文脈で行われるのではない行為については，前章と同じように独禁法の適用を排除すべきだとは考えられないものの，適用はなお慎重に行うべきであると考えられる。というのも，取引拒絶，差別取扱い，拘束条件付取引，取引妨害等は争議行為等労働条件の維持向上を目指す活動の一環として行われたものかそうでないかの区別は容易でないことが多く，これらの行為を独禁法により規制することにより労使間の対称性維持を難しくすることがあると考えられるためである。さらに，なかでも事業者に対する取引拒絶を規制することについては，憲法 18 条及び同 22 条 1 項に抵触する可能性も生じる。そもそも労働者性を有する事業者性が行う行為が競争に影響を与えることは稀有であると考えられ，労働者の人権侵害や組合活動阻害等の結果を生じさせないように独禁法の適用は十分に慎重に行うべきであると考えられる。

## 3 事業者による労働者性を有する事業者に対する行為と 19 条

行為の対象が労働者性を有する事業者であり行為主体が労働者性を有さない事業者である場合には[37]，19 条の適用上特段別の扱いをする必要はない。

独禁法の規定には，行為の対象が事業者であるかどうかによって区別を行っていないものも多い。2 条 9 項 5 号においても，行為の相手方は事業者に限定されていない。ただ，2 条 9 項 1 号，同 4 号及び一般指定のいくつかの規定は相手方が事業者である場合に限って適用される。また，優越的地位の濫用規制を補完する下請代金支払遅延等防止法（下請法）も事業者間で下請取引が行われる場合に限って適用される（2 条 1 項～4 項）。

労働者性を有する事業者は，交渉力格差や情報格差，資本力上の格差等のために下請法，一般指定 8 項・9 項・14 項上に規定される濫用的行為や抑圧的行為の対象となりやすい。これらの規定については，とくに，労働者性を有する事業者をターゲットとした行為について適用する必要性が高い。これ以外の一般指定 12 項等の規定については，自由競争減殺の観点からの公正競争阻害性が生じる場合に限られると解されるところ，労働者性を有する事業者に対してこれらの行為を行った場合にこのような影響が生じることは考えにくくはあるが，可能性が凡そないわけではない。これらの規定についても，行為主体が事業者である限りは，対象が労働者性をも有する事業者であるからという理由で 19 条の適用を排除すべき理由は存在しない[38]。

## V むすびにかえて

本稿では，事業者性を有する労働者及びこれを構成員とする組合の行為を中心として独禁法適用の可否等について検討した。労組法運用・解釈上は労働者と認められていないものの社会経済的地位からして団交等により取引条件を確

---

37) 荒木・前掲注 13) 188～189 頁「独禁法と労働法が経済的弱者に対して……同じ方向での規制を及ぼしている場合」に相当する。

38) 事業者性が一見して明らかではない者に対して一般指定 12 項の適用を否定しなかった（但し，19 条違反とは認められなかった）例としてプロ野球選手肖像権事件＝知財高判平成 20・2・25 裁判所ウェブサイトがある。

保する必要が高い者らの共同行為に対して独禁法をいかに適用すべきか等を検討することが残る課題である。

　　＊　本研究は JSPS 科研費 JP15K03156 の助成を受けたものである。

# 債権法改正案について
―― 原始的不能概念の廃棄を中心に

角　紀代恵

I　はじめに
II　ドイツ法について
III　日本法について
IV　改正案について
V　さいごに


## I　はじめに

　政府は，平成 27 年（2015 年）3 月 31 日の閣議で，民法（債権関係）に関する規定を基本的に見直す「民法の一部を改正する法律案」（以下「改正案」という）を決定し，同年の通常国会に提出した。今般の民法改正は，民法が明治 29 年（1896 年）に制定されて以来の大改正ではあるが，改正審議をリードした「民法（債権法）改正検討委員会」が当初企図していた根底からの改変は実現せず，一見したところ，比較的穏当な改正案となっている。しかし，債務不履行の帰責事由要件を定める第 415 条の改正に代表されるように，表面的には従来の表現を若干修正しただけにとどまっているように見えるが，激しい議論の妥協の産物としての改正であるために，潜在的には大きく変わる可能性をはらむものがある[1]。これに対して，本稿で取り上げる原始的に不能な給付を目的とする債

---

1) 松本恒雄「民法改正のめざすところ」ビジネス法務 15 巻 8 号（2015）1 頁。

務について新設された第412条の2は，従来から，改正に対して，あまり異論は唱えられていなかったために，法制審議会においても，突っ込んだ議論はなく，第415条とは好対照をなしている。しかし，今後の第412条の2の解釈如何によっては，第415条も全く異なる解釈がなされる可能性は否定できない。

私は，このような問題意識から，「債権法改正案について——原始的不能概念の廃棄を中心に」を執筆したが，紙幅の関係から，十分な論述ができなかった。そこで，本稿において，改めて，原始的不能概念を廃棄した第412条の2について考えることにした。そのため，本稿と同論稿に重複する部分があることを予めお断りしておきたい。

## II　ドイツ法について

### 1　原始的不能論の廃棄

わが国の伝統的学説においては，原始的に不能な給付を目的とする契約は無効とされる。これは，ローマ法における命題 Impossibilium nulla obligatio est [3] (不能なものについては何らの義務もない) に遡るものであり，旧民法財産編第322条も，「合意ハ……不能ノ作為又ハ不作為ヲ目的トスルトキハ無効ナリ」と定めていた。しかし，わが国において原始的不能論が確立するのは，学説継受期に，ドイツ民法理論を承継した結果である。そこで，まず，原始的不能をめぐるドイツの状況を概観することにする。

1900年1月1日施行のドイツ民法は，その第306条に，「不能な給付を目的とする契約は無効である。」と規定し，それに続く第307条は，「①不能な給付を目的とする契約を締結する際に，当該給付が不能であることを知っているか，知らなければならなかった者は，相手方が契約の有効性を信頼したことによっ

---

2)　消費者ニュース106号 (2015) 154頁以下。

3)　同命題は，ローマ法における問答契約に関する格言に依拠している (磯村哲「Impossibilium nulla obligatio 原則の形成とその批判理論」石田文次郎先生還暦記念・私法学の諸問題 (一) 民法 (1955) 397頁以下参照)。ただし，同命題は債権法全般に妥当するものではなく，売買契約にあっては，その誠意契約性から克服の途上にあった (磯村・前掲論文407頁，前田達明「原始的不能についての一考察」林良平先生還暦記念論文集・現代私法学の課題と展望(下) (1982) 65頁)。

て被った損害を賠償する義務がある。しかし，相手方が，契約が有効であることについて持っている利益の額を超えない。この賠償義務は，相手方が不能を知っているか，知らなければならなかった場合には，認められない。②この規定は，給付が一部だけ不能であり，契約が可能な部分を考慮して有効である場合，あるいは，複数の選択的な形で約束された給付の一つが不能である場合に，準用される。」と規定していた。第306条，第307条が定める原始的不能論は，19世紀に普通法の主流を占めるにいたったモムゼン－ウィンドシャイド的履行不能理論とイェーリング的信頼利益賠償論の結合の成文法的確認であった。

しかし，ドイツにおいては，債務法の現代化にともなう2002年1月1日施行の改正民法において，第306条，第307条は廃止され，それに代わって，第311a条が規定された。同条は，以下のように規定している。

第311a条（契約締結に際しての給付障害）
(1) 契約の有効性にとって，債務者が第275条［給付義務の排除］第1項から第3項により給付する必要がなく，この給付障害がすでに契約を締結する際に存在してい

---

4) 本稿におけるドイツ民法の条文の翻訳は，田中教雄「原始的不能による損害賠償について──ドイツ民法第311a条の立法過程を手がかりにして」法政研究（九州大学）72巻3号（2006）301頁以下による。

5) 第306条に規定する不能は，原始的客観的不能であり，原始的主観的不能は，民法の規定するところではなかった。通説は，原始的主観的不能の場合には，保証責任に基づき，債務者に履行利益の損害賠償を負わせた（前田・前掲注3）71頁）。

6) 1870年代以降においては，モムゼン以来の通説──原始的客観的に不能な契約の無効理論と悪意・重過失がある場合にのみ債務者は賠償責任を負うというactio doli責任論の競合──は，通説の地位を保てなくなっていた。しかし，サヴィニー以来の契約有効論は，モムゼンの構成がもつ簡明性と首尾一貫性に欠けており，また，モムゼン理論の支持者であるウィンドシャイドの権威のために，通説の地位を占めるには至らなかった。モムゼン－ウィンドシャイド的履行不能理論とイェーリング的信頼利益賠償論の結合の方向が，19世紀末の普通法の主流を占めるに至る過程については，磯村・前掲注3）参照。

7) 第275条（給付義務の排除）
(1) 給付請求権は，この給付が債務者あるいはそのほかのすべての者にとって不可能である場合には，排除される。
(2) 給付が債務の内容と信義誠実の命じるところを顧慮して，債権者の給付利益と著しく不均衡である場合には，債務者は給付を拒否できる。債務者に要求される努力内容を決定する際に，債務者が当該給付障害に帰責されるかどうかも顧慮される。
(3) さらに，債務者がその給付を自ら提供しなければならず，かつ，その給付を妨げている障害と債権者の給付利益とを比較して，その給付を債務者に要求できない場合には，債務者は給付を拒否できる。

ることは，妨げにならない。
(2) 債権者は，その選択にしたがい，給付に代わる損害賠償，あるいは，第284条［無駄になった費用の賠償］[8]において定められている範囲での費用の賠償を要求できる。これは，債務者が給付義務を契約締結に際して知らず，かつ，知らないことについても帰責されない場合には，適用されない。第281条［提供されなかった，あるいは，債務の本旨にしたがって提供されなかった給付による，給付に代わる損害賠償］第1項第2文と第3文，第5項が準用される[9]。

## 2 原始的に不能な契約における帰責の根拠

Impossibilium nulla obligatio est という命題からは，債務者には給付義務が認められないということは導かれるが，不履行による損害賠償義務も認められないということまで導かれるわけではない。その意味では，不履行による損害賠償義務を認めるか否かは，立法政策の問題として位置づけられる。したがって，原始的に不能な給付を目的とする契約であっても，その不履行について，履行利益についての損害賠償義務を認めることは可能である。たとえば，給付約束自体に帰責の根拠を求める場合には，契約において免責条項を定めておかない限りは，履行利益についての損害賠償義務を認めることができる[10]。ただし，損害賠償義務を認めるに際しては，その帰責の根拠を明確にするとともに，帰責の根拠と認められる損害賠償義務の間に論理的整合性が保たれていなければ

---

8) 第284条（無駄になった費用の賠償）
給付に代わる損害賠償に代えて，債権者は，給付の受領を信頼してなした，そして，そうすることが正当と認められる費用の賠償を要求できる。ただし，その目的が債務者の義務違反がなかったとしても達成されなかったであろう場合にはこの限りでない。

9) 第281条（提供されなかった，あるいは，債務の本旨にしたがって提供されなかった給付による，給付に代わる損害賠償）
(1) 債務者が弁済期にある給付を提供しない，あるいは，債務の本旨にしたがった形で提供しない限り，債権者は債務者に給付あるいは追完のための相当な期限を設定し，それが徒過された場合には，第280条第1項の要件の下で，給付に代わる損害賠償を要求できる。債務者が部分的な給付を行った場合には，債権者がすべての給付に代わる損害賠償を請求できるのは，債権者が部分的な給付について利益を持たない場合だけである。債務者が給付を債務の本旨にしたがって行わなかった場合には，債権者は当該義務違反が重大でない場合には，すべての給付に代わる損害賠償を請求することはできない。
(2)〜(4) 〔省略〕
(5) 債権者がすべての給付に代わる損害賠償を要求した場合には，債務者は第346条ないし第348条により，すでに給付したものの返還を要求できる。

ならない。

　さて，第311a条によれば，給付が不能であることを知らずに契約を締結した債務者は，知らないことについて帰責される場合には，給付に代わる損害賠償義務を負う。改正前においては，原始的客観的不能の場合には，契約締結上の過失に基づいて，信頼利益の賠償義務が，原始的主観的不能の場合には，保証責任に基づいて過失とは無関係に給付に代わる損害賠償義務が認められていた。これに対して，改正法においては，原始的客観的不能と原始的主観的不能の区別が廃止され，ともに，給付が不能であることを知らずに契約を締結した債務者は，知らないことについて帰責される場合には，給付に代わる損害賠償義務が認められることになった。このように，改正法においては，原始的客観的不能，原始的主観的不能による損害賠償義務は過失責任として統一されることになった。

　しかし，原始的不能における損害賠償義務は過失責任ではあるが，過失は，給付が可能であるか否かを確認するという契約締結前の義務を怠ったことに求められる。他方，債務者が負うのは給付に代わる損害賠償義務であることからすると，債務者は，給付義務に反したから，損害賠償義務を負うことになりそうである。しかし，給付が可能であるか否かを確認する義務を怠ったことが，なぜ，給付義務に反したことになるのか。さらには，原始的不能の場合には，給付義務は最初から発生しない。このように，第311a条は，論理的に整合性が保たれているか，きわめて疑わしい。他方，改正法においても，後発的不能にあっては，給付に代わる損害賠償が認められるのは，過失による給付義務違

---

10）英米法においては，契約違反というのは，単に，約束したことが実現しないということを意味するにすぎない。契約責任は厳格責任として位置づけられており，いかなる事情であれ，約束したことが履行されなければ，債務者は，その責任を負う（樋口範雄・アメリカ契約法（第2版，2008）67頁）。

　　ただし，英米法においても，原始的に不能な給付を目的とする契約は無効とされるが，その理由は，契約における約因の不存在による。すなわち，双務契約において，一方の債務が履行可能であっても，他方の債務が履行不能であれば，それは有効な約因とはならないからである。判例（Couturier v. Hastie（1856），5 H. L. C. 673, 10 Eng. Rep. 1065）は，両当事者が存在すると思っていた契約の目的物が，契約成立の際に存在しなくなっていたために，原始的不能である場合には，契約は錯誤（両当事者の共通の錯誤）によって無効であるとしている（田中英夫・英米契約法（新版，1965）81頁，267頁，木下毅・英米契約法の理論（1977）202～210頁）。

反がある場合である。すなわち，改正法においては，原始的不能と後発的不能の場合の損害賠償義務は，ともに，過失責任ではあるが，その過失の内容は異なる。そこで，ドイツにおいては，給付が不能な契約における帰責の根拠をめぐって，活発な議論が展開された。その詳細は，田中論文に譲ることにするが[11]，結局のところ，疑問を抱えたまま，改正法が成立したようである。

## III 日本法について

### 1 原始的不能をめぐる学説

#### (1) 無効説

わが国の伝統的学説においては原始的に不能な給付を目的とする契約は無効とされている。しかし，その根拠については，論者の間で一致をみているわけではない。たとえば，論理上，無効とする見解がある一方で[12]，論理的には，有効，無効いずれも可能であるが，わが民法の解釈論としては無効と解する見解もある[13]。また，原始的に不能な給付を目的とする契約についても損害賠償債務を認めて有効とすることも考えられるが，わが民法では，債務不履行に基づく損害賠償債務を一度成立した債務の変形とみていることから，履行請求権を認める余地のない債務について損害賠償債務だけを発生させることは解釈論として妥当でないことを理由に挙げる見解もある[14]。

なお，原始的に不能な給付を目的とする契約は無効とする一方，原始的に不能な給付を目的とする契約の締結について債務者に帰責事由ある場合と，目的である内容の実現自体を原始的に不能としたことについて帰責事由がある場合を区別して，債権者の救済を考える見解がある。この見解によれば，前者の場

---

11) 田中・前掲注4)のいちいちの引用は煩雑になるので，原則として，省略する。
12) たとえば，石坂音四郎「履行不能論」同・改纂民法研究（下巻）（1920）292頁，末川博・契約法(上)（1958）30頁以下。
13) 末弘厳太郎・債権各論（1917）119頁以下。博士は，わが民法が原始的不能の契約は有効であるとの立場を採用する場合には，後発的不能の場合と同様に，履行に代わるべき損害賠償，解除をはじめとする問題が生じるので，それらに関する規定をおくはずである。したがって，それらの規定がおかれていないのは，民法は，原始的不能の契約は無効であるとの立場を採用しているからに他ならないとされる。
14) 我妻栄・債権各論上巻（民法講義$V_1$）（1954）80～81頁。

合には，信頼利益の賠償を認め，後者の場合には，第 415 条，第 416 条と同様の解決が望ましいとされる。[15]しかし，原始的に不能な給付を目的とする契約，すなわち，給付が不能となった以降に締結された契約において，給付を原始的に不能としたことについての帰責事由が認められるのか疑問である。というのは，給付を不能とした時点においては，そもそも，契約の目的である給付に対する義務は負っていないはずだからである。

#### (2) 有効説――三つの立場

原始的に不能な契約を無効とする伝統的学説に対して，近年は，有効と解する見解が有力である。有効説は，大きく分けて，三つの立場に分かれる。

一つは，契約は常に有効であると解する立場（①）である。この立場も，いくつかに分かれる。すなわち，ⓐ第 561 条，第 562 条を準用して履行利益の賠償を認める立場[16]，ⓑ第 415 条，第 416 条で処理しようとする立場[17]，ⓒ前提的保証合意に基づいて，契約を有効とする立場[18]，そして，ⓓ契約は常に有効であるが，給付が原始的に不能であったことが事後的に判明した場合の帰趨は，債務者が当該契約において，どのような債務を負っていたか，すなわち，契約の解釈によって定まると解する立場である。[19]

ⓐにあっては，債務者に帰責事由がない場合であっても，損害賠償責任を免れないようであるが，ⓑにあっては，原始的不能と後発的不能の区別を廃するので，債務者に帰責事由がない場合には，債務からの解放を認めることになる。ⓒも，債務者は，帰責事由がない場合には，損害賠償義務を負わないようである（2(1)参照）。また，ⓓは，ⓘ債務者が給付を保証したときは，原始的不能のリスクを負担していたものとして，債務者は不履行による損害賠償責任（第 416 条）を負う，ⓘⓘ両当事者が滅失の可能性を認識しつつ投機的行為をしたと

---

15) 前田・前掲注 3) 76 頁以下。
16) 戒能通孝・債権各論（1943）60 頁以下，広中俊雄・債権各論講義（第 6 版，1994）78 頁。
17) 北川善太郎・契約責任の研究（1963）278 頁以下，373 頁，星野英一・民法概論Ⅳ（1986）50 頁以下。
18) 加藤雅信「『不能論』の体系――『原始的不能』・『契約締結上の過失』概念廃棄のために」法政論集（名古屋大学）158 号（1994）55 頁以下。
19) 中田裕康・債権総論（第 3 版，2013）109 頁以下。

きは，債務者の責めに帰すべからざる履行不能として危険負担の問題となる，ⅲいずれでもない場合，錯誤無効となる場合が多いだろうが，そうならないときは，売主は，有効に成立した債務として認められるべき情報提供義務（目的物滅失の事実を買主に知らせるべき義務）違反による損害賠償義務を負うとする。[20]

二つめは，契約は原則として無効であるが，例外的に有効となるとする立場（②）である。例外をなすのは，ⓐ当事者の双方が，給付の客観的・原始的に不能であることを知らず，主観的には，不能・可能の不明な状態で，一種の投機的行為として，不能な場合のリスクを甘受する意図で契約を締結する場合と，ⓑ当事者の一方または双方が主観的には給付の可能なことを期待していたが，事実は原始的に不能であった場合であって，債務者が履行の可能性を保証した場合である。[21]ただし，この立場にあっては，同じく，契約を有効とする場合であっても，ⓐとⓑでは，双務契約における各債務の処遇が異なる。すなわち，ⓐの場合には，不能となった給付については債権・債務は成立しないとするのに対して，可能な給付については債権・債務の成立を認める。これに対して，ⓑの場合には，有責の後発的不能の場合と同じく，原始的不能な給付であっても給付義務を認め，債務者は債権者に対して履行利益を賠償する義務を負うとされる。

そして，三つめは，給付が原始的に不能であることを唯一の理由としては，契約は無効とはならないとの立場（③）に立つものであり，国際的潮流にも符合するものである。[22]③は，給付が不可能なリスクを甘受する意図，換言すれば，

---

20) ⅲで錯誤無効とならない場合，中田教授は，売主に善管注意義務（400条）を負わせたり，不能についての帰責事由を問うことは適当でないと述べられ，売主は目的物の情報提供義務懈怠による責任を負い，買主は代金支払義務を負わない（536条），買主は解除することもできる（543条）とされ，情報提供義務違反による責任として履行利益の賠償を認めることを否定されるようである。すると，その責任を信頼利益の賠償と呼ぶかどうかは別として，結局のところ，信頼利益の賠償と同じになるのではないだろうか。
21) 奥田昌道・債権総論（増補版，1992）30頁以下。
22) たとえば，国際商事契約原則2010第3.1.3条(1)は，「契約締結時に引き受けられた債務の履行（performance of the obligation assumed）が不可能であったという事実は，契約の有効性に影響を及ぼすものではない。」と規定する。また，ヨーロッパ契約法原則4：102条も，「契約は，それが締結された時点で引き受けられた債務の履行が不可能であったとの理由や，契約が関連づけられた財産に関する処分制限を当事者が有していなかったとの理由だけでは，無効ではない。」と規定している。

結果実現に向けて保証引受をなして，契約を締結したという事情が認められる場合には，原始的に不能な給付を目的とする契約であっても，当該契約は有効となるとする[23]。

## 2 帰責の根拠
### (1) 各説の検討

原始的に不能な給付を目的とする契約を有効と解する立場（1(2)）にあっては，その帰責の根拠を，どのように考えているのだろうか。

常に有効とする立場（1(2)①）のうち，比較的初期に主張された見解（①ⓐⓑ）にあっては，帰責の根拠についての検討が十分になされているとはいえないが，比較的近時の見解について見ていくと，債務者に対する履行利益の賠償責任を認める見解の多くは，その根拠を，契約において給付を保証したという当事者の意思に求めている。したがって，1(2)①ⓓおよび②③は，そのような保証意思が認められる場合には，債務者は，帰責事由の有無を問わずに，履行利益の賠償責任を負うことになるとする[24]。

当事者の意思に帰責の根拠を求めることは，無理のない見解といえよう。しかし，どのような場合に保証意思が認定されるのかについては，最終的には契約の解釈によることにはなるが，論者によってニュアンスの相違があるようである。すなわち，たとえば，1(2)②にあっては，原始的に不能な給付を目的とする契約は原則として無効と解するので，解釈を入れる余地がない程度に，保証意思が明確に表明されている場合に，はじめて，保証意思が認定されるようである[25]。もっと言えば，原始的に不能な給付について給付義務を認めても，給

---

[23] 潮見佳男・債権総論 I（第2版，2003）45頁以下。③が，②ⓐの場合のような投機的行為について，どのように考えているのかは不明である。潮見教授は，同書47頁において，「当該契約における当事者の意思・評価に照らすと原始的不能の給付を目的とする契約も有効であるとされた場合には，原始的不能を目的とする債権者の救済は，後発的履行不能の場合と同様の処理基準に服する。ここでは，契約当事者の意思・評価に基づくリスク分配という視点からアプローチする場合には，契約が有効とされる以上，履行不能が契約締結前に生じたという事実をもって後発的不能の場合と違えて扱うべきではない。その結果，履行利益賠償と契約解除が，債権者にとって中心的な救済手段となる。」と述べておられる。

[24] 潮見・前掲注23) 46頁以下。中田・前掲注19) 109頁以下。

[25] 中田・前掲注19) 109頁以下も同様か。

付は不可能なので，債権者は，債務者に対して損害賠償義務を追及するしかない。したがって，契約は例外的に有効であり，債務者は履行利益を賠償しなければならないと解するのと，契約は無効であるが，債務者は，契約に伴って締結された違約金契約によって損害賠償義務を負担すると解するのとで，どれだけの相違があるのか疑問である[26]。ただ，たとえば，交換契約のように，相手方の債務が金銭債務でない契約にあっては，相手方には，契約を有効と解した場合には，解除をせずに，当初，交換の対象となった物を債務者に引き取らせるか，解除して，お金だけですませるかの選択肢がある。

なお，同じく，契約の有効性を保証に求めてはいるが，債務者に対して履行利益の賠償責任を追及するためには，債務者に過失が必要である場合があるとの見解（1(2)①ⓒ）がある。原始的に不能な給付を目的とする契約においては，常に，保証が黙示的に前提として合意されていると解するこの見解は，競走用のサラブレッドの売買を例に挙げて，以下のように説く[27]。原始的に不能な給付を目的とする契約にあっては，その契約内容としては，目的物移転債務と前提的保証債務という二つの要素がある。目的物移転債務は，履行不能について債務者が無過失であれば消滅する。これに対して，前提的保証債務は，二種類──「契約当事者の意思内容が絶対的保証を意図しているもの」と「契約当事者が内心それほど強い保証を意図しておらず，保証債務者の注意力の範囲内で一定の保証をするというタイプ」──あり，その帰趨が異なる。前者の場合には，「保証内容が実現しなかった場合には保証債務者の帰責事由を問うことなく，保証債務者が責任を負う」のに対して，後者の場合には，「保証債務者に

---

[26] 来栖三郎博士は，青竹紅色染料事件として知られる大判大正8・11・19民録25輯2172頁を契機として，次のように，論じておられる。同事件は，青竹紅色染料の製造に関する権利の譲受人であるXが，青竹紅色染料を製造することは不可能だったとして，譲渡人のYに対して，違約金の支払いを請求したものである。Yは，青竹紅色染料に関する製造に関する権利の譲渡契約に際しては，実地検査の結果，青竹紅色染料を製造できないときは，違約金を支払うと約束していた。大審院は，当該譲渡契約は，原始的に不能な給付を目的としたものだから，当初より無効で，したがって，それに付随する違約金契約も無効だとして，Xの請求を棄却した。それに対して，来栖博士は，「本件譲渡契約に伴った違約金契約は性能の保証として有効であり，そして保証違反があったのだから，譲渡人は──本件では過失の有無を問わず──違約金を支払う責任を免れないというべきであろう。」と述べておられる（来栖・契約法（1973）100頁）。

[27] 加藤・前掲注18）61頁以下。

帰責事由がある場合にのみ」損害賠償債務を負担することになる。後者の場合，「目的物の移転が絶対的に実現されると両当事者も考えているわけではないので，目的物が存在することについての保証も，債務者の注意力の範囲内での保証と考えたほうが，通常の当事者が内心意図しているものと合致しているように思われる。そうであるとすれば，この点についても債務者が無過失の場合，保証債務の方も履行不能により消滅する。」とされる。

しかし，この見解にあっては，「債務者の注意力の範囲内での保証」の意味が不明である。そもそも，「目的物の移転が絶対的に実現されると両当事者も考えているわけではない」からこそ，実現できない場合には，損害賠償義務を負うというのが保証なのではないだろうか。

## (2) 原始的不能と後発的不能

(1)で述べたように，原始的に不能な給付を目的とする契約にあっては，保証責任に基づいて，帰責事由の有無を問わず，履行利益の賠償を求める見解が無理がないといえる。しかし，わが現行民法においては，後発的不能にあっては，第415条において，帰責事由があって，はじめて，債務者に対する損害賠償義務が認められる。そこで，原始的に不能な給付を目的とする契約において，その帰責の根拠を保証責任に求める場合には，両者において，帰責の根拠が異なるという問題を抱えることになる（Ⅳ3参照）[28]。

---

[28] この点，原始的不能，後発的不能ともに，履行利益の損害賠償の根拠を給付義務違反における帰責事由に求める見解がある。小林一俊教授は，ドイツ債務法現代化法の議論をわが国に置き換えて，「『約束は守らなければならない』し，『契約は履行しなければならない』（契約責任）。その履行にとって重要な時点は契約締結時ではなく履行期であるが，履行期に履行できないことにおいて，原始的不能も後発的不能も同じである。そこで，契約締結前の不能も締結後の不能と同じく不履行問題とするのであれば，履行不能のような必然的に不履行に直結する事情に関する締結前の調査義務違反（不能に対する責に帰すべき不知）は，その必然的結果として締結後に問題になる不履行＝履行義務違反の帰責事由を構成する。」と説かれる（小林「原始不能法廃止の動向と課題——21世紀ドイツ法改正を中心として——」法学志林101巻1号（2003）76頁以下。

確かに，帰責の根拠を「約束は守らなければならない」という給付約束に求めるとしたら，原始的不能の場合も後発的不能の場合も帰責の根拠は同じにはなるが，その場合には，ともに，帰責事由は不要ということになるのではないだろうか。また，原始的不能の場合には，契約締結前において，給付義務が存在しないので，給付義務違反は観念できないのではないだろうか（田中・前掲注4）792頁）。

## Ⅳ 改正案について

### 1 関連する改正案の条文

Ⅰで述べたように，今般の改正は，民法制定以来の大改正であり，改正提案は 200 以上に及んでいる。この改正提案の中に原始的に不能な給付を目的とする債務に関する第 412 条の 2 の新設がある。

（履行不能）
第 412 条の 2 ① 債務の履行が契約その他の債務の発生原因及び取引上の社会通念に照らして不能であるときは，債権者は，その債務の履行を請求することができない。
② 契約に基づく債務の履行がその契約の成立の時に不能であったことは，第 415 条の規定によりその履行の不能によって生じた損害の賠償を請求することを妨げない。

（債務不履行による損害賠償）
第 415 条① 債務者がその債務の本旨に従った履行をしないとき又は債務の履行が不能であるときは，債権者は，これによって生じた損害の賠償を請求することができる。ただし，その債務の不履行が契約その他の債務の発生原因及び取引上の社会通念に照らして債務者の責めに帰することができない事由によるものであるときは，この限りでない。
② 前項の規定により損害賠償の請求をすることができる場合において，債権者は，次に掲げるときは，債務の履行に代わる損害賠償の請求をすることができる。
　一 債務の履行が不能であるとき。
　二 債務者がその債務の履行を拒絶する意思を明確に表示したとき。
　三 債務が契約によって生じたものである場合において，その契約が解除され，又は債務の不履行による契約の解除権が発生したとき。

（催告によらない解除）
第 542 条① 次に掲げる場合には，債権者は，前条の催告をすることなく，直ちに契約の解除をすることができる。
　一 債務の全部の履行が不能であるとき。
　〔以下，省略〕

（債権者の危険負担等）
第 536 条① 当事者双方の責めに帰することができない事由によって債務を履行することができなくなったときは，債権者は，反対給付の履行を拒むことができる。
② 〔省略〕

## 2　第412条の2——提案までの変遷

### (1)　変遷の紹介

第412条の2は，以下のような変遷をたどっている。

○中間試案　第26　契約に関する基本原則等
2　履行請求権の限界事由が契約成立時に生じていた場合の契約の効力
　契約は，それに基づく債権の履行請求権の限界事由が契約の成立の時点で既に生じていたことによっては，その効力を妨げられないものとする。

○要綱　第26　契約に関する基本原則
2　履行の不能が契約成立時に生じていた場合
　契約に基づく債務の履行がその契約の時に不能であった場合について，次のような規律を設けるものとする。
　契約に基づく債務の履行がその契約の成立の時に不能であったことは，第11の1及び2の規定によりその履行の不能によって生じた損害の賠償を請求することを妨げない。

なお，第11の1および2は，改正案第415条と同じである。

### (2)　中間試案と要綱および改正案との異同

(i)　中間試案の意味するところについて，『民法（債権関係）の改正に関する中間試案の補足説明』（以下『補足説明』という）は，原始的に不能な給付を目的とする契約は，当該給付が原始的に不能であるという理由のみによっては，その効力は否定されず，契約の有効性は，当事者が履行請求の可否について，どのようなリスク分配をしたかによって定まるものであると説明している[29]。

しかし，無効となる場合の例として挙げられているのは，履行請求権の限界事由の発生が契約の有効性の解除条件となっている場合のみである。この他に契約が無効となる場合があるのか否かについては，「ほかに契約を無効とすべき場合にも，条件や錯誤など他の無効原因がある場合が多いと考えられる。」[30]と述べていることからすると，結局のところ，中間試案は，原始的に不能な給

---

29)　法務省民事局参事官室『民法（債権関係）の改正に関する中間試案の補足説明』（平成25年）325頁以下。
30)　改正案においては，錯誤は意思表示の無効事由ではなく，取消事由となっており，『補足説明』327頁は，「履行請求権の限界事由が生じていないと当事者が信じて契約を締結した場合には錯誤を理由に当該契約を取り消すことができる場合があり得る。」と述べている。

付を目的とする契約は，原則として有効である，つまり Impossibilium nulla obligatio est を廃棄するとの立場をとっていると考えられる。

　この立場は，契約にあっては，いったん給付を約束した以上は，約束した給付を実現できなかった場合には，契約不履行の責任を負う，責任を負いたくない場合には，予め，どのような場合に免責されるか，すなわち，給付の実現に対するリスク分担を定めておかなければならないという英米法的な契約観と非常に親和性があるように思われる。[31] このような立場は，民法（債権法）改正検討委員会に遡ることができる。すなわち，同委員会の手になる『債権法改正の基本方針』【3.1.1.08】（契約締結時に存在していた履行不可能・期待不可能）は，「契約上の債務の履行が契約締結時点で既に履行することが不可能であった場合，その他履行をすることが契約の趣旨に照らして債務者に合理的に期待できなかった場合も，その契約は，反対の合意が存在しない限り，有効である。」と規定している。基本方針は，その提案要旨において，「契約当事者によるリスク分配を尊重して契約の有効・無効を決するとの立場を基礎に据えている。」と述べている。[32] しかし，リスク分配を尊重することから，原始的に不能な給付を目的とする契約は，原則として有効であるとの帰結が当然に導かれるわけではない。なぜ，原則として，無効ではなく，有効とするのか，その根拠は明らかではない。

　(ii)　要綱および第412条の2は，中間試案のように，原始的に不能な給付を目的とする契約の効力を正面から規定することはなく，損害賠償の可否という裏側から規定している。このように変更されたのは，中間試案のような書きぶりでは，具体的にどのような法的効果が導かれるのかが明らかではないとの指摘によるものである。[33] しかし，「履行が不能であることによって生じた損害の

---

31)　後発的不能に関してではあるが，樋口教授は，「当事者の責めに帰すべき事由と関係なく，約束の不履行自体が契約違反であるとする絶対責任の原則をとるアメリカ法においては，それが自然なことであるが，同時に，このような法制のもとでは，契約締結時において，予めリスクの分配を意識的に入念に行う必要が強いということもあらためて認識すべきである。」と述べておられる（樋口・前掲注10）241頁）。

32)　民法（債権法）改正検討委員会「債権法改正の基本方針」NBL 904号（2009）95頁。

33)　「民法（債権関係）の改正に関する要綱仮案(案)補充説明」（民法（債権関係）部会資料83-2）34頁。

賠償を請求することを妨げない」との文言は，原始的に不能な給付を目的とする契約の効力が常に無効であるとの立場に立つものではないということまでは明らかであるが，原則，無効・有効，どちらの立場に立つのか明確ではなく，非常にわかりにくいと言わざるをえない。[34]

### 3　給付が不能な場合の帰責の根拠——原始的不能と後発的不能

　改正案は，原始的に不能な給付の場合，その帰責の根拠を，どこに求めているのだろうか。改正案にあっても，第415条は，債務不履行における損害賠償の免責事由について，現行条文と同様に，「債務者の責めに帰することができない事由」の文言を維持している。したがって，債務者は，不能についての帰責事由があって，はじめて，損害賠償責任を負うことになる。では，原始的不能の場合，何が，帰責事由となるのだろうか。この点，『補足説明』は，「原始的不能については，不能になったことについての帰責事由を問題にする見解と，債務者がそれを知らなかったことについての帰責事由を問題にする見解とがあるが，本文は特定の立場を支持するものではない。以上の点については，前記第10，1(2)の『債務の不履行が，当該契約の趣旨に照らして債務者の責めに帰することのできない事由によるものであるとき』に該当するかどうかの解釈適用に委ねられる。」と述べるのみである。[35] 帰責事由の内容を解釈に委ねると

---

34)　法務省の事務当局からは，「今回の改正案を全体として見れば，原始的不能の場合にそれだけでは契約は無効にならないという基本的な考え方が十分に表れているのではないか」との説明がなされている（法制審議会民法（債権関係）部会第96回議事録33頁（金関係官発言））。しかし，「それだけでは契約は無効にならない」とは，たとえば，有効・無効は契約の解釈に委ねられるという意味なのか，あるいは，他に無効原因がない限りは有効であるという意味なのか，どちらなのだろうか。なお，部会でも，第412条の2の表現ぶりに対しては，委員，幹事から批判が相次いだが，批判の理由は，契約が有効である効果として損害賠償だけしか書いていないことにあった。批判の詳細については，石崎泰雄「錯誤・原始的不能・損害賠償・代償請求権・契約の解除・危険負担——法制審議会の議論から要綱仮案・要綱へ」都法56巻1号（2015）261頁以下参照。

　　今般の民法改正は，平成21年10月の法務大臣からの諮問（諮問第88号）に基づくものである。同諮問は，「民事基本法典である民法のうち債権関係の規定について，同法制定以来の社会・経済の変化への対応を図り，国民一般に分かりやすいものとする等の観点から，国民の日常生活や経済活動にかかわりの深い契約に関する規定を中心に見直しを行う必要があると思われるので，その要綱を示されたい。」と述べている。第412条の2は，果たして，民法を国民一般にわかりやすいものにするとの諮問理由に叶うものであるだろうか。

いうことは，原始的に不能な給付を目的とする契約については，損害賠償の帰責の根拠を定めないままに，結論だけを国民に押し付けることになってしまうのではないだろうか。

さて，改正案における第415条は，「債務者の責めに帰することができない事由」の文言を維持してはいるが，同条は，過失責任主義という現行法における帰責の根拠を維持する立場と免責の可否は契約においてリスク分担によって決定されるとする立場との妥協を図ったものといわざるをえない[36]。そのために，その文言にもかかわらず，過失責任主義という現行法における帰責の根拠を維持しているか否かについては，疑義が呈せられている[37]。また，実務における帰責事由の扱いは，過失責任主義とかい離しているのではないかとの指摘がある一方で[38]，そもそも，過失責任主義の意味するところについても，論者間において見解の一致をみているわけではない[39]。

詳細は他日を期したいが，過失責任主義をめぐる争いは，結局のところ，契約において免責事項を定めておいて，はじめて，不履行について免責されると考えるか，逆に，免責を認めないと定めておいて，はじめて，不履行について免責されないと考えるかの基本的スタンスに由来するのではないだろうか[40]。そして，現行民法は，それを過失責任主義と呼ぶかどうかは別として，後者の立場をとっているのではないだろうか。改正案は，原始的に不能な給付を目的とする契約については，前者のスタンスに立っているようである。すると，原始的不能と後発的不能の帰責の根拠を一元化しようとする場合には，後者の意味

---

35) 法務省民事局参事官室・前掲注29) 326〜327頁。
36) 松本・前掲注1) 1頁。
37) たとえば，加藤雅信・迫りつつある債権法改正（2015）136頁以下。
38) 森田宏樹・債権法改正を深める――民法の基礎理論の深化のために（2013）25頁以下。
39) 木庭顕教授は，「自分の責任の範囲ではありませんという抗弁を許すことが過失責任主義である。」と述べられる（木庭「『債権法改正の基本方針』に対するロマニスト・リヴュー，速報版」東京大学法科大学院ローレビュー5巻（2010）201頁。また，小川浩三「幾度もサヴィニーの名を――法学と法典」法時82巻10号（2010）25頁以下も参照。
40) 中田・前掲注19) 136頁参照。河上正二教授は，「債権法の多くは任意規定・補充規定であることに鑑み，当事者だけでは将来の紛争解決ルールの策定が困難な（あるいはその余裕がない）一般市民にとってのデフォルト・ルールこそ念頭におかれるべきで，社会通念をよりどころに，自由かつ公平な熟慮の上での交渉によって達するであろう危険や義務の分配が模写されることが望ましい。」と述べておられる（河上正二・民法学入門（第2版増補版，2014）277頁）。

での過失責任主義を維持するのは困難になるといわざるをえない[41]。その意味では，第412条の2は，わが国における債務不履行の帰責の根拠を根本から変更する時限爆弾なのかもしれない。

## V　さいごに

　改正案は，その穏当そうな見かけとは異なり，結果的に，わが国の債務不履行について，プラットフォームの置き換えをもたらすものになるかもしれない。もし，今回の債権法改正が，置き換えを企図したものであるならば，そのことを正面に出して，それによってもたらされるメリット・デメリットをきちんと提示して，改正の是非を問うべきではなかったろうか[42]。あるいは，当初，置き換えを企図したものの，法制審議会での議論の過程における妥協の結果，木に竹を接いだことになったのかもしれない。いずれにせよ，改正案が成立・施行された後，当分は，混乱が続くこと，そして，混乱の被害者は国民であることを，我々は，忘れてはならない。

(2016年4月9日脱稿)

---

41)　前掲注28)も併せて参照のこと。
42)　河上・前掲注40) 265頁以下参照。

# スポーツの特異性と競争法の適用
―― 欧州競争法と競争政策における展開を中心に

齊 藤 高 広

　I　はじめに
　II　先決的判決の展開
　III　政策目標と条約改正
　IV　判例法の形成と展開
　V　終わりに

## I　はじめに

　今日，国内外を問わず，スポーツの分野は一大産業の1つと認知されている。スポーツ本来の目的は利益追求にないものの，放送権料・スポンサー契約料や選手の契約金・移籍金は天文学的数字に及ぶことがある。競技会場使用料，スポーツグッズなどの商品販売，知的財産権使用料，イベント招致活動などの関連費用を加えれば，経済活動としての側面が強く現れる。

　我が国では，スポーツ分野について少なくとも公的規制の形で事件化するまでには至っておらず，注意・警告が発せられるにとどまっている[1]。私訴をめぐ

---

1) コナミに対する警告＝公取委警告平成 15・4・22（西村元宏・公取 634 号（2003）94 頁），プロ野球肖像権訴訟＝知財高判平成 20・2・25（TKC 文献番号 28140627）がある。また，後掲注 23) も参照のこと。なお，ヨネックス事件では，有力なスポーツメーカーが輸入品の取扱いを制限させる目的で，競技大会への協賛や大会使用球の停止を示唆する行為が認定されている。公取委勧告平成 15・11・27 審決集 50 巻 398 頁。

る一部報道で独禁法上の問題が含まれていることを知るに過ぎない。これに対して，欧米では，スポーツ分野において公的規制及び私訴の双方の場面でしばしば競争法が問題となっている。

アメリカ反トラスト法については，プロ野球の適用除外制度，NCAA（全米大学体育協会）関連訴訟における違法性判断基準の確立や収入配分集団訴訟の展開など，我が国でも多数の研究成果があるが[2]，欧州については必ずしもその限りではない[3]。本稿では，欧州におけるスポーツ分野に対する競争法の適用と競争政策について，スポーツの特異性にも注目しながら検討することで，その適用範囲と判断基準を明らかにする[4]。

## II 先決的判決の展開

### 1 選手の資格要件と移動の自由

スポーツ分野における EU 法の適用が注目されたのは，1970 年代のことである。欧州裁判所が，加盟国内での民事訴訟事件に関連した照会に回答をする先決的判決の形で，スポーツの経済活動の側面について言及している。Walrave 事件（1974 年）と Donà 事件（1976 年）では，それぞれ自転車競技（オランダ）とサッカー（イタリア）における協会の定めた選手資格要件（国籍条項等）

---

2) 最近の一例のみ挙げると，神谷宗之介：スポーツ法（2005），隅田浩司「競争事業者間の提携に対する競争法の適用」多国籍企業研究 3 号（2010）61 頁，道垣内正人＝早川吉尚編著・スポーツ法への招待（2011），グレン M. ウォン＝川井圭司・スポーツビジネスの法と文化（2012），大久保直樹「価格協定に合理の原則を適用し正当化理由の有無などを検討した裁判例」公取 774 号（2015）47 頁，宮田由起夫・暴走するアメリカ大学スポーツの経済学（2016）などがある。

3) 網羅的ではないが，南雅晴「スポーツ分野への競争法の適用」公取 610 号（2001）58 頁，佐久間正哉「プロスポーツに対する米国反トラスト法・EU 競争法の適用について(上)(下)」公取 654 号 46 頁，655 号（2005）60 頁，石岡克俊「日本におけるプロスポーツ法の現状と問題点」日本スポーツ法学会年報 14 号（2007）58 頁，渡辺昭成「EU 機能条約 101 条 1 項における非競争的利益の考慮（3・完）」国士舘 48 号（2015）39 頁などがある。なお，荒木尚志「労働組合法上の労働者と独占禁止法上の事業者」菅野和夫ほか編・労働法が目指すべきもの（2011）185 頁は，欧米労働組合法との交錯問題を論じている。

4) 対象規定については，現行の条約，いわゆる TFEU（「欧州連合条約及び欧州連合の運営に関する条約」）における規定番号のみを統一して表記するが，多元的な価値の実現を目指す包括的な法という意味で EU 法という文言を便宜的に用いることがある。また，条約訳は，薬師寺公夫ほか編集代表・ベーシック条約集（2016）に従っている。

について，原告が民事訴訟の中でEU法違反を主張し，その整合性が照会されることとなった。欧州裁判所は，スポーツ活動や選手の活動でも経済的活動であればEU法が問題となりうるが，「純粋なスポーツ活動」についてはこの限りではない，また，後者Donà事件では，選手の活動は経済活動に該当することから，資格要件等の制限目的とその内容は適切なもの（appropriate）でなければならない，と判示した。

後者の事件では，原告は競技選手ではなかったが，労働者等の移動の自由を定めたTFEU 45条を根拠とし，国内裁判所も同条について照会したところ，欧州裁判所は，個別選手におけるスポーツ活動を経済活動と捉え，制限の目的と内容に係る審査基準を示すに至った。競争法違反についても主張し，スポーツと経済活動の争点と判断基準がより具体的に示されたのが，いわゆるボスマン判決（1995年）である。

## 2　ボスマン判決と競争法による規制

ボスマン判決もまた正確には先決的判決である。ベルギー国籍のサッカー選手であったボスマンがフランスのクラブに移籍しようとしたところ，在籍元のクラブが移籍証明書を発行せず，移籍手続が完了せず契約が不成立となったため，ボスマン本人がベルギー国内の裁判所に損害賠償請求を提起したことが発端となった。問題となった制限的な条項は，移籍要件を定めた欧州サッカー連盟（UEFA）の規定である。移籍元に対する金銭的保証を付与する移籍金制度を置き，外国籍選手の試合出場人数を制限するなど規定していた。これら条項について，45条に加えて，競争法の規定（101条と102条）違反についてもボスマンは主張した。

---

5) Case 36/74, Walrave and koch v Association Union Cycliste Internationale, [1974] ECR 1405; Case 13/76, Gaetano Donà v Mario Mantero, [1976] ECR 1333.
6) Case C-415/93, URBSFA v Bosman, [1995] ECR I-4921. 川井圭司・プロスポーツ選手の法的地位（2003）第6章以下，後藤元伸「スポーツ団体のシステムとEC法」関法55巻4＝5号（2006）456頁，春名麻季「スポーツ法とEU法⑦」書斎の窓632号（2014）37頁以下参照。ボスマン判決のEU法における意義については，Antoine Duval＝Ben Van Rompuy (eds.), The Legacy of Bosman (2016) が詳しい。とくに同書第6章は本稿と同じ関心からスポーツ組織の規則の問題について競争法の視点で論じている。Katarina Pijetlovic, EU Competition Law and Organisational Rules, pp. 117-151.

欧州裁判所は，国内裁判所の照会に対して次のように回答した。すなわち，UEFAの規定は，いわゆる戦力均衡を目的とし，クラブ間の均衡を図ることでゲームの勝敗について不確実性を確保しようとする趣旨である。しかしながら，当該目的を達成するには，移動の自由を制限しない他の「適切な」方法もありうることから45条に違反する。すでに同規定に違反することが明らかであるため，競争法の規定については特段判断をしない，と。

　ボスマン判決も，加盟国間に及ぶ広域的なスポーツ組織であるUEFAの規則とEU法との整合性を判断したにとどまり，また，移動の自由に係る45条違反の可能性を示したに過ぎない。ただし，原告による主張の方法に依拠するものだが，1970年代の回答と照らし合わせると，第1に，「目的」の正当性や適切性だけからただちに判断しているのではなく，その経済活動の範囲内においてEU法が問題となることを再確認してこれを適用していること，第2に，当該目的を達成する「手段・方法」における制約の程度問題についても「適切」性という判断を洗練化して，より制限的でない「適切な」手段という基準を示していることが特徴的である。

　ボスマン判決では，必ずしも選手の資格要件について競争法上の問題を真正面から回答したわけではなかったが，翌年1996年，欧州委員会は，欧州裁判所が言及しなかった競争法の観点から，移籍制度に係るUEFA規定について改善を要請し，それとほぼ並行して，1998年，UEFAと類似の規定を設けていた国際サッカー連盟（FIFA）に対しても移籍制度に係る反競争効果をめぐって調査を進め，競争法違反の観点から異議告知書を送付した。これは，欧州委員会が正式な事件として移籍条項に対して公的規制を行う姿勢を明確に示した事件である。その後，マリオ・モンティ競争担当委員と，FIFA及びUEFAの代表者らとも協議を重ね，2001年9月，国際的なクラブ間移籍に係る規則を修正することで合意が得られたため，欧州委員会は，2002年6月，上記調査手続を終了させている[7]。この間，後に触れるように，欧州委員会は，サッカーのみならず，モータースポーツなどの分野についても積極的に事件として取り上げるようになっている。

---

7) Commission closes investigations into FIFA regulations on international football transfers, 5 Jun. 2002, IP/02/824.

## Ⅲ 政策目標と条約改正

### 1 政策論の展開

ボスマン判決を契機に，欧州委員会が競争法の問題として FIFA や UEFA に対して法的に介入するなど，スポーツ分野における競争法の適用が現実的なものとなった。さらに，スポーツに係るテレビ放送権料が高額化した事情もあって，欧州議会の関心も高まったことから，政策論のレベルで議論が進み，条約改正にまで至った。

### (1) アムステルダム宣言（1997年）

欧州では，1991年のマーストリヒト条約の合意後，今日に至るまで，アムステルダム条約，ニース条約，リスボン条約と，大きな変更が加えられている。

アムステルダム条約（1997年調印）を策定する際，欧州議会は，スポーツ分野に欧州がどのように向き合うべきかを簡易に表明しただけで，規範的な意味合いや法的拘束力をもたらすものではないが，「アムステルダム条約スポーツ宣言」（「アムステルダム宣言」）をあわせて公表した。すなわち，スポーツの社会的意義，とりわけ，アイデンティティーを推し進め，人々を結束させる役割を重視し，スポーツに係る重要問題が提起された場合，欧州は，スポーツ団体の意見にも耳を傾けるべきであるし，また，これに関連して，アマチュアスポーツの特性にも注意を払うべきである，としている。

### (2) ヘルシンキ・レポート（1999年）

アムステルダム宣言の影響を受けて，欧州委員会は，ウィーンでの欧州議会において加盟国から，ヘルシンキでの会合に向けて，スポーツに関する報告をするよう要請された。その報告書が，1999年の「スポーツに関するヘルシンキ・レポート」である。これは，以降のスポーツ政策と法の関係を議論し確立

---

8) Treaty of Amsterdam Amending the Treaty on European Union, the Treaties Establishing the European Communities and Certain Related Acts, [1997] OJC 340/1, 136 (Declarations adopted by the conference, 29).

する布石となった。

　レポートは，スポーツ人気の上昇と国際化，テレビ放送権等による経済面における比類なき発展という状況を前提に，スポーツの経済的側面と大衆的な教育・社会・文化的な側面との調和を目指す目的であるとし，スポーツの体系や社会的意義を守る上でも，新たなアプローチが必要である，と提案している。尊重すべき共通基盤として，具体的には，①スポーツの社会的役割を認識し，社会的統合と教育を促進し，公衆の健康に寄与する機能を重視すること，②スポーツの高潔性と自立性を保持すること，③昇格・降格制度は，中小クラブにチャンスを提供する制度であること，④ドーピングには全面的に反対すること，⑤若手選手については，「トレード」に係る問題点，トップレベルのトレーニングと職業訓練の必要性などの課題があること，を挙げている。

　ヘルシンキ・レポートは，アムステルダム宣言を敷衍して，スポーツの経済活動としての側面のほか，欧州における伝統的なスポーツに対する価値観や「特異性（the specific nature of sport）」についても言及している。後者については，スポーツ活動と経済活動との相互関係性，機会平等の原則，結果の不確実性を挙げている。組織団体による「ゲーム（試合）のルール」は競争を歪曲するものではないが，ボスマン判決のほか，スポーツ用品の並行輸入制限，排他的・差別的なチケット販売など競争法が問題となった案件を例示している。

(3)　スポーツ白書（2007 年）

　2007 年，欧州委員会は，スポーツに関する白書を策定，公表した。[10] 白書は，欧州がはじめて網羅的にスポーツ分野に係る論点を提出したとし，スポーツ政策について可視化し，その必要性や特異性について公衆の関心を高めることなどを目的としている。具体的には，スポーツの社会的役割（公衆の健康向上，ドーピング防止，スポーツ教育，社会参加・統合・機会平等，人種差別や暴力に対する予防と戦いなど）を説くほか，スポーツの経済的側面とスポーツ組織について述

---

9) Commission of the European Communities, The Helsinki Report on Sport, COM (99) 644 (10 Dec. 1999).
10) Commission of the European Communities, White Paper on Sport, SEC (2007) 935/COM (2007) 391.

べている。

　経済的側面については，スポーツ分野はマクロ経済に影響を及ぼすダイナミックかつ急速に成長を遂げている分野であって，著作権・商標権などの知的財産権のほか，料金・チケット販売，広告・スポンサー，放送権，利益配分，税金や公営くじによる援助など，多面的な視点で言及をしている。また，スポーツ組織の項目では，スポーツ組織団体における自治権や自己規律・制定権を認めつつ，他方で，スポーツ活動及び競技ルールと組織に関する「スポーツの特異性」を挙げるとともに，移動の自由と移籍制度，代理人制度，ライセンス・資格制度，メディアについても言及をしている。

　スポーツの特異性における項目（4.1）では，例えば，性別による区分，試合参加者数の制限，結果の不確実性を確保し，あるいは，同一競技に参加するクラブ間の戦力均衡を図る必要性から設けられる規則が挙げられている。注目すべきは，第1に，これらスポーツの特異性は，EU法の適用免除とする正当化事由とは解されないことを指摘している点である。第2に，組織が制定する競技ルールについては，その目的が正当なものであって，かつ，反競争効果が当該目的に由来し，目的を達成する上で適切であることを条件としていることを明示している点である。対象となりうる規則は，例えば，試合の機関や参加人数に係る「ゲーム・試合のルール」，スポーツ競技に係る選定基準のほか，具体的に問題となった各事件における規則を示している。これらは，ケースバイケースで，上記の判断基準に従って審査されるとしている。白書本体では，後（Ⅳ2(2)）に検討するMeca-Medina事件判決に依拠することを簡易に示しているに過ぎないが，白書の策定過程の詳細を示す事務局スタッフによる作業書類（staff working document）では詳細な分析が加えられている[11]。

## 2　条約改正

### (1)　ニース宣言（2000年）

　2000年12月，ニース条約合意の際，欧州理事会議長は，ニース宣言と称されている付属書のなかでスポーツに由来し，特別なものたらしめている社会的，

---

11) Commission Staff Working Document, The EU and Sport: Background and Context, SEC (2007) 935/COM (2007) 391.

教育的，文化的な機能を考慮に入れなければならないとし，その社会的役割を保持するのに不可欠な倫理規範と連帯を尊重し，涵養する，と表明している[12]。

具体的な言及を見てみると，次のような項目を掲げている (paras. 3-13, 16-17)。すなわち，①アマチュアスポーツを含めてスポーツは全市民に開かれたものであること，②民主的で透明性の高い運営方法を通じたスポーツ組織の独立性と，下部組織や連盟には統合を促す役割があること，③若手選手に対するトレーニング政策は最重要であり，奨励されなければならないこと，④若手選手の保護については，教育的・職業的トレーニング，精神バランスと家族との絆，ドーピング予防などの健康面に対する支援に留意し，未成年者を標的にした商業取引に関心を払うとともに，労働法の観点から若手選手の健康や福祉を脅かさないかを監視すること，⑤移籍制度の問題については条約等の遵守という観点から対話を続けること，である。

上記項目のうち，経済活動の側面については，2段落ではあるが，次のように述べている。すなわち，第1に，議会の見解では，単一の所有者または資金提供者が同一競技において複数クラブを所有すると「公平な競争・競技」に対する侵害が生じうること，また，第2に，テレビ放送権料が大きな収入源となっている今日，売上による収入・利益配分を促すことは欧州・加盟国における統合原則という観点からも有益であること，と (paras. 14-15)。

(2)　リスボン条約（2007年）

ニース宣言もまた，法的拘束力のない議長による意思表明に過ぎなかったが，次回直近の課題を示す重要な宣言であった。その後，欧州諮問会議等での議論や検討を経て，2007年12月に合意に至ったリスボン条約，いわゆるTFEUにおいて，スポーツ分野における欧州の責務や，考慮すべき項目について明文化されることとなり，これまでの検討事項が結実した[13]。

---

12) Conclusions of the Presidency (NICE, 7-10 Dec. 2000); ANNEX IV-Declaration on the Specific Characteristics of Sport and its Social Function in Europe, of which Account should be taken in Implementing Common Policies.

13) Treaty on European Union and the Treaty on the Functioning of the European Union (Consolidated version), [2012] OJC 326/1. 井上典之「スポーツ法とEU法③」書斎の窓 628号 (2013) 15～16頁。

TFEU は，加盟国の行う活動分野に対する支援・調整・補完をする分野を明確にする規定を新設し，そのなかで，6条(e)として「教育，職業訓練，青年」に加えて，「スポーツ」を挙げている。また，かねてから欧州条約には「教育，職業訓練及び青年」という章が設けられており，教育の内容・組織，文化と言語の多様性に対する責務が規定されていたが，ここでも改正により，第12編には新たにスポーツが対象項目として加えられた。

　すなわち，165条1項2文は，欧州は，「スポーツの特異性，自発的活動に基づくスポーツの基盤，及びスポーツの社会的並びに教育的機能」を考慮しながら，スポーツ分野の振興に貢献しなければならない，とする。さらに，2項は，欧州の活動目的として，「スポーツ競技会における公正と開放性，及びスポーツ組織間の協力を促進することによって，並びにスポーツに関わる男女，特に若年層の身体的及び道徳的尊厳を保護することによって，スポーツにおける欧州的次元を発展させること」と謳っている。アムステルダム宣言から20年を経て，欧州は，スポーツの特異性や組織団体の独立性を尊重しつつ，スポーツ分野に対する責務を負い，あるいは規制可能とする規定を条約中に公式に盛り込むに至った。

## Ⅳ　判例法の形成と展開

### 1　欧州委員会による判断
#### (1)　反競争効果の態様と形態

　事業者団体等の活動から生じる反競争効果には，団体外部の第三者に対する関係で生じる場合と，団体内部における経済的・法的関係に対して生じる場合とがある。第三者との関係について，スポーツ分野では，テレビ放送権や知的財産権に係る管理，収入分配，共同・包括契約などの場面で問題視されたことがある。他方，団体内部の問題については，種目ごと，加盟国内外のレベルで構成されるスポーツ連盟と，その構成員である各リーグやチームないしはクラブ，また，チームや各所属選手における経済的利益の調整や法的地位の確認をめぐって議論される。先に見た，選手の入退会や移籍制度をめぐる問題が典型例である。もっとも，チームや選手本人以外の第三者が上記の区分を問わず主

張を展開することもあるため，上記のように区分して論じる必然性や実益はなさそうである。

(2) **FIA/FOA 事件**（1999 年・2001 年）

第三者に対する関係では，運営・規制に係る組織上の正当な役割を担う一方，商業活動への関与や権限が大きい場合，当該組織に加盟しない組織や競技に対する不利益が発生したり，利害関係が衝突したりすることがある。スポーツ組織や下部組織に対しては，団体としての不当な決定であるとして違法な共同行為（101 条）が問われ，また，関連市場への参入阻止や排除行為が伴う場合には，あわせて，市場支配的地位濫用（102 条）が問われる。

欧州委員会が扱った例を 1 つ挙げると，四輪自動車レースに関する国際自動車連盟（FIA）に対する件がある[15]。FIA は，欧州における国際的な自動車競技（モータースポーツ）の唯一の規制団体であって，競技に係る組織や興行に直接関与していた。問題視されたのは，ライセンス制度とテレビ放送権に係る関与を通じた競合競技に対する排除行為である。FIA が管轄する国際レースに参戦するには，同機構が発行するライセンスを取得しなければならない。これによって，モータースポーツの参加者は FIA が管轄していない競技や選手権に参戦する意欲が減じられ，また，FIA と競合する選手権を企画・実施する興行主は開催に要するドライバーやサーキットなどの制約を受ける。実際，GTR 選手権については市場から駆逐され，FIA が管轄する FIAGT 選手権に取って代わられた。

また，FIA は，テレビ放映権について関連営利会社に譲渡する形式を採っているが，事実上または実質的に，自らテレビ放送権を左右する仕組みを構築していた。とくに F1 については，「コンコルド協定」なる協定を通じて，チームやドライバーの有する権利についても FIA 経由で関連営利会社（FOA）

---

14) COMP/32150: EBU/Eurovision (1993)；COMP/37576: UEFA's broadcasting regulations (2001)；COMP/37398: UEFA Champions League (2003)；COMP/37214: DFB (2005)；COMP/38173: FAPL (2006). Ben Van Rompuy, ECONOMIC EFFICIENCY (2012) は，とくに第 5 章以下において，競争政策とスポーツ政策の展開を踏まえながら，上記放送権に係る問題を詳細に論じている。

15) COMP/36638: FIA + FOA；COMP/36776: GTR/FIA, [2001] OJC 169/03.

に譲渡されており、FIA が各グランプリの興行主を決定できるようになっていた。使用サーキットの制約問題のほか、さらに、上記コンコルド協定によって、F1 参戦チームは極めて長期間にわたって同等の選手権シリーズに参戦できず、F1 と競合する国際選手権シリーズの開催が困難となっていた。

　1999 年、欧州委員会は、参入阻止、競合排除、拘束条件付取引、活動の自由の制限のほか、関連会社に対しても非営利的な FIA がコントロール下に置いていたことから、モータースポーツ及び放送権に係る市場支配的地位濫用の疑いで異議告知書を FIA 等に送付した。その後、2001 年 1 月、FIA 会長と FOA 会長、マリオ・モンティ競争担当委員による共同声明が発表され、FIA の権限のうち商業活動の項目については別の営利会社に売却し、競合興行主らとの関係、放送局との協定等を見直し、F1 とそれと競合する競技や選手権とのブランド内・間における潜在的な競争を創出する措置が採られたとして、手続を終了させている。

### (3) UEFA ルールに対する判断
#### ① Mouscron 事件（1999 年）

　次に、スポーツ団体が定めたルールをめぐって競争法違反の疑義が申し立てられた事件について、UEFA が制定したルールに対する 2 つの判断を取り上げよう。正式な事件として取り上げられず、プレスリリースにおける情報しか得ることができないが、Mouscron 事件では、地方自治体が競技方式・スタジアムに係る UEFA 規則について争った。[16]

　UEFA は、ホームでの試合について特段の事情がない限り、自前の競技場を使用しなければならないとする「ホーム・アンド・アウェイ方式」ルールを制定した。これによって、フランスのリール都市共同体は、国境近くに拠点を構えるベルギーのクラブ Excelsior Mouscron に対して同地のスタジアムを貸与できなくなり、自国クラブである FC de Metz との試合を開催できなくなったことから、UEFA における不当な事業者団体の決定と市場支配的地位の濫用の疑いがあるとして、1997 年、欧州委員会に異議を申し立てたが、競争法

---
16) COMP/36851: UEFA (IP/99/965, 9 Dec. 1999). 井上典之「スポーツ法と EU 法⑪」書斎の窓 636 号（2014）14 頁。

の範疇ではないと判断され，調査が打ち切られた。

その理由は次のとおりである。すなわち，本件規則の目的は，クラブ間の均等を確保することにあり，UEFA は，スポーツ組織として正当な規則制定権を行使したものである。また，例外規定を設け，他国内でホーム・クラブがホームの試合を行う可能性を完全には排除していない。むしろ加盟国レベルで議論すべきであって，EU 法の範疇に当たらず，また本件以外に同様の疑義の申立てもなく，調査を講じる必要性に至る程度には達していない，としている。なお，本件で正当かつ適切と判断された戦力均衡については，先に見た白書でも「スポーツの特異性」として挙げられている。

② ENIC/UEFA 事件（2002 年）

同じく UEFA が定めた規則のうち，1 個人または 1 企業が同一競技における複数のサッカークラブを直接または間接的に所有することを禁じたルールが問題となったケースがある。[17] UEFA が，1998 年，当該規則を制定する際，あらかじめ当時あった適用除外制度を利用して申請したところ，2000 年 2 月，域内に 6 つのクラブを所有する投資会社（ENIC）から欧州委員会に対して疑義が申し立てられた。

2002 年 6 月，欧州委員会は，同規則については競争法の問題とならないと結論づけて，上記申立てを斥けている。すなわち，同規則は，形式的には事業者団体の決定であることから 101 条に該当しそうであるが，スポーツ競技における公平性や誠実性を確保し，ゲームの結果・勝敗をめぐる不確実性を確保するという正当な目的を有し，かつ，手段において差別的な方法は用いられていない。クラブや投資家の行動の自由に対する効果については，競技の信頼性を確保することに由来するものであって，競技の高潔性を適切に確保する正当な目的を保証する程度を超えるような自由の制約や競争法上の問題は生じない，と（para. 47）。

反競争効果の判断部分について詳しく見てみると，まさにサッカー競技の信頼性を追求することが目的であり，生じる効果との釣り合いの程度（ratio）については，所有する複数クラブ間においてスポーツ競技の前提である相対立す

---

17) COMP/37806: ENIC/UEFA (Rejection Decision, 25 Jun. 2002).

る利益(ライバル関係)が不明瞭になる懸念があること,支配権を通じて投資家の自由な行動を妨げるわけでもないこと,当該規則と同じ趣旨でより厳格な規則を設けている加盟国もあること,さらに,目的を達成する上では内容が同一で強制力があるものでなければならないこと,を挙げている(paras. 32-36)。

本件の特徴として,第1に,ゲームの結果・勝敗について不確実性を確保することには正当な理由があって,白書等でも「スポーツの特異性」と扱われていること,第2に,委員会は,次ですぐ取り上げるが,本件直前に下されたWouters事件判決における判断枠組みを先取りして参照し,それに基づいて判断していること,を指摘することができる。

## 2 司法判断――Meca-Medina 法理の形成

### (1) Wouters 法理の確立

欧州裁判所による司法判断に目を転じ,ENIC/UEFA 事件の判断にも大きな影響を与えた Wouters 事件先決的判決(2002年)について簡単に確認しておきたい。本判決は,スポーツの分野に限らず,事業者団体の決定について,今日,その目的とこれらに内在する反競争効果とを判断する枠組みを示した先例であると位置づけられている。[18] 専門職団体の定めた業務提携制限に係る内部規律,具体的には,弁護士と会計士とのパートナーシップ契約を禁じたオランダ弁護士会規則が,会員に対して「経済活動の自由(freedom of action)」を制限し,競争法に違反しないかどうかが争点となった事件である。

オランダ裁判所が,国内法と EU 競争法,とりわけ101条1項に係る整合性を照会したところ,欧州裁判所は,あらゆる状況(overall context),とりわけ消費者に対する適切かつ適正なリーガルサービス義務と職業倫理の必要性などの「目的」を考慮し,その上で,生じる反競争効果が当該目的を達成するのに内在し,かつ,比例しているかどうかによって判断するとして,本件規則は上記条項に違反しない旨回答した。判旨は,101条1項において,当該規則の「目的」と,その目的を達成するのに本来的に由来する「内在」的な反競争効果とが釣り合っているかどうか,という判断枠組みと判断基準を示しているが,

---

18) Case C-309/99, Wouters and Others v Algemene Raad van de Nederlandse Orde van Advocaten, [2002] ECR I-1577.

この法理は、他の同様の事件でも広く援用されるところとなった。[19]

(2) Meca-Medina 事件判決（2004 年・2006 年）

　スポーツ分野において、上記 Wouters 法理を適用し、国際オリンピック委員会（IOC）の規定するアンチ・ドーピング規則に係る判断を下したのが Meca-Medina 事件判決である。[20] 本判決は、白書でも積極的に取り上げられているが、広くスポーツに係る法的問題について全般的に欧州競争法の適用を認める可能性を肯定したものと解される旨説示している。

　ドーピング規則に抵触し大会出場停止処分が下った 2 名の水泳選手が、2001 年、同規則は、101 条及び 102 条のほか、「サービス提供の自由」を定めた 56 条に違反するとして欧州委員会に申し立てた。欧州委員会は違反疑義なしとの決定を下し、さらに、当時の第一裁判所（CFI）も訴えを棄却したことから、欧州裁判所に対して上訴されるに至った。欧州裁判所も、結論としては上訴人による訴えを棄却したが、スポーツ分野における法適用の範囲について、原審による法適用には誤りがあるとし、他方で、Wouters 法理の観点から、本件規則について 101 条 1 項違反とまでは言えないと判断している。すなわち、判旨は、適用範囲の争点について、これまでの判例から明らかなことは、「純粋にスポーツに関する規則であるという事実だけをもって、当該規則に基づいて活動する個人やこれを統括する団体について条約の適用範囲から外れる、という効果はない」とし、当該スポーツ活動が EU 法の適用範囲にあれば、「労働者の移動の自由」や「サービス提供の自由」に該当するかどうか、当該活動を統括する事業者が競争を制限し、市場支配力を濫用しているかどうか、という競争法について検討しなければならない（paras. 26-31）、と判示している。

　Wouters 法理の適用については、具体的に次のように当てはめている。すなわち、当該アンチ・ドーピング規則の目的は、ドーピングを撲滅し競争的な

---

19) 詳細については、渡辺・前掲注 3) のほか、平成 26 年度公正取引委員会競争政策研究センター共同研究「非ハードコアカルテルの違法性評価の在り方」（CR 02-15）第 1 章 9 頁以下〔齊藤高広〕参照。

20) Case T-313/02, [2004] ECR II-3291; Case C-519/04 P, Meca-Medina and Majcen v Commission, [2006] ECR I-6991.

スポーツを公正に行うことにあり，選手に対する公平な機会と健康を確保する必要性，競技の高潔性や公平性，スポーツにおける倫理的価値を維持する趣旨である。罰則規定による選手の行動の自由に対する効果は，当該規則に起因する固有のものである。組織的な運営や競争的なスポーツを適切に実施するのに内在する制限であって，その目的はまさに選手間における健全な競い合いを確保することにある（paras. 43-45）。

他方，比例原則に関して，罰則の性質と程度は，反競争制限効果を生み出す可能性があり，それが不当なものであれば，選手個人はスポーツ競技から不当に排除され，しかも，当該活動に係る条件を歪曲することとなるため，競争的なスポーツの適切な運営を確保するに当たって必要な範囲に限られるとともに，科学的な研究等に基づく適切な数値と基準に基づく必要がある。しかるに，本件では，罰則について過剰である旨主張しておらず，当該規則における釣り合い・比例性は立証されていない，と（paras. 47-55）。

### (3) Piau 事件判決（2005 年・2006 年）

Meca-Medina 事件判決と並行して，FIFA が定めたサッカー選手のクラブ移籍に関与する代理人制度について判断した Piau 事件では，判旨は，Wouters 法理に基づいて審査したわけではないものの，Meca-Medina 事件判決が展開した考え方を，102 条の判断でも援用し，転用可能であると理解できる判断を示していることが分かる。[21]

疑義申立対象となったのは，代理人について FIFA が資格者として認定しライセンスする者に限定し，かつ，相当程度の供託金を支払う義務的な資格制度についてである。欧州委員会は，1999 年 10 月，代理人業務の参入を妨げているとして，FIFA に対して異議告知書を送付したところ，供託金制度の見直しを行うなど資格要件に係る規則を改正し問題が解消されたと判断して，2002 年 4 月，調査手続を正式に終了した。これに対して，本件調査に疑義を呈する Piau 氏らが，101 条及び 102 条違反等を主張し，手続終了について異議を申し立てた。CFI と欧州裁判所は，結論として，申立人が新規の FIFA 規則の違

---

21) Case T-193/02, [2005] ECR II-209; Case C-171/05 P, Piau v Commission, [2006] ECR I-37.

法性について具体的に主張・立証していないとし，欧州委員会の判断を支持している。

各争点のうち，競争法について具体的に判断しているCFIによる説示部分に焦点を当てると，第1に，FIFAの事業者性のみならず，各クラブ等についても，サッカーの実践という経済活動に携わっているとして，スポーツ活動における経済活動と事業者性について再確認している。あわせて，選手やクラブがアマチュアであるかどうか，それ自体でただちに経済活動性を否定するような判断をしないことも再確認している。第2に，当該規則は，選手やクラブを保護し，とくに短命な選手生命というリスクを配慮したもので，経済活動に対する参入障壁となりうるものの，101条3項の要件を充足する限り容認されるものであって，単に「スポーツの特異性」という観点から正当化したわけではないと述べている（para.105）。第3に，102条の適用可能性について，FIFAの「支配」も公認代理人らにおける「集団的市場支配」も，さらには濫用行為についても立証できておらず，むしろ代理人に係る量的制限を課して参入を阻止するものではなく，質的な制約を課すものであって正当化されうるものであるとし，規則改正によって競争制限的だった条項が修正されたことで，「101条3項」における適用免除の決定が受けられる，と結論づけている（para.114-119）。

## 3 法理の展開と最近の動向

Piau事件判決を踏まえて，Meca-Medina法理を再考し，さらにその後の動向を見てみると，次のようにまとめることができる。第1に，Meca-Medina法理の中身はWouters法理と実質的には変わらない。団体によって制定された制限的規制について，①全体的な状況ないしは文脈を総合的に判断し，②目的を行使する上で本来的に由来する固有なものかどうか，③目的達成手段ないしは抵触に対する罰則が過剰でなく相当であるかどうか，を審査する手法である。Wouters法理は，厳密に言えば，101条1項について述べているが，事実上3項の要素を吟味している。一方，Meca-Medina事件とPiau事件では，判旨は一般消費者の利便性や効率性の向上について具体的かつ直接的には分析していない。ただし，Piau事件では，代理人市場を明確に画定こそしていない

が，ある程度これを観念しているようにも見え，代理人数が増加傾向にあり，質的観点から需要者たる移籍希望選手と買い手たるクラブとの間で生じるサービス向上について言及している。

　第2に，適用範囲に関する射程問題である。実は，Meca-Medina 事件判決は，原審の判断を覆しているのだが，スポーツ分野であることを理由にただちに競争法の適用除外とならない旨明確に述べている。これを受け，先に見たように，現行の条約規定でも一般的な適用免除制度を設けておらず，つまりは，「純粋にスポーツに関する規則であるという事実」または「スポーツの特異性」だけからは適用免除と判断していないことを裏書している。この点，2008年のMOTOE事件先決的判決でも，欧州裁判所は，スポーツ競技に係る商業利用についてはEU競争法を適用する姿勢をさらに明確に示している。[22] 厳密には，加盟国に対する責任を問う国家補助の規定（106条1項）との関係で，競技運営の開催について承認する権限を付与されながら，同時に商業的利益などの興行権（commercial exploitation）にも直接関与している非営利団体（自転車競技連盟）に対して，スポンサー，広告，保険契約などによる商業利用に係る市場で支配的な地位にあれば，102条などの競争法の規定を適用することが可能である，と判示している。

　なお，上記第1と第2の点に関連して，2016年9月，欧州委員会は，選手らによる非公認選手権への参加を制限している国際スケート連盟（ISU: International Skating Union）に対して，101条違反の疑義あるとして異議告知書を送付している。[23] プレスリリースによれば，新規の国際選手権興行の市場参入阻止と同様，「選手の商業・事業活動の自由（the commercial freedom of athletes）」に対する制限に関心があるとしている。競合興行主あるいは選手個人が関与する「市場」や「活動」が何を指すのか不明であるが，スポーツ分野における判

---

22) Case C-49/07, Motosykletistiki Omospondia Ellados NPID (MOTOE) v Elliniko Dimosio, [2008] ECR I-4863.
23) COMP/40208: ISU; Commission sends Statement of Objections to International Skating Union on its eligibility rules, 27 Sep. 2016, IP/16/3201. 我が国でも競合組織の設立等を阻止した疑義により日本競輪選手権幹部に対して公取委から注意が発せられたとの報道があるが，詳細は不明である（「日本競輪選手会幹部に公取委『注意』」2016年6月24日付けスポーツ報知〈http://www.hochi.co.jp/topics/20160624-OHT1T50012.html〉。

断基準として，Wouters法理ないしはMeca-Medina法理を掲げている。

　第3に，101条1項に係る回答だが3項の法定要件を部分的に加味するWouters法理と，さらにスポーツ分野で転用されたMeca-Medina法理について，Piau事件判決は，102条の違法性を判断する際にも参照し，あるいは転用可能と捉える方向性を示唆している。この点，2011年，競技組織によるレギュレーション変更から，F1選手権とMotoGP選手権におけるエンジン部品（出力向上に資するロータリー・バルブ）に係る開発・供給が不可能となり，同部品を搭載したマシーンによる潜在的な競争を妨害したとする訴えについて，欧州委員会は，調査打ち切りに係る申立人宛の回答書の中で，次のように述べている。[24] すなわち，欧州裁判所がスポーツの規則について101条の成否を決定する際に示した法理は102条における濫用行為の成否についても「関連性」を有しており，本件濫用についても，あらゆる状況，目的達成の固有性と均衡の観点から判断することになるところ，「もし，上記規則が上記参照の基準に該当すれば，101条であろうと，102条であろうと，EU競争法に違反しない」と。回答書はさらに，「Meca-Medina法理（principles）」と明記した上で，レギュレーション変更は，安全性を改善し，競技の平等性を向上させ，競技参加を促進させ，観客の体験を高めることが，真実の正当な目的であり，当該変更は上記目的に固有なものであって，かつ，それと均衡がとれているものと一応推定して評価できる，としている（paras. 46-47, 52）。

## V　終わりに

　本稿は，スポーツ分野に対するEU競争法の適用について，スポーツ政策の進展とも関連づけながら，その適用範囲と違法性判断の枠組みを検討してきた。スポーツの分野は，165条に規定されたようにその特異性は考慮されるものの，一般的な適用免除対象になく，商業的利益が発生する経済活動があれば，非営利組織であるスポーツ団体に対しても競争法違反が問われることになる。また，組織における自己制定権が組織内部や外部に影響をもたらす場合には，当該制

---

24) COMP/39732: BRV/FIA, FIM, Honda (Rejection Decision, 4 Aug. 2011).

限規定について，あらゆる状況を考慮しながら，目的達成のための固有性と均衡維持という観点から，ケースバイケースに判断する枠組みが形成されており，その判断枠組みは，101条のみならず，102条の判断でも参照されるようになっている。

　欧州では，法的・経済的環境の著しい変化に対応しつつ，判例の展開や国際化にも対応しながら，欧州議会と委員会が法的・経済的問題を正面から捉えた結果，スポーツ分野においても競争法の考え方が浸透している。自律的な組織の私的自治権への介入と調整という側面がある一方，伝統と歴史が育んだ価値観，例えば，若手選手や弱小・マイナーチームに対する機会平等や戦力均衡，結果の不確実性の確保など，いわゆる常勝に対する嫌悪感あるいは独占を抑制する価値観は，米国とはまた異なる形で共有されている。

　人の移動やサービス提供の自由という欧州に固有な事情もあるが，スポーツ選手個人について，その労働者性としての側面にとらわれるのではなく，また興行に付随する派生的な権利あるいは単なる反射的利益としてではなく，その「商業・事業活動の自由」という経済的自由や活動の自由が尊重されている。むろん活動内容の中身や市場の観念という課題はあるものの，経済効率性の向上など経済学的思考を取り入れ，その体系が今や世界標準化しつつあるEU競争法は，他方で，スポーツという特異性ある分野ではあるが，競争秩序の維持という理念に基づいて個人の経済活動領域をも規律し，経済憲法としての役割を今後も担い続けていくのであろう。

# 米国反トラスト法におけるハブ・アンド・スポーク型協調行動規制
## ―― 共謀と累積的反競争効果の検討を中心として

渕 川 和 彦

I　はじめに
II　ハブ・アンド・スポーク型共謀の理論
III　ハブ・アンド・スポーク型協調行動規制の判例
IV　考　　察
V　おわりに

## I　はじめに

　上流（又は下流）市場の事業者が，下流（又は上流）市場の複数の取引先事業者との間でそれぞれと垂直的合意を締結する場合，かかる垂直的合意を契機として取引先事業者間で協調行動を行い，ひいては水平的な合意を形成することがある。そして，首謀者（又は行為者）となる上流（又は下流）市場の事業者を軸（「ハブ」）として，各取引先事業者と垂直的合意を締結し（「スポーク」），下流（又は上流）市場の取引先事業者間で水平的な合意を締結する（「リム」すなわち，「外輪」）場合，ハブ・アンド・スポーク型共同行為と称される。ハブ・アンド・スポーク型共同行為のようにハブ・アンド・スポーク型構造を有する協調行動（以下，「ハブ・アンド・スポーク型協調行動）は，まず大きく，①単独の行為者による場合と，②複数の行為者による場合に分けられる。
　ハブ・アンド・スポーク型協調行動規制は世界的な広がりを見せている。中

でも，日米欧はその規制手法は異なるが，ハブ・アンド・スポーク型共同行為規制を行っている[1]。ハブ・アンド・スポーク型共同行為規制の利点は，外形上意識的並行行為のようにみえる場合であっても，協調行動の軸となる首謀者が存在し，取引先事業者と垂直的合意により水平的な協調行動が生じる場合，かかる協調行動の競争法上の帰責性を縦の共同行為として問い得る点にある。

このうち，ハブ・アンド・スポーク型共同行為規制の判例，学説の蓄積が見られる米国では，スポーク間に水平的な合意が明示又は黙示で認められる場合には，ハブ・アンド・スポーク型共謀（hub-and-spoke conspiracy）として規制される[2]。ハブ・アンド・スポーク型共謀で水平的な合意の内容（価格協定，市場分割協定，共同ボイコットなど）によっては，当然違法の原則が適用されることになる[3]。他方，取引先事業者間で水平的合意が認められない場合，合理の原則に基づきそれぞれの垂直的合意について個別具体的に判断していくこととなる。行為者が垂直的合意，例えば排他条件付取引を複数の取引事業者と締結する場合において，排他条件付取引が生み出す反競争効果は，垂直的合意の数が増えるに従い増えていくことになる。これが①のように単独の行為者が複数の垂直的合意を締結する場合，当該合意により生ずる反競争効果の帰責性を単独の行為者に問うことは，行為とその結果という因果関係の観点から，関連性が認められる余地は十分にある。これに対して，②のように複数の行為者が複数の垂直的合意を締結する場合，これらの合意により生じる累積的な反競争効果の帰責性を複数の行為者あるいは特定の行為者に問うことができるか否か，という問題が生じる。

---

1) 各国のハブ・アンド・スポーク型共同行為規制を紹介する文献として，池田毅「直接の連絡によらない『非典型カルテル』の近時の発展と求められる競争法コンプライアンス：ハブ・アンド・スポーク（hub-and-spoke）とシグナリング（signaling）を中心に」NBL 1039 号（2014）36〜45 頁がある。

2) 共謀（コンスピラシー）に関する文献として，小早川義則・共謀罪とコンスピラシー（2008），川崎友巳「アメリカ経済刑法におけるコンスピラシー罪の意義」同志社法学 63 巻 1 号（2011）475〜526 頁，亀井源太郎「コンスピラシーの訴追――コンスピラシー研究序説」東京都立大学法学会雑誌 45 巻 1 号（2004）133〜182 頁などがある。

3) Barak Orbach, *Hub-and-Spoke Conspiracies*, Antitrust Source, April 2016, at 1, http://www.americanbar.org/content/dam/aba/publishing/antitrust_source/apr16_orbach_4_11f.authcheckdam.pdf (last visited May 22, 2016).

この点，我が国でもハブ・アンド・スポーク型の共同行為がいくつか見受けられる。また，単独の行為者による垂直的合意の反競争効果の累積的評価に関連する東洋精米機判決（1984年）では，「すでに各販売業者が事実上特定の事業者の系列に組み込まれており，その事業者の製品だけしか取り扱われてないという事態になっているなど特段の事情が認められる場合は，排他条件付取引に公正競争阻害性が認められないとされる余地が生ずる」としている。東洋精米機事件東京高裁判決は，東洋精米機の排他条件付取引によって生ずる累積的な反競争効果を評価していない。しかし，排他条件付取引の累積的な反競争効果により，市場の閉鎖性が高まるおそれがある。

　そこで，本稿では，ハブ・アンド・スポーク型の協調行動規制の判例・学説が蓄積している米国を検討対象として，ハブ・アンド・スポーク型協調行動規制の法構造を明らかにする。まず，IIでは，米国におけるハブ・アンド・スポーク型共謀の理論を明らかにし，IIIでは，ハブ・アンド・スポーク型協調行動規制の判例を分析し，IVでは，ハブ・アンド・スポーク型共謀規制と累積的反競争効果の評価の関係性について論じていく。

## II　ハブ・アンド・スポーク型共謀の理論

　ハブ・アンド・スポーク型共謀とは，垂直的関係にある共通の需要者又は供給者（ハブ）を介し，競争者間で連絡を取り合うのではなく，共通の需要者又は供給者（ハブ）と各競争者間の一連の垂直的な合意（スポーク）に基づき水平的な合意（リム）を形成することを指す。

　ハブ・アンド・スポーク型共謀の名称の由来となった事件として，刑法上の

---

4）　我が国でもハブ・アンド・スポーク型共同行為に関連する最近の事例として，郵便区分機事件審決取消請求事件（差戻審）（東京高判平成20・12・19審決集55巻974頁），福井県経済連事件公取委排除措置命令（平成27・1・16審決集61巻142頁），低温空調設備工事事件（公取委排除措置命令平成27・1・20審決集61巻148頁）などが挙げられる。

5）　東京高判昭和59・2・17審決集30巻136頁。

6）　根岸哲「判批」ジュリ813号（1984）28頁参照。また，流通系列化における独禁法上の規制について論じたものとして，舟田正之・不公正な取引方法（2009）第2部8章がある。

7）　George A. Hay, *Horizontal Agreements: Concept and Proof*, 51 ANTITRUST BULL. 877, 882 (2006).

事例ではあるが Kotteakos 事件連邦最高裁判決（1946 年）[8]がある。この Kotteakos 事件では，国民住宅法[9]の融資の申請の詐欺について，仲介業者と複数の申請者との取引の間に単一の共謀が成立し旧刑法 37 条（現 371 条）に違反するか否かが問題となった。Kotteakos 判決では，各合意が違法な目的の達成に向けられたものではなく，各融資それ自体が目的であって他の融資とは区別されることから，誰も合意によって別の融資を受けることを手助けしていないとして単一の共謀の成立を否定している。Kotteakos 判決は水平な合意は存在せず，単一の共謀ではなく複数の共謀が認められた事例である[10]。Kotteakos 判決は，刑事事件ではあるが，Kotteakos 判決のハブ・アンド・スポーク型共謀の概念は，その後の民事反トラスト法の事案にも受け入れられている[11]。

また，反トラスト法上のハブ・アンド・スポーク型共謀の先例として理解されている重要判例として Interstate Circuit 事件連邦最高裁判決（1939 年）[12]がある[13]。Interstate Circuit 事件では，被告（上告人）の封切映画館 Interstate Circuit（以下，「I 社」）が，映画配給会社 8 社に対して，映画配給会社の名前が名宛人に記された手紙を送付し，①映画配給会社が独立系映画館に映画を配給する際に，大人の夜間映画料金 25 セント以下で上映させないこと，②夜間料金 40 セント以上で上映される映画について，別の映画と二本立て上映をさせないことに関する同意と遵守を求めた。

裁判所は，制限について全員一致の行動が実現しなければ独立系映画館との取引を失う危険がある一方で，全員一致で行動すれば収益が上がるということが分かっており，共同行為に対する強い動機が存在していた。また，合意が無

---

8) Kotteakos v. United States, 328 U.S. 750 (1946).
9) National Housing Act, 12 U.S.C. §1701.
10) これに対して，同じく刑法上の事例でハブ・アンド・スポーク型類似の鎖型共謀において単一の共謀が認められたものとして，Blumenthal 事件連邦最高裁判決（Blumenthal v. United States, 332 U.S. 539 (1947)）がある。
11) *See, e.g.*, Elder-Beerman Stores Corp. v. Federated Department Stores, Inc., 459 F. 2d 138 (6th Cir. 1972); Toys 'R' Us, Inc. v. F.T.C., 221 F. 3d 928 (7th Cir. 2000).
12) Interstate Circuit, Inc. v. United States, 306 U.S. 208 (1939).
13) *See also* Klor's, Inc. v. Broadway-Hale Stores, Inc., 359 U.S. 207 (1959); United States v. Parke, Davis & Co., 362 U.S. 29 (1960); United States v. General Motors Corp., 384 U.S. 127 (1966).

ければ,それぞれ異なる行動に出るというリスクもあったとしている[14]。そして,独立系の映画館への制限を課する合意が無くとも,共同行為が計画され,配給会社らがその計画に追随して参加するということを知っていることで違法な共同行為が認められるには十分であるとした[15]。Interstate Circuit 事件は,I社を軸(ハブ)として,I社と映画配給会社8社との間でそれぞれ垂直的合意(スポーク)を締結しているだけでなく,映画配給会社8社間に水平的な合意が推認された価格協定の事件であった。Ⅲでは,ハブ・アンド・スポーク型共謀の概念を取り入れた判決がどのように変遷していったかについて検討する。

## Ⅲ ハブ・アンド・スポーク型協調行動規制の判例

### 1 単独の行為者による場合

ハブ・アンド・スポーク型協調行動規制において,水平的合意(リム)が存在する場合で,水平的な合意の内容が価格協定,市場分割協定や共同ボイコットである場合については,共謀として当然違法の原則が適用されることになる。

#### (1) 取引拒絶に関する事例
(a) 初期の事例

ハブ・アンド・スポーク型共謀規制の初期の事例の代表的なものとして,Elder-Beerman 事件[16],Impro Products 事件[17]がある。

(ⅰ) Elder-Beerman 事件

Kotteakos 判決によって提示されたハブ・アンド・スポーク型共謀の概念を取り入れ,その判断基準を示したものとして,Elder-Beerman 事件第6巡回区控訴審判決(1972年)[18]がある。オハイオ州デイトンにおいて総合スーパーを経営する原告 Elder-Beerman は,被告 Federated Department Stores(以下,

---

14) *Interstate Circuit*, 306 U.S. at 222.
15) *Interstate Circuit*, 306 U.S. at 226.
16) *Elder-Beerman*, 459 F. 2d 138 (6th Cir. 1972).
17) Impro Products, Inc. v. John B. Herick, 715 F. 2d 1267 (8th Cir. 1983).
18) *Elder-Beerman*, 459 F. 2d 138 (6th Cir. 1972).

「Federated 社」）が供給業者に対して Federated 社に排他的に販売することを強要することで，オハイオ州デイトンにおける百貨店業の州際通商を不当に制限し，独占の形成・独占化の企図を行ったとしてシャーマン法1条及び2条に違反すると主張した。

第6巡回区控訴審は，Kotteakos 判決のハブ・アンド・スポーク型共謀をリムレス・ホイール型共謀と解釈し，共謀を立証するためには「①全般的な不当な計画又は共通の構想が存在し，②共同行為の目的が不当な性質を有していることを知っていることから，他者が関与しているに違いないことを知っていることを，各構成員が推測できることを示さなければならない。しかし，各構成員の活動の正確な範囲の割り当て，又は関与している人数を知っていることは求められない。そして，③申し立てられている各構成員が参加していることの証明がなければならない」と判示した[19]（以下，①，②，③をそれぞれ Elder-Beerman 判決の「第1要件」，「第2要件」，「第3要件」とする）。

　(ⅱ) Impro Products 事件

Elder-Beerman 判決基準を用いた判決として，Impro Products 事件第8巡回区控訴審判決[20]（1983年）がある。本件において，動物用生物学的製剤を製造・販売する会社 Impro Products（以下，「I 社」）は，米国農務省所属の獣医でアイオワ大学の教授である被告 Herrick 博士（以下，「H」）が，家畜健康製品販売会社（$A_1$～$A_4$。$A_3$・$A_4$についてはその後 I 社と和解成立）及び家畜健康製品の販売会社 B を顧客とする広告会社（$A_5$）との間で不当に I 社の新商品の評判を落とすことで取引を制限しシャーマン法1条及び2条に違反するとして訴えを提起した。H は，被告会社 $A_1$～$A_5$（以下，これらを併せて「被告会社ら」）との間にそれぞれ顧問契約を締結し，家畜健康製品分野の情報提供を行っていた。H と I 社との接触はあったが，顧問契約には至らなかった。その後，H は I 社の製品の有効性について信用を落とすよう規制当局や獣医に働き掛けるなど様々な行動をとった。I 社は，I 社の搾乳後乳頭消毒剤及び生物学的製剤が被告会社ら（$A_5$については，その顧客 B）と競争関係にあり，H は被告会社らから顧問料を受け取って合意に至り，共同して，I 社に有害な行為を行っていると主

---

19) *Elder-Beerman*, 459 F. 2d at 146.
20) *Impro Products*, 715 F. 2d 1267 (8th Cir. 1983).

張した。また，ハブ・アンド・スポーク（又はリムレス・ホイール）型共謀について，I社を害するために被告会社がHとの間で個別の合意を行ったと主張した。

第8巡回区控訴審は，ハブ・アンド・スポーク型共謀に関して，Elder-Beerman判決基準を規範とした。裁判所は，まず，Elder-Beerman判決基準の第3要件では，各スポークとハブとの間の個別の不当な合意の存在が求められるが，そのような合意が存在していないと述べた。そして，次に，証拠から被告会社は，本件訴訟が始まるまで，I社又はその製品について他の被告と話しておらず，被告会社は誰もHが他の被告会社と顧問契約を結んでいるということを知らなかったこと，また，I社の信用を落とすためにHと合意を締結していなかったことから，Elder-Beerman判決基準の第1要件・第2要件で要求されている，競争者の原告を抑圧する全体の計画が存在すること，又は，各被告が，共同行為に他者が参加していることを知っていたことが認められないとして原告の主張を斥け，被告に有利なサマリージャッジメントを認めた地裁判決を支持した。

(b) Toys 'R' Us事件

Toys 'R' Us（以下，「TRU」）[21]事件では，米国大手玩具小売業者であるTRUが，玩具製造業者らとそれぞれ合意を締結しTRUと競合する会員制のディスカウント店Warehouse Club[22]（以下，「Club」）に対しては，二つ以上の玩具を組み合わせたものなど，他で販売されない差別化された商品を販売するよう要請した。この合意によりTRUはClubとTRUの商品との価格を比較することを困難にしようとした。TRUの市場占有率は全国で20％，一部の地域で49％だった。

FTC決定[23]は，TRUは玩具製造業者10社との間で垂直的合意を締結し，「他の競争者が同じことをする」という条件で共同ボイコットに参加するという水平的な合意を少なくとも7社間で形成したと認定した。FTCは，TRUが各製造業者を往復することで製造業者間の「共通の理解」の形成を手助けすること

---

21) Toys 'R' Us, Inc. v. F.T.C., 221 F.3d 928 (7th Cir. 2000).
22) 具体的には，コストコなど。
23) In the matter of Toys "R" Us, Inc., Opinion of the Commission, 126 F.T.C. 527 (1998).

で，ハブ・アンド・スポーク型共謀に必要とされる要素を備えており，最終的にTRUはClubを共同ボイコットするために水平的な合意を組織したと認定した。FTCは，TRUがClubに不利益を与える共謀の中心（ハブ）となったのであり，完全な状況証拠から合意を推認する必要はないとしている。第7巡回区控訴審もFTC決定を支持し，水平的な合意を含むハブ・アンド・スポーク型共謀による共同ボイコットに当然違法の原則が適用されることを明らかにした。

(c) TRU判決後の事例

(i) Dickson事件

ハブ・アンド・スポーク型共謀による共同ボイコットに当然違法の原則が適用されるとしたTRU判決後の事例であるDickson事件第4巡回区控訴審判決（2002年）では，Elder-Beerman事件，Impro Products事件とは異なるKotteakos判決への評価を行っている。Dickson事件において，Gravity社の破産管財人，DicksonとEbert（以下，併せて「G社」）は，被告マイクロソフト（以下，「M社」）と被告OEM業者が競争を制限するハブ・アンド・スポーク型共謀を行い，M社のオペレーション・システム，ワープロソフト，表計算ソフトの販売の独占を維持する共謀を行ったと主張した。

裁判所は，Kotteakos判決を参照し，ハブ・アンド・スポーク又はリムレス・ホイール型共謀は，多くの被告が共通の被告と個別に合意を締結する一方で，各取引に共通の被告が関与していること以外はお互い関係性がないものであるとした。そして，Kotteakos判決は，リムレス・ホイール型共謀が単一の一般的な共謀ではなく，共通の被告と残りのそれぞれの被告との間の多数の共謀を意味することを明らかにしたものである，と述べた。そして，G社はElder-Beerman判決に従い，OEMとM社とのリムレス・ホイール型共謀が単一の，一般的な共謀であると主張するが，OEMとM社との間の水平的な

---

24) *Id.* at 553-557.
25) *Id.* at 580.
26) 前掲注21）。
27) Dickson v. Microsoft Corp., 309 F. 3d 193（4th Cir. 2002）.
28) *Kotteakos*, 328 U.S. at 755.

合意（リム）を立証していない，とした。最終的に裁判所は，Kotteakos 判決はリムレス・ホイール型共謀が単独の共謀ではないことを明らかにしており，G 社による単一のリムレス・ホイール型共謀の請求は棄却されるべきである，とした。[29]

(ii) Total Benefits 事件

Total Benefits 事件第 6 巡回区控訴審判決[30]（2008 年）では，保険代理店業を営む原告 Total Benefits 他 4 社（以下，「T ら」）は，健康保険料の控除額を増やすことで費用を削減する手法「Total Benefits 戦略」を開発した。被告保険会社 Anthem（以下，「A 社」）は T らに対して，Total Benefits 戦略が A 社及び伝統的な保険代理店の利益を害するとして，Total Benefits 戦略を継続する場合には契約を打ち切ると告げ，その後も Total Benefits が Total Benefits 戦略を継続したため A は T らとの保険代理店契約を打ち切った。これに対して，T らは，A らが共謀して Total Benefits をボイコットし，シャーマン法 1 条に違反したと主張した。これに対して A らは，T らの訴え却下の申立を行った。

裁判所は，T らが TRU 判決に従い，当然違法の扱いを受けるのに適したハブ・アンド・スポーク型共謀について，「当然違法の原則の基準は，直接的競争者間の水平的な合意を要求する NYNEX 判決の要件に合致しているため適用されるものである[31]。ハブ・アンド・スポーク型共謀があるからといって，当然違法の原則を適用することに関して特別な例外はない。申立においては，やはり何らかの水平的な関係を示さなければならない[32]」として，Total Benefits は A 社をハブ，保険代理店をスポークであると十分に特定しているが，TRU 事件のように水平的な合意を特定していないと述べた。また，共謀の各役割について特定されていない被告に対する違法行為を主張する一般的な申立は，Twombly 判決によって明確に斥けられていると述べ[33]，T らの共謀の申立は不明確であること，関連製品市場が特定できないことから，シャーマン法 1 条の

---

29) *Dickson*, 309 F. 3d at 203-204.
30) Total Benefits Planning Agency, Inc., et al. v. Anthem Blue Cross and Blue Shield, et al., 552 F. 3d 430 (6th Cir. 2008).
31) *See* NYNEX Corp., et al. v. Discon, Inc., 525 U.S. 128, 135 (1998).
32) *Total Benefits*, 552 F. 3d at 435.

請求は不十分であるとして棄却した。

(iii) Orchard 事件

Orchard 事件カリフォルニア北部地区連邦地裁判決[34] (2013 年) において,原告 Orchard (以下,「O 社」) はカリフォルニア州,オレゴン州において金物工具を販売する小売業を営んでいる。また,被告 Home Depot (以下,「H 社」) は,米国最大の金物工具の販売業を営んでいる。そして被告 Milwaukee (以下,「Mi 社」),被告 Makita (以下,「Ma 社」) は動力工具の製造販売業者である。Mi 社と Ma 社は両社合計で動力工具市場シェア 31〜50% を占め,プロ仕様動力工具の販売の主な製品ラインの3分の2を占めている。Mi 社と Ma 社製の動力工具が欠けることになれば,動力工具市場において経営を維持することは実質的に困難であるとされる。H 社は,Mi 社,Ma 社,訴外 Black & Decker に対し,競争激化のため,プロ仕様動力工具の取扱を終了するつもりであるという脅しをかけた。これを受け,Mi 社,Ma 社は相次いで O 社への動力工具の供給を停止した。H 社の脅しは少なくとも Mi 社又は Ma 社のいずれか1社が要求に応じなければ意味をなさないものであった。また,H 社との取引関係が終了するリスクがなければ O 社との取引関係を諦める供給者はいなかったとされる。O 社は,H 社,Mi 社,Ma 社による違法な共同ボイコット (グループ・ボイコット) と H 社と Mi 社,H 社と Ma 社との間の垂直的合意による特定プロ仕様動力工具市場における囲い込みがシャーマン法1条に違反するとして訴えを提起した。

裁判所は,違法な共同ボイコット (グループ・ボイコット) は,Mi 社,Ma 社間の水平的な合意の存在を立証しなければならないとした。そして,水平的な合意の立証について,明示又は黙示の水平的な合意が必要であり,プラス・ファクターは,ハブ・アンド・スポーク型共謀の請求を認めるのに十分であるとした。そして,O 社は説得力のある協調行動の推論が立てられていないとし

---

33) Bell Atlantic Corp. v. Twombly, 127 S. Ct. 1955 at 1970 n. 10 (2007). この点に関するハブ・アンド・スポーク型共謀関連事件として,*In Re* Musical Instruments & Equip. Antitrust Litigation, 798 F. 3d 1186 (10th Cir. 2015) がある。

34) Orchard Supply Hardware LLC. v. Home Depot USA, Inc., et al., 967 F. Supp. 2d 1347 (N. D. Cal. 2013).

て，本件では水平的合意が認められずシャーマン法1条の当然違法の請求は不十分であるとされた。

また，H社とMi社，H社とMa社間の垂直的合意について，H社の行為全体の反競争効果を評価する上で反競争効果を総計することは妥当であるとした。そして，一度に行えば禁止されるであろうことを別々に行えば許されるべきではないとした。例えば企業が11の異なる供給業者と独立した合意に達することが可能であり，各供給業者は9％の市場シェアをそれぞれ有している場合，99％の市場が閉鎖されることとなるが，依然としてシャーマン法1条の禁止する不当な取引制限の射程外となり得るため，個別に垂直的合意の反競争効果を評価した場合には違法とはならない場合であっても，累積的な評価をすればシャーマン法1条違反にあたる場合があるとしている。そして，H社の行為の反競争性は十分に証明できているが，他方，製造業者であるMi社，Ma社については，独立して事業活動を行う限り，取引をする又は取引を拒絶する権利を一般的に有しているとして，Mi社・Ma社による違反行為は認めなかった。

O社による垂直的合意の累積的反競争効果の評価を肯定し，O社のH社に対するシャーマン法1条の合理の原則に関する請求を認めながらも，O社のMi社とMa社に対する請求については不十分であるとしている。

(2) **価格協定に関する事例**

価格協定に関する事例の代表例として，まず，Ⅱでも紹介したInterstate Circuit事件がある。また，Apple事件も価格協定に関する重要判例である。

Apple事件において，2007年Amazonは，電子書籍のタブレット端末であるKindleを発売した。Amazonは，Kindleで電子書籍を読むことを促進するため，新作とベストセラーを9.99ドルで販売し始めた。出版社らは，Amazonの電子書籍と9.99ドルの価格設定を脅威に感じていた。2009年に被告（控訴人）Appleは新しいタブレット端末iPadを発売し，iBookstoreと呼ばれるインターネット上の市場を作り，電子書籍を販売しようと考えた。そこで出版社のHachette，HarperCollins，Macmillan，Penguin，そしてSimon & Schuster（以下，併せて「被告出版社ら」）と電子書籍の価格を決定し，新刊とベ

ストセラーをそれぞれ 19.99 ドル，14.99 ドルとする合意を締結した。iBookstore 開設の数か月後，電子書籍の価格，特に新刊とベストセラーの価格は引き上げられた。DOJ と 33 州は，Apple が被告出版社らと共謀して電子書籍市場の価格を引き上げたとする訴えを提起した。

　第 2 巡回区控訴審判決は，TRU 判決[35]を挙げ[36]，ハブ・アンド・スポーク型共謀の存在はこれまで長く認められてきており，ある取引段階にいる事業者がハブとなり，別の取引段階の競争者間，つまりスポーク間の合意を形成すると述べている。そして，ポズナー判事の論文[37]を参照しながら，共謀の目的が当然に不当に取引を制限する場合，ハブ・アンド・スポーク型共謀の参加者は違法となるとしている。そして，ハブ・アンド・スポーク型共謀の場合，垂直的な合意だけでなく，水平的な共謀にも参加することを合意しているのであり，当然違法と評価されるべきとしている。最終的にジョイント・ベンチャーなどの生産性の向上も見受けられないとして，電子書籍の価格を引き上げるという不当な価格協定の共謀は当然違法であると判断した。

## 2　複数の行為者による場合

　複数の行為者によるハブ・アンド・スポーク型協調行動規制の場合については，水平的合意（リム）が存在する場合は，単独の行為者によるハブ・アンド・スポーク型共謀としてそれぞれ同様に規制することが可能であると解される。問題となるのは，水平的合意が認められない場合についてである。垂直的合意の反競争効果が累積していき市場に悪影響を及ぼす一方で，各行為者は原則的に合法な垂直的制限行為を行っている場合に，誰に対して違反行為を問うかが問題となる。

---

35)　United States v. Apple, Inc., 791 F. 3d 290 (2d Cir. 2015).
36)　*Toys "R" Us*, 221 F. 3d at 932-34. また，裁判所は，Howard Hess Dental Labs., Inc. v. Dentsply Int'l, Inc., 602 F. 3d 237, 255 (3d Cir. 2010) も参照している。
37)　Richard A. Posner, *The Next Step in the Antitrust Treatment of Restricted Distribution: Per Se Legality*, 48 U. Chi. L. Rev. 6, 22 (1981).

## (1) Standard Oil 事件

　複数の行為者によるハブ・アンド・スポーク型協調行動規制の代表的な事件が Standard Oil 事件連邦最高裁判決[38] (1949年) である。Standard Oil 社 (以下,「S 社」) とその完全子会社 Standard Stations は (以下, これらを併せて「S 社ら」), 西部地区[39]において石油製品取扱事業者との間でそれぞれ石油製品の排他的供給契約を締結していた。S 社らは市場シェア 23％ を占め, S 社らの競合 6 社は 42.5％ のシェアを占めていた。裁判所は, S 社らの排他的供給契約により 5800 万ドル, 全市場の売上高の 6.7％ に影響を与えるとして, クレイトン法 3 条に基づき競争を実質的に減殺するとした[40]。裁判所は, 主要な石油製品供給業者 6 社が同様の排他的供給契約を同時に締結しているのであれば各社の地位を維持し, 共同ではないけれども集団的に, 後続者が市場の重要な部分を獲得することを妨げることを可能にする効果を推定することは, あながちこじつけではないと述べている[41]。Standard Oil 判決が量的相当性の判断を採用し, 影響を受けた取引量の大きさを評価したことには批判がなされることとなった。

## (2) Paddock Publication 事件

　Paddock Publication 事件第 7 巡回区控訴審判決[42] (1996年) において, Paddock Publication 社は, Daily Herald として新聞発行事業を行っている (以下,「H 社」)。H 社は, 競合する Chicago Tribune (以下,「T 社」), Sun-Times (以下,「S 社」) がそれぞれ有力な補充ニュースサービス提供事業者と排他的ライセンス契約を締結し, 中小新聞社が成長することを困難にしたとしてシャーマン法 1 条違反を主張した。当時, シカゴの新聞紙市場において H 社は約 7％, T 社は 42％, S 社は 30％ の市場シェアを有していたとされる。裁判所は, 明示又は黙示の共同行為には何らかの水平的な協力が必要であるとし, 累積的な反競争効果の条件として何らかの水平的な協力の存在を要求した。

---

38) Standard Oil Co. v. United States, 337 U.S. 293 (1949).
39) 西部地区には, アリゾナ州, カリフォルニア州, アイダホ州, ネヴァダ州, オレゴン州, ユタ州, ワシントン州が含まれる。
40) *Standard Oil*, 337 U.S. at 305.
41) *Id*. at 309.
42) Paddock Publications, Inc., v. Chicago Tribune Company, 103 F.3d 42 (7th Cir. 1996).

## Ⅳ 考　察

### 1 ハブ・アンド・スポーク型共謀について

　ハブ・アンド・スポーク型共謀についての判例変遷を見てきたが，ハブ・アンド・スポーク型共謀の初期の事例では，刑事事件の Kotteakos 判決のハブ・アンド・スポーク型共謀の理論を民事反トラスト法に取り入れた Elder-Beerman 判決，Impro Products 判決において，ハブ・アンド・スポーク型共謀をリムレス・ホイール型共謀と同義として解釈し，スポーク間の協調行動に必ずしも水平的合意の立証までは求めていなかった。

　これに対して，ハブ・アンド・スポーク型共謀のリムとして水平的な合意の存在が求められる契機になったと言えるのが，TRU 判決であるといえよう。TRU 判決は水平的合意を認定して当然違法の原則を適用しており，Interstate 事件の現代版ともいうべき事件である[43]。TRU 判決では，当然違法の原則たる共同ボイコット（グループ・ボイコット）には水平的な合意が必要であるとした NYNEX 判決[44]を先例として，ハブ・アンド・スポーク型共謀に水平的な合意を認定している[45]。この TRU 判決を契機として，Dickson 事件第 4 巡回区控訴審判決（2002 年），Total Benefits 事件第 6 巡回区控訴審判決（2008 年），Orchard 事件カリフォルニア北部地区連邦地裁判決（2013 年）では，ハブ・アンド・スポーク型共謀に水平的な合意の立証を要求している[46]。

　このように，ハブ・アンド・スポーク型共謀は，Interstate 判決以来長い歴史を持つ[47]。そして，TRU 判決以降の判決では，当然違法たるハブ・アンド・スポーク型共謀に水平的な合意の認定を求める傾向がみられる[48]。この点，

---

43) *See Toys 'R' Us*, 221 F.3d at 935.
44) *See NYNEX*, 525 U.S. at 135.
45) *See Toys 'R' Us*, 221 F.3d at 936.
46) *See also* PepsiCo, Inc. v. Coca-Cola Co., 114 F.Supp.2d 243 (S.D.N.Y.2000), aff'd, PepsiCo, 315 F.3d 101. 一方でリムレス・ホイール型共謀と捉えた判決も少数ながらある。*See, e.g.*, Howard Hess Dental v. Dentsply Intern., 602 F.3d 237, 255-256 (3d Cir.2010).
47) *See Total Benefits*, 552 F.3d at 435-436; *Dentsply*, 602 F.3d at 255.
48) Dickson 判決，Total Benefits 判決，Orchard 判決。

Dickson 判決は，ハブとスポークが存在してもリムが無ければ車輪としての意味をなさないことから，むしろ水平的合意を必要としていると述べている[49]。

　以上，当然違法の原則が適用されるハブ・アンド・スポーク型共謀については水平的な合意の認定が求められる傾向があることを示した。リムレス・ホイール型の共謀の違法性を争うことは少なくとも理論上は可能である。しかし，垂直的制限に対する合理の原則の分析では，合法とされることが多い[50]。特に，垂直的非価格制限は，原則として合法であるとして垂直的価格制限とは区別される[51]。但し，垂直的価格制限については，小売業に販促活動を奨励し得る一方で，カルテル形成に繋がり，当然違法の原則が適用される場合がある[52]。また，垂直的制限を検討する場合，製造業者が一方的に方針を通知し，この方針に従わない流通業者との取引を停止することを認める Colgate 判決[53]が適用され得る[54]。このため，ハブ・アンド・スポーク型共謀では，水平的合意の存在を主張し，当然違法の原則に基づく請求が行われているものと考えられる。当然違法の原則の行為類型にあてはめることができれば，立証負担が大幅に軽減される。

　ハブ・アンド・スポーク型共謀で必要とされる水平的な合意については，プラス・ファクターがあれば足りるとされる[55]。プラス・ファクターの代表的なものとして，「共謀の動機」，「共謀の機会」，「高い水準の会社間の情報伝達」，「自己の経済的利益に反するような行為」，「合意が存在する場合においてのみ合理的であること」，「過去の商慣習からの逸脱」などが挙げられる[56]。

---

49) *See Dickson*, 309 F. 3d at 203-204.
50) *See* Douglas H. Ginsburg, *Vertical Restraints: De Facto Legality Under the Rule of Reason*, 60 ANTITRUST L. J. 67 (1991).
51) *See* Bus. Electr. Corp. v. Sharp Electr. Corp. 485 U. S. 717, 735-736 (1988).
52) *See* Leegin Creative Leather Prods., Inc. v. PSKS, Inc., 551 U. S. 877, 893 (2007).
53) United States v. Colgate & Co., 250 U. S. 300 (1919).
54) *See* ABA SECTION OF ANTITRUST LAW, ANTITRUST LAW DEVELOPMENTS 20 (7th ed. 2012).
55) *See Orchard*, 967 F. Supp. 2d at 1355.
56) プラス・ファクターの判例・学説の整理については，公正取引委員会競争政策研究センター・カルテル事件における立証手法の検討——状況証拠の活用について（2013）37～57 頁を参照されたい。

## 2 累積的反競争効果の評価について

　累積的反競争効果については，クレイトン法3条に基づく排他取引に関するStandard Oil 判決が評価している。この Standard Oil 判決は質的判断ではなく量的判断を行ったことについて批判がされたこともあり，累積的反競争効果の評価に対してはその後慎重な姿勢がとられてきた。しかし，Standard Oil 判決は複数の行為者が並行的に排他的取引などの垂直的非価格制限の合意を締結した場合の反競争効果をどのように評価するべきかという問題を今なお提示している。[57] また，Paddock Publication 判決では，明示又は黙示の共同行為には，何らかの水平的な協力が必要であるとし，累積的な反競争効果の条件として何らかの水平的な協力の存在を要求している。

　その後，単独の行為者による排他取引が問題となった Dickson 判決において，原告はマイクロソフトと大手 OEM 業者らとの排他的ライセンス契約の累積的反競争効果を評価するべきであると主張したが，判決は，マイクロソフトと各 OEM との個別的な共謀に関する訴えであることから，累積的な反競争効果を考慮できないとした。他方，Orchard 判決では，単独の行為者による排他取引の累積的な反競争効果を肯定している。但し，Orchard 判決は，複数の行為者が排他取引を行った場合の累積的な反競争効果の評価については言及していない。Standard Oil 判決のような複数の行為者が排他取引を行った場合についても累積的な反競争効果の評価が肯定されるのか否かについては，明らかにされていない。この点は，今後の課題と言える。

## V　おわりに

　ハブ・アンド・スポーク型協調行動規制は，大きく，①単独の行為者による場合と，②複数の行為者による場合に分けられる。スポーク間に水平的な合意が存在しない場合については，累積的な反競争効果の評価が問題となる。①単独の行為者による場合について，米国反トラスト法におけるハブ・アンド・ス

---

[57]　累積的反競争効果の評価に関する先行研究として，滝澤紗矢子・競争機会の確保をめぐる法構造（2009）がある。*See also* C. Scott Hemphill and Tim Wu, *Parallel Exclusion*, 122 YALE L. J. 1182 (2013).

ポーク型協調行動規制では，水平的な合意を含み，合意の内容が価格協定，市場分割協定，共同ボイコットなどである場合には，当然違法の原則が適用される共謀として厳しく規制がなされることとなる。この点，我が国でも，競争者と「共同して」なされる共同の取引拒絶は原則違法として扱われるため，共通した問題意識を有しているといえよう。[58]

一方，ハブ・アンド・スポーク型協調行動において，明示又は黙示の水平的合意が認められない場合に，米国反トラスト法では，合理の原則にて，ハブと各スポーク間の複数の垂直的合意について検討することになる。[59]

②複数の行為者による場合，水平的合意が存在するかについて，シャーマン法1条に基づき行為者間に何らかの水平的協力があるかを判断し，[60] 水平的合意が認められない場合には，クレイトン法3条に基づく排他的取引として垂直的合意の反競争性を判断することとなる。[61]

ハブ・アンド・スポーク型共謀の初期の事例では，ハブ・アンド・スポーク型とリムレス・ホイール型共謀とを同義として捉えてきた[62]。しかし，TRU判決以降の事例では，ハブ・アンド・スポーク型共謀に水平的な合意の立証を求める傾向があることを示した。

また，ハブ・アンド・スポーク型構造を有しながらも水平的な合意が見受けられない場合については，米国ではStandard Oil最高裁判決以降，垂直的合意の反競争効果の累積的な評価については慎重な判断がされてきた。こうした中，Orchard判決は反競争効果の累積的評価を肯定する内容となっており，興味深い。ただし，Orchard事件は単独の行為者による複数の垂直的合意の反競争効果を検討したものであるのに対して，Standard Oil事件では，複数の行為者による垂直的合意が累積的反競争効果を生じさせていたものである。単独の行為者による垂直的合意の累積的反競争効果と複数の行為者によるものとは，違反行為者の特定の困難性において性格が異なることには留意が必要であ

---

58) 拙稿「米国のハブ・アンド・スポーク型協調行動規制と累積的反競争効果の評価」公取778号（2015）84頁。
59) Dickson 判決。
60) Paddock Publication 判決。
61) Standard Oil 判決。
62) Elder-Beerman 判決，Impro Products 判決。

る。

　我が国について，まず，①単独の行為者による場合に関する事例について，郵便区分機事件[63]（2008年）がある。郵便区分機事件では，郵政省の調達事務担当官をハブとして，郵便区分機の製造販売業者2社がそれぞれ担当官から情報提供を受け（スポークの部分）当該2社間の黙示的な意思の連絡（水平的な合意）を認定している（リムの部分）と理解することができる。このように官製談合は，ハブ・アンド・スポーク型の構図をとることが多いと思われる。但し，郵便区分機事件は官製談合であって，ハブの部分を担う郵政省の調達事務担当官は事業者と解釈できるか，調達事務担当官と当該2社が何らかの合意に至っているか否かについては争いがあろう。

　また，再販売価格維持行為の事例で，垂直的合意に基づき水平的な合意を構築するような場合，つまり，ハブとなる事業者が垂直的合意に基づきスポーク間の価格協定などの水平的な合意を形成するような場合にはハブ・アンド・スポーク型共同行為を構成する場合があると言える。

　そして，福井県経済連事件[64]（2015年）では，施主代行の福井県経済連をハブとして，施工業者をスポークと考えることができる。但し，スポーク間の水平的な合意（リム）は明らかでなかった。排除措置命令のため事実関係が必ずしも明らかではないが，福井県経済連による施工業者の「支配」という側面が強かったとされる[65]。また，低温空調設備工事事件[66]（2015年）では，農協等から施主代行業務を受託しているホクレン農業協同組合連合会（以下，「ホクレン」）が，農協等発注の特定低温空調設備工事を請け負う事業者に対して，農協等の希望等を踏まえて意向等を出していた。ホクレンがハブとして，工事請負事業者間の水平的な合意（リム）を形成したとして，ハブ・アンド・スポーク型の共同行為と構成し得る事件であったと言えよう。ただし，当該「意向等」により受注予定者が決まった訳ではなく，調整過程の一つの要素として話し合われてい

---

63) 前掲注4)。
64) 前掲注4)。
65) 川濵昇ほか「座談会　最近の独占禁止法違反事件をめぐって」公取778号（2015）8頁〔川濵昇，岸井大太郎，山田昭典発言〕。
66) 前掲注4)。

たとされる[67]。いずれにせよ,「意向等」が具体的にどのようなものであったかは, 明らかにされていない。取引段階の異なる事業者を含む縦の共同行為について, 相互拘束要件の解釈, 片方の当事者又は取引段階にしか当該商品・役務の売上がない場合の課徴金の賦課については未だに課題がある。

次に, 我が国の①単独の行為者による垂直的合意の累積的な反競争効果の事例については, 東洋精米機事件判決に対する批判がなされて以降[68], 累積的な反競争効果を行うことについては一般的に受け入れられているように思われる。例えば, インテル事件[69] (2005 年) では, 排他的リベートの供与により, 国内 PC メーカー向け CPU の販売市場の約 8〜9 割近くに累積的な反競争効果が及んでいた可能性がある。このように, 東洋精米機事件判決以降, 単独行為者による場合については, 累積的な反競争効果の評価が行われているものと解される。

他方, ②複数の行為者が複数の相手方と合意する場合については, 当事会社以外の事業者も垂直的制限を行っているため, 誰に対して, どのような違法性判断基準で判断すべきかについては更なる検討が必要である。この点, 新聞販路協定事件[70]は, 上流市場の新聞発行各社が軸 (ハブ) として, 新聞販売店間[71] (スポーク) の市場分割協定に関与することで, 黙示的な意思の連絡 (リム) を形成した事例と言える[72]。新聞販路協定事件はハブ・アンド・スポーク型共同行為の事例と捉えることができ, 相互拘束要件の解釈の問題はあるが, 共通の目的の達成に向けられたものであれば, 実態を踏まえた上でハブとスポークとを一体として規制する必要がある。

並行的に排他的行為が行われている場合, まず, 閉鎖された市場の割合が重

---

67) 川濱ほか・前掲注 65) 6 頁〔山田発言〕。
68) 前掲注 5)。
69) 公取委勧告審決平成 17・4・13 審決集 52 巻 341 頁。
70) 複数の事業者が, 垂直的合意を締結している事件の例として, 新聞販路協定事件 (東京高判昭和 28・3・9 高民集 6 巻 9 号 435 頁), 野田醤油事件 (東京高判昭和 32・12・25 高民集 10 巻 12 号 743 頁), 和光堂事件 (最判昭和 50・7・10 民集 29 巻 6 号 888 頁), 明治商事事件 (最判昭和 50・7・11 民集 29 巻 6 号 951 頁), 及び森永商事事件 (公取委審判審決昭和 43・10・11 審決集 15 巻 84 頁) が挙げられる。
71) 前掲注 70)。
72) 松下満雄・経済法判例・審決百選 (2010) 41 頁参照。

要である。これに加えて，誰が，いつ排他的な取引を行ったか，つまり，誰が最終的に競争を働かせなくなったかも判断要素となると考えられる。

＊　本研究はJSPS科研費JP16K13322の助成を受けたものである。

. # 排除行為規制の現状と課題

栗 田　　誠

I　はじめに
II　日本における排除行為規制の現状
III　排除行為に関する4事件の法域間比較
IV　日本における排除行為規制の評価と改善策
V　おわりに


## I　はじめに

　小論は，独占禁止法による排除行為[1]に対する規制の現状を分析し，その特徴や問題点を指摘するとともに改善策を提示するものである。公正取引委員会（以下「公取委」という）では，平成10年頃から平成20年頃までの間，排除行為規制の重要性を認識し，排除行為に対する法執行の強化に努力していたとみられる[2]。特にICT（information and communication technology）分野において，その後の各国競争当局の法執行活動の先駆けとなるような新機軸の事件が複数

---

1) 小論において「排除行為」とは，典型的には競争者の事業活動を排除・妨害することによって市場競争を制限する行為をいう。
2) 排除行為に対する独占禁止法の執行強化だけでなく，法制面の検討も進められた。公取委は，独占禁止法研究会における検討を受けて，排除型私的独占に対する課徴金制度の導入や「不可欠施設」に着目した参入阻止行為に対する迅速かつ効果的な規制のための特別規定の新設を提案したが（公取委「独占禁止法改正の基本的考え方について」〔平成15年12月24日公表〕），その後の平成17年改正に至る検討過程において，これらの提案は撤回された。排除型私的独占や一部の不公正な取引方法に対する課徴金制度は，平成21年改正によって実現した。

あり，高く評価されるべき面がある。しかし，近年，みるべき成果に乏しく，米国，EU，韓国等における法執行と比較して，その現状には問題があると思われる[3]。小論は，公取委のかつての排除行為規制の積極的な取組がなぜ国際的に評価されなかったのか，また，近年の停滞が何に起因するのかを明らかにし，その改善を促すことを意図している。

小論の構成は，次のとおりである。この緒言（I）に続いて，公取委が過去20年程度の間に取り上げてきた排除行為事件を概観する（II）。次いで，公取委だけでなく，米国，EU，韓国等の競争当局が法執行手続を採ってきているマイクロソフト，インテル，クアルコム及びグーグルに対する事件の動向を紹介し，法域間の簡単な比較を試みる（III）。これらの事例研究を踏まえて，独占禁止法による排除行為規制の特徴や問題点を明らかにし，その改善策や検討課題を示す（IV）。最後は，簡単なまとめである（V）。

## II　日本における排除行為規制の現状

### 1　独占禁止法による排除行為規制

日本の独占禁止法では，排除行為に対して，排除型私的独占のほか，不公正な取引方法の諸類型（取引拒絶，差別対価・差別的取扱い，不当廉売，抱き合わせ，排他条件付取引，拘束条件付取引，競争者に対する取引妨害）としても法適用することが可能である。違法要件（特に効果要件）は私的独占の方が厳しいので，従来，公取委は，排除行為の規制に際して不公正な取引方法として構成する傾向があったが，1990年代央以降，排除行為について排除型私的独占として構成することを重視し，積極的な法執行姿勢に転じたとされている[4]。

---

[3]　近年の公取委の法執行活動の停滞は，排除行為規制にとどまるものではない。ハードコア・カルテル規制においてすら，ここ数年，法的措置件数や課徴金額において減少傾向にあり，また，小規模で地域的な事件が多くなっている。

[4]　例えば，栗田誠「私的独占規制の理論と実務」日本経済法学会編・私的独占規制の現代的課題（経法28号，2007）74頁参照。

## 2 排除行為事件の概況

 過去 20 年の排除行為事件を時系列で一覧にすると，次頁の別表のとおりである。平成 8 年の日本医療食協会事件以降，排除型私的独占の事案が相次いでみられたが，平成 21 年の日本音楽著作権協会（JASRAC）に対する排除措置命令（本排除措置命令に対しては JASRAC が審判請求を行い，公取委は審判手続を経て平成 24 年 6 月に命令を取り消す審決を行ったが，被害者であると主張する競争事業者が審決取消訴訟を提起し，東京高裁が平成 25 年 11 月に審決を取り消す判決を下した。さらに，最高裁が平成 27 年 4 月に公取委の上告を棄却したことから，公取委において審判手続が再開されていたところ，JASRAC が平成 28 年 9 月に審判請求を取り下げたことから，本排除措置命令は確定した）に続く新たな事件が出てきていない。不公正な取引方法に関しても似たような状況である。

 事案の内容や業種に応じて，政府規制関連，知的財産・ICT 関連，国際関連（外国事業者による事案，輸入品排除の事案を含む）に分けてみると，平成 12 年度から平成 21 年度にかけて，政府規制関連の事件が多く，特に当初は警告等の非公式措置ばかりであったが，NTT 東日本（FTTH）事件で初めて法的措置が採られ，最高裁判決で支持されるに至った。また，この時期には，知的財産・ICT 関連や国際関連の事案も多く，特に，マイクロソフト（IE）事件，インテル事件，グーグル事件，クアルコム事件といった，その後の各国競争当局が相次いで競争法違反として取り上げる事件の先駆けとなる案件が含まれていた。

 以下では，知的財産・ICT 関連かつ国際関連の事案である上記の 4 事件に絞って，公取委の措置を紹介するとともに，米国，EU，韓国等の競争当局の措置と比較しつつ，公取委の積極的な取組がなぜ十分な効果を上げられず，また，国際的な評価を得ることができなかったのかを分析する。

---

5) 排除型私的独占事件だけでなく，排除型の不公正な取引方法事件も対象とし，法的措置（審決・排除措置命令）が採られた事件（審判係属のものを含む）のほか，警告，注意その他の非公式な措置が採られた事件，審査終了が公表された事件を幅広く挙げている。

6) 公取委を含む各国競争当局による調査や措置については周知のことでもあり，出典や引用は省略する。なお，韓国公正取引委員会（以下「韓国公取委」という）による事件については，韓国公取委の英語ウェブサイトその他の英語文献に依拠している。

7) 政府規制関連の排除行為規制の事例分析も必要であるが，他日を期したい。

**別表　排除行為事件一覧**

| 年度 | 審決・排除措置命令 | 非公式措置 |
|---|---|---|
| 平成8 | 規日本医療食協会 | |
| 平成9 | 知ぱちんこ機特許プール<br>規パラマウントベッド | |
| 平成10 | 国ノーディオン<br>知日本マイクロソフト（Excel）(10) | 知国マイクロソフト（IE）〔警告〕(11) |
| 平成11 | 国オートグラス東日本 (4)<br>知北海道新聞社 | 知ゼンリン〔警告〕 |
| 平成12 | 知ロックマン工法 (1, 2) | 規NTT東日本（DSL）〔警告〕<br>知アルゼ〔警告〕(10) |
| 平成13 | | 規中部電力〔審査終了〕<br>知日立製作所 (6)〔警告〕<br>規NTT東日本・西日本（DSL）〔警告〕(9, 15)<br>知富士通〔警告〕(6) |
| 平成14 | 三菱電機ビルテクノ (15) | 知NTTデータ〔警告〕(6)<br>規九州電力〔審査終了〕<br>規北海道電力〔警告〕<br>規大手航空3社対抗運賃〔自主的改善措置要請〕 |
| 平成15 | 国ヨネックス (15) | 知コナミ〔警告〕(2)<br>規高速バス共同運行〔注意〕<br>規NTT東日本〔警告〕(15) |
| 平成16 | 東急パーキング (15)<br>規有線ブロード | 知キャノン〔審査終了〕(15)<br>知松下電器産業〔警告〕(6)<br>規高速バス共同運行〔審査終了〕<br>八代地域農協〔警告〕(11) |
| 平成17 | 知日本インテル | 規関西電力〔警告〕(4)<br>知国オーバーチュア・グーグル〔審査終了〕(11)<br>知ヤフー・シンワアート〔警告〕(6) |
| 平成18 | 国ニプロ<br>規NTT東日本（FTTH） | 規知日之出水道機器〔審査終了〕 |
| 平成19 | 規新潟タクシー（共通乗車券）(1) | |
| 平成20 | 知着うた (1)<br>知国マイクロソフト（NAP）(13)<br>知第一興商 (15)<br>規知JASRAC | 規大手航空2社対抗運賃〔審査終了〕 |
| 平成21 | 知国クアルコム (13)〔審判係属〕<br>大分大山町農協 (13) | |
| 平成23 | 知DeNA (14) | |
| 平成26 | 岡山県北生コン協組 (14) | |
| 平成28 | | 知国ワン・ブルー〔既往の違反認定・審査終了〕(14) |

注1）　審決又は排除措置命令の年月日，あるいは公表の年月日による。
注2）　不公正な取引方法事件については，事件当時の一般指定の項を（　）内に付記した。
注3）　事件名の前に，政府規制関連には規，知的財産・ICT関連には知，国際関連には国と付記した。ただし，厳密な分類ではない。
注4）　地域的な不当廉売・差別対価の事件，事業者団体事件は除いている。

## III 排除行為に関する4事件の法域間比較

### 1 マイクロソフト事件
#### (1) 公取委の措置

　公取委は，米国司法省によるマイクロソフトのブラウザ Internet Explorer (IE) に係る反トラスト訴訟が続いている最中の 1998 年 11 月 20 日，競合ブラウザである Netscape Navigator (NN) に対する排除行為が不公正な取引方法（排他条件付取引）に該当するおそれがあるとして，マイクロソフト及び日本マイクロソフトに対して警告を行った。これに対し，マイクロソフトは，公取委が同社の行為について独占禁止法違反ではないと判断した旨のプレスリリースを出している。

　問題とされた行為は，次の2つである。第1に，日本マイクロソフトが，一部のパソコンメーカーに対し，NN を当該メーカーのパソコンから取り外すことを条件として，基本ソフト Windows のライセンス料を引き下げ，又は引き下げることを提案していた疑いであるが，これについては十分な証拠がないと判断された。

　第2に，マイクロソフトが，我が国の大手インターネットサービス・プロバイダ (ISP) 11 社との間で，Windows95 で会員獲得サービスを提供することと引換えに，競合ブラウザの配布や宣伝・販売促進活動等を制限することを内容とする契約を締結していたことであり，また，日本マイクロソフトがこれに加担していたことである。マイクロソフトは，公取委の審査開始後，日本マイクロソフトを通じて，ISP 11 社に対して，上記の制限的な契約内容を破棄した旨通知している。

　当時の我が国では，パソコン雑誌ルートによるブラウザの流通比率が極めて高く，同ルートでは，通常，IE と NN の両方を搭載した CD-ROM が添付されて配布されていたところ，マイクロソフトによる競合ブラウザの排除行為の対象ルートはブラウザ搭載パソコンの販売ルートと ISP によるブラウザ配布ルートに限られており，他のブラウザの流通ルートが開放されている以上，競合ブラウザの代替的な流通ルートの確保を困難にするとは認め難いと判断された。

(2) **各法域における措置**

　米国では，マイクロソフトによるブラウザに関わる独占行為について，司法省や多数の州当局が 1998 年 5 月に民事提訴し，事実審理を経て 1999 年に地裁判決が出た。地裁判決は，①インテル互換パソコン用基本ソフト市場における独占維持行為，②ブラウザ市場における独占化の企図，③Windows と IE の抱き合わせによるシャーマン法 1 条及び 2 条の違反を認め，マイクロソフトを基本ソフトの会社と応用ソフトの会社に二分割することを命じた。しかし，控訴審では，①を認めたが，②を取り消し，③については差戻しとするとともに，会社分割を命じた救済措置も取り消す判決が出た。差戻し後に和解交渉が行われ，2002 年 11 月 12 日に同意判決が出ている。これにより，マイクロソフトは，構造的措置は免れたものの，ミドルウェア全般を対象とする詳細な行動的措置を採ることを受け入れた。

　EU においては，1998 年に欧州委員会が審査を開始し，2004 年 3 月 24 日，①Windows 互換パソコンと他のサーバーとの互換性の制限，②Windows Media Player（WMP）の Windows への一体化による抱き合わせが基本ソフト市場における支配的地位の濫用に該当するとして，互換性確保のための情報開示や WMP 機能を含まない Windows の発売義務を含む行動的措置と 4.97 億ユーロの制裁金の支払を命ずる決定を行った。マイクロソフトは，第一審裁判所（現在の一般裁判所）に提訴したが，同裁判所は，決定をほぼ全面的に支持する判決を 2007 年 9 月 17 日に下しており，マイクロソフトは，欧州司法裁判所への上訴を断念した。また，欧州委員会は，別途，マイクロソフトによる Windows と IE の抱き合わせについても審査を行い，2009 年 12 月 16 日，確約決定を行っている。なお，いずれの決定についても，その後，決定により命じられた措置の不履行により，欧州委員会は，マイクロソフトに対して，履行強制金の支払を命ずる手続を採っている。

　韓国においては，韓国公取委が，2006 年 2 月 24 日，4 年以上の審査を経て，①Windows Media Service のサーバー基本ソフトへの抱き合わせ，②WMP の Windows への抱き合わせ，③メッセージ・サービスの Windows への抱き合わせが支配的地位の濫用及び不公正な取引方法（抱き合わせ）に該当するとして，是正措置と 324.9 億ウォンの課徴金の支払を命じた。この決定に対して，

マイクロソフトは，2006年3月にソウル高等法院に提訴したが，EUにおける敗訴を契機とする方針変更により，2007年10月に取り下げられている。欧州委員会の動きに触発されたマイクロソフト事件の成功体験がその後のインテルやクアルコムに対する韓国公取委の積極的な審査の契機になっていると指摘されている。

(3) 各法域における措置の比較

公取委が米国のマイクロソフトを審査することには法的にも実際上も種々の困難があったと推測されるが，EUや韓国ではマイクロソフトを審査対象とし，成功している（この点は後述するインテル事件も同様）。また，公取委の公表資料では，IEがWindowsに組み込まれたことにより，我が国では1996年初め頃からWindowsパソコンには全てIEが搭載されていると記載されているが，米国やEUのようにIEのWindowsへの一体化自体を抱き合わせとして捉える発想は公取委にはなかったようである。

ところで，本件について仮に公取委が法的措置を採っていたとしても，想定される排除措置の対象や内容は限定的で，また，課徴金対象でもなく，その実効性は乏しかったかもしれない。他方，欧州委員会や韓国公取委の是正命令には抱き合わされた応用ソフトの機能をWindowsから除去する措置（code removal）が含まれていることについて，米国司法省は，米国における同意判決による措置で解決されており，また，技術革新を損なうおそれがあるとする声明を発表している。また，米国司法省は，欧州委員会による巨額の制裁金の支払命令についても，カルテルに対する制裁金よりも巨額の制裁金を単独行為に課すことは誤ったメッセージとなりかねないとして批判的である。

## 2 インテル事件

(1) 公取委の措置

本件は，パソコン用CPU（central processing unit）市場において圧倒的な市場占有率を有する日本インテルによる，主要なパソコンメーカー5社に対する遡及的な（retroactive）占有率（忠誠度）リベートの提供が排除型私的独占に当たるとされた事案である。日本インテルは，事実認定及び法適用には承服でき

*181*

ないとしつつ排除勧告を応諾し，同様のリベート提供の禁止措置を受け入れた。

なお，被排除事業者である競争相手の日本 AMD は，2005 年 6 月，日本インテルに対し損害賠償を求めて，独占禁止法 25 条に基づく訴訟を東京高裁に，民法 709 条に基づく訴訟を東京地裁に提起していたが，両訴訟とも，インテルと AMD の和解（2009 年 11 月）により取り下げられている。

(2) **各法域における措置**

2005 年 4 月の公取委による日本インテルに対する勧告審決に続き，韓国公取委は，2008 年 11 月 5 日，インテルに対し，韓国のパソコンメーカーに対する AMD 製の CPU を使用しないことを条件とするリベートの提供が支配的地位の濫用に該当するとして，是正命令を行うとともに，266 億ウォンの課徴金の支払を命じた。これに対して，インテルは，2008 年 12 月，ソウル高等法院に提訴したが，2013 年 6 月に請求が棄却されている。

また，EU においても，欧州委員会は，2009 年 5 月 13 日，①条件付リベート（主要なパソコンメーカー 5 社に対する，全数又はほとんど全数の CPU を同社から購入することを条件とするリベート；パソコン量販店に対する，インテル製 CPU 搭載パソコンのみを取り扱うことを条件とするリベート）の提供，②パソコンメーカーに対するあからさまな制限（競合 CPU を搭載したパソコンの発売を中止又は遅延させ，あるいはそうしたパソコンの販売チャネルを制限するための金銭提供）が CPU 市場における競争者を排除するものであり，同市場における支配的地位の濫用に該当するとして，違反行為の停止と 10.6 億ユーロの制裁金の支払を命ずる決定を行った。これに対し，インテルは第一審裁判所に提訴したが，2014 年 6 月 12 日，一般裁判所は請求を棄却している（欧州司法裁判所に係属中）。

さらに，米国においても，インテルに対する審査に慎重であった連邦取引委員会（FTC）が 2009 年 12 月 16 日，FTC 法 5 条の不公正な競争方法の禁止規定に基づきインテルに対する審判を開始した。審判開始決定書では，①CPU 市場における不公正かつ排他的な行為（パソコンメーカーに競合 CPU を採用・購入させないようにするためのリベート等の支給，競合 CPU の購入を検討しているパソコンメーカーへの不利益措置，パソコンメーカーの広告等の制限），②コンパイラ（compiler）に関する欺瞞的行為（競合 CPU の性能が劣るように見せかける措置），

③GPU（graphics processing unit）による競争を抑圧するための不公正かつ排他的な行為が不公正な競争方法に該当するとされていた。和解交渉が行われた結果，FTC は，2010 年 8 月 4 日，同意審決案の合意に達した旨公表し（最終的な同意審決は 2010 年 10 月 29 日），これまでのインテルに対する競争法違反事件に比べてこの同意審決による是正措置がはるかに広範囲な内容であることを強調している。すなわち，特定の競争者を念頭に置いたものではなく，また，CPU だけでなく，その代替品となる可能性がある GPU も対象としており，インテルは広範囲な行為を禁止され，コンパイラの情報開示を含む一定の行動が義務付けられる。

### (3) 各法域における措置の比較

公取委の措置は，いち早くインテルの排他的リベートの問題点に着目し，早期に結論を出し，他の法域に先駆けて法的措置を採ったものであり，高く評価されるべきである。問題は，①勧告審決であって，事実認定や法適用上の考え方について詳細な説明がなく，[8] 客観的な評価が困難であり，②インテルにとって将来禁止される行為が限定されており，実効性を欠くこと（これがインテルの勧告応諾の大きな理由であったと考えられる）にある。

制裁措置が採られていない点は，独占禁止法の制度上の問題であり，平成 21 年改正による排除型私的独占への課徴金の導入につながった。しかし，裁量性を欠く課徴金制度をそのまま排除型私的独占にも拡張したものであり，執行力の強化につながっているとはいえず，むしろ積極的な審査・法適用を困難にしているおそれがある。

欧州委員会の決定は経済分析を重視したものであったが，一般裁判所の判決は支配的事業者には特別の責任があるとする判例法を引き継ぎ，形式的な判断に偏っているとする批判もある。他方，共和党政権から民主党政権への交代後の FTC の審査開始は，党派を超えた支持があるとされる反トラスト法の執行が依然として揺れ動くものであることを実感させる。また，FTC の同意審決は排除措置を講じることを約束させるものにすぎないが，インテルは別途，巨

---

8) これに対し，欧州委員会の決定は，公表版で約 500 頁という大部のものである。

額の和解金を AMD に支払っていることにも留意する必要がある。

## 3　クアルコム事件
### (1)　公取委の措置
　本件は，CDMA 携帯無線通信に係る必須の知的財産権を保有するクアルコムが国内の端末メーカーに対して実施権等を一括して許諾するにあたり，あらかじめ適切な条件の下に非排他的かつ無差別に許諾する旨を明らかにしていたにもかかわらず，端末メーカーの知的財産権の実施権等を同社に無償で許諾すること（無償条項）を余儀なくさせ，かつ，端末メーカーの知的財産権に基づく権利主張を同社又は同社の顧客若しくはライセンシーに対して行わない旨約すること（非係争（non-assertion of patent）〔NAP〕条項）を余儀なくさせており，関係技術に係る市場における公正な競争が阻害されるおそれがあり，これが拘束条件付取引として不公正な取引方法に該当するとされた事案である。その後，世界中で知的財産法と競争法にまたがる大問題となっている「標準必須特許（standard essential patents〔SEP〕）」の権利行使を巡る紛争を先取りするような事件であったが，2009 年 9 月 28 日の排除措置命令に係る審判がいまだ係属しており，迅速な違反行為の排除という目的は達成されていない。

### (2)　各法域における措置
　韓国公取委は，CDMA 携帯無線通信技術の市場において支配的地位にあるクアルコムが，FRAND（fair, reasonable and non-discriminatory）条件でのライセンスを約束しているにもかかわらず，同技術を用いたモデムチップの市場において濫用行為を行っているとして，日本の公取委の排除措置命令に先行する 2009 年 7 月 23 日，排除措置を命ずるとともに，2732 億ウォンの課徴金を課すことを決定した（正式の決定は同年 12 月 30 日）。濫用に該当すると判断されたクアルコムの行為は，①他社製のモデムチップを購入する端末メーカーに対するライセンス料を差別的に高くする行為，②モデムチップの必要量のほとんどを自社から購入することを条件とするリベートの提供，③特許期間が満了した後もライセンス料の支払を義務付ける条項である。クアルコムは，ソウル高等法院に提訴したが，2013 年 6 月 19 日，排除措置の一部が取り消されたほかは請

求が棄却された。クアルコムと韓国公取委の双方が上告し，大法院に係属中である。

その後，韓国公取委は，クアルコムが FRAND 宣言をしている携帯無線通信技術に係る SEP のライセンスに関し，2014 年 4 月から新たな調査を開始していたが，2016 年 12 月，①競合するモデムチップメーカーに対するライセンスの拒否，②端末メーカーに対するモデムチップの供給を梃子とする不公正なライセンス条件の強要，③端末メーカーに対する一括ライセンスの強要・無償のクロス・ライセンスの要求がモデムチップ市場及び携帯無線通信技術の SEP ライセンス市場における支配的地位の濫用に該当するとして，排除措置及び 1 兆 300 億ウォンの課徴金の支払を命ずる決定を行った。

EU においても，欧州委員会は 2007 年 10 月から，クアルコムが保有する SEP のライセンス条件について，同社が約束している FRAND 宣言に違反し，不当に高いものであって，搾取的濫用に当たる疑いがあるとして，正式に審査を開始した。しかし，2009 年 11 月 24 日，ライセンス契約の条件に介入することには慎重であるべきであり，違反を認めるには至らなかったとして，審査を終了する旨公表した。

さらに，欧州委員会は 2015 年 7 月に，①端末メーカーに対する，ベースバンドチップのクアルコムからの排他的な調達を条件とするリベート等の提供，②ベースバンドチップのコスト割れ販売による略奪的価格設定の疑いで正式に審査を開始していたが，①については 2011 年以降現在まで，②については 2009 年から 2011 年までの間に特定の競争者に向けて，行われており，それぞれ支配的地位の濫用に該当するとして，同年 12 月 8 日に異議告知書を発出している。

また，米国においても，FTC が 2017 年 1 月 17 日，クアルコムに対し，①同社が主張するライセンス条件への同意を条件とする端末メーカーに対するベースバンドプロセッサの供給（"no license, no chips" policy），②競合するベースバンドプロセッサの供給者に対する SEP のライセンスの拒否，③アップルに対する他社製ベースバンドプロセッサを使用しないことを条件とするライセンス料の引下げが不公正な競争方法に該当し FTC 法 5 条に違反するとして，その差止めを求める訴訟をカリフォルニア州北部地区連邦地裁に提起した。

(3) 各法域における措置の比較

公取委は，クアルコムの行為により端末メーカーの関係技術の研究開発意欲が損なわれ，また，同社の当該技術に係る市場における有力な地位が強化されることに弊害を見出しているが，これは非係争条項によるイノベーション阻害に重点を置いたものといえ，既に確定しているマイクロソフト（NAP）事件（審判審決平成20年9月16日）と同様の規制といえる。これに対し，韓国公取委の2009年の措置や欧州委員会の当初の審査は，搾取的濫用の観点に重点を置いた規制と考えられる。[9] しかし，その後の韓国公取委の決定や欧州委員会の現在進行中の審査，米国FTCの提訴では，製品市場や技術市場における競争者排除やイノベーション阻害を幅広く問題にしている。公取委の2009年の排除措置命令（審判係属）は，これらの競争当局に先んじて，一部の行為を対象としたものといえる。

4 グーグル事件

(1) 公取委の措置

本件は，インターネット上でキーワード連動型広告サービスを提供するグーグルがウェブサイト運営者（広告主）に対し，競争者と取引しないことを条件として広告サービスを提供していることが不公正な取引方法（排他条件付取引）に該当する疑いで審査を行ったが，違反事実は認められなかったとして審査を終了した事案である（2005年10月21日公表）。グーグルは，広告主との契約書において，他の広告業者の提供する広告を画面上に表示しないよう義務付ける旨の規定を設けているが，実際には，広告主からの申出により契約条件について協議を行い，契約内容を変更してきていることから，広告主と他の広告業者との取引の機会が減少しているとは認められないと判断された。しかし，このようなオンライン広告サービスの市場が拡大することが予想される中，グーグ

---

9) クアルコムに対しては，中国国家発展改革委員会が2015年2月10日，①不公正に高いライセンス料，②非標準必須特許の抱き合わせ，③ライセンス契約に対する不争義務が支配的地位の濫用に当たるとして，違反行為の停止命令を行うとともに，60.88億人民元の制裁金を課す決定を行っているが，クアルコムが自発的に提出したとされる改善策の内容（ライセンス料の実質的な引下げ等）をみても，明らかに搾取的濫用規制といえる。

ルの契約書中の前記規定は，その運用によっては新規参入者等の取引の機会を減少させるおそれがあると考えられることから，公取委がグーグルに対して問題点を指摘したところ，同社では，当該規定の趣旨を契約書において明確にすることとしたとされている。

(2) **各法域における措置**

グーグルに対する競争法審査は，検索サービスやオンライン広告サービスを巡る問題から始まったが，グーグルが無償提供している携帯端末用基本ソフトAndroidのライセンス条件に関わる問題が新たに生じている。

米国FTCは，グーグルの「サーチバイアス（search bias）」と呼ばれる行為（後記の①，②の行為）を含む様々な問題について不公正な競争方法の疑いで調査を続けてきたが，2013年1月3日，審査を打ち切ることを公表すると同時に，グーグルが一部の問題に関して一定の是正措置を採ることを約束したことを公表した。FTCが調査してきたグーグルの検索サービス（Google Search）や広告サービスを巡る問題とは，①検索結果の表示に際して，自己のバーティカル検索（特定の分野や特定の種類のコンテンツに限定して参照する検索）の結果を上位に位置付ける行為，②競合するバーティカル検索サイトが下位になるように検索アルゴリズムを操作する行為，③競合するウェブサイトのコンテンツを流用する「スクラッピング（scraping）」，④オンライン広告サービス（AdWords）の利用条件として，利用者（広告主であるウェブサイト運営者）が第三者の競合ソフトを使用して複数の広告キャンペーンを管理すること（マルチ・ホーミング〔multi-homing〕）の禁止（マルチ・ホーミング制限）の4点である。

FTCは，5名の全員一致で本件審査の打切りを決定したが，意見が分かれる点がある。①と②にFTC法上の問題があるとする十分な証拠は認められないという点は，全員一致である。しかし，③及び④については，グーグルが法的拘束力のない書簡により一定の是正措置を採ることを約束するという異例な方法で決着が図られたが，こうした方法を支持した委員は2名にとどまり，特にRosch委員は，グーグルの行為に問題があるとすれば，同意審決によるべきであり，本件の処理は悪しき先例になるとして強く批判している。

また，EUにおいても，欧州委員会が2010年11月以来，①サーチバイアス，

②スクラッピング，③広告主との排他的取引，④マルチ・ホーミング制限について，支配的地位の濫用の疑いで調査を継続している。2013年4月13日，グーグルによる「確約」の提案について意見募集を行ったが，グーグルの競争者等から手ぬるいとの批判が強く，交渉が膠着していた。その後，欧州委員会は2015年4月15日，①の問題について，グーグルが汎用検索サービス（general search service）の提供に際して，自己の比較購買サービス（comparison shopping service）であるGoogle Shoppingを競合サービスより優遇していることが支配的地位の濫用に該当するとした異議告知書を発出していたが，2016年7月14日，①についての補足的異議告知書と④についての異議告知書を発出しており，②，③の問題については引き続き審査中であるとしている。

他方，カナダ競争局でも，グーグルの検索サービス及び広告サービスに関する包括的な競争法審査を進めてきたところ，2016年4月19日，マルチ・ホーミング制限については競争制限的であるが，既に米国FTCによる審査で制限条項の修正がなされており，これをカナダにおける事業活動に合わせる形で同様の制限を5年間行わない旨の具体的な確約を得たこと，これ以外の検索結果の操作，自社サービスの優遇，広告サービスにおける制限等については競争制限を裏付ける証拠が得られなかったことから審査を終了すること，グーグルの事業活動を引き続き注視していくことを公表している。

また，携帯端末用基本ソフトAndroidの端末メーカーに対するライセンス条件については，いち早く韓国公取委が，Google Searchと競合する検索サービスを提供する国内2社からの申告を受けて，2011年から審査を行っていたが，グーグルの市場占有率に特段の変化はみられないとして，2013年6月に審査を終了したと報道されている。しかし，2016年4月の欧州委員会による異議告知書の発出を受けて，韓国国内では再度の審査を求める声が出ている。

欧州委員会は，端末メーカーに対するAndroidのライセンス条件についても支配的地位の濫用の疑いで審査を進めてきたところ，2016年4月20日，①Google Search及びブラウザChromeのプリインストールの要求（Android用アプリを提供するPlay Storeのプリインストールの条件としている），②オープンソースで開発されたAndroid forkと呼ばれる競合基本ソフトの利用禁止（anti-fragmentation agreement），③Google Searchの排他的プリインストールに対す

る経済的利益の提供が濫用に当たるとして異議告知書を発出した。

また，ロシア競争当局は，2015年に世界で初めて，Android端末メーカーに対する制限条項がロシア競争法に違反するとの決定を下している。米国FTCも，2015年にAndroidを巡る問題についての予備的審査を開始している。

#### (3) 各法域における措置の比較

米国FTC，欧州委員会，カナダ競争局の間で，グーグルの検索サービスやオンライン広告サービスに係る問題意識はほぼ共通であるが，その結論は大きく異なろうとしている。その背後には，競争法の目的のずれ（経済的効率性以外の目的の有無）や競争当局の機能の違い（欧州委員会の多面的な役割）といった大きな問題があるものと考えられる。

公取委がいち早く取り上げた広告主との排他的取引の問題は，後に各国競争当局が行うグーグルに対する競争法審査における違反被疑行為の一つを先取りしたものであったが，事件として取り上げるのが早すぎたということかもしれない。その後，公取委は2010年12月22日，グーグルがヤフーに検索エンジンを提供することを内容とする業務提携について，直ちに独占禁止法上問題とはならないとする調査結果を公表している。公取委は，その調査の過程において，グーグルの検索サービスや広告サービスを巡る問題についても何らかの調査を行った可能性もあるが，具体的なことは明らかになっていない。

また，問題指摘により自発的改善を促すという方法について，公取委では，急速な成長過程にあり，あるいは変化している市場において，早期の対応が求められる事案に対して適切なものと考えているようである。しかし，グーグル事件について，米国FTCの処理に対して批判があるように，また，欧州委員会が少なくとも法的拘束力のある確約決定を行おうとしているように，より明確で実効的な拘束力を持たせる仕組みが望ましい。

### IV 日本における排除行為規制の評価と改善策

#### 1 全般的評価

日本における排除行為規制は，近年活発ではなく，目立った成果を上げてい

ないが，先に紹介したように，公取委が取り上げてきた事件の中には，後に外国競争当局が法的措置を採ることで大きな注目を集めることとなる事案が含まれていたのである。ただし，公取委の独占禁止法による排除行為規制には，不公正な取引方法の規定を根拠とするものもあり（マイクロソフト，クアルコム，グーグル），国際的な比較が困難な面があることにも留意する必要がある。

公取委の法的措置が単なる排除措置命令であったり（課徴金が課されていない），警告にとどまったり，更には注意や問題指摘，自主的改善措置の要請で終わっているものも多い。早すぎた事件処理，制裁なしの排除措置命令，あるいは警告等の非公式措置にとどまることから海外からは余り注目されていないが，先駆的な役割を果たしてきたことも事実であり，公取委のこうした積極的な取組は正当に評価されるべきである。

公取委には，グローバル企業に対する各国競争当局の動きも注視しながら，同様の行為が日本市場においても行われ，弊害が生じていないか，常に注意を払うことが求められる。

## 2　排除行為規制の現状をもたらしている要因

公取委による排除行為規制が興味深い事例を含みつつも，必ずしも成果を上げてこなかったことについては，運用上，あるいは制度上の問題が関わっていると考えられる。[10]

### ①　公取委の慎重すぎる法執行姿勢，規制・知財分野における独占禁止法適用への躊躇

公取委の法適用事例が行為類型としてはハードコア・カルテルに偏っていることは事実であるが，このこと自体はどの競争当局でも大差はないともいえる。

---

10)　以下の論述は，日本市場においても他国・地域の市場と同様に，排除行為が行われているのではないかという前提に立っている。しかし，日本市場では，排除行為が余り行われていないから規制事例も少ないということも考えられる。例えば，新規開業率が低水準であることや利益率が一般に低いこと等からは，日本市場における新規参入が相対的に少なく，既存事業者が排除行為を行う必要性に乏しい状況にあるのかもしれない。日本市場がそうしたぬるま湯状態にあるとすれば，問題はより深刻であるともいえる。この点について，日本市場においては「競争文化」の前提としての活発な利益最大化行動自体が弱いのではないかという問題点を指摘したことがある。栗田誠「徐士英教授の報告に対するコメント」新世代法政策学研究17号（2012）349頁参照。

しかし，排除行為規制において特に法適用に慎重であるとみられること，なかんずく，規制産業における排除行為規制が規制当局の政策や規制制度の設計と密接に関わること，知財分野では知的財産法との関係が問題となることから，審査開始自体に過度に慎重になっているとも考えられる。また，電力・ガスや電気通信の分野にみられるように，規制当局との共同ガイドラインを作成することで事足れりと考えているとすれば残念なことである[11]。

② 違反行為をやめさせることが本来の目的であるとする発想，迅速性優先の陥穽

独占禁止法の第1の目的が違反行為の排除にあるとする考え方は，独占禁止法制定当初からのものであり，昭和52年に課徴金制度が導入されるまで，刑事罰を除き，制裁的措置はなく，違反行為を早期に排除することこそが重要であると考えられてきた。この点は，ハードコア・カルテルについては克服されてきているが，排除行為については引き続き維持されているとみられる[12]。法的措置による実効性の確保や予測可能性の向上にも意を用いるべきである。

③ 事件処理を一時にすべて終了させる審査実務

ある事件について審査を開始すると，すべての違反被疑行為に係る審査を完了させて，すべての必要な措置を講じて事件全体を終了させるという審査実務が採られている。様々な違反被疑行為について，結論が出た部分を切り離して法的措置を採り，その他の部分については審査を継続するという方法は用いられていない。次の④で述べるように，違反行為が終了している場合には1年以内に法的措置を採る必要があったことから，法的措置の対象を限定し，その他の違反被疑行為については時間切れで警告等の非公式な処理をするという運用になっていた可能性もある[13]。

---

11) この点は知財分野も同様である。標準必須特許に係る知的財産ガイドラインの改正（平成28年1月21日）参照。なお，ワン・ブルー事件（平成28年11月18日〔審査終了〕）も参照。

12) 例えば，NTT東日本（DSL）警告事件，北海道電力警告事件，大手航空3社対抗運賃自主的改善措置要請事件について，「迅速性を優先させる観点から，警告等で対応した事例」と紹介し（独占禁止法研究会報告書〔平成15年10月〕別紙資料36），時間をかけて審査して法的措置を採ることよりも，迅速に審査を行い，違反被疑行為を迅速に排除することを優先したものであると説明している。

④ 既往の違反行為に対する措置の期限と審査資源の配分

　既往の違反行為に対する措置は，平成 17 年改正前には終了後 1 年以内に限られていた。特にカルテル事件では，公取委が審査を開始すると違反行為者が直ちに違反行為をやめている可能性が高いので，審査開始から 1 年以内に審査を終了させるという実務が定着していた。現在では 5 年以内であれば法的措置を採ることは可能であるが，なるべく早く審査を終了させるという実務慣行は維持されている。このため，関係事業者数が多くなるカルテル事件に審査資源を集中投入することになりがちであり，時間をかけた事実認定や慎重な分析が必要なタイプの違反事件の処理に消極的となるおそれがある。

⑤ 排除措置の設計における抑制的運用

　排除行為規制においては，排除措置の具体的設計が特に重要である。しかし，公取委の実務は，極めて謙抑的であって，違反行為者が実際に用いた排除の手段と同様の行為を禁止するにとどめている。しかし，特に排除型私的独占の違反者は，同様の排除行為を繰り返す能力と意欲を有しているのが通常であるから，実際に用いられた手段を禁止するだけでなく，当該手段と代替的な手段を幅広く禁止するのでないと意味がない。また，排除措置の確実な履行を確保するための制度的担保が刑事罰しかないという点も問題である。

⑥ 交渉的・和解的手法を制度化していないこと

　独占禁止法の執行において，交渉的・和解的手法を用いることには消極的であったと考えられる。平成 17 年改正前の勧告制度は，交渉的・和解的手法として運用する余地があったと思われるが（最高裁判決も，勧告審決は名宛人の自由な意思による応諾を基礎とするものであると判示している），実際にはそうした運用にはなっていなかった。そして，平成 17 年改正により，勧告制度や審判中の同意審決制度は廃止された。違反の成否が見極めにくく，また，排除措置の設計が重要な排除行為規制（企業結合規制も同様）にあっては，交渉的・和解的手

---

13) 公取委は，マイクロソフト（IE）事件の警告と同日に，日本マイクロソフトに対し，表計算ソフト Excel（主たる商品）とワープロソフト Word 又はスケジュール管理ソフト Outlook（従たる商品）との応用ソフト同士の抱き合わせライセンスについて，不公正な取引方法に該当するとして排除勧告を行っている。公取委は，この抱き合わせ行為について迅速に法的措置を採るとともに，ブラウザを巡る問題についてはより時間をかけて審査する方法もあったのかもしれない。

法により関係事業者と排除措置の内容を合意し，その履行を担保する法的仕組みを制度化することが必要かつ有効である。

⑦　平成 21 年改正までは排除行為に対する課徴金制度がなかったこと

排除型私的独占に対する課徴金制度は平成 21 年改正により設けられたものであり，それまでは違反に対して制裁的措置を採ることはできなかった（刑事罰規定は存在するが，その活用は実際上考えにくい）。公取委が，平成 17 年改正に至る過程では排除型私的独占への課徴金導入の提案を早々に撤回していたのに，平成 21 年改正で導入にこぎつけた背景には，平成 17 年のインテル事件において世界で最初に排除型私的独占として法的措置を講じながら，制裁措置を伴わなかったこともあって，国際的にほとんど注目されなかったという苦い経験があったとみられる。

⑧　排除型私的独占に対する非裁量型課徴金制度の導入とそれに伴う要件解釈の厳格化

排除型私的独占に対する課徴金制度の導入については，広く支持されていたが，一部にはこれが独占禁止法の過大執行や過小執行につながるのではないかという懸念が表明されていた[14]。独占禁止法における課徴金制度は，違反行為の多様性や個別事案・事業者ごとの事情に応じた裁量を働かせることができないことから，特に排除行為との関係では，事業者が課徴金の賦課を恐れて過剰に競争行動を自制してしまうという過大執行のおそれがあると同時に，その反面として，課徴金を賦課すべきではないと公取委が判断する場合には違反の認定自体を回避することになるため過小執行に陥るおそれがある。

解釈上も，公取委の排除型私的独占ガイドラインや NTT 東日本（FTTH）事件最高裁判決は，「排除」要件の解釈において限定的な立場を採っているが，これは排除型私的独占の認定が自動的に重い課徴金の賦課という制裁につながることを考慮したものと思われる。平成 21 年改正の施行後，既に 7 年が経過しているにもかかわらず，新たな排除型私的独占事件が具体化していないことは過小執行の懸念が現実化していることを示している。JASRAC 事件が複雑な経緯を辿り，審判請求の取下げにより平成 28 年 9 月にようやく決着したと

---

14)　栗田誠「平成 21 年改正独占禁止法における課徴金制度の問題点——課徴金対象行為類型の拡大を中心に」千葉大学法学論集 26 巻 1 ＝ 2 号（2011）314 頁。

いう事情を考慮しても，深刻な事態である。
### ⑨ 搾取行為規制への過度の傾斜
現下の公取委の関心は，カルテル事件を除くと優越的地位濫用規制にあり，これは現下の経済情勢やそれを踏まえた政治的要請（消費税率の引上げに伴う濫用行為規制の強化の要請を含む）によるところが大きいと思われる。そうした中で，公取委では成否の見通しがつけにくい排除行為規制に重点を置くことができないという事情もあると考えられる。

## 3 排除行為規制の強化に向けた改善策
公取委の排除行為規制の現状は，上記のような様々な要因が複合した結果であり，近年の状況からは公取委が排除行為規制への意欲を失ったのではないかと危惧される。公取委自身が排除行為規制への熱意を持ち，法執行の優先度を高く設定することが先決であるが，それを実行する上では，次のような制約を改善することが必要である。
① 「排除」要件の緩和的解釈が望ましい。「排除」該当性は広く認めた上で，実質的な判断を慎重に行うことが適切である。
② 排除型私的独占の認定が自動的に重い課徴金につながる仕組みを改めることが不可欠である。
③ 排除行為の手段となっている具体的な行為を禁止するにとどまらず，対象商品・サービスの範囲や同様の機能を有する他の手段まで拡張した実効的な排除措置を命ずることが必要である。
④ 「同意命令」制度を導入し，改善措置を採る旨の約束に法的拘束力を持たせる仕組みが必要である。[15]

## V おわりに

公取委に対する国際的評価は近年高まっているが，それは主としてハードコア・カルテル規制の強化の成果であり，排除行為規制について評価されているとは思われない。小論で検討したように，そうした国際的評価は必ずしも適切なものではなく，むしろ公取委の先駆的な取組は高く評価されるべきである。

しかし，政府規制分野や知財・ICT分野における排除行為規制が停滞した状況にあることは明らかである。公取委には，積極的な法執行活動により，排除行為規制の分野でも国際的な貢献を期待したい。小論は，そのために解決すべき課題を明らかにしようとしたものである。

---

15) 違反行為の迅速な排除が必要な事件において，当事者との合意により一定の措置を採ることを約束させ，それに法的拘束力を付与することで決着させる（違反の認定や制裁措置は講じない）手続をいう。平成28年12月に成立した環太平洋パートナーシップ協定整備法には，「確約」手続の導入のための独占禁止法改正が含まれているが，具体的な制度設計に問題があると思われる。公取委が違反の疑いのある行為の概要等を関係事業者に通知し，当該事業者が「排除措置計画」を作成して公取委に申請すると，公取委が排除措置としての十分性と実施の確実性を審査の上，当該計画を「認定」した場合には，排除措置命令及び課徴金納付命令を行わないという手続であり，当該事業者が排除措置を実施しない場合等には，公取委は認定を取り消し，延長された期限内に排除措置命令等を行うことになる。しかし，排除措置の不実施に対する制裁措置は設けられておらず，また，あらためて審査して排除措置命令を行うことが実際上可能なのか疑問がある。
16) 公取委の最近の動きとして，携帯電話市場における競争政策上の問題点に関する報告書が公表され（平成28年8月2日），IT・デジタル関連分野における独占禁止法違反被疑行為に係る情報提供窓口が設置された（平成28年10月21日）。こうした新たな取組が法執行活動につながることを期待したい。

# 独禁法における行為の悪性にかかわる諸概念・分析手法の再検討
## —— 不正手段の公正競争阻害性・能率競争・人為性

越 知 保 見

はじめに
I　公正競争阻害性・不正手段型の守備範囲についての主要な見解の整理
II　能率競争概念に関する比較法的考察
III　私的独占における手段の不当性の考慮
IV　競争者排除の戦略と手段の不当性
V　共同の取引拒絶・事業者団体規制と手段の不当性
VI　今後の議論の方向性

## は じ め に

　最近の公取委の実務では，不正手段型の公正競争阻害性によって排除措置を命じる事例が散見され，最近では研究も増えている[1]。行為の悪性・行為の不当性などの行為価値的側面を独禁法分析でいかに位置付けるかは独禁法分析における横断的課題であり，拙著『日米欧独占禁止法』においても，公正競争阻害

---

[1]　根岸哲先生古稀祝賀論文集・競争法の理論と課題（2013）（以下，「根岸古稀」という）の多田，和久井，河谷論文など最近の論文は，具体的事例の中で，不正手段型ないし手段の不公正を論じるものが増えている。2009年の経済法学会シンポジウムでは「不公正な取引法の再検討」というテーマが取り上げられたが，このシンポジウムでは，競争減殺と競争の実質的制限の関係を論じるものが多い。金井貴嗣「不公正な取引方法をめぐる諸課題」経法30号1頁。

性と能率競争について言及している[2]。

　行為の悪性の評価についての日米欧の大筋の考え方の現状は，以下のように要約できる。

　欧米の独占化または支配的地位の濫用の事件に関しても，どこまで行為態様を考慮するかは具体的事例の評価において常に議論となっている。米国の主流の考え方は，当事者の意図や計画などをほとんど考慮せず，行為から生じる市場効果（結果無価値）に分析を集中させる傾向にあるが，EU では行為者の意図や計画などの行為態様・行為無価値的側面を重視する。

　日本では，公正競争の保護基準は自由競争の保護基準よりも厳格なものであってもよいし，そうあってしかるべきという発想から，公正競争阻害性と競争の実質的制限を異なる規範とする日本独特の独禁法体系が構築され，さらに，公正競争阻害性の中でも，競争減殺という類型に加えて，手段の悪性を重視する不正手段型という類型が用意されている。この類型化により，行為の悪性の問題が類型の仕切りの問題として議論されがちであり，それがかえって本質的な議論の妨げになっている側面があるように思われる。

　本稿では，行為の悪性にかかわる諸概念（不正手段の公正競争阻害性・能率競争・公正な競争・私的独占の人為性など）を，独禁法の分析枠組みの中でいかに位置付けるべきかについて，日米欧についての見方を比較したうえで，総合的に考察するものである。

## I　公正競争阻害性・不正手段型の守備範囲についての主要な見解の整理

### 1　「公正競争阻害性」の3類型についての概念整理

　日本では，不公正な取引方法には，自由競争減殺型，不正手段型，自由な競争基盤の侵害型の三つの類型があるとの考え方が確立している[3]。

　自由な競争基盤の侵害型は，優越的地位の濫用の規制根拠とされている。優越的地位の濫用は，取引当事者間の取引の公正を確保するためのものであるが，

---

2) 拙著・日米欧独占禁止法（2005）（以下，「越知・日米欧」という）60頁以下。

取引当事者間の取引の公正が，自由な競争の前提であるとの認識のもとに，この類型が自由な競争基盤の侵害と位置付けられている。

　自由競争減殺型とは，自由競争が阻害される場合であり，競争の実質的制限と同じ概念になるはずであるが，競争侵害の萌芽的段階を規制するものとして，競争の実質的制限よりも厳しい違法性判断基準がとられている。理論的には，競争の実質的制限がない限り，自由な競争は確保されるはずであるが，私的独占の排除行為として要求される水準が高く，私的独占の排除に至らないが競争が抑制されたり歪曲されたりする場合があり，このような場合の規制として機能している。萌芽段階での規制には過剰規制ではないかという問題があるものの[4]，私的独占の「排除行為性」の要件は厳格であり，市場の機能を害する単独行為すべてを3条前段では規制できていないため（過少規制であるため），不公正な取引方法の競争減殺型によって，独占規制をカバーする状況が続いているといえる。

## 2　不正手段型の守備範囲に関する見解の相違

　不正手段型については，「公正性」の観点から，行為の悪性に注目する類型であり，<u>能率競争を本位とする競争秩序に悪影響を及ぼすおそれのあるような取引の方法</u>自体が非難にあたる場合と説明されることが多いが，<u>どこまでが競争減殺型の守備範囲で，どこからが不正手段型の守備範囲かについては，論者によって見方が異なり，定説がない状況である</u>といえる。

　欺瞞的顧客誘引（一般指定8項）が，この類型に当たることは疑いがない。欺瞞的な方法で顧客を誘引することは，競争者の市場の地位にかかわりなく違法とされる。いわば顧客誘引の欺瞞性それ自体が取引の公正を害するものであり，市場効果をあらためて分析することなく，行為それ自体が違法とされる。

---

3)　研究者による提唱・論争（正田・今村論争が代表的である）を経て昭和55年に発表された公正取引委員会の諮問機関である独占禁止法研究会の報告書により確立されたと考えられる。その解説として，田中寿編著・不公正な取引方法——新一般指定の解説（別冊NBL 9号，1982）（以下，「田中・解説」という）。

4)　市場支配力の維持形成強化に至らない行為に介入することは過剰規制のおそれがあり，萌芽理論は，今日では，世界の競争法ではとられていない。韓国独占禁止法も日本と同じ萌芽理論をとるが，韓国でも有力学説の批判がある。日本でも，村上教授がつとに批判を繰り返してきた。

いわば，当然違法的な処理が行われるのである。当然違法とは，行為それ自体が違法とされるというものであり，独禁法以外の規制法規においては，行為それ自体を違法とみることはむしろ一般的である。手段が不正であれば，行為それ自体が違法となる（市場の状況にかかわらず違法とされる）のがむしろ当然ではないかとも考えられるので，この不正手段型は，本来は，市場効果や行為を行う者の市場における地位にかかわりなく，行為それ自体が違法とされる場合を指していたように思われる。すなわち，不正手段とは，およそまともな競争手段とは言えない場合であり，競争によるメリット（利益・成果）が生まれないのであるから，それ自体違法として処理されることが正当化されるというのが，少なくとも当初の公取委の考え方であったように思われる。そしてメリットを生む競争（competition on merits）の説明概念として，能率競争（真価に基づく競争）という用語が使われていた。[5]

　田中・解説では，不正手段型としてこれ以外に抱き合わせ・取引妨害があげられているが，この抱き合わせ・取引妨害に関しては，市場効果や行為を行う者の市場における地位によって違法となる場合が，競争減殺型であり，市場効果や行為を行う者の市場における地位にかかわりなく行為それ自体が違法とされる場合が不正手段型であると理解されていたものと思われる。[6]

　しかし，多数の学説及びその後の公取委の実務は，不正手段型の守備範囲を行為それ自体が違法になる場合以外の一定の場合に拡張している。つまり，不正手段型は，行為それ自体を違法とするほどの不正手段性を帯びていない場合でも，該当する場合があるとされている。田中・解説において，能率競争阻害が生じる場合として，消費者の商品選択の自由が害されるからであるという説明が行われているので，消費者の商品選択の自由が害される場合に能率競争が阻害されるのであれば，市場において有力な地位を有する者がその地位によっ

---

5) 田中・解説 59 頁など。この解説書当時の公取委の考え方に関し，上杉秋則元公取委事務総長，細田孝神奈川大教授からもコメントを頂いた。

6) 神鉄タクシー事件（大阪高判平成 26・10・31 判時 2249 号 38 頁）の物理的妨害はそれ自体が不法行為であるから，行為それ自体が違法とされる取引妨害の例である。行為それ自体が違法となる類型の多くは，不正競争防止法でも規制されている。ただ，それらの行為も独禁法の取引妨害として規制は可能ではある。不正競争防止法の営業誹謗行為を一般指定 14 項の観点から論じるものとして，和久井理子「営業誹謗行為と独占禁止法」根岸古稀 321 頁。

て不当な行為により競争者を排除することも不正手段型の類型に該当すると考えられたからである。舟田説がその代表的見解であり，消費者の商品選択の自由を重視する観点から，不正手段型の公正競争阻害性は，不当な行為に広く適用されるものと主張されている（以下，「拡張説」という[7]）。

これに対しては，行為者の市場の地位によって行為の不当性が問題になる場合は，競争減殺型で考えるべきであると主張する学説も有力である（以下，「限定説」という[8]）。ただし，限定説の立場でも，不正手段型は，行為それ自体が違法になる場合にのみ限定されると明言するものではなく，どこまで限定して考えているかについて必ずしも明らかにしていない主張が多い。

### 3 不正手段型に関する先例の展開とこれに対する評価

判例の中には拡張説の考え方をとったと思われるものがある。抱き合わせに関する東芝エレベーター事件[9]は，抱き合わせを行う者の市場における地位を勘案しなければならない事例であり，およそ，誰がやっても違法になるような不正手段ではないが，「抱き合わせが買い手にその商品選択の自由を失わせ，事業者間の公正な能率競争を阻害する。」と判示しているのはその例である。

ゲームソフトの抱き合わせに関するドラクエ事件審決[10]は，「買手は被抱き合わせ商品の購入を強制され商品選択の自由が妨げられ，その結果，良質・廉価

---

7) 舟田正之・不公正な取引方法（2009）（以下，「舟田・不公正」という），舟田正之「公正競争の規範的意義(上)(下)」公取423号15頁，424号39頁（1986），舟田正之「経済法序説(1)(2)(3)」立教法学90号（2014），91号・92号（2015）（以下，「舟田・序説」という），江口公典「公正競争阻害性，競争の実質的制限の解釈理論について(上)(下)」公取437号23頁，438号47頁（1987）とこれらの文献の脚注で指摘される文献を参照。経済学者の見地からの論考として，荒井弘毅「公正かつ自由な競争について」公取624号（2002）64頁。

8) もっとも重要な研究として川濱昇「市場秩序法としての独禁法(1)(2)(3)」民商139巻3号265～301頁，4＝5号439～465頁，6号581～606頁（2008～2009）（以下，「川濱・市場秩序法」という）があり，本稿は，この研究から多くの示唆を得ている。根岸哲「不公正な取引方法と競争の減殺を意味する公正競争阻害性」石川正先生古稀記念論文集・経済社会と法の役割（2013）489頁，同「『競争の実質的制限』と『競争の減殺』を意味する公正競争阻害性に一貫した基本的な判断枠組み」甲南法務研究5号（2009）1頁，「同（再論）」神戸法政策研究会編・法政策学の試み（法政策研究第12集，2011）3頁。

9) 東芝エレベーター事件＝大阪高判平成5・7・30判時1479号21頁。

10) ドラクエ事件＝審判審決平成4・2・28審決集38巻41頁。

な商品を提供して顧客を獲得するという能率競争が侵害され，もって競争秩序に悪影響を及ぼす恐れがある」としており，同事件も不正手段的側面を規律する概念として，能率競争が用いられたものと解されている。

　また，最近の公取委の実務運用において，不正手段型として処理されたとも考えられる事例が複数ある（岡山県北生コン協同組合事件，ディーエヌエー事件，第一興商事件など）が，その中には，行為それ自体を違法とできない場合でも，行為者の市場における地位に照らして不正手段として違法になる場合があり，規制対象行為の結果として競争者の市場シェアが減少したなどの市場への悪影響ないし競争減殺効果が明確でないので，不正手段型を活用するメリットがあると考えていることが示唆されている（岡山県北生コン協同組合事件，公正取引778号〔2015〕の座談会における山田審査局長の発言〔13頁〕，ディーエヌエー事件の担当審査官解説参照）[11][12]。

　これに対して，限定説は，（ⅰ）東芝エレベーター事件，ディーエヌエー事件，第一興商事件などは，競争減殺で考えるべき事例であり，岡山県北生コン協同組合事件についても，競争減殺効果は蓋然性で測られる概念であるから，実際に市場シェアが減少しているという効果が発生していなくても，競争減殺効果は認定できる，（ⅱ）競争の実質的制限でさえ，排除効果は蓋然性で図れば足りるとされ，ニプロ事件のように市場シェアが減少しておらず，むしろ増加している場合でも，排除の蓋然性が認められているのであるから，実際に市場シェアが減少していることまでが，競争減殺効果の立証として必要なものとは解されない，（ⅲ）蓋然性の概念によっても，市場への悪影響ないし競争減殺効果を認定できない場合に，不正手段型であるとして排除措置を命ずるのは過剰規制となるおそれがある，と考えるのではないかと思われる。

　ドラクエ事件については，競争減殺効果が市場に表れない抱き合わせであり，これを違法とすることは適切ではないと考える傾向にあるように思われ，私見もその立場である。ドラクエという傑出した商品に付けられるべき価格は，抱き合わせされたソフトとの合計金額であり，ドラクエ自身の持つ商品力が価格

---

11)　排除措置命令平成27・2・27審決集61巻153頁。
12)　排除措置命令平成23・6・9審決集58巻第1分冊189頁。大胡ほか「本件担当官解説」公取733号（2011）91頁。

に反映されているだけであって，競争減殺効果は生じていないと考えられるからである。[13]

## 4 刑法の行為無価値と結果無価値の議論との類似性

以上から，行為の不当性をどこまで重視するかは刑法の行為無価値と結果無価値の議論に似た側面があり，競争法において行為無価値的側面をどこまで重視するかの問題であることが分かる。拡張説は不正手段という行為無価値の側面からの違法性ないし悪質性が高ければ，競争減殺がなくても（市場への悪影響が立証できなくても）規制可能であり，その規律概念が能率競争であると考えていることになると思われる。これに対し限定説は，原則として競争減殺効果という結果無価値によって公正競争阻害性が規律されるべきであると考えたうえ，競争減殺型でも，行為に不当性・無価値側面があれば，競争減殺効果という市場効果を補完することができるので，特に，不正手段型で行為の不当性を考える必要はないと考えているものと思われる。

## II 能率競争概念に関する比較法的考察

### 1 日本の能率競争概念は多義的なものになっていること

行為の不当性に関する体系的位置付けの違いは，能率競争概念の理解にも影響を及ぼしており，能率競争概念は論者によって異なる用い方がされている。まず，当初の公取委の見解では，能率競争という真価に基づく競争の概念は，まったく競争のメリットを享受することのないそれ自体違法な行為による競争を排除する概念として考えられていたように思われる。

しかし，拡張説においては，消費者の商品選択の自由が害される場合とは，まさに公正な競争が阻害される場合であるから，能率競争とは，「公正な競争」

---

[13] 抱き合わされた商品の合計額はドラクエの真価であり，真価に基づく競争は何ら制限されておらず，不正手段によっても（能率競争論によっても），本件の違法性を基礎付けることはできないとも解され，今日では，拡張説の立場でも審決に反対する論者も多いように思われる。ただし，子供向けのゲームでの不正として，マスコミに大々的に取り上げられたため，公取委が冷静に真価に基づく競争は害されていないとして，事件を不問にできる状況にはなかったことも理解できる。

を規律する概念であるとされる。同説では，不公正な取引方法の違法判断基準として消費者の商品選択の自由が害される点が重視されるので，市場効果（競争減殺効果）が立証されなくとも，行為の不当性とそれにより消費者の商品選択の自由が害されたことが立証できれば，能率競争が阻害されたことを理由に違法であると判断できる。そしてそれがまさに不正手段型のメリットであると考えているものと思われる。

　現在の公取委の実務がどこまで，能率競争に関する当初の公取委の考え方や学説の展開を意識したうえで能率競争概念を用いているかは明らかではない。不当廉売ガイドラインでは，競争減殺型に属する不公正な取引方法である不当廉売の規制根拠も能率競争によって説明しており，能率競争阻害は競争減殺の説明概念としても用いられるようになっている。能率競争とは，「公正な競争」を規律する概念であるとする点では，拡張説と同じように見え，岡山県北生コン協同組合事件における山田審査局長の発言，ディーエヌエー事件の担当審査官解説は，拡張説の立場での説明である。しかし，他方において，能率競争を明言する不当廉売ガイドラインの具体的記述は，市場効果を重視する見方である。

　川濵教授は，欧米では，competition on merits という用語におけるメリットのない競争の排除（能率競争阻害）とは，行為者の市場での地位にかかわらず違法とされるような悪質性の高い競争手段（不正手段）だけを排除する概念ではなく，自由競争（有効競争）が阻害される場合を意味する概念であり，日本でも能率競争阻害を，（私的独占を含め）競争阻害効果が生じる場合一般をさす概念として位置付けるべきことを示唆する。この立場は，筆者が越知・日米

---

14)　根岸哲＝舟田正之・独占禁止法概説（第4版，2010）202頁。
15)　不当廉売ガイドライン2項。不当廉売ガイドラインは，「企業努力による価格競争は能率競争の中核をなすものである。」としている。
16)　川濵・市場秩序法(1) 296頁注68は，competition on merits の観点からの手段の不当性は，もっぱら手段の不当性によってそれが決せられるタイプとしても問題となる手段の不当性とは異なっていると指摘している。(3) 584頁注148でも，わが国で能率競争概念が不正手段型公正競争阻害性に限定して言及されてきたが，そもそも母法の反トラスト法及びEC競争法では，自由競争減殺型の排除についてこの概念が用いられてきたとする。川濵昇「競争者排除型行為規制の理論的根拠」公取671号（2006）9頁，12頁以下では，欧米において，competition on merits が独占者による排除行為を指していることを例を挙げて説明している。

欧で有効競争（effective competition）として説明したEU競争法の概念・理論を，日本の能率競争概念として構築しなおすものである。この見解の下では，能率競争概念は競争減殺に関する違法性判断基準を示すものとして機能することになるが，それが能率競争概念のルール化として正しい方向性である。

## 2　EUのcompetition on meritsとeffective competition

EUでは，保護される競争をcompetition on merits，effective competitionと表現することが多い。前者については，能率競争と訳され，後者は有効競争と訳される[17]。しかし，EUにおいて，両者について質的な違いはなく用いられている。

有効競争は，経済学的概念において，寡占構造の存在しない競争状態を意味する完全競争に対置される概念であり，寡占構造において，競争が有効に機能する場合にのみそれを是認するものとして，有効競争が機能する前提を①構造（structure），②行為（conduct），③成果（performance or merit）から条件付ける概念として提唱された[18]。有効競争論は，もともとアメリカのクラークにより提唱されたものだが，アメリカでは，有効競争論が1960年代の産業組織論と結びつき，市場集中度と超過利潤に正の相関関係があるとの市場集中度仮説（「SCP〔またはSCM〕パラダイム」とも呼ばれる）が提唱され，企業分割による有効競争の回復を主張する理論として有名になったこと，その主張がシカゴスクールに論破される過程で有効競争論も衰退したと考えられた[19]ことから，日本で

---

17)　川濵昇「独禁法と経済学」日本経済法学会編・経済法講座第3巻　独禁法の理論と展開〈2〉（2002）39頁以下（以下，「川濵・独禁法と経済学」という）では，有効競争を，workable competitionとし，effective competitionは，効果的競争と訳し，両者を区別する必要があるとする。しかし，以下で述べるように，初期のオルドー主義が修正された（後掲注21）参照）のと同じく，有効競争概念の初期の概念が，workable competitionで，effective competitionは，修正された有効競争概念であるといえる。川濵・独禁法と経済学51頁では，effective competitionは，有効競争論の提唱者クラークが提唱後，20年を経てシュンペンター流の能動的競争概念を組みこむ形で提唱されたことを指摘している。EUでは，workable competitionとeffective competitionが，それほど神経質に使い分けられているとは思われない（workable competitionも修正された有効競争論の意味で用いられている）。

18)　有効競争論に関する邦文での代表的研究として，実方謙二「反トラスト法と有効競争の理論（上）(下)」公取188号4頁，189号9頁（1966）（以下，「実方・有効競争」という），川濵・独禁法と経済学，川濵・市場秩序法，舟田・不公正第1部などがある。

は，有効競争について，経済学上の概念であるとし，有効競争は法規範性を持たないかのように位置付けることが一般的である[20]。

しかし，欧州，特にドイツにおいて，経済学的概念である有効競争を法規範化する努力は継続し，業績競争という概念に結実し，EU 競争法の共同体裁判所は，ドイツでの業績競争論を踏まえた法的概念として，competition on merits あるいは，effective competition（有効競争）の概念を用いている[21]。業績競争は日本の能率競争の源となる概念でもある[22]。つまり，業績競争・能率競争・EU の competition on merits あるいは，effective competition は，競争として保護される状態を示す概念，あるいは競争の機能が害される基準を示す規範として機能しているのである。日本では，業績競争を源とする能率競争概念が実体法上のルールに取り込まれていることを日本と米国の独禁法の特徴であると解されることがあるが[23]，EU 競争法でも，下記のとおり支配的地位の定義において有効競争概念を明確に取り入れている。むしろ，日本の特徴は，自由競争と異なる公正競争概念を規律する概念として能率競争概念を構築してきたことであり，川濵・市場秩序法は，能率競争概念を EU の competition on merits の観点から再構築するべきことを示唆するものであるといえる。

EU における有効競争（competition on merits と effective competition）の考え方とは，競争が機能する条件・基準（パラメーターと呼ばれる）を①構造，②行為，③成果から考えるものであり，②の行為が手段の不当性（行為無価値側面），③の成果が市場への影響（結果無価値側面）に対応する。EU では，3 要素のうち，成果基準を主として考え，構造基準と行為基準を補助的基準として運用していることが判例上明らかである[24]。日本では，有効競争は，構造基準と行為基

---

19) 川濵・市場秩序法(1) 288 頁。有効競争プロジェクトはすたれたとする。
20) 舟田・不公正 90 頁以下。
21) EU では，ドイツのフライブルク学派による修正オルドー主義の受容を通じて，有効競争論が黎明期の EU（EC）競争法の理論的基礎となった（越知・日米欧 44 頁以下）。オルドー主義は当初，完全競争状態でなければ競争の機能が維持できないと主張したが，のちに有効競争の考え方で競争の維持を考えるようになり，これを修正オルドー主義と呼ばれたりする。オルドー主義の意義については，川濵・市場秩序法(1) 276 頁が的確に整理している。
22) 舟田・序説 92 号 78 頁では，業績競争概念が，極めてラフに言えば，日本法の「公正な競争」「能率競争」にほぼ対応するとする。
23) 舟田・序説 92 号 78 頁。

準を基本としつつ，補助的に成果基準を取り入れて判断されると説かれるが，相当に古い見方であり，成果基準を基本としつつ，構造基準・行為基準を補完的に考えるというのが，今日，EUでの有効競争論の運用である。

EU競争法では，支配的地位の濫用規制の判例理論において，有効競争の3要素が具体化されており，日本の能率競争概念の実践的意義・行為の不当性を考慮する際のアプローチに活用可能なものとなっている。

構造基準は，支配的地位の定義に表れている。支配的地位は，「相当程度まで（appreciable extent）競争者と顧客そして消費者から独立に行動することが許容されることを通じ，関連市場における有効競争（effective competition）の維持を妨げることができる企業が享有する経済力に関わる地位」と定義された（Michelin事件[27]）が，上記の定義上，支配的地位を生ずるためには，当該市場の構造から首位企業が有効競争を弱めることができる地位が取得されれば足り，企業が価格を引き上げる力を有する必要はない。

すなわち，首位企業がその資本力（金融力），情報力，マーケティング力によって競争者の自律性を損なったり，商品力に優る下位企業の商品の市場シェアの拡大を抑えることができる市場構造が存在する場合，首位企業には支配的地位があるものとみなされる。場合によっては，価格が長期的に低落傾向にある状況においても支配的地位を生じることがある（United Brands事件[28]参照）。

日本の有力な事業者基準は，どのような場合に発生するかの理論的根拠があ

---

24) competition on meritsという用語も成果基準が主たるパラメーターであることを示すものである。performance based competitionという言い方もされる。

25) 実力・有効競争では，有効競争論が紹介され，そこでは，構造基準・行為基準が主たる指標であり，成果基準が補完的な指標と説かれており，これを受けて，根岸＝舟田・前掲注14) 32頁にもそのような指摘がある。同書での有効競争論は，1960年代の市場集中度仮説の根拠となった競争観であるが，それ自体は，すたれている（川濵・市場秩序法(2) 288頁）。しかし，本文で述べるように，今日では有効競争は，現代化されEU競争法の基礎的概念となっており，共同体裁判所判例に照らせば，主要な指標は成果基準である。

26) A position of economic strength enjoyed <u>by an undertaking which enables it to hinder the maintenance of effective competition</u> on the relevant market by allowing it to behave to an appreciable extent independently of its competitors and customers and ultimately of consumers. （下線筆者）

27) Michelin v. Commission [1983] ECR 3461 [1985] 1 CMLR 282.

28) United Brands v. Commission [1978] ECR 207 [1978] 1 CMLR 429.

いまいであり，かつ流通ガイドライン上は，これよりはるかに低い閾値で有力な事業者性を認めているが，上記の考え方は，公正競争阻害性における有力な事業者基準の本来の考え方として参考にされるべきである。

　行為基準については，EUが手段の不当性または行為態様の観点を重視していることは，典型的には，不当廉売の違法性判断基準において，行為者の意図・計画を重視する点に表れている。その結果，米国では略奪的価格設定について変動費用以上であれば，ほとんど違法としないのに対し，EUでは変動費用以上総費用以下の領域においては，行為者が廉売を行う意図や計画を重視する[29]。特定の参入者を狙い撃ちする場合には，総費用以上である場合さえも行為態様に着目して違法とされた事例もある[30]。

　成果基準は，濫用行為の定義に表れている。EU競争法で濫用行為とは，「(ⅰ) 支配的地位にある企業の存在によって，既に競争構造が弱められている市場に影響を与えるかまたは (ⅱ) 通常の競争における条件とは異なる条件を設定することにより，市場において依然として存在する競争の程度を維持するか若しくは競争を活性化させることを妨げる効果を有する支配的企業の行為」[31]と定義されている（Hoffmann事件）[32]。

　上記の定義のもとでHoffmann事件では，支配的企業がその資本力を利用して顧客に対する便宜をはかることは，顧客の商品選択の自由・自律性を奪うもので成果基準に反すると評価されている。競争者の自律性・顧客の自律性を奪

---

29) 代表的先例としてAKZO Chemie BV v. Commission [1991] ECR 3359, 越知・日米欧575頁以下，川濵「不当廉売規制における費用基準とその論拠」根岸古稀209頁。

30) Compagnie Maritime Belge Transports v. Commission [2000] ECR-I 365 [2000] 4 CMLR 1076, 越知・日米欧585頁。

31) The concept of abuse is an objective concept relating to the behavior of an undertaking in a dominant position (1) which is such as to influence the structure of a market where, as a result of the very presence of the undertaking in question, the degree of competition is weakened (2) and which, through recourse to methods different from those which condition normal competition in products or services on the basis of the transaction of commercial operators, has the effect of hindering the maintenance of competition still existing in the market or the growth of that competition.（下線筆者）
　実方・有効競争でもこのような定義の源流が有効競争にあることが示唆されている。

32) Hoffmann-La Roche & Co. v. Commission (Vitamins), Case 85/76 [1979] ECR 461 [1979] 3 CMLR 211.

う行為を濫用行為と評価する点は，取引の自由を重視する日本の能率競争の考え方に極めて親和的である[33]。

以上のように，取引の相手方の選択の自由や自律性を害する点を競争に対する悪影響と捉える EU 競争法の有効競争のアプローチは，これを能率競争阻害とみる日本の能率競争概念に親和的である。能率競争（competition on merits）の概念は，不正手段型の公正競争阻害性の説明概念ではなく，EU における effective competition, competition on merits と同じく，競争制限あるいは競争の機能が害される場合の一般的基準として位置付けるべきである。

### 3 競争過程論と能率競争論

川濱教授は競争過程への害悪の発生をも市場秩序に対する侵害と位置付けている[34]。この競争過程の侵害という見方は，日本ではあまり議論されていないが，この概念も欧米の competition on merits, effective competition の侵害として重要な基準である（構造基準・行為基準・成果基準の侵害が有効競争を阻害するのは，競争過程が傷つけば，市場の機能が損なわれるからである）。競争法の保護法益である市場秩序は，単に市場支配力の維持・形成・強化の観点から把握するだけでは十分でなく，競争過程の保護も含まれる必要がある。そして，competition on merits は競争過程の保護を含む市場秩序・競争の機能を保護する概念であるから，能率競争概念も自由競争から切り離された公正競争の説明概念であったり，行為それ自体が違法となるような不正手段の説明概念と解するべきではなく，競争過程の保護を含む競争秩序への侵害を基礎付ける概念とみるべきものと考えているように思われる。かかる方向性が支持されるべきものと思われる。

### 4 取引の自由・自律性

なお，取引の自由・消費者の選択の自由をそれだけで強調することには以下に述べるような問題があり，行為基準・構造基準を加味し，市場への悪影響を

---

33) 舟田・不公正，舟田・序説はこの観点を「取引の自由」として能率競争あるいは公正な競争の中核概念と位置付けている。
34) 川濱・市場秩序法(2) 440 頁。

分析する必要がある。

　競争者の自律性・取引の自由を重視する見方に対しては，沿革的に見て，取引の自由を制限されることは，独禁法分析の出発点（前提）である。取引の自由が制限されることが，合理的な制限か否かを問題にして，独禁法分析が進化したのであり，取引の自由の制約の合理性について分析することが，公正競争阻害性や競争の実質的制限の分析の本質である。取引の自由が制限されるから違法だというのは，すべての制限行為に当然違法原則を適用するに等しいものではないかとの疑問がある。

　また，消費者の取引の自由（商品選択の自由）については，正常な競争の結果として淘汰が生じ，（淘汰された商品を愛好する）一部の消費者の選択の自由が害されたとしても，多数の消費者が淘汰した商品を選択している以上，選択の自由が害されたものとは言えない。消費者の選択の自由が害されたと言えるのは，正常な競争を逸脱した手段によって淘汰が起こる場合に限られるように思われる。したがって消費者の選択の自由が害されたというだけでは，違法行為であると判断することはできない（正常な競争による淘汰によって，消費者の選択の自由が狭められる場合もある）。正常な競争手段の逸脱か否かは，単に消費者の選択の自由が害されたことだけでは決め手にならず，それにより排他性が形成・維持・強化されるなどの市場への悪影響や，不当な手段によって商品選択が害されたという手段の不当性の観点が補完されることにより判断されるべきである。すなわち，行為の不当性，市場への影響，消費者の選択の自由の侵害を総合評価して，競争制限効果（restriction of effective competition）が生じたとみるべきであり，消費者の選択の自由も競争減殺型の要因の一つとして考慮されるべきである。

## 5　EU 競争法に対する特別の責任論と能率競争

　EU の支配的地位の濫用規制が支配的地位にある事業者に特別な責任を課すものであるという批判がしばしば行われる。しかし，市場に支配的地位を持つ者が，その優位性のゆえにとることができる戦略的行動は真価に基づく競争を妨げるものとして排除するのは，能率競争論の観点を具現化するものである。能率競争論を支持しながら，EU の運用を特別の責任論と批判するのは，整合

性がとれない議論のように思われる。有効競争論を捨てて，消費者福祉一本で競争の保護を考えるシカゴ学派的視点に立つのであれば格別，能率競争論の立場を支持しながら，特別の責任論を批判することは一貫しているとは言い難い。そもそも，市場構造が濫用行為性を基礎付ける以上，支配的地位により特別の責任が生じることがありうるのはむしろ当然のことである。特別の責任論と批判されるEUの支配的濫用規制の枠組みとそれに基づく裁判所の運用は，日本の能率競争論の観点を事例の中で活用するものとして評価され，日本の解釈論においても活用されるべきものである。

## III 私的独占における手段の不当性の考慮

### 1 私的独占で手段の不当性が考慮された事例

手段の不当性あるいは行為無価値側面を考慮する必要があるかは，不公正な取引方法だけでなく，私的独占などの競争の実質的制限の場合でも問題となりうる。実際に行為態様を違法判断において重視したと見られる事例は多い。ニプロ事件[35]や北海道新聞社事件[36]など，問題行為を複数指摘し，違反行為を繰り返す態様を総合評価して私的独占に該当するとした事例は，私的独占において手段の不当性・行為無価値的側面が重視された例である。

日本では，ある違反被疑行為の違法判断について，複数の行為を独立して評価する傾向が強い（一つの行為が継続する場合のみ，その継続性を考慮することが多い）ので，ニプロ事件や北海道新聞社事件のような問題行為を複数指摘し，違反行為を繰り返す態様を総合評価する事例は合わせ技一本事例などと揶揄されることが多い[37]。しかし，繰り返しの態様を違法判断において考慮あるいは重視するのは，手段の不当性という行為無価値的側面の観点から理論的にも説明することが可能である。様々な態様の違反被疑行為が行われることは，競争者の排除に向けて，組織的な行動がとられていると考えられ，態様において手段の不当性・行為の悪質性があるものと評価できる。ニプロ事件や北海道新聞社事

---

35) ニプロ事件＝審判審決平成18・6・5審決集53巻195頁。
36) 北海道新聞社事件＝同意審決平成12・2・28審決集46巻144頁。
37) 白石忠志「函館新聞とアンプル生地管」法教244号（2001）87頁。

件は様々な被疑違反行為が繰り返されるという行為態様の悪質性が違法判断に影響を及ぼした事例としての意義を見出すべきであると思われる。

なお、様々な被疑違反行為の繰り返しの態様が行為の悪性に考慮されることが立法上明示される場合として、優越的地位の課徴金算定がある。この算定金額の計算方法は、異なる態様の濫用行為を総合評価するもので、繰り返しの態様を評価するのには適切なものである。課徴金額が膨らむため、批判を受けているが、異なる態様を総合評価すること自体は、行為の悪性の総合評価として正しい方向付けである。

## 2 私的独占において手段の不当性・行為態様を考慮することの意義（ニプロ事件の意義）

私的独占においては、排除効果の要件が満たされなければ排除行為性がないとされており、排除効果は、市場に参入することが困難である場合または市場から排除される蓋然性がある場合と定義されているが、排除の蓋然性に関する立証は必ずしも容易ではない場合が多い。行為の悪性で排除の蓋然性に関する立証を補完するものと評価できれば、私的独占における過少規制の側面の問題をいくらか是正することができる。すなわち、ニプロ事件では、ナイガイが排除行為に対抗手段をとったため排除の効果が生じなかったが、対抗手段をとらなければ排除された可能性が高いことから、排除の蓋然性があったとされた事例である。しかし、対抗手段をとることが可能であれば、市場への悪影響は発生していないともいえる。すなわち、結果無価値的側面しか見ない場合には、対抗手段により競争者が排除されるには至っておらず、競争者の市場シェアの拡大が抑えられるに過ぎない同事件の場合には、排除行為性を認定することは難しいように見える。同事件で手段の不当性という行為無価値の側面を結果無価値的側面の補完として考えれば、説明は容易になる。すなわち、不当な競争手段により、ライバルの伸長（市場シェアの拡大）が抑制されたことにより、排除の蓋然性が補完されたものと評価できるので、排除行為性の認定が容易になる。

## 3 人為性要件と手段の不当性の関係

　NTT東日本事件最高裁判決[38]及びJASRAC事件最高裁判決[39]によって，私的独占の排除行為については，排除効果と共に，正常な競争の範囲を逸脱する人為性が要件とされた。人為性という概念が市場効果ではなく「行為」に着目している概念であることから，人為性の要件を手段の不当性で考えるべきではないかという見解が生じうる[40]。

　しかし，この人為性の対象となる行為は，経済的有意性を持たない行為をすべて含むものであり，手段の不当性を必要とするものではないと解すべきである。NTT東日本事件にせよ，JASRAC事件にせよ，手段の不当性によって人為性を認めたのではなく，独占的事業者がとった行為が参入を困難ならしめる行為であること，すなわち経済的有意性を欠く行為であることをとらえて人為性要件を充足させているのである。いずれの場合も，独占事業者のとった行動が強固な排他性を生み，その結果，参入が排除されることになる点をとらえて人為性を認定したものである。ここでは，排他性を緩和するために独占的事業者はとりうる方法があったにもかかわらず，それをしていないことが人為性の根拠とされたのである。NTT東日本事件であれば，現実的な需要を前提として逆鞘にならない価格設定をするか，現実の需要に応じた分岐方式（4分岐か8分岐）をとれば，参入が生じた可能性があると認定されている。JASRAC事件では，排他性を緩和するために，個別徴収が選択肢になるような価格設定を行うなどの方法で排他性を緩和することが可能であったにもかかわらず，これを行わなかったために人為性が認定されたものである。これらは，手段の不当性というレベルの問題ではなく，独占的事業者が参入を阻止するために排他性を緩和する措置を講じる義務を前提にするものであり，ニプロ事件や北海道新聞社事件のような手段の不当性とは本質的に異なるものである。

　しかも，人為性で手段の不当性が必要と解する場合には，いかに参入障壁を高めるような契約や価格設定であっても，手段の不当性が認められなければ，

---

38) 最判平成22・12・17民集64巻8号2067頁。
39) 最判平成27・4・28民集69巻3号518頁。
40) 長澤哲也「単独かつ一方的な取引拒絶における競争手段不当性」前掲注8) 石川古稀431頁以下はこの観点を示唆する。

排除行為性がなく，私的独占に該当しないことになりかねない。手段の不当性という行為無価値的側面は，それが必要であるというものではなく，結果無価値的側面についての立証が十分ではない場合にこれを補完するものにすぎない。[41]

### 4 人為性と競争の実質的制限の関係

人為性とは，経済的有意性を持たない行為と解し，人為性要件によって，行為態様のみならず市場構造・市場効果分析（競争促進効果や正当事由に関する分析）を完了させるべきであり，競争の実質的要件との間で割り振りを行うべきではない。例えば，人為性において，行為にかかわる側面を分析し，競争の実質的制限の要件において，市場への影響を分析する等の分解した分析手法をとるべきではない。[42]市場構造・行為態様（行為の不当性），成果（市場に与える影響）は，総合的に一つの要件の中で判断することが独禁法分析のあり方として不可欠なものだからである。三つのパラメーター（基準）のうち，成果に関する要因が中心となり，構造要因，行為に関する要因は補完的なものと考えるべきであるが，そのような補完性は一つの要件の中で総合考慮されて初めて適切に評価されることになる。分解して，競争の実質的制限の中で成果基準だけを評価するとすれば，行為基準の補完性が競争の実質的制限該当性の中で評価されないことになる。

そのように考えた場合，競争の実質的制限の要件は再検証の役割を担うべきと考えるべきである。この点に関し，競争の実質的制限は市場支配力の維持・

---

41) 不公正な取引方法に当たる場合には，人為性があるという主張もあるようだが，ほかの違反行為に当たる場合には，私的独占の人為性があるといっても，人為性の概念を説明したことにはならないし，不公正な取引方法に該当しないのであれば人為性がないと反対解釈された場合には，私的独占の概念自身が否定されることになりかねない。

42) NTT東日本判決以前は，排除行為は行為要件であり，（正常な淘汰を含め）外形的に排除があれば，排除行為性は満たされ，正常な競争からの逸脱の点を含む市場への影響は，競争の実質的制限で見るものと考えられており，排除型私的独占ガイドラインもこの立場をとっていた。これに対し，根岸哲編・注釈独占禁止法（2009）39頁〔川濵昇〕は，最判の立場をとっており，同注釈の立場を最判は支持したものである。「排除」という概念は，独禁法における競争評価の中枢概念であり，私的独占の「排除行為」という概念に正常な淘汰まで含めて形式的なものとすることは，独禁法で一般に排除というときは，正常な淘汰を含まずに用いられていることが多いことから一般的用語法との遊離が大きく，解釈論としての違和感が大きかったのであろうと推測される。

形成・強化であるから，市場構造だけを認定すれば要件は充足されると考えることも正しくない。市場支配力の維持・形成・強化を構造基準のみで判断してもよいかに見えるが，競争の実質的制限の要件は「実質的」制限であり，実質性の中で成果基準（市場への悪影響）の分析が本来求められるべきものだからである。しかし，排除行為性の要件の下で，人為性の認定において既に総合的に分析されるのであり，競争の実質的制限での分析は再検証にとどまるべきものである。NTT東日本事件最判はまさにそのように分析している。すなわち，人為性要件の中で，市場支配力の維持・形成・強化の観点から，当該行為により参入が困難になるという市場への影響を分析して人為性を認定し，競争の実質的制限においては，人為性の認定を再検証し因果関係の問題を補足するにとどめているのである。

同様に，二次市場で競争の実質的制限が生じる場合に，これを人為性ではなく，競争の実質的制限で分析しようとすることも正しくない。一次市場に影響がなく，人為性なしとなれば，競争の実質的制限に到達するまでに，排除行為性なしとされ，違法性が否定されてしまうからである。排除行為の要件の中で，正常な競争との仕切りを認定する以上，正常な競争か否かを判断するためには二次市場への影響まで判断せざるを得ないのである。

## Ⅳ　競争者排除の戦略と手段の不当性

### 1　RRCと手段の不当性

　RRC（raising rival's cost）とは，競争者の費用を増加させる戦略であり，一般に排除行為の類型として承認されている。[43] RRC戦略が競争者を排除する行為と評価できるか，私的独占で人為性を持つか，不公正な取引方法による場合は，取引妨害になるであろうが，その場合に公正競争阻害性が認められるかについては，先例はない。RRCを肯定的に解する学説は多く，欧米でも一般に肯定的に考えられているが，欧米でも，RRCを直接の根拠に事業者の行為を違法とした判例はないと思われる。RRCという違法行為類型を認める場合で

---

43）根岸編・前掲注42）68頁〔川濵〕。ライバル費用引き上げ戦略とも呼ばれる。

も，正常な行為との判別が難しく，ライバルのコストを増加させたことだけによって違法行為を認定できるかは，必ずしも明らかではない。手段の不当性の要素を補完することにより，RRC 型の行為に対し，排除行為性を立証することが可能になってくるものと思われる。

### 2 囲い込み戦略──ディーエヌエー事件

排除効果までは発生しない場合には，不公正な取引方法が活用されることなり，ディーエヌエー事件はそのような事例である。[44] ディーエヌエーのとったリンク切りは実質的には，排他条件付取引契約を強制する手段として用いたものである。当時は市場が拡張していたため，これによってライバルであるグリーが市場から排除される蓋然性が立証できる状況にはなかった。しかし，この排他条件付契約により，グリーはその契約がなければ，より市場シェアを拡張できた可能性があったにもかかわらずそれができなかった。しかし，排他条件付取引がない場合にどの程度グリーが市場シュアを拡張できたかを立証することは難しい。排他条件付取引が RRC 型の行為，すなわち，グリーの費用を増大させる可能性があることの立証は可能だが具体的にどれだけの費用が増大するかまでの立証が困難な場合，排他条件付契約の実現方法として，リンク切りという特定 SAP に対する恫喝的な手段が用いられたことを手段の不当性と評価し，手段の不当性が市場への悪影響の程度が具体的に明らかでない点を補完するものと考えることができる。

### 3 不当廉売──有線ブロード事件

日本では，不当廉売について，厳密な費用計算を行って不当廉売を違法とした事例はあまりなく，廉売を行う行為者の意図，特定のライバルを排除ないし，市場シェアの拡大を阻止することを目的に行っている等の計画・行為態様を重視して，違法行為性を認定している例の方が多いとみられる。有線ブロード事件[45]はその典型である。川濱教授は，本件は変動費用割れを立証できた事例であ

---

44) 排除措置命令平成 23・6・9 審決集 58 巻第 1 分冊 189 頁以下。評釈として，林秀弥「本件評釈」ジュリ 1451 号（2013）96 頁，多田敏明「囲い込み事案と適用条項」根岸古稀 285 頁以下。
45) 勧告審決平成 16・10・13 審決集 51 巻 518 頁。

り，そうすべきであったと示唆するが，実際には変動費用割れを立証できていたか疑問である。常に変動費用割れの立証を要するとすれば，特定のライバルを狙い撃ちする排除行為に対する規制がかなり困難化することは避けられない。手段の不当性など行為態様を考慮することにより，違法判断に必要な立証活動を緩和することは実践的意味を持つものと考えられる。

## V 共同の取引拒絶・事業者団体規制と手段の不当性

　手段の不当性がよりストレートに問題となるのは，共同の取引拒絶の類型である。事業者団体の行う共同の取引拒絶については，統制権行使の目的の正当性と手段の相当性を考慮し，違法判断を行う実務が確立しているといえる。日本エアソフトガン事件，日本医師会による倫理規定を根拠とした増床制限や広告規制に対し，顧客獲得競争に対する制限であるとして，公取が排除措置を命じたのも，倫理規定の目的は正当であるとしても，手段の相当性を欠くとしたものであり，共同の取引拒絶ないし，事業者団体による構成事業者の事業活動の不当な制限（8条4号）については，手段の不当性の問題が違法性判断基準の中で重視されている。共同の取引拒絶の類型では，より行為態様への考慮が重要な場合があるといえる。事業者団体への加入が義務付けられ，脱退が事実上不可能である医師・弁護士などの専門職などの場合では，手段の相当性がさらに重要な要素となっている。

## VI 今後の議論の方向性

### 1 議論のまとめと不正手段型を行為それ自体違法とする場合の説明方法

　拡張説は，手段の不当性・行為態様などの行為無価値的側面が違法評価に及

---

46) 経済法判例・審決百選 (2010) 24頁。
47) 東京地判平成9・4・9審決集44巻635頁。
48) 立川市医師会事件＝勧告審決平成9・2・5審決集43巻344頁，観音寺市三豊郡医師会事件＝東京高判平成13・2・16判時1740号13頁。
49) 浜北医師会事件＝勧告審決平成11・1・25審決集45巻185頁，三重県社会保険労務士会事件＝勧告審決平成16・7・12審決集51巻468頁。

ぼす影響を再確認させた点に意義がある。しかし，能率競争の観点から，市場における有力な事業者が行う場合だけが不正手段になるという事例は，不正手段型ではなく，競争減殺型の手段の不当性の問題として考えるべきである。そして，競争減殺型の中で，不正手段型の論者が主張する行為態様の不当性（行為無価値的側面）を競争減殺効果（結果無価値的側面）を補完するものとして考慮するようにすべきである。不正手段型は，原点に返り，行為それ自体が違法とされる行為に適用されるものと解すべきである。

　能率競争概念を有効競争の意味に理解する場合，行為それ自体を違法とする根拠が失われるように見えるが，競争のメリットを何ら享受することのできない行為を放置すれば悪貨が良貨を駆逐するように競争基盤の侵害につながることになり，したがって，市場における地位を問わず規制する理由があると説明することができる。市場の効果をあらためて分析する必要もないことの説明としては，むしろそのほうが適切であるように思われる。[50]

## 2　類型化が総合判断を妨げる障害となってはならないこと

　概して，研究者は類型化を好み，実務家（判例）は総合考慮を好む傾向にある。学者が類型化を好むのは，総合考慮によって認定が恣意的になることを抑制し，より問題の本質を分かりやすく整理したいという動機に出ていることは理解できるが，そのような類型化により，本来総合化しなければいけないことを分解して分析することにより，分析が類型への割振りの問題と化す傾向があるように思われる。不公正の取引方法における競争減殺型と不正手段型の割振りの問題はその顕著な問題ではないかと思われる。本来的には，不正手段と評価される行為だけではなく，手段の不当性・行為態様を独禁法分析の中でどのように位置付けるかが問題なのであって，不正手段と評価されるような特に悪性が高い行為だけの問題ではない。そして，不正手段を重視する論者は不正手段となる行為を不当な行為にまで拡張する結果，競争減殺型との仕切りが不明確となる一方，不正手段型の中に行為それ自体で違法となる行為類型と市場に

---

50)　このような説明の仕方だと優越的地位の濫用の公正競争阻害性に類似するものとなるが，両者の公正競争阻害性の根拠は市場経済の基盤ないし前提であって共通するものと理解すべきである。

おける有力の地位を行ったものだけが不正手段となるという二つの類型を混在させており，不正手段の枠組みを不明確にしている。市場の地位によって，不正手段性が生まれるものは競争減殺型に移して，成果基準・構造基準とともに総合判断することが適切な体系化であり，そのように体系化されれば，EU競争法の分析手法に極めて接近し，EU競争法の成果を解釈論に活かし，説得的な議論が今より容易になるように思われる。

また不正手段型のメリットとして，有力な事業者性を認定する必要がないことであると論じる見解があるが[51]，行為それ自体が違法の類型ではない限り，能率競争阻害が生じるには，一定の地位がある必要がある。むしろ，手段の不公正であれば，競争減殺型のように有力な事業者性を認定しなくてもいいという誤解を生むところに不正手段型を類型化することの問題がある。もちろん，有力な事業者性を認定する必要のない場合はあるが，不正手段型だから有力な事業者基準を使う必要がなくなるのではなく，行為それ自体で違法となるほど悪性の高い場合だけが不正手段と評価されるべきなのであり，論理が逆転している。

## 3 手段の不当性を違法判断に取り込むことの意義と注意点

手段の不当性を違法判断に取り込むことは，私訴において格別の意義があるように思われる。私訴では，市場に及ぼす影響を完全に立証するのは，証拠収集について米国のようなディスカバリー制度を欠く日本ではかなり困難であり，行為態様を競争減殺効果の補完として用いることを許容することは私訴の活性化の観点からも有用である。

ただ，行為態様を重視しすぎて総合判断において，補完的であるべき行為態様が，違法判断の根拠となることについては，慎重であるべきである。従来の不正手段型で考える場合，この問題が常に存在したが，競争減殺型で総合判断する場合には，行為の不当性はあくまで補完的なものであることが明確に意識されることになり，過度に行為態様に傾斜した判断が行われることも抑制できることになる。第一興商事件はその関係で考慮されるべき事例である。

---

51) 河谷清文「上位レイヤーにおける競争と手段の不公正」根岸古稀323頁，329頁。

## 4　第一興商事件の先例性

　第一興商事件[52]は，ライバルの市場シェアの拡張を阻止するために特定演歌歌手のカラオケが，ライバルのカラオケボックスでは使えないと通知することが不正手段であり，不正手段型と位置付けられることが多いようである。しかし，仮に第一興商が特定演歌歌手の著作権をもっているのならば，この通知は不正手段でも不当な手段でもない著作権の行使である。第一興商が有していたのが著作料の回収権限である場合には（管理楽曲という呼び名からして，そのように解することが自然であるとみられるが），かかる通知は欺罔的なものとなる。回収権限しか有していないのにライバルの利用を阻止することはできないからである。しかし，この権限がいずれのものであるかは審決では明らかにされていない。その点が曖昧である以上，不正手段とすることは疑問であるうえ，行為の不当性も正確に判断することはできない。本件審決は，不正手段性を重視することにより，知的財産権の内容という本質的な問題をそらしていることに問題がある。行為態様に過度に依拠することによる問題を考える材料として，先例性があるように思われる。

---

52）　審判審決平成 21・2・16 審決集 55 巻 500 頁。

# Google ケースにおける市場画定と市場支配

柴 田 潤 子

　はじめに
　I　欧州での状況
　II　市場の画定
　III　市場支配的地位

## は じ め に

　いわゆるIT産業においては，強力なネットワーク効果，物理的に拡大を制約する要因が殆どないこと，統一的なスタンダードの必要性という経済的特性を持っていることから，独占が生じやすく，GoogleやFacebook，Amazonのようなインターネットにおける集中化傾向は急速に進行している。インターネットにおける多くのサービスは，デジタル化され，コミュニケーションサービス，検索サービス等の多様なサービスを可能にしており，多くの場合に無料で提供される。しかし，無料で提供される場合には，むしろ，集積される情報は膨大化する傾向がみられることに留意すべきであり，これらのインターネット関連事業者において進行する積極的な情報の資本化に対して，競争法上の観点からの様々な懸念が指摘されつつある。

　本稿では，近年，欧州において問題視されている，世界的にも主要なインターネット検索エンジンであるGoogleの検索を基点とした濫用行為に関して，それに関する市場の画定と市場支配の問題に焦点を当てて，検討を加えることとする。

## I　欧州での状況——問題視されたGoogleの行為の概要

　欧州委員会によるGoogleに対する調査は，個別の苦情に基づき2010年に開始された。[1]苦情申立ての内容は，個別に異なっているが，中心となっているのは，Googleがそのアルゴリズムを通して検索結果の掲示において自己を優遇していることであり，Googleには，検索結果を中立的に掲示すること，検索結果において何ら自己の経済的利益を追求しないこと等が求められている。市場支配的事業者の義務としてこれらが認められるか否かが，論議を引き起こしている。

　欧州委員会の予備審査で問題視されたのは，以下の行為（検索サービス，オンライン広告）である。

　①　一般検索の結果において，Googleが，自らのサービスである特殊検索の結果のリンクを，競合するバーティカルウェブ検索[2]に対して，際立って目立つように掲示をしていること。

　②　競合するバーティカル検索のウェブのコンテンツをコピーし，かつ，当該（競合する）ウェブ運営者の承諾なく，それを利用すること（スクラッピング）。

　③　パブリッシャー（広告掲載先）とGoogleの排他的契約が問題視されている。Googleは，ウェブ運営者に2つのサービスを提供している。すなわち，ウェブのキーワード検索バーを通してのカスタムされたサイト内検索サービスと，ウェブ検索の結果に応じて掲示される，第三者の検索広告の提供である。問題となったのは，ウェブ運営者に対して，検索広告を全てGoogleから入手するように強要する契約であり，これは，Googleと競争関係にある検索広告の仲介者を排除することになる（AdSenseによる検索濫

---

1)　詳細については，欧州委員会のウェブサイトを参考にされたい。
　　(http://ec.europa.eu/competition/elojade/isef/index.cfm?fuseaction=dsp_result&policy_area_id=1,2,3&case_title=google)
2)　バーティカル検索サービスとは，特化したトピック，例えばレストラン，旅行等に特化した専門的な検索エンジンを指す。一般的な検索として，GoogleのほかにBing, Yahoo, Ask.comがある。

④ 広告主が Google の検索結果サイトにその広告を表示することを可能にする，Google のオークションベースの AdWords が問題になった。Google は，ソフトウェア開発者が，検索広告について Google のプラットフォームから他のプラットフォームへのシームレスな移行を可能にするツールの提供を妨害しているとされた[3]。

その後 2015 年に，欧州委員会による審査範囲が拡大された[4]。上記に加え，⑤アンドロイドの携帯向け OS（オペレーティングシステム）に関する審査を開始すること，そして，前記①に関して，Google ショッピングに関する懸念を正式に争点として告知した（異議告知）。そして，2016 年 4 月には，⑤についても Google に異議告知したというのが，2016 年 5 月時点の状況となっている。

これら上記の行為は，欧州機能条約 102 条に違反するか否かが問題となっている。欧州機能条約 102 条は，加盟国間通商に悪影響を与える市場支配的事業者による濫用行為を禁止しており，通常 3 つの要件に分類される。すなわち，市場支配的地位にある事業者であること，その地位を濫用していること，加盟国間通商に悪影響を与えることである。

委員会が異議告知の中で取り上げた上記の濫用行為は，すなわち，前記①の行為については，検索に係る支配力を用いて，検索結果における Google ショッピングという自己のサービスを目立つように掲示し優遇することによって，バーティカル検索サービスにおいて，その支配力を拡大しようとする行為である[5]。前記⑤については，一定の Google 所有のアプリのライセンスの条件として，Google サーチ及び Google Chrome をプリインストールしてデフォルトとすること，そして，アンドロイドオープンソースコードに基づいて競合する

---

3) このような制限によって，人為的なスイッチングコストが生じ，Google AdWords を利用する広告主に，競合するプラットフォーム上での並行的なオンライン検索広告活動を抑制することになる。Google は，ソフトウェア開発業者に対して，マイクロソフトアドセンターのような他の検索広告プラットフォームと AdWords 双方に適合する，検索広告活動を管理し移行することを容易にするソフトウェアツールを開発することを認めなかった。

4) 「Antitrust: Commission sends Statement of Objections to Google on comparison shopping service; opens separate formal investigation on Android」欧州委員会プレスリリース（IP/15/4780）2015 年 4 月 15 日。

OSが走るスマートフォンデバイスの販売を禁じることが挙げられている。こ
こでは，委員会によって，一般的なインターネット検索サービス，スマートフ
ォンのOSのライセンス，アンドロイドOSのアプリストアに係る市場につい
て，Googleの支配的地位が認定されている。

　これらの行為は，Googleがインターネット上の一般的な検索サービスにお
いて支配的な地位にある[6]ことを前提とした当該地位の維持・強化に当たり，レ
バレッジとしての性格を持つ行為と理解できる。レバレッジは，一定の市場に
おける支配力を用いて，その力を他の市場において拡大，移行しようとするこ
とを意味する。効率的な競争手段を基礎とするだけでなく，支配力を用いて顧
客をさらに獲得することや新規の市場セグメントを閉鎖するという目的を追求
するレバレッジに当たる行為は，原則として濫用と捉えられる[7]。他方で，レバ
レッジは，原則として市場構造という競争条件に影響を与えることとなるとし
つつも，濫用行為類型としてその要件の理解が確立していると言い難い面もあ
る。レバレッジの濫用非難は，行為がもたらす効果ではなく，むしろ，その行
為の性格が顧客との取引をめぐる競争を阻害すると理解され，行為形態自体に
向けられている点は興味深く，手段としての不当性につながる議論として，検
討の余地を残している。支配力の移行や拡大のために用いられる具体的な手段
は，例えば抱き合わせや取引の拒絶等の形態で現れ，支配的市場とターゲット
となる市場の間を一定の方法で結びつけることを前提とする。本件の濫用行為
該当性の問題は，別稿に譲ることとし，以下，市場の画定，市場支配的地位に
関わる問題を検討する。

---

5) Googleショッピングのバーティカル検索では，競争者としてAmazon, eBay, Zalando, Bing, Yahoo, Ask.comがある。Ralf Dewenter/Jürgen Rösch/Anna Terschüren「Abgrenzung zweiseitiger Märkte am Beispiel von Internetsuchmaschinen」NZKart 2014年392頁参照。

6) 「Antitrust: Commission seeks feedback on commitments offered by Google to address competition concerns-questions and answers」欧州委員会MEMO 13/383（2013年4月25日）

7) Eilmansberger/Bien「Münchener Kommentar Europäisches und Deutsches Wettbewerbsrecht. Kartellrecht, Missbrauchs-und Fusionskontrolle Band 1」第2版（2015）1572頁以下参照。

## II 市場の画定[8]

検索エンジンである Google の濫用行為分析のための関連市場画定に際しては，いくつかの問題が提起されている。第一に，検索エンジンに関しては関係ある市場が多数存在し，それぞれ代替関係をどのように捉えるか，第二に，利用者に対するプラットフォームサービスの無償での提供と関連して，市場画定はどのサービスに依拠するのかということである。

### 1 検索を基点とする多面的市場

インターネット検索に関しては，一供給者側と需要者側が存在する伝統的な意味での市場と対照的に，プラットフォームの多様な利用者グループが存在し，検索を基点として，当事者が4者存在する。検索エンジンの運営者が供給者となり，検索エンジンが，3つの利用者グループ（インターネット利用者，ウェブ運営者，公告主）の仲介をし，それぞれの利用者グループに異なるサービスを提供する，三面的なプラットフォームが存在し，この3者はそれぞれ別の目的を追求する。

検索エンジンの運営者は，まず，インターネット利用者に検索サービスを提供し，その利用者は，重要な情報への効率的なアクセスを求める。インデックス化されるウェブやその運営者，そして検索エンジンにおいて広告を設けるウェブ運営者のために，検索エンジン運営者は，インターネットにおける検出，すなわち「利用者の注目」を媒介し，広告主やウェブ運営者はその製品やサービスへの注目を喚起するというフォーラムを提供する三面的なプラットフォームを基本とする。代替関係は，原則として一応，それぞれの相手方に分けて検討される。これに応じて，インターネット検索エンジンの分野では，3つの市

---

[8] 我が国におけるグーグル・ヤフー提携事例（公正取引委員会平成22年7月27日公表）において検討されている。萩原浩太「グーグルとヤフー社との業務提携に関する一考」NBL 942号（2010）30頁以下，瀬領真悟「グーグル・ヤフーの事業提携の考察」公取725号（2011）64頁以下，平野高志「グーグル・ヤフーの事業提携の概要と独占禁止法の観点からの分析」公取725号（2011）56頁以下参照。

場がそれぞれ画定されうると思われる。第一に，インターネット利用者を相手方とする，インターネット検索エンジンの利用に関する市場であり，第二には，コンテンツ供給者を相手方とする，インデックス化されたインターネットサイトに係る市場，第三には，広告主を相手方とする検索に連動した広告に関する市場である。ここでは，検索エンジン運営者を中心としたそれぞれの相手方との関係は，相互依存関係にあるといえる[9]。

## 2 無償のサービス提供について

関連市場の商品等の画定については，欧州委員会が，「物理的に関連する製品市場は，その属性，価格及びその予定される用途の観点から，消費者によって代替可能であるとみなされている全ての商品又はサービスを捉える[10]」としている。そして，その代替性の有無に関しては，委員会は，いわゆる SSNIP を通して価格の交差弾力性を検討することを求めている。ここでは，無償でのサービス提供の場合には価格形成が機能しないため，市場画定の困難さが指摘される。インターネットでのサービスは，無償で提供されることが多いため，何ら市場が存在しないとする見解，つまり市場というのは有償の取引関係を前提とする見解も根強かったと言えるが，欧州委員会は，無償でありかつ反対給付義務がない場合であっても，メディアプレーヤー[11]，インターネットブラウザー[12]そしてコミュニケーションサービス[13]についての（利用者）市場を認めており，取引が有償である必要性を特に挙げていない。他方で，利用者は，個人のデータ又は重要なコンテンツを通して，対価を支払っていると捉えることも可能かもしれないが，対価として問題にするには，データの送信は取引対象として抽象的にすぎるように思われる。

---

9) Thomas Höppner/Jan Felix Grabenschröer「Marktabgrenzung bei mehrseitigen Märkten am Beispiel der Internetsuche」NZKart 2015 年 162 頁以下。
10) 「Bekanntmachung der Kommission über die Difinition des relevanten Märktes」官報 1997 年 12 月 9 日 C372 号。
11) 「Microsoft (interoperability and Media Player)」欧州委員会決定 2004 年 3 月 24 日（COMP/C-3/37.792）。
12) 「Microsoft (Internet Explorer)」欧州委員会決定 2009 年 12 月 16 日（COMP/C-3/39.530）。
13) 「Microsoft/Skype」欧州委員会決定 2011 年 10 月 7 日（COMP/M.6281）。

市場は，有限のリソースを配分する経済的仕組みであると同時に，一定の秩序のもと，商品・サービスが取引される場であり，取引相手方の自由な選択を通して，競争が生じていることを本質とすると理解できる。ここから，直接的には無償の取引であるとしても，もとより市場として捉えることには問題がないと考えられる。

　他方で，給付が無償か有償かという問題に関しては，当該無償である役務が有償である場合にも同様に需要があり，また，有償の役務と競争関係にある場合には，市場が認定されうるであろう。インターネット上のサービス提供については，無償で提供される場合も少なくないが，有料である類似の情報ポータル（例えば，LexisNexis, Beck Online）も存在し，直接の取引が有償，無償であるという基準による市場画定は意味がないように思われる。さらに留意すべき点は，無償で提供されているサービスは一見無償であるような外観を呈しているが，その場合一般的に，サービスの提供者は間接的に広告主から収入を得ていることである。つまり，広告主の方が，インターネット利用者よりも，対価として，より多く支払う用意があることが認識されており，これは，意識的な取引上の決定を意味する。インターネットにおいてコンテンツ供給者は，無償でコンテンツを供給し，原則として，広告収入を得るために多数の利用者の存在を維持することを重視する。このような利用者の流れを最大限供給することが，重要な要素となって競争が生じていることは否定できない。検索エンジン運営者は，その利用者の流れやそれをもって広告主に対するメディアの価値を高めるために，インターネット利用者を「内部補助」していると理解することもできる。無償でもたらされることが，むしろ，強力な相互のネットワーク効果を発揮させることになる。経済的成果にとって最も意味がある利用者グループを，プラットフォームに密接に結びつけるための経済的な取引上の決定が，「無償」であると理解される。[14]

　競争の結果生じる市場価格形成機能は，相互に関連するいずれかの市場において意味を持つことになり，検索を基点とする広告市場では，明らかに価格形成機能が働いている。インターネット利用者にとっては，閲覧しうるという一

---

14) Thomas Höppner/Jan Felix Grabenschröer・前掲注9) 163頁。

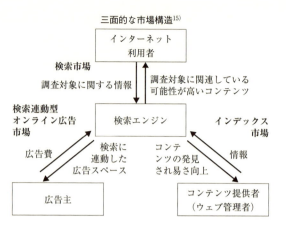

見無償に思われるサービス提供であるが，実質的には無償でサービスが供給されているのではなく，間接的に収益を得るビジネスモデルに組み込まれているにすぎない。

## 3　市場の画定

以下，Google が支配的地位を持っているのはどの市場であるのか，問題とすべき市場はどの市場かについて，関係すると思われるそれぞれの市場について検討を加えることとする。

### (1) 利用者との関係での検索市場

検索によって利益を受ける利用者の市場に関して，そもそも欧州機能条約 102 条にいう市場確定が可能か否かについては，従来，欧州の裁判所又は委員会によって法的効力を持つ説明はなされていなかったが，今回の Google に対する異議告知書では，検索市場の存在を前提としている。

検索エンジンは，原則として利用者の検索行動についての様々なデータ（検索ワード，クリック行動，場所，オンライン時間）を保存する。このアクセスや個人データの処理のため，検索エンジンは一方でログイン手続きの範囲で，原則としてデータ保護上の同意を必要とする。インターネット利用者に関するデー

---

15) Thomas Höppner/Jan Felix Grabenschröer・前掲注 9) 168 頁の表を参考にした。

タ保護指令の適用によって，同意が得られることになり，[16]この同意を通して検索エンジンと利用者との間に具体的取引関係が生じる。同様に無償で提供されるテレビやラジオと異なるインターネットの特殊性は，利用者が個人の関心についてのデータを送信することであり，この個人的関心に関する利用者データは，経済的に極めて価値がある。この利用者データが，検索エンジンに，将来の利用者行動を予測すること，他のオンラインサービスをさらに改善し，結果としてより多く広告を販売提供することを可能とする。

(2) 広告市場

一般的な広告市場が存在しないことは承認されている。そこで，需要者から見た代替性という観点から，広告市場の画定・下位分類について検討する。まず，オンライン広告とオフライン広告が分類され，それぞれ独立した市場と画定される。[17]オンライン広告においては広告の分類に基づいて，広告のターゲット能力を中心とした観点からの部分市場の画定が有益に思われる。

(a) オンライン広告における検索エンジンに連動する広告とその他の広告

オンライン広告市場は，ウェブ面の供給者と，その顧客である広告のウェブ管理者又は事業者が対置し，この場合の両者の関係は，契約によって定められ，伝統的な意味での取引関係にある。オンライン広告は，検索エンジンに連動する広告とその他コンテンツ上のオンライン広告という分類が可能である。

まず，双方の属性について検討すると，コンテンツの供給者は，自身のコンテンツを供給し，検索エンジンは第三者のコンテンツを提供するという大きな相違がある。インターネット検索エンジンは，ゲートキーパー的な役割を持つという意味では，他のインターネットメディアとは比較し得ない特性を備えている。

ターゲット能力に関して言えば，利用者は，検索ワードを通して，具体的かつ現実の関心事を開示し，検索エンジンはインターネット利用者の検索に応じて結果を提供し，その瞬間の利用者の関心に合わせることになる。それに基づ

---

16) 「Google Spain」欧州裁判所 2014 年 5 月 13 日（C-131/12）。
17) Joyce Verhaert「The challenges involved with the application of article 102 TFEU to the new economy: a case study of Google」ECLR 2014 年 265 頁以下。

き，広告が直接的，的確かつ適切なタイミングで掲示されうるのである。利用者が，一つの製品を，検索エンジンの利用者インターフェイスに入力すると，当該製品の広告にも関心があることが期待される。検索ワードに具体性が欠ける場合は，ターゲットに合わせるために，インターネット利用者についての一般的なデータ（場所，現実に訪問したサイト）という一般的情報に立ち返ることができる。

　このようにターゲットに達する能力が違っていることから，その目的の相違が明らかである。検索に連動する広告は，検索エンジンの結果リストに基づいて殆どオンラインショップによって利用されており，検索事項と関連させた直接的な売上が意図されている。これに対して，検索結果との連動性を持たない広告は，全ての利用者に同じように表示されることから，ブランドイメージの周知，向上に資することになる。

　オンライン広告では，販売ルートや価格計算手法も多様である。検索に連動しない広告については，典型的には，ウェブで掲示される数で価格計算され，また，ウェブ提供数が膨大なため，広告のために用意されているスペースは，ほぼ限界がないといってよい。検索に関連する広告は，これに対して，一定の検索エンジンの具体的な検索ワードの結果リストに基づいており，有限である広告割当についてのオークションを基礎とし，オークションの手続きは，一方で，最上の広告場所をめぐって激しい競争が広告主の間で生じ，価格の上昇がもたらされる。他方で，クリック毎に価格が計算され，クリックに基づく価格計算を基礎とすることによって，広告効果の評価が容易という利点がある。[18] 広告主は，Google AdWords においてそれぞれのキーワード毎にその広告のワンクリック毎にいくら支払う用意があるかという価値を示すことになるが，個別に支払い価額が決定し，総額での表示はなされない（上限が設けられる場合がある）。平均的な CPC 価値（Cost per Click）の研究がなされており，一定のデータが公表されているが，分野によって CPC 価値は強度に異なっている。結論的には，検索に連動しないインターネットサイト内の広告は，推定によれば，検索結果に連動した広告よりも著しく割安であるといわれている。[19] この場合には，価格面でも代替性を認めることは難しいであろう。

(b) 利用者/コンテクスト関連広告とそうでない広告（伝統的なバナー広告等）

広告が掲示されるウェブサイトの内容と関連を持つ伝統的な意味での広告バナーは，それぞれの利用者に同じ方法で示される。これと区別されるのは，インターネット利用者の閲覧行動を分析したコンテクスト関連広告である。ここでは，ウェブのコンテンツとは無関係に，利用者にとって関心がありうる広告が示され，設定された広告バナーがウェブの個々の訪問者に適合される。この場合の適合は，IP アドレスから読み取れる訪問者の単なる地域関連性を超える。コンテクスト関連の広告は，一定の利用者グループをターゲットにしている一方，コンテクスト関連でない広告は，ターゲットがより拡散する中での対象像への最大限の到達を目的としており，双方の間には代替性はない。

従来の委員会の実務においては，バナー広告とコンテクスト関連広告の細分化について，未決にしている場合もあるが，かかる細分化は，欧州の競争当局によって推奨されている[20]。

(3) インデックス市場

検索エンジン運営者によるウェブサイトのインデックスに係る市場が画定される。検索エンジンは，ウェブサイト運営者に無償でそのインデックスにコンテンツを受け入れ，オーガニック検索結果を表示している。検索データの利用と異なり，ウェブサイトのリンクや単なるインデックス化は，なんら承諾を必要としない。

検索エンジンとウェブサイト運営者の間には個別のインターアクションがあり，これがサービスの取引を基礎づける。両者は，いずれにしても，REP（Robots Exclusion Protocol）を通してコミュニケーションする。このようなコミュニケーション規格を通して，ウェブマスター（ツールズ）は，そのウェブサ

---

18) Thomas Höppner/Jan Felix Grabenschröer・前掲注9) 166頁。
19) Alexander Hopf「Der Missbrauch einer marktbeherrschenden Stellung von Internetsuchmaschinen, dargestellt am Beispiel von Google」(2014) 86頁以下。
20) 「Microsoft/Yahoo! Search business」（COMP/M.5272）や「Google Inc/DoubleClick」（COMP/M.4731）ケースでは，この点が重要な争点ではなかったため。しかし，競争当局は，かかる下位分類を推奨しているとされる。前掲注9) 165頁以下参照。

イトのどのコンテンツをインデックス化して示すかを検索エンジンに伝えることができる。ウェブサイト運営者は，そのURLを検索エンジンにおけるインデックス受入れのため登録し，または，Meta Tag（メタタグ）を通して明白にインデックス化を認めており，インデックス化の具体的需要があることは明らかである。コンテンツをネット上においたウェブサイト運営者は，検索エンジンにおけるコンテンツの発見のための技術的なツール（REPのような）を利用するまでもなく，インデックス化に単に同意し，検索エンジンを通してのコンテンツの表示を委ねていると理解できる。

過去には，幾つかの検索エンジンは，特権的なインデックス化を有償としていたが，今日ではインデックス有償化は回避されている。なぜならば，最上のインデックスコンテンツが多数の利用者を引き寄せ，これが再びより多くの広告顧客を引き寄せることが認識されたためである。

## Ⅲ 市場支配的地位

欧州委員会や裁判所の従来の考え方に基づけば，支配的地位は，他の市場参加者から独立して市場戦略を遂行する可能性，有効な競争を妨害する力，能力を本質とし，市場における独立性と競争排除能力という2つの要素から定義されている。競争が完全に排除されることまでは求められておらず，決定的であるのは，競争によってコントロールされない（圧力を受けない）行動の可能性であり，市場シェアが従来から重要な判断要因とされている。その他，重要な判断要因として，市場構造，潜在的市場などの観点から検討される。

本件で問題になっているように，利用者グループが複数存在しそれらの相互作用が機能する，多面的な市場における市場支配力の捉え方については，様々に議論されている。デジタルエコノミーの分野における多面的市場は，技術の進歩を背景に，プラットフォームの提供において高い集中度が示されているというのも事実であり，多面的にネットワーク効果が生じている。ネットワークが拡大するほど，そのサービスは魅力を増すことになり，プラットフォームをより強固にし，相互に影響を及ぼすことになる。物理的なネットワークと異なり，自然独占という結果を必然的にもたらすものではないが，相互に影響を与

え合う効果により，一定のプラットフォームにおいては独占的な地位に達することも考えられる。本件では，欧州機能条約102条にいう濫用行為該当性との関係では，検索における利用者市場が，検討すべき起点となる市場となる[21]。他の関連する隣接市場に影響を及ぼすレバレッジの問題として，いわゆる不可欠施設理論の適用の可能性を視野に入れることも有用である。

また，デジタルエコノミーにおける多面的な市場における支配力の認定に関しては，伝統的な市場シェアがどの程度意味を持つのかに留意しながら，とりわけ市場参入が重要な判断要因となると考えられる[22]。

## 1 検索市場（利用者市場）における市場支配的地位

### (1) 市場構造

検索市場では，売上に基づく市場シェアは導くことができない。他方，検索エンジンは，種々のパラメーター（結果の重要性，スピード，インデックス等）をめぐって競争を行っており，検索フォーム入力数は，検索エンジンの結果を反映しているため，市場シェアの検討や市場構造の評価に適していると言える。

事業者の市場シェアを基準とすると，裁判所と委員会は，市場シェアが50％以上であれば，例外的な状況がない限り，市場支配的地位の認定に十分であるとしており，70～80％で市場支配的地位を確実に認定している。もっとも，何が例外的な状況に当たるかは明らかにされていない。市場シェア基準は，支配的地位を評価するに際して，信頼性や透明性が高い基準であるが，他方で，検索市場のようなイノベーション市場においては，別異に考えるべきであり，市場シェアを過大評価すべきでないとする主張も有力である[23]。

Googleの検索利用量に関する市場シェアは，デスクトップPC及びタブレット・スマートフォンに関して世界で80～90％と計算されており，上述の市場シェア基準によれば，例外的な状況がある場合にのみ，Googleの支配的地

---

[21] Max Erhard「Marktmachtverlagerung durch Suchmaschinenbetreiber」(2014) 63頁。

[22] ドイツ連邦カルテル庁・Tagung des Arbeitskreises Kartellrechts「Digital Okonomie-Internetplattformen zwischen Wettbewerbsrecht, Privatphare und Verbraucherschutz」(2015年10月)。

[23] Torsten Körber「Google im Fokus des Kartellrechts」WRP 2012年761頁。

位の推定は反証されることになる。例外的な状況は，まだ成熟していない市場で認められており，例えば2001年のブロードバンドインターネットの接続市場がそれに当たり，欧州委員会は，市場シェアの分布から高い流動性が認められる場合，イノベーション市場における市場関係を例外的状況と捉えている[25]。この場合，市場シェアの変動の分析に焦点が当てられており，潜在的競争の分析が重要とされる。マイクロソフトとスカイプの集中事例では[26]，合併企業がビデオ電話の市場において70〜90％の市場シェアを達成すると評価されたにもかかわらず，競争上の問題が認められなかった。この決定で委員会は，ダイナミックかつサービスの無償によって特徴づけられる，関連する消費者コミュニケーション市場における市場シェアが，事業者の競争能力を測るのに限定的な証拠能力を持つに過ぎないことを強調した。新規の供給者の活発な市場参入と顕在的な競争者（例えばGoogleのような）やSNS（例えばFacebook）による競争圧力の存在にも言及されている。

### (2) 潜在的競争

潜在的競争の観点からの市場構造分析も重要である。その場合の重要な兆候は，隣接製品市場，同一市場において利用されていない生産キャパシティーの活用，新製品の登場，既に市場で確立している競争（者）の拡大の可能性である。

Googleの市場地位について，まず，Googleの既存の競争者であるBingやBaiduの拡大の可能性が検討され，Googleも競争圧力にさらされているという分析がある[27]。競争者であるBingやBaiduは，資本力もあり，Googleに追いつくことが可能であり，ネットワーク効果やレバレッジを用いて，検索機能の充実を推進する見込みがないわけではない。さらに，無償であるというビジネスモデルを維持していくことへの顧客の期待（顧客の検索エンジンの転換が容易

---

24)　「Wanadoo」第一審裁判所決定2007年1月30日（判例集2007年Ⅱ‐107頁以下）。
25)　前掲注11）参照。
26)　「Microsoft/Skype」・前掲注13）。
27)　Marius Klotz「Google und Facebook im Kontext von Art. 102 AEUV」WuW 2016年58頁以下。

であること），検索のクオリティーの維持などをめぐって，Google は，既存の競争者だけでなく，中小の検索供給者の登場等，競争に直面していると指摘する見解もある。理論的には，上記のような既存の競争者による展開も可能であるにしても，実際に，いわゆる牽制力を持つような競争者の確立が，見通せる期間で実現されるか否かについては検討の余地がある。

　既存の競争者との関係での問題は，利用者が競合する検索エンジンにスイッチしないことに留意すべきであろう。いわゆるロックイン効果の存否の問題である。これに関して Google は，「Competition is just a click away」として，実際にスイッチコストは不要であり，利用者は常に検索エンジンを換えることが可能であり，ロックイン効果を否定する。この点に関する比較では，OS のスイッチや他の SNS へのスイッチの方が明らかに困難であろう。しかしながら，インターネットエコノミーにおいては，一度確立した市場の主導的事業者に競争を仕掛けていくことが容易ではない（Winner-takes-it-all 原則に見られるように）。とりわけ，間接的なネットワーク効果を包含する多面的市場において，Google のように，検索市場を基点とした広告市場において支配的な地位に到達しつつある場合には，一朝一夕にはいかないであろう。

　利用者が競合する検索エンジンにスイッチしない理由として，他の検索エンジンのクオリティーが十分ではないこと，あるいは，利用者の習慣や惰性が挙げられる。クオリティーという面から Google は，現在，競争者に対して著しい技術的優位性を保っていることが肯定される。Google の研究開発用の経費はかなり大規模である。[28] 加えて，Google の技術的優位性を決定づける要因は，市場シェアから看取できる通り，利用者の流れが，競争者に比べて多様かつ広汎に及んでおり，これを活用して，Google には，競争者との対比でインターネット利用者による検索の新規性や投資の方向性についていっそう精緻に分析することが可能となることである。

　また，利用者の惰性ないしは不合理な行動という要因は，マイクロソフトのケース等で，支配的地位又は濫用の審査の際に考慮された。[29] 多数ある考慮要因

---

28) Max Erhard・前掲注 21) 104 頁以下。
29) 「Microsoft Corp. v Commission」第一審裁判所決定 2007 年 9 月 17 日（判例集 2007 年 II-3601 頁以下）。

の一つとしての位置づけは可能であるかもしれないが，消費者が，より品質に優れかつ安い製品にスイッチしないのは，単に，その不合理な惰性であることを主たる根拠にして，欧州機能条約 102 条にいう支配的地位や濫用を認定しうるとする見解は，十分に支持されているわけではない[30]。しかしながら，利用者の多数が Google を習慣として利用しており，著しい不利益の脅威があってようやく他の検索エンジンへスイッチする状況であるというのも，実態を正確に捉えた説明であるように思われ，利用者の習慣は，軽視しえない要因である。

　検索に関しては，AltaVista や Lycos がかつて利用されることは多かったが，現在は，1% に満たないシェアとなっている。この当時，Google は市場参入に着手したばかりであり，かかる初期段階では，市場地位は，原則として固定化されておらず流動的であった。しかし，昨今の状況は，これとは乖離しているといってよいであろう。検索エンジンに関する市場は，もはや初期的な段階にはなく，成長市場の段階に入っている。このことは，2007 年以来，シェアの流動性が 5% の枠組みで推移していること等から明らかである。

　このように，Google が既に市場主導的な地位を確立しているなかで，新規参入は，検索アルゴリズムの設定やアップデートのため巨額の投資が必要なことに鑑みれば，困難な状況である。さらに，検索エンジンは高い固定費と低いマージナルコスト構造を持っているため，自然独占に限りなく近似した属性を示しているうえに，アルゴリズムの開発・改良は，検索エンジン検索入力数に依拠することになり，一旦独占的な地位を獲得する事業者がいれば，いっそう新規参入のハードルが高くなると考えられる。

### (3) 不可欠施設理論

　不可欠施設理論が問題になるのは，端的に言えば，市場支配的事業者が，一定の状況下で他の事業者とその施設を共有しなければならず，それをもって，当該支配事業者に供給ないしは締約義務が課せられる事実関係である。その前提は，施設の共同利用（アクセス）がなければ，アクセスを要求する事業者にとって，前後の市場における競争への効果的な参入が可能ではないこと，かつ

---

30) Renato Nazzini「Google and the (Ever-stretching) Boundaries of Article 102 TFUE」Journal of European Law & Practice 2015 年 301 頁以下。

共同利用が技術的に可能であり，支配的事業者にとって経済的に期待可能であること，他方で，施設が事実上又は経済上の理由から複製されず又は代替されないこと，そして前後の市場におけるそれぞれの競争が排除される場合，正当な事由を欠く例外的な状況のもとでアクセス拒絶が濫用を意味するのである[31]。不可欠施設理論は，川下に位置する市場の初めての開放が問題になる場合だけでなく，市場が既に開放されているが，キャパシティーの限界と関連して差別や供給拒絶が行われる場合にも問題となる。支配的見解によれば，不可欠施設理論に基づく濫用行為は，欧州機能条約102条の一般条項の適用範囲に位置づけられる。不可欠施設理論は独自の行為類型を示しているというより，むしろ支配的事業者の所有権と有効な競争間の妥当な利益衡量を確保するため，「取引拒絶」を中心とする濫用行為の評価に際して，競争促進義務が課せられることを導く唯一の基準として位置づけることが適切である。ただ，競争促進義務が課せられる場合，支配的事業者は，競争者より不利な扱いを受けることのないこと，イノベーションのインセンティブを害しないためにアクセス価格が適当であること等，不可欠施設理論をめぐる観点は種々議論されている。

支配的地位は，不可欠施設に基づく独占的地位に基づき認められることになる。かかる不可欠施設へのアクセスが供与されないことによって，川下市場において，事実上ないしは潜在的な競争者による競争圧力が排除されることが濫用行為として問題視されることになる。ここでの川下の市場での（あらゆる）競争の排除については，一定の理解はないようであるが，いずれにしても，川下市場において独占的な地位が現れる等の支配力の形成は必要とされていない。

川下市場の活動を左右することになる不可欠施設は，もともと「経済的ないしは事実上複製が期待できない施設」という理解から出発し，伝統的に電力供給ネットワーク等の自然独占に当たる施設や，港湾，駅などのインフラが典型例として考えられていた。当初はかなり厳格に不可欠施設の範疇を限定することを基本としていたと思われる。しかし，マイクロソフトケース[32]において，利用を拒絶された川上市場での供給が，川下市場において事業者が効果的に競争するために客観的に必要不可欠か否かが考慮されるとしており，必要不可欠性

---

31)「Oscar Bronner」1998年11月26日欧州裁判所決定（判例集1998年Ⅰ-7791）。
32)「Microsoft v Commission」・前掲注29）。

は，当該川上市場での拒絶がなければ，いかなる競争者も川下市場に参入することができないと厳格に意味するものではなく，少なくとも長期的に川下市場の競争者が依存しうる現実又は潜在的な代替品が存在しないことで十分であると解されている。同様の考え方は，委員会によるガイダンス[33]においても表明されており，不可欠施設理論自体が[34]，柔軟に変容することによって，川下市場において競争するために必要である施設を包含しながら，その理論の対象を拡大してきている。これに伴い，いわゆる不可欠施設として，捉えられる範囲も知的財産，技術的な OS 情報など拡大しつつある。

　検索エンジンである Google 又は Google の特定部分が，不可欠施設を意味するかどうかという問題が提起される。Google は，バーチャルな施設であり，その機能性とインターネットサービスの特性に基づきアクセスが供与されなければならない，インターネットエコノミーのインフラ施設とて理解する学説もある[35]。このことは，検索の結果リストの掲示を通しての受動的なウェブサイトのトレーサビリティ（追跡が可能であること）によって説明される。このような基本的機能は，アクセスを要求する事業者による利用が可能でなければならず，それをもって，川下市場における事業活動の可能性も開けることとなり，この基本機能の提供を拒否する行為等は，濫用として捉えられるとする見解である。アクセスの不可欠性は，利用者の極めて高い頻度や検索エンジンに係る市場における圧倒的なシェアから明らかであるとする。このような結論は，Google がインターネットのゲートキーパーとしてボトルネックな地位にあるという認識を前提としており，インターネットで閲覧されたい者にとって，Google は不可避であるというような説明から，Google が不可欠施設の特性を備えているとされる。

---

33) 「COMMISSION Guidance on the Commission's enforcement priorities in applying Article 82 of the EC Treaty to abusive exclusionary conduct by dominant undertakings」官報 2009 年 2 月 24 日 C45 号 8 頁以下参照。
34) 「取引拒絶」に関する違法性の説明において，アクセス利用がなければ，川下市場におけるいかなる競争も生じないということではなく，川下市場の競争者が，少なくとも長期的に，取引拒絶に対抗するために依拠できる，現実的ないし潜在的な代替品が存在しないことを意味する，川上市場におけるアクセスの必要不可欠性を前提としている。
35) ここで挙げた考え方については，Alexander Hopf・前掲注 19) 125 頁以下を参照。

既に述べたように，他にも検索エンジンとして例えば Bing 等の競合する検索エンジンの選択肢があり，この意味では，川下市場でそれぞれ活動することを確実にする他の手段，手法が存在し，新規の検索エンジンが成立する可能性も否定しえないが，それぞれの機能性の差異やネットワーク効果のもとでは，利用者の立場から現実的に検索エンジン間の代替性が認められる程度に達していない。不可欠施設は，そのような検索エンジンではなく，強度にネットワーク効果により特徴づけられ，かつ市場におけるほぼ独占的な市場地位を持つ検索エンジンを指し，かかる検索エンジンのみが，「利用者の注目」という，川下市場において決定的である競争能力を持っていると解することも可能である。このような，圧倒的な市場地位を「不可欠性」に結びつけて理解することは，川下市場において事業者が効果的に競争するために客観的に必要不可欠か否かという要因を重視する，「不可欠施設理論」の拡大を前提とするマイクロソフトの裁判所及び委員会の判断に基づいても，可能であり，Google の一般的検索エンジンが不可欠施設に当たるとする理解も説得力がある。

### (4) 拡布のルート[36]

　検索エンジンの拡布のルートはウェブブラウザーであり，それを通して利用者はインターネットサイトを開くことができる。殆どのブラウザーは，ツールバーを備えている。このツールバーの枠内に原則として検索スペースがあり，これが検索ツールへの接続を確立する。どの検索エンジンを利用するかは，利用者によって変更可能であるが，スタートページとする検索エンジンが存在し，殆どの利用者は，それを最適化したりカスタマイズすることはない。検索エンジンは，優良な拡布のルートを自由にするために，可能な限り多くのブラウザーで標準的地位にあることが重要である。Google は，この間 Google Chrome を 2008 年に導入し，また，標準的地位を得るためにブラウザーのメーカーに高額な対価を支払っている（例えば，Firefox のブラウザーの標準検索エンジンとなるために）。

　さらに，スマートフォン上にのみ走るブラウザーにおいても，拡布ルートが

---

36) Max Erhard・前掲注 21) 102 頁以下参照。

存在する。スマートフォンのブラウザーに係る市場において，Googleは自己のOSアンドロイドに統合されたブラウザーでもって，市場シェアを高めてきている。

### 2　検索に連動した広告に係る市場

　欧州委員会によれば，欧州の殆どの国での検索に連動した広告に係る市場において，Googleの市場シェアは，90％を大幅に超えている[37]。ここでは，結局，検索におけるシェアが直接反映されることになり，独占に近い市場シェアを有しているといえる。

### 3　その他の隣接市場における競争[38]

　検索に連動しないオンライン広告，いわゆるディスプレイ広告については，Googleは，YouTubeやGoogle Financeというサービスでもって活動している。ここでは，広告で資金調達するオンラインサービス，例えばTwitterやLinkedInやAOLと競争している。

　Googleは，検索と区別されるSNS市場ではGoogle-plusを通して活動し，当該市場で主導的なFacebookと競争している。SNSは，少なくとも利用者側からは独自の市場を形成し，利用者と直接の取引関係が存在し，個人データの利用について承諾することを通して，反対給付がなされている。

　Googleショッピングも，検索を基礎とする市場から区別される，オンライン購入の仲介に係る市場に分類される。2013年以来，Googleショッピングに商品を置くオンライン販売業者は，そのウェブへのクリックごとに課金されることになる。アップロードされる製品情報は，自己のメカニズムに従いかつAdWordsテキスト広告とは関係なく，掲示される。これについては，何らキーワードを入力する必要はない。Googleは，ここでは他の連動したショッピングポータル（例えば，idealo.de, shopzilla.de, ladenzeile.de）と競争している。

---

37)　「Antitrust: Commission sends Statement of Objections to Google on comparison shopping service」欧州委員会 MEMO（2015年4月15日）。

38)　この区分は，Thomas Höppner/Frederik Ferreau「Marktmachttransfer auf Online-Märkten durch Kopplungsrabatte」K&R 2014年460頁以下を参照した。

## 4 市場支配的地位について

　インターネットエコノミーにおいては独占化が進展しているようにもみえるが，この独占は，自然独占の場合と異なる独占の形成過程を経ており，いわゆる市場の失敗に起因するのではなく，イノベーションの成功や競争における成果として理解される。既に述べたように，高い市場シェアに基づく独占的地位は，デジタルエコノミーにおいては独占が安定的に推移すると評価されるわけではないにしても，上記の通り，潜在的競争の可能性という観点からみれば，現実的に市場シェアの流動性が十分期待できるような状況にはないのが実態である。技術革新はいずれ進行するにしても，予期可能な一定の期間において，Googleの独占的な地位は引き続き維持されるように思われる。

　欧州の競争法では，独占の存在自体は合法であり規模の大きさ自体は禁止されず，その力の濫用行為が禁止される。また，内部成長を通して一定の市場シェアを超えることも禁止されていない。もっとも，事業者が市場支配的地位にあるということは，競争によってコントロールされない行動の余地を持つことを意味するので，市場支配的事業者の行為が一見したところ正当な競争行為に見えたとしても，濫用行為として禁止されることがある。いかなる行為が濫用に当たるかについて検討する前提として，市場画定及び市場支配の問題を検討した。伝統的な不可欠施設理論から拡大傾向にある理論，デジタル市場の特殊性を前提にすれば，検索に関わるGoogleの市場支配的地位は肯定されることになると考えられる。

# エッセンシャル・ファシリティの意義と供用

河 谷 清 文

I　はじめに
II　EF 理論の概要
III　初期における EF
IV　今日における EF の利用方法

## I　はじめに

　エッセンシャル・ファシリティ（以下,「EF」という[1]）の理論は, 米国連邦最高裁により消極的な判断を下された。反トラスト法において, EF 理論は死んでしまったのだろうか。日本においても, 独禁法に導入する改正方針[2]が放棄されて以降, 再び導入を議論するような動向はない。

　ただ EF を保有していることを理由にその単独の取引拒絶を違法とする EF 理論は, たしかに過激なものであり, 下級審でしばしば用いられるようになって以降も, それに対して否定的な学説が多くあった[3]。しかし, それらの学説も,

---

1) 不可欠施設, 不可欠設備, ボトルネック設備など, 多数の呼び方があるが, その意味するところは同じであるので, 以下, できるだけ「EF」に統一して用いる。
2) 公正取引委員会「独占禁止法改正の基本的考え方について」（報道発表資料・平成 15 年 12 月 24 日）。
3) *E.g.,* Phillip E. Areeda, *Essential Facilities: An Epithet in Need of Limiting Principles*, 58 ANTITRUST L. J. 841 (1990). *But see also,* Spencer Weber Waller, *Areeda, Epithets, and Essential Facilities*, 2008 WIS. L. REV. 359 (2008).

Terminal Railroad 事件判決をはじめとする先例を否定するものではない。つまり，いわゆる EF 理論としてまとめられた単独の取引拒絶を違法と判断するための基準が危ういものである，ということを指摘するものである。EF と呼ばれる要素が，反トラスト法において無意味であるということではない。

とはいえ，今日において，EF について論じることに意味があるのだろうか。本稿では，いわゆる EF 理論としてまとめられる以前に，純粋な反トラスト法事件として処理された先例を再検討し，EF という要素がどのように考慮されるべきか，今日の独禁法において EF という要素をどのように扱うべきか，について考えたい。

## II　EF 理論の概要

### 1　判例の展開

米国における EF 理論の形成は，ボトルネックとなる施設を共同で保有し，その利用を拒絶することで競争者を排除する行為が違法とされた事例の分析から始まった。共同行為としての側面ではなく，ボトルネックを独占し排除する行為としての側面から分析することで，単独の取引拒絶においても同じ反競争効果が生じるのであれば同様に違法とすべし，というのが EF 理論である。

学説と下級裁判決を通じて発展した EF 理論は，MCI 事件判決において基本形を整えることになる。

1983 年，MCI 事件[4]では，原告 MCI が長距離電気通信事業に参入するために，被告 AT＆T の地方電話網への交換接続を要求した。連邦控訴裁は，MCI が長距離通信で競争するためには相互接続が不可欠（essential）であると認め，EF 理論によりシャーマン法 2 条違反の独占化行為であると判断した。

裁判所は，EF が認められる要件として，以下の 4 つを示した。

① 独占者による EF の支配。
② 現実的にまたは合理的に競争者がその EF を独自に設けることが不可能。
③ 競争者に対する当該 EF の使用の否定。

---

4) MCI Communications v. American Telephone and Telegraph Co., 708 F. 2d 1081 (7th Cir. 1983), cert. denied, 464 U. S. 891 (1983).

④　当該 EF の供給可能性。

　このようにして形を整えられた EF 理論であるが，連邦最高裁で採用されることはなかった。

　1985 年，*Aspen* 事件[5]では，原告は1つのスキー場を有し，同地区にある被告の有する3つのスキー場との共通券を発行してきたが，被告の不満により共通券は廃止され，その後の原告による共通券発行の提案も拒絶した。さらに，原告のスキー場と被告のスキー場の券をパックで販売しようとして，原告が被告スキー場の入場券を小売価格で入手しようとしたが，これも拒絶した。控訴裁は EF 理論を肯定したが，最高裁判決では EF 理論に基づくことなく，通常の独占化行為として違法と判断された。

　そして，2004 年，*Trinko* 事件[6]では，1996 年通信法により競争者とのアクセス義務を負う地域電話会社である Verizon が，競争者からアクセス義務を果たしていないと申し立てられ，連邦通信委員会（FCC）により改善命令を命ぜられた。その後，競争者の顧客である Trinko が原告となり，反トラスト法違反を理由に3倍額損害賠償を求めて提訴した。

　連邦最高裁は，1996 年通信法が反トラスト法の適用を妨げるものではないが，1996 年通信法による義務に反したことが直ちに反トラスト法違反になるわけではない，ということを確認している。そして，取引拒絶が反トラスト法違反となるのは例外的であり，競争者に対する支援が不十分であったことは反トラスト法違反とはならない，という一般論を述べ，EF 理論については肯定も否定もしないという立場をとっている。本件では，規制当局がアクセス義務を課し，すでに反競争的効果を抑止し是正していることから，シャーマン法2条の適用に消極的である。また，単独利用による利益をねらった投資がなされることは望ましいことであり，競争者に対する利用拒絶を違法とすると投資インセンティブを削ぐことになるので，単独の取引拒絶は競争促進効果を有すると指摘している。

---

5）　Aspen Skiing Co. v. Aspen Highlands Skiing Corp., 472 U.S. 585 (1985).
6）　Verizon Communications Inc. v. Law Offices of Curtis V. Trinko, 540 U.S. 398 (2004).

## 2 EF 理論の問題点

もともと，EF 理論を唱えた学説では，共同行為と単独行為の両方を予定していたが，単独の取引拒絶に特化した理論として発展した。それが，*MCI* 判決における4条件としてまとめられ，以後，EF 理論といえばこれを指すようになった。

① 独占者による EF の支配。
② 現実的にまたは合理的に競争者がその EF を独自に設けることが不可能。
③ 競争者に対する当該 EF の使用の否定。
④ 当該 EF の供給可能性。

具体的な行為は③の取引拒絶であり，①は現在の市場構造，②は競争者の参入可能性，④で現実に供給できるかを考慮するものである。単独の取引拒絶によって，今後の競争に与える効果を分析するものとなっている。

しかし，単独の取引拒絶を違法とすることに慎重な学説は，先行者利益を否定し，投資意欲を減退させるため，設備競争を阻害することを懸念する。また，EF の定義が不明確であると批判する。たしかに，上記の4条件は，いかにして EF を形成し支配するに至ったか，というプロセスの正当性を評価するようにはできていない。競争者に先んじて市場を開拓し設備投資を行った，その結果として EF を保持するに至った事業者であっても，自分だけで使い続けることができなくなる。そうであれば，最初にリスクを負って投資するよりも，競争者が EF を設置した後にそれを使用させてもらう方がよい，ということになる。*Trinko* 事件判決は事業法で規制されている分野との調整に限ったものと見ることも可能であるが，投資インセンティブに配慮する基本的姿勢が示されている。

とはいえ，シャーマン法2条の独占化行為の一環として，EF の供給拒絶が

---

7) A. D. Neale, The Antitrust Laws of the United States of America-A Study of Competition Enforced by Law (1st ed. 1960) at 131-137.
8) 3B Phillip E. Areeda & Herbert Hovenkamp, Antitrust Law (3rd ed. 2008) at 199. Marin a Lao, *Networks, Access, and Essential Facilities: From Terminal Railroad to Microsoft*, 62 S. M. U. L. Rev. 557, 558 (2009).
9) Christina Bohannan & Herbert Hovenkamp, Creation without Restraint: Promoting Liberty and Rivalry in Innovation (2012) at 316-317.

含まれることを否定するものではない。上記①〜④の EF の供給拒絶が直ちに 2 条違反となるものではない,ということに過ぎない。過去に実際に違反とされた事例において,いわゆる EF が存在していたことが反競争効果の認定に影響しなかったと結論づけるものでもない。

それでは,シャーマン法 2 条の独占化行為違反を認定し,その中に EF が含まれていた場合,これをどのように扱うべきであろうか。まったく考慮する必要がないのか,それとも,何らかの配慮がなされるべきなのか。米国において EF 理論が正面から適用されるようになる前の事例において,競争者の事業活動に不可欠と考えられた要素(EF)について,それを EF 理論としてではなく反トラスト法理論としてどのように扱ったのかを再検討する。

## III 初期における EF

### 1 初期判例の再検討

(1) *Terminal Railroad* 事件

*Trinko* 判決が EF 理論に消極的だったからといって,過去の判例が否定されたわけではない。最も初期の EF にかかる事例と位置づけられている *Terminal Railroad* 事件判決は,現在でも適切な判断がなされた事例であると評価されている。[10]

*Terminal Railroad* 事件では,ミシシッピ川の両岸を結ぶ 2 つの橋とフェリー,およびそこに達するために地理的に通過せざるをえないレールや連結施設を,被告鉄道会社 14 社の組織とその共同所有会社が,順次統合し所有していった。橋自体は有料で開放されていたが,そこに到るためのレールや連結施設等の使用も,組織への加入も,既存メンバーの全員一致の同意がなくては認められなかった。また,非メンバーが独自の施設を新たに設置することは,経済的にも地理的にも現実的ではなかった。

連邦最高裁は,特殊な物理的または地理的な条件により特定の施設を利用せざるをえず,それを利用する者すべてに公平な条件で利用させていない場合,

---

10) United States v. Terminal Railroad Association of St. Louis, 224 U.S. 383 (1912).

その施設の排他的な支配が州際通商の障害であり制限であるという明白な理由となる，と述べた。そして，被告の支配と所有はセントルイスの商業と川の東西の通商の違法な制限であり，かつ独占を企図する掌握である，としてシャーマン法1条および2条に違反すると判断した。政府は統合前の3つに分割するよう主張したが，裁判所は分割を命ずることなく，その利用を望む他の鉄道会社に対しても被告等と同一の便益と負担で使用させるよう，基本契約を変更するよう命じた。

この判決が評価されているのは，その解決方法である[11]。この判決の前年の1911年には Standard Oil 事件判決[12]が出されており，連邦最高裁は，独占化行為に対する措置として子会社の分離が可能である旨述べている。Terminal Railroad 事件においても，違法と判断した上で，2つの橋とフェリーという渡河手段を分離し3つの独立した会社にする，という判決を出すことも選択肢としてあり得た。しかし，裁判所は専門家証言を十分に考慮して本件判決を出した。

裁判所が依拠した専門家証言は，要約すると以下のようなものである[13]。どの大きな街の鉄道も，ターミナルは可能な限り統合（unify）すべきである。そのような統合は偉大な公共施設となり，州内・州際通商に計り知れない優位をもたらす。施設をばらばらにすると，必然的にシナジーが失われる。サービスを利用するすべての鉄道会社が共同所有者となり，支配と経営に等しく関心を持つようになるような条件で，施設を開放すべきである。これが利益を最大化し，非差別的に最も効率的なサービスを供給する方法である。

裁判所の選択肢は，統合により形成された EF を所有することによる市場力を存置するか，シナジーを犠牲にしても EF を解体し市場力を解消するか，であった。裁判所は，専門家証言に依拠して，EF を解体せず，シナジーを発揮しつつ，非差別的に利用できるように条件設定をすることにしたのである。もともと，被告らの間では，使用料を払って施設を使っていた[14]。そして，その使用料は，運営・保全費用をカバーする水準であり，施設運営会社に利益を上げ

---

11) Areeda, 58 ANTITRUST L. J., at 842.
12) Standard Oil Co. of N. J. v. United States, 221 U. S. 1, 80-81 (1911).
13) Terminal Railroad, 224 U. S., at 405-406.
14) Terminal Railroad, 224 U. S., at 400.

させるものではなかった。したがって，この事例では，非メンバーである鉄道会社に対して，新たに共同所有者に迎えたり，同等の料金で利用させたりすることが容易であった。

(2) *Associated Press* 事件

1945 年，*Associated Press* 事件[15]では，1,200 以上の新聞社からなる協同組合である Associated Press（以下，「AP」という）の内規が問題となった。AP はメンバー各社からニュースを収集し配信することを業務としており，メンバー各社はそれぞれの地域のニュースを AP に送り，配信されてくる全国のニュースを用いて新聞を発行していた。AP の内規は，メンバーが非メンバーにニュースを売ることを禁止していた。

AP への加入は，通常，評議会の承認により比較的容易に加入できたが，既存メンバーと同一地域の新聞社が AP に加入しようとする場合には，当該地域の既存メンバーは評議会の承認を妨げる権利を有していた。この防御権が行使された場合，加入を望む競争新聞社は多額の負担金を支払い，総会において多数票を得ねばならなかった。

司法省は，シャーマン法 1 条および 2 条に反するとして差止請求の訴えを提起した。

連邦最高裁は，AP の内規は，その規定自体から（実際に生じた）過去の効果を考慮せずとも取引制限を構成する，と述べ，地裁判決を支持した。非メンバーである競争者の手にメンバーの一切のニュースが渡らないように，AP の内規が非メンバーに対するニュースの販売を禁じた，と争いのない証拠によって示されていることが，ニュースの州際販売を妨げ制限したという地裁の認定を支持する根拠とされた。そして，AP のような比類なき規模のニュース集約組織からニュースを買うことのできない新聞社の著しく不利な立場，そして，既存メンバーの存在する都市への新規参入の困難，という効果を指摘した。

AP の内規は，創立時から競争者に対する加入拒否権が規定されていたが，訴訟や改正により限定されてきた[16]。本判決により，完全に既存メンバーとの競

---

15) Associated Press v. United States, 326 U.S. 1 (1945).
16) *Associated Press*, 326 U.S., at 10-11.

争関係を考慮せず，応募者の加盟を承認するかどうか審査することになった。

　新聞記事配信ネットワークという EF も，加盟メンバーが増えることによりシナジーが生じる。そして，鉄道ターミナルは施設能力の限界によって混雑等の問題が生じる可能性があるが，APのネットワークにはそのような心配はない。既存メンバーにとっても，同一地域における競争者の新規参入の可能性を除けば，シナジーによる利益を享受できるものであった。

### (3) *Otter Tail* 事件

　*Terminal Railroad* 事件も *Associated Press* 事件も，共同行為の事例である。EF を保有する拒絶行為者が単独である場合，より慎重な判断が必要である。*Otter Tail* 事件[17]は，電気事業者による単独の取引拒絶であり，*MCI* 事件判決にも影響を及ぼした判決である。

　1973年，*Otter Tail* 事件では，電気事業者による送電施設の利用拒絶が問題とされた。電気事業は，自治体により10〜20年のフランチャイズ権（電気の一手販売権）を付与された事業者が行い，自治体によっては公営で行うところもあった。Otter Tail は465の町で電気事業を展開する大手の電気事業者であり，その近隣では，自治体公営が45，地元電気事業者によるものが105あった。

　Otter Tail が供給していた12の町で，電気の一手販売権の期限が迫り，それを機に電気事業者の切り替えの議論が起こった。それらの町では，Otter Tail の電気の一手販売権を更新せず，町が自ら電力を小売することが計画された。そのため，外部から電力の卸供給を受ける必要があり，卸供給を受けるためには，Otter Tail に送電施設を利用させてもらう必要があった。しかし，Otter Tail は，送電施設の利用も，電力の卸供給も拒絶した。これに対する策を講じているうちに時間が経過し，議会は決定を撤回し，Otter Tail に電気の一手販売権を再付与した。

　連邦最高裁は，独占力を用いて競争を妨げ，あるいは競争上の優位を獲得したと述べ，独占化行為でありシャーマン法2条に違反すると判断した。

　この事例における Otter Tail は，送電と小売を行っており，送電における

---

17) Otter Tail Power Co. v. United States, 410 U.S. 366 (1973).

独占力を梃子として小売市場を独占化したものである。その送電における独占力は,送電施設により支えられたものであり,送電施設は自治体が電力事業を行う上で不可欠(essential)であると認定されている。[18] 連邦最高裁は,いわゆる梃子理論によりシャーマン法2条違反を認定した。送電施設という EF は,独占の梃子として機能していると説明するものである。

そして,Otter Tail の送電施設を自治体に利用させることについて,所有者である Otter Tail にはいかなる利益・不利益が生じるであろうか。この自治体につながる送電施設は十分に使われていない空きのある状態であり,自治体または Otter Tail 自身が使用しなければ無駄になる部分が大きい。自治体に使用させて利用料を獲得することは,Otter Tail の利益にもなる。

## 2 EF の供用方法

*Terminal Railroad* 事件や *Associated Press* 事件では,競争者間の共同行為という側面もあったため,標準化団体にも似た性質を有しており,開放させることが適切であったのだ,という見方もできる。しかし,EF には開放させた方がよりシナジーを増大させる場合がある,という点に着目するなら,事業者が単独で所有する EF であっても,他の事業者にも供用することでシナジーを増大させることができる場合があり得る,ということを意味する。[19] *Otter Tail* 事件も,その一例である。

どのような場合に,どのように開放させるか,が次の問題となる。抽象的には以下のような考え方になるであろう。[20]

まず,(1)共用することによってシナジーが生じる EF であること,が必要である。それには,以下の2点を見ることになる。(a)EF を使用する事業者らの製品について品質の向上やコスト削減になること。その反面で,(b)既存の EF 所有者のコストを上げず,生産能力を制限するものでないこと。

---

18) *Otter Tail*, 410 U. S., at 387-388.
19) Lao, 62 S. M. U. L. REV., at 595.
20) 次の文献を参考にし,自己の理解によりアレンジした。Stephen M. Maurer & Suzanne Scotchmer, *The Essential Facilities Doctrine: The Lost Message of Terminal Railroad*, 5 CALIFORNIA L. REV. 278, 303-304 (2014).

次に，EF 理論の問題としてはあまり意識されてこなかったが，EF を共用することにより，所有者と利用者らの間で競争制限的な協調行動をとらないような仕組みが必要である。したがって，(2)EF の共用がカルテルを形成しないような仕組みになっていること，が必要である。そして，その仕組みは，(c) EF の共用がない場合よりも消費者の利益となるような仕組みであること，(d) 他に先んじて施設に投資するインセンティブを維持するような仕組みであること，が要求される。

　このような条件を満たす可能性のある分野として，従来から議論の対象とされてきたのは，ネットワーク，プラットフォーム，規格標準化などである。上記(2)の(c)を確保するためには，非差別的条件だけでなく，非利益的な水準の料金に設定することが望ましい[21]。非差別的条件のみ要求すると，カルテルと同様に利用料金を引き上げ，利益を運営会社に蓄積し配当するなどの方法により，市場価格よりも価格を引き上げることが可能だからである。他方で，(d)のような設備投資を続けていくよう促すためには，施設所有者が利益を確保できるような水準に料金設定することが必要かもしれない。橋やターミナルのように一度整備してしまえば運営・保守費用を確保すればよい分野と，技術進歩が早く設備の更新が短期でなされるような分野とでは，異なるかもしれない。

　以上のように，EF の供用には，従来から単独の取引拒絶の文脈で議論されてきた(b)(d)といった条件と同時に，共同行為としての(c)の条件の両方が必要になる。

## IV　今日における EF の利用方法

### 1　違法性判断の一要素としての EF
#### (1)　反トラスト法
「EF を有する者はそれを他の者と分け合う義務を負い，それを拒絶したことは反トラスト法または競争法に違反する」という *MCI* 判決で示されたような単独の取引拒絶を違法とするための EF 理論は，今日では積極的に採用され

---

21)　経済学的説明は，次の文献を参照。Maurer & Scotchmer, 5 CALIFORNIA L. REV., at 286, 314-316.

る気配はない。上記のように，単独で所有し続けるよりも競争者と共用する方がシナジーを生じ EF 所有者にとっても利益になる場合がある，といっても，他に先駆けてリスクを負担し投資した結果として保有することになった EF について，自身のみで使用したいと考える心情には配慮が必要であるし，それは投資インセンティブと密接に関連してくる。したがって，MCI 判決のような単独の取引拒絶を違法とする EF 理論は，そのまま採用することは難しい。

EF により，現実または潜在的な競争者を排除し，独占を拡張することは望ましくなく，これを規制することは，その目的においては，広義の反トラストの目的に沿っている[22]。

伝統的な違法性認定の手法として，独占の梃子の理論がある。ある市場にいて独占力を有する事業者が，その独占力を用いて隣接する市場をも独占する行為であるとされる[23]。川上市場において独占力を有する事業者が，川下市場において必要とされる投入要素の供給を拒絶し，自らあるいは密接な関係のある事業者が川下市場において独占力を獲得する危険な蓋然性（dangerous probability）がある行為である。独占の梃子は，ボトルネックに限らず他の市場における独占力を利用してなされる行為であるが，ボトルネックを保有している場合にはより深刻な排除であることを示すことができる。Otter Tail 事件判決のように，独占の梃子として EF を用いている場合には，EF をそのような認定の要素として評価することは問題ない。

1980 年代に経済学の見地から示された手法として，ライバル費用引き上げ戦略（以下，「RRC」という）がある。ライバルが必要とする投入要素の供給を拒絶することで，ライバルの費用を引き上げ，競争力を弱めることで排除する，という戦略である。ボトルネックとなる EF を保有している場合には，容易にこの RRC を実施することが可能となる[24]。Otter Tail 事件も，送電施設を使わせ

---

22) Robert Pitofsky, Donna Patterson, Jonathan Hooks, *The Essential Facilities Doctrine under U.S. Antitrust Law*, 70 ANTITRUST L. J. 443, 452 (2002).

23) *E.g.*, Barkey Photo, Inc. v. Eastman Kodak Co., 603 F. 2d 263 (2d Cir. 1979), *cert. denied*, 444 U. S. 1093 (1980).

24) Thomas G. Krattenmaker & Steven C. Salop, *Anticompetitive Exclusion: Raising Rivals' Costs to Achieve Power over Price*, 96 YALE L. J. 209 (1986). ボトルネックあるいは EF を保有する事業者による RRC が 1 つの類型として扱われている。

ないことで電力小売市場の競争者（自治体）を排除し独占を再獲得しようとした事例であり，独占の梃子でもあり，RRC ともとらえることができる。

(2) 欧州競争法

欧州においても，一時期，EF 理論が積極的に論じられ，委員会がこれを取り入れたことがある。以下は，その概略のみを示す。[25]

1992 年，*B & I* 事件委員会決定[26]は，取引拒絶ではなく，不利益変更による差別的取り扱いの事例であるが，委員会は EF 概念を用いて濫用行為を認定している。

1994 年，*Sea Containers* 事件委員会決定[27]では，新規参入者に対する港湾施設の使用の拒絶が問題となった。委員会は，支配的地位を認定し，EF の供給において支配的地位を有し自ら使用する事業者は，客観的な正当化理由なく，当該 EF へのアクセスを拒絶し，または自己よりも不利な条件でのみアクセスを認める場合には，競争法 82 条（現 102 条）の他の要件を満たす限りにおいて違反である，とした。

1998 年，欧州委員会は，「電気通信分野におけるアクセス協定に対する競争法の適用に関する告示」（以下，「アクセス告示」という）[28]を定めた。このアクセス告示は，電気通信分野にも EF 理論が適用され競争法 82 条（現 102 条）違反となりうることを示すとともに，EF 理論が適用される基準を示した。

他方，欧州裁判所は，*Oscar Bronner* 事件判決[29]，そして，*IMS Health* 事件判決[30]と，市場支配的地位の濫用を認定したが，EF 理論を用いなかった。

2009 年，委員会が出した，「支配的地位の濫用による排除行為に対する EC 条約 82 条の適用指針」[31]では，支配的地位の濫用に当たる供給拒絶の考え方が

---

25) もう少し詳しい紹介は，拙稿「モバイルプラットフォームとエッセンシャル・ファシリティ理論」川濱昇 = 大橋弘 = 玉田康成編著・モバイル産業論——その発展と競争政策（2010）165 頁，174〜185 頁。
26) B & I Line v. Sealink, [1992] 5 CMLR 255.
27) Sea Containers v. Stena Sealink, OJ 1994 L 15/8.
28) EC Commission, *Notice on the Application of the Competition Rules to Access Agreements in the Telecommunications Sector: Framework, Relevant Markets and Principles*, OJ 1998, C 265/2.
29) Oscar Bronner v. Mediaprint, Case 7/97, [1998] ECR I-7791.
30) IMS Health v. NDC Health, Case C-418/01, [2004] ECR I-5039.

示され，その拒絶対象の例の1つにEFとネットワークが含まれている。EF理論についての特別の記述はなく，委員会がEF理論を用いた先例は供給拒絶の事例として扱われている。

### (3) 競争制限効果の認定におけるEF

「EFを保有する事業者は，競争者にEFを供給する義務を負う」という意味でのEF理論は，米国でも欧州でも，そのまま単純に適用するという運用はできない状況にある。競争者にとって不可欠であるというだけで供給義務を負うことは，投資インセンティブを削ぐ効果が生じる。このような素朴なEF理論では，拒絶の対象となった商品・サービスが「EF」に該当するか否かが決定的であるため，EFであることを認定するために考慮しなければならない要素を追加することが必要になる。しかし，それは簡単ではなく，また，具体的事例における反競争効果を検討することなく違法とすることに対する危惧は強い。

他方，EF（不可欠）であることに加えて，当該事案における反競争効果と正当化理由を検討するのが，現在の欧州のアプローチである。競争制限効果を認定した上で，市場支配的地位の濫用を違反とする，あるいは，独占化行為を違反とするのであれば，それは，通常の違法性判断の手法と変わらない。EFという概念を用いることで，競争制限効果の発生するプロセスを分析するものにすぎない。

日本の独禁法においても，EFの存在それ自体ではなく，競争制限効果に着目して判断されることに違いはない。例えば，公取委と総務省による電気通信ガイドラインでは，競争制限効果の生じやすい状況の説明について，「不可欠性」あるいは「ボトルネック設備」などの文言とともに考え方が示されている[32]。

### 2 解消措置としてのEFの開放

EF理論としてではなく，EFの有するボトルネックとしての性質を考慮し

---

31) EC Commission, *Guidance on the Commission's Enforcement Priorities in Applying Article 82 of the EC Treaty to Abusive Exclusionary Conduct by Dominant Undertakings*, OJ 2009, C 45/7.

32) 公正取引委員会・総務省「電気通信事業分野における競争の促進に関する指針」（平成28年5月20日）。

た法運用は，従来から採用されている。共同行為によりネットワークを構築する，プラットフォームを形成する，規格を標準化する，などの場合である。共同行為として評価する場合には，シナジーは前提であり，米国反トラスト法の先例が示したように，合理的な条件を設定することが求められてきた。

　抽象的には，合理的かつ非差別的な条件で EF の利用を認める，というのが，共同で EF を保有するに至った場合の解消措置となる。ただし，共同行為も多種多様であり，少数で密接な関係の閉鎖されたものから，広く開かれたものまである。EF の開放が違法性の解消措置として役立つ場合もあるが，常に妥当するものではない。

　単独で保有する EF の開放については，なおさら慎重になる必要がある。ある取引拒絶を違法であると評価した場合に，取引義務を課すことが可能か，取引義務を課したとして，取引条件や価格についてどこまで義務づけが可能か，が問題となる。独禁法では，従来，明示的に取引義務を課した例はないが，事案によっては，事実上，取引せざるをえない形での排除措置命令を命じることは不可能ではない。[33] 取引条件についても，事案によっては，非差別的な条件での取引を命じることが可能であろう。ただし，取引条件は当事者の交渉によって決めるものであり価格は市場で決まるものである，という姿勢を貫く限りは，取引価格等を指定することは難しい。[34] 正面から，EF を開放する取引条件を設定して供用を義務づける，という法運用は現実的ではない。[35]

　他方，事業法においては，競争上不可欠なボトルネック施設について競争者に供給するよう規制している。例えば，電気事業，ガス事業，電気通信などに

---

33) ぱちんこ機製造特許プール事件（勧告審決平成 9・8・6 審決集 44 巻 238 頁）においては，排除措置として，「ぱちんこ遊技機の製造に関する特許権又は実用新案権の通常実施権の許諾をしないことにより，同遊技機の製造分野への参入を排除する行為を行ってはならない。」と命じている。

34) 公取委は，価格カルテルに対する排除措置命令でも，値下げ命令は出していない。価格は市場メカニズムにより決定されるべき，との考えによる。EF の開放の場合，まず，非利益的な料金設定にするのか，合理的な費用に適切な利潤を上乗せした価格にするのか，投資インセンティブに配慮して EF 所有者の正当な利益として独占価格を認めるのか，といった点をクリアーにした上で，具体的な料金水準等の取引条件に介入しなければならない。

35) 拙稿「情報通信産業における事業法と競争法」依田高典＝根岸哲＝林敏彦編著・情報通信の政策分析――ブロードバンド・メディア・コンテンツ（2009）135 頁，148〜149 頁参照。

おける接続義務である。参入規制により独占が認められたり，公的資金による補助がなされてきた事業分野については，投資インセンティブについて問題になりにくい。また，接続料金についても，省令等の定めの下に規制されてきた。いわゆる EF 理論ではなく，EF の特性である「不可欠性」や「ボトルネック」を意識して規制されている[36]。

以上のように，EF 保有者が単独で取引拒絶する行為を独禁法違反とするための EF 理論は採用されなかったが，経済規制法として競争を導入するために EF を供用させる規制が，すでに実際に導入されている。

## 3 独禁法改正と EF

日本の独禁法において，EF であることの認定はどのような意味があるのか。米国における *MCI* 判決のような EF 理論は，独禁法における違法性判断基準として受け入れることはできなかった。独禁法 3 条あるいは 19 条を用いる以上，競争の実質的制限あるいは公正競争阻害性という反競争効果を無視するような内容の EF 理論を用いることは，条文上ありえない。しかし，取引拒絶の反競争効果を導く過程の分析において，EF 理論における考慮要素を検討することは有益である。EF に該当するという認定は，その拒絶自体から違法性が示されるものではなく，反競争効果を立証する間接事実の1つとして扱われることは確かである。そして，違反行為の認定において，反競争効果が生じる仕組みを判断する際に，EF が作用していることを示すことに意味がある。

2016 年，「環太平洋パートナーシップ協定の締結に伴う関係法律の整備に関する法律案」が提出され，審議中である。独禁法違反の疑いについて，公取委と違反の疑いがある者との間の合意により自主的に解決する制度が導入される

---

[36] 岸井大太郎「ネットワーク産業における規制改革の展開と課題──『市場形成』型規制と競争政策」日本経済法学会年報 36 号（2015）3 頁，鳥居昭夫「ネットワークにおける市場支配力──ボトルネックの議論を主とした経済学的アプローチ」岸井大太郎＝鳥居昭夫編・情報通信の規制と競争政策──市場支配力規制の国際比較（2014）11 頁，舟田正之編・電力改革と独占禁止法・競争政策（2014）40 頁〔舟田正之〕，石岡克俊編著・電気通信事業における接続と競争政策（2012）27 頁〔佐藤真紀〕，友岡史仁・ネットワーク産業の規制とその法理（2012）103 頁など。米国においても，電力分野における規制は，EF のコントロールを目的として行われてきた部分がある。Joseph R. Coker, *Saving Otter Tail: The Essential Facilities Doctrine and Electric Power Post-Trinko*, 33 FLA. ST. U. REV. 231, 250 (2005).

見込みである。その要綱では，「独占禁止法違反の疑いに係る公正取引委員会の通知を受けた者が，その疑いの理由となった行為を排除するために必要な措置に関する計画を作成して公正取引委員会の認定を申請し，公正取引委員会が当該計画を認定した場合には，排除措置命令及び納付命令をしないこととすること」とされている。

この制度が導入されると，違反の疑いを受けた事業者が，排除措置計画の中で EF を自ら開放する，ということが可能になる。

これまで，EF 理論を独禁法で使うことについては，設備競争や先行投資に対する悪影響の可能性が考えられた。さらに，独禁法違反とした上で，その排除措置命令で取引を強制することができるのか，利用料金等の取引条件に介入できるのか，という疑問もあった。公権力により法執行する側だからこそ，これらのためらいが生じ，実際に EF 理論は導入されなかったし，取引強制を直接命じるような法執行もしてこなかった。

しかし，事業者が自ら EF を開放し供用するなら，このような問題は生じない。公取委が企業分割を命じることはためらわれるが，企業結合規制に際して，結合当事会社から問題解消措置として自主的に事業の一部を切り離すなどの申し出を受けるのと同様である。競争制限効果の発生過程に EF が存在し作用していることを示すことは，事業者が競争制限効果を適切に排除する措置を計画するために必要である。今日，独禁法において EF を論じることの現実的な意義は，排除措置計画を適切に設計するためにあるのではなかろうか。[37]

まだ改正案の段階であり，実際の排除措置計画の例は存在しない。しかし，企業結合事例の問題解消措置には，参考となる事例がある。JAL・JAS 事業統合事例[38]において，当事会社は，新規参入を促進するための措置として，羽田空港発着枠の返上，空港施設の提供，各種業務の受託等を申し出た。新規参入する航空会社にとって，発着枠および施設は EF である。もちろん，JAL・JAS

---

[37) もちろん，排除措置計画を申請しない事業者も考えられるが，私的独占の排除行為であれば課徴金が用意されており，これを回避するため排除措置計画を申請することになるだろうと見込まれる。

38) 公正取引委員会「平成 13 年度　年次報告」235 頁，平成 13 年度主要な企業結合事例：事例 10。

はEFを保有し独占しているわけではないが，EFの供用の可能性を開いたといえる。ただし，これによって生じるシナジーは，空港での乗り継ぎ程度で限定的である。また，発着枠の返上は当事会社にとって不利益となり，これを命じることは困難である。当事会社による自主的な問題解消措置だからこそ可能だったといえる。そして，事前に公取委が独禁法上の問題点を具体的に指摘していたからこそ[39]，自主的に的確な申し出が可能となったのである。

　私的独占等でEFが競争制限効果を生じさせる事例があった場合，この仕組みを具体的に指摘することにより，事業者が自主的にEFの供用を排除措置計画に盛り込むことが可能になる。公取委が，取引強制をすることや，価格等の取引条件を設定することは必要ない。今回の独禁法改正が実現し排除措置計画の制度が導入されれば，EFの有するボトルネックとしての特性を具体的に解消する手法が実現する可能性がある。「EFを保有する事業者は，競争者にEFを供給する義務を負う」という素朴なEF理論は消え去っても，EFに着目した競争制限効果発生の仕組みの分析は，独禁法においても具体的・現実的に意味を持つものとして再び注目すべきものになると考えられる。

（2016年10月脱稿）

　＊　本稿は，特定課題研究費（2014・2015年）による研究成果の一部を含む。

---

39) 公正取引委員会「日本航空株式会社及び株式会社日本エアシステムの持株会社の設立による事業統合について」（報道発表資料・平成14年3月15日）。

# 単独効果の理論的基礎
―― 水平的企業結合規制の再検討

川　濵　　　昇

I　問題の所在
II　企業結合規制の展開
III　経験と理論――対立ではなく補完
IV　単独効果をめぐって――支配企業理論と非協調寡占
V　残された課題――協調寡占と競争寡占再び


## I　問題の所在

### 1　背景――市場支配力分析の洗練化

　独禁法第4章が規制する株式取得・合併等のいわゆる企業結合は，それによって「一定の取引分野における競争を実質的に制限することとなる」場合に禁止される。これは「市場支配力の形成・維持・強化」をもたらす蓋然性があること（以下，このような場合を「市場支配力の形成等」と呼ぶ）と解されている。若干の表現上の差異はあるものの，米国，EUをはじめ多くの国でこれと同様の基準が採用されている。企業結合によって変容した市場構造の下で市場支配力の形成等が生じるか否かの判断は，様々な要素がかかわる難問である。それを明確にするべく各国でガイドラインが公表されている。わが国では2004年以来，国際標準と目されている判断枠組みが採用されている。すなわち，①市場

---
1)　市場支配力とは，特定の事業者または事業者集団が，その意思で，ある程度自由に，価格，品質，数量，その他各般の条件を左右できる状態のことを意味する。

シェアが市場支配力を測定する上で意味ある形で市場画定を行い（仮定的独占者基準），②HHI（市場企業のシェアの自乗の合計値）を用いて審査対象を選別し，③市場支配力の形成等の発生メカニズム（機序）のタイプを単独型，協調型に区別し，さらに前者を同質財と差別化財に分類し，それぞれに応じて反競争効果の発生を評価するという判断枠組みを採用し，審査基準の明確化を図っているのである（以下では単独型，協調型それぞれの反競争効果を「単独効果」，「協調効果」と呼ぶ）。このような枠組みは米国で1982年[2]，1984年[3]の司法省の企業結合ガイドラインを経て，1992年の司法省・FTC共同の水平的企業結合ガイドライン[5]で確立されたものである。[4]

この枠組みの下で，米国を中心に理論的，計量的に洗練された分析手法が開発されてきた。2010年に公表された米国の水平的企業結合ガイドライン[6]は，その成果を取り入れたものである。なかでも，市場画定と市場集中度を経ることなく市場支配力の形成等を判断する「直接的」手法をはじめとして，法律家には見慣れない計量的技巧が言及されていた。新たな技法の利用可能性や従来の手法の限界等をめぐって世界的に議論を巻き起こした。

わが国でも，2012年日本経済法学会では「企業結合規制の新たな課題」をテーマにシンポジウムが行われ，上記の問題についての報告も行われた。とりわけ，瀬領真悟「企業結合規制における市場支配力立証の新展開」[7]は2010年ガイドラインの市場支配力分析の新機軸を丁寧に説明し，その利点と問題点を的確に指摘した。また，武田邦宣「企業結合規制における定量的評価と定性的評価」[8]はそれまでの公取委の企業結合審査ないし事例公表の特性を「定型的分

---

2) U.S. Department of Justice Merger Guidelines (1982).
3) U.S. Department of Justice Merger Guidelines (1984).
4) 本稿では，米国のMergerを原則として企業結合と訳すが，慣例により合併と訳す場合もある。コンテクストで了解可能なので混乱はないものと考える。
5) U.S. Dep't of Justice & Fed. Trade Comm'n, Horizontal Merger Guidelines (1992) (Hereinafter as 1992 Guidelines).
6) U.S. Dep't of Justice & Fed. Trade Comm'n, Horizontal Merger Guidelines (2010) (Hereinafter as 2010 Guidelines).
7) 瀬領真悟「企業結合規制における市場支配力立証の新展開——水平型企業結合規制を対象として」経法33号（2012）18頁。
8) 武田邦宣「企業結合規制における定量的評価と定性的評価」経法33号（2012）42頁。

析手法」としてまとめ，ガイドラインの考慮要素を列挙しつつ，その総合的衡量の方法についての理路が明らかでないなどといった問題点を指摘し，新機軸としての定量的評価の導入の意義とともに，定性的評価の重要性も明らかにした。これらの報告に対して，「経済分析」導入の当否等が議論された。

## 2 わが国の現状と問題点

　上記二論文はわが国における今日の到達点を示すものであるが，にもかかわらずその内容が法律家に広く理解され，活発な議論が展開されているとは言い難い。他方，公正取引委員会競争政策センターが公表した報告書等では1で触れた種々の手法に依拠した研究や解説が多数見られる。また，最近の企業結合公表事例では「経済分析」が既に活発に利用されていることが示されている。[9]「経済分析」の位置づけをめぐる法律家の議論を置き去りに実務が先行している印象がある。法律家における活発な議論を妨げている事情は何だろうか。まず第一に「経済分析」なる言葉に対する理解の差異があるように思われる。そもそも「経済分析」導入の当否という表現も奇妙である。企業結合による市場構造の変化が市場支配力の形成等をもたらすという評価には何らかの経済的な理論的基礎が必要なはずである。もちろん，先の「経済分析」がこの四半世紀の間に米国等で活発に利用されている手法を指すのであれば意味はつながるが，それではそれと伝統的手法との違いはどこにあるのか，そもそも伝統的手法の経済的基礎はどこにあるのだろうか。

　最近の企業結合規制の文献では，「経済分析」という表現が，もっぱら実証分析ないし計量経済学的手法を意味する例が多いことにも注意が必要である。[10][11]この四半世紀の間，社会科学全般で実証分析が強化され，米国では法学研究全般においても（法と経済学に限らず）実証分析が重視されている。この意味での

---

9) たとえば，公正取引委員会「平成27年度における主要な企業結合事例について」事例3（自然実験による競合関係の推定），事例9（Gross Upward Pricng Pressure Index の推定等）を参照。

10) 実証分析（empirical analysis or studies）は，経済学では計量経済学と一致する。主として統計的手法に依拠した経験分析のことである。訳語として経験的研究が当てられることもある。実証分析は経済学に限らず，広く社会科学全般で用いられている。法律家向けに実証分析を解説する好著として，森田果・実証分析入門（2014）を参照。

経済分析に関しては，わが国の裁判所が計量的な証拠を適切に判断できるのかという点が問題となる。もっとも，これは独禁法だけの話ではない。多くの法分野で実証分析・計量的手法をどのように実務で利用すべきかが問われている。実証分析の法実務での利用が際立つ商法では，この問題の検討が進められている[12]。実証研究に関心のある法学者は若手を中心に近時増加しつつあるが，独禁法の分野ではごく一部を除けば，その関心はかなり低いようである。しかし，実証分析の手法に関するリテラシーは，他の法分野以上に求められているはずである[13]。もっとも実証分析と言っても後述する Merger Simulation のような高度にテクニカルな手法に法律家が通暁することは困難だし，必要もない。この場合には，高度な科学的証拠の評価の問題の一環ということになろう[14]。もっとも，計量テクニックの細部に通じる必要はなくとも，その背景にある経済的基礎をわきまえておかないと，法的な議論自身が成り立たない。実験アプローチで，当該実証分析がなぜ因果効果の説明について有益であるかの基本的な理解がないと，隣接分野の成果を立証や政策に役立てることもできない。

ところで，独禁法において「経済分析」という場合，従来は実証分析よりも経済理論を意味することが多かった。実際，理論的基礎なしには企業結合の定量的な分析も定性的な分析もできない。それではこれまでの企業結合の理論的基礎はどのようなものだろうか。協調効果については経済的基礎は比較的明瞭[15]

---

11) 公取委担当者による最近の解説書である，田辺治＝深町正徳編著・企業結合ガイドライン (2014) 第3部「企業結合審査における経済分析」は定性的な分析も含めた広義の実証分析を扱っている。なお，主要な企業結合事例で経済分析として言及されているのも計量経済学的手法である。

12) たとえば，黒沼悦郎「金融商品取引法における株式市場価格の意義と利用」商事 2076 号 (2015) 9頁，12〜15 頁は，裁判所がマーケットモデルを利用した損害額の算定に習熟していないと指摘して，裁判所が統計学に習熟することと当事者による分かり易い専門家意見書の提出を要請している。

13) 川濱昇「独禁法と経済学」日本経済法学会編・経済法講座第2巻 独禁法の理論と展開(1) (2002) 39頁，88頁注 140 で指摘した状況が独禁法においては続いているように思われる。

14) この問題に関する民事訴訟法上の課題については，笠井正俊「民事裁判と科学」長谷部恭男＝亀本洋ほか編・岩波講座 現代法の動態第6巻 法と科学の交錯 (2014) 137 頁以下参照。なお，津田敏秀＝山本英二「疫学的因果関係」同書 93 頁以下も参照。

15) これに関するゲーム理論的基礎の法律家向けの解説として，川濱昇「カルテル規制の再検討――合意の機能と協調促進的慣行」論叢 140 巻 5＝6号 (1997) 155 頁参照。

であり，Ⅱで見るように法律家にとって長年なじみのあるものとなっている。ところで，単独効果は一見したところ法律家にとって分かり易いように思われるが，その分析道具は理論的にも実証的にも大きく進歩した。実際，1 で見た近時の発展のほとんどが単独効果に関するものである。

　ところが，単独効果に関する法律家の理解は世代によってまちまちのようである。単独効果は同質財と差別化された財で区別されるが，ゲーム理論革命以降の経済学に慣れ親しんだ法律家は，それぞれクールノーナッシュ均衡，差別化されたベルトランナッシュ均衡で理解する向きが多いかもしれない。他方，古典的な理解の下ではドミナンス理論（支配企業理論）で説明される例も多いように思われる。一見厳密な前者の枠組みであっても，教科書的なモデルとは異なっている。Merger Simulation は企業の費用条件と戦略変数，需要の状況その他のパラメーターを厳密にモデル化し，パラメーターを推定して企業結合のもたらす影響を見るものであるが，モデル化における仮定に様々なものがある。それでは，わが国のガイドラインはどのような理解を示しているのだろうか。ガイドラインは考慮事項を列挙しているだけであり，どのようなメカニズムで市場支配力の形成等がもたらされるのかについての理論は明示していない。また，公表事例は近時比較的詳しくなったものの，ガイドラインに列挙されている各考慮要素に言及して，総合考慮の結果として反競争効果の存否が書かれるだけであり，「思考過程や判断の根拠が不透明であ」[16]ることは否めない。もっとも，上述した「経済分析」利用の傾向など，近時の事例からは理論的に洗練された審査が行われているのではないかと忖度できるが，具体的にどのような理論かは憶測に頼らざるを得ない。正式な命令や訴訟による企業結合事件の解決が当面出そうにないため，審査過程の詳細は当事会社と公取委にしか分からない。憶測でしか判断できないため，独禁法学者が反競争効果の発生メカニズムについて詳しい検討を行うことに関心がないのもある意味では仕方がないのかもしれない。しかし，実態が明らかでないがゆえに，どのようなメカニズムで反競争効果を審査すべきであるのかという判断基準を法学の側が準備する必要があろう。

---

16) 武田・前掲注 8) 45 頁。

### 3 本稿の課題

2で述べた課題のうち，本稿はこれまで法学者による理解が十分ではなかったと思われる，水平的企業結合における単独効果の理論的基礎に焦点を合わせる。単独効果をめぐる経済学の議論は極めて多く，その立証手段として提唱されるものも多種多様である。それらを概観することは到底できない。単独効果というと，圧倒的なシェアを有する支配的企業を前提とする支配企業理論（ドミナンス理論）ないしそれと同様の発想で理解されることが多い。しばしば，1992年ガイドラインで単独効果が新たに問題となったことが指摘されるが，支配企業理論はある意味で常識なのになぜこれが問題となるのか。あるいはドミナンスでは不十分であり，寡占も問題だという見解が直ちになされよう。寡占への対策としての企業結合規制という問題設定は，わが国においても半世紀以上前からある問題である。そして，単独効果において寡占がまさに現在の焦点なのである。

ゲーム理論に依拠してこれらを整理するのはたやすいが，今日のゲーム理論の整理が普及したのはそれほど古い話ではない。ここでは歴史的な叙述を通じて理解を図る。米国の企業結合規制とりわけガイドラインの歴史を辿ることで背景の理論の変遷が見えてくる。現在のわが国の企業結合ガイドラインを見れば分かるように，米国の企業結合規制の影響は大きい。わが国を含む多くの国で，企業結合規制例が稀だったとき，実務的にも理論的に先行していた米国の企業結合規制は我々の思考枠組みを規定していた。Ⅱでその変遷を辿って，多くの法律家の先入観として存在する企業結合が競争を害するメカニズムについての思考枠組みを析出する。Ⅲはその中で，特に重要である集中度→市場支配力の枠組みについて，実証研究が有益であるための条件及び理論的考察との関係を論じる。Ⅳでは単独効果を支配企業理論と寡占理論の双方に照らして検討し，近時の経済分析の先端に対して法律家が有する認識論上の障害を析出する。最後に，Ⅴで本稿で言及できなかった今後の課題を展望する。

## II　企業結合規制の展開

### 1　市場構造推定則──寡占規制

　米国では，1963年の Philadelphia National Bank 事件最高裁判決で[17]「関連市場において不当な市場シェアを支配する企業を生み出し，かつ集中度の有意な増大を生ぜしめる企業結合は本質的に競争を実質的に減殺するおそれがあるので，当該企業結合がそのような反競争的効果を有するおそれがないことを明白に証明する証拠が存在しない限り，当該企業結合は禁止される」という，市場集中度とシェアによる推定則が確立された[18]。その後の一連の判例でかなり低い集中度とシェアで推定がもたらされ[19]，1968年司法省のガイドラインの極めて低い閾値の市場構造基準に至った[20]。1968年ガイドラインでは，水平的企業結合についてどのような作用機序で競争への害が生じるかについての理論的説明はなく，もっぱら集中度に基づいて議論が展開された。これらの基準はわが国でも独占の規制から寡占的市場構造の規制への変化と理解されていた[21]。

　この推定則は，市場集中度が超過利潤＝市場支配力をもたらすことを示す経験的研究（実証分析）に依拠していた[22]。それらの実証研究は，集中度と企業収益（超過利潤＝市場支配力）についてクロスセクションの回帰分析に基づくものである。市場構造の悪化を問題視するというのが1970年代までの反トラスト法及び産業組織論の潮流であった（SCP パラダイム）[23]。そこでは，企業結合が市場支配力を発生させるメカニズムについての理論的説明はなく，高集中度が市

---

17)　United States v. Philadelphia National Bank, 374 U.S. 321 (1963).
18)　374 U.S. at 364-366. この判決の法廷意見は Brennan 判事のものだが，当時ロークラークだった Posner が草稿を執筆したことが知られている。See, Philadelphia National Bank at 50: An Interview with Judge Richard Posner, 80 Antitrust L.J. 205, 205-06 (2015).
19)　林秀弥・企業結合規制（2011）219～221頁参照。
20)　U.S. Department of Justice Merger Guidelines (1968)（Hereinafter as 1968 Guidelines）. たとえば，4社集中度75以上の場合，4% 企業が4% 以上の企業を買収するだけであっても規制される可能性が高いとされる（I-4）。
21)　たとえば，実方謙二・寡占体制と独禁法（1983）162～167頁，179～182頁参照。
22)　374 U.S. at 362-365.
23)　川濱・前掲注13）53～54頁参照。

場支配力をもたらすという経験則から,高度集中をもたらす企業結合をターゲットにするという立場が採用されたのである。

## 2　1982年ガイドラインの登場──シカゴ学派の影響

周知のように1970年代後半から,1で述べた潮流は強く批判されることになった。批判は多岐にわたるが,依拠していた経験研究の問題点としては,集中度が超過利潤と相関するとしても,それが市場支配力の原因とは限らないことがある[24]。確かに,集中度と利潤(ないし価格)との相関は多くの産業で見られる[25]。しかし,集中度の因果効果であることは示されていなかった。

そのため,集中度が市場支配力をもたらすことを示す理論的説明が必要となる。そこで持ち出されるのは市場集中度が高いと協調的行動(違法なカルテルと暗黙の協調を含む)が容易になるという仮説である。集中度の高いことに加えて,市場や企業行動が一定の特性を持てば協調的行動が行われやすくなるというのは,1964年のStiglerによる寡占論文が象徴するようにシカゴ学派も同意するものであったが[26],集中度だけでこれが判断できるというわけではない。

このような知的前提で公表されたのが1982年(1984年改訂)の司法省企業結合ガイドラインである。これ以降,企業結合規制の実体は判例法よりもガイドラインが規律するという状況が顕れてきた[27]。仮定的独占者基準と市場集中度の指標としてHHIとその増分を採用するなど現代的ガイドラインのプロトタイプであるこのガイドラインは,最高裁の推定則を前提としながらも,企業結合

---

24) いわゆるシカゴ学派からの批判は邦語文献でもよく紹介されてきたが,批判する側の問題点も含めたSCPパラダイムの実証研究としての問題点については,Peter Davis and Eliana Garcés, Quantitative Techniques for Competition and Antitrust Analysis, 292-299 (2010) が有益である。会計利潤の解釈をめぐる問題点も著名だが,本稿では省略した。なお,次注の文献にあるように「価格」との相関を示す研究も数多く存在する。

25) Richard Schmalensee, Inter-Industry Studies of Structure and Performance, in 2 HANDBOOK OF INDUSTRIAL ORGANIZATION 951, 988 (Richard Schmalensee & Robert Willig eds., 1989).

26) George J. Stigler, "A Theory of Oligopoly", 72 J. POL. ECON. 44 (1964). Philadelphia National Bank事件法廷意見の実質的起草者であったPosnerは,市場における一定の特性を考慮事項として修正するならば,今日でも同判決の推定則は有益であるとする。Philadelphia National Bank at 50, *supra* note (18) at 207 参照。

268

がどのように市場支配力の形成等をもたらすかについての理論的な説明を協調効果に焦点を合わせて詳述した。

仮定的独占者基準は，関連市場における競争の状況を見ることで市場支配力測定が可能となるのに必要な領域となる（ある程度の非弾力性を持った市場であること）ようにしたものである。なお，仮定的独占者基準について，セロファンの誤謬があり問題があるのではないかという疑問が呈されることがある[28]。セロファンの誤謬は現在市場支配力が存在するか否かを判断するときに，現行価格で商品間の代替性に依拠して市場画定を行うときに生じる。したがって需要の代替性を市場画定の基準とする以上，常に直面する問題である。需要の代替性を考慮要因としない市場画定手法でない限り，市場画定において常に直面する問題点である。企業結合が市場支配力の形成・強化をもたらすか否かを判断するときに，セロファンの誤謬は関係しない。水平的企業結合で当事者間の競争の減少が問題になる場合は，セロファンの誤謬は問題とならない。問題となるのは，寡占化が進展しているため協調によって既に仮定的独占者水準の価格設定が実現している場合である。そのような市場でさらに企業結合が行われ，協調がさらに強固になることもあろう。その場合には現行価格で需要の代替性がある商品を市場に含ませて市場を広げすぎる可能性がある。

HHI の採用についても補足的な説明をしておく。HHI の理論的根拠につい

---

27) 1976 年の事前届出制の導入以降，企業結合規制の裁判例が激減し，ほとんどが同意審決・命令で処理されるようになった。さらに，訴訟事例も多くが予備的差止事例で終わるようになった。また，企業結合規制にかかる最高裁判例が 1976 年以降ないこともあって，判例においてもガイドラインの引用が主要最高裁判例や著名下級審判例を凌駕することになった。John D. Harkrider, "Betwixt and Between: The FTC and DOJ as Regulators and Law Enforcers", in Douglas H. Ginsburg and Joshua D. Wright ed., Global Antitrust Economics Current Issues in Antitrust and Law & Economics (2016) 23, 28 を参照。1976 年以降，企業結合の判例でのガイドラインの引用が 600 回を超えており，最高裁の重要判例である Brown Shoe Co., Inc. v. U.S., 370 U.S. 294 (1962)，United States v. Philadelphia National Bank, 374 U.S. 321 (1963) がそれぞれ 200 回前後，集中度による推定を大幅に緩めたことで著名な下級審判例 United States v. Baker Hughes Inc., 908 F. 2d 981 (D.C.Cir. 1990)（現最高裁判事 Ginsberg と Thomas が加わっている）が 100 回超で，それらの引用の合計を上回っている。このように米国において企業結合ガイドラインが競争当局の実務に対する指針としてのみならず，事実上の法源として存在していることが看取できる。

28) 柳川隆＝川濵昇編・競争の戦略と政策（2006）82～85 頁，及び林・前掲注 19）471～473 頁，476 頁参照。

て，近時の経済学に詳しい法学者は，クールノー＝ナッシュ均衡下での HHI と価格／限界費用マージン（ラーナーインダックス）との関係に言及することが多い。協調的行動との関係についてはむしろ否定的に言及されるようである。1982 年のガイドラインの起草者を含む，その当時のいわゆるシカゴ学派の論者にとってクールノー解は信頼できないものであった。むしろ，暗黙の協調からの逸脱の発見の容易さを素朴なサーチ理論によって説明した上で，HHI が有益であるとする Stigler の議論に言及されていた。

　1982／1984 年ガイドラインでは協調的行動による市場支配力の分析が詳細に説明されていたが，単独行動による市場支配力の分析への言及は乏しい。HHI 基準の説明の後に，首位企業についての例外として，シェア 35％ 以上の支配的企業については，協調的行動についての考慮要因をそのまま適用するのでなく，適宜判断するとした程度である（ⅢA(2)，3.12）。寡占市場の問題を協調的行動に一元化し，単独行動の問題を市場支配的企業の形成・強化に限定したものである。この段階でのいわゆるシカゴ学派の寡占市場へのスタンスを反映している。

### 3　1992 年ガイドライン──単独効果の再発見

　1992 年ガイドラインは規制の主要な部分である水平的企業結合に焦点を合わせて司法省と連邦取引委員会がはじめて共同で策定したものである。1982／1984 年ガイドラインの枠組みを基本的に踏襲しているが，第 2 章で企業結合が競争を害する作用機序を協調的行動による場合と単独行動による場合とに分けて論じている。協調的行動を扱った 2.1 は従来の枠組みとほぼ同じであり，考慮事項を了解達成の容易さ，逸脱発見・サンクションの容易さの観点に整理

---

29) 中川晶比兒「実証は理論と共に──合併規制における経済理論の役割」川濵昇ほか編・根岸哲先生古稀祝賀・競争法の理論と課題──独占禁止法・知的財産法の最前線（2013）343 頁，345 頁注 7 参照。なお，同論文は本文で言及した立場ではない。

30) William F. Baxtert, "Responding to the Reaction: The Draftsman's View", 71 Calif. L. Rev. 618, 626（1983）. 本文で見たように対称性が協調促進的であることから，HHI（他の条件が一定なら対称であれば数値が低下する）を協調については有益な指針ではないとする見解もある。その当時のシカゴ学派の論客にとっては，形式的な対称性が合意の容易さをもたらす程度が小さく，むしろ逸脱の発見の方が重要だと考えられているのであろう。これはそれなりに説得的である。

して分かり易くした。

　重要なのは2.2で単独効果による競争減殺という整理が登場したことである。その中の2.21では差別化された市場でのベルトラン競争を前提にした分析が詳しく説明されている。このため単独 (unilateral) 効果が，差別化されたベルトラン競争下での企業結合の反競争効果の意味で言及されることも少なくない。この単独効果には，寡占的市場における協調効果でない反競争効果の発見という側面がある。非協調寡占の反競争効果であり，ゲーム理論に武装された産業組織論の成果ということもできる。これ以降，非協調寡占の問題は様々に展開していくことになる。

　なお，非常に短い2.22では主として供給力によって差別化された企業が扱われている。同質財を扱った2.22はこれまでのシェア35%以上の支配的企業についてのセクションに対応するものであるが，支配（周辺）企業の特性とは必ずしも一致せず，大口買い手に対応できる供給力のある事業者に限定されているという，文字通り生産量によって差別化された競争を前提としたものに主眼が置かれていた。[31]

## 4　2010年ガイドライン――手段の多様化

　2010年ガイドラインの特徴は何よりも反競争効果を考察する上での手段の多様化である。これまでのガイドラインが判断プロセスの手順を整理したものであったのに対し，参考とされるべき証拠と，反競争効果の発生メカニズムに応じた理論の数々の典型例を列挙する形になっている。したがって，採用される証拠や理論は今後の発展に応じて変化していくことになる。これらは何よりも1992年ガイドライン以降の単独効果に関する理論的な成果を反映したものとなっている。また，市場画定によらない直接的実証方法として，差別化されたベルトラン競争を前提としたMerger SimulationやUPP等の指標によるもの及び自然実験に言及されていることも特徴である。さらに，差別化された市場の分析についても，典型的なベルトランに加えてオークションや交渉モデルも付け加えられた。これらでは交渉メカニズムに関する経済的理解が重要なポ

---

31)　Areeda and Hovenkamp, 4 Antitrust Law ¶915. (2d ed. 2006).

イントとなる。ポイントとしては，単独効果による反競争効果が発生するメカニズムについての 1992 年以降の展開を組み込みながら，理論的な展開をこれからも取り入れることを明言していることである。Ⅲで見るように，実験アプローチと Merger Simulation という対立関係にあるとされる計量的アプローチをともに取り上げていることも注目に値する。要するに判断に有益な道具はすべて取り入れようというスタンスである。

## Ⅲ　経験と理論——対立ではなく補完

### 1　相関から因果へ——実験アプローチ

Ⅱ 1 で見た米国の推定則は，集中度と市場支配力（の代理変数）との相関という経験的事実に依拠したものであった。この立場では必ずしも，市場支配力の形成メカニズムについての理論は必要なかったが，Ⅱ 2 で見たように実証研究[32]の信頼性の問題もあって支持を失った。ところで，Ⅱ 4 で見た直接的立証方法としての実験的アプローチも同種の経験データを決定的な証拠としているが，いったいどこが違うのだろう。

かつてのアプローチが信頼性に欠けた理由の 1 つは，集中度・シェアが本来内生変数であったことを無視していたことである。内生性の問題を制御しない限り，集中度が価格に因果効果を持つことを検定することはできない。ところで，因果効果を確認するもっとも一般的な方法は，処置が無作為割り当てになるようなランダム化比較対照実験（Randomized Controlled Trial: RCT）を行うことである[33]。それができれば，処置群と統制群の期待値の差から平均因果効果を不偏推定することが可能になる[34]。いわゆる，自然実験とはランダム化比較対照

---

32) この時代の米国法ではむしろ評価障碍的な要因として何が許容されるのかが課題であった。Areeda and Turner, 4, Antitrust Law (1980) は，シェアに基づく推定則を詳細に論じ（¶908-915），その後で評価障碍的要因としての参入，買い手側事情，製品同質性，費用等及びシェアの割引要因などが論じられている（¶916-923）。ガイドライン登場後にようやく協調的行動及び独占・支配的企業による競争制限効果が詳しく論じられるようになった（Areeda, Hovenkamp and Solow, 4 Antitrust Law, ¶911-918 (rev. ed. 1988) 参照。
33) 森田・前掲注 10) 183 頁参照。
34) 星野崇宏・調査観察データの統計科学——因果推論・選択バイアス・データ融合（2009) 37～38 頁。

実験に相当する事象が外生的に生じたということである。もっとも，現実にはそのように都合良く外生的な事象が発生するわけではない。この四半世紀の間に活発になった実験アプローチは過去の観察事実から，実験に相当する事実を巧みに構成して，特定の処置の因果効果を見るというものである[35]。疑似実験と呼ぶこともできる。

## 2 Staple 事件における実証

1 で述べた内容を，わが国でも著名な Staple 事件[36]を例にとって説明しよう。この事件では，事務・文房具専門の大規模小売店（スーパーストア）の有力 3 社の内，2 社の企業結合が問題となった。地域小売市場で競合する企業の数に応じてスーパーストア取扱い事務消耗品の価格水準が違うことが会社の内部文書をはじめ数多くの証拠から明らかにされた。裁判所は伝統的な市場画定，集中度に依拠した決定を行ったものの，実際は計量的な証拠が重要視され，市場画定をスキップした直接的立証の典型と言及されることも多い。実際にFTCが行った計量分析は，当事者の反論もあって非常に丁寧なものである[37]。まず，本件では企業数は外生的に与えられたものではなく，その単なる比較は平均因果効果を示すものではない。たとえば，各市場での費用条件は市場構造と価格の両方に影響を与える。しかし，これは観察可能ではない。この事案ではFTCは各店舗の価格設定についての時系列データも利用可能であった。費用は時間の経過によっても変化しないとの前提の下でこれを制御する固定効果法を用いて，このバイアスを除去した[38]。また，市場画定をスキップしているというのも

---

35) 森田・前掲注 10) 16〜22 章が実験アプローチを解説している。なお，田中隆一・計量経済学の第一歩 実証分析のススメ（2015）第 3 部も分かり易い解説として推奨に値する。第一人者によるテキストとして，ヨシュア・アングリスト＝ヨーン・シュテファン・ピスケ（大森義明ほか訳）・「ほとんど無害」な計量経済学（2013）がある。

36) FTC v. Staples, Inc., 970 F. Supp. 1066 (D.D.C. 1997). 瀬領・前掲注 7) 29 頁及び林・前掲注 19) 213〜214 頁参照。

37) FTC 及び当事会社による計量分析については，Jonathan B. Baker, Econometric Analysis in FTC v. Staples, 18 J. PUB. POL'Y & MKTG. 11 (1999) が詳しい。

38) 固定効果法については，森田・前掲注 10) 211〜217 頁，田中・前掲注 35) 232〜235 頁を参照せよ。

39) Baker, *supra* note (37) at 14-17. なお，固定効果の検定については当事者間で異なっている。

誇張である。FTC はスーパーストアの企業数だけではなく，大型ロットで購入する消費者の次善の選択肢であるはずの Walmart らの存否の影響も見た上でこれらが有意な影響を持たないことも確認している[40]。これは，価格引上げによる代替が生じていないことを示しており，まさに市場画定作業である[41]。

ところで，直接的な市場支配力の立証方法としては Merger Simulation が代表的なものとされている[42]。これは実験アプローチとは逆に[43]，市場における競争の状況を各企業の費用条件，需要関数，各企業の戦略変数をモデル化して理論的な前提を徹底的に明示化した上で，合併前のデータから関係するパラメーターを推定し，合併後の状況を予想する（構造推定アプローチ）ものである。産業組織論研究者による実証研究の主流でもある。

---

40) Baker, *supra* note (37) at 14.
41) Davis and Garcés, *supra* note (24) at 241.
42) 2010 Guidelines, *supra* note (6) 6.1 及び瀬領・前掲注 7) 26〜28 頁参照。Merger Simulation が通常利用される差別化されたベルトラン競争を例に簡単に説明しておく。差別化されたベルトラン競争では自身の価格のみならず，競合する各商品の価格に影響されて需要が決定される。需要関数と各企業の費用関数が与えられれば，利潤最大化企業相互にとって最適な状態（ナッシュ均衡）で各企業の価格と数量が決定されるはずである。市場内の企業が結合されたならば，結合企業は両製品の価格を他の企業の制約の下で利潤最大となるように決定するはずである。その前後を比較すると企業結合の価格に与える影響が算定できる。これについては柳川＝川濱編・前掲注 28) 136〜138 頁参照。Merger Simulation では，市場における需要関数がどのようなものであるかや費用を推定し，実際にその推計を行うのである。その際に，どのような関数型の需要関数を仮定するのか，どのようにパラメーターを定めるのか困難な問題がある。この 20 年間の間にこのテクニックが急速に発達してきたのである。法律家向けのものも含めて Merger Simulation にかかる文献では，製品差別化を表す様々な需要関数型に応じた分析が説明されている。テクニックの詳細は法律家にとって手におえるものではないと思われる。Merger Simulation の概略については，Gregory J. Werden and Luke M. Froeb, "Unilateral Competitive Effects of Horizontal Mergers", in Paolo Buccirossi ed., Handbook of Antitrust Economics (2008) 43, 64-85 及び Bryan Keating and Robert D. Willig, "Unilateral Effects", in Roger D. Blair and D. Daniel Sokol ed., 1 The Oxford Handbook of International Antitrust Economics (2014) 466, 475-487, Davis and Garcés, *supra* note (24) Chap. 8, Chap. 9 参照。もっとも，差別化された市場であっても競争関係は様々に異なっているのであり，差別化がどのように定式化されるかの理解は有益である。この点については，北野泰樹・需要関数の推定（公取委 CPRC ハンドブックシリーズ No. 3, 2012) http://www.jftc.go.jp/cprc/discussionpapers/h24/cpdp_58_j_abstract.files/CPDP-58-J.pdf を参照。
43) 実験的アプローチは，これ以外に参入分析，入札市場分析，競争関係・協調関係の存否など企業結合分析においても様々に利用され得る。

## 3 実験対構造

米国の改訂ガイドラインが公表された2010年，計量経済学の方法について実験派と構造派で激論が交わされた[44]。実験派の代表たる Angrist & Pischke[45]がリサーチデザインを充実させて処置（介入）の因果効果を推定する実験的アプローチの革命的な意義を主張したのに対して，構造派からの強い反論があった。実験的アプローチの計量分析は誘導型であることから誘導型対構造型の対立と整理されることもある。本稿の関心である企業結合についての実証研究も重要な争点になった。

Angrist & Pischke は，産業組織論では実験的アプローチはほとんど行われていないことを批判する。とりわけ，企業結合について構造推定アプローチが主流であって，実験アプローチがほとんどないことを問題視する。過去に行われた企業結合がどのような因果効果を持ったかを明らかにすることを産業組織論に求める。要するに企業結合を処置として平均処置効果から企業結合の効果を推定する事後的企業結合研究を推奨するのである[46]。

これに対して産業組織論を代表する Nevo & Whinston[47]は実験アプローチが適切に行われた場合には信頼できる推定ができることを認めつつ，次のような問題点を指摘する。まず，企業結合に関する実証研究が将来の効果に関する予見であるなら，実験アプローチだけでは不十分である。過去に行われた企業結合についての因果効果が確認されたとしても，過去の企業結合のもたらした帰結が今現在審査中の市場において妥当するのはいかなる場合か，市場が同様と言えるのはいかなる場合か明らかではない。産業組織論（反トラスト）が問題とするのはそれぞれに個性のある市場であって，過去のケースを安易に外挿することはできないのである。実験アプローチは個別の因果効果推定に信頼性が

---

44) この論争については，森田・前掲注10) 241〜245頁を参照。ただし，本稿の関心であるNevo & Whinston のコメントは紹介されていない。

45) Joshua D. Angrist and Jorn-Steffen Pischke, "The Credibility Revolution in Empirical Economics: How Better Research Design Is Taking the Con out of Econometrics", J. of Econ. Pers. 24(2) 3 (2010).

46) Angrist & Pischkes, *supra* note (45) at 20-22.

47) Aviv Nevo and Michael D. Whinston, "Taking the Dogma out of Econometrics: Structural Modeling and Credible", J. of Econ. Pers. 24(2) 69 (2010).

高くとも（現実に信頼性が高いかは問題となる），他のケースに当てはまるという外的妥当性は高くないのである。Staple 事件では，当事会社が活動していた市場における疑似実験であるから，妥当しそうだという直観的判断が可能なのである。企業結合が同じ産業の市場で繰り返し行われ，因果効果が確認されている場合のように限定された状況での利用ということになろう。企業結合の事後的研究でよく用いられる差の差（Difference in Difference: DID）[48]分析を行う際[49]に，適切な統制群を見つけ出すのは困難である。さらに企業結合が内生的に行われている場合もある。なお，このように，企業結合事後的研究における差の差分析に注意が必要だというのはよく知られている。[50]

将来の効果を見るには，過去のデータから上手く適合する理論に依拠して導くほかないことになる。構造推定（Merger Simulation）は理論をもっとも明示的に叙述し，推定を行うものであり，外的妥当性は高い。もっとも Nevo & Whinston は Merger Simulation におけるパラメータ推定の困難さを認めている。そこで，Merger Simulation 結果を現実の企業結合の事後的研究に照らして，よりよいモデルの選択・改善を図るべきだということになる。

### 4　理論と実証の補完

現在，米国と EU では実験アプローチによる企業結合の事後的評価が蓄積している。[51]それらは，企業結合の効果についての我々の理解を豊かなものとしてくれる。しかし，それは，構造等の要因から直ちに効果を予測するということを可能にするというものではない。3 で見たようにそのようなことが可能であるとしても，過去の処置とほぼ同じという場合でない限り，外的妥当性を持ちそうもないからである。

実験結果が外的妥当性を持つか否かについては，当該市場の諸条件や競争環境についての類似性の確認が必要ということになる。それには処置（企業結合）

---

48) John Kwoka, Mergers, Merger Control, and Remedies: A Retrospective Analysis of U.S. Policy 57-70 (2015).
49) 森田・前掲注 10) 200〜208 頁参照。
50) John Simpson and David Schmidt, "Difference-in-Differences Analysis in Antitrust: A Cautionary Note", 75 Antitrust L. J. 623 (2008).
51) Kwoka, supra note (48) 参照。

が効果を持ったことについてメカニズムの理解が必要である。また，理論による予測が可能になるのは理論が現実にフィットしていることが前提である。差別化されたベルトラン競争が妥当するのか，数量競争が妥当するのか。Merger Simulation を行う場合，どのような需要関数のタイプを想定するのか。3で見たように事後的研究がこの理解を助ける。

このように，企業結合の理解に理論と実証は相互補完的なものなのである。なお，高度に洗練されたモデリングを前提にした Merger Simulation だけが理論と誤解してはならない。合併がどのようなメカニズムで競争を害するかということを筋の通った形で説明するのが理論なのである。Merger Simulation はパラメーターを明示してモデルを構築して，推計を行うが，通常はスタティックな分析にとどまる。たとえば，参入や既存企業の拡張，再配置などのダイナミックな考察は形式モデルの外で行うことになる。手法自身は定量的であるが，このような評価は割り引いて考える必要はある。しかし，Merger Simulation は数理的に洗練された形式モデルという点で演繹的な理論としては徹底しているが，直接数値的に当てはめるのでなくとも，市場の各要因がどのように競争に影響するかについての理論的考察は必要である。理論的な理解なしには事実の評価もできないのである。

## Ⅳ 単独効果をめぐって——支配企業理論と非協調寡占

### 1 単独効果とは何か

協調効果についてはその理論的基礎は比較的明瞭である。それでは，近時発展しているといわれる単独効果についてはどうであろうか。そもそも単独効果とは何か？ Carlton[52] は，いずれも非協力ゲーム理論の解にすぎないのであり，区別は人為的であるとする。それを強調しすぎると一方だけに注意を向けてしまうと批判的である。もっとも，単独効果も協調効果もともに問題視するというアプローチが一般的であるわが国では，これはあまり問題にならないかもしれない。2つの区別されたタイプの企業結合があるのではなく，2つの異なっ

---

52) Dennis W. Carlton, "Revising the Horizontal Merger Guidelines.", 6 Journal of Competition Law and Economics 619, 628, 640 (2010).

たメカニズムが問題なのである。たとえば，結合前に協調行為が十全に効果を発揮している場合に，特定タイプの単独効果だけに注目して悪影響をもたらさないと速断する可能性もある。[53] また，一方のタイプで評価根拠となる要因が他方では評価障害となることもある。[54] 単独効果は要するに合併当事会社間の競争が喪失したことによって，他の企業の対応に変化がなくとも生じ得る反競争効果である。[55] 協調効果では他社の対応が競争回避的な方向へ変化することを通じて発生するものである。Carltonが言うように，後者はダイナミックなゲームで問題となるが前者は静的な場合に問題となる。なお，初等論理的誤解がないように付言しておくと，これは効果のタイプの問題であって，それ以上ではない。実際の状況で非当事企業が競争的行動をとれば，単独効果は抑制される。単独効果が問題となる場合に，非当事会社が受容的な行動をとることもある。これに対して，協調効果では当事会社間の競争喪失それ自体ではなく，非当事企業の反応の変化が問題となるのである。

## 2　支配企業理論

ところで，Carltonの説明をはじめ経済学者の単独効果の説明はワンショットナッシュ均衡であることに重点をおいているため，歴史的に単独効果の典型であった支配企業理論を見落とすおそれがある。単独効果の説明において，いきなりクールノー＝ナッシュ均衡とベルトラン＝ナッシュ均衡から説明がはじめられることも稀ではない。[56] 支配企業理論は，手短に言うと当事会社が圧倒的

---

53) Juan Luis Jimenez and Jordi Perdiguero, Mergers and difference-in-difference estimator: Why firms do not increase prices? (2014) Eur. J. Law Econ. 1 (online articles not assigned to an issue) は，スペインの石油会社の買収事件でのガソリン小売市場への影響を検討した。結論として，協調効果で事前に共同利潤最大化になっている企業結合でDIDを漫然と行った事後的評価の問題点を明らかにするとともに，事前に単独効果にしか注目しなかったため反競争効果を見失ったことも明らかにした。Iで見た水平的企業結合でセロファンの誤謬が生じる場合と同じ問題である。この場合，単独効果が確認できないのは，その水準では価格引上げによる当事者間の代替性が乏しいことに起因する。漫然と消費者にとっての代替性のみを基準にすることの問題でもある。上記論文では，推測変動検定により当事者間の競争的対応の有無を判定している。
54) 市場参加者の供給余力が直ちに想起されよう。また，単独効果で想定される利潤が小さいと協調によって得られる利潤が大きくなり，協調インセンティブが向上することも指摘できる。
55) Werden & Froeb, *supra* note (42) at 45-46 及び Keating & Willig, *supra* note (42) at 466 参照。

な供給能力を持つためその価格・生産の決定が市場に影響することを意識して戦略的に行動するのに対して，他の競争者は戦略的効果を考えずに競争的に行動するというものである。[57] 同質財に依拠したモデルの場合，[58] 支配的企業の独占的マージンは，当該市場におけるシェアと市場需要の価格弾力性及び競争的企業の供給の弾力性から決定されることはよく知られている。[59] 仮定的独占者基準で画定された関連市場で 100％ シェアを獲得すれば，特段の事情がない限り，その供給量を限定することで価格を引き上げることが可能になる。90％ であっても，その供給量を一定程度減少させることで価格を引き上げることができるが，この場合，残存企業が価格引上げに対してどの程度の供給増で対応するかがポイントになる。これまで 10％ しか供給できていないという事実から供給の弾力性が限定的であると判断できるなら，反競争効果が発生することになろう。このように支配企業理論は同質財についてシェアと市場支配力の関係を素人の直観に一致するように説明することができる。もっとも，米国ではⅡ1で見たように集中度に依拠した強い推定則が採用されてから，この理論による発生メカニズムが説明されることがないため，ガイドラインでの説明もほとんどなかった。2010 年ガイドライン 6.3 ではシェア格差，競争者の供給能力の限界などこの理論に関連する要因とともに，そのメカニズムが従来より丁寧に説明されるようになった。これらの要因はわが国のガイドラインではかねてから強調されている。

### 3 米国・EU の現状

経済理論的には陳腐なためか経済学者の知的関心は引かないものの，実際の

---

56) Werden & Froeb, *supra* note (42) at 46-57 及び Keating & Willig, *supra* note (42) at 467, 491 参照。

57) この理論の比較的詳しい説明として，Dennis W. Carlton and Jeffrey M. Perloff, Modern Industrial Organization (Global 4th ed. 2015) 134-143 を参照。なお，Malcom B. Coate, "Unilateral Effects Analysis in Merger Review: Limits and Opportunities", 10 European Competition Journal 231, 234-238 (2014).

58) ほぼ同質財であればよい。また，製品差別化があっても品質差であれば適用できる。Carlton & Perloff, *supra* note (57) at 136.

59) 中川・前掲注 29) 246 頁及び川濵昇「『競争の実質的制限』と市場支配力」正田彬先生古稀祝賀・独占禁止法と競争政策の理論と展開（1999）112 頁，116～118 頁参照。

事件では支配企業理論が多用されている。Bergman, Coate, Jakobsson & Ulrick[60]は1990年から2007年までのEUとFTCにおける企業結合届出事件のうち詳細審査の対象となったほとんどすべてを比較分析した。水平的企業結合で詳細審査の対象となったもののうち，どれだけが問題解消値等を課されたかを反競争効果の理論毎に分類した結果は以下の通りであった。EU，FTCそれぞれで，支配企業理論によるものは174/214件，139/150件（分母は詳細審査の件数，分子は措置等件数）であった[61]。ちなみに，協調タイプはそれぞれ19/32件と56/128件，非協調的寡占理論（多数企業単独効果理論）によるものがそれぞれ4/10件，11/32件であった。単独効果規制例では圧倒的に支配企業理論によるものが多いだけでなく，詳細審査の対象となった場合の規制確率の高さも印象的である。

EUにおける非協調的寡占理論に基づく規制例は2004年以降に限られている。これは，2004年の規則改正の反映である。2004年以前のEUの企業結合規制は競争を実質的に阻害する方法で「支配的地位を形成又は強化する」ものを禁止していた[62]。ドミナンス基準などと呼ばれる立場である。「支配的な地位」には寡占的協調によって市場支配力をもたらす共同支配も含まれることは判例法上確立されていたが，支配的地位という表現は支配理論によって反競争効果が確認されるものに限定されるという印象を拭いがたい。そのため，米国のような「実質的な競争減殺」への移行などが議論されたが，これまでの判例の蓄積を資産とする目的もあって「有効競争の実質的阻害」を基準とする立場に移行した[63]。これは，米国では非協調寡占も規制対象であるのに，ドミナンス基準では対象でないと解されるため，そのギャップ（寡占ギャップ）を埋めるために行われた[64]。

---

60) Mats A. Bergman, Malcom B. Coate, Maria Jakobsson and Shawn W. Ulrick, "Merger Control in the European Union and the United States: Just the Facts", 7 European Competition Journal 89 (2011).

61) それぞれの説明としては，Coate, *supra* note (57) at 234-256参照（協調効果は除く）。

62) Article 2 of Council Regulation 4064/89 on the control of concentrations between undertakings, O.J. 1989, L 395/1.

63) Article 2(3) of Regulation 139/2004.

### 4 非協調寡占問題――伝統理論の見落とし

「一定の取引分野における競争の実質的制限」の今日の標準的解釈からすると，EU 規則のようなギャップは生じる余地はない。実際，EU でギャップの典型と考えられていた差別化された市場における非協調的寡占をわが国の 2004 年ガイドラインは明示的に射程に捉えている。しかし，II 2 で見たシカゴ学派有力なりし 1980 年代のガイドラインの時代と同様，法律家の中には依然として，非協調寡占で問題が生じるという認識が乏しいようにも思われる。しかし，これはむしろ協調寡占の理解によるのかもしれない。今日の協調寡占がダイナミックなゲームで把握可能なメカニズムによって支えられる競争の回避であるとしても，寡占が問題を起こす以上，それは協調寡占なのだという理解があるのかもしれない。これはセマンティクスの問題にすぎないとも言える。しかし，シカゴ学派登場以前から今日理解されている協調寡占とは異なった形で寡占が反競争的であるという理論は存在したし，ゲーム理論革命（ナッシュ均衡革命）以前の寡占理論についての一般的イメージはそのようなものだった。非協調寡占は，市場における競争の実態がどのようなものであるか，競争主体の状況，需要の状態などを把握した上でモデルビルディングが必要であり，ゲーム理論的な把握を抜きに分析するのは難しい。差別化された市場といえばそれで話が終わるような印象があるが，差別化がどのようなものかは需要関数の特性を抜きには論じられない[65]。

もっとも，近時喧伝されている UPP[66] は需要関数の特性なしに推計を行うものである。UPP やその亜流の詳細な説明は紙幅の関係でできないが，差別化されたベルトラン競争を前提とする議論を確認しておこう。2010 年ガイドラインの簡潔な説明によると「合併によって，合併当事会社が合併企業のうちの一社が販売していた製品の価格を引き上げ，以前は他方の合併企業が販売していた製品に販売を乗り換えさせるインセンティブが生じ，後者の製品の利益を

---

64) Recital 25 and 26 of Regulation 139/2004. ドミナンス基準もドミナンスを市場支配力と同一と解釈できるなら改正の必要はないという議論もあったが，Recital 25 はそのような先例がなかったことから，これを明文化したとしている。
65) 前掲注 42) 参照。
66) 瀬領・前掲注 7) 25～26 頁及び Keating & Willig, *supra* note (42) at 466-475 参照。

増大させることとなる場合には，単独の反競争的価格効果が生じ得る。もう一方の製品の価格と取引条件を所与とすると，それらの利益増は，それらの製品に乗り換えられる販売の合併後の企業にとっての価値に等しくなる。それは，当該製品に乗り換えられる単位数と，当該製品の価格と増分費用の間のマージンの積となる。いくつかのケースでは，十分情報が入手可能な場合，当局は，乗り換えられる販売の価値を評価する。」(6.1)。これは，結合当事会社間の製品の代替性とマージンから大まかな価格引上げ圧力を測定しようというものである。この直観的な説明は，企業結合後は一方の商品の価格引下げによって転換率分だけの他方商品の喪失がもたらされる。その喪失分にその商品のマージンを掛け合わせたものが，いわば合併によって生じた価格引下げに伴う機会費用ということになる。このような機会費用の存在が価格引上げをもたらす効果として把握されるのが UPP なのである。Merger Simulation との違いは，当事会社以外の企業は結合前後で行動を変化しないという前提であること，また，結合後の価格を推定するものではなく結合前の均衡の近傍での（一階の）近似だという点で異なっている。また，限界費用の変化がもたらす価格引上げの度合いは，正確には需要関数の形状（曲率）が分からないと決定できない点でもあくまでも近似にすぎない。市場画定が困難なあるいはあまり有益でない連鎖的な製品差別化市場において，HHI よりも信頼に足りる足きりラインとしての価値が高いものと考えるべきである。UPP を言葉通り捉えて，それ自体が「一定の取引分野における競争の実質的制限」を直接に立証するものと考えてはならない。

## V 残された課題——協調寡占と競争寡占再び

　企業結合規制の課題を寡占問題への対処だと述べたとしても反発は少ないかもしれない。しかし，市場構造だけで問題となる寡占を識別できるのでない限り，寡占的市場構造が反競争的効果をもたらす理論を必要とする。問題は協調的寡占なのだと速断すると，限定された協調効果以外の反競争効果を見落とす。1992年ガイドライン以降の動きは非協調寡占の弊害を捉えるためのものである。本稿では差別化されたベルトラン競争を中心に説明を行ったが，非協調寡

占はそれにとどまるものではない。支配企業理論が妥当しない数量競争やオークションなど検討すべき課題は多い。差別化されたベルトラン競争についても入り口の議論にとどまった。これらについて，これまでの蓄積をサーベイするだけでも膨大なものとなろう。

最後にこれまでの理論で見落とされてきた課題を挙げておく。協調効果についてである。EUや米国の理論では，企業結合がその効果をもたらすことに力点があった。すでに協調効果が存在している場合は，企業結合はそれを維持する効果ということになる。我々の直観的判断では企業数の減少が，それをより安定的なものとする場合だと理解できるであろう。しかし，協調効果を単に価格の斉一性だけで速断すると，協調寡占と非協調寡占の区別がつかない。この問題は協調効果の認定の問題であるが，いわゆるチェックポイント型要因での判断に付け加えて，合併当事会社の行為に対する競争者の予想される対応を加味することはあり得るのではないか。このようなファクターはSCPパラダイム華やかなりしころに理論的研究として持ち出された推測変動[67]に他ならない。これは現代のゲーム理論の立場からは不整合であるとしていったんは消え去ったものである[68]。しかしながら，実証研究としては，なんらかのデータから市場参加者の行動様式が把握できるならば，それも勘案できるのではないか。いわば誘導型の変数として推測変動は活用できるのではないか[69]。特に厳密な実証研究でなくとも，我々は様々な要因で競争者間の競争的行動の程度について勘案してきたのではないか。たとえば，わが国では支配企業理論で説明したと覚しきケースで同時に協調効果も言及されることがある。これに対して，協調効果は戦略的依存関係が前提のはずなのに，それを欠く支配企業理論のケースで協調効果を同時に問題にするのはおかしいのではないか[70]。確かに，EUや米国で同じ市場で両者を同時に検討している例は乏しいという批判がある[71]。しかし，

---

67) 柳川隆「競争と構造・成果」国民経済雑誌187巻6号 (2003) 69頁, 71～72頁。なお, 川濱・前掲注59) 131頁注21及びそこで引用された文献を参照。

68) 神取道宏「ゲーム理論による静かな革命」岩井克人＝伊藤元重編・現代の経済理論 (1994) 15頁, 26～30頁参照。

69) Luis M. B. Cabral, "Conjectural variations as a reduced form", 49 Economics Letters 397 (1995).

70) 中川・前掲注29) 347～349頁参照。

問題を次のように見ることができるかもしれない。支配企業理論は競争者側の対応をもっぱら競争する能力から評価している。能力が十全に発揮できるとしても反競争効果が生じる状況ということになる。しかし，能力を行使するインセンティブを同時に問題とする余地はないのだろうか。若干能力があったとしてもそれを利用するインセンティブが低下する場合はあり得ないのだろうか。このような説明は経済理論的には不明確な点が残ることは否めないし，ゲーム理論に依拠した構造アプローチには不適合であろう。にもかかわらず，観察された事実をフルに活用して企業結合の効果を把握するには，このような問題設定も有益なように思われる。実証研究における推測変動の利用などを参考に，競争的行動の程度についても，より明瞭な議論ができるのではなかろうか。[72]

* 本研究は，科研費基盤研究(C)（課題番号 24530057）の成果の一部である。

---

71) Bergman et al., *supra* note (60) の分類を参照。
72) Sonia, Jaffe and E. Glen Weyl, "The First-Order Approach to Merger Analysis", 5(4) American Economic Journal: Microeconomics 188 (2013) は，UPP を一般化したフレームに推測変動を加味して，その精度を高めようという試みと理解できる。また，前掲注53）も参照。柳川・前掲注67）も推測変動を媒介に競争の程度を明示化しようという試みである。UPP とその変種に関する議論及び推測変動の説明は紙幅の関係で大幅に省略した。この点については別の機会に詳述する予定である。

# 不公正取引規制に期待される政策的役割

鈴木孝之

　はじめに
　I　不公正取引規制の制度的特徴と意義
　II　不公正取引規制の複数の役割
　III　不公正取引規制の現状と今後の展望
　まとめ


## はじめに

　独占禁止法19条で禁止される不公正な取引方法（以下，単に「不公正取引」と，またその規制を「不公正取引規制」と略称する）は，3条で禁止される私的独占および不当な取引制限とともに，行為規制の対象となる法禁の行為類型である。条文構成として，3条と19条の2本立ての禁止規定をもつ独占禁止法は，共同行為規制と単独行為規制（独占力規制・市場支配的地位濫用規制）の2本立ての禁止規定をもつ他の競争法（米国シャーマン法1条・2条やEU競争法〔EU機能条約101条1項・102条〕など）と異なった特徴を有する。3条で共同行為規制と単独行為規制の両者を包有し，それらの違法要件を「一定の取引分野における競争を実質的に制限すること」（競争の実質的制限）で共通させ，さらに，別に「公正な競争を阻害するおそれがあるもの」（公正競争阻害性）という違法要件を設けて，公正取引委員会（以下「公取委」という）が行為類型をあらかじめ指定

---

1)　拙稿「独占禁止法実体規定における行為要件の役割」白鷗大学法科大学院紀要9号（2015）15頁。

して，より精度の高い競争政策を実現しようとしたことである。国際標準に共通させた独占禁止法実体規定の体系の構築も必要であるが，本稿では，あえて不公正取引規制を私的独占・不当な取引制限規制と条文を分けて並置した独占禁止法の特徴に着目して，その競争政策上の役割を検討してみることにした。[4]

## I 不公正取引規制の制度的特徴と意義

### 1 制度的特徴
#### (1) 行政機関によるルール設定

不公正取引について，独占禁止法の 2009 年改正後の現在は，独占禁止法の条文で構成要件が規定されている行為類型と，独占禁止法の条文でおよそその性格が示されたもの（2条9項）を受けて，公取委が告示で構成要件をより詳しく示した行為類型があるが，同改正前は，すべてが公取委の告示で指定することによって，適用可能な不公正取引となるものであった。告示による不公正取

---

2) 1947 年制定時の原始独占禁止法では，「不公正な競争方法」との用語があてられて，競争手段として不公正なものとの考えで，競争の自由の限界を画する概念であった。「競争は，自由になればなるほど，より公正に行わなければならない。競争の自由は，競争の激しさを意味し，それが激しくなればなるほど，その手段方法を選ばない傾向が強くなるからである」（石井良三・独占禁止法（1947）242 頁）。1953 年改正時に，取引上優越的地位の濫用規制が導入されたことにより，「不公正な取引方法」の用語に改められて，不公正取引規制の対象領域が拡大された。
3) 本稿では，共同行為規制・単独行為規制・企業結合規制の 3 本の柱から実体規定の体系を構成する競争法を国際標準と想定している。米国連邦取引委員会法 5 条(a)(1)の不公正な競争方法（unfair methods of competition）と不公正・欺まん的な行為・慣行（unfair or deceptive acts or practices）は，前者はシャーマン法・クレイトン法等の違反行為の規制権限を連邦取引委員会に付与する意味に実質的に裁判所によって限られている状況にあり（ABA, Antitrust Law Developments (7th ed. 2012) 660-669），後者は同委員会を連邦消費者保護行政のための機関として位置付けるもので，日本の独占禁止法のように，不公正取引という行為概念の領域を設け，独立した条文で禁止する競争法とはなっていない。ただし，多くはないが，日本法の影響を受けた韓国や台湾のほか，フィリピン，さらにはロシアなどの諸国の競争法にも不公正競争の行為類型を示して禁止する法制はある。
4) 本稿は，優れた研究業績の集大成である舟田正之・不公正な取引方法（2009）に示された深く広範な考察に啓発されて，筆者なりの不公正取引規制への理解を簡潔にまとめてみることにしたものである。特に，舟田教授の出発点である「不公正な取引方法の規制の基本的性格を捉え直し，単なる私的独占の禁止に対する補完的・従属的あるいは第二次的規制ではなく，それ独自の存在理由と意義を認めるべきではないか」（同書 21 頁）というところにまず立ってみた。

引の指定は，全産業に適用されるもの（一般指定）と特定の事業分野に適用されるもの（特殊指定）とがあるが，公取委の発案によってルール化されるものであることで，公取委が有する準立法権限の範疇に入るものである。したがって，不公正取引は，法律に定義規定がある私的独占や不当な取引制限と異なり，法律で規定された枠組みはあるものの，行政機関である公取委が，規制の必要を認めた行為類型を一般的にまたは事業分野ごとに定立することができる特徴をもつ。

　公取委は，独占禁止法違反行為の取締り機関として単に存在するのではなく，同法の中心的運用機関として，ケース・ロー（case law）の形成とともに，成文法規によるルール設定（規範定立）の機能も有してきた。前者が審判手続を経た審決であり[5]，後者が事業者からの意見聴取・公聴会開催（71条）を経た不公正取引の行為類型の告示による指定制度（72条）である。これらの機能を司法機関や立法機関ではなく，公取委という合議制の行政機関[6]が行うところに，経済実態に柔軟に対応し，市場参加者（事業者・消費者）との対話を経て，政策形成を行うメリットが期待できる。


(2) 広範な行為類型の包含

　不公正取引となる行為類型は，2条9項6号イ～ヘに列挙された（イ）不当な差別的取扱い，（ロ）不当な対価取引，（ハ）不当な顧客誘引・取引強制，（ニ）不当な拘束条件付取引，（ホ）取引上の地位の不当利用および（ヘ）競争者に対する不当な取引妨害・内部干渉の枠内で指定すべきこととなっている。無限定ではないが，競争政策上問題になりうる行為類型をほぼ収めうるので[7]，行為要件のレベルで，不公正取引は広範な行為類型に対応できる。

　このような不公正取引の位置付けは，3条に対して，19条は包括条項として

---

5) 審判制度とケース・ロー形成の関係については，拙稿「公正取引委員会と審判制度」経法31号（2010）13頁。2013年度改正で審判制度が廃止されたことにより，公取委の行政処分を審決と呼称することもなくなり，実質的証拠法則や審決取消訴訟の東京高裁専属管轄も失われたので，公取委のケース・ロー形成機能は低下し，東京地裁を事実審とする裁判所にその機能は移行した。対比的にいえば，不公正取引の指定制度という成文法制定機能は，なお生きていることになる。

6) 合議制の行政庁と本来いうべきところであるが，後述するように，事務総局における取引部の在り方に触れるために，これを包含する行政機関という用語を用いた。

バックアップする機能をもつことになる。行為の競争阻害的要素から規制が必要とみなされる行為類型を，3条で規制できない場合に，19条に受け止める役割が課せられているとの意味である。[8]

(3) 成文法規による行為類型の具体化・明確化

公取委は，事業者や事業者団体のどのような所為が私的独占や不当な取引制限に該当する違反行為になるかを排除措置命令や課徴金納付命令を発することにより，事後的に具体化して示すこととなる。ケース・ローとなる規範定立の方法である。しかし，告示による不公正取引の指定という権限が公取委に付与されたことから，違反事件として適当な事案を取り上げることができる機会の出現を待たなくとも，公正な競争秩序の観点から見て，あらかじめかつ積極的に不公正取引に該当する行為類型を示すことができる。

上記(1)では行政機関が行う特徴であり，ここで強調すべき特徴は，成文法規で不公正取引となる行為類型をより具体的かつ明確に事業者に示すことができる点である。

(4) 規制の容易化

不公正取引の違法要件である公正競争阻害性の実質的意義について，行為主体と行為要件の態様によって，①自由競争の減殺，②競争手段としての不公正，③自由競争基盤の侵害および④他の競争阻害行為の実効性確保といった複数の意義をもたせることと，一般指定において「正当な理由がない」，「不当に」，あるいは「正常な商慣習に照らして不当に」といった競争阻害効果に至る程度

---

7) より精密に考えれば，(ロ)の「不当な対価取引」について，「不当な対価その他の取引条件」となっていれば，商品と役務が組み合わされて一体化して販売される場合に，価格構成の適否も不公正取引の対象に含みうるものである。それによって，例えば，通信機器と通信サービス，事務機器と保守・部品供給サービスなどの組み合わせ販売時における価格の構成配分の適否について，競争政策の面から検討することが可能になる。

8) 独占禁止法における3条と19条の関係は，米国シャーマン法1条のバックアップとして2条が，EU機能条約101条のバックアップとして102条がある関係に類似する。特に，EU機能条約では，101条が適用除外条項（3項）を設けているのに対し，102条には適用除外条項がなく，101条の適用対象とならなくとも，濫用行為があれば，漏れなく102条が適用できるとの趣旨がある。

を区別できる表現を設定することにより，私的独占・不当な取引制限規制よりも，不公正取引規制が相対的に容易であることを意味する。

不公正取引については，刑事罰規定はなく，2009年改正前は，課徴金賦課の対象にされる法定の不公正取引（2条9項1号～5号。ただし，1号～4号は繰り返された場合）もなかったから，不公正取引規制は，排除措置命令だけで行うもので，差止めすることに私的独占や不当な取引制限ほどの調査コストを必要とするものとはされない。現在でも，一般指定または特殊指定の形式をとれば，不公正取引は課徴金賦課の対象とはならないので，不公正取引規制は，本来，公取委がより機動的に実施できるものとなっていることが望ましい。ただし，必ず課徴金賦課の対象となる取引上優越的地位の濫用行為（2条9項5号）は，当該行為から生じる取引相手の損害も直接的であるので，相当の調査コストを要する事案になることはやむをえない。

(5) **行政機関による能動的規制**

不公正取引については，下記(6)に掲げるように，被害者が自らの費用負担で追求することも可能であるが，私的費用をかけることなく，行政機関（公取委）が解明に動いてくれるという期待は，市場取引において生じる不公平感・被差別感が伝播性をもつ行為から生じ，他の事業者・需要者・消費者にも広がりをもつものであれば，なおさら行政機関のパターナリズムに依存することになる。自由市場経済において，行政機関が市場取引において事業者が競い合う活動に過度に干渉することにならないように常に留意すべきであるが，大規模事業者に比して相対的に劣位にある中小事業者や消費者ほど行き過ぎた不正な競争手段からの被害を多く被りやすいことから，行政機関が不公正取引に該当する事業者の行為を能動的に規制する必要は認められる。

(6) **事業者等による差止請求**

独占禁止法は，2000年改正で24条により，不公正取引の被害者となる事業者・事業者団体から差止請求を可能とした。公取委を通じることなく，私人が能動的に行うことができることで，不公正取引規制がより民事法的色彩を帯びることになった。

不当な取引制限や私的独占に該当する競争制限行為も，民法が設定する自由競争秩序を侵害する行為であることで，民法に近接する性質のものであるが，その解明は私人によるよりも，調査権限をもつ公取委に委ねられる。不公正取引について，公取委に依らずとも，被害者自らがより積極的に民事手続によって解決を図ろうとすることができるようにしたことは，不公正取引規制のリーチが細部にまで届きやすく，市場取引から生じる不公平感・被差別感に応対しようとするものにしている。

## 2 制度の意義

上記(1)～(6)の制度的特徴からいえることは，不公正取引規制において，公取委は，自らの権限で広範かつ柔軟で具体的な内容のルール設定が可能であり（上記(1)～(3)），かつ，その規制は相対的に容易であるように図られて，公取委自体によってのみならず，事業者にも自主的に遵守させることが可能である（上記(4)～(6)）。これらのことから，公取委は，3条違反の競争制限行為（私的独占・不当な取引制限）のように現実の事件を通じてケース・ロー的に具体的な事例を示していくだけでなく，不公正取引については，ルールを設定し，該当事案を規制することで，企画部門と執行部門が公取委内部に並存し，市場取引についてより能動的に適切な競争政策を展開する権限を付与されている特色を生かすことができる。

不公正取引規制にいかなる役割が期待されて，このような制度的特徴をもたせる必要があるのか。かかる権限付与が常に肯定的に評価されるものではなく，過剰な権限発動との危惧もあろうし，あるいは競争政策外で用いられているとの懸念もあろうから，果たして妥当なものとなっているかどうか，批判的に検討されなければならない場面もありえよう。その際，競争政策に純化して考えるのではなく，行政機関としての公取委が，現実社会に生起する諸問題に不公正取引の設定・規制を通じて対処することをやむをえないものとみるか，あるいは，行政機関が果たすべき当然の役割であるとみるかということも念頭に置く必要がある。

以下では，不公正取引規制の制度的特徴を前提に，この制度が果たすことを期待されている役割を検証してみたい。

## II 不公正取引規制の複数の役割

### 1 他の実体規定を支える役割
#### (1) 実体規定の体系を補完すること

　米国，EU 等の世界各国・共同体が有する競争法の実体規定の体系を単純化していえば，3本の柱から成り立つ。行為規制としての共同行為規制と単独行為規制の2本の柱に，構造規制としての企業結合規制が加わったものである。独占禁止法の実体規定の体系も，3条の不当な取引制限規制（2条6項）と私的独占規制（2条5項）の2本の柱に，企業結合規制（第4章10条，15条等）が加わって，3本の柱といえそうである。

　この3本の柱で競争法が成り立つならば，独占禁止法に備えられた不公正取引規制の役割は，3本の柱となる実体規定の体系を補完することである。それには日本特有の事情に起因する事柄もある。共同行為規制における共同行為とは，複数の事業者が人為的な意思の連絡を図って行う行為をいい，この複数の事業者の関係は，競争関係にある事業者（水平的関係）に限られず，取引関係にある事業者（垂直的関係）も入り，そのような関係がない場合も含まれるのが通例である[9]。しかし，独占禁止法では，共同行為規制に相当する不当な取引制限規制において，判例で[10]「相互に競争関係にある独立の事業者」に限定されたので，特にいわゆる縦のカルテル（再販売価格維持行為等）が不当な取引制限規制から除外されるようになった。同規制が受け持てなくなった垂直的な共同行為規制を，不公正取引規制が不当な拘束条件付取引として専ら担当せざるをえず，不公正取引規制が共同行為規制をやむをえず補完する機能を果たしている[11]。

　私的独占規制に対しては，不公正取引規制が予防規定として補完する関係に

---

9) 誤解を招かないように付言すると，共同行為規制の中に水平的共同行為と垂直的共同行為を並存させるとしても，規制基準を同じにすることではない。適切な法解釈が加えられて，前者の方が後者よりも厳しく規制されることになる。前者の中で，ハードコア・カルテルと非ハードコア・カルテルが区別されて，同様の法解釈がなされているのと同じことである。

10) 新聞販路協定審決取消請求事件＝東京高判昭和28・3・9高民集6巻9号435頁。

ある。

　企業結合規制との関係では，企業結合が不公正取引に起因する場合に，これを不可とすることによって，M&A市場を整序することができる（例えば，15条1項2号）。

　総じて，独占禁止法の実体規定の体系の本体を成す3本の柱のために，それらから漏れて免れそうな場合もバックアップして補完する役割を不公正取引規制が担っていることになる。

　そのような趣旨で不公正取引規制が必要であるか否かは，一応，議論しておく必要がある。すなわち，3本の柱の実体規定を行為類型に応じて解釈を変えて精密に運用すれば事足りるもので，不公正取引規制を別途設ける必要はないという見解も成り立つからである。現実には，上記判例が旧4条の共同行為と3条の不当な取引制限の相違に精密さを欠いたように，3本の柱の実体規定が正確に解釈されるとは限らない。

　また，単独行為規制が独占的地位にある市場支配的事業者の行為に限って適用されるとされた場合に，未だ独占的地位に達しない事業者が独占的地位を形成するために意図してとった不適切な競争手段に対しては不公正取引規制で対応せざるをえない。企業結合の形成過程で不公正取引が行われた場合にも同様のことがいいうる。

(2)　**独占禁止法違反行為の実効性を強化する行為を捕捉すること**

　不当な取引制限などの独占禁止法違反行為の実効性を強化する手段として同時に行われた行為も不公正取引規制で併せて捕捉することが可能となる。例えば，メーカー間の価格引上げ協定（不当な取引制限）とともに，その実効性を確保するために，値上げに協力する販売先事業者向けには販売価格は値引きし，割戻しもして，非協力事業者向けとの差別対価（不公正取引）を行った事件がある。[12]

---

11)　もともと独占禁止法の不当な取引制限は共同行為としては狭く，私的独占における通謀や支配も本来は共同行為のうちであることについては，拙稿「私的独占における支配の行為概念」白鷗大学法科大学院紀要創刊号（2007）75頁。

12)　東洋リノリューム事件＝勧告審決昭和55・2・7審決集26巻85頁。

## 2 濫用監視の役割

### (1) 実体規定の適用除外がなされた場合の濫用監視

　独占禁止法の実体規定には、適用除外規定が設けられることがありうる。その場合でも、適用除外の対象は、完全に独占禁止法の適用領域から外れるのではなく、適用除外により得られた地位を濫用し、競争圧力を免れたことを奇貨とする不当な行為はなお独占禁止法による規制対象になりうるとして、その適用領域内に収めておくことが必要である。それによって、競争政策が普遍的に妥当しうることになる。そのための制度概念が濫用監視（Missbrauchsaufsicht）[13]である。独占禁止法の領域の中で原則禁止主義から外れた場合は、弊害規制主義に交替することで、適用除外が独占禁止法の領域の外に出ることではないとの趣旨である。

　独占禁止法の中の適用除外規定で、共同行為（不当な取引制限・事業者団体の行為）に係るものには、不公正取引を用いる場合には適用除外とはならない旨の規定が設けられる（22条ただし書）。他の適用除外法にあっても同様である（例えば、内航海運組合法18条1項1号など）。

　このことは、3条（不当な取引制限等の禁止）には適用除外があるが、19条（不公正取引の禁止）には適用除外がありえない[14]という印象を与える。重度の競争制限行為である3条違反に適用除外があって、軽度の競争阻害行為である不公正取引に適用除外がなく、絶対的に禁止されるべき行為とされることには、一見奇異な感覚がある。もちろん、競争制限効果のない事業者間協力や競争促

---

13) ドイツ競争制限禁止法（GWB）に組み込まれた制度概念。自由競争による市場メカニズムの機能が十分に保障されない場合（独占的市場や適用除外産業、政府規制産業）に、更に独寡占強化にならないように、また、競争圧力を免れていることを濫用した行為が行われないように、あるいは有効な競争があると同様に（Als-Ob-Wettbewerb）事業活動が行われるように、競争当局が嚮導するシステム（Hans-Peter Schwintowski, Wettbewerbsrecht（GWB/UWG）（3. Aufl. 1999) 32-34）。現行のGWBでは、2条（適用除外協定）、3条（中小企業カルテル）、19条・20条（市場支配的地位の濫用）、28条～31b条（農業分野、エネルギー分野、新聞・雑誌の再販価格拘束、水道事業の適用除外）などに濫用監視の規定が加わる。

14) 2条9項4号で再販売価格維持行為が不公正取引とされて、23条で同行為の適用除外制度が定められていることになって、不公正取引に適用除外があることになるが、同行為が共同行為の範疇に属すべき性質のものであることを考えれば、本来、3条（垂直的関係を含む不当な取引制限等の禁止）の適用除外であると認識することが可能である。

進効果が認められる中小事業者の共同事業などがあって，すべての共同行為が独占禁止法違反とされるものではないから，3条にはそのための適用除外がありえて，不公正取引にはそのような事情がないから，という説明も可能である。
　しかし，上記Ⅰ1(4)で指摘したように，私的独占や不当な取引制限よりも不公正取引が軽度の印象を与えるのは違法要件（競争の実質的制限・公正競争阻害性）の違いによるものである。競争阻害効果を惹起しやすいとして特に指定された行為類型が，更にかかる効果につながりやすい一定の状況（適用除外，独占的市場（協調的寡占市場を含む。以下同じ），政府規制産業等から有効な競争圧力を免れているという特権（privilege, Privileg）を濫用（abuse, Missbrauch）しようと思えば可能な状況）において，あえて不公正取引を用いることは絶対に許されないと考えるべきであろう。換言すれば，不公正取引の行為類型の態様のみで見るのではなく，不公正取引が行われる状況という前提とセットにして考えるべきということである。[15]

### (2) 既存独占・公的独占が存在する場合の濫用監視

　独占禁止法の実体規定を外れる対象は，適用除外規定によるもののほかに，既存の独占的市場[16]や法的に許容された公的独占（政府規制産業）がある。これらの場合に事業者が独占的地位を濫用するおそれがあるときも，完全に独占禁止法の適用領域から外れるのではなく，濫用監視となる不公正取引規制が妥当することにより，競争政策の枠内に収めうる。特に，容認されている独占から生じる独占力を隣接事業分野にスピル・オーバーするような行為について，不公正取引規制は有用な役割を果たすことができる。
　特定の事業分野を対象とする事業法とその所管官庁に比べ，不公正取引規制を行う独占禁止法と公取委は，全産業を競争促進と競争制限防止の観点から共通に見ることができる立場にあり，普遍的な基準によるとらえ方を示すことが

---

[15] EU機能条約101条と異なり，102条に適用除外条項がないことは，市場の状況や行為主体によって，市場支配的地位を有する事業者が行う行為という前提があることによる。不公正取引の適用にあたっても，行為類型によって有力な事業者（「流通・取引慣行に関する独占禁止法上の指針」（公取委平成3年公表）のうちの注7）が行うことを前提とする場合があることも類似の考え方である。

[16] 金井貴嗣「不公正な取引方法をめぐる諸課題」経法30号（2009）3頁。

できる長所がある。

また，上記(1)の場合と共通して指摘できることには，表裏の二面性がある。一つは，いずれも自由競争が一定の範囲・程度で制限されている場合であって，なお残されている競争を大事にすべきであって，その可能性を狭める競争阻害行為が行われるならば，不公正取引規制でその防止に努めなければならないというものである。もう一つは，自由競争が制限された分，事業者の行き場を失った競争エネルギーが行き過ぎた不正な競争手段（後掲3）として噴出することを防止し整序することも不公正取引規制の役割というものである。

### (3) 従属的取引関係が存在する場合の濫用監視

上記(2)のような市場（水平的関係）における独占的地位だけではなく，取引関係（垂直的関係）から生じる優越的地位もある。[17] 他に取引先を変換する費用が高い事情（関係特殊的投資等のホールド・アップ問題で説明される状況）があって，一方の取引相手に他方の取引相手が自らの存在を依存する従属的取引関係において，取引上優越的地位を濫用して，従属する取引相手から不当な不利益を搾取する場合に，機会主義的行動を抑止し，有効な競争があると同様に行動させる濫用監視は，当該取引相手が市場において有効な競争単位として存続する機会を不当に奪うことがないようにする趣旨である。[18]

私的独占は，市場支配力を有するような事業者が競争事業者に対して行う妨害的濫用行為（exclusionary abuse, Behinderungsmissbrauch）を対象とするが，取引先事業者に対する搾取的濫用行為（exploitative abuse, Ausbeutungsmissbrauch）は対象としないので，従属的取引関係を律するには適さず，不公正取引規制の役割となる。

---

17) ドイツ競争制限禁止法では，前者に相当する市場支配的事業者（GWB 19条，marktbeherrschende Unternehmen）から派生させて，下位概念として①垂直的関係でみて自らに従属する事業者との関係を有する相対的に優越した事業者（GWB 20条2項，Unternehmen mit relativer Marktmacht）と②水平的関係でみて中小の競争事業者に対して優越している事業者（GWB 20条3項，Unternehmen mit überlegener Marktmacht）を設けて，濫用規制をかけている。

18) 舟田教授が提示する「取引の自由」（前掲注4）掲載書34頁以下参照）が出発点となり，正田彬教授が強調された事項である。

## 3 不正な競争手段に対する役割
### (1) 欺まん的競争手段を規制すること

　独占禁止法における競争には，行為要件レベルの競争＝競い合いと違法要件レベルの競争＝競争メカニズムの２つの意味がある[19]。不正な競争手段という場合，競争メカニズムを制限する効果をもたらす行為，既に制限されている競争メカニズムを更に機能しないようにする行為あるいは競争メカニズムが制限されている状況を濫用する行為であるときと，競い合いの手段として不正な要素をもつ行為であるときがある。

　上記１・２で検討してきた不公正取引規制の役割は，いずれも競争メカニズムとの関係であった。更に検討しなければならないことは，競い合いの手段の質が問題にされる場合があることである。

　競い合いの手段の質を問う法律に不正競争防止法があるが，同法が他の事業者の無形の営業資産価値を無断使用したり，信用を毀損したりすることで，当該他の事業者に損害を与えることが不正とされる。独占禁止法の場合は，競い合いの手段の質を問題にする場合でも，競争メカニズムに期待される機能となる優れた商品役務を選択し，その提供事業者が進展する機会を保障する働きから見て，手段の質の良し悪しが判断される。不正競争防止法も被害事業者の私益を直接保護することで，間接的に公正な競争秩序を保護することになる。独占禁止法では，競争メカニズムを有効に機能させる公益の観点から競い合いの手段の質の評価を行うもので，その評価を公取委という行政機関に係らしめている点で政策的要素を強くする。

　競争メカニズムの機能を歪曲する競争手段とは，選択の指標となる商品役務自体の品質と商品役務を対象とする取引条件をそれぞれ偽り，情報の非対称性がある状況で取引相手に優良または有利と誤認させることである（優良誤認と有利誤認）。具体的には，虚偽の価格表示・品質表示であったり，過大な利益提供となる景品・リベートであったりする。このような競争手段は，他の特定の競争事業者を必ずしも狙い撃ちするものではないので，個別具体的な被害は顕著ではないが，当該欺まん的競争手段が伝播しやすく，競争メカニズムの機能

---

19) 拙稿「独占禁止法における競争の二つの意味と関係」白鷗大学法科大学院紀要７号（2013）81頁。

を歪曲することになるので,行っている事業者の態様に関わりなく,共通して規制される必要があり,消費者を含めた需要者保護の役割も果たす。

　欺まん的競争手段は,市場における競い合いの量ではなく,質に着目するものであるので,共通して規制される必要がある。3条違反となる私的独占や不当な取引制限は単独で行うにせよ共同で行うにせよ,行為者となる事業者・事業者集団に市場における競争メカニズムに悪影響を与える程度の力ないし地位を必要とする。しかし,欺まん的競争手段は一律の規制が必要であり,かつ,質的により望ましい成果が期待できる競争メカニズムの向上を積極的に図ろうとするものであるから,成文法規で具体的かつ明確な基準を示す対応が可能な不公正取引規制で実施する意味がある。

(2) **市場取引において不平等感・被差別感を助長する競争手段を規制すること**

　私人間で優劣を競い合い,それを公益に転換する市場経済社会においても,競争メカニズムによって優劣の判定がなされる前は,他者に比して不利でなく,差別なしの平等な扱いを受けたいとすることは根源的な欲求である[20]。競争メカニズムの判定を受けた結果であるか,受ける前の状況であるかは,截然と区別できるものではなく,立場によっても見方は異なる。例えば,メーカーからの消費財の仕入れ価格が,大規模小売業者と小規模専門店では,前者の方が廉価であるという差別対価があった場合,それぞれの販売力・購入量の大小の差から合理的なものとするのは競争メカニズムによる判定が考慮されており,小売段階で消費者向けの販売競争を行う前の格差で,不合理な差別であるとするのは競争メカニズムの判定を受ける前の不平等感・被差別感を惹起する。

　変動する市場経済社会の中で,競争政策の役割に関して経済的目的(効率性の追求)と政治的社会的目的(経済力の濫用防止,中小企業・消費者の保護)の問題として議論されがちな事柄でもある。経済的目的が優先するにしても,多数が不平等感・被差別感を有して社会問題化した事象を行政府が対応しないという選択肢はなく,行政機関である公取委が運用する独占禁止法もかかる問題への対応を回避する選択肢はない。回避することは,公取委の存在理由への信頼

---

20) 再び「取引の自由」(前掲注18))と関係する事象となる。

を失うことになりかねない。[21]

　不公正取引規制は，この問題の受け手になる役割もある。異なる立場の妥協点・中間点は，市場における競争が優勝劣敗の世界であることは理解するにしても，勝者と敗者の格差が不当に拡大するようなものではなく，また，リスクを敗者に過度に負わせるものではなく，かつ，むしろ市場が格差を縮小する機会であってほしいとすることになろう。

　私人間の取引関係における不平等・差別は個別的なもので，民法などの私法規律に委ねることが本来的方策であるともいえる。ところが，各取引を個別に解決する費用（交渉や訴訟にかかる費用。いわゆる取引費用）が成果（多数の者が不平等・差別から受ける被害の回復）に比べて大きく，それゆえに，個別の是正策をとるインセンティブが経済的非効率ゆえに生じないことになる。そして，不平等感や差別感が是正する機会を得られないことによる社会的不満は鬱積していくことになる。

　民事上の工夫としては，さらに，クラス・アクションや団体訴訟が対応することになるが，不公正取引規制を用いて公取委が社会問題化しがちな取引上の不平等感・被差別感に対応すること[22]は，政治的社会的目的からも経済的目的（社会全体からみた取引費用の削減）からも是認されよう。

## 4　複数の役割の位置付け

　上記1〜3において，不公正取引規制の複数の役割を3つのタイプに大別し，さらに7つの役割に細分して説明することを試みた。

　第1の他の実体規定（私的独占・不当な取引制限等）を支える役割にあたっては，単独行為規制と共同行為規制の考え方に従って適用していけばよい。

　不公正取引規制の本質的な存在理由は，第2の濫用監視の役割と第3の不正な競争手段に対する役割にある。濫用監視の役割にあたっては，法的または事

---

[21] 詐欺的事業者の事業者性を否定する主張を被告国（公取委）がした豊田商事事件＝東京地判平成4・4・22判時1431号72頁，判タ788号93頁，審決集39巻391頁。

[22] マルチ商法による欺まん的顧客誘引であるホリディ・マジック事件＝勧告審決昭和50・6・13審決集22巻11頁，証券会社の損失補填による不当利益顧客誘引である野村證券事件＝勧告審決平成3・12・2審決集38巻134頁，ゲームソフトの抱き合わせ販売である藤田屋事件＝審判審決平成4・2・28審決集38巻41頁など。

実上の理由から競争圧力を免れた地位を与えられた事業者がその地位を濫用することを前提に，また，不正な競争手段は，すべての事業者に相応しくない競争手段であることを前提に，競争阻害のおそれの段階で不公正取引規制を運用することになる。いずれにしても，不公正取引規制に適用除外はなく，独占禁止法の実体規定の体系の中で，包括条項（basket clause）の機能を有し，競争政策の展開に遺漏無きを期せる性質のものである。

不公正取引規制の役割が競争法の領域内で適当なものであるかどうかは，議論の分かれるところであろう。米国反トラスト法の考え方によれば，濫用監視以降の役割は，政府の干渉から免れるべきで，自由競争の理念にそぐわないものと見られるであろう。EU競争法の考え方によれば，濫用監視は競争政策の範囲内のことと受け止められよう。そして，米国・EUのいずれから見ても，不正な競争手段とする不正な競争（競い合い）に対するものは，不正競争防止法や消費者取引法あるいは民法（契約法）の領域に属するものとして，競争政策の範囲内とすることに難色が示されるだろう。

しかし，いずれが妥当であるかの判断は別として，行政に多くの問題解決が求められる日本社会では，公取委に付与された権限と不公正取引規制の制度を用いて，きめ細かい施策が展開されることを期待することは，我が国の競争政策に求め過ぎということにはならないものと考えるし，その経験はアジア諸国を含めて類似の状況が生じた国々の参考にもなる。

## Ⅲ 不公正取引規制の現状と今後の展望

公取委事務総局にあっては，経済取引局に取引部を置き，①不公正取引の指定，②独占禁止政策に係る事業活動の調査，③許容再販商品の指定，④下請代金支払遅延等防止法（以下「下請法」という）の施行，⑤公正競争規約の認定などを所掌事務とする（公取委事務総局組織令3条2項）。取引部には，取引企画課と企業取引課の2課を置き，後者を下請法を含む優越的地位の濫用にかかる不公正取引に特化させ，事業者や事業者団体の活動に関するその他の不公正取引は，相談指導業務を含め，前者が担当することとされている（同組織令15条，16条）。

2009年の消費者庁設立とともに，不当景品類及び不当表示防止法（以下「景品表示法」という）が公取委から同庁に移管される以前は，公取委の取引部は，前出の2課とともに消費者取引課がある3課体制で成り立ち，同課は景品表示法のほかに対消費者取引（B to C）に係る不公正取引の指定を所掌事務としていた。現在，対消費者取引に係る事務は，取引企画課の所掌事務に包摂されているが，取引部の所掌事務の規程から「消費者取引」の文言が消えたことは，公取委が所管する不公正取引規制が消費者保護施策と密接な関わりがあるとする拠り所を退嬰させる印象をもたらしかねない。

　不公正取引規制は，独占禁止法違反事件として審査する場合は審査局が所管することになり，独占的市場や政府規制産業であることに由来する不公正取引のルール設定に必要な経済実態調査と事業活動調査は経済取引局が担当するものであるが，市場における事業者間取引（B to B）や対消費者取引について，①誤認・誤導する欺まん的な競争手段，②社会的に不平等感・被差別感をもたらす取引方法や③従属的取引関係を濫用する不利益強要行為に関して，ルール設定と必要な事業活動調査を行うのは，取引部の所掌事務である。

　本稿で論述してきたように，3条の競争メカニズムを損なう競争制限行為規制に対して，19条の不公正取引規制には，競争相手または取引相手を想定した競い合いという具体的な行為規範を設定し，すべての市場（競争市場であろうと，独占的市場であろうと，政府規制産業であろうと，独占禁止法の適用除外産業であろうと，あらゆる市場）におけるB to BとB to Cの取引方法を公正競争維持の視点から整序できる幅広い機能がある。したがって，不公正取引規制は，競争促進政策のみならず，独占力濫用監視政策，中小企業政策，消費者政策の内実形成に及び，取引部は公取委におけるこれらの政策を統括する役目を有する。

　不公正取引規制の現状は，第1に，ルール設定の面では，一般指定の適用に問題解決を集約する傾向にあり，特殊指定の様式・記述方法を工夫してルール設定として用いることは回避され，事業分野ごとの新たなルール設定は指針（ガイドライン）公表で独占禁止法の実体規定および一般指定の適用の可否を示す方法によっている。[23][24]

---

23) 金井・前掲注16) 参照。

また,特殊指定については,改良する作成方針が見えないまま,一般指定に収れんすることで,2006年には4つの特殊指定が廃止され,現存の3つの特殊指定のうち,新聞業の特殊指定には問題点がありながら,改訂が実現しないでいる。

　第2に,規制状況の面では,公取委が2006年度から2015年度までの10年間に法的措置がとられた不公正取引事件の件数でみると,優越的地位の濫用14件,再販売価格の拘束,その他の拘束・排他条件付取引および不当廉売が各3件,取引妨害2件,共同の取引拒絶1件の計26件である(公取委年次報告)。

　不公正取引規制の本質が濫用監視と不正な競争手段の防止にあると考える立場からは,事業実態に即した行為類型や取引実態から競争メカニズムを歪曲する競争手段の行為類型の具体化が必須であるが,従前の特殊指定の用い方から競争制限的市場における濫用規制のルール設定を行う発想が乏しく,かつ,難度の高さを感じさせ,事業ごとの所管官庁と共同でソフト・ローに近い指針(ガイドライン)[27]を設定することを指向し,違反行為取締り官庁に徹する傾向にある。

　しかし,公取委が各事業分野・各市場を横断的に共通に見て,具体的なルール設定を行うことに抑制的である必要はなく,政策企画の機能をもった行政機関であることを明らかにする活動について,重点を移行した見地から検討し,特殊指定というルール設定の様式の新たな利用も期待したい。

---

24) 2016年1月21日公取委公表の「知的財産の利用に関する独占禁止法上の指針」の一部改正による標準規格必須特許を有する者による差止請求訴訟の提起等が,不公正取引に該当することも知的財産権関係の特殊指定の形式をとった方がより明確なルール設定になりうる。
25) 2006年に廃止された特殊指定のうちに,教科書業における特定の不公正な取引方法(1956年告示)があり,2015年10月以降に明らかになった教科書会社謝礼問題をみると,特殊指定の廃止がルールの解消となって,その後に生じた状況を文部科学省と公取委の間で扱いかねているように見える。
26) 1950年代から告示され,1980年代前半までに廃止された10件近い事業分野別の特殊指定は,景品表示法の規制内容と重なるものであった。
27) 「適正な電力取引についての指針」(1999年公表),「適正なガス取引についての指針」(2000年公表),「電気通信事業分野における競争の促進に関する指針」(2001年),「金融機関の業態区分の緩和及び業務範囲の拡大に伴う不公正な取引方法について」(2004年)など。

## ま と め

　独占禁止法において，19条の不公正取引規制が3条の私的独占・不当な取引制限規制を3つの役割でバックアップする条項として並置されているとの見方を主題として述べてきた。同時に，不公正取引規制は，行政機関としての公取委が現実の経済社会でルール設定が必要なニーズと期待に応える政策分野としても成り立つことも論じてみた。規制は，過剰規制（false positive）にも過少規制（false negative）にもなってはならないことで，公取委はそのための合議制行政庁であり，必要な調査権限（40条），準立法権限，意見聴取手続等が法定されていることの再認識と現代化が改めて必要である。

# 相対的市場力の濫用と公正な競争秩序
—— 英国とドイツの規制から学ぶこと

森 平 明 彦

I　序　論
II　法的分析の方法論と競争法の体系形成
III　綱領審判官制と行動綱領の規制
IV　需要力，需要競争及び供給競争のモデル分析
V　自由な競争の公正な秩序づけとしての需要力濫用の規制
VI　結　語


## I　序　論

　欧州連合（EU）と加盟国は需要力濫用規制について，その実効的な展開を模索している。[1] 本稿は，近時行動綱領とそのエンフォースメントの制度を整備した英国と，不正競争防止法（UWGという）により「利益強要（Anzapfen）」に係わる先例を有し，競争制限禁止法（GWBという）において需要力濫用規制

---

1) かかる規制動向の一部は以下の拙稿（全て高千穂論叢に掲載）で触れた。本稿はこれらの論稿を基礎とするが，その引用は略称によって該当箇所を本文に記載する。拙稿「ドイツ競争法制における『利益強要（Anzapfen）』の禁止【1】・【2】」47巻1号（2012）69頁以下，2号（2012）1頁以下（拙稿・強要【1】・【2】と略称），同「ドイツにおける需要力の規制理論」47巻4号（2013）1頁以下（拙稿・理論と略称），同「ドイツ酪農乳業における需要力の濫用」48巻1＝2号（2013）61頁以下（拙稿・乳業と略称），同「需要力濫用規制の新展開——英国綱領審判官制度の検討」49巻1号（2014）1頁以下（拙稿・審判官と略称），同「需要力濫用規制の法理論的枠組み」50巻1号（2015）1頁以下（拙稿・枠組みと略称）。

を規定するドイツを取り上げる。両国とも濫用の行為者について従属的事業者とされた市場の相手方に行使される力を相対的市場力と捉えて，競争法との関連で需要者段階と供給者段階の市場の競争に需要力がいかなる影響を及ぼすかの理論的検討がされている。本稿では，需要力，需要競争及び供給競争のモデルと相関関係を論じたドイツの競争法理論を分析し，相対的市場力の濫用が競争法秩序へ及ぼす影響について英国とドイツの規制のあり方を紹介，検討する。

## II 法的分析の方法論と競争法の体系形成

### 1 需要力の濫用規制に関する法的分析の方法論

本稿において，競争法が前提とする競争秩序の法益に対する濫用行為の分析的評価は，カール・ラーレンツの法規範，規律及び法秩序の主要原理の間の意味関連を叙述する体系分析に依拠して行う。

ラーレンツは，学問的法律学の重要課題として個々の法規範と規律が相互にまた法秩序の主要原理とともに存する意味関連の叙述をあげる。その叙述は体系の形式に基づき，秩序があり，概観できる必要がある。そして体系は「外的体系」と「内的体系」から成る［735頁］。

外的体系は，規律対象の法律要件から特定要素が分離，普遍化された抽象的概念である。この要素から種概念が形成され，個々の種類を決定するメルクマールが付加ないし除去され，異なる抽象度の概念が形成される。民法では，法律行為の包摂のため形成された法技術的概念がこれにあたる。

内的体系は，機能を決定された概念，法倫理的原理，法的価値から構成される。抽象的－普遍的概念の傍に，その基礎にある法倫理的原理を内容的に取り上げる働きをする「機能を決定された概念」が存在する。この概念は，抽象度の進行により内容が乏しくなる単なる抽象的－普遍的概念とは区別され，「一つの規律の根底にある基礎的原理との意味関係は当然縮減されるにしても，依然として認識されうるままにとどまっているほどに広くいいあらわされる」［727頁］。欧州の競争法における「競争の歪曲」の概念は，後に述べるように

---

2) Karl Larenz, Methodenlehre der Rechtswissenschaft, 5 Aufl.（1983）．ラーレンツ〔米山隆訳〕・法学方法論（1998）第6章。引用は翻訳書の該当頁を本文に［ ］で掲記する。

機能を決定された概念にあたる。次に法倫理的原理は，その「固有の確信力の力で法的決定を正当化することができる法的規範化の方向を定める尺度」であり，「客観的－目的論的解釈基準」となる［716頁］。

## 2　自由競争と公正競争を架橋する競争歪曲の概念

競争法システムの自由保護と公正保護を統一的に捉える意図から，自由競争と公正競争を架橋させる役割を担う法概念が競争歪曲である。この役割はスイスのヴァルター・シュロイプにより1980年代に明らかにされた。[3] シュロイプは上記ラーレンツの方法論に依拠して，競争歪曲の法概念を自由と公正の価値に基礎づけられた競争法体系に整序する。競争秩序の法体系にとって自由保護と公正保護は，その「内的体系」を構成する法倫理的原理である。これに対し，競争法（制定法）の法律要件における抽象的－普遍的概念は「外的体系」である（例：現行GWB19条2項5号の「実質的正当化理由」や「利益提供の勧奨や誘引」が該当。拙稿・乳業117頁註1を参照）。そして競争の歪曲が「機能を決定された概念」であり，法倫理的原理と法律要件の抽象的概念との間の「媒介」として働き，法倫理的原理の意味関連を明らかにする［515f.］。その概念は法律要件の要素又は法律効果の要素として含まれる。それでは，この競争の歪曲（Verfälschung）の概念が法律要件の概念において示す法倫理原理とは何か。それは，競争を「誤った（falsch）」ものにする，（取引先の）「選択を誤った」ものにする無価値判断を導く法原理である。したがって，規範的評価の視点から，このような競争歪曲の消極的な概念の無価値判断に対するものとして，積極的な価値内容の「健全な競争（unverfälschter Wettbewerb）」の法概念があげられ，それによって，「健全性（Unverfälschtheit）」の法倫理的原理の中に法価値が示される［516f.］。

以上のシュロイプによる競争歪曲論は，次のような特徴がある。第一に，競争法体系の考察にあって，競争の制限や妨害という自由な競争の制限と，詐欺的取引や取引妨害など公正な競争の阻害との上位概念として競争の歪曲が捉えられる。EU機能条約101条の解釈で，競争の妨害と制限の上位概念として競

---

3) Walter R. Schluep, Über den Begriff der Wettbewerbsverfälschung, in Festgabe für M. Kummer(1980), 487. 引用は以下Ⅱ2につき，該当頁を本文に［　］で掲記する。

争の歪曲を捉える立場に近く，またスイスやドイツのUWG1条の解釈において，健全な競争保護の意味における機能的競争の保護を重視する立場に近い[4]。

第二にシュロイプの理論化による競争歪曲の禁止／健全な競争保護の要請は，EUの結合市場において健全な競争保護の要請が認められるとする見解を基礎づける。すなわちカール・ハインツ・フェザーは，健全な競争の保護に係わるローマ条約3条1項g号（現行規定は，リスボン条約の策定に合わせ採択された「結合市場及び競争に関する議定書」27号）をシュロイプの意味による健全な競争の制度的保護の規定と解して引用する[5]。

第三に，シュロイプは，一般に自由保護と公正保護からなる競争法制の保護について，健全性の統一的な法益を考え規制理論を展開する。競争歪曲の概念によった後述の英国の審判官制の理論的背景の説明と適合的である。ラーレンツの法的価値を志向する体系的思考に依拠した，シュロイプの競争法理論が有する優位である。

第四に，かかる長所にもかかわらず次の問題がある。自由保護と公正保護の法倫理的原理はそれぞれ自由競争と公正競争の保護原則を示すが，その関係は健全性の保護に係わってどのように捉えられるか不明である。この点と関連して，健全性保護の法倫理的原理の内容を摘示する「機能を決定された概念」である競争歪曲について，搾取濫用で供給者のなす需要者間の業績比較が困難にされる事態から，専ら自由競争の阻害の評価を導く問題がある［503f., 511f., 516f.］。業績比較を困難にする原因は，「過剰なリスクと予期せぬコスト負担の移転」（後述Ⅲ2）がされた結果であり，かかる結果は英国の審判官制が明らかにしたように公正な競争保護の要請に反し，シュロイプはこの点の理解に欠ける。

---

4) スイスUWG1条の目的規定において競争の機能性保護を重視する立場については，参照，拙稿・強要【2】註238及び註250該当本文。
5) Karl Heinz Fezer, Fezer(Hrsg.), Lauterkeitsrecht, Kommentar zum Gesetz gegen den unlauteren Wettbewerb, 3 Aufl. Bd.1(2016), §1 Rdn.120 & Fn.74. 議定書27号による健全な競争保護の要請に関し，EU競争法の意義については，拙稿・理論23頁以下を参照。

## III 綱領審判官制と行動綱領の規制

　英国の行動綱領と審判官制は，相対的市場力の簡略な認定と「競争の歪曲」の「機能を決定された概念」から導かれる公正な競争秩序に係わる理念的要請（健全な競争保護）とが結びつき，堅固な規制基盤を確立した。

### 1　競争委員会による市場調査（競争法の補完機能）

　1999 年の公正取引庁（OFT という）による競争委員会（何れの組織も当時）への付託は，1973 年公正取引法 50 条等における独占調査の規定に基づく（「独占付託」）。付託を受けた同委員会の 2000 年報告書に基づき，2002 年にスーパーマーケット綱領が制定された。さらに，2006 年に OFT は，2002 年企業法 131 条の「市場調査」の規定に基づき競争委員会に付託をした。この市場調査に基づく 2008 年報告書が，2009 年行動綱領と 2013 年審判官制度の創設を導いた。OFT の付託方針（企業法 131 条）は，需要力の濫用的行使について，1998 年競争法第 II 編第 18 条の支配的企業による濫用を問題にする判例法の基準に該当せず，その実体規定の違反に該当しないが，競争的でない「市場の特徴」が存在し，競争法の構造的排除措置がエンフォースメントにおいて十分でないことを指摘する。拙稿・審判官 4 頁以下，106 頁註 256，186 頁及び註 368 以下。

　2008 年の市場調査において競争委員会は，企業法 134 条 5 項に基づき反競争的効果を認定し，その効果の排除，緩和又は防止のための措置を適示するべく求められた（同 134 条 4 項）。その場合，反競争的効果に関し顧客（ここでは消費者を指す）に及ぶ損害の認定がされる。134 条 5 項は，反競争的効果からもたらされる顧客への損害内容を明らかにし，損害を被る顧客が現在の顧客に限られない旨規定する。すなわち，大規模スーパーの濫用行為から供給者の競争機能（competitiveness）が損なわれ，長期的に消費者に損害が及ぶ結果の防止が保護法益になる。その際，消費者に及ぶ反競争的効果の影響は確定的である必要はない。拙稿・審判官 111 頁以下。

## 2 「類型形成」による「法的規範化の方向を定める尺度」の抽出

上記 2000 年の報告書は，供給者の販売価格を競争レベル以下に抑えるとともに，不当にコストを引き上げて供給業者の競争機能に悪影響を及ぼす小売業者の慣行を整理する（30 慣行）。2008 年報告書は 2000 年報告書が「競争の歪曲」（公正取引法 6 条 1 項 c 号）の反競争性を認めた 30 慣行を 8 カテゴリーに類型化し，26 の慣行について過剰なリスクと予期せぬコスト負担の移転がされ，供給業者に不確実性を生じさせるとした。競争委員会はこれら 8 カテゴリーについて，反競争的効果を規定する企業法 134 条 1 項，2 項による「競争の妨害，制限又は歪曲」の「市場の特徴」を認めた。拙稿・審判官 90 頁以下，103 頁，137 頁，179 頁以下。

以上のように競争委員会は，市場調査に基づく「類型形成」（ラーレンツ）から競争の歪曲の行為の特徴を捉え，「過剰なリスクと予期せぬコスト負担の移転」がされるという「法的規範化の方向を定める尺度」を導いている（個別例から一般論の抽出をする帰納的手法[6]）。他の尺度には，上記競争機能の毀損（供給者）が示された。前者のリスク／コスト移転の尺度とともに競争機能の毀損に係わる指標は，競争者の競争基盤を形成する。競争者の競争基盤を確保する要請は，競争法の体系の枠組みにあって「内的体系」の法倫理的原理にあたる。

## 3 競争歪曲の概念（「機能を決定された概念」）の特徴

競争委員会の上記二つの報告書が違反行為の類型化の評価ポイントにした「競争の歪曲」ないし「競争の妨害，制限又は歪曲」の反競争的効果は，市場調査の根拠法規（企業法）の判断要件であり，また競争法の実体規定の要件でもある。すなわち，双方に連動する違反要件による評価がされた。この点に関し「競争の歪曲」と「競争の妨害，制限」の関係が以下のように説明される（マルティン・コールマンとミヒャエル・グレンフェルに依る）。競争の歪曲は，ⅰ）競争阻害の程度が競争の妨害と制限より低い，ⅱ）競争阻害に対する間接的な行使により生ずる，ⅲ）競争の条件を人為的に変更し，そのことにより競争の刺激を緩和させる市場の行為である（拙稿・審判官 179 頁以下）。このコールマ

---

[6] ラーレンツ・前掲注 2) 715 頁以下参照。

ン等の説明と前記 8 カテゴリーの特徴づけ（リスク／コストの移転）を合わせ理解すると，リスク／コストの移転を生ずる経済的な「利益強要」が長期的に供給業者の競争機能を毀損するならば消費者の損害が認定される（上記 1 の企業法 134 条 5 項の解説参照）。すなわち，競争阻害から消費者へ損害が及ぶ市場のプロセスを競争の妨害，制限と比べてより間接的に捉え，かつ阻害のより低いレベルの影響となる競争条件の人為的変更を反競争的効果とする概念になる。したがって，「競争の歪曲」は競争の妨害，制限の上位概念として理解できる。拙稿・審判官 181 頁以下。

### 4　2009 年行動綱領

(1)　行動綱領の適用を受ける大規模スーパーは，英国内で売上高 10 億ポンド以上の小売業者である（拙稿・審判官 41 頁註 126）。需要力の規制対象を簡略な手続により決定する。相対的市場力の認定につき，供給業者の回避可能性等の取引先選択に係わる要件を求めない。これは，競争歪曲が，競争の妨害，制限と比べて競争阻害のより低いレベルにおいて，かつ間接的な影響によって競争の刺激を緩和させるなら反競争性が満たされ，さらに競争歪曲を禁止する行動綱領の規制は，自由な競争に対する公正な秩序づけを図る趣旨から，自由競争保護の要請による取引先選択の自由の問題は重視されないという理由による（下記(3)を参照）。拙稿・審判官 189 頁以下。

(2)　行動綱領は公正な競争秩序の保護に関する基本姿勢を明確化した。その 2 条は，綱領違反となる紛争解決の指針を審判官に示し，また個別規定における解釈基準とされる公正取引の総則的規定をおく（第 2 部第 2 条）。それは誠実性に基づいた「公正かつ適法な取引」を維持し，合意の公式，非公式を問わず強迫のない取引におけるリスクとコストについて供給業者の確実性の要請を認識した取引関係を求めている。拙稿・審判官 41 頁以下及び註 128。

(3)　2000 年及び 2008 年報告書は，供給業者の被る販売価格抑圧／不当なコスト引上げの問題慣行を網羅的に検討し，競争法／企業法（公正取引法）に規定された競争歪曲（競争の妨害，制限又は歪曲）という「機能を決定された概念」

から，過剰なリスクと予期せぬコスト負担の規範化の尺度を導いた。リスク・コスト移転に係わる不当性の基準と公正な取引の要請（行動綱領2条）とが健全な競争を構成するのであるから，競争歪曲を禁止する綱領規制には，公正な競争の確保の要請が求められている。この要請は，自由保護と公正保護の一体的な保護を求める健全性の法原理に係わる。この場合には，自由競争秩序の基礎に公正な競争秩序が据えられる。英国審判官制の法的体系における「内的体系」を構成する法倫理的原理は，自由保護と公正保護を統一する健全な競争の保護によって示されるが，健全な競争については，自由な競争を公正な競争が秩序づける形で統一が図られた。

## Ⅳ 需要力，需要競争及び供給競争のモデル分析

### 1 「利益強要」論批判──「隠れた競争」論[7]
#### (1) 需要競争と需要力の分析と評価

エルンスト・メストメッカーは需要者／供給業者間の負担と協力を「販売促進のための特別のチャンスの提供」を求める供給業者による「競争による交渉の探求」に対し，需要者が機能面での異質性を明らかにするプロセスとして捉える［255, 257］。需要者と供給業者がそれぞれ取引関係にあって，相手方事業者とその競争者が存在する場合にとる反応の複合が競争の指標になる［257］。その場合，「流通段階の供給競争が需要競争を導く」とともに，この段階の需要競争が「産業の供給業者に直接的に影響する事が決定的」に重要となる。かかる相互的な影響行使において，需要者の購入価格はその回避可能性の指標となる。この回避可能性に対応して供給業者の提示価格は価格／取引条件の混合において多様な理由から変更され，需要者の対価及び諸条件に再び還元される［257］。この需要競争論は以下のように敷衍される。第一に個別供給業者の「競争による交渉の探求」が需要競争を構成し，価格／取引条件の多様な混合が給付／反対給付の交換関係の指標となる。すなわち，不完全競争／動態的競

---

7) Ernst-Joachim Mestmäcker, Der verwaltete Wettbewerb (1984). 以下Ⅳ1のメストメッカーの見解は本書により，該当頁を本文に［　］で掲記する。なお参照，拙稿・強要【2】14頁以下。

争として需要競争が説明される。第二に多様化するこの交換関係は，付随的給付の提供につき濫用が問題にされうる（棚貸し等）が，この立場は競争的な対価設定の枠組みでそれを捉える [69ff.]。第三に，流通段階の供給競争が需要競争を導き，需要競争が供給業者に直接に影響する競争プロセスの理解が中心となる。需要者間の競争と供給業者間の競争とは相互の影響行使において傾向的な対等性が想定され，需要者が供給競争に支配的影響を行使する関係は問題とされない。

その競争法体系の解釈論は，GWBの市場力の閾値に達しない需要力濫用の妨害又は差別行為をUWGにより規制するならば過剰規制になるとする（需要者が競争者の取引を差別，妨害して市場構造や行為に対する影響が明らかな場合に規制を限る）。その限定論の根拠として，市場構造や行為への影響を重視する立法者意図や，競争でなく競争者の保護（さらに競争政策が中小企業保護政策の代替措置化）となる危険，またGWBとUWGの法目標による競争システムの統一性（双方で決定的な評価基準は競争の自由とされる），さらにUWGによる競争の自由の限定がGWBの評価に矛盾して適法化される結果を回避するという事由があげられている [90, 144f.]。

### (2) 濫用行為の類型分析（行為／結果無価値，抽象的／具体的危険）

メストメッカーはGWBとUWGの競争法体系を構成する統一的な違反行為の類型化を行い，競争秩序に対する影響評価の一般的枠組みを行為無価値／結果無価値，抽象的危険／具体的危険の各指標に即して分析し整序する。それによれば，行為無価値が明らかになればなるほど，市場効果の証明に向けられた要求はそれだけ少なくなる（競争秩序に対する抽象的危険。その例は詐欺的行為，買収 (Bestechug)，ボイコット又は敵対的な取引妨害等）。反対に，ある行為がそれ自体で競争阻害の推論を許すものでなく，行為無価値が明瞭でない場合に初めて，その影響が補足的に判定されなければならない（競争秩序に対する具体的危険）。これまで「利益強要」とされた諸要求は，基本的に上記(1)の「競争による交渉の探求」の枠組みで捉えられる。この認識を欠いて，市場構造の影響が不確実であっても，抽象的危険の類型として具体的な市場効果の証明なくUWG違反を認定するのならば，前記のように立法者意図に矛盾するとされる。

拙稿・強要【2】17頁以下。

(3) 「隠れた競争（Geheimwettbewerb）」と利益強要の規制論批判
　「利益強要」の規制論に対し，供給者サイドの新たな，革新的競争の出現を妨げる懸念が指摘される。その規制論は，寡占的な協調価格（供給者提示の一様な販売価格に対し需要者が諾否の有無を一律に判断する行動）容認論であり，個別取引で行われる「隠れた競争」を封じ込める企図が顕著である，とされる［283 ff.］。

(4) メストメッカーの「隠れた競争」論に対する分析と批判的検討
　(i) 価格／取引条件の混合について「競争による交渉の探求」を行う動態的な需要競争論も，また供給者／需要者間の合理性な双務的な販売促進戦略とされた「隠れた競争」論も，その基礎づけには自由な競争を擁護する一貫した特徴がある。
　(ii) 需要者間と供給者間の競争は相互の影響行使において対等性の想定がされ，「隠れた競争」における交渉が双務的な販売促進戦略とされ，供給者と需要者間の従属性は問題にされない。この点から，取引，交渉における強制や遡及的契約条件の変更の問題は，民事法的規律が重視される。拙稿・強要【2】21頁及び註162参照。
　(iii) GWBとUWGの需要力濫用に対する規律は，以上の自由な競争秩序の維持の要請と適合的に解釈される。すなわち，競争の自由がGWBとUWGの双方の法領域で決定的な評価基準とされ（上記1⑴を参照），競争秩序の統一性が保たれるとする［88］。競争法システムにおける自由な競争と公正な競争の維持の要請に係わる関係は，前者が優位する。
　(iv) 「隠れた競争」擁護論は1980年代に，一方で規制緩和に障害となる連邦カルテル庁の「管理された競争」を批判しつつ，他方民間経済団体の競争規約による「団体によって自主規制された競争」が寡占的協調となる懸念から展開された［Vorwort, 3-4］。しかし，その後の流通業の寡占化と企業結合による集中の高まりは，連邦カルテル庁の部門調査（GWB 32e条1項）により大規模食品小売業者の不公正な取引慣行の存在が問題にされ，訴追にまで至っている[8]。

かかる状況下で問題視される不公正取引慣行を，一律に「隠れた競争」の発露とみなすならば，その推論構成は硬直的である（以下(v)抗争交換理論によるに批判的説明及び後述 2(1)ケーラー見解の近時の転換を参照）。

(v) 以下に記す抗争交換の不完備契約論は，(iv)で述べた食品流通業で問題となる不公正取引慣行についてその原因の説明と適合的である。過小需要の需要者間における競争が超過供給の状況にある供給者の競争と出合う需給不一致市場を想定すると，大規模スーパーと取引できる供給者は強制的な要請を受けた場合でも，対価の意味をもつ利益（レント）を獲得する。これに対し取引ができない供給者は，取引条件の変更を試みてもその地位を改善できない。かかる状態は，大規模スーパーと取引する供給業者について，当該レント維持のため，その協力が継続的に引き上げられ，不公正慣行も可能となる結果を生む。拙稿・枠組み 101 頁以下。

(vi) 隠れた競争は自生的秩序の競争理解に基づくとされ，他方，利益強要規制論は競争行為に対する組織化（Organisation）の概念に依拠する。組織化は，競争を可能としまた正当化する自由と適合的ではなく，競争制限の道具になる [5ff.]。かかる秩序と組織化の概念構成による経済認識はハイエクに依る。自由競争の一貫した擁護，公正競争秩序に対し自由競争秩序が優位する理論構成の特徴は，市場設計を排除したハイエクの自生的秩序論に起因する。ここではハイエク理論の本格的批判は紙幅が許さないが，「市場をそこまで非人為的な存在と認識することには疑問が提示」されうる。市場は，「人為的な意思決定」の成果たる法制度と一定程度必然的に結びつく認識を欠く事はできない。[9]

## 2 経済的行為自由の評価と需要競争

### (1) 行為自由の積極的活用としての需要競争（ケーラー[10]）

ヘルムート・ケーラーの需要競争論は，自己利益の追求を経済的な行為自由

---

8) BkartA, Sektoruntersuchung, Lebensmitteleinzelhandel(September 2014)(B2-15/11). 後掲注 13），14）のエデカ事件参照。

9) 須網隆夫「憲法と市場経済秩序——市場の成立条件と市場のあり方の選択」企業と法創造 6 巻 4 号（2010）52 頁。

10) Helmut Köhler, Nachfragewettbewerb und Marktbeherrschung (1986). 以下の 2(1)における本書の引用は，本文に該当頁を [ ] で掲記する。なお 2(3)(ii)注 12）でも引用する。

の行使として需要者が相互に競い合う経済的優位を重視する［111f.］。まず，流通業者はその商品購入者の側面（典型的機能）を有し，また消費者向けの販売促進機能や供給業者に向けた援助機能等のサービス提供機能も有する。これらの商品購入とサービス提供の機能に関する行為指標が，統一的に整理できる（例：商品購入につき，その数量，価格，支払い方法，商品引渡しに係る事故等の処理についての行為指標。サービス提供につき，品揃え，展示，棚貸し，宣伝等のサービス提供に係る行為指標）。この統一的な行為指標が現代流通業の多様な機能を表し，その指標により展開される商品購入とサービス提供の機能は結びつき，統一的な市場になる［25ff.］。

　ケーラーは，下流市場の競争に起因する需要者相互間の緊張関係を重視する。需要者はこの点から，その行為自由をより良く活用する企図によって可能な限り好都合な購入条件の達成を相互に競う。これにより，需要者と供給者を含む市場成果の改善を生む。行為自由の積極的な活用により，大量購入によるコスト削減，製造業者の品揃え拡充，関連販売先の紹介，運送業務の代替そして流通ブランドの製造業務委託等，流通業者の革新を生む。流通業者は，これら利益提供により他の流通業者に対し緊張関係を保ちつつ行為自由の行使として購入価格引下げやリベート等の反対給付を得る［28ff., 36f.］。

　商品購入とサービス提供の行為指標は，自己利益の追求による行為自由の発露であり流通の革新の重要な源とされる。また製造業者には需要力を行使して合理化を求め，流通の革新に即した順応を迫る。その競争論の特徴は，市場の相手方への影響行使が長期に経済的成果を生み，それが行為自由の成果とされるという経済法則的な側面をもつ［32, 35］。

　行為自由の表れである商品購入とサービス提供の機能においては，市場の過度の透明性は需要競争に負の影響を与える（競争者間の協調を促し，需要者間の行為自由の活用が減退）。この点から需要者間の競争相手に関するデータの不確実性が，供給者／流通業者間の内部的な取引交渉について活性化の働きをする。したがって秘密の競い合いが潜在的な市場競争を活性化させる［39］。流通の革新と供給業の成果のため，需要者相互間の経済的な行為自由（供給者にも向けられる）の活性化を意図するケーラーは，この点でメストメッカーの「隠れた競争論」と結びつく。これは，競争秩序維持の考慮からする経済的行為自由

の制約に対する慎重さに起因する。

(2) 行為自由の相互的限定としての競争（ザッツキー[11]）

ケーラーの所説と対照的なホルスト・ザッツキーの需要競争論が同時期に主張された。需要者の経済的自己利益の追求は，供給者間の競争に対峙してかつ供給者に提示される行為指標により行われる。独占的な買い手も，利潤極大の自己利益の要求は契約の締結可能性を無視できない。需要者は買い手間の需要競争によっても，自己利益の追求と契約締結の可能性の相関を配慮する。したがって自己利益の追求を目指す供給者の競争下の行為指標を勘案して，その行為自由を相互に限定される。需要競争において，一定の行為指標が一つの市場において他市場の競争から独立して決定される想定は適切でない［81ff., 88f.］。

その需要競争論は，需要者による行為自由の行使に対する，供給者間（市場の相手方）の競争及び需要者間の競い合いの，双方的な相関的関係を重視する。そして商品購入とサービス提供に係わる行為指標（ケーラー見解を参照）及びその交渉対象たる反対給付の両面的尺度において，その相関関係の影響が現れる。需要力の限定（経済的行為自由の相互的限定）にGWBの保護に値する競争を見出す特徴がある［78ff., 87ff.］。

したがって，個々の需要者が可能な限り好都合な条件の反対給付によって購入を試みる一方当事者の経済法則というもの（ケーラー参照）は，それ自体としては行為自由の活用という経済現象の一側面にすぎず，GWBの需要競争の理解としては狭きに失する［88］。以下にこの点を敷衍する。

需要者は利潤極大のため購入価格の引下げを試みるが，その試みは供給者の競争によって需要者に提示される供給者の行為指標に影響する。すなわち，需要者に一様に提示される価格とは別に，供給者の提示する行為指標において，需要者は交渉を通じ買値を引き下げる効果を引き出す。具体的には，需要者の棚貸しサービスの行為指標に対し，反対給付として要求される対価（供給業者

---

11) Horst Satzky, Nachfragewettbewerb und Nachfragewettbewerbsbeschränkung im Sinne des §1 GWB, *in* Forschungsinstitut für Wirtschaftsverfassung und Wettbewerb e.V. (Hrsg.), Wettbewerbsbeschränkung in der Nachfrage(1985), 73. 以下の2(2)における本書の引用は，本文に該当頁を［　］で掲記する。

の行為指標）は，流通業者（需要者）による買値引下げの効果を持つ。ある供給業者に対し特別に優位な商品展示（需要者の行為指標）は，供給業者間の競争が需要者の行為指標の提供の形態に影響を与え，かかる形態のサービスとなる。この点で，需要者に好都合な取引条件の追求に係わる上記の経済法則面の現象形態には，供給者間の競争が影響する。そして，供給者の支払う棚貸し料は，需要者間の同様なサービス競争の影響を受ける［89f.］。

 (3) ケーラーとザッツキーの両見解の検討
 (i) 行為自由の行使／自己利益の追求による競い合いを需要競争の本質と効果において捉えるケーラーと，競い合いの限定に需要競争の意義を見出すザッツキーの理解は対照的である。それにもかかわらず，流通業者の取引慣行について自由な競争のあり方に対する規制の問題として捉える共通点がある。すなわち，需要者間の競い合いの分析から，商品購入とサービス提供に関する統一的な行為指標が双方で需要競争の理解に存する。この点は，棚貸し等の流通業者の要求も，需要競争の本質及び効果に関する推論からは，専ら経済的行為自由の展開として示され（ケーラー），他方で供給者間の競争の影響を受けた需要者間の競い合いから提示される（ザッツキー）。
 (ii) また経済的自由の行使に対する限定は，共通に双方の立場で（程度の差はあるが）行われる。ザッツキーは自己利益の追求たる行為自由を需要者間で相互的に限定する点に需要競争のメルクマールを見出す。他方で，各流通業者の行為自由の活用が十分になされる点に需要者間の競争の意義を見出すケーラーの所説も，無制限の自己利益の追求を容認するものではない[12]。すなわち，行為自由の活用は，その相互的な限定において需要競争が示されるという認識と両立的である。需要者（流通業者）はその行為の指標を市場に提示するにあたり，他の需要者の存在及び行為態様を配慮することを余儀なくされ，双方が需要競争の本質と効果を表している，とされる。

---

12) Köhler・前掲注10) S. 110.

## V 自由な競争の公正な秩序づけとしての需要力濫用の規制

(1) 商品購入とサービス提供という統一的指標がケーラーとザッキーの双方で需要競争の理解に取り入れられる。かかる指標は現代流通業の多様な機能を表し,革新を生む側面を肯定できる。そのうえで,行為自由の活発な行使を重視するケーラーの所説は,1980年代半ばの規制緩和の推進を目指す時代背景に基づくのであり,自らも需要力濫用規制の必要（行動綱領の提唱）を唱えるに至った2010年代の状況から（拙稿・乳業110頁），一定の限定を付される。すなわち,行為自由の積極的活用に係わる側面は,その相互的な限定から需要競争が示される認識と併存して把握される（前掲Ⅳ2「(3) ケーラーとザッキーの両見解の検討」における(ⅱ)を参照）。したがって,付随的給付の提供に係わる需要力濫用は,行為自由の活用面における濫用問題が生ずるなら規制されるべきである。

(2) 商品購入とサービス提供に関する統一的な行為指標が需要競争の本質／効果の一つの要素であるから,競争秩序の評価として濫用規制が問題になる場合,需要競争における自由な競争のあり方が検討される。この点で,メストメッカーの動態的競争論が「競争による交渉の探求」の視点から,自由競争を重視する構成に類似する。しかしその構成では,供給者と需要者間の従属性は問題にされず,競争法システムにおける自由競争と公正競争の関係は,一方的に前者が優位する問題があった。ここで注目されることは,やはり80年代にメストメッカー理論が,付随的給付の提供につき,契約法の基本原則として流通業者からの要求に対して準備ができコスト計算が可能な場合に,供給者／需要者間の双務的な販売戦略として合理性を認めた点である。拙稿・強要【2】19頁,24頁。

需要力濫用の新たな規制を求める現在の状況においては,その契約法の前提について競争法秩序における自由な競争に対する規制として問題にされよう。すなわちメストメッカーのコスト計算の問題以外に,英国の行動綱領2条は,誠実性,強迫のない取引合意,供給業者のリスクとコスト面の確実性という契

約法原則に係わる「公正かつ適法な取引」の要請を規制の基本原則とした。リスク／コスト移転に係わる不当性の基準（行動綱領の法的規範化の尺度）と公正な取引の要請（行動綱領2条）とに係わる規制は，公正な競争の確保に重点を置く。

以上から，行動綱領は，自由な競争に対する公正な競争による秩序づけを競争法の体系において実現した意義がある。

(3) 自由競争の公正秩序による基礎づけは，競争法体系における従属地位の認定につき，取引先選択の自由の考慮による回避可能性テストの比重を減ずるのであり，この点は基本的に肯定できる。行動綱領は，簡易な手続により相対的市場力の認定をなす従属性の根拠づけを専ら供給者が不利益な取引を余儀なくされる結果から把握した。かかる把握はメストメッカーが厳しく批判する点であり，近時でも連邦カルテル庁は採用していない[13]。

GBW 19条2項5号の濫用規制に係わる反競争的効果及び正当化事由の判断は，競争の自由を指向したGWBの目標に基づく需要者と供給者の利益の衡量による（通説）。拙稿・強要【1】83頁。

この利益衡量論はメストメッカーの需要競争論における需要者間と供給者間の競争の対等性のモデル（前掲Ⅳ1(4)(ii)を参照）に相即的であり，現在の判例も採用するが，その立証は困難を抱える[14]。対照的に自由競争に対し公正競争による秩序づけを行う行動綱領は，過剰なリスクと予期せぬコスト負担に係わる不当性の基準が，利益衡量の行われる場合の衡量の基準となる。従属的な市場の相手方が被る不利益の不当性判断における衡量基準明確化の試みは，競争基盤の侵害となるリスクとコスト負担の側面からなされるべきことは，我が国の法運用においても参考になる。

(4) 以上の英国とドイツの対照性は，行動綱領が競争歪曲を禁止し（前掲Ⅲ

---

13) 拙稿・強要【1】75頁以下。エデカ遡及的契約変更／「統合ボーナス」事件カルテル庁決定（2014年7月3日）。2 Beschlussabteilung Aktenzeichen: B 2-58/09, S. 80.

14) 前掲注13）のエデカ事件のデュッセルドルフ高裁判決である（2015年11月18日）。OLG Düsseldorf, VI-Kart 6/14(V)（openjur.de のウェブサイトより入手）。

4(3)を参照),公正競争の確保に重点を置く(行動綱領2条)のに対し,GWBにおいて19条2項5号がいかなる競争阻害を禁ずるか明らかでなく(競争の歪曲か,あるいは制限/妨害か),また公正な競争秩序の保護が要請されるか不明であることによる。英国とドイツ双方とも国内法につきEU競争法への適応を図るが,英国は行動綱領において,議定書27号(健全な競争の保護)により公正な競争秩序の保護を導いた。これに対しドイツが需要力濫用規制で困難を抱える原因は,相対的市場力の規制を行うGWBが公正な競争保護の要請に適合する水準では反競争的効果を捉えられず,正当化事由の判断もできない結果による。利益強要禁止の伝統をもつUWGは,2004年法で健全な競争保護(1条2文)と不公正な取引行為の禁止(3条)を規定し,公正な競争秩序を保護すると考えられるが,他方相対的市場力の規定を有さない。そして,相対的市場力の認定に基づいた取引関係の従属性問題に的確に対処し得ない。すなわち,「強迫(4条1号)」の要件をGWBの「勧奨ないし誘因(19条2項5号)」のレベルで捉えることが難しい困難を抱える。

(5) 以上の考察から,次の結論が導かれる。需要力の濫用規制は,市場力の規制を担う(EU)反トラスト法制において相対的市場力の規制が公正な競争秩序を確保する要請と結びついて行われる必要がある。

## VI 結　語

優越的地位の濫用を禁止する独占禁止法2条9項5号において,取引上の地位の不当利用や公正競争阻害性は機能を決定された概念に相当する。独禁法の内的体系を構成する法倫理的原理が,機能を決定された概念によって示される。その法原理とは自由競争基盤の確保の要請になる(独占禁止法研究会報告書「不公正な取引方法の規制の概要」〔昭和57年7月〕)。これにより独禁法の需要力濫用規制は,優越する取引上の地位にある需要者が公正な競争秩序に反して行う供給者に不当な不利益となる行為により,自由な競争基盤が損なわれる事態を防止する規律となる。この位置づけでは,相対的市場力の規制が公正な競争秩序を維持する要請に結びつけられている。そして自由競争基盤を確保する要請は,

本稿の検討からは公正保護の法倫理的原理に該当する。

　法規範，規律及び法秩序の主要原理の間の意味関連を叙述する体系指向の分析により，このような優越的地位の濫用規制は以下の特徴を指摘できる。市場力の規制を主たる任務とする独禁法の体系に位置づけられた相対的市場力の規制が，独禁法の法原理とされた公正な競争秩序の要請に結びつく体系的一貫性がある。この点は英独との比較法的考察において顕著な対照をなす。

　英国競争法は競争の歪曲（機能を決定された概念）に基づき市場調査の制度を用いて，健全な競争の法原理から公正な競争保護の実定法化に成功した。英国では相対的市場力の認定と公正な競争保護の要請が市場調査の英国固有な制度により結びつけられ，行動綱領の制度が創られた。これに対しGWBは，相対的市場力規制を担う19条2項5号の規定は，公正な競争保護に適合する水準で反競争的効果，正当化事由の判断が困難であるため（前掲V(3)参照），運用実績は乏しい。さらに公正な競争保護の法原理を導く健全な競争保護の要請はUWGに規定されるが，UWGは相対的市場力の認定を欠き，前記「強迫」要件の問題を抱える。メストメッカーは，厳格な相対的な市場力の認定により結果無価値の判断を行い，具体的危険の違法性判断を自由な競争秩序を保護するGWBに限る。公正保護の要請に係わる行為無価値の判断は，この文脈では抽象的危険によりUWGの違法類型に限るのが立法者意図になる。ドイツでは，GWBは相対的市場力の規制を行うが，公正な競争保護の要請は専らUWGに委ねられ，相対的市場力の濫用を公正な競争により秩序づける規律が困難になっている。

　以上のような比較法的考察の結果，相対的市場力の認定による結果無価値の判断を独禁法で行うとともに，公正な競争秩序に反する具体的危険の類型が同じく独禁法違反とされる日本法の優位が指摘できよう。この評価に基づき，独禁法制定と運用に係わる歴史的視点に即し，優越的地位濫用の規定につき以下の点が指摘できる。まず公正な競争保護の要請を基盤として，市場力規制に係わる独禁法の自由な競争保護の規定が整序された同法の制定過程の意義が確認される[15]。さらに優越的地位の濫用規制が，不公正な取引方法の規制として公正競争保護の要請から規定された意義も確認される（昭和28年改正[16]）。そして，相対的市場力の規制をする独禁法の競争秩序に対する危険性の評価を，公正な

競争保護の観点から自由競争基盤の侵害として明確にした前記昭和 57 年独禁研報告書が注目される。したがって，かかる報告書に貢献をした正田／今村教授の学説は，相対的市場力の濫用が公正な競争秩序維持の規制と結びつけられる理論構築により，市場力規制の法体系に需要力濫用規制が位置づけられる先駆的な，かつ現代的意義を有する規制の基礎固めをしたものと評価される。[17]

\* 本稿は科学研究費研究助成・基盤 C 15K03160 の成果である。

---

15) 平林英勝「独占禁止法第 1 条の起草過程とその背景および意義」筑波ロー・ジャーナル創刊号（2007）54 頁。金井貴嗣「アメリカにおける『不公正な競争方法』規制の史的展開――連邦取引委員会法第 5 条を中心として」法学新報 87 巻 9 = 10 号（1980）247 頁。
16) 参照，峯村光郎＝正田彬・私的獨占禁止法（1956）117 頁，158 頁。
17) 正田彬・独占禁止法（1966）284 頁以下，今村成和・独占禁止法（1965）129 頁。

# 消耗品ビジネスに対する独占禁止法の適用可能性

伊 藤 隆 史

I　序　論
II　米国 Kodak 連邦最高裁判所判決
III　DSM Desotech 事件
IV　消耗品と DMCA
V　アフターマーケットにおける競争
VI　キヤノンインクカートリッジ事件
VII　結語——キヤノン事件の再検討

## I　序　論

　プリンタとインクカートリッジ，複写機とトナー，デジタルカメラや携帯機器とバッテリー，複合的な工作機械と例えばそれに使用される磨耗部品，のように本体（前者）単独では使用できず，後者（消耗品）と共に使用することが不可欠となる製品等が多く存在する。本体と消耗品の密接度が強く特定の消耗品しか本体に対して作用しない場合と代替する消耗品が存在しうることがある。
　消耗品を，機器等の本体との使用を不可欠とし，使用によって磨耗，消滅する消費財であると定義づけると，本体を製造販売するのみならずそれに付随して消耗品を製造販売することができるといえる。この場合，消耗品はそれ単独では使用されず，本体と一体不可分において使用されるという制限はあるものの，本体とは別個の製品であるともいえ，本体市場とは別の市場が成立することになる。

このように消耗品市場は本体市場の成立に付随して成立することから，アフターマーケットと呼称される。なお，これに対応して，用語の問題として，本体市場をプライマリーマーケットと呼ぶこととする。

　アフターマーケットとプライマリーマーケットとは密接な関係にあるが，経営戦略的には，意図的に密接の度合いを高める必要がある。すなわち，密接な関係にないならば，アフターマーケットで第三者によって消耗品が投入されやすくなるからである。このとき本体メーカーは，研究開発，流通経路構築，広告宣伝，消耗品使用後の回収等に係る費用を商品価格に転嫁することになるが，これらを全て転嫁することになると商品価格が消費者に対してマイナスのイメージを与えるレベルにまで上昇することになる。

　したがって，プライマリーマーケットで本体価格を抑制し，アフターマーケットで利益を得るよう高価格を設定する戦略がとられることが多くなる。この場合，本体製品と消耗品を実質的に抱き合わせることになる。特に本体と消耗品との関連を密接にするような技術的施策を開発し知的財産権を取得することで[1]，これを利用してアフターマーケットに消耗品を投入しようとするいわゆるサードサプライヤーを排除しようとすることが増えてきている。

　本稿は，キヤノンインクカートリッジ互換品事件（以下「キヤノン事件」という）[2]を中心として検討した先行研究（以下「舟田＝伊藤論文」という）[3]に基づきつつ，米国における事例を扱い検討を進めることで理論的な示唆を得て，これを補完することを目的とする。

　より具体的には，この問題の本質的な側面として，第一に，消費者に対する製品等情報の提供が不完全であるために，消費者が購入前に本体の耐久性や性能について知りえない，第二に，消費者が本体を購入することによってロックインされることになるため，本体の耐久期間は消耗品に対し独占価格を設定することを可能にならしめるという二点を明らかにすることが目的となる[4]。

---

1) 具体的には，後述するように，キヤノンインクカートリッジ互換品事件では特許権，Lexmark事件では著作権が用いられているが，理論的には商標権を用いる場合等も考えうる。
2) 特許権侵害差止請求控訴事件，知的財産高等裁判所平成 22 年（ネ）第 10064 号。
3) 舟田正之＝伊藤隆史「互換品インクカートリッジ特許侵害訴訟と独占禁止法」法時 84 巻 1 号（2012）97 頁。

このような観点から検討がなされたのが，米国における Kodak 連邦最高裁事件であった。そこで以下では，同事件について，以上の二点について検討された内容を中心とした考察を行う。その上で，関連する最近の事例として DSM Desotech 事件を概観する。また，キヤノン事件に類似する米国著作権法に係る事件を検討することで，特に競争法と知的財産法の相克問題を扱う。その上で，キヤノン事件の妥当性について，再検討する。

## II 米国 Kodak 連邦最高裁判所判決[5]

### 1 事件の概要

本件は，大容量複写機（high volume photocopiers）とマイクログラフィック機器（micrographic equipment）の修理，部品交換に関連する事件であった。1980 年初期頃に独立系保守業者（independent service organization，以下「ISO」という）は，Kodak の製品について，保守サービスを開始した。ISO の顧客の中には，交換部品を自ら購入した上で，部品の交換，保守点検等について ISO に依頼する者と部品の入手とサービスのいずれも ISO に依頼する者とがあった。

Kodak は，同社の保守点検サービスを受ける者にのみ交換部品を販売することとした。これに対し，ISO は新たな規則を定めるものであるとし，Kodak は交換部品と保守サービスを不当に抱き合わせた等を理由として提訴した。

Kodak は，交換部品とサービスを抱き合わせることについて以下の事業上の正当化事由を挙げ，サマリージャッジメントを申し立てた。正当化事由とは，第一に，劣悪なサービスが行われると本体に悪影響を及ぼす可能性があることから，本体を販売する Kodak がサービスも行うことでこれを防止しうること，第二に，ISO による Kodak の信用（goodwill）へのフリーライドの防止等である。

---

4) *See*, Marius Schwartz & Gregory J. Werden "A Quality-Signaling Rationale for Aftermarket Tying" U.S. Department of Justice, Antitrust Division, EAG Discussion Papers 95-1, Sept. 11, 1995.

5) Eastman Kodak Co. v. Image Technical Services, Inc., 504 U.S. 451.

連邦地方裁判所は，Kodak による申立てを認めたため，ISO は控訴した。[6][7]控訴裁判所は，Kodak の主張は認められないとして，差し戻した。控訴裁判所は，Kodak の顧客が特定の Kodak 製機器にロックインされ，他の新たな機器に乗り換えることが事実上できず，修理等のサービスに対して，競争価格を超える価格を負担しなければならなくなったことを明確にした。[8]

　Kodak は連邦最高裁判所に上告した。上告審においても Kodak は，控訴審におけるのとほぼ同様の主張をした。その論理は以下のとおりである。[9]

　Kodak が部品の価格やサービスを引き上げたとしても，潜在的な顧客は，単に Kodak 製機器を購入しなければよいことになる。このような Kodak による価格引上げ戦略は，短期的利益を増大化することになるが，長期的利益は生じにくいことになる。したがって機器市場においては，激しい競争のために，Kodak は市場力を行使しえず，部品やサービス等のアフターマーケットにおいて反競争的行為を行うことはできない。

　ISO による主張は，Kodak の行為がシャーマン法1条および2条に違反するというものであった。Kodak が，Kodak 以外からサービスの供給を受ける者に対して，部品を供給しないことが，シャーマン法1条に違反するものであるとする根拠であった。さらに，Kodak による部品販売の拒絶が，関連市場における独占化または独占化の企図に該当するものであることがシャーマン法2条に違反するものであるとする根拠であった。[10]

　このような主張の根底には，Kodak 製機器を購入した者をロックインし，部品およびサービス価格を競争価格以上に設定するものであると解することがある。その上で，ISO は，Kodak は，従来の顧客と新たな顧客に対する価格差別を行うものであると主張した。

　連邦最高裁判所は，反トラスト法やその他の実定法（substantive law）に依拠することなくサマリージャッジメントについての基本的な基準を用いた判断

---

6)　1989-1 Trade Cas. (CCH) P68, 402(N. D. Cal. 1988).
7)　903 F. 2d 612(1990).
8)　See, id. at 616.
9)　See, id. at 621-626.
10)　See, id. at 619.

を行った。その上で，Kodak は，本体機器市場における市場において競争に直面しているものの，アフターマーケットにおいて独占力を保有しえたとした。また連邦最高裁判所は，製品についての不完全な情報が，顧客による製品の維持費の正確な予測を困難にするものであるとする ISO の主張を認容した。さらに，Kodak がロックインされた顧客に対する価格差別をしえたと捉えている。以上のような論理構成によって，連邦最高裁判所は，連邦控訴裁判所の判断を認容した。

## 2　抱き合わせ分析に関する Kodak 事件の意義

　抱き合わせは，製品の製造業者等がある製品についてのマーケットパワーを他の製品に及ぼすことを本質として行われる。抱き合わせは，米国においては，抱き合わせる商品について，市場力を有する者によって行われ，抱き合わされる商品市場における取引に対し影響を与える程度の取引量がある場合に，当然違法の原則のもとで判断されてきた。

　この判断基準によれば，違法性について，抱き合わせる商品の購入者に対し，抱き合わされる商品の購入を強制することが要件とされる。当然違法の原則を適用するにあたり，Kodak ブランド部品に関する並行した市場が存在するか否か，アフターマーケットにおける部品やサービスの供給に係る競争を制限するか否かが検証されることになる。

　さらに独占化およびその企図に該当するとされるためには，当該部品市場が成立し，そこにおいて，Kodak が部品を供給する義務が生ずるか否かということが立証される必要がある。この場合，第一に製品が別個であるか否かが問題となる。特に部品とサービスとが一体として捉えられるか否かも重要となる。

---

11)　See, 504 U.S. at 454-455.
12)　Id. at 470-471.
13)　抱き合わせの及ぼす負の効果は，行為者たる被告が，抱き合わせる商品（tying product）の独占力を抱き合わされる商品（tied product）の独占力へと梃子で動かしうることにある。See, 9 Phillip Areeda "ANTITRUST LAW" P1703d, at 39（2000）.
14)　See, Northern Pacific Railway v. United States, 356 U.S.1(1958). この事件においては，抱き合わせについて，「ある商品を購入者が別のまたは抱き合わされた（tied）商品を購入し，他の供給者から当該商品を購入しないことに合意する」協定であると定義づけられている。See, id. at 5-6.

第二に，プライマリーマーケットとアフターマーケットの関係である。

(1) **別個の製品の成立**

抱き合わせは，別個の製品が存在しない限りは成立しない。この点従来の事例においては，製品の本質から比較的容易に判断されえたが，この判断が容易になされるとは限らないこともある。[15]

これについて，以前は，2つの製品間の機能的関係によって，製品が別個といえるか否かを判断するいわゆる機能テスト（functional test）が用いられたこともあった。このテストは，Times-Picayune 事件[16]で示されたものであるが，Jefferson Parish 事件[17]で採用が否定され[18]，いわゆる需要/市場テスト（demand/market test）が用いられた。[19]

Kodak 事件では，Jefferson Parish 事件における需要/市場テストを採用して，サービスと部品が2種の別の商品であるか否かは消費者の需要のために事業者が部品とサービスを区別して供給するか否かによるものであるとした。その上で，事実認定を踏まえ，修理用部品はサービスに含まれるものであり，部品とサービスを区別する需要は存在しなかったとする Kodak の主張を認めなかった。

サービスと部品が異なる製品であるというには，それぞれ別に供給されることを求める消費者の需要があることが示される必要があるとする Jefferson Parish 事件判決に基づき[20]，本件では，サービスと製品が過去には別に供給されており，現在でも Kodak 社製品所有者に対し，別に供給しているものであるとした。

---

15) *See*, Areeda, *supra* note 13 P1700 h, at 11.
16) Times-Picayune Publishing Co. v. United States, 345 U.S. 594(1953).
17) Jefferson Parish Hospital Dist. No. 2, v. Hyde, 466 U.S. 2(1984).
18) *See*, *id*. at 19.「一つまたは二つの商品が関係しているかということは，商品間の機能的関係によって判明するのではなく，両商品に対する需要の本質によって明らかにされる。」
19) *See*, Lawrence T. Festa, Ⅲ "Eastman Kodak Co. v. Image Technical Services, Inc.: The Decline and Fall of the Chicago Empire?" 68 Notre Dame. L. Rev., 619, 645(1993).
20) Jefferson Parish, *supra* note 17, at 21-22.

## (2) プライマリーマーケットとアフターマーケット

Kodak は，本体機器の市場であるプライマリーマーケットにおいて市場力を有していないため，アフターマーケットにおいても市場力を行使しえないと主張した。[21] ここでは，機器，サービス，部品の3つが同一の市場にあるものと捉えるべきであるとしている。

この点に関連して連邦最高裁判所は，市場の定義，画定について概念的に捉えることは，結果的に本体機器市場における競争がサービスおよび部品市場における力の行使を抑制するかどうかを検討することにほかならないとし，プライマリーマーケットとアフターマーケットの区別に意味を持たせている。

その上で，連邦最高裁判所は，仮に Kodak が本体機器の販売を失うことなしにはサービスと部品の価格を引き上げることができないとしても，この事実はアフターマーケットにおいて市場力を有していることを覆すものではないとした。[22]

## Ⅲ DSM Desotech 事件[23]

### 1 事件の概要

本件は，高速プロトタイプ技術（rapid prototyping technology）に関連する事件であった。この技術は付加的技術（additive technology）と減法的技術（subtractive technology）とに分類され，前者はプラスチック，金属，セラミックなどの素材を層にして組み上げることで形成する技術であり，それに対して，後者は素材の塊を削りだすことで形成する技術である。

付加的技術には，光造形（stereolithography），熱溶融樹脂法（fused deposition modeling），レーザー焼結（laser sintering），3Dプリントなどが含まれる。これに対し，減法的技術の例として，コンピュータによる数的処理が行われる機械が挙げられる。

3D Systems（以下「3DS」という）は，米国において光造形機器 SLA, Vi

---

21) *See*, Kodak, 112 S. Ct. at 2082, 2084.
22) *See*, *id*. at 2084.
23) DSM Desotech Inc. v. 3D Systems Corporation, No. 13-1298 (Fed. Cir. Apr. 18, 2014).

perの各シリーズとiProを販売しており，他の付加的技術によって製造されるパーツのサイズに適合する様々なサイズの機器を供給していた。しかし，特大サイズのiProは，他の競合する不可欠技術が生産するパーツより大きいものを生産するものであった。

　3DSは，上記のいくつかの機器に，無線ICタグ（Radio Frequency Identification，以下「RFID」という）を装着した。RFIDは，3DSが承認した樹脂（resins）のみを顧客が使用するようにするため，3DSが承認していない樹脂を感知した場合に機器をシャットオフさせるソフトウェアであった。

　DSM Desotech Inc.（以下「Desotech」という）は，光造形機器において使用される樹脂等を製造していた。3DSは，Desotechの2種の樹脂をRFID搭載機器において使用できるようにしていたが，さらに他のDesotechの樹脂を使用できるようにするか否かについての交渉に入った。しかし，この交渉が決裂したため，Desotechは以下の点を争点としてイリノイ北地区連邦地方裁判所に提訴した。[24] すなわち，3DSによる，RFIDの装着が違法な抱き合わせに該当し，シャーマン法1条等に違反する，違法な独占化の企図（attempt to monopolize）に該当し，シャーマン法2条に違反すること等を争点としていた。

　これに対し，3DSは，光造形機器および光造形機器用樹脂がそれぞれ独立の市場を構成すること，3DSの行為が反競争的であること，Desotechが反トラスト法上の損害を受けたことについてのDesotechの立証が十分ではなかったとして，本件を終結させるサマリージャッジメントを申し立てた。連邦地方裁判所は反トラスト法に関連する争点については，3DSの全ての主張を認め，申立てを認めたため，Desotechが連邦控訴裁判所に控訴した。

　控訴審においてDesotechは，3DSが樹脂を光造形機器と抱き合わせた（樹脂を抱き合わされる商品，光造形機器を抱き合わせる商品と捉える）ものであると主張した。Desotechはさらに，3DSは樹脂と機器を契約を通じて抱き合わせたのみならず，RFIDを通じた技術的抱き合わせ（technological tie）をも行ったと主張した。

---

24) DSM Desotech Inc. v. 3D Systems Corporation, No. 08-CV-1531, 2013 WL 389003(N. D. Ill. Jan. 31, 2013).

## 2 判　旨

　控訴裁判所は，反トラスト法に基づく請求を行うにあたり，光造形機器および光造形用樹脂についてそれぞれ独立の製品市場であることが立証されなければならないとし，それぞれについて検討を行った。

　光造形機器市場が独立の市場と画定しうるか否かについては，光造形機器と他の機器との間に大きな価格差があること，精密さ，製作しうるパーツの大きさが異なることなどを主な理由とした Desotech の主張を証拠が不十分または不適切であるなどとして認めなかった。その上で，樹脂が独立の市場を構成するか否かについて地方裁判所が，3DS により，樹脂の種類等が限定され，光造形用樹脂の価格が競争価格以上に引き上げられたことについての証拠が不十分であるとしたことに対し，その根底にあるロックイン理論についての検討を行った。

　これについての Desotech の主張は，光造形用樹脂以外の樹脂は光造形機器において機能しないようにされており，この機器に多額の投資をした顧客は代替機器に転換することが実質的に不可能であり，この機器のユーザはこれに関連づけられた樹脂にロックインされるとするものであった。

　しかし，裁判所は，相当な数の顧客が実際にロックインされたことについての証拠が示されていないとして認めなかった。また，仮に転換費用が高額である場合には，顧客がアフターマーケットにおける特定の部品やサービスにロックインされることになり，アフターマーケットは，反トラスト法上の考慮対象になるとした Kodak 事件判決を踏襲した。その上で，Kodak 事件では，顧客はアフターマーケットにおける部品，サービスについての Kodak の価格等に関する方針を学ぶ前に機器の購入を終えていたという事実があったことを指摘した。

　そこで本件についてこの点を検討し，機器の購入前に RFID について顧客が知りえた場合には，ロックイン理論による判断の対象にならないことを確認し，本件では知りえなかった顧客が全顧客 268 のうち 7 に過ぎなかったことを以て，光造形用樹脂市場に対する地方裁判所の判断に齟齬はなかったとした。さらに控訴裁判所は，関連市場に対する Desotech の立証が十分ではなかったことを以て，反トラスト法の適用についてその余の判断は必要ないとした。

## 3 検　討

　本件は，Kodak 事件における法理が基本的に踏襲されることが示された以下の二点に意義を有する。第一に，プライマリーマーケットに対するアフターマーケットの成立可能性が肯定的に解されたことである。本件では，光造形機器について結果的には，独立の市場の成立を証拠の点で認めなかったが，当該機器に用いられる消耗品たる樹脂について，アフターマーケットが成立しうることを前提とした判断手法が採られた。

　その上で，第二に，プライマリーマーケットにおける機器の購入者が光造形用樹脂にロックインされる可能性が前提とされたことである。機器の購入者の大半が RFID によって，特定の消耗品たる樹脂を購入することがこの機器を使用する際に必須となることを認識していたとの事実認定から，本件ではロックインの問題は生じなかったとされている。このことからすれば，プライマリーマーケットでの商品選択において，アフターマーケットでの商品選択がロックインされる状況においては，反トラスト法の適用可能性が生ずることになる。

## Ⅳ　消耗品と DMCA

　米国では，1998 年にデジタルミレニアム著作権法（Digital Millennium Copyright Act: DMCA[25]）が制定された。同法は，著作権者に対し，第三者による著作物へのアクセスをコントロールしうるようにすることで，技術的保護の迂回に対する新たな責任の制度を創出した[26]。

　同法に対しては，著作権に基づく独占力の拡大を許容することに繋がるなどの批判もみられる[27]。このような状況の中で，アフターマーケットにおける消耗品の独占力の維持，拡大を図ろうとする事業者の行為が問題にされた事例が生じている。これらのうち本稿では，2 つの事例を検討対象とする。

---

25)　Pub. L. No. 105-304, 112 Stat. 286081998.

26)　DMCA 1201 条は，著作権の権利行使に際して著作者等が利用する技術的手段たるコピーコントロールを超えて，著作物等へのアクセスをコントロールする手段たるアクセスコントロールまでをも保護する。

27)　*See*, Pamela Samuelson "Intellectual Property and the Digital Economy: Why the Anti-Circumvention Regulations Need to Be Revised" 14 Berkeley Tech. L. J. 519(1999).

## 1 Chamberlain 事件[28]

ガレージドアー開閉機（garage door opener。以下「GDO」という）の製造業者である Chamberlain は，Skylink がアフターマーケットにおいて，永久ガレージドアー開閉機（universal garage door opener）トランスミッターを製造したことが，DMCA に違反するものとして提訴した。

一般的な GDO は，独自のトランスミッターコードとされるトランスミッターとレシーバーから構成されている。ユーザが，トランスミッターを作動させ，シグナルがレシーバーに受け取られると，シグナルがドアの開閉を指示する仕組みになっている。Chamberlain は，シグナルを傍受することによってコードが詐取されることを防止するために，著作権化されているコンピュータプログラムが，ガレージドアモニターを有効にするトランスミッターシグナルを継続的に変化させるローリングコード技術を採用していた。

一方で Skylink は，ローリングコード技術を用いずに，ユーザが Chamberlain の GDO の操作を可能にするトランスミッターを製造販売していた。

Chamberlain は，Skylink の行為が，基本的に特定の技術的方法（technological measure）を迂回することを目的とする規格化，製造を禁止する DMCA 1201 条(a)(2)に違反するものであるとしてイリノイ北部地区地方裁判所に提訴した。

同裁判所は，概ね以下のような理由で Skylink によるサマリージャッジメントの申立てを認めた[29]。すなわち裁判所は，技術的方法の迂回は，著作権者たる Chamberlain の許可なく行われるものと位置づけられるところ，Chamberlain は，GDO の販売にあたり，いかなる条件をも付していなかったことからすれば，黙示の許諾を与えていたものと解され，したがって，法律問題として，本件では技術の迂回は存しなかったと捉えた。

## 2 Lexmark 事件

Lexmark は，レーザープリンタの製造販売を行っていたが，同時にそれぞれのプリンタ用のトナーカートリッジも販売していた。Lexmark は独自の型

---

28) Chamberlain Group, Inc. v. Skylink Techs., Inc., 381 F.3d 1178(2004).
29) Chamberlain Group, Inc. v. Skylink Techs., Inc., 292 F. Supp. 2d 1040(N. D. Ill. 2003).

のカートリッジのみ作動するようにプリンタをデザインしていたため,このプリンタ適合カートリッジの市場において支配的地位にあった。しかし,回収した使用済み Lexmark トナーカートリッジを再生して販売する事業者が存在した。

　Lexmark は,使用済みカートリッジを自ら回収して,再販売することを志向しており,他の事業者がそれを行うことを回避する戦略を採ることとなった。そこで Lexmark は,トナーカートリッジを使い切った時にそれを Lexmark に返還する場合には,新しいトナーカートリッジを購入する場合に 20 パーセントのディスカウントを保証する Prebate program を導入した。

　この実効性を高めるために Lexmark は,トナーカートリッジ内に,トナー残量を測定する Toner Loading Program(以下「TLP」という)を埋め込んだマイクロチップを挿入し,トナーを使い切った場合にはカートリッジが作動しなくなるようにした。カートリッジを再び使用する場合には,Lexmark によって再装着してもらわなければならなかった。他方,プリンタ内部には,プリンタが有する機能を司る Printer Engine Program(以下「PEP」という)を組み込んでいた。そして,TLP と PEP それぞれによって計算されたコードが一致しなければプリンタは正常に作動しない仕組みとなっていた。

　Static Control Components, Inc.(以下「SCC」という)は,トナーカートリッジの生産等を行ってはおらず,Lexmark のカートリッジを再生産するのに必要なマイクロチップを製造販売していた。Lexmark のマイクロチップの代わりにこのマイクロチップを購入して使用することで,再生産業者は使用済み Lexmark カートリッジを再生,販売することが可能になるものであった。

　これに対し Lexmark は,SCC が,アクセスコントロールを回避する製品を販売していることから,DMCA に違反するとして,マイクロチップの販売の差止めを求めて提訴した。[30]ケンタッキー州東部地区地方裁判所は,この主張を認めなかったため,SCC は第六巡回区控訴裁判所に控訴した。[31]控訴裁判所は Lexmark の認証システムが,DMCA の保護する「効果的にアクセスをコント

---

30)　Lexmark Int'l, Inc. v. Static Control Components, Inc., 253 F. Supp. 2d 943, 2003 U.S. Dist. LEXIS 3734 (E.D. Ky., 2003).

31)　Lexmark Int'l, Inc. v. Static Control Components, Inc., 387 F. 3d 522 (2004).

ロールする技術」に該当するとした地裁判決を覆した。Lexmark は，さらに連邦最高裁に審理を求めたが，却下された。

本件では，再生産業者により，反トラスト法等違反の確認を求める請求がなされたことに関連して，Lexmark によりサマリージャッジメントを求める主張がなされた。

ケンタッキー東地区連邦地方裁判所は，陪審員により，顧客が有する不完全な製品情報に対して，Lexmark が，有する情報の点で有利であることを利用し再生産カートリッジの市場を窮地に落とし入れえたと認定しうる場合などにはLexmark の市場力を肯定しうるもの，本件では必ずしも肯定されえないとした。

その上で，本件における抱き合わせについては合理の原則において判断されるべきであるとしつつ，Lexmark が市場力の点から請求を行っていることについてのサマリージャッジメントは否定された。

さらに再生産業者により，Lexmark がアフターマーケットにおいて実質的にカートリッジ価格をコントロールしえたこと，プリンタの維持費がどのくらいであるかについて消費者が知りうることがほぼ不可能であることが示されたことから，裁判所は，Lexmark が独占力を得なかったとはいえないと判示した。証拠から，Lexmark が再生産カートリッジに対する総合的なコントロールを可能にするために Prebate program を用いた等と認定し，Lexmark 有利のサマリージャッジを与えなかった。

### 3　Chamberlain 事件で提示された判断基準

Chamberlain 事件では，DMCA1201 条(a)(2) に基づき一応の証拠（prima facie evidence）を成立させるために原告が立証すべき点として，6 点が示された。すなわち，①有効な著作権を有していること，②技術的方法によって効果的にコントロールされているが，それが迂回されたこと，③第三者がなおアクセスしうる状況にあること，④原告の許可なく行われたこと，⑤著作権の侵害があ

---

32)　本件についての一連の経緯の紹介として，舟田＝伊藤・前掲注3) 101〜103 頁参照。
33)　Static Control Components, Inc. v. lexmark International, Inc., 487 F. Supp. 2d 861(2007).
34)　See, id. at 874.

ったこと，⑥以下のいずれかであること，⑥-1. 被告が迂回目的のために規格化または製造を行ったこと，⑥-2. 迂回ではなく商業性の重要性に限定することが可能であったこと，⑥-3. コントロールされた技術的手段を回避するための使用目的として販売等されたこと，である[35]。

　この判断基準を Lexmark 事件に照らして検討すると以下のようになる[36]。①については，PEP について，著作権の要件を満たしているといえるため，充足する。②については，Chamberlain 事件では，「効果的にコントロール」の定義について明確に示されなかった。しかし，PEP について全てのアクセスをコントロールするものではなかったものの，少なくともアクセスをブロックする効果を有していたとはいえるため，「効果的に」の要件を広義に解するならば，この要件も充足することになる。③については，第三者が，著作権によって保護されるプログラムへのアクセスが現実的に可能であったか否かが問題とされる。PEP は，認証を迂回することなくアクセスすることも可能であったと解されているため，この要件も充足する。④についても，Lexmark のプリンタ以外への当該カートリッジの使用を禁ずるいわゆるシュリンクラップ契約が締結されていたことから充足する。

　しかしながら⑤の要件については，充足性に疑義が生じる。ここでは，特定の技術的仕様の迂回が PEP の著作権を迂回する形で行われたことが立証されなければならない。SCC は，PEP の著作権を侵害するために認証を迂回しようとしたのではなく[37]，アフターマーケットでの Lexmark の互換品を製造することが目的とされていたことからすれば，⑤の要件は充足しないことになる。Lexmark は，アクセスと侵害との合理的な関係を立証できなかったため，SCC による DMCA 違反の申立ては斥けられた。このため，Lexmark 事件では，⑥の要件については考慮されなかった。

---

35) *See*, 381 F. 3d 1178, 1208 (FRd. Cir. 2004).
36) *See*, Caryn C. Borg-Breen "Garage Door Openers, Printer Toner Cartridges, and the New Age of the Digital Millennium Copyright Act" 100 Nw. U. L. Rev. 885, 913-915 (2006).
37) *See*, Lexmark 387 F. 3d. at 548.

## V アフターマーケットにおける競争

　機器メーカーによるアフターマーケットでの価格設定は独占価格になる傾向にある。アフターマーケットにおける価格は，一般的には部品，サービスの供給に係る限界費用に関連して上昇する可能性があるが，特に機器メーカーが当該機器に関する交換部品等も販売する場合には，取引におけるリスクに関連してこれらの価格が上昇させられる可能性がある。

　特にアフターマーケットにおける独占的利益マージンは，本体機器の価格を抑制することによって増幅することになる。多くの場合，本体機器の価格を低下させることなく，アフターマーケットでの独占価格を享受することもありうる。さらに，アフターマーケットにおいて価格を引き上げることが，部品の開発へのインセンティブに資することとの因果関係を有するものでもない。

　さらに，アフターマーケットにおける独占利潤の取得と関連させてプライマリーマーケットでの競争を展開することは，両市場において競争を展開する場合よりも資源上非効率となる。[38]

### 1　アフターマーケットにおける独占と本体機器およびメンテナンス

　購入者が独占価格を負荷させられることを防止するためには，アフターマーケットにおける競争が確保される必要があると考えられるべきであるが，ここまでの考察を基にすれば，これに対して考えうる反論としては以下の二点に集約される。

　第一に，購入者は本体機器の機能・性能に着目して本体機器を購入するのであり，通常は製品購入の判断にあたっては，維持費用も考慮に入れているとする点である。この考え方によれば，メンテナンスに係る部品・サービス等の維持費用が引き上げられると，本体機器に対する需要が減退し，プライマリーマーケットにおける競争において不利になるため，アフターマーケットにおける価格設定も抑制的になると捉えられる。[39]

---

38) *See*, John J. Voortman "Curbing Aftermarket Monopolization" 19 J. Legis. 155, 157 (1993).

第二に，仮にアフターマーケットで独占価格を設定しえたとしても，プライマリーマーケットでの競争に直面することになるため，結果的にはアフターマーケットでの価格も下げられることになるとする点である。

この二点はいずれも，プライマリーマーケットとアフターマーケットの関係について両市場での競争が必ずしもそれぞれ十分に機能していなかったとしても，アフターマーケットにおける独占利潤の確保は困難になることをまず前提とする。その上で，アフターマーケットにおける価格戦略・方針について需要者が情報を有していることも前提とされることで成立する論理である。以下，順次検討する。

## 2 本体機器の性能と維持費

例えば，本体機器メーカーが，当該製品の維持に係るコストとしての部品や保守等のサービス価格について法的拘束力のある契約等を結ぶことによって予見可能性が高められているような場合を除き，通常は，本体機器メーカーによる将来的な部品・サービス価格についての方針を，機器購入者が知りうる状態にはないといえる。本体機器の購入にあたっては，その性能における他の機器との比較を行うことが多いように思われる。

購入を判断する時点においてさえ，当該製品のアフターマーケットにおける正確な価格情報を入手することは一般的には困難である。本体機器メーカーは，要請があったとしても，部品・サービス価格の一覧表の公表は必ずしも，義務づけられていない。また仮に本体機器メーカーがこれを公表したとしても，あくまでも本体機器メーカーの提示する価格であって，卸売・小売等を通じて販売する場合には，部品・サービス価格につき，卸小売等が設定することになる。

したがってこのことからすれば，プライマリーマーケットにおける本体機器の販売額の減少により，アフターマーケットにおける部品・サービスの価格を上昇させる戦略が採られたとしても，本体機器の購入者は，これをも考慮に入れた上で本体製品を選択しているとのKodak事件等で主張された論理は成立しないことになる。

---

39) *See*, Kodak, 112 S. Ct. at 2081-82. Parts and Electric Motors, Inc. v. sterling Elec., Inc., 866 F. 2d 228, 236 (7th Cir. 1988).

## 3 プライマリーマーケットにおける競争が与えるアフターマーケットへの効果

　本体機器メーカー間での競争が展開すれば，アフターマーケットにおける独占価格を補う形で，本体機器の価格が低下させられることはありうる。すなわち，部品・サービス等の価格が高水準にあったとしても，その分またはそれを上回る分，本体価格が低く設定されることはありうる。

　しかし本体機器メーカーが等しくこのような戦略を採りうるとは限らない。例えば，本体機器および部品・サービスいずれもが特殊性を有しており，一般的な部品・サービス等が適合しないような状況では，アフターマーケットでの独占も完全なレベルに達しており，必ずしも本体機器での価格を引き下げる誘因が働くとはいえない。このように本体機器が製品差別化されており，部品・サービスも特殊性を有するような場合には，アフターマーケットにおける独占力を基点として本体機器価格を引き下げることにはならない場合もあることに留意する必要がある。

　アフターマーケットで独占価格を設定しうる全てのメーカーが，この独占価格を本体機器価格と連動させることによって，プライマリーマーケットにおける価格競争で有利になるようにすることができるわけではなく，アフターマーケットでも独占利潤を得られるような比較的規模の大きいメーカーによってこれが可能になる。

　これらの点に留意しつつ，我が国で問題とされたキヤノン事件について検証されることが重要である。

## VI　キヤノンインクカートリッジ事件

### 1　概　説

　いわゆる消耗品ビジネスが法的問題を顕在化させた事例としては，プリンタとそれに使用される消耗品たるインクカートリッジに関するものが典型的である。特にキヤノンが，使用済みインクカートリッジにインクを再充填させる等して再生させたインクカートリッジを製造販売する事業者に対し，特許侵害訴訟を提起した件が挙げられる[40]。

このいわゆる再生品事件の後，キヤノンが同社の特定のプリンタに適合するインクカートリッジを製造販売した事業者に対し，同様に訴訟を提起したいわゆる互換品事件も生じた。本稿では，互換品事件とその関連する和解事件を取り上げる。

## 2 キヤノンインクカートリッジ互換品事件[41]

原告キヤノン株式会社（以下「原告」という）はインクジェットプリンタに使用されるインクタンクなどの液体収納容器および容器用回路基板および液体収納カートリッジに関する発明について特許権を有していた。

原告は，インクジェットプリンタである「PIXUS」シリーズならびに同プリンタに使用する「BCI-9BK」（ブラックのみ）および「BCI-7e系」（8色）の製造・販売を行っている。

被告製品も2種あり，ブラック1色および6色のタイプがある。原告製プリンタのタンクホルダには，被告製品を装着することができる。

被告製品はエステー産業株式会社の100パーセント子会社で製造されており，エステー産業はここから被告製品を輸入し，株式会社プレジールに販売している。プレジールは，業として被告製品を他の被告らに販売しており，プレジール以外の被告は，日本国内において業として被告製品を販売している。

原告は，被告による販売行為は，特許権を侵害するものである等と主張し，特許法100条1項に基づき，被告製品販売等の差止めを求めた。

原審における争点[42]は，本件特許権に基づき被告製品の販売差止めを求めることは独占禁止法に違反し，権利を濫用するものかという点を含む4点であった。

裁判所は，原告の特許権取得等に係る行為が技術的必要性という合理的な理由に基づくものであるとし，原告が被告製品の販売等の差止めを求めることが，権利濫用に該当するものではなく，独占禁止法に違反しない等と判示したため被告は控訴した。

---

40) 最判平成19・11・8判時1990号3頁，控訴審：知財高判平成18・1・31判時1922号30頁，第1審：東京地判平成16・12・8判時1889号110頁。
41) 前掲注2)。事実関係の詳細等については，舟田＝伊藤・前掲注3) 参照。
42) 東京地方裁判所平成21年(ワ)第3527号，3528号，3530号，3538号，3539号。

控訴審では，被告製品が本件発明の技術的範囲に属することから，被控訴人（原告）の被告製品販売行為等の差止請求は，理由があるとして控訴人の主張を斥けた。また本件は控訴人により上告の手続がとられたが，最高裁判所により，棄却された。

## 3 キヤノン和解事件

キヤノン事件の被告等が原告の行為が独占禁止法に違反するとして提訴した事件があったが，和解によって終結した。本件では，技術上の必要性等の合理的な理由がないのに，キヤノン事件での被告等の製品を機能させなくしたことが，独占禁止法に違反するとしてキヤノン事件での被告等が提訴した（2011年11月2日大阪地裁）。本件では，原告がプリンタの受光部に赤外線フィルタを搭載して赤外線を検出できなくすることで，新製品を発売できなくさせたことが独占禁止法に違反（抱き合わせ，および取引妨害に該当）すると主張されていた。

そもそもこのようなプリンタメーカーによるインクカートリッジメーカーに対する特許権侵害等訴訟は我が国のみならず多発してきたが，警告や和解によるものが多数であった。[43] そのような状況の中で，独占禁止法上の問題に踏み込

---

43) 例えば，以下に整理するような事案である。詳細等につきパテントサロン（http://www.patentsalon.com/topics/cartridge/）参照。

(1) Hewlett Packard（以下「HP」という）関連

① プリンタの消耗品販売で利益を得ているHPが，HPプリンタ用の詰め替えインクカートリッジを販売する企業2社，InkCycleおよびRhino Tekをそれぞれウィスコンシン州西部地区裁判所，カリフォルニア州北部地方裁判所に提訴した。InkCycleに対しては，同社のインクを詰め替えた製品がHP所有の3つの特許権を侵害するものであるとされ特許侵害の停止および損害賠償の支払いを求めた。Rhino Tekに対しては，インクを詰め替えたカートリッジを販売するにあたり，消費者に新品だという誤解を与えるようなパッケージや広告を使用したことが問題であるとされ，HPプリンタ用インクカートリッジのパッケージの目立つ場所に「再生品」「詰め替え製品」などという言葉を掲載すること，消費者に誤解を与えるような広告を用いていた期間中の全収入のHPへの還元を求めた。HPは，InkCycleと2005年6月9日に和解した。和解は，InkCycleがHPに和解金を支払い，InkCycle製品3種につき，インクの構成を変えることで合意した。

② HPは，Cartridge World North Americaが販売する中古インクカートリッジが，同社の特許権を侵害するものであるとして，警告した。Cartridge World社加盟店は，HPのほかエプソン，キヤノン，米Lexmark Internationalなどの使用済みカートリッジにインクを補充したものをいわゆるリサイクルカートリッジとして販売していた。

んだ主張がなされたことに意義のある事件であった。最終的な法的判断が示さ

③ HPは，中国Ninestar Image Co., Ltd. が，HP純正品カートリッジに酷似するHP製プリンタ用カートリッジの販売をしていたが，特許侵害に当たるとして，米国連邦地方裁判所および米国国際貿易委員会に2006年7月に提訴していた。中国Ninestar Imageは，当該カートリッジの販売を取りやめることで合意和解した。

④ HPは，ドイツPelikan Hardcopy Deutschland GmbHが販売するHP製プリンタ用のインクカートリッジがHPの特許権を侵害するものであるとして2007年5月2日に提訴した。PelikanのカラーインクカートリッジH06およびH08の特許侵害が主張された。Pelikanは，上記HPの主張を認めたため，デュッセルドルフ地方裁判所は特許侵害インクカートリッジの輸入，販売の停止および市場に流通している製品の回収，HPへの損害賠償支払いを命じた。

⑤ ④との関連で，HPはPelikanに対し，カラーインクジェットプリンタ用の2つのモデルにつき，実際には新品であるにもかかわらず，再生品であると称して販売していたとして，不公正な商習慣を行っているとして提訴した。HPは，再生品ラベルの添付を止めるよう求めたもののPelikanが拒否したので不正競争防止法に基づいてケルン地方裁判所に提訴した。裁判所は，顧客を惑わす虚偽的行為であるとして新品のインクカートリッジに「再生品」ラベルを添付することを禁じた。

⑥ LexJetは，使用済HP製インクカートリッジを回収し，インクを詰め替えて販売していたが，HPが特許侵害であるとして2008年5月22日にカリフォルニア州北部地区連邦地方裁判所に提訴した。HPは，LexJetにインクを供給している会社と本件訴訟を回避するための解決方法を策定し，後者がインクの成分配合を変え，HPに和解金を支払うことで合意し2008年11月15日に和解した。

(2) キヤノン関連

2002年4月11日，キヤノン製インクジェットプリンタ用インクカートリッジを販売していたPelikan Hardcopy DeutschlandとPelikan Hardcopy European Logistics & Servicesに対し，同製品がキヤノンの有する特許権を侵害しているとして，流通販売の差止め，損害賠償を求める訴訟をデュッセルドルフ地方裁判所に3件提訴した。1件につきキヤノンが勝訴（被告上告申請），1つは一時的に停止。2005年11月控訴審で勝訴が確定した。これについては，キヤノン株式会社「有価証券報告書事業年度第106期（平成18年1月1日から12月31日）」27頁参照。

2009年12月17日，自社製プリンタの非純正インクカートリッジを販売中の5社に対し，特許権侵害に該当するとして提訴した。5社はCallen，G & G，OHMのシリーズ名で計28種類の非純正インクカートリッジを，純正品よりも安い価格で販売していたが，5社が今後販売しないことを条件に和解した。

キヤノン製インクジェットプリンタ用の非純正カートリッジがキヤノンの所有する「LED付カートリッジ」に関する特許権（日本国特許第3793216号）を侵害するとして被告5社（株式会社オーム電機，カラークリエーション株式会社，株式会社ナインスタージャパン，フューチャーウェル・ホールディング・リミテッド，リーブテクノロジーズ株式会社）に対し，侵害行為の差止めを求めて2009年1月5日に東京地方裁判所に提訴した。この件は，当該被告5社が，裁判所による和解勧告に応じ，対象製品の輸入・販売・引渡しおよび販売のための展示を行わないことに同意したため，2009年12月17日に和解した。 http://web.canon.jp/pressrelease/2009/p2009dec17j02.html

れるには至らなかったものの，赤外線フィルタに対する技術の必要性の評価が精緻になされることで，競争制限的要素を有するものであったか否かが判断されえたようにも思われる。

## Ⅶ　結語——キヤノン事件の再検討

　キヤノン事件は，特許技術を用いて，結果的にアフターマーケットにおける競争に影響を及ぼすことの問題を顕在化させたといえる。しかしながら，再生品事件，互換品事件いずれにおいても，直接的に独占禁止法上の問題について判断されることはなかった。

　いわゆる消耗品ビジネスは，アフターマーケットで高価格設定を行い，プライマリーマーケットでの価格競争を有利に展開しようとする戦略である。この場合，前者の商品と後者の商品を抱き合わせることが前提となる。

　キヤノン事件では，プリンタとインクカートリッジがそれぞれ独立の市場を構成することは明らかである。これを前提として DSM Desotech 事件でも示されたように，ユーザがロックインされたかが検討されることになる。これにつき，同事件では，アフターマーケットにおける商品の価格等の情報をユーザが認識していたか否かが検討された。キヤノン事件では，必ずしもユーザがインクカートリッジに対する情報を認識していたとはいえない。

　さらに，舟田＝伊藤論文でも検討されたように，赤外線フィルタの搭載が，技術の特性において合理的な必要性を有するものであったか否かには疑義が生ずる。本稿Ⅳ章でみたように，米国では，DMCA によって，著作権保護の手段としてのアクセスコントロールが認められる。しかし，Chamberlain 事件で示されたように，厳格な要件を充足することが求められることからしても，アクセスコントロールが許容されることは限定的に解される[44]。このことからすれ

---

44)　「権利の行使に関して著作者，実演家またはレコード製作者が利用する技術的手段」とされるコピーコントロールを超えてアクセスをコントロールする技術的手段が保護されるのが DMCA であるといえる。このアクセスコントロールについては，適切な範囲が検討される必要がある。この観点から検討したものとして根岸哲＝川濱　昇＝泉水文雄編・ネットワーク市場における技術と競争のインターフェイス（2007）289〜306頁〔泉克幸〕参照。

ば，赤外線フィルタの搭載についても，その合理性は，厳格に解されるべきことになる。競争者排除の手段として用いられたということが推定されるとすれば，独占禁止法上問題とすべきであり，舟田＝伊藤論文での解釈論上の検討が有用となるといえる。特許権等知的財産権が保護されるべきことと，競争者排除の手段としてこれが用いられることとは厳密に区別される必要がある。

# E-commerce と選択的流通制度

中 川 寛 子

序
I　PF 事件の概要
II　選択的流通制度に関する日欧の法制度
III　PF 事件をめぐる議論の検討
結　び

舟田正之先生が古稀をお迎えになりますことを，心よりお祝い申し上げます。

## 序

　化粧品の対面販売の拘束に関する資生堂・花王両最高裁判決[1]が下されてから，19年が経った。当時，化粧品販売店に対する拘束について，欧州の選択的流通制度（Selective Distribution System）との比較での議論が活発に行われた。それから今日までの間に，世界的にインターネット販売（以下，「ネット販売」，「オンライン販売」も同義とする）が急速に拡大し，流通実態が大きく変化している。
　昨今，欧州では，「デジタル化による市場統合促進政策（Digital Single Market）[2]」のもと次々とデジタル技術の活用促進を進めると同時に，デジタル

---

1)　資生堂事件＝最判平成 10・12・18 民集 52 巻 9 号 1866 頁。花王事件＝最判平成 10・12・18 審決集 45 巻 461 頁。
2)　Digital Single Market 政策について〈https://ec.europa.eu/priorities/digital-single-market_en〉。

分野への競争法適用を活発に行っている[3]。流通分野においては，Pierre Fabre Dermo-Cosmétique（以下，「PF」または「PFDC」という）が，その選択的流通制度において，承認業者に対する説明販売義務に基づき事実上ネット販売を禁じたことに対して，欧州司法裁判所（The Court of Justice of the European Union. 以下，「CJEU」という），パリ高裁とも欧州機能条約（Treaty of Functioning of the European Union。以下，「TFEU」という）101条1項（以下，条項数は「101(1)」等と表記する）違反であるとする厳しい先決裁定・判決を下した（以下，この事件を「PF事件」といい，同事件について「両判決」というときは，CJEU先決裁定とパリ高裁判決の両方を指すこととする）。

　先例とも大きく異なる判示であり，EUの選択的流通制度をめぐる法制度や流通実態も資生堂・花王両事件当時参照されたそれらとは，大きく変化している。こうした状況に鑑みると，少なくともオンライン販売について，EUの当時の先例に大きな影響を受けた資生堂・花王両判決の射程が及ぶか，についての疑念が生ずる。

　さらに，PF事件両判決に対しては，EUの法制度の特色，先例との関係，E-commerce等多様な視点からの議論がなされており，オンライン販売についての従来の垂直制限規制との相違を知り，日本法の規制との相違や資生堂・花王両判決の射程を考える上で，有意義な示唆を与えている。

　そこで，本稿では，以下，ⅠでCJEU先決裁定とパリ高裁判決の概要を紹介し，Ⅱで，EUと日本における選択的流通制度を取り巻く法制度の相違を確認したのち，ⅢでPF事件両判決をめぐる議論を手掛かりに，E-commerceならではの特色，EUの選択的流通制度に配慮した制度の特性等と比較検討し，日本法の下でのオンライン販売制限規制への示唆を得ると共に，資生堂・花王

---

3) いわゆるプラットフォーム問題として注目を集めているのが，Google事件，Booking.com事件である。Googleに対しては，欧州委員会競争当局によりいくつもの調査が行われているが，さしあたり異議告知書送付についてのプレス・リリース等として，Google Shopping（Fact Sheet-MEMO/15/4781）〈http://europa.eu/rapid/press-release_MEMO-15-4781_en.htm〉及びAndroid OS（IP/16/1492）〈http://europa.eu/rapid/press-release_IP-16-1492_en.htm〉。また，Booking.com事件は，いわゆるMFN条項の事件であり，欧州委員会ではなく伊，仏，スウェーデンの加盟国当局が確約決定を下した。これらのうち英語版が公表されているものとして，スウェーデン当局の確約決定（Ref. no. 596/2013）〈http://www.konkurrensverket.se/globalassets/english/news/13_596_bookingdotcom_eng.pdf〉。

両判決の射程の再定位を試みたい。

## I　PF 事件の概要

### 1　PF 事件の事案の概要と手続的経緯

　PFDC は，化粧品及びパーソナル・ケア用品を製造し[4]，選択的流通制度の下，承認した流通業者（以下，「承認業者」という）のみを通じて当該商品を一般消費者に販売していた。

　当該制度自体は，仏法・EU 法上何ら問題はなかったが，契約条項の 1.1 及び 1.2 は「特別な教育を受けた者が，最低でも一人は営業時間中に常駐する店舗における販売であることの証拠を提出しなければならない」と義務づけるものであった。これにより承認業者には「商品の特性に関する技術的・科学的知識を得て専門的実務家としての義務を適切に果たしうる特別な教育を受けた者が，……常時・継続的に，商品の適切な使用に関する全ての情報を消費者に提供すること，販売時には，顧客が抱える特有の健康あるいはパーソナル・ケアに関する問題，とりわけ肌，髪，爪等の問題に最適な商品を販売するためのアドバイスを行うこと」，「これらの条件を充たすための，特別な教育を受けた者とは，フランス国家によって与えられた薬学の学位を有するもの（薬剤師）もしくはそのように認定（recognized）された者でなければならない」ことが求められていた。加えて「承認流通業者は，指定され（marked），特に割り当てられた店舗において商品販売を行わなければならない」とされていた。

　これらの要請が，事実上（*de facto*）いかなる形式のネット販売をも禁じたものにあたるとして，仏競争当局は，2006 年 6 月に正式調査を開始し，このような条項は EC 条約 81 条（当時。現 TFEU 101 条）及びフランス商法典 L420-1 条に違反するとして，PFDC ほか 10 社に対し，ネット販売の禁止条項を修正・削除するよう求め，修正確約手続を経て，10 社の確約した提案を認める決定を下した[5]。これに対し，PFDC のみは確約手続に応じなかったため，仏当局は排除措置と €17,000 の課徴金支払いを命ずる決定を下した（以下，「本

---

4)　いわゆるヘアケア，ボディケア用品等を指すようである。
5)　Le Conseil de la Concurrence, Décision n° 07-D-07 du 8 Mars 2007.

件決定」という[6]）。これを不服として，PFDC が決定の取消を求めパリ高裁に提訴した。

　パリ高裁は，本件について，EC 条約 81 条（TFEU 101 条）1 項及び 3 項の解釈に関するものであるとして CJEU に先決裁定を求めた。

　CJEU に求められた先決裁定は，「最終消費者に対するインターネット販売の一般的かつ絶対的な禁止が選択的流通制度の承認業者に対して課された場合，これは，EC 条約 81(1)(TFEU 101(1)) の目的に照らし，『目的において (by object)』競争を制限する『ハードコア』制限に事実上該当するものであって，規則 2790/1999 による一括適用除外を受けられなくとも 81(3)（TFEU 101(3)）の個別適用除外を受ける可能性はあるか？」というものである。

## 2　CJEU 先決裁定

CJEU 先決裁定の概要は以下の通りである[7]。

　TFEU 101(1)も欧州委員会規則 2790/1999[8]も，「ハードコア」制限とは何かについては何ら言及していないことを確認したうえで，以下の 3 点を検討する。(1)問題の条項は，目的において競争制限的な条項（以下，「by object 条項」という）に該当するか，(2)かかる条項を含む選択的流通制度は規則 2790/1999 による一括適用除外を受けられるか，(3)一括適用除外が受けられない場合でも，当該契約は TFEU 101(3)の個別適用除外を受けられるか。

### (1)　問題の条項は，by object 条項に該当するか

TFEU 101(1)違反となる協定とは，域内市場の競争を制限しまたは歪曲する目的または効果を持つものでなければならない。そして反競争的目的が立証されれば，当該協定の競争への効果を検討する必要はないことが先例上確立されている[9]。

---

6)　Le Conseil de la Concurrence, Décision n° 08-D-25 du 29 Octobre 2008.

7)　Judgment of the Court of 13 October 2011, Case C-439/09 Pierre Fabre Dermo-Cosmétique SAS v. Président de l'Autorité de la concurrence, Ministre de l'Économie, de l'Industrie et de l'Emploi, [2011]ECR I -09419. CJEU 先決裁定については，小畑徳彦「販売店に対するインターネット販売の禁止と EU 競争法──PFDC 事件欧州司法裁判所先決裁定」公取 764 号（2014）20 頁に詳しく紹介されている。

当該条項が by object 条項にあたるかの判断においては，(1)当該条項の内容，(2)当該条項が達成しようとする目的，(3)当該条項が締結される経済的及び法的文脈，を検討しなければならない。

　本件選択的流通制度は，Avène ほか3ブランドの化粧品及びパーソナル・ケア用品の販売について，流通業者はこれらの販売を薬剤師の常駐する実店舗で顧客に対する個別的な説明・アドバイスと共に行わなければならない，というものであり，パリ高裁によれば当該条項は承認業者にとっていかなる形態のネット販売をも事実上禁ずるものにあたるという。

　当裁判所は，既に述べた通り，選択的流通制度は，必然的に共同体市場内の競争に影響を与えるものであり，したがって，かかる協定は客観的正当化事由がない限り，by object 条項にあたると考えるべきである。[10]

　しかし，先例上，当裁判所は，選択的流通制度が，例えば，商品が高品質・高技術の商品等であって専門家による特別なサービスを提供する場合など，価

---

8) Commission Regulation (EC) No. 2790/1999 of 22 December 1999, OJ L 336/21 (29.12.1999), CELEX 31999R2790. これをうけた垂直制限ガイドラインは，Commission Notice, Guidelines on Vertical Restraints, 2000/C291/01, OJ C291/1 CELEX 32000Y1013(01)。現在では，規則 330/2010 に改正され（Commission Regulation (EU) No. 330/2010 of 20 April 2010, OJ L102/1），また垂直制限ガイドラインも改定された（Commission Notice, Guidelines on Vertical Restraints, SEC(2010)411 final, CELEX 52010SC0411）。2790/1999 と 330/2010 とは基本的な枠組みは変わっていない。選択的流通制度の基準に大きな変化をもたらしたのは委員会規則 2790/1999 であり，それまでの質的基準・量的基準ルールから，垂直制限一般と同様に扱い，いわゆるブラックリスト方式が採用されることとなった。これらについての邦語文献は数多くあるが，さしあたり以下を挙げておく。規則 330/2010 の概略について，大槻文俊「EU における垂直的制限規制の見直しについて」専修法学論集 109 号（2010）27 頁，滝川敏明「EU の垂直的制限規制」公取 736 号（2012）34 頁。規則 2790/1999 制定前後の経緯及びその特徴について，鞠山尚子「EC の垂直的制限規制の変遷」同志社法学 57 巻 7 号（2006）35 頁，それ以前の主として判例法による規制状況について，瀬領真悟「選択的販売制度と競争政策」公取 517 号（1993）20 頁，泉水文雄「化粧品の流通制度と独占禁止法(1)（2・完）」ジュリ 1090 号 141 頁，1092 号 100 頁（1996），西村暢史「EC 競争法における選択的流通制度規制」六甲台論集 46 巻 2 号（1999）121 頁。

9) Case C-439/09, para. 34 (citing joined Cases C-501/06 P, C-513/06 P, C-516/06P and C-519/06P GlaxoSmithKline and Others v. Commission and Others [2009] ECR I -9291, para. 55 and the case-law cited).

10) Case C-439/09, para. 39 (citing Case 107/82 AEG-Telefunken v. Commission [1983] ECR 3151, para. 33).

格以外の要素についての競争を促進することをもって価格競争が減少することをも正当化することを常に述べてきた。したがって，価格以外の要素にかかる競争を向上させる正当な目的達成のための選択的流通制度は TFEU 101(1)に反しない。

　この点，当裁判所は，選択的流通制度が，販売業者の選定に際し，商品等の品質に基づく客観的基準を用い，全ての潜在的販売業者について差別なく統一的にかかる基準を適用し，当該商品の性質上，商品の品質を保持し適切な使用を確保するためかかる流通網の設置を必要とするものであり，当該選定基準が必要な範囲を超えない限り，禁止されるものではないと述べてきた。[11]

　PFDC の選択的流通制度が品質に基づく客観的基準であり統一的に適用されていることには争いがないが，当該競争制限は，正当な目的を追求するために比例的な方法で（in a proportionate manner）行われているかについては判断しなければならない。

　この点，域内移動の自由に照らし，当裁判所は先例において，非処方薬及びコンタクトレンズに関し，間違った使用から顧客を保護するため顧客に個別的助言を与える必要性があるとの主張について，インターネット販売の禁止を正当化するものではない，としている。[12]

　また，PFDC は，高級イメージ（prestigious image）の維持の必要性についても主張する。しかし，高級イメージの維持は，by object 条項の正当化事由にはあたらない。

　以上の考察に照らし，第１の質問への解答は次のようなものになる。すなわち，選択的流通制度の文脈において，化粧品等を薬剤師の常駐する実店舗で販売しなければならないとする契約条項は，インターネット販売を禁止することになるため，上記の検討から目的において競争制限的（a restriction by object）にあたるものであり，商品の特性に照らして，当該条項は客観的に正当化され

---

11) Case C-439/09, para. 41 (citing Case 26/76 Metro SB-Grßmärkte v. Commission [1977] ECR 1875, para. 20, and Case 31/80 L'Oréal [1980] ECR 3775, paras. 15 and 16).

12) Case C-439/09, para. 44 (citing Deutscher Apothekerverband, paras. 106, 107 and 112, and Case C-108/09 Ker-Optika [2010] ECR I-12213, para. 76).

るものではない。

(2)(3) 一括適用除外を受けられる可能性及び個別適用除外について

　TFEU 101(3)の要件が充たされ個別適用除外を受けられるかの判断は，先決裁定を求めた裁判所（加盟国裁判所）の役割である。個別適用除外の要件はTFEU 101(3)から直接導き出されるものであるところ，その点についてのパリ高裁からの裁定の求めは行われておらず，PFDCには本案において検討を求める余地が残されている。この点，当裁判所は，当該選択的流通制度がTFEU 101(3)の要件を充たすかについて十分な情報を得ていないため，これ以上のガイダンスを与えることはできない。

　当該選択的流通契約が欧州委員会規則 2790/1999 による一括適用除外を受けられるか，に関しては，まず欧州理事会規則 19/65[13]により，対象となる類型を定める権限が欧州委員会に与えられていることを確認しなければならない。

　規則 2790/1999 の 2 条及び 3 条は，供給者のシェアが 30% を超えない場合一括適用除外を受けられると定めている。PFDC のシェアは 30% を超えないものの，理事会規則 19/65 の 2 条が，当該制限が著しい反競争効果を有する場合には，問題の企業のシェアにかかわらず適用除外の対象外とするとしている。そして，規則 2790/1999 の 4 条(c)は，「垂直制限が，直接的または間接的に，独立してまたは両当事者がコントロールする他の要素と併せて，実店舗の設置地域の外で活動する可能性を制限する権利には影響することなく，小売り段階で活動する選択的流通制度のメンバー（承認業者――筆者注）が，最終消費者に対して行う積極的（active）または消極的（passive）販売を制限する目的を有する場合，一括適用除外を受けられない」と定めている。

　本件で問題の契約条項は，事実上，販売業者に対してインターネット販売を禁ずるものであり，少なくとも，オンラインでの購入を望みかつ承認業者の物理的な商圏の外に存在する最終消費者に対する消極的販売を禁ずる目的を持つといえる。

---

13) Regulation No. 19/65/EEC of the Council of 2 March 1965 on application of Article 85(3) of the Treaty to certain categories of agreements and concerted practices, OJ 36, 6.3.1965, pp. 533-535, CELEX 31965R0019.

PFDC は，対象商品をインターネットで販売することは，指定された実店舗設置地域外での営業を禁止することに相当するため，規則 2790/1999 の 4 条が適用されないと主張する。このとき，規則 4 条(c)の例外を定める「店舗の設置地域（a place of establishment）」は，直接的に販売を行う実店舗の場所・地域についてのものに過ぎない。そこで，この概念を拡大解釈によって，インターネット販売サービスが行われる場所を含むと解すべきか，という問題が生じうる。

　しかし，この点については，問題の企業（名宛人等──筆者注）は，TFEU 101(3)による個別適用除外を受けるという選択肢を有することから，一括適用除外の対象とするためにかかる拡大解釈を行う必要はない。したがって，事実上ネット販売を禁ずる契約条項が，規則 4 条(c)の例外にあたるかについては，実店舗の設置地域外での営業の禁止とはみなされないと解すれば足りる。

　以上の考察から，第 2，第 3 の質問については，規則 2790/1999 の 4 条(c)は，マーケティング手段としての事実上のネット販売の禁止を含む選択的流通制度に対して，同 2 条に基づく一括適用除外を与えるものではない，と解釈すべきである。但し，かかる契約は，TFEU 101(3)の 4 要件を全て充たせば個別的に適用除外を受ける可能性が残されている。

### 3　パリ高裁判決

　パリ高裁は，かかる CJEU 先決裁定をうけて，次のような判決を下した。[14]

　一括適用除外を受けられるか否かに関しては，CJEU の判示に沿って本件事実を当てはめると，フランス競争委員会決定における，当該制限が行われた法的・経済的文脈についての分析が妥当といえる。

　すなわち，化粧品について対面の説明販売の義務づけがメールオーダー販売禁止を正当化するとしたイブ・サン・ローラン決定について，[15] 遠隔販売である

---

14) Cour d'Appel de Paris, Arrêt du 31 Janvier 2013, La société PIERRE FABRE DERMO-COSMÉTIQUE, S. A. S. v. M. LE PRÉSIDENT DE L'AUTORITE DE LA CONCURRENCE et M. LE MINISTRE DE L'ECONOMIE, DES FINANCES ET DU COMMERCE EX TÉRIEUR, case number 2008/23812. Available at 〈http://www.autoritedelaconcurrence.fr/doc/ca_pierrefabre_jan13.pdf〉, last visited on 14 October 2016 (hereinafter cited as "L'arrêt n° 2008/23812").

ことは本件と共通しているが，インターネットの登場によってその射程は大きく変化しており，同決定に基づく適法の推認は及ばない。

続いて，本件条項が客観的正当化事由を有するかについて，CJEU 先決裁定に基づき，商品の特性に照らして評価すると，化粧品やパーソナル・ケア用品は，仏公衆衛生法 L.5131 条の "cosmetoviligiance"[16] の対象ではあるが，同法は販売方法については特に規制をしておらず，処方箋薬と異なり薬剤師のみによる販売を行う対象ではないこと，国や EU による薬局での小売りを義務づける規制はないこと，仮に顧客に深刻な悪影響が出るとしても，それは販売時ではなく使用時に判明し，その場合，顧客は薬剤師ではなく医師に相談し診断もまた医師によって行われることからすれば，商品の特性から薬剤師常駐店舗における説明販売が消費者の安全性を保証することについては，何ら証拠がない。CJEU 先決裁定パラグラフ 44 にいう通り，域内市場における移動の自由に照らし，非処方箋薬やコンタクトレンズについて同様の理由からインターネット販売を禁ずることは客観的正当化事由とならないとした先例と同様，本件商品も処方箋薬ではない。

さらに，ウェブサイト上で情報提供やアドバイスができないことについての証拠もない。すなわち，承認業者はウェブサイトを商品の陳列棚と同様に構成し情報を提供したり，顧客との双方向的やりとりを行ったり，ホットラインを設置することなどが可能である。また顧客はウェブサイト訪問により，実際に移動しないで購入できる利便を得られ，「バーチャル・ファーマシー」への質問を出すことも可能である。

さらに，当初の確約決定において競合他社がインターネット販売の禁止をなくすことを約束したことからも，インターネット販売によって品質保持のため

---

15) Decision 84/404/EEC of 10 July 1985 Grundig; Decision 32/33/EEC of 16 December 1991 Yves Saint Laurent Parfums. なお，イブ・サン・ローラン事件決定は，日本の資生堂・花王両事件の際にも参照され，最高裁調査官解説でも同事件決定が参考となるとしている。小野憲一「判批（調査官解説）」最判解民事篇平成 10 年度 1019 頁。

16) Article L. 5131-1 Code de la Santé Publique (the Code of Public Health (CSP)). 化粧品や非処方箋薬の製造後における安全管理基準。日本でいえば，「医薬品，医薬部外品，化粧品，医療機器及び再生医療等製品の製造販売後安全管理の基準に関する省令」（平成 16 年 9 月 22 日厚生労働省令第 135 号）に相当しよう。

のアドバイス提供等が不可能ではないことが示される。

以上から，本件のインターネット販売禁止は，客観的正当化事由を有しない。TFEU 101(1)違反の目的において競争制限的な条項にあたることから，一括適用除外を受けられない。

続いて，個別適用除外については，TFEU 101(3)の各要件を確認し，1. 委員会決定の瑕疵について，2. TFEU 101(3)の要件を充たすかについて，検討する。

1についてはPFDCが，仏競争委員会の決定について，法解釈の過誤，PFDCの立証責任の軽減がありうるべきであったこと等を主張したが，いずれも理由がない。

2については，TFEU 101(3)の4要件は全て充たされない限り個別適用除外を受けられないところ，①2つの積極要件（当該制限が生産もしくは流通の向上または技術もしくは経済の発展に寄与するものであって，消費者にその利益の享受を可能にするか＝「効率性」要件）については，本件ではこの2つは分離不能であるから，まとめて検討する。効率性の評価は，事業者の主観ではなく客観的に評価可能なものでなければならず，当該制限によって目的実現の蓋然性があるか，の評価を行わなければならない。次いで，②消極要件として，①の効率性向上目的を実現するために本件制限が必要不可欠（indispensable）（101(3)の第三の要件）であるか，を検討する。

PFDCは，次の3つの効率性を主張する。第一に，実店舗における薬剤師によるカウンセリング販売自体が消費者の利益となるのに対し，インターネットではかかる直接対面での説明販売ができないために，カウンセリング販売の質の低下につながる，したがって，目的達成にとってネット販売の禁止は比例的であること。第二に，商標侵害等の偽物の普及による人体への危険防止に資すること。第三に，フリーライダー防止に必要であること。

第一については，インターネットの登場後においては，かかる制限は，消費者の購入方法選択の自由を奪うこと，流通業者の遠隔地の顧客への販売機会を減少させること，顧客が価格比較をする権利を侵害することから，インターネット販売の全面禁止は，目的において競争制限的であるから委員会規則による

適用除外を受けられない。

　必要不可欠性については，垂直制限ガイドライン（当時）[17]から見て，かかるサービス提供にとって，ネット販売を許可することでサービスの著しい低下が起きることの立証はない。また，オンラインでも，当該サービス提供は可能であり，例えば，他の代替的手段，すなわち，ホットラインの設置，サンプル配布等によっても可能である。さらには，インターネット販売ならば，消費者が価格比較を行ったり，時間や距離の制約なしに注文できたり，自宅への配送を受けられるといった利益をもたらす。したがって，かかるサービス提供の確保にとってネット販売の禁止は必要不可欠ではなく，かかる効率性による正当化はされない。

　第二の偽物の防止については，それが人体への危険を及ぼすおそれもあることから各種のEC規則，指令等によって各加盟国に知的財産権侵害の規制について積極的な取り組みが求められているところではあるが[18]，本件条項が偽物防止に必要であることの立証がなく，したがって，かかる効率性による正当化はされない。

　第三に，フリーライダーの防止については，そもそも原決定がPFDCに求めているのは，選択的流通制度に属する承認業者に対してインターネット販売を禁止する条項の削除のみであって，非承認業者ないしオンライン専業業者（pure players）に対するインターネット販売を禁じてはならない，というものではない。承認業者はいずれも，実店舗を有し薬剤師を常駐させており，既に一定の投資を行っていることから，承認業者がオンライン販売を行うことによるフリーライダー問題は生じない。確かに，顧客がアドバイスを受けた流通業者がネット販売を行っていない場合，インターネット販売を行っている別の承認業者から購入するリスクもないとはいえないが，このようなリスクはインターネットの登場以前から存在するものである。また，インターネット販売によ

---

17) L'arrêt n° 2008/23812, page 19 (quoting Commission Notice, Guidelines on Vertical Restraints, 2000/C291/01, OJ C291/1, paras. 73, 75, 78, 79).

18) L'arrêt n° 2008/23812, page 20 (quoting Regulation(EC) No. 1223/2009〔偽物による人体への危険防止についての化粧品に関連した加盟国への注意喚起として，Regulation(EC) No. 1383/2003（税関における知的財産権侵害品取り締まりの強化），Directive 2004/48/EC（知的財産権保護のエンフォースメントについて）に言及したもの〕）.

る価格低下が生じ，顧客が店舗でアドバイスを受けた後にネットから購入しようとする可能性はあるが，注文から配送までの時間や配送費用を考えてオンライン購入を自制する可能性もまたある。したがって，フリーライダー防止による効率性について立証がなく，またフリーライダー防止にとってインターネット販売禁止が必要不可欠であるとはいえない。

　以上から，パリ高裁は，本件条項は個別適用除外を受けることはできない，と結論し，仏競争委員会本件決定の取消を認めなかった。

## II　選択的流通制度に関する日欧の法制度

### 1　選択的流通制度をめぐる法制度

　PF 事件，資生堂・花王事件と関連する限りで，簡単に日欧の垂直制限・選択的流通制度に関連する制度を確認しておこう。なお，累積効果についてはここでは論じない。[19]

　EU では，垂直制限は共同行為規制である TFEU 101(1) の禁止対象となりうるが，[20] 同 101(3) の要件を全て充たせば適用除外が受けられる。適用除外としては，垂直制限に関する欧州委員会一括適用除外規則（正式名称は前掲注8）の通りであるが，一般に Block Exemption Regulation と呼ばれる。以下，「BER」または「規則」という）[21] による場合と個別適用除外による場合とがある。一括適用除外が受けられない場合に，個別適用除外を求めることができる。

---

19) Regulation 330/2010 前文 paras. 15, 16 を参照されたい。同様の効果を持つ垂直制限が並列実施されている場合には，合計シェアが 50% を超える場合に TFEU 101(1) の全面適用を検討するとのことである。例として，選択的流通制度や非競争義務（供給者が買い手に対して，生産・購入・販売・再販売について競争しないこと，自己または自己の指定する事業者から購入者の購入総額・総数の 80% 以上を購入することを直接・間接に義務づけること。同規則 Article 1(d) の定義より）が挙げられている。

20) 共同行為の法条が適用されるとはいえ，垂直制限の場合，名宛人はメーカー等，制限を課した者のみである。

21) 現行規則 330/2010 と旧規則 2790/1999 とでは，本件に関連する規定の文言はほぼ一致するため，以下，BER・規則といったときには現行規則をさすこととし，必要に応じて旧規則に触れる。

BER 2条1項・3項により，垂直制限は通常「目的において（by object）」競争制限的なものを含まない限り，TFEU 101(3)を充たすものとして一括適用除外の対象となり101(1)は適用されない。規則は，4条，5条で一括適用除外を得られない行為を列挙しており（ブラックリスト方式），これに該当すれば，TFEU 101(1)該当が検討される。

　より重要なのがBER 4条に挙げられた各種の「by object条項」である。[22] 4条記載のby object条項は，通常，市場への強い悪影響を持つ可能性が高いと考えられており，これに該当する条項を含む協定については，一括適用除外の対象外となり，実際の市場影響またはその可能性について立証する必要なくTFEU 101(1)の禁止対象とされる。

　PF事件CJEU先決裁定に見られるように，by object条項とされ一括適用除外を受けられない場合であっても，TFEU 101(3)に基づく個別適用除外を受けられる可能性が理論上は残されている。しかし，by object条項を含む契約が，同101(3)の4要件全てを充たすことは極めて例外的な場合に限られる，と欧州委員会は考えている。[23] 現に，PF事件パリ高裁判決も，個別適用除外を認めていない。また，BER 4条のby object条項を含む場合，契約全体が一括適用除外を受けられないことになる。[24]

　さて，EUでは，「選択的流通制度」はもともと判例法上認められてきたものであったが，現行規則においては次のように定義される。「流通制度であって，供給者が契約対象商品もしくは役務を，直接的または間接的に，特定の基準に基づいて選択した流通業者のみに対して販売するものであり，かつ当該流通業者は当該商品または役務を，当該制度を運用する供給者によって保証された（reserved）地域内において，承認されていない流通業者に対して販売しな

---

22) Jonathan Faull & Ali Nikpay, The EU Law of Competition (3rd ed.), (Oxford University Press, 2014), paras. 9.35, 9.88-9.99, p.1389. 現行垂直制限ガイドライン（SEC (2010) 411 final）も"hardcore restrictions"の語を用いており，同書でもby object類型のことを「ハードコア制限」と述べている。by object条項とハードコア制限が一致する概念であるかについては議論があるようであるが，概ね同義に用いられていると考えてよいであろう。同書，paras. 9.90-9.92参照。

23) Faull & Nikpay, supra note 22, paras. 9.35-9.36, 9.89.

24) Id.

いことを約するものをいう[25]」。

　選択的流通制度自体は，BER 4条のブラックリストにはないが，選択的流通制度内における承認業者間の相互供給取引禁止（日本でいうところの横流しの禁止・仲間取引の禁止のより限定的なもの）は，4条(d)に挙げられており，ハードコア制限の一つとして，2条に定める一括適用除外を受けられないものとされる。

　日本では，垂直制限は，主に独禁法19条による禁止対象となる。垂直制限のうち価格制限である再販のみは法定指定類型として2条9項4号に規定されこれに該当する場合，その他の垂直制限は一般指定11項または12項に該当する場合，19条違反となる。また，それが競争の実質的制限をもたらす場合，共同行為としてではなく3条前段（私的独占）違反として実務上規制を受けてきた[26]。垂直制限のどの類型にあたるか，それぞれの違法性判断基準については，流通取引慣行ガイドラインが分類している。

　選択的流通については，一応は「いわゆる『選択的流通』」として項目が立てられているが，それ自体独立した評価を要する行為類型とされているわけではない。「メーカーが自社の商品を取り扱う流通業者に関して一定の基準を設定し，当該基準を満たす流通業者に限定して商品を取り扱わせようとする場合，当該流通業者に対し，自己の商品の取扱いを認めた流通業者以外の流通業者への転売を禁止することがある。」そして，承認業者選定の基準が「当該商品の品質の保持，適切な使用の確保等，消費者の利益の観点からそれなりの合理的な理由に基づくものと認められ，かつ，当該商品の取扱いを希望する他の流通業者に対しても同等の基準が適用される場合」には，安売り業者等への販売制

---

25) Regulation 330/2010, article 1(e). これは，PF事件当時有効であったRegulation 2790/1999, article 1(d)の定義と全く同じである。

26) 3条後段の適用可能性については，「相互拘束」の要件解釈が緩みつつあることから，母法であるシャーマン法1条と同様に共同行為としての規制も理論的に考えられなくはないが，相互拘束要件から「他の事業者」要件について述べた社会保険庁シール談合刑事事件東京高裁判決（平成5・12・14高刑集46巻3号322頁）も傍論で「実質的競争関係」と述べるにとどまり，競争関係必要説を完全に捨てたわけではない。垂直制限に関する実際の事件処理も3条後段が適用された例はない。

限となったとしても通常問題とはならない[27]，とする。販売方法の制限の項に書かれていることと同じ内容であり，したがって資生堂・花王両判決とも同様である。

以上の記述及び後述Ⅲ5のフリーライダー問題についての記述を併せ読めば，同ガイドラインは，品質確保の観点からの制限のみを正当な選択的流通として扱うようであり，花王判決の「ブランドイメージ……を保持」もまた，そのような観点から述べられている[28]。

他方，EUでは従来そのような限定がなく，いわゆる「高級品（luxury and prestigious products）」としてのブランドイメージ保護が判例法上伝統的に認められてきた[29]。これに対しPF事件CJEU先決裁定は，「高級イメージの維持」はオンライン販売禁止についての客観的正当化事由とならないと述べ，先例とは異なる立場を示している。これが批判の対象となったり，大きな衝撃を与えたゆえんであろう[30]。

日・EUいずれも，「選択的流通制度」としてメーカー等の設定する一定の基準を充たした流通業者のみに商品等を販売し，非承認業者への転売を認めないことについては，原則として問題としない，という点では共通する。他方，承認事業者間の取引禁止，特にオンライン取引の禁止については，EUは特に厳しく，by object条項として反競争効果の検証が実務上ほとんど行われない点が大きく異なっている。

## 2 セーフハーバー

EUでは，BER 3 条は，De minimis告示[31]との関連で，by object条項を除き，

---

27) 公取委事務局「流通・取引慣行に関する独占禁止法上の指針」第 2 部第 2-5（最終改定平成 28 年 5 月 27 日）。

28) 小野・前掲注15）1011頁注14（本判決がいうブランドイメージとは，単なる高級感とか高級な雰囲気といったものではなく，対面販売を通じてメーカーが顧客の美容効果や皮膚トラブルに意を尽くしていることをアピールすることによって形成される顧客の信頼を意味する）。

29) Peter Roth QC and Vivien Rose eds., Bellamy & Child, European Community Law of Competition (6th ed.), para. 6.093 (Oxford Univ. Press, 2008).

30) Giorgio Monti, Restraints on Selective Distribution Agreements, 36(4) World Competition 489, at 502 (2013).

各事業者（供給者・流通業者）それぞれのシェアが30％以下の場合には，TFEU 101(1)が適用されないとする。また，垂直制限ガイドラインは，市場支配力の定義を与えることで一定の市場支配力を有する者のみが違反行為者となることを明記している。[32]

日本の流通取引慣行ガイドラインでも，垂直制限に関する「有力なメーカー」の定義において，簡易版市場画定ともいうべき考え方を示したうえ，メーカーの当該市場におけるシェアが20％を超えることが一応の目安となるとする。またこの数値は，企業結合ガイドライン[33]ほど明確には記載されていないものの，セーフハーバーとしても機能し，シェアが20％以下の事業者による制限については「通常」問題とならないとしている。[34]また，「価格が維持されるおそれ」（以下，「価格維持効果」も同義とする）について，市場支配力と質的に同様の定義を与えその判断要素を明確化するなど，法文の行為により生ずる公正競争阻害性について，企業結合ガイドライン等と同様，効果分析型の判断手法を用いる方向に変化してきている。但し，EUのBER[35]とは異なり，行為者として「メーカー」が想定されており，買い手側の行為については優越的地位濫用としての規制を行う方針のようである。[36]

---

31) Commission Notice on agreements of minor importance which do not appreciably restrict competition under Article 81(1) of the Treaty establishing the European Community (de minimis), 2001/C368/07, OJ C368/13 (2001).

32) Guidelines on Vertical Restraints, para. 97.

33) 公正取引委員会「企業結合審査に関する独占禁止法の運用指針」（最終改定平成23年6月14日）。

34) 流通取引慣行ガイドライン第2部3（注4）。

35) むろん，価格維持効果についての記述は従来のガイドラインにもあったが，個別類型についてのものとなっており，平成27年3月の改定により，新規参入者・既存競争者にとって「代替的な流通経路を容易に確保することができなくなるおそれがある場合」と並び，垂直制限の違法性判断基準における総論的位置づけを与えられたと考えてよいだろう。流通取引慣行ガイドライン第2部3-(3)。

36) 流通取引慣行ガイドライン第2部1。なお，従来と異なり，小売店側が強い交渉力を持つようになった今日の流通実態に照らすと，買い手市場支配力（monopsony）問題を生ずることもあり，優越的地位濫用としてではなく，垂直制限規制の対象とすることについて，一考の余地があるように思われる。

## III　PF 事件をめぐる議論の検討

　PF 事件両判決は，"Pierre Fabre Saga" などと評する論者もいるように[37]，EU ではかなり衝撃的な判決であったようである[38]。これらについて検討すると，選択的流通制度に対する特別な保護を与えてきた先例との関係，オンライン販売促進についての政策的配慮，といった EU ならではの事情が両判決，学説のいずれにも影響していると思われる。このことは，日本との法制度の相違を意識させる。そして，資生堂・花王両事件当時既に指摘されていたように[39]，EU の選択的流通制度と日本の化粧品販売流通を同列に考えるべきではないこと，従来型の垂直制限とオンライン販売の禁止とでは異なった評価がなされうることがあらためて浮き彫りにされる。

### 1　オンライン販売禁止条項を by object 条項としたことについて

　CJEU 先決裁定・パリ高裁判決が，オンライン販売禁止条項を by object 条項としたことについて，垂直制限の競争促進効果に鑑みて過剰規制であるとの批判[40]，市場の競争状況及び PFDC のシェアから反競争効果ありとの推定は妥当しないとの批判がある[41]。

　しかし，これは，EU 法ならではの批判であって，日本には必ずしも妥当しない。上述の通り，ある条項が by object 条項と認定されれば，契約全体が一

---

37) Monti, *supra* note 30, at 489.
38) Louis Vogel, Vertical Restraints: Towards More Rigid Rules for Distribution Network in Europe?, 5(6) J of European Comp. L. & Practice 393 (advance access published May 8, 2014), at IIA 1（ウェブダウンロードによる page 5/7), available at 〈http://jeclap.oxfordjournals.org/content/5/6/393.full.pdf〉.
39) 泉水・前掲注 8) ジュリ 1092 号 100 頁。
40) Monti, *supra* note 30, at 498-504.（判例の傾向も垂直制限に対しよりリベラルになりつつあったのに，PF 事件 CJEU 先決裁定はこのような流れとも矛盾するものであり，判例や規則により既に価値を失いつつある Metro I 判決を復活させたものである。さらに，非処方薬やコンタクトレンズに関する説明販売義務に基づくネット販売禁止を客観的に正当化されないとした先例（C/108/09 Ker-Optica 等）は，むしろ比例性に関するものであるから，本件条項も比例性の文脈で検討されるべきであった（at 502））。
41) Vogel, *supra* note 38, IIA 1.

括適用除外の対象から外され，かつ実務上ほとんどの場合，反競争効果・競争促進効果の検討が行われずに違反とされるからこそ起こりうる危険である。

　日本法のもとでは，19条違反とするためには，公正競争阻害性判断において価格維持効果の立証が必要となるため，こうした危険は小さいだろう。

　但し，資生堂・花王両事件の判示を，それなりの合理性・同等性さえ充たせば原則として価格維持効果・公正競争阻害性がなく，店舗外販売の禁止も当然に許されると述べたと解すれば，EUとは逆に過少規制の危険が生ずる。資生堂・花王両判決では，公正競争阻害性について十分な検討がなされていないと考えるべきであり，少なくともオンライン販売に関しては射程が及ばないと解すべきだろう。そして，より広域での販売競争の活発化，消費者の選択肢の多様化，取引費用の削減といったオンライン販売ならではの多様な効率性やメリット，これを制限することによる反競争効果と競争促進効果を十分に吟味することが必要となるだろう。

### 2　セーフハーバーとの関連

　PFDC が仏国内において 20% のシェアしか保有していなかったことが，判決批判の一根拠となっている。上述の通り BER 3 条は，問題の企業の市場シェアが 30% を超えない場合セーフハーバー該当とするが，by object 条項についてはセーフハーバーが適用されない。そのため，20% のシェアしか持たない PFDC に対する処分を例に，インターネット販売の禁止を含む選択的流通制度を by object 類型とすることについて，先決裁定として一般化することは，過剰規制を招きかねないというものである。[42]

　これは，PF 事件では，仏競争委員会との確約決定により，他のメーカー 10 社全てが承認業者によるオンライン販売を認める旨を確約したため累積効果が消滅しており，PFDC は仏国内で最大のシェアを有するとはいえ 20% に過ぎず，あえて TFEU 101(1) 及び仏商法典 L420-1 違反とするまでもなく，オンライン販売を導入した他ブランドとのブランド間競争において敗退するため反競争効果が生じなかった可能性がある，というものである。[43] この見解については，

---

42)　Monti の前掲注 30) 論文は，垂直制限はほとんど反競争効果を持たないため，基本的に規制するべきではないとする，かなりシカゴ学派寄りの見解のようではある。

処分の平等性の観点から疑問があるが，仮にPFDCが単独で本件条項を実施したとすれば，かかる指摘も妥当しそうであり，過剰規制となるかもしれない。

日本では，PFDCのシェア20％という数値は，流通取引慣行ガイドラインに照らしても，セーフハーバー及び有力な事業者該当の境界上の数値であるが，これを超えたのみで直ちに違法となるわけではなく，これ以下であっても「通常」価格維持のおそれがないとされるに過ぎず，違法性判断にとって絶対的な意味を持つわけではない。ただ，そもそもセーフハーバーと有力事業者が隣接するという不思議な線引きであることからすれば，シェア20％前後の事業者については，価格維持効果を検討する必要があるように思われる。いずれにせよ，このような判断構造を持つ日本法の下では，上述のPF事件判決批判は妥当しそうにない。

### 3　オンライン販売の禁止はいかなる拘束条件付き取引にあたるか

PF事件では，PFDCが対面販売の義務づけを根拠にインターネット販売の禁止という制限を課したのに対し，資生堂・花王両事件では，カタログを用いた通信販売を対面販売義務に基づき禁止するというものであった。インターネットとカタログ通販との相違については十二分に留意する必要があるが（後述），いずれも，販売時における対面説明を義務づけることにより，実店舗とは異なる場所・遠隔地での販売を制限した，という事案の構造は共通する。

この点は，まさにPFDCがイブ・サン・ローラン事件EC委員会決定を引いて主張した点であるが，パリ高裁は，インターネットの登場後には事情が大きく異なるため，同決定の射程は及ばず，別途に考えるべきとしている（前述Ⅰ3）。

---

43)　Monti, *supra* note 30, at 499-500.
44)　流通取引慣行ガイドライン第2部3（注4）。
45)　余談になるが，セーフハーバーと「有力事業者」の基準値が一致していることには違和感がないでもない。20％を超えなければ基本的に反競争効果を生じさせそうになく，それを超えれば直ちに「有力」として懸念が高まるかにも読める。語感の問題かもしれないが，反競争効果発生の危険度として考えても，通常，「なし」と「高い」の間には何らかの幅があるべきように思われる。単独効果の危険性を疑うにしても，20％を超えることのみでは評価のしようもなく，結局は価格維持効果の分析が必要になる。

仮に，資生堂・花王事件両最高裁判決が，調査官解説から読み取れるように[46]同決定を参照したとすれば，日本でも対面での説明販売義務の正当性から店舗設置地域外販売の禁止もまた常に正当化するか，特にインターネット販売の文脈においては，慎重に考える必要がありそうである。パリ高裁判決に見られるように，インターネット販売においては，多様な「より競争制限的でない代替手段」がありうるからである。

EUではBER4条(c)が，メーカー等による，承認小売業者が最終消費者に対し積極的または消極的販売を行うことの制限（但し，承認業者に対し指定された実店舗設置地域外での（オフラインでの。筆者注）営業を禁じる権利には影響しない）をby object条項とする。これらが販売促進活動について定義することから，地域制限についてはBER4条(b)に別途記載があるとはいえ，4条(c)でも必然的に地域制限の観点を含む検討がなされることになる[47]。

PF事件でも，インターネット販売の禁止はBER4条(c)の消極的販売の禁止に該当するとし，CJEUは，本件条項は「最終消費者であって，オンラインでの購入を望みかつ承認業者の物理的な商圏の外に所在する者」への販売禁止であって，同項の消極的販売禁止にあたると述べており，物理的商圏＝地理的範囲との関連から論じている。

---

46) 小野・前掲注15) 1019〜1020頁。
47) Case C-439/09, para.54; Guidelines on Vertical Restraints, paras. 51-53. 積極的（active）と消極的（passive）について，次のように定義している。「積極的販売」とは，個々の顧客に対して積極的にアプローチすること（例：ダイレクトメール，eメール，訪問），特定の顧客群や特定地域の顧客のみをターゲットとしてアプローチすること（例：メディア，インターネット，その他の販売促進活動），特定の地域顧客・特定の顧客群のみにとって魅力のある宣伝広告等の販売促進活動をいう。「消極的販売」とは，特に働きかけをしていない個々の顧客からの注文に応えることであって（自宅配送を含む），他の流通業者の（排他的）販売地域や顧客群，または自己の販売地域外への顧客に対しても届くような，一般的な宣伝広告・販売促進活動をいう。インターネット販売についての制限は，消極的販売としてハードコア制限にあたるとし，例として，他地域の顧客がサイト閲覧できないようにしたり，自動的に顧客所在地担当の流通業者のサイトに遷移するようにすること，クレジットカードの住所情報を基に地域外からの注文を受けないこと，流通業者の販売総量のうちネット販売を一定比率に制限すること，流通業者がネット販売する分についてはオフライン販売にかかる分よりも高い値段で買い取らせること，が挙げられている。

インターネット販売の場合，注文者の住所をみて指定地域外に販売しないよう流通業者に制限を課すことも技術的には可能ではあるが，そのような制限をかけなければ，メーカー等から指定された店舗設置地域に限定されず，広範な地域で営業活動を行うことができるなど，販売業者・消費者双方にとってメリットはありそうである。[48] むろん，配送費用の問題等もあるから厚生の向上につながるかは研究の発展を待つとしても，これを全面的に制限してもよいとすることは，直観的に，また少なくとも短期的には需要拡大を阻害し，反競争効果を生ずる可能性がありそうに思われる。

かかる判示について，EUの優先政策である"Digital Single Market"によるデジタル技術やE-commerce活用による市場統一促進への配慮であろうとの指摘がある。[49] これは，もともとEU法ならではのより強い配慮がされる点であり，市場分割的行為が許されないことについては，現行垂直制限ガイドラインも明記している。[50]

EUでは政策的配慮ゆえに，かかる判示となった可能性もあるが，PF事件パリ高裁が述べたように，ウェブサイトによる情報量の多さ等に鑑み，イブ・サン・ローラン事件決定の射程が，オンライン販売の禁止には及ばない，という点は，資生堂・花王両判決の射程を再考する上でも重要な示唆を与えているように思われる。

資生堂・花王両事件をめぐっては，対面販売義務が再販の手段であるか，あるいは対面販売の義務づけそれ自体に価格維持効果がありうるか，という観点から検討がされたが，[51] 店舗外での販売について地域制限の観点からの検討は行われていない。原告がそのような主張を展開していないためではあるが，それ以前の垂直制限事件がほぼ全て再販行為に関連するものであったこともあって，

---

48) EU垂直制限ガイドラインによれば，クレジットカード情報から，注文者が当該流通業者の指定地域外在住者であることが判明した後に契約を解除することも，消極的制限としてハードコア制限にあたるとされる。Guidelines on Vertical Restrains, at 52-57; Faull & Nikpay, *supra* note 22, para. 9. 133.

49) Andreas Themelis, *infra* note 56, secs. 4 and 9.

50) Guidelines on Vertical Restraints, para. 7.

51) 花王判決・前掲注1）審決集45巻465頁。最高裁は，対面販売の義務づけによる価格の「安定効果」は生ずるが，販売価格の自由な決定を「拘束」しているということはできない，として，本件では「拘束」がないとした原審の事実認定を正当と是認した。

再販との関連のみに議論の焦点が引きずられたのかもしれない。

　流通取引慣行ガイドラインには，販売方法の制限が再販・地域制限等他の違法行為の手段となっている場合には，それらの行為に準じて公正競争阻害性判断がなされることが明記されている[52]。この点，資生堂・花王両事件の，カタログを送付することにより店舗から離れた地点での販売を積極的に行う行為の禁止は，「厳格な地域制限」に該当しそうに思われる。そうであるとすれば，対面販売義務が事実上の厳格な地域制限等の手段行為であったとする法律構成もありえ，自由競争減殺の検証を行うことも可能であったかもしれない[53]。

　ただ，カタログとウェブサイトでは提供可能な情報量に圧倒的な差があり，両事件の事実関係や当時の流通からは，かかる判決は実態に即したものであったといえなくはない。とりわけ両事件で使用されたカタログは，商品名・価格・商品コードのみを記載したものであり，ブランドイメージ保持にとっては不十分ともいいうる（但し，化粧品は繰り返し購入される財であることからすれば，十分ともいえる）。しかし，現在の日本を見れば，過去に，IT革命・デジタル立国等，既にデジタル化促進政策が推し進められ，E-commerceが広く普及している。資生堂・花王両判決の射程がオンライン販売に及ぶと考えることは，時代を逆行するものであり，消費者の利益を損なうものと考えるべきように思われる[54]。

　なお，EUの垂直制限ガイドラインでは，オンライン販売を原則として消極的販売と分類しその禁止をハードコア制限とするが[55]，実のところオンライン取引それ自体からは，積極・消極の区別は自明ではない[56]。にもかかわらず，あえ

---

52)　流通取引慣行ガイドライン第2部第2-6(2)。
53)　むろん，資生堂・花王両事件は，民事訴訟であったため，原告がそのように構成しなかった以上，このような考え方はとりえなかったであろう。しかし，最高裁は，販売方法の拘束について，「それなりの合理性」と「同等性」に関する評価は行ったものの，そこから進んで価格維持効果を有するか否かについての評価は行っていない。また，対面販売の義務づけについて，並列実施による累積効果の問題は原審（東京高判平成9・7・31高民集50巻2号260頁）が傍論で述べるなど，当時から指摘されていたが，この点も原告による主張がないため，検討はされていない。泉水文雄「判批」ジュリ増刊1157号平成10年度重判解（1999）237頁。筆者も泉水教授と同様の考えに立ちつつ，「それなりの合理性」さえ充たさないのではないかとの疑問を呈した。拙稿「判批」ジュリ1154号（1999）92頁。

て区別しているのは，選択的流通制度に対する特別な保護を前提とする一方で，デジタル化促進政策による市場統合の迅速化をめざす，EU独特の政策的配慮によるものであろう。[57][58]

日本法上ネット販売の禁止について，BER 4条(c)のような規定はないが，地理的制限の観点から流通取引慣行ガイドラインに照らすと，「地域外顧客への販売制限」ないし「厳格な地域制限」にあたりそうである[59]。しかしいずれの場合も，価格維持効果の検討を要するのであって，上記地域制限の2類型の区別によって，実質的な不当性判断が変わるわけではない。

### 4 横流しの禁止

何らかの販売方法の義務づけに付随する「横流しの禁止（仲間取引の禁止）」（以下，評価を回避するため，「転売禁止」ということもある）についての規制態度は，承認業者「間」（制度内）と「外」すなわち非承認業者への横流しとを区別して考える点は，花王判決に見る限りでは日・EUに共通するように見える。しか

---

54) なお，実際にメーカーが特約店等に対してオンライン販売を禁じているかは不明である。筆者自身の経験からいえば，化粧品のオンライン販売は，メーカーの「正規」サイトでは店頭販売と同一価格である。各種のマーケット・プレイス（楽天市場等）を見ると，少なからず，値引きされたものが販売されているが，東アジア等近隣国からの並行輸入品であることも少なくない。そのためか中には，保存状態・輸送条件等がよくなかったと思われるものもあり，逆選択とまでは言えないまでも，過度の禁止が結果として品質の低下につながっているおそれもある。化粧品は繰り返し消費される財であることに鑑みても「正規」ルートでの品質管理を徹底しつつ，より廉価でインターネット販売を進めることで，品質劣化等を防ぐこともまた「ブランドイメージ」向上につながるように思われる。

55) Guidelines on Vertical Restraints, para. 52. なお，同 51 は，Email や特定地域の顧客群に向けたインターネット広告等は積極的販売にあたるとする。

56) Paolo Buccirossi, Vertical Restraints on E-Commerce and Selective Distribution, 11(3) J. of Comp. L & Econ. 747, at IVB (2015); Andreas Themelis, After Pierre Fabre: the future of online distribution under competition policy, 20(4) Int'l J Law Info Tech 346, sec. 6.3 (2012).

57) FAULL & NIKPAY, supra note 22, paras. 9.133-9.134（選択的流通制度でも，オンラインと実店舗販売の場合とでは規制のありようが異なる。実店舗販売に対して販売地域制限をかけることは許されるが，オンラインについては積極・消極とも地域制限は原則として許されない）。

58) Id. para. 9.136（承認基準としてオンライン専業を認めないこと，店舗設置を義務づけることも可能である）。

59) 流通取引慣行ガイドライン第2部第3。

し，そもそも横流し禁止の前提となる，販売方法の義務づけと EU の「選択的流通制度」とを常に同一視してよいか，については疑問が残る。

EU では，選択的流通制度について BER 1 条(e)に定義をおき，制度「外」への転売禁止は定義から当然に許される一方，承認業者「間」（制度内）でのそれについては BER4 条(d)が by object 条項としており，反競争効果の判断はほとんど行われずに違法とされる。さらには，by object 条項を含めば，制度全体が違法とされる。

日本では，上述の通り「いわゆる『選択的流通制度』」として流通取引慣行ガイドラインに取り上げられてはいるが，メーカー等がそうした方針をとることがあるというほどの言及であり，EU のように垂直制限の一種であるかのような扱いはされていない。この定義は，流通制度外への転売禁止を許す点でEU のそれと同様に見えるが，承認業者間の転売禁止についての言及はない。「選択的流通制度」及びそれに基づく転売禁止について，EU ほど明示的な法的根拠が見当たらないのである。

花王判決は，特約店から非特約店，すなわち流通制度「外」への転売禁止に限っては，適法な説明販売義務に「必然的に伴う義務」として 19 条に違反しないとしたが，調査官解説によれば，特約店「間」の取引についてはその射程は及ばないとされる。これは，EU と同様の判断方式である。他方で，SCE 事件審決は，適法な販売方法の制限に必然的に伴うものでない場合については，流通制度「外」への横流し禁止であっても，価格維持効果が生ずる場合には原則として 12 項該当としている。

この両者の違いは，事案の違いにすぎないともいえるが，どちらかというと日本の非価格垂直制限規制は，SCE 事件のような判断方式が主流だったのではないだろうか。すなわち，EU のように選択的流通制度（多様な非価格垂直制限を含むことが多い）をいわば前提として個別条項を検討するのではなく，メー

---

60) Regulation 330/2010, 4(d).
61) 花王判決・前掲注 1)審決集 45 巻 466 頁。小野・前掲注 15)1019 頁（カウンセリング販売の義務を負っている他の小売店に対する転売さえも禁ずるような卸売販売ないしは仲間取引の禁止は，販売方法の制限の実効性を確保するために必要なものとはいえないので，これによって価格が維持されるおそれがある場合には独禁法上問題となろう）。

カー等の選択基準に基づく流通制度自体の是非と，横流し禁止等とを常に連動させるのではなく，各条項の価格維持効果等を個別的に検討するというスタイルをとってきたように思われる。そして，SCE事件のように制度「外」への転売であっても価格維持効果ありと判断されれば，19条違反となりうる。むろんSCEでは閉鎖的流通網の構築自体が反競争的とされたが，従来の多くの垂直制限事件において，事実認定にはあらわれないものの，多くのメーカー等は何らかの相手方選択・商品取扱方法の義務づけを行ってきたと思われるところ，これについてはメーカー等の取引先選択自由の範囲内の話であって，流通制度それ自体についての特別な検討・配慮を行うことなく，個別条項自体の評価を行ってきたように思われる。

そして，流通網内と外への転売についても，EUほど厳然たる区別をすることなく，「外」への転売であっても価格維持効果があれば規制してきたように思われる。例えば，流通取引慣行ガイドラインでいえば，帳合取引の義務づけは流通網内での転売禁止ともいえるし，安売り業者への転売禁止は流通網の内外を問わず規制されてきている。

そうすると，日本では，EUの選択的流通制度と同様のものを前提として，当該流通制度（の目的）の違法・適法判断と連動させて，転売禁止条項について流通網「内」・「外」で自動的に違法・適法を振り分ける判断方式を採ってきたとは考えがたいように思われるのである。

以上は，日本の規制に対する批判にみえるかもしれないが，そうではない。

---

62) ソニー・コンピュータエンタテインメント（SCE）に対する件（公取委審判審決平成13・8・1審決集48巻3頁）では，横流しの禁止について「横流し禁止行為は，販売業者の取引先の選択を制限し，販売段階での競争制限に結び付きやすいものであり，それにより当該商品の価格が維持されるおそれがあると認められる場合には，原則として一般指定第13項の拘束条件付取引に該当するのであるが，例外的に，当該行為の目的や当該目的を達成する手段としての必要性・合理性の有無・程度等から見て，当該行為が公正な競争秩序に悪影響を及ぼすおそれがあるとはいえない特段の事情が認められるときには，その公正競争阻害性はないものと判断すべきである」と述べ，再販の実効性確保手段としてではなく，それ自体として拘束条件付き取引として当時の一般指定13項（現12項）該当とした。これは，再販・中古品販売禁止と併せて実施された単線的・閉鎖的流通制度の外に対する販売禁止についてのものであった。花王判決との関係では，卸売販売禁止という取引先制限行為一般についての公正競争阻害性の判断基準を示したものでなく，本件横流しの禁止が販売方法の制限に必然的に伴うものではないことから，同判決の射程外，として上述の見解を示している。

日本がこのような方式を取ってきたとすれば，今後 E-commerce 規制を考える上でも，これを維持することが望ましいと思われる。これは，EU の選択的流通制度と，花王事件のような販売方法の制限・転売の禁止は，一致する場合もあろうが，常に同一視してよいのかについては疑問があり，EU の判断方式をそのまま用いることに危うさを感じることによる。とりわけ，EU が実店舗と E-commerce とで「ダブル・スタンダード」を用いていることは，選択的流通制度への特別扱いを際立たせているようにみえる。もしそうならば，これが単なる移行期の問題なのか，そもそも選択的流通制度とはいかなるもので，EU ではどのような保護価値を見いだしてきたのか，その法的な意義を改めて確認する必要があるように思われる。

このように考えると，今後，とりわけオンライン販売の特性を評価するうえで，販売方法の義務づけが直ちに横流しの禁止を正当化するほどのものであるのかについて，当該義務づけ自体の検討とともに，横流しの禁止について比例原則の観点も含めて検討する必要があるように思われる（この点，パリ高裁の判示は興味深い。インターネット販売禁止は品質保持等に不可欠ではないとしたが，その論理的帰結は，選択的流通制度「外」への転売禁止も実質的に無意味なものとなりかねない。そのため，少なくとも E-commerce の文脈では，選択的流通制度自体の存在意義を考えさせるものとなっている）。

## 5　フリーライダー問題

ある種の財については，消費者が，ある販売者から説明販売を受けつつ，それを行わないがより低価格で販売する他の業者から購入するような場合，説明販売を行う業者がいなくなり商品販売に必須の事前説明サービスが行われなくなるという主張がある[63]。いわゆるフリーライダー（フリーライド）問題である。主に再販の正当化理由として展開されてきた議論であり，再販を当然違法扱いから外すべきとする主張の論拠にもなった[64]。

PF 事件パリ高裁判決では，個別適用除外の判断の文脈で，オンライン販売

---

63) CPRC 報告書第 3 章 3 に詳しい（注 17 掲記の Lester Tesler, Why Should Manufacturers Want Fair Trade?, 3 J.L. & ECON. 86 (1960) が，いわゆるフリーライダー防止のための再販正当化の根拠となっている）。

禁止についてフリーライダー防止を理由とする効率性達成を認めなかったが，これは，選択的流通制度内での承認業者間の取引であり，既に一定の投資をなしたもの同士での取引であるから，フリーライダー問題がそもそも生じないというものである。

このことは逆に解すれば，制度外の非承認事業者に販売する場合には常にフリーライダー問題が発生することになる。EU では，選択的流通制度保護の論拠として，ブランドイメージ維持のための統一的店舗デザインや販売員教育等はある種のサンクコストであり，これについてのフリーライドを解消するために選択的流通制度が有効であるとされてきた。[65] PF 事件パリ高裁判決にはこのような考え方が反映されているようにみえるし，オンライン販売の文脈でも情報非対称を解消するために事前説明や選択的流通制度が有効との見解もある。[66]

しかし，そもそも，フリーライダー問題が発生するのは，供給者と消費者との情報非対称が大きく，販促活動にかかる費用がサンクコストとなる市場においてである。[67] また，これを解消すべき場合とは，使用方法が技術的に複雑な商品などについて，フリーライドがあると，流通業者等による事前説明への投資がなされなくなるため消費者が商品購入を躊躇し，過小取引がもたらされる場合である。[68] このことからすれば，オンライン販売制限がフリーライダー防止を正当化するか，について PF 事件のパリ高裁判決は何ら答えになっていないし，そもそも EU の選択的流通制度で広く認められてきた商品のほとんどは，その[69]

---

64) 是非はともかく，米国の Leegin 判決法廷意見が再販を合理の原則で判断するとしたのもフリーライダー論を反映したもののようである。Leegin Creative Leather Products, Inc. v. PSKS, Inc., 551 U.S. 877 (2007). 説得的な批判として，後掲注 68) の CPRC 報告書を参照されたい。
65) FAULL & NIKPAY, supra note 22, para. 9. 263.
66) Buccirocci, supra note 56, sec. V.
67) 泉水・前掲注 53) 238 頁。
68) 流通取引慣行ガイドライン第 2 部 3 (2)。
　また，再販の正当化理由の検討文脈ではあるが，フリーライダー論の妥当する「サービス」は極めて限定的であることが示されている。公取委 CPRC 報告書「再販売価格維持行為の法と経済学」第 3 章 3(1)〔川濵昇執筆部分〕available at〈http://www.jftc.go.jp/cprc/reports/index.files/cr-0911.pdf〉。同 12 頁の「たとえ経験財であっても繰り返して購入が行われるような商品に関しては多くの消費者は当該商品に関して購入前に情報を有しているのだから，フリーライダー論による説明は妥当しない」との記述は，まさに化粧品には当てはまるだろう。

ような場合にあたらないようにみえる。そうであるとすれば，EUでは，フリーライダー問題の解消にとどまらない何らかの法的な権利・利益を選択的流通制度に見出し，特別な保護を与えてきたのかもしれない。そして，PF事件両判決もフリーライダー問題に関する限りでは，事案特殊，EU法特殊なものであって，日本法上参考にはなりそうにない。

　注意すべきは，花王判決が，対面販売義務に付随して卸売販売禁止が許される場合を，非特約店への販売に限定した理由として，「選択的流通制度」によるフリーライダー問題解消という，上述のようなEUでの制度保護理由を参考にしていると思われる点である[70]。そもそも，本来的な意味でのフリーライダー問題を解消するかという点では，上述の通りであるから，EUの選択的流通制度と同様の理由によりかかる判断をしたとすれば，問題があることになる。必ずしも上述のような意味での効率性改善効果を認めたものではない，と読んでおくべきだろう。

## 6　オンライン販売特有の問題と経済分析の必要性

　EUの垂直制限規則・ガイドラインやPF事件に見られるように，インターネット販売は，従来型の販売方法に比べ，新たなより多くの顧客群を獲得するための強力な手段であると同時に[71]，消費者の利便性の向上にも大きく資すると考えられる。消費者の購入行動は従来とは大幅に変化しており，とりわけFacebook等のSNS（Social Network Service）では，参加者の居住地域を問わずある種の嗜好・関心を共通とする者たちがグループ内に所属することや，あるいはSNSならではの「『友だち』の口コミ」ゆえの信頼性の高さもあってか，需要群が形成されやすいといわれる[72]。そうすると，購入者の利便性の観点からだけでなく，かかる需要形態に対応するためには，流通業者に対しても自由にオンライン上での活動を許す方が販売拡大につながるとも考えられ，資源配分

---

69)　Bellamy & Child, *supra* note 29, para. 6.092（判例法上，選択的流通制度の対象として認められてきた商品群）。
70)　小野・前掲注15）1020頁及び1932頁注28。
71)　Guidelines on Vertical Restraints, para. 52.
72)　Themelis, *supra* note 56, at 6.3.

上の効率性も向上する可能性がある。現に，E-commerce の場合，探索費用，流通費用等が実店舗販売よりも低いこと，販売地域が拡大すること等が指摘されている。[73]

他方で，実店舗販売では生じない商品に関する情報非対称，ひいてはそれによる逆選択の可能性，価格透明化による協調促進効果，ネットワーク効果と評判形成のための過大なサンクコストによる高度な集中ひいては独占形成の容易化といった問題もあり，E-commerce は単純に効率性向上のみをもたらすわけではないことも指摘される。[74]

また，オンライン販売は価格引き下げ効果が強いことは指摘されているが，だからといって，その禁止が，他の垂直制限と比べて特に強い競争制限効果を持つかどうかは検証されていない。[75] 産業によっては，価格競争より高級イメージ形成こそが最適な販売促進戦略となるものがあり，オンライン販売による情報非対称の問題を解消するには，販売前説明の義務づけなど，選択的流通制度をしくことが望ましいとの見解もある。[76]

こうした E-commerce の競争制限効果・競争促進効果については，現在研究が進んでいる途中であり，明確な答えはさしあたり見つかっていない。場合によっては，従来型の分析枠組み自体もまた検討する必要が生ずるかもしれない。少なくとも，E-commerce については，個別事件毎に合理の原則（rule of reason）型の全面的な経済分析を行うのが適切であり，少なくともハードコア制限・原則違法類型としてそうした分析の余地を奪うことには問題があるとい

---

73) Ethan Lieber and Chad Syverson, Online versus Offline Competition, in MARTIN PEITS & JOEL WALDOLF eds., THE OXFORD HANDBOOK OF THE DIGITAL ECONOMY, chap. 8 p. 189, at 198-206 (Oxford Univ. Press, 2012); Buccirossi, *supra* note 56, at III A〜D. 但し，Buccirossi は，流通費用に関しては，オンライン販売の場合配送費用の上昇が著しく，実店舗販売よりもオンライン専業業者の方が高額の配送費用に直面することを指摘している。
　関連して，配送業者の荷扱量が増加してはいても，配達先不在のために再配達のコストが増大していることも，しばしば報道等で目にする。

74) Buccirossi, *supra* note 56, at III E; Themelis, *supra* note 56, sec. 6.3.

75) Buccirossi, *supra* note 56, at V.

76) *Id.* Buccirossi は，PF 事件 CJEU 先決裁定が，高級イメージの保持はネット販売禁止が by object 条項に相当し，それに対する客観的正当化事由となりえないとしたことについて，先例との矛盾だけでなく，このことからも疑問を呈している。但し，フリーライドの項で述べたように，果たして化粧品等がこうした商品にあたるのかは疑問が残るところである。

うことになろう。[77]

　そうすると，日本法は，この点については，行為が行われること自体に悪性を見出すのではなく，行為に伴う効果として反競争効果を検討する枠組みをとることから，通常は問題なさそうである。但し，販売方法の制限についても，それに伴う横流しの禁止についても，それなりの合理性と同等性のみで思考を停止すれば同様もしくは過少規制の危険が生ずる。E-commerce の特性に照らしつつ，競争制限効果と競争促進効果との比較衡量を行う必要は，改めて確認されるべきである。

## 結　　び

　以上，EU と日本とでは，選択的流通制度をめぐる法制度も，反競争効果の判断枠組みも大きく異なることがわかる。加えて，資生堂・花王両判決当時と今日とでは，日・EU ともに，法制度も流通実態も大きく異なっている。

　PF 事件についても，こうした EU の法制度等を背景とするものであり，批判も多いなど，単純に日本で参照すべきでない部分もある。しかし，これらの批判は，選択的流通制度に特別な保護を与えてきた EU の判例法からの大幅な転換に対して，及び，E-commerce の競争への影響が判然としない中で，オンライン販売制限を当然違法同様とすることによる過剰規制の危険に対してのものである。これらの見解も，とりわけ E-commerce に関する研究はいまだ発展途上にあり，その競争促進効果と競争制限効果を吟味する合理の原則型の分析が望ましいとしている。これらの点は，日本法の垂直制限規制が効果ベースの分析枠組みを持つことからすれば，全て受け止めることが可能である。

　そして，これらの議論の検討により，日本法の分析枠組みの下では，資生堂・花王両最高裁判決が，説明販売義務が「それなりの合理性」と「同等性」を持つことのみで問題なしとし，ひいては承認店舗外販売の制限もほぼ常に正

---

77)　*Id.*；Monti, *supra* note 30, at 490-491, 497（ネット販売の禁止を含む垂直制限を by object 条項とすることは，ほぼ常に規制対象としてしまうことから，垂直制限の競争促進効果，すなわち，承認事業者の数をある程度に限定しその活動地域を割り当てることによるブランド全体の利益拡大効果も失われる）。

当化するとしたことは，やはり妥当ではなく，競争効果分析が行われるべきであったことが，改めて示されるように思われる。

とりわけ，オンライン販売の制限については，PF 事件両判決のように当然違法とすることも，資生堂・花王両判決のように行為の形式面のみから原則適法とすることも妥当でなく，E-commerce の特性に鑑みた競争効果分析が重要であるといえよう。

また，オンライン販売の場合，フリーライダー問題はより先鋭化するかのように思われがちであるが，必ずしもそうとは限らないこともいえそうである。そもそも従来型の EU の選択的流通制度自体，フリーライダー防止による競争促進効果の創出に有効であったか疑問の残るところ，これをそのまま参照した両最高裁判決の検討はやはり不十分といわざるをえない。フリーライダー防止が競争促進効果を持つ場合についての，本来的考察に立ち戻るべきと思われる。

デジタル分野の特性・競争への影響をめぐって，活発な議論が展開されている。プラットフォーム問題や E-commerce をめぐる議論に見られるように，従来型の経済分析や判断枠組みが当てはまるとも限らず，未だ研究は発展途上にある。本稿では，十分な考察ができたとはいいがたい。今後一層，研究を進めたい。

\* 本稿は科研費基盤研究(c) 25380068 の成果を含む。

# 優越的地位の濫用規制に関する考察

藤 田　稔

は じ め に
I　優越的地位の濫用規制の位置づけに関する主要な学説
II　独占禁止法 2 条 9 項 5 号の解釈論の検討
III　他の不公正な取引方法の適用との関係
IV　確約手続の導入の妥当性と優越的地位の濫用規制への影響
お わ り に

## は じ め に

　優越的地位の濫用規制については，独占禁止法における位置づけをめぐって論議の的になってきたが，平成 21 年独禁法改正で課徴金の対象となり，独禁法運用で存在感を増している。その中で初の審判審決が出されて公取委による法解釈がある程度詳細に示されて注目されている。本稿は，優越的地位の濫用規制のこれまでの法の解釈と適用を検討したうえで，今後の展開の方向性についても考察するもので，筆者のこれまで公刊した論考を改訂している。[1]

---

1)　筆者の以前の論考には，「公正競争阻害性の三つの側面の総合的評価」経法 30 号（2009）44〜47 頁などがある。なお，本稿は消費者に対する優越的地位の濫用の問題は論じない。この問題は，内田耕作「消費者取引と優越的地位の濫用規制」彦根論叢 346 号（2003）1 頁以下，347 号（2004）21 頁以下，349 号（2004）1 頁以下が詳細に論じている。

## I 優越的地位の濫用規制の位置づけに関する主要な学説

　優越的地位の濫用規制は，昭和 28 年の独禁法改正で不公正な競争方法を不公正な取引方法に改正したのに伴って導入された。不当な較差の排除規定が削除されたのに伴うもので，西ドイツの競争制限防止法案の市場支配的地位の濫用の規定も参照されたようであるが，それとは異なる優越的地位の濫用として定められた。その後，3 件の公取委の審決と民事事件では最高裁判決において法の適用が行われていたが，昭和 57 年に至り，公取委が約 20 年ぶりに払込制に適用し，百貨店に対して適用し，さらに楽器メーカーに対する審判が行われる中，公取委が一般指定を改正し，公取委の独占禁止法研究会が昭和 57 年に「不公正な取引方法に関する基本的な考え方」を公表し，その中で公正競争阻害性に関する新見解（以下，三条件説）が出されて，議論が深化していった。

　上記の独禁研報告は，公正な競争とは，「①自由な競争，②競争手段の公正さ，③自由競争基盤の確保の三つの条件が保たれていることをもって公正な競争秩序と観念し，このような競争秩序に対し悪影響を及ぼすおそれがあることをもって，公正競争阻害性とみることができる」と述べ，自由な競争基盤の確保を「取引主体が取引の諾否及び取引条件について自由かつ自主的に判断することによって取引が行われているという，自由な競争の基盤が保持されていること」と説明し，自由競争基盤の侵害について，「優越的地位にある事業者が，取引の相手方に対して，①取引するかどうか（取引先選択の自由），②取引条件の自由な合意，③取引の履行・事業遂行の自由という，事業活動上の自由意

---

2) 辻吉彦「事業支配力の過度の集中と優越的地位の濫用」公取 383 号（1982）9〜10 頁。平林英勝・独占禁止法の歴史（上）（2012）225 頁。
3) 日本興業銀行事件＝勧告審決昭和 28・11・6 審決集 5 巻 61 頁，第二次大正製薬事件＝勧告審決昭和 30・12・10 審決集 7 巻 99 頁，三菱銀行事件＝勧告審決昭和 32・6・3 審決集 9 巻 1 頁。
4) 岐阜商工信用組合事件＝最判昭和 52・6・20 民集 31 巻 4 号 449 頁。
5) 雪印乳業事件＝審判審決昭和 52・11・28 審決集 24 巻 65 頁，明治乳業事件＝審判審決昭和 52・11・28 審決集 24 巻 86 頁。
6) 三越事件＝同意審決昭和 57・6・17 審決集 29 巻 31 頁。
7) 独占禁止法研究会報告「不公正な取引方法に関する基本的な考え方」（昭和 57 年 7 月 8 日）公取 382 号 34 頁以下，公取 383 号 56 頁以下。

思を抑圧し，不当に不利益な行為を強要することによりなされる」と説明していた。

　研究会の会員であった根岸教授と舟田教授は，独禁研報告の考え方につき，①自由な競争の確保，②競争手段の公正さの確保は，今村説による公正競争阻害性の把握と同旨であるのに対して，③自由競争基盤の確保は，正田教授の説[8]と同旨であって，取引主体の自由で主体的な判断により取引が行われることが自由競争の基盤であるから，その侵害は「公正な競争」を阻害するという意味であると説明しておられる[9]。

　独禁研報告には，公正競争阻害性に関して舟田教授による付記意見が付いていた[10]。舟田教授はこれを濫用説と呼び，①取引の相手方または競争者に対して一定の経済的な力を有する事業者が，②その力を濫用し，②取引の相手方・競争者の取引の自由を侵害することをもって，「公正な競争が阻害されるおそれ」と捉えるものと総括しておられる[11]。舟田教授は，基本的には正田説の立場に立ちながらも，多数説（今村説）の考え方も取り入れることを志向し，正田説の精緻化を図ろうとしたと述べておられる[12]。

　三条件説に対して，今村教授はご自身の学説を改訂した上で，批判を加えられた[13]。まず，優越的地位について，市場における需給関係の単なる反映というのではなく，競争原理が機能するための前提条件である取引先選択の自由が，一方の側にのみ有利に働く場合において，そのことに基づく優越的地位と考えるべきであるとされる。優越的地位にある場合，その相手方との関係において

---

[8] 正田彬「不公正な取引方法禁止の性格」経済法学会編・独占禁止法講座V 不公正な取引方法［上］（1985）17 頁。
[9] 根岸哲＝舟田正之・独占禁止法概説（第 5 版，2015）184 頁。
[10] 独占禁止法研究会報告・前掲注 7) 公取 382 号 35 頁。
[11] 舟田正之・不公正な取引方法（2009）521～522 頁。舟田教授は，三条件説を統一的に把握しようとしたものとも述べておられる（同書 540 頁）。
[12] 同上 20 頁。
[13] それまで今村教授は優越的地位の濫用規制について，本号の行為は，直接には競争秩序に影響を及ぼすことのないもので，既存の法体系との調和をもたらすために，公正競争阻害性を，自己の競争者としての地位を不当に強化する，相手方の競争者としての地位を弱めることに，求められていた。今村成和・独占禁止法（新版，1978）146 頁，148 頁。この公正競争阻害性の捉え方は，独禁研報告にも取り入れられている。

は，独占的地位にあるに等しいもので，競争原理が機能する場合に比し，遥かに不利な条件を相手方に甘受させることができるとされる。そのうえで，「違法とされているのは，濫用行為であって，優越的地位そのものではない。だから，濫用行為が排除されても，優越的地位は残るわけであるし，もともと優越的地位は，その濫用行為に基づいて生じたのではないのだから，この行為を排除することで，自由競争基盤が確保されることになるというのも，理由のない説である」と批判された。公正競争阻害性については，「競争原理が働かないことを利用しての，優越的地位の濫用行為である自体に求めるより外はない」とされる。[14]

　これに対して根岸教授は，「濫用行為を排除したからといって，直ちに自由競争基盤の完全な回復につながるわけではない。しかし，濫用行為を排除することによって不当に不利益な条件の押しつけはできなくなり，その限りで取引の相手方に自主性を回復させることになり，各当事者の自主的な取引の成立を可能にする自由競争基盤の確保にある程度寄与することは疑いない」と反論されている。[15] これに対して今村教授は，自主性の回復とは何かを問題にされて，「濫用行為を排除することによって……，その限りで取引の相手方に自主性を回復させることになる」との根岸説を「濫用行為が排除された」ことを別の言葉で言い換えただけのことであると指摘され，「『自主性の回復』に意味があるとすれば，相手方の提示した取引条件に不満があれば取引をしない自由の回復ということでなければならないが，この場合の『優越的地位』とは，相手方にそのような自由がない場合」であると指摘されている。[16] 今村説にはかなりの説得力があるが，濫用行為の規制により直ちに相手方に自主性が回復されなくても，自主性の回復に可能性を与えるものとは言えるのではないか。

　今村教授の学説と同じ方向で学説を展開したのが白石教授である。白石教授は，優越的地位の要件が満たされるということは，需要者の選択肢が限られ，

---

14) 今村成和・独占禁止法入門（第4版, 1993）165〜166頁。なお，初版は1983年3月に刊行されている。
15) 根岸哲・独占禁止法の基本問題（1990）162頁。
16) 今村成和・私的独占禁止法の研究（六）（1993）180頁。なお，両学説の論争に関する分析と評価に関し，丹宗暁信ほか・論争独占禁止法──独禁法主要論点の批判的検討と反批判（1994）254〜257頁〔稗貫俊文〕，261〜264頁〔向田直範〕を参照。

「競争変数が左右され得る状態」が既に生じていることと同値であると指摘され,単独の供給者による「競争変数が左右され得る状態」が既に存在する場合には,それ自体は禁止されないが,取引相手方に対する濫用行為があれば,弊害要件を満たすことになり,競争停止も他者排除もなく,単に取引相手方に対して濫用をするという行為類型として,優越的地位の濫用規制を説明されている[17]。白石教授は,優越的地位濫用規制は,「搾取規制説」とでも呼ぶべきものとされており[18],今村説との親近性は明らかであるが,白石説は,独禁法の議論における「市場」は,「2条4項にいう『競争』が行われる場」という意味で用いられていると理解するのが最も的確であるとの立論に基づく点に独自性がある[19]。

こうした学説の展開に対して,情報の不完全性の分析に依拠して優越的地位の濫用規制を根拠づける学説も登場した。大録教授は,従来のいずれの説も,抑圧行為を規制し,交渉力を是正し,対等な力関係による取引を実現しようとするものと考えていると指摘され,優越的地位の濫用規制を,関係特殊的投資が行われる場合のホールドアップ(お手上げ)の問題の規制と考える必要があるとされる。ここでホールドアップ問題とは,他に転用することが難しい関係特殊的投資を行いロックインが行われる場合,情報の不完全性のために完備契約がつくれないことから,取引条件の調整は関係特殊的投資後,事後的に行われ,これを予想して各主体が事前の行動を選択するため,関係特殊的投資が歪むという問題であるとされている[20][21]。大録説は,優越的地位濫用規制の規制範囲を限定する基準を与えるという観点から,滝川教授の賛同を得ている[22]。

---

17) 白石忠志・独占禁止法(第2版,2009)83頁。
18) 同上87頁。
19) 同上12頁。
20) 大録英一・独占禁止法の体系的理解Ⅲ――不公正な取引方法各論(2011)218〜220頁。
21) 情報の経済分析に基づく立論を最初に展開したのは,本城教授である。本城昇「情報の非対称性と優越的地位の濫用規制」公取507号(1993)37頁。そこでは,事業者が消費者に不利益を与えることそれ自体を違反として捉えられる規制として優越的地位の濫用の規制を把握していた。本城教授は,その後,大録説に自説を組み込むような議論を展開されている。本城昇「情報の不完全性と優越的地位の濫用行為」厚谷襄児先生古稀記念論集・競争法の現代的諸相(上)(2005)605頁以下所収。
22) 滝川敏明「優越的地位の濫用――限定基準と事件例」公取655号(2005)29〜30頁。

## II　独占禁止法2条9項5号の解釈論の検討

　公取委による近年の法適用は，下請代金遅延等防止法の運用とも連携させつつ，行われている。課徴金が導入された平成21年の独禁法改正後に，公取委は「優越的地位の濫用に関する独占禁止法上の考え方」（以下，「優越ガイドライン」という）を作成し公表している。

　公取委は，「取引の一方の当事者（甲）が他方の当事者（乙）に対し，取引上の地位が優越しているというためには，市場支配的な地位又はそれに準ずる絶対的に優越した地位である必要はなく，取引の相手方との関係で相対的に優越した地位であれば足りると解される。甲が取引先である乙に対して優越した地位にあるとは，乙にとって甲との取引の継続が困難になることが事業経営上大きな支障を来すため，甲が乙にとって著しく不利益な要請等を行っても，乙がこれを受け入れざるを得ないような場合である。」との考え方を明らかにし，「この判断に当たっては，乙の甲に対する取引依存度，甲の市場における地位，乙にとっての取引先変更の可能性，その他甲と取引することの必要性を示す具体的事実を総合的に考慮する。」と述べている。

　優越ガイドラインは考慮要因を列挙しているが，結局は総合的に考慮すると述べるだけで，どのように総合考慮を行えば良いかが必ずしも明らかではない。これに対して，エコノミストの石垣氏が明確な分析視角を提示している[23]。

　優越ガイドラインの示した優越的地位の判断基準は，取引必要性であり，単に乙にとって甲との取引と少なくとも同じ利益を得られる他の取引先がいないという意味での取引代替可能性がないこととは異なっており，甲との取引を打ち切られたり，縮小されたりすれば，乙の事業経営上大きな支障を来すことが要件となっている。乙にとって甲の取引代替可能性がないことは，乙にとって甲の取引必要性があることの必要条件であるが，十分条件ではない。乙にとって甲の取引代替可能性がなかったとしても，乙の事業における甲との取引の重要性が小さければ，事業経営上，大きな支障を来すとは考えられないので，取

---

23)　石垣浩晶「優越的地位濫用規制の経済分析」NBL 985号（2012）44～47頁。

引必要性は認められないことになる。さらに，乙にとっての甲の取引必要性だけを分析するだけでは不十分で，甲にとっての乙の取引代替可能性があることが不可欠である。甲が乙にとって不利益な要求を受け入れない乙に対して，乙との取引を拒絶することで乙を罰する力を行使するために必要であることによる。甲にとって乙の取引代替可能性がなければ，甲が乙に対して優越的地位に立つとは言えない。

乙の甲に対する取引依存度の指標も，必ずしも乙にとっての甲の取引代替可能性とは密接につながった指標ではない。乙からみれば甲の代替的な取引先はいくらでもあるとしても，甲とより多く取引をしている可能性がある。甲の市場における地位の指標も，直接的な因果関係があるとは必ずしも言えない。

取引代替可能性の分析は甲と乙とで双方向に行う必要性がある[24]。この際には実際に他の取引先と取引を行った実績や取引依存度が高いという既成事実ではなく，潜在的な代替可能性が検討されるべきで，参入障壁の有無も考慮する必要がある。甲との取引のために関係特殊的投資が行われていてもサンクコストになっているので，単に甲との取引を続けることによって得られる利益と他の取引先に変更することによって得られる利益の大小が問題であり，甲との取引に関連して行った投資よりもむしろ，他の取引先に変更する際に改めて必要とされる投資や，制度上の障壁の有無等が重要である。

どのような状況で甲との取引が打ち切られる等により乙の事業経営上大きな支障が生じるかは，資金繰りに重大な支障を来したり，販売量が大きく減少することで操業停止点以下まで生産活動が低下する場合や，甲が必要不可欠なインフラを所有しており乙がその使用者である場合等の甲との取引を行うことが乙の事業継続にとって必要不可欠な場合が考えられる[25]。

日本トイザらス事件審決は，「濫用行為……は，通常の企業行動からすれば

---

24) こういった双方向の分析が必要なことは，岡野純司「優越的地位の認定――大規模小売業者に対する規制を素材にして」中央大学大学院研究年報（法学研究科篇）35 号（2006）281 頁以下，佐久間総一郎「優越的地位濫用ガイドラインについて公取委に望むこと」公取 724 号（2011）33～34 頁でも，指摘されている。

25) この甲との取引が打ち切られる等により乙の事業経営上大きな支障が生じることを重視する視点は，長澤哲也・優越的地位濫用規制と下請法の解説と分析（第 2 版，2015）63 頁以下にも取り入れられて解釈論が展開されている。

当該取引の相手方が受け入れる合理性のないような行為であるから、甲が濫用行為を行い、乙がこれを受け入れている事実が認められる場合、これは、乙が当該濫用行為を受け入れることについて特段の事情がない限り、乙にとって甲との取引が必要かつ重要であることを推認させるとともに、『甲が乙にとって著しく不利益な要請等を行っても、乙がこれを受け入れざるを得ないような場合』にあったことの現実化として評価できるものというべきであり、このことは、乙にとって甲との取引の継続が困難になることが事業経営上大きな支障を来すことに結び付く重要な要素になるものというべきである」と説示している[26]。

これまでも、優越的地位と濫用は相関連して判断されることにならざるを得ない、判決例・審決例においても、優越的地位と濫用を全体として一体的に認定しているとみることができるとの指摘[27]がある一方、別個の要件である「優越的地位」とその「濫用」とが循環論法になっているきらいがあるとの指摘[28]もあった。審決の説示は推認の手法を採る旨、述べているが、問題は濫用行為をどのように認定するかにあろう。

濫用行為については、①あらかじめ明らかではなく、責めに帰すべきでもない負担を負わせる行為と、②たとえ契約に基づくものであろうとも、著しく不利な取引条件を課すことに、理念的には分類できるとされてきた[29]。だが、不利益があらかじめ明らかではなく計算できないものであることは、当該不利益が合理的な範囲を超えるものであることを基礎づける事情の一つであると位置づけるべきであり、優越的地位を推定する際には、あらゆる濫用行為の該当性判断は合理的範囲を超える不利益の受け入れを余儀なくされたものであるかが判断基準となると解すべきであろう[30]。公取委は取引相手方に利益となる場合を「直接の利益」に限定し、将来の取引が有利になるといった間接的な利益や、実現性が乏しくあらかじめ計算できない偶発的・不確実な利益は「直接の利

---

26) 日本トイザらス事件＝審判審決平成 27・6・4（平成 24 年（判）第 6 号）。この説示の考え方について、小室尚彦＝土平峰久「独占禁止法に関する論点の解説(7) 不公正な取引方法——優越的地位の濫用」商事法務 2080 号（2015）71 頁を参照。
27) 根岸＝舟田・前掲注 9) 277 頁。
28) 林秀弥「判批」ジュリ 1361 号（2008）181 頁。
29) 白石・前掲注 17) 270〜271 頁。
30) 長澤・前掲注 25) の、第 2 版はしがき、本文の 111〜112 頁を参照。

益」とは認めていない。しかしながら，継続的取引においては，取引当事者は相互にギブ・アンド・テイクの関係にある。その一部だけを切り出して，断片的に経済合理性の欠缺を問題視することは，全体として合理的な継続的取引自体を消滅させてしまうことになりかねない。外形的には違反行為にみえる行為[31]であっても，取引費用やリスク負担の関係からは経済合理的で，双方に利益があると考えられるケースがあることを多くの経済学者が指摘しているとも言われている。[32] 濫用行為には当たらないとの事業者側の反証を慎重に検討する必要があろう。[33] 優越的地位と濫用行為は相関連して判断せざるを得ないとしても，日本トイザらス事件審決の説示のように濫用行為の認定から一方向で優越的地位を推認するのではなく，優越的地位が認定されてそれを根拠に濫用行為の該当性を推認する場合もあろう。明らかに優越的地位に立つ者の行為の場合には，取引相手方の真意に基づく明白な合意がある場合を除き，相手方に利益となる場合を「直接の利益」に限定して濫用行為を認定すべきであろう。

　ここで，経済分析に依拠する大録説を検討する。大録説は優越的地位の濫用規制を関係特殊的投資が行われる場合のホールドアップ問題の規制と考えている。優越的地位の濫用規制には4つのタイプが考えられるとするが，独禁法2条9項5号の適用対象と考えられるタイプは，関係特殊的投資が行われた場合の暗黙の契約違反を規制する場合である。「優越的地位の濫用は，暗黙の契約が守られるための両当事者の双方向の人質のバランスが崩れ[34]（これが優越的地位である），暗黙の契約が破られる（これが「濫用」である）ことである」とされている。[35] 規制対象は関係特殊的投資が行われた場合に限定されることになるが，流通業や金融業などでは，何が関係特殊的投資に相当するのか必ずしも明らかではない。双方向の人質のバランスが崩れることが優越的地位であるとされる

---

31)　同上114頁。
32)　石垣・前掲注23) 48頁。
33)　越知保見「流通激変の環境下における優越的地位の濫用規制の新たな課題──『優越的地位』の源泉は何か」公取724号（2011）26頁は，利益の直接性よりも，利益を納入業者も享受することの合理的説明がされることではないかと指摘している。
34)　取引停止により失われる準レントをいう。
35)　大録英一「優越的地位の濫用と取引上の地位の不当利用について」公取626号（2002）10～11頁。

が，具体的にどのように認定すべきか大録説では明らかではない。大録説は暗黙の契約を現実の商慣習としているが，商慣習をどう認定するかの問題があろう。

経済学者も優越的地位の濫用規制をホールドアップ問題への対処の視点で論じている[36]。優越的地位の濫用規制によって関係特殊的投資を促進して経済効率性を高めようとの視点であるが，強行規定としての濫用規制まで正当化されるものではないとの指摘もある[37]。大録教授は，ホールドアップ問題への対処でなければ，優越的地位の濫用規制は好ましくないと指摘している。だが，何が関係特殊的投資であるかは必ずしも明らかではなく，ホールドアップ問題にどのように限定して法適用を行うかが具体的に明らかにならない限り，大録説は実務的でない。本稿では優越的地位の認定にあたっては，取引代替可能性を双方向に分析すべきことを上述したが，ホールドアップ問題でいうところの人質のバランスが崩れる事態がその中に反映されることになろう。双方に利益がもたらされる限り，ホールドアップが生じるわけでもない。本稿で提示した範囲に規制対象を限定すれば，「独占的地位にあるにひとしいもので，競争原理が機能する場合に比し，遥かに不利な条件を相手方に甘受させることができる[38]」行為者に限定して規制することになり，ホールドアップ問題にも対応できるとともに，過剰規制の弊害も少ないと考える[39]。優越的地位の濫用規制の目的は，搾取的な濫用行為を規制することで，取引相手方の利益を経済的に合理的な範囲で確保して自主性の回復の可能性を与えることにあると考える。

平成21年改正後の課徴金納付命令は，改正法の施行後の売上額に課徴金の対象が限定されているにもかかわらず，ラルズに約13億円，ダイレックスに約13億円，エディオンに約40億円という巨額のものである[40]。公正な競争を阻

---

36) 例えば，柳川隆「取引費用経済学と優越的地位の濫用」公取697号（2008）8頁以下。
37) 松村敏弘「優越的地位の濫用の経済分析」経法27号（2006）95頁。なお，この議論に対して，柳川教授は「正常な商慣習」の認定を通じて強行規定のはらむ問題は解決できると示唆している。柳川・同上11頁。
38) 今村・前掲注14) 165頁。
39) 筆者は優越的地位の濫用規制の意義を否定するものではない。日本トイザらス事件でも被審人は排除措置命令・課徴金納付命令を受けた117社の特定納入業者に対する返品・減額の違法性に関して14社に関してのみ取消しを求めて争ったのであり，その他は争わず違法性を自認した。被審人が自認した特定納入業者に対する濫用行為を違法と認定することには，何ら問題はない。

害するおそれの段階で課される課徴金の水準として疑問がある。独禁法20条の6が課徴金額を「当該事業者に対し，当該行為をした日から当該行為がなくなる日までの期間……における，当該行為の相手方との間における政令で定める方法により算定した売上額」を基に算定するからであり，押し付け販売，返品，減額といった濫用行為そのものの対象取引の売上額を算定の対象としておらず，優越的地位に基づき取引を行った売上額を算定の対象にしていることの帰結である。課徴金算定の制度設計として疑問である[41]。

## III 他の不公正な取引方法の適用との関係

　他の不公正な取引方法の適用対象とされている行為類型に，独禁法2条9項5号をどこまで適用すべきかが問題になる。公取委は流通系列化の規制を進める際に昭和28年一般指定10号を適用しようとした。払込制に適用した二つの審判審決[42]と，審判の打ち切りに終わったものの審判開始決定が行われた事案[43]がある。取引の相手方に対する不利益という比較的立証の容易な規制形式によりながら，実質的には，流通支配政策の競争秩序に及ぼす悪影響を除去することを狙っているとの積極的な評価が出されていた[44]。平成21年の独禁法改正で優越的地位の濫用が課徴金の対象とされた結果，それ以前はどの一般指定を適用してもエンフォースメントに違いはなく，解釈論上の単なる説明に過ぎなかったものが，どの条文を適用するかで効果が大きく分かれることになったので，慎重な議論が必要になっている。

---

40)　公取委命令平成24・2・16（平成24年（納）第10号）［エディオン］，公取委命令平成25・7・3（平成25年（納）第31号）［ラルズ］，公取委命令平成26・6・5（平成26年（納）第113号）［ダイレックス］。

41)　現行法でも「継続してするもの」の要件に関して，課徴金の算定額をより少なくする法解釈も可能である。滝澤紗矢子「優越的地位濫用に対する課徴金賦課をめぐって」経法35号（2014）28頁以下。しかしながら，日本トイザらス事件審決はこうした法解釈に基づく被審人の主張を退けた。

42)　前掲注5)。

43)　日本楽器事件＝審判開始決定昭和51・6・30審決集32巻107頁。

44)　根岸哲「優越的地位の濫用規制の新展開──日本楽器事件を中心として」企業法研究256号（1976）13頁以下。

2条9項5号の要件をも充たす行為類型には，同号を適用しても差し支えなかろう。その場合，広義の拘束条件付取引の類型には，2条9項5号ハの「その他取引の相手方に不利益となるように取引の条件を設定し，若しくは変更し，又は取引を実施すること」が適用されることになろう。この場合，「相手方に不利益となる」かが問題となる。

明治乳業事件審決では，「本件払込制は卸売業者および小売業者の価格維持の要請に応えて明治商事が実施し，被審人がこれを受け継いだのであるから，……卸売業者及び小売業者の利益に沿うものであり，これを不当に不利益な条件と言うわけにはいかない」との被審人の主張に対して，「その実施が卸売業者及び小売業者にとって客観的に不利益な条件であり，それによって公正な競争が阻害されるおそれがあるかどうかにより判断されるべきであるから，卸売業者及び小売業者の主観的な事情の存在を理由として，不利益な条件の存在を否定することはできない」と判示した。払込制をめぐる単一メーカーと複数販売業者の結びつきは，本質的には，利益共同体的な結びつきに近いのではないかとの指摘がある。販売業者間のブランド内競争を減殺するおそれがあることは否定できないが，払込制がもたらす競争減殺効果は，自由な競争の確保を直接的に保護法益とする独禁法2条9項4号の規制対象の拡大により対処すべきであろう。公取委も竹屋事件の払込制には当時の一般指定8号を適用した。公取委は，優越ガイドラインにおいて，明治乳業事件審決も雪印乳業事件審決も具体例として引用していない。

専売店制の場合，競争メーカーにフリーライドされるおそれがないので，メーカーが販売業者に積極的に支援を行う場合があり，その場合には販売業者に排他条件が課されていても，販売業者が不利益を受けているとは言えない。他方，こういった経済的利益を受けることがなく，競争機能を制限される不利益のみを販売業者が受けている場合もあろう。そうした場合には，たとえ競争減殺効果が認められない故に広義の拘束条件付取引等に該当しない場合でも，2条9項5号ハに該当する事案が考えられよう。民事事件の事案では，排他条件

---

45) 松下満雄「『優越的地位濫用規定』の射程距離(2)」NBL 182号（1979）18頁。
46) 来生新「独禁法による流通系列化規制の新展開(2)」公取 328号（1978）7頁。
47) 竹屋事件＝勧告審決昭和54・2・13審決集25巻32頁。

そのものは違法ではないが，現実の商慣習に照らしても遥かに長期間の契約や高額の違約金条項が違法とされたものがある。

他方，全農事件[49]は，市況対策費として相手方から経済上の利益を提供させる優越的地位の濫用が不当な拘束条件付取引と不当な間接の取引拒絶とともに行われた事案であり，総合するとかなりの競争制限効果が見られる事案であったが，指定県を設けることで取引相手の販売地域を限定する拘束条件付取引によって，全農のメーカーに対する優越的地位を高めている事案でもあった。

2条9項5号イは，「……当該取引に係る商品又は役務以外の商品又は役務を購入させること」であって，2条9項5号ハの一般条項「その他取引の相手方に不利益となるように取引の条件を設定し……」のように取引の相手方に不利益になるという明文の文言はない。三井住友銀行事件審決[50]では，購入を強要された金利スワップが相手方に不利益であるオーバーヘッジとなったものが見られたが，オーバーヘッジであること自体が問題ではないとされている[51]。2条9項5号イが不利益性を直接問題とすることなく，単に「余儀なくさせた」だけで成立するとすれば，優越的地位を利用した取引強制は全て本号にも該当することになる。相互取引に関する公取委の流通取引慣行指針の考え方は，それを示しているようである。

一般指定10項の対象を競争者排除型，本号の対象を不要品強要型として区別する説があるが[52]，そのように振り分けるとしても，競争者排除型か不要品強要型かは観点の相違に過ぎないとされており，一般指定10項と本号がともに適用される場合も考えられよう。

本号が相手方に不利益を与えることを前提とする規定と解するならば，主たる商品の補完財が従たる商品の場合には，従たる商品も相手方に必要な故に相

---

48) 畑屋工機事件＝名古屋地判昭和49・5・29審決集21巻488頁，あさひ書籍販売会社事件＝東京地判昭和56・9・30判時1045号105頁。後者は契約条項による拘束から解放されると当該事業者の自主性も回復すると考えられる事案であるが，そもそも契約締結時点で優越ガイドラインに提示された優越的地位にあったと言えるか，疑問の余地がある。

49) 全農事件＝勧告審決平成2・2・20審決集36巻53頁。

50) 三井住友銀行事件＝勧告審決平成17・12・26審決集52巻436頁。

51) 諏訪園貞明「株式会社三井住友銀行に対する勧告審決について」公取664号（2006）48〜49頁。

52) 白石・前掲注17）213〜215頁。

対的に不利益性は少ないので本号は適用されにくくなると考えられよう。抱合せ販売には経済効率性の向上などの正当化事由が認められる場合があるが，補完財の抱合せでない場合に本号の適用においては，正当化の余地は少ないと考えられよう。

　ドラクエⅣに関する抱合せ販売で公取委は一般指定 10 項を適用したが[54]，不要品強要型であり優越的地位の濫用に該当するとの指摘がある[55]。確かに当該事案は従たる商品の不要品の性格が強い事案ではあろうが，相手方事業者が抱合せを受け入れないと「事業活動に著しい支障を生じる」ほどの取引必要性が認められるか，すなわち行為者が優越的地位にあることが認められるか疑問がある。一般指定 10 項が 2 条 9 項 6 号ハの「競争者の顧客を自己と取引するように……強制する」が根拠になっているとともに，同号ホの「自己の取引上の地位を不当に利用して相手方と取引すること」をも根拠としていると解すれば[56]，2 条 9 項 5 号の優越的地位が認められない場合でも一般指定 10 項を適用して抱合せ販売を排除することができるとも考えられるが「自己の取引上の地位を不当に利用」するとの要件について，考察がさらに必要と思われる。

## Ⅳ　確約手続の導入の妥当性と優越的地位の濫用規制への影響

　安倍内閣は平成 28 年 3 月に，環太平洋パートナーシップ協定（以下，TPP）の締結に伴う関係法律の整備に関する法律案を国会に提出した。本稿の執筆時には，まだ，成立の目処は立っていない。この法律案の中に独禁法改正案が含まれている。改正案の概要につき内閣官房は，独禁法違反の疑いについて，公取委と事業者との間の合意により解決する仕組み（確約手続）を導入するものであり，このような仕組みは，競争上の問題の早期是正，当局と事業者が協調的に事件処理を行う領域の拡大に資するものであると首相官邸のウェブサイトにおいて説明している。不公正な取引方法に関しては，新設の 48 条の 2 以下

---

53) 拙稿「抱合せ販売規制の再検討」経法 8 号（1987）195〜196 頁。
54) 藤田屋事件＝審判審決平成 4・2・28 審決集 38 巻 41 頁。
55) 白石忠志・独禁法事例の勘所（第 2 版，2010）52 頁。
56) 根岸＝舟田・前掲注 9）242 頁。

において，公取委が「違反する事実があると思料する場合」に必要があると認めるときは，当該行為をしている者に書面で通知し，通知を受けた者は疑いの理由となった行為を排除するために必要な措置を自ら策定し，公取委に提出して認定を申請することができるもので，公取委が行為を排除するのに十分であり，確実に実施されると見込まれると認めるときは認定を行い，排除措置命令も課徴金納付命令も行わないと規定している。公取委は計画に従って排除措置が実施されていないと認めるときは，認定を取り消して通常の処分手続を行うことができることになっているものの，認定を受けるプロセスは非公開の書面による手続で行われるものであり，利害関係者からの意見聴取の手続はなく，認定結果の公表を義務付ける規定さえ存在しない。

　確約手続はEU競争法に先例があるが，かなり大きな違いがある。EUでは約束を遵守しない場合に前年の売上総額の10％を超えない制裁金が賦課されるほか，決定により履行強制金を課すこともできる。欧州委員会は約束を受諾することを提案する場合には，事件の詳細な要約，調査手続の要約，違反行為に対する欧州委員会の暫定的な評価について公示することになっており，公示された内容に利害関係をもつ第三者が意見表明をする機会が与えられるほか，欧州委員会の手続の端緒が第三者の苦情申立の場合には，第三者が確約手続に関与することも可能である。欧州委員会は公示後，約束の内容を修正することもあるし，第三者が一般裁判所に提訴する途も開かれている。[57]

　安倍内閣が公開した平成27年12月末時点のTPP条文案の暫定仮訳の「第16章　競争政策」の第16・2条の5では，「各締約国は，自国の国の競争当局に対し，違反の疑いについて，当該国の競争当局とその執行の活動の対象となる者との間の合意により自主的に解決する権限を与える」と規定するとともに，「締約国は，その自主的な解決が確定する前に，当該解決について司法裁判所若しくは独立した審判所による承認又は一定の期間の公衆による意見提出の対象とすることを定めることができる」と規定しているにもかかわらず，安倍内閣は何らの手続も定めようとしていない。

　確約手続を優越的地位の濫用規制に利用すべきかが問題となろう。確約手続

---

57)　井上朗・EU競争法の手続と実務（全訂版，2016）150頁，155～157頁。

は悪質性の低い行為に対して用いるべきものと考えれば，カルテルに対する課徴金に較べても高額な課徴金が課される優越的地位の濫用には確約手続は用いるべきではないことになろう。これに対して，そもそも不公正な取引方法のような公正な競争を阻害する「おそれ」がある段階で違法となる行為に課徴金を課すこと自体に疑問が出されてきた。[58] 他方，優越的地位の濫用に関しては，私人による救済は実際上はかなり困難であることから，国が被害者に代わって課徴金を課して被害者に直接還元する制度を検討すべきであるとの指摘もあった。[59] 景品表示法では違反事業者が申出があった消費者に対して返金措置を行うことで課徴金を減額する制度が実現している。[60] そういった措置に代わって，被害者の原状回復を確約手続を通じて実現することも考えられるところであり，[61] その考え方は方向として是認できよう。もっとも日本法の課徴金は違反行為に対して賦課することが公取委に義務付けられており，裁量型課徴金ではない。本稿では現行法の優越的地位の濫用行為の認定をより限定すべきこと，課徴金の算定方法も改めるべきことを主張してきたが，そのように対象となる違反行為を限定するとともに，確約手続は導入すべきものであろう。さらに，この際，課徴金を裁量型に転換することも検討すべきであろう。[62] 裁量型課徴金制度ならば，もともと悪性の低い行為には課徴金が課されないのであるから，悪性が低いと判断する行為を公取委が確約手続で処理することに整合性がある。

　安倍内閣によって導入が提案されている確約手続は EU と異なり，情報が公開されることなく密室で行われるものでもあり賛同できない。アメリカ合衆国の FTC の同意命令の手続では，公衆による意見の提出も認められている。少なくとも EU を見倣って利害関係を持つ第三者の意見聴取手続と司法審査の機会を確約手続において導入すべきであり，約束を守らない事業者にはそれ自体

---

58) 舟田正之「『独占禁止法等の改正案に関する意見』について」ジュリ1357号 (2008) 2頁。正田彬・正田彬教授の独禁法最終講義 (2011) 144頁。
59) 舟田・同上4頁。
60) 景品表示法10条。
61) 2016年2月4日に仙台市で開催された独占禁止政策協力委員懇談会での公取委の小田切宏之委員の発言によれば，公取委はこれを志向しているようである。他方，ハードコアカルテルは，確約手続の対象とは考えていないようである。
62) 村上政博・国際標準の競争法へ (2013) 3～15頁。

に直罰を加えるように修正すべきであろう。

## お わ り に

　本稿では，公取委の優越ガイドラインにおける優越的地位の捉え方に関して，単なる取引代替性とは異なる取引必要性が必要となることを指摘する学説に依拠し，取引代替可能性の分析は双方向に行う必要性があること，また，優越的地位の濫用規制をホールドアップ問題への対処に限定しようとする学説があるが，その際に関係特殊的投資とは何かが必ずしも明らかではないが，取引代替性を双方向で分析する中にホールドアップ問題でいうところの人質のバランスが崩れる事態がその中に反映されることになり，ホールドアップ問題に対応できると考えられること，さらに，濫用行為から優越的地位を推定する際には，あらゆる濫用行為の該当性判断は合理的範囲を超える不利益の受け入れを余儀なくされたものであるかが判断基準となると解すべきであり，公取委は取引相手方に利益となる場合を「直接の利益」に限定しているが，濫用行為には当たらないとの事業者側の反証を慎重に検討する必要があること等も指摘して，優越的地位濫用規制の対象をより限定する方向で論じた。

　また，安倍内閣提出のTPP関連法案における独禁法改正案について，確約手続の名の下に課徴金制度に事実上の裁量性を導入しようとするものでもあるが，本来は課徴金制度を裁量型に転換するのに合わせて導入するのが整合的であること，少なくともEUを見倣って利害関係を持つ第三者の意見聴取手続と司法審査の機会を確約手続において導入すべきこと等を指摘した。

* 　脱稿後，平成28年12月9日に，「環太平洋パートナーシップ協定の締結に伴う関係法律の整備に関する法律案」は，可決，成立した。施行期日は環太平洋パートナーシップ協定が日本国について効力を生ずる日となっており，施行されていない。

# 大規模小売業告示から見る優越的地位濫用規制のあり方
―― 優越ガイドライン及びトイザらス審決における不当な返品・減額の分析を踏まえて

伊 永 大 輔

I　はじめに
II　優越的地位濫用の成立要件
III　大規模小売業告示から見る「優越的地位」の概念
IV　典型的不利益行為としての返品と減額
V　「不利益行為」から「優越的地位」を推認する判断枠組み
VI　おわりに

## I　はじめに

　優越的地位濫用は，昭和28年独占禁止法改正によって設けられた「自己の取引上の地位を不当に利用して相手方と取引すること」に該当する不公正な取引方法として指定されて以来，我が国の公正な取引秩序の形成・維持において重要な役割を果たしてきた。特に21世紀に入ってからは，中小企業等に対す

---

1) 昭和28年9月1日法律第259号。優越的地位濫用規制が設けられたのは，「不当な事業能力の較差の排除に関する規定が削られたのに対処して，大規模事業者や事業者の結合体等がその優越した地位を利用して，中小企業その他を不当に圧迫するような取引を行う場合にこれを厳に取締る為」であるとされている（公正取引委員会事務局編・改正独占禁止法解説（再版，1964））54頁。

る搾取的濫用に関する問題意識の高まりを受け，大規模小売業告示が積極的に法運用されるようになったことから，次第に搾取的濫用に対する規制が独占禁止法の法執行において存在感を発揮するようになってきた。法源を異にする下請法を除けば，ある事業分野・業種に特化した規制である特殊指定は，違反行為かどうかの判断が容易でない搾取的濫用規制において，特定業界での商慣習を規定に反映することで行為規範を明確化するとともに，公正取引委員会による事件処理を容易にしてきたという点で，法運用面において特に重要な役割を担ってきたように思われる。

　しかしながら，平成21年独占禁止法改正によって一般的・抽象的な規定を持つ優越的地位濫用（独禁2条9項5号）の方に課徴金制度が導入され，業種横断的な優越ガイドラインも策定されたことから，規制範囲が重なる大規模小売業告示は，具体的事案の処理に当たって法適用される機会を失うこととなった。

2)　「大規模小売業者による納入業者との取引における特定の不公正な取引方法」（平成17年公取委告示第11号）。大規模小売業告示は，昭和29年に特殊指定（後掲注4）参照）として設けられた百貨店業告示（昭和29年公取委告示第7号）が現在の流通実態にそぐわなくなっていることに対応して，これに代わって優越的地位濫用を効果的に規制するために新たに指定されたものである。百貨店業告示が主に百貨店やスーパーを対象として返品や減額等の典型行為のみを規制していたのに対し，大規模小売業告示は，それまでの運用実績（公取委勧告審決平成16年4月14日［ポスフール］以降7件）や実態調査（後掲注9）参照）等をもとに，家電量販店，コンビニエンスストア本部，ホームセンター等も規制対象となるように売場面積規模よりも売上高規模に着目した主体要件を備えるとともに，協賛金の要請や押し付け販売等といった行為を規制対象に追加しつつ違法性判断基準をより明確化したところに特徴がある。なお，百貨店業告示は，大規模小売業告示の施行に伴い廃止された。
3)　「下請代金支払遅延等防止法」（昭和31年6月1日法律第120号）。
4)　特殊指定は，対象となる特定の事業分野における事業者の意見を聴き，かつ，公聴会を開いて一般の意見を求め，これらの意見を十分に考慮した上で，業界特殊の不公正な取引方法として指定されるものである（独禁71条）。現存する特殊指定としては，大規模小売業告示のほか，「特定荷主が物品の運送又は保管を委託する場合の特定の不公正な取引方法」（平成16年公取委告示第1号）と「新聞業における特定の不公正な取引方法」（平成11年公取委告示第9号）があり，いずれも搾取的濫用に関する規定を持つ点で共通している。
5)　同旨として，川濱昇「近時の優越的地位の濫用規制について」公取769号（2014）3頁。
6)　平成21年6月10日法律第51号。この法改正は，平成17年独占禁止法改正法（平成17年4月27日法律第35号）において，「中小企業等に不当に不利益を与える不当廉売，優越的地位濫用等の不公正な取引方法に対しては，厳正かつ迅速な対処を行うとともに，課徴金の対象とすることも含め，その禁止規定の実効性を確保する方策について早急に検討を行うこと」（平成17年4月19日参議院経済産業委員会）といった附帯決議等を受けて行われたものである。

法運用面での後退を反映し，現在では大規模小売業告示が直接参照される機会もほとんどなくなってしまったが，多くの実態調査等を経て定められた大規模小売業告示が持つ具体性や現実性は，優越的地位濫用規制について解釈・運用する上でも重要であることに変わりない。現に，優越ガイドラインのかなりの部分は，大規模小売業告示の運用基準を参考に書かれたものであり，そのこと自体，大規模小売業告示が持つ規範としての有用性を如実に物語っている。また，課徴金導入後に取り上げられた優越的地位濫用事件の全てが大規模小売業者による納入業者に対する典型的濫用類型を扱ったものであったことも，大規模小売業告示が確立してきた行為規範の持つ価値を示すものだといえよう。

本稿は，このような大規模小売業告示の持つ歴史的・規範的意義に敬意を払いつつ，大規模小売業者に対する優越的地位濫用を解釈・運用するに当たっての示唆を得ようとするものである。特に，優越ガイドライン及びトイザらス審決（公取委審判審決平成27・6・4審決集未登載）[11]で示された違法性判断基準やそ

---

7) 「優越的地位の濫用に関する独占禁止法上の考え方」（平成22年11月30日公取委）。優越ガイドラインは，法的には行政機関としての処分基準（行手12条）を示したものに過ぎないが，これまでの公正取引委員会に蓄積された法執行経験等を踏まえた優越的地位濫用規制に関する判断基準等が含まれている点で，審判審決等の事例判断が限定的である現状において，裁判所等にとっても有益な一次資料となっていると考えられる。

8) 優越的地位濫用に対しては，独占禁止法2条9項5号の規定のみを適用すれば足りるので，同項6号に基づく大規模小売業告示が適用されることはないとされる（優越ガイドライン注2）。なお，優越的地位濫用と大規模小売業告示は，いずれも「公正な競争を阻害するおそれ」を違法根拠とするものであり，業界特殊の特殊指定を併存させておくことに法的な問題は存在しないと考えられる。

9) これまでも，大規模小売業者と納入業者との取引に関する実態調査は，昭和50年代から何度となく行われてきているところ，①「流通・取引慣行に関する独占禁止法上の指針」（平成3年7月11日公取委事務局）における優越的地位濫用に関するものとして，平成7年2月，平成11年7月，平成14年12月の3回，②大規模小売業告示に関するものとして，平成17年2月，平成18年12月，平成22年5月の3回，③優越ガイドラインに関するものとして，平成24年7月の1回，それぞれ実態調査の結果が公表されており，そのいずれにおいても「返品」及び「減額」は典型行為として例外事由等の実態が分析されている。さらに，優越ガイドライン制定後は，「食料品製造業者と卸売業者との取引に関する実態調査」（平成23年10月公表），「物流センターを利用して行われる取引に関する実態調査」（平成25年8月公表），「食品分野におけるプライベート・ブランド商品の取引に関する実態調査」（平成26年6月公表）など，大規模小売業に関連する特定分野に絞った実態調査も頻繁に行われている。

10) 「『大規模小売業者による納入業者との取引における特定の不公正な取引方法』の運用基準」（平成17年6月29日公取委事務総長通達第9号）。

の判断枠組みが妥当といえるのか，不当な返品・減額に関する大規模小売業告示の議論を参照しながら，その内容を分析し検証するとともに，解釈・運用上の到達点と留意点について言及することとしたい。

## II　優越的地位濫用の成立要件

先ず，優越的地位濫用がどのような要件をどのように規定しているかについて確認し，大規模小売業告示が本来的に問題としている概念を明らかにするための議論の前提としておきたい。

独占禁止法2条9項5号によれば，優越的地位濫用の成立要件は，①自己の取引上の地位が相手方に優越していること（優越的地位），②正常な商慣習に照らして不当に，取引の相手方に不利益となるように取引の条件を設定・変更し，又は取引を実施すること（不利益行為），③不利益行為が優越的地位を「利用して」行われていることである。②と③を併せて「濫用」と理解することもできるが，本稿の論旨を明確にする上で，以下では両要件を区別する。

これらに加え，トイザらス審決では，④公正な競争を阻害するおそれがあること（公正競争阻害性）を別要件として扱っているように見えるが，②の要件とは別に公正競争阻害性を立証・認定しなければ違反行為が成立しないとの認識

---

11) 平成24年（判）第6号及び第7号。本審決は，子供・ベビー用品全般を専門的に取り扱う最大手の小売業者が，遅くとも平成21年1月6日以降，納入業者117社に対し，取引に係る商品を受領した後，当該商品を返品（総額約2億3320万円に相当）し，また，取引に係る商品について値引き販売を実施し，その値引き相当額の一部又は全部（総額約4億746万円）を支払うべき代金の額から減じていたことから，独占禁止法2条9項5号（改正法施行日〔平成22年1月1日〕前は旧一般指定14項）に該当し，同法19条の規定に違反するものであるとして，平成23年12月13日，排除措置命令（審決集58巻第1分冊244頁）及び3億6908万円の課徴金納付命令（審決集58巻第1分冊352頁）が行われ，両命令が争われた結果，納入業者2社に対する違反行為とともに，納入業者8社に対する改正法施行日以後の濫用行為を否定し，排除措置の一部及び2億2218万円を超えて納付を命じた課徴金部分を取り消したものである。

12) 根岸哲＝舟田正之・独占禁止法概説（第5版，2015）274頁。優越ガイドラインでも「利用して」を「優越的地位」や「不利益行為」とは別の要件として扱っている（第2の3）。

13) 通常，「優越的地位」があることを前提に，これを利用した不利益行為が「濫用」として問題となるところ，トイザらス審決では，不利益行為があるかを先に判断した上で，この行為が「優越的地位」を利用したものであるかを後で判断するというかたちで事実認定を行っているため，利用概念を伴わない「不利益行為」を要件として切り出す必要がある。

に立つものではないと考えられる。公正競争阻害性の重要部分は「不利益行為」における評価と重複しており，そこで「行為の広がり」等にも言及することができるとともに，個々の濫用態様や取引実態を十分加味して「正常な商慣習に照らして不当」かどうかを判断する必要がある以上，「不利益行為」と切り離して別途認定することは，むしろ適切な判断を導く枠組みとしての妥当性を欠くように思われるからである。実際，不利益行為が組織的かつ計画的に一連の行為として行われていたといった事情を加えて公正競争阻害性を再評価しているのは，問題となる行為が一連かつ一体的な行為であるとの法的評価を公正競争阻害性の理解に基づいて行うことを目的としているに過ぎない。民事事件においては行為の相手方の数や行為の期間の立証が困難であることを踏まえると，これらが優越的地位濫用の成立要件となっているとの誤解を招かぬよう留意した認定を行うべきであり，公正競争阻害性を「不利益行為」の認定と分けて議論する実益はないと考える。ここでは，正当化事由を含めて公正競争阻害性の問題を「不利益行為」の該当性判断において扱うこととして，別要件とは見ないものとしたい。

14) 小室尚彦＝土平峰久「不公正な取引方法──優越的地位の濫用」商事法務2080号（2015）67頁以下では，優越的地位濫用の成立要件は，②と③を併せた「濫用」とは別に「公正競争阻害性」を要件としつつ（69頁），「実務上，公正競争阻害性の判断で新たに考慮される客観的事情はさほど多くないものと考えられる。なぜなら，行為の内容，取引の相手方の利益・不利益等の客観的事情，を考慮してもなお，経済合理性が認められるかは濫用行為の認定において判断されており，これらはまさに取引の相手方の自由かつ自主的な判断による取引を阻害する程度の基礎事情にもなり得ると考えられるからである」（76頁）とする。根岸＝舟田・前掲注12）274頁，金井貴嗣＝川濱昇＝泉水文雄編著・独占禁止法（第4版，2013）349頁〔金井貴嗣〕，根岸哲編・注釈独占禁止法（2009）497頁〔根岸哲〕も，公正競争阻害性を「不利益行為」と別要件としていない。

15) トイザらス審決で引用する審決案（以下，単に「審決案」という）79頁では，課徴金算定期間を定める上で同様の記述を繰り返している。これは，「公正競争阻害性の判断に当たっては，行為の質的な面だけでなく，市場における競争秩序の維持という観点から……行為の広がり等の量的な面から生じる『おそれ』も考慮することとなるが，……濫用行為がある程度の広がりや継続性等を有していれば，当然に生じることとなる」との理解（天田弘人「不公正な取引方法における公正競争阻害性」商事法務2077号（2015）57頁）に基づき，包括して一つの違反行為と捉え，複数の相手方に対する違反行為の算定期間を一律に認定することの妥当性（山口正行＝黒澤莉沙「課徴金納付命令（私的独占，不公正な取引方法）の課徴金算定──優越的地位の濫用を中心に」商事法務2090号（2016）50〜51頁）を強調するためであろう。

## III 大規模小売業告示から見る「優越的地位」の概念

　大規模小売業告示では，規制対象となる主体を「大規模小売業者」に，客体を「納入業者」に限定した上で，列記された正当化事由に該当しない限り，不利益を押し付けることを禁止する。これに対し，優越的地位濫用では，「自己の取引上の地位が相手方に優越していることを利用して」正常な商慣習に照らして不当に不利益を押し付けることを禁止する。いずれも「自己の取引上の地位を不当に利用して相手方と取引すること」（独禁2条9項6号ホ）に該当する行為であって「公正な競争を阻害するおそれがあるもの」であることを踏まえれば，両規定は，その違法性水準に根本的な差があるわけではなく，どの文言に規制対象を絞り込む機能を持たせるかという要件構造の具体性や明確性に違いがあるにすぎないと理解すべきである。

　つまり，大規模小売業告示は，定型的に主体と客体を限定しつつ，正当化事由なく特定の禁止行為を行えば，総じて規制対象とするのに対し，優越的地位濫用は，事業分野や業種に何らの制限もない代わりに，主体と客体との間に「取引上の地位が優越していること」があるかを個別具体的に検討するとともに，これを利用して正常な商慣習に照らして不当な内容・態様で不利益の押付けが行われたかについても個別具体的に検証することで規制対象とする。そのため，特定業界の事情を考慮して慎重に定められた大規模小売業告示とは異なり，優越的地位濫用は，複雑かつ多様な取引実態を反映できるよう柔軟な法運用が可能であるという意味で広範かつ包括的にどのような業界・業種に対しても適用できる反面，個別具体的な検証を必要とするという点で，本質的には迅速かつ定型的な法の実現に適していない規制手段であると位置付けられる。

### 1　大規模小売業者（主体要件）と「優越的地位」

　優越ガイドライン及びトイザらス審決では，「自己の取引上の地位が相手方に優越していること」とは，取引の相手方との関係で相対的に優越した地位であれば足り，取引の継続が困難になることが事業経営上大きな支障を来すため，著しく不利益な要請等を行っても，これを受け入れざるを得ないような場合を

いうと定義し，取引依存度，地位，取引先変更可能性，その他の取引必要性を総合的に考慮して判断するとしている。これに対し，「大規模小売業者」とは，一般消費者により日常使用される商品の小売業を行う者であって，①前年度の総売上高が100億円以上である者又は②店舗面積が1500㎡以上の店舗を有する者をいう（大規模小売業告示備考1）。規制対象となる行為主体を限定するに当たって重視されたのはバイイングパワーであり，これを表す指標として売上高が用いられている（面積基準も設けられているのは，新たに小売業を始めた場合の指標として前年度の売上高では機能しないからであり，補完的な基準に過ぎない[16]）。

この基準から読みとれる「優越的地位」への示唆は，三つある。

第一に，「優越的地位」があるかないかを判断する上で重要なのは，結果として相手方に著しい不利益を受け入れさせることができたかどうかではなく，バイイングパワーが強いかどうかだとしていることである。上記「優越的地位」の定義は，近年の裁判例（東京高判平成25・8・30判時2209号10頁〔セブン-イレブン25条訴訟〕ほか）においても受容されつつあるが，その要件上の本質は，著しい要請を可能にする取引上の地位を構成する要素それ自体にあるのであって，不利益の甘受という結果を問うものではない[17]。また，優越的地位があるとはバイイングパワーが強いということに過ぎず，その地位自体に何ら競争上の悪性を認めるものではないばかりか，バイイングパワーの適切な利用は能率競争に基づく公正な競争の過程そのものであると考えられる[18]。

第二に，バイイングパワーは取引の相手方との間の相対的優越性に基づくものである以上，市場シェアに代表される指標は直接的な意味を持たないということである。優越的地位濫用は，主に相対取引での競争原理が働かない状況に乗じた不利益行為を規制するものであるため，必ずしも市場シェアが有益な指標とはならない。ここでの相対的優越性を市場における絶対的優越性との対比

---

16) 粕渕功・大規模小売業告示の解説（2005）34頁。
17) 伊永大輔「優越的地位濫用の成立要件とその意義」経法35号（2014）13頁。
18) 本来善悪とは無関係であるはずの「優越的地位」の概念に悪質性を持ち込まないよう配慮する必要がある（白石忠志=長澤哲也=伊永大輔〔鼎談〕優越的地位濫用をめぐる実務的課題」ジュリ1442号（2012）18～19頁〔伊永発言〕）。その意味で，「濫用と区別される優越的地位は取引の相手方に対する相対的優越性として広く解しておき，あとは濫用か否かの判断に委ねるとするのが妥当である」（舟田正之・不公正な取引方法（2009）550頁）と考えられる。

で理解している下級審判決[19]（東京地判平成16・4・15判タ1163号235頁〔三光丸〕）も見られるが，競争を阻害する上で市場における一定の優位性は必要であると理解しているのだとすれば，これは誤りである。市場支配的地位にある場合を含め，行為者の市場シェアは，取引の相手方にとって代替的な取引先を見出すのが容易でないことを窺わせる間接的な事情に過ぎないと思われる[20]。

　第三に，売上高は小売業者の販売部門の能力を表すものであって，直接的にはバイイングパワーそのものではないが，それでも客観的で有益な指標といえることである。小売業者の売上高が大きいということは，その分だけ購買量や購買額が大きくなることを意味し，必然的に小売業者の購買部門の交渉力を高めることになるため，売上高がバイイングパワーの客観的指標となっているのだと考えられる[21]。優越ガイドラインでは「優越的地位」の考慮要素として売上高を掲げていないが，小売業に限っては，大規模小売業告示が規定するように売上高が100億円以上あるかどうかも一つの有益な指標になると考えられる。

## 2　納入業者（客体要件）と「優越的地位」

　「納入業者」とは，大規模小売業者が販売する商品を納入する事業者のうち，その取引上の地位が当該大規模小売業者に対して劣っていないと認められる者以外の者をいう（大規模小売業告示備考3）。告示が独占禁止法2条9項6号の範囲内で指定されるものであることに鑑み，大規模小売業者が対等又は対等以上の取引上の地位にある納入業者と取引する場合には「自己の取引上の地位を不当に利用して」といえないため除外されると解説されている[22]。行為主体である「大規模小売業者」をバイイングパワーという観点から限定的に定めておきな

---

19)　本判決では，「相対的に優越した地位にある事業者であるとすれば，市場における競争を阻害することは十分に可能である。そうであれば，市場支配的な地位又はそれに準ずるような絶対的な優越がなければ，〔優越的地位濫用〕の適用がないと解することは，独占禁止法の趣旨を極めて限定してしまうことになって妥当ではない」（判タ1163号254頁）としている。

20)　白石忠志「支配的地位と優越的地位」経法35号（2014）55頁参照。

21)　*See* Case IV/M. 1221 *Rewe/Meinl*, Commission Decision 1999/674/EC [1999] OJ L 274/1. 流通業における専門性と効率性の観点から多くの納入業者がある程度商品の種類を絞って卸しているという実態を踏まえれば，小売業者の総売上高が大きい場合には個々の納入業者に対するバイイングパワーが一般的に強まる傾向にあると考えてよいのではないかと思われる。

22)　粕渕・前掲注16) 39頁。

がら，これに加えて行為客体としての「納入業者」を相対的優越性の判断から絞り込むというのは，どのような意味があるのだろうか。

もとより，「優越的地位」の要件は，取引当事者のうちどちらが優越的地位にあるかを先に決めて，その根拠付けを行うという形式的なものではなく，不利益行為を可能にする前提状況が備わっているかを実質的に検証するものである。すなわち，一方当事者の観点から見て優越的地位を有していたかという一次的な判断を行うために収集された事実や証拠だけでは，取引の当事者間の相対的な力関係（相対的優越性）を言い表すことはできない[23]。小規模な事業者でも，希少な資源ないし商品や技術を有している場合には，取引の相手方に対して対等な立場，さらには優越的な地位に立つことさえ稀ではないからである[24]。つまり，取引相手方から見て取引必要性がある場合でも，行為者がそれ以上の取引必要性に直面しているのであれば，行為者が相対的優越性を獲得しないこともあり得る。大規模小売業告示においても，強いバイイングパワーを持つ大規模小売業者であったとしても，納入業者がそれ以上に強い取引上の地位に立っている可能性を考慮し，当事者双方の観点を踏まえて相対的優越性を有する場合に限定できるよう要件が形成されていると考えられる[25]。

また，トイザらス審決では，「優越的地位」の有無は当事者間の相対的な関係によって決せられるから，取引相手方から見た行為者の地位のみならず，行為者から見た取引相手方の地位も検討されるべきという主張がなされたところ，仮に行為者から見て必要かつ重要な取引先であったとしても，それだけで行為者が「優越的地位」にあるとの認定を覆すことはできないと判断された（審決案26頁）。行為者が「優越的地位」にあるかどうかは，取引先から見た行為者の地位を検討すれば足りるとする趣旨として上記判示を理解すると，問題とな

---

23) 菅久修一編著・独占禁止法（2013）169～171頁〔伊永大輔〕参照。
24) 根岸＝舟田・前掲注12) 276頁。
25) 公正取引委員会は，大規模小売業告示の制定過程において「取引上の地位が劣っていないと認められるかどうかについて，納入業者の販売依存度と大規模小売業者の仕入依存度の相対的な関係を見ることも一つの方法と考えられる」としつつ，取引額に依拠した相互の依存度だけでなく，取引先変更可能性等の要素を勘案して，総合的に判断するのが適当だと答えている（「『大規模小売業者による納入業者との取引における特定の不公正な取引方法』の運用基準」等の公表について（2005年6月29日公取委）28～29頁）。

る取引において当事者双方が「優越的地位」となることもあり得ることになってしまう。しかし，そもそも相対的優越性の判断において，当事者双方が優越していることは論理的にあり得ない。大規模小売業告示の規定によれば，納入業者の取引上の地位が大規模小売業者に劣ることを要件としており，問題となる取引において大規模小売業者のみが相対的優越性を獲得する場合にしか規制できないようになっているのは，納入業者が大規模小売業者に対して劣っていないといえれば，大規模小売業者が納入業者に対して「優越的地位」にないといえるからである。当事者双方が「優越的地位」にあるといった状況は想定されないとの結論は，「優越的地位」とは，競争原理が機能するための前提条件である取引先選択の自由が，一方の側にのみ有利に働く場合において，そのことに基づく優越した取引上の地位を意味することとも整合的である。

したがって，独占禁止法2条9項5号の適用に当たっても，当事者双方の観点から他方当事者と取引することの必要性を示す具体的事実を踏まえて比較検討し，問題となる取引についてどちらの当事者が相対的に優越した地位にあるといえるのかを検証すべきだと考えることになろう。トイザらス審決の上記判示は，行為者が高い取引必要性に直面しているとしても，両当事者の取引必要

---

26) トイザらス側代理人もこの点を懸念し，当事者双方からの検討の必要性を強調する。洞鶏敏夫＝大軒敬子＝田村次朗「判批」NBL 1064号（2015）21～22頁。

27) 池田毅「判批」ジュリ1485号（2015）7頁は，トイザらス審決のこの判断部分について，いわゆる「双方優越」にある場合でも「優越的地位」の成立を肯定するものと理解し，標準必須特許の保有者同士についても「優越的地位」が成立する可能性を広げるものとして意義を見出す。しかし，それは，両者の取引必要性を踏まえても，互いのライセンス取引を個々に見れば，一方が他方よりも相対的に優越した地位にあるから認められるのであって，ある取引において当事者双方が「優越的地位」にあるわけではないと整理することができよう。このことは，クロス・ライセンス取引のような相互取引が一つの交渉単位となっている場合，両当事者とも搾取できるという状況が生じ得ないことからも裏付けることができよう。ただ，相対的優越性を検討する「優越的地位」の規制枠組みにおいて，問題となる取引とは何かを確定することは重要な課題であるといえる。

28) 今村成和・独占禁止法入門（第4版，1993）165頁。類似規制を持つフランスにおける「経済的従属状態」の概念も，一方的に決定した条件での取引を拒否すると他の取引方法がなくなる状態をいうとしており，「他の選択肢の欠如」が重視される点で似ている（泉水文雄ほか・諸外国における優越的地位の濫用規制等の分析」（競争政策研究センター共同研究，2014）50頁参照）。同様に，ドイツにおける「相対的地位」の概念も，十分かつ合理的な取引先変更可能性に着目している（同78頁参照）。

性を踏まえつつ，問題となる取引について一方当事者にのみ相対的優越性が発生するかを検証しなければ，行為者の「優越的地位」の有無を結論付けることはできないとの趣旨と理解すべきである。

## IV　典型的不利益行為としての返品と減額

「返品」とは，取引の相手方から取引に係る商品を受領した後当該商品を当該取引の相手方に引き取らせることをいう（独禁2条9項5号ハ）。契約した後に商品の受領を拒む行為は「受領拒否」として問題となる。

一方，「減額」とは，取引の相手方に対して取引の対価の額を減じることをいう（同号ハ）。「返品」では「取引の相手方から取引に係る商品を受領した後」との限定が明示的に付され，大規模小売業告示2項（不当な値引き）では「自己等が納入業者から商品を購入した後において」とされているのと対照的に，いつから「減額」といえるのか明確でない。商品・役務を購入した後に契約で定めた対価を減額する場合（優越ガイドライン第4の3(4)ア）を問題視する趣旨であれば，発注後・契約後・購入後といった概念が盛り込まれるのが望ましい。ただし，解釈上は，「取引の相手方からの取引に係る商品の受領を拒み」とだけ規定されている「受領拒否」においても契約締結後の行為しか問題になり得ないこととパラレルに条文を理解することにより，「減額」も契約締結後の行為のみが対象となると解釈することは可能と思われる。

---

29) このことを危惧してか，小室＝土平・前掲注14）74頁では，減額に係る規定は「取引の相手方から取引に係る商品を受領した後当該商品……の額を減じ」であるとするが，文理上無理がある。「取引の相手方に対して取引の支払を遅らせ」にいう「取引の相手方」に既に商品受領後との概念が及んでいると理解するには，返品と同じように「当該取引の相手方」としなければ平仄が合わないことからすれば，問題意識は適切だと思うが，「取引の相手方から取引に係る商品を受領した後」との限定が減額にも及んでいると解するには，「若しくは」という接続詞が「当該商品を当該取引の相手方に引き取らせ」と「その額を減じ」を繋ぐと理解する必要がある一方で，そうすると「当該商品」との概念は引き継げないことになるため，このような読み方は条文上できない。そもそも「商品」自体に対価や代金の概念が付随しないため，法律上は「商品の額」とされることもないことからすれば，上記のような根拠規定の理解は採り得ないものであろう。優越ガイドラインでも「対価の減額」とあるように，素直に「取引の対価の額を減じ」と理解すればよく，またそれで優越ガイドラインとの整合性等においても特段の問題は生じないと思われる。

## 1 「あらかじめ計算できない不利益」

　トイザらス審決では、「買取取引において、取引の相手方の責めに帰すべき事由がない場合の返品及び減額は、一旦締結した売買契約を反故にしたり、納入業者に対して、売れ残りリスクや値引き販売による売上額の減少など購入者が負うべき不利益を転嫁する行為であり、取引の相手方にとって通常は何ら合理性のないことであるから、そのような行為は、原則として、取引の相手方にあらかじめ計算できない不利益を与えるものであり、当該取引の相手方の自由かつ自主的な判断による取引を阻害するものとして、濫用行為に当たると解される」としつつ、ここでいう「原則として」の意味を「例外事由に当たるなどの特段の事情がない限り、当該取引の相手方にあらかじめ計算できない不利益を与えるものと推認され、濫用行為に当たると認めるのが相当である」と判示する（審決案20～21頁）。

　例外事由には、優越ガイドライン第4の3(2)イ及び(4)イに掲載されている返品・減額の正当化事由のほか、「当該取引の相手方から値引き販売の原資とするための減額の申出があり、かつ、当該値引き販売を実施して当該商品が処分されることが当該取引の相手方の直接の利益となる場合」が挙げられている（審決案21頁）。「返品」の例外事由は実質的に大規模小売業告示を引き継いだものであり、大規模小売業者の商品購入後に納入業者が自らの判断の下で返品を受け入れるような場合は、例外事由に当たるもの以外は考えられないとされていること等を踏まえれば、「返品」に関する推認結果は合理的な経験則に基づくものなのであろう。他方、トイザらス審決は「減額」の例外事由に新たな事例を加えたように見える。しかし、これは、大規模小売業告示の条文では

---

30) 粕渕功＝杉山幸成編著・下請法の実務（第3版、2010）131頁では、「減額」は一旦決定された対価の額を発注後に減ずることを問題にしており、当初決まっていた対価を発注前に引き下げる行為は、「対価の一方的設定」（買いたたき）として「取引の相手方に不利益となるように取引条件を設定し……又は取引を実施すること」に該当するかが問題となるとされる。これまでのところ「対価の一方的設定」を行政処分の対象としたことがないように、不利益な取引条件の「設定」と事後的な「変更」とを行為類型上使い分けることには一定の意義が認められる。そうであれば、条文上も明確に線引きするべきであろう。

31) 粕渕・前掲注16) 45～46頁。

32) ただし、「返品」も含め、独占禁止法の目的規定からすれば疑問のある解釈方法とする見解（洞雞＝大軒＝田村・前掲注26) 28頁）もある。

「当該商品の納入価格の値引きを当該納入業者にさ・せ・る・こと」（2項）と規定されていることから，対価交渉の一環として行われた減額が需給関係を反映している場合や取引の相手方に直接の利益となる減額の申出があった場合には，強制の要素を欠き，値引き額が合理的な範囲に留まり納入業者に不利益を与えるとはいえなかったものを正当化事由として取り込んだに過ぎない。このように，優越ガイドライン記載の例外事由だけが正当化事由を構成するわけではないが，だからといって新たな例外事由が次々と生じるという事態も考えにくい。既存の大規模小売業告示における知見を適切に活用すれば，優越的地位濫用に当たるかどうかについての事業者による予見可能性は，さらに高まることになると考えられる。

また，従前からの例外事由にも留意すべき点が残されている。たとえば，本来，取引の相手方から真に自発的な申出があったのであれば，「あらかじめ計算できない不利益」とならないことが明らかであるにもかかわらず，これに加え，取引の相手方の「直接の利益」となる場合に限って例外事由を認めているが，なぜそのような限定が必要なのか問題となる。上記のように大規模小売業告示においても強制の要素との関係で「直接の利益」を考慮していたことを踏まえ，整合的に解釈できるよう善解すれば，真に自発的な申出かどうかを客観的に検証することが困難であることに鑑み，「直接の利益」があるか否かによりその真実性の判断を代替させているに過ぎないものと理解するほかない。[34]

これに対し，返品・減額を受ける方が取引の相手方にとって得られる利益が大きい場合には，自ら返品・減額を申し出ることが多いというだけではないかとの指摘がある。[35]「直接の利益」の有無・程度を問題にすることで，より客観的に不利益を認定すべきとの見解に基づくものと思われるが，このアプローチ

---

33) 粕渕・前掲注16) 53頁参照。
34) 同旨として，木村和也「ビジネスを促進する独禁法の道標(12) 優越的地位にある事業者の留意事項」Business Law Journal 79号（2014）99頁。『「優越的地位の濫用に関する独占禁止法上の考え方」（原案）に対する意見の概要とこれに対する考え方』（平成22年11月30日公取委）49頁では，優越的地位にある者が取引の相手方に対し申出をするよう強制するおそれがあり，他方で，取引の相手方が「直接の利益」もないのに，漫然と自発的に返品を申し出るケースを想定することは困難であることに着目した旨が述べられている。
35) 長澤哲也・優越的地位濫用規制と下請法の解説と分析（第2版，2015）194頁，洞雞＝大軒＝田村・前掲注26) 25〜26頁・28頁。

に関しては，相手方の取引の自由を不当に侵害していること自体が不利益なのであって，不利益を強制するから取引の自由の侵害に当たるというのは論理が逆転しているとの批判もある[36]。

「直接の利益」の判断は，個々の取引における当事者による合理的判断の是非に介入することになりかねず，個別事情に左右されない画一的判断も困難であるため，これまで法運用の主眼とされてこなかった。トイザらス審決で問題とされた返品・減額も，契約後の一方的変更のみを問題とすることで「あらかじめ計算できない不利益」のみが問題となるように枠をはめようとしたものと考えられる。このように，著しい不利益を問題にしていない以上，「直接の利益」を問題の中心に据えた解釈を採用するには，これを具体的に評価する判断枠組みを併せて提示する必要があるのではなかろうか[37]。トイザらス審決にいう「直接の利益」は，「あらかじめ計算できない不利益」の文脈で評価する必要があり，行為者が取引先に対して申出をするよう強制した可能性を合理的に排除できるだけの実現可能な具体的利益を意味すると解すことになろう。

### 2 「正常な商慣習」

トイザらス審決では，「公正な競争秩序の維持・促進の観点から是認されないものは『正常な商慣習』とは認められない[38]」とするとともに，「仮に本件濫用行為が現に存在する商慣習に合致しているとしても，それにより優越的地位

---

36) 舟田・前掲注18) 537頁。
37) 著しい不利益となるかどうかを重視する見解は，「不利益の程度が合理的範囲を超えたものであることは，濫用行為が成立するためには常に必要」との考え方（長澤哲也「優越的地位濫用の認定における実務上の緒論点」経法35号（2014）62頁）を前提としているのかもしれない。しかし，遠藤光＝山下剛＝八子洋一「東京電力株式会社に対する独占禁止法違反被疑事件の処理について」公取743号（2012）82頁では，著しく高い電気料金への引上げとまではいえない「取引の対価の一方的決定」であっても，十分な協議を行ったといえない場合であれば，対価の決定方法が一方的であること等を勘案して違反が判断されることを明らかにしているし，トイザらス審決が「あらかじめ計算できない不利益」を与えるものを「濫用行為」と断じていることも踏まえれば，公正取引委員会はそのような考え方に立っていないと思われる。
38) 優越ガイドラインの「『正常な商慣習』とは，公正な競争秩序の維持・促進の立場から是認されるものをいう」（第3）からの重要な前進が見られる。両者の違いは「正常な商慣習」の射程にあるが，優越ガイドラインの理解は狭く，公正な競争秩序の維持・促進の観点以外の社会公共的観点を加味しようがないように見える点で誤解を招くものである。

の濫用が正当化されることはない」「納入業者の責めに帰すべき事由のない返品や減額が行われることが業界の慣行であると認めることはできない」とする（審決案78頁）。本件で正当化事由を認めなかったのは適切であるが，正当化事由の検討場面だけが「正常な商慣習」の意義ではない。「正常な商慣習」の存在意義をどう理解すべきかの問題は，優越的地位の利用自体が当然には悪性を有していないことと不可分の関係にある。[39] 通常の競争過程における「優越的地位」の利用行為とは区別し得るだけの「不利益行為」の内容や態様を認定する必要があり，そのためには，公正な競争秩序の維持・促進という観点から「正常な商慣習に照らして」具体的な行為を特定・評価することが肝要だと考えられるからである。

　この点，大規模小売業告示の施行と同時に廃止された不当返品ガイドライン[40]では，「我が国においては，消費財について，新規商品の開発が頻繁に行われているばかりでなく，大部分が見込生産によっており，さらに流通分野においても，活発な販売競争が展開されている。このような状況の下で，我が国における返品の慣行は，長期的継続取引の中で他の取引条件と密接に関連しながら行われてきたものである。また，経済的に見れば，返品の慣行は，新規商品の参入を促進する効果を有する，あるいは地域的な需給に即応させる等の利点を有している一方，流通コストが割高となる，返品をする事業者の経営姿勢を安易にする，あるいは返品を受ける事業者に不当に不利益を与える等の問題点を有している。返品の慣行に関する競争政策上の対応を検討するに当たっては，上記のような事情を踏まえ，返品の慣行の利点をいかしつつ，問題点を除くよう配慮する必要がある」とされていた。返品慣行の利点という視点は，当時における商慣習を実態調査した上で築かれた認識に基づくものであり，この限りで公正競争阻害性を判断するに当たっての重要な拠り所となっていたものと思われる。[41] 現在における商慣習と異なる点があるとしても，個々の具体的取引に

---

39) 戸塚登「取引上の地位の不当利用」経済法学会編・独占禁止法講座⑤（1985）275頁。
40) 「不当な返品に関する独占禁止法上の考え方」（昭和62年4月21日公取委）。
41) 不当返品ガイドラインに先立ち，公取委審判審決昭和52・11・28審決集24巻86頁〔明治乳業〕は，一般論として，「『正常な商慣習に照して相手方に不当に不利益な条件で取引すること』とは，取引の相手方に対し，正常な商慣習とは認められない不利益な条件で取引し，それによって，公正な競争を阻害するおそれがある場合を指す」としている。

おいて「直接の利益」がどの範囲で実現可能なものであるか，協議の内容や方法が自由かつ自主的な判断をするのに十分なものとなっているかなどは，業界における商慣習を十分加味して判断する必要がある点で同じである[42]。

市場における競争機能が働かない場面である優越的地位が問題となっているとしても，何が「不当な不利益」に当たるかを判断する上で，本件取引をめぐる諸事実との関わりを断つ理由はない。したがって，個々の事業分野で長い年月をかけて取引慣行として定着している「商慣習」について，これが濫用を前提として形成されているのでない限り，積極的に踏まえて取引実態に合致した現実的な判断を行う必要があろう[43]。この視点は，個々の取引における私的自治を尊重し，市場メカニズムへの過剰な介入とならないようにするために特に重要な意味を持つと考えられる。

## V 「不利益行為」から「優越的地位」を推認する判断枠組み

独占禁止法2条9項5号及び6号ホは，行為主体として「優越的地位」にある者を規定しているのではなく，取引の相手方に不当に不利益を与える手段として「優越的地位」を用いることを規定している。その意味で，「優越的地位」とその不当利用としての「濫用」とは一つの行為を構成するのだから，相互に関連しているといわざるを得ない[44]。優越的地位濫用に係る判決が「優越的地位」と「濫用」とを別個独立して認定するのではなく全体として一体的に認定しているといえるのも，このような条文構造と無関係ではないと思われる[45]。

この点，トイザらス審決では，取引の継続が困難になることが事業経営上大

---

42) 同旨として，川濱・前掲注5) 9頁。

43) 「正常な商慣習」に意義を見出さねば，個別取引において何が各当事者の妥当な利益かの判断について，公正取引委員会にフリーハンドを与えることを意味するとの批判がある。来生新「優越的地位の濫用法理の再検討」遠藤博也編集代表・公法と経済法の諸問題下（今村成和教授退官記念，1982) 331頁。

44) 根岸＝舟田・前掲注12) 276頁は，「一般的には，優越的地位がなければ行われなかったであろう行為か否か，あるいは対等な当事者間において通常付せられるであろう条件との比較を中心として判断されるというほかはないから，優越的地位と濫用は相関連して判断されることにならざるを得ない」とする。

45) 根岸哲「優越的地位の濫用規制に係る諸論点」経法27号（2006) 23頁。

きな支障を来すため，著しく不利益な要請等を行っても，これを受け入れざるを得ないような場合に「優越的地位」があるとした上で，「取引の相手方に対し正常な商慣習に照らして不当に不利益を与える行為〔濫用行為〕は，通常の企業行動からすれば当該取引の相手方が受け入れる合理性のないような行為であるから，甲が濫用行為を行い，乙がこれを受け入れている事実が認められる場合，これは，乙が当該濫用行為を受け入れることについて特段の事情がない限り，乙にとって甲との取引が必要かつ重要であることを推認させる」（審決案19頁）として，「濫用行為」の認定から「優越的地位」の存在を推認するという判断枠組みを採用して要件該当性を判断した。

このような推認方法が採られたのは，当事者双方の地位を比較して優劣を決めることが実際上容易でない一方で，現実に行われた行為から著しい不利益を受け入れざるを得なかったかどうかが判断できるためだとする[47]。しかし，前記Ⅲに見たように，「優越的地位」の本質は，著しい要請を可能にする取引上の地位を構成する要素それ自体であって，不利益を受け入れたかどうかではない。優越ガイドラインが「取引当事者間における自由な交渉の結果，いずれか一方の当事者の取引条件が相手方に比べて又は従前に比べて不利となることは，あらゆる取引において当然に起こり得る」（第1の1）としているように，不利益を受け入れざるを得ない場面は単なる競争の反映であることもあり得ることからすれば，このような自由な交渉の結果と区別し得る「優越的地位」が認定される必要があるからである[48]。

確かに大規模小売業者が納入業者に対して行う返品や減額は，これまで優越的地位濫用として問題となってきた典型行為であり，実態調査や法執行等を通じ，前記Ⅳ1のような例外事由の類型化が進んでいる不利益行為といえる。しかし，著しい不利益，つまり「単なる当事者間格差の反映にとどまらず，通常では受け入れ難い不利益」（東京地決平成19・8・28判タ1272号282頁〔日韓シリ

---

46) ここでは便宜的に「濫用行為」という用語が用いられているが，本稿にいう「不利益行為」と同義であり，そこには「濫用」という文言が本来有する不当利用の概念がなく，利用概念が含まれていないことに留意する必要がある。前掲注13) 参照。

47) 小室＝土平・前掲注14) 70頁。

48) 根岸＝舟田・前掲注12) 276頁参照。

コンウェハー民事保全］）であることが明白な行為であればともかく，不利益行為の中には「取引の対価の一方的決定」など，通常の事業活動との区別が難しい類型も多く存在する。このことを踏まえると，トイザらス審決のような推認は優越的地位濫用全般に適用できるものではないことを先ずは確認しておく必要がある。不利益行為の存在をもって「優越的地位」の推認を可能にするには，事業者の競争機能の自由な行使が抑圧され，それがなければ受けることのない不利益が強制された場合に限られるのであって，安易な一般化は許されないといえよう。

　さらに，大規模小売業者による押し付け販売のように本質的に力の濫用と評価できるタイプの行為であれば，優越的地位を前提にしてはじめて可能な行為であるとして「優越的地位」の存在を事実上推定することができるとする見解も，不当返品行為から優越的地位濫用を事実上推定するのには，慎重な姿勢が見られる。業界特殊の大規模小売業告示でさえ，「小売業者が納入業者に対して，告示に挙げられている禁止行為を行うことは，当該小売業者が優越的地位にあることを補強する事実とはなるが，そのことのみをもって，直ちに当該小売業者が当該納入業者に対して優越的地位にあるとまでは言えない」としており，典型的な不利益行為が行われたとしても，「大規模小売業者」及び「納入業者」の各要件に該当しなければ規制できないのであって，これとの均衡を著しく損なうような法運用は過剰規制を生むおそれがある。

　また，理論的には，不利益の程度が著しければ著しいほど，これを受け入れることを余儀なくさせるのに必要な取引上の地位は，より強いものである必要であるはずである。したがって，通常では受け入れ難い不利益が押し付けられたとしても，それが優越的地位を「利用して」行われたものといえるためには，

---

49) 正田彬・全訂独占禁止法 I（1980）409 頁以下では，このような場合を公正な競争が阻害されるおそれがある場合としている。当事者間の依存関係を前提として初めて可能となる程度の抑圧的な取引条件（実方謙二・独占禁止法（第 4 版，1998）359 頁）というのも，同旨であろう。

50) 舟田・前掲注 18）551〜555 頁参照。公取委命令平成 21・6・22 審決集 56 巻第 2 分冊 299 頁〔セブン - イレブン排除措置〕に関する平林英勝「判批」ジュリ 1384 号（2014）101 頁も，優越的地位になければ行い得ない行為であることを前提に，優越的地位の存在を推定する事実としてフランチャイザーによる見切り販売制限を捉えている。

51) 公取委・前掲注 25）30 頁。

それ相応の「優越的地位」が認定される必要がある。これは，優越的地位を不当に利用して行った場合が規制されるのであって，優越的地位と無関係の事情により行われた場合には規制されないからである。ところが，トイザらス審決で認定された「優越的地位」は不利益行為から推認したものであるとともに，その認定内容を見ても，納入業者の主観的認識に依拠しつつ，①納入業者の取引依存度が非常に低い場合であっても，年間売上高や主力商品の取引依存度などに注目して「主な取引先」といえるとし，②年間売上高が大きいから取引停止の損失補塡が困難だとして取引先の変更可能性を否定するなど，なぜそのことが著しい不利益を押し付ける手段となり得るのかが十分に説明されているとは思われない（さらにいえば「事業経営上大きな支障」となるとは到底いえないもの

---

52) 小室＝土平・前掲注14）69〜70頁もこのことに言及しており，しがらみ等から要請を断るとその後の付き合い関係に大きな支障を来すというような理由での著しい不利益の受け入れは規制対象外としている。

53) 客観的要素の一つである納入業者の取引依存度については，2.2％で10位，1.5％で11位，0.5％で12位，0.7％で19位など非常に低い数字であっても，取引が依存しているとするが，借入額が全体の15％程度に過ぎないことを理由に取引先銀行の優越的地位を否定した福岡高判平成23・4・27判タ1364号158頁〔SMBC損害賠償〕と比べて説得的か疑問がある。これでは，取引依存度を他の判断要素と並列して分析する意義が失われてしまいかねない（渕川和彦「判批」ジュリ1487号（2015）81頁）。なお，フランスの競争委員会は，「優越的地位」の類似概念である「経済的従属状態」を認定するには，取引依存度が数十％以上必要だと考えているようである（泉水ほか・前掲注28）53頁）。

54) 納入業者の商品は，そのまま他の小売業者にも販売可能であるため，トイザらスのような小売業者との取引には当事者特有の取引慣行や購買担当者との人的関係において関係特殊投資が認められるに過ぎず，納入業者にホールドアップは生じにくいはずである。トイザらス審決においても，一部の納入業者の主な販売先がドラッグストアであると指摘されていることを踏まえれば，取引先変更可能性はあったのではないかが疑われる。ただし，取引先変更可能性がある場合であっても，取引依存度が高ければ「優越的地位」が認められることもあり得る（根岸＝舟田・前掲注12）276〜277頁）。また，取引先の変更可能性を判断する対象が，納入業者によって，取引全体であったり主力商品であったりしているが，課徴金の算定対象を主力商品の取引額に限定せず，取引全体を対象にするのであれば，取引先の変更可能性を判断する際にも取引全体を対象にするべきではないかと思われる。

55) 小室＝土平・前掲注14）70頁は，「事業経営上大きな支障」というためには，「収益の大幅な落ち込みが予想されるなど，その後の経営に大きな困難を来すことが看取できる程度のものであることが必要」と解説する。そうだとすると，本件では0.5％や0.7％の取引を失うと経営に困難を来す納入業者だということになるが，大規模小売業者にとってそのような脆弱な経営基盤の納入業者と取引するのはリスクが高く，著しい不利益を課すのは逆に困難であるとも考えられる。

が含まれている)。これでは，取引の相手方に著しい不利益を課していたとしても，それは「優越的地位」を利用して行われたものではなかったということもあり得るように思われる。

本来，推認の根拠となる相手方に合理性のない要請を受け入れさせたかどうかは，優越的地位があることを前提に，これを「利用して」いるかどうかの問題に過ぎない。優越ガイドラインにおいて，「優越的地位にある行為者が，相手方に対して不当に不利益を課して取引を行えば，通常，『利用して』行われた行為であると認められる」(第2の3) としているのは，この趣旨であろう。トイザらス審決が，例外事由に該当しない返品・減額を「正常な商慣習に照らして不当」な不利益と推認し，そのことから更に「優越的地位」を推認し，そして「利用して」の要件まで特段の議論なく認めてしまうというのは，適切な結論を導出するための判断枠組みとしては賛同し難い。少なくとも，各要件に委ねられた規制対象を絞り込む機能が十分に発揮されない結果となり，違反行為の外縁を不明確にしてしまうことで，優越的地位濫用規制の本来趣旨とは異なる方向での事業活動に対する萎縮効果が生じるおそれがあると考えられる。

このように考えると，不利益行為が認められれば，特段の事情のない限り，優越的地位が推認できるとしたトイザらス審決の判断枠組みは，その利用場面が「著しい不利益」が明白である場合などに限定されるべきであり，本件では疑問が残る。ただし，商慣習を踏まえつつ取引実態を丹念に検討して不利益行為を認定するとともに，「優越的地位」の認定を行う上での補強事実とするという程度に留めるのであれば，そのような取扱いもなお可能であると考える。トイザらス審決もその延長線上に存在すると位置付けられるが，本件における「優越的地位」の認定には上記のように課題も多いように思われる。

## VI おわりに

本稿では，大規模小売業告示と優越的地位濫用がいずれも「自己の取引上の地位を不当に利用して相手方と取引すること」(独禁2条9項6号ホ) に該当す

---

56) 伊永・前掲注17) 15～16頁参照。

る行為であって「公正な競争を阻害するおそれがあるもの」であることに鑑み，不当な返品・減額に関する大規模小売業告示の議論を参照することで，大規模小売業者に対する優越的地位濫用を解釈・運用するに当たっての示唆を検討してきた。特定の事業分野にのみ適用される特殊指定には，既に業界における正常な商慣習がある程度取り込まれているため，大規模小売業告示の場合，規制対象が大規模小売業者による納入業者への優越的地位濫用に限定されることとなる反面，比較的違法性判断が簡易・明確であった。すなわち，どの文言にどういった規制対象を絞り込む機能を持たせるかという要件構造が明確であり，その結果導かれる違反行為の範囲に合理性に基づく説得力があったことから，実効的な規制となっていたといえる。優越的地位濫用規制での議論に不足しているのは，このような規制の明確性と説得力であり，この点で大規模小売業告示が示唆するところは大きいように思われる。

　課徴金対象とされるに当たり，違反行為の明確化が課題とされていたことを踏まえれば，優越的地位濫用の法運用には一層の慎重さをもって臨む必要があるように思われる。[57] 商慣習を歴史的に取り込むことで説得力を持ってきた大規模小売業告示の有用性が現在でも失われていないことをいま一度強調するとともに，公正取引委員会には，実態調査や排除措置命令後の監査を用いることによって各業界における商慣習を継続的に規制に反映する努力を期待したい。

　　＊　本研究はJSPS科研費JP26780037の助成を受けたものである。

---

57）　実体法の要件解釈は民事事件での問題解決にも直接影響を及ぼすことを踏まえれば，本来なら課徴金を規定する条文において絞りをかけるなどして，実体法上の解釈に影響しないようにするのが望ましい制度の在り方であったと考えられる。

# Small business の保護とフランチャイズ規制
―― オーストラリアに焦点を当てて

長谷河亜希子

Ⅰ　はじめに
Ⅱ　オーストラリアにおける FC 規制と small business 保護
Ⅲ　非良心的行為規制の条文概要
Ⅳ　Franchising Code of Conduct（FC 規約）
Ⅴ　公的エンフォースメント（救済）手段
Ⅵ　規制事例
Ⅶ　検　　討
Ⅷ　おわりに


## Ⅰ　はじめに

　1990 年代後半から，フランチャイズ（以下，FC とする）規制法（規則等も含む）を制定する国が増加し，現在，30 か国以上で FC 法が制定されているとされる。[1] その中の一つ，オーストラリア（以下，本文中では豪州とする）では，1998 年に義務的 Franchising Code（以下，FC 規約とする）が施行されて以降，度々 FC 規制の評価報告書が連邦政府等から出されている。そこでは，FC 紛争が減少しない原因として，FC 契約等に関する情報開示が不十分であること，紛争処理制度に欠陥があること，連邦の規制当局である豪州競争・消費者委員会（ACCC, Australian Competition and Consumer Commission）の規制件数が少な

---

1) Robert W. Emerson, *South African Franchisees as Consumers: The South African Example*, 37 Fordham L. Rev. 455, 457 (2014).

いこと，非良心的行為（Unconscionable conduct。以下，UCとする）規制が機能していないこと等が指摘されるのが常となっている。そして，それを受けて強化改正が重ねられてきた。

このように自国では厳しい指摘をされ続けている豪州のFC規制であるが，他方，FC法がないに等しく，競争当局による規制も乏しい日本からすると参考になる点が多い。また，豪州のFC規制は，ACCCが掲げる「small business保護政策の重要性」に支えられている。これもまたFC規制，さらには商取引における不公正取引規制のあり方や競争法観を考える上で参考となる。本稿は，以上の視点から豪州のFC規制及び公的執行を分析対象とする。

## II　オーストラリアにおけるFC規制とsmall business保護

### 1　オーストラリアにおけるFCビジネスの状況

豪州には，2016年時点で1120のフォーマット型FCが存在し，その店舗数は7万9000，売上高は1460億豪ドル（約11～12兆円。以下，単にドルと記載する）に達しており，FCビジネスは豪州経済にとって重要な地位を占めるに至っている。[2]

### 2　オーストラリアにおけるFC規制概略

豪州でFC規制の中心を担うのはACCCであり，①誤解を与えるまたは欺瞞的な行為の規制（Misleading or deceptive conduct。以下，「欺瞞的行為」規制とする。2010年に制定されたCompetition and Consumer Act 2010（以下，CCAとする）の「別表2」として追加されたAustralian Consumer Law（ACL）18条），②非良心的行為（UC）規制（ACL 20条～22A条），③Franchising Code 2014（FC規約）に依拠して措置を採っている。契約締結過程におけるFC本部（フランチャイザー。以下，ザーとする）の説明義務違反は①・③違反とされ，日本の独禁法上の優越的地位の濫用に該当するようなザーの行為は②違反とされることが多い。本稿では，ACCCが②・③違反として規制した事例を分析する。

---

2) Franchising Australia 2016, available at https://www.franchise.edu.au/__data/assets/pdf_file/0010/951085/Franchise-Australia-2016_web_version.pdf

## 3 Small business 保護重視の傾向と FC 規制

FC 問題は，ACCC にとって重要課題の一つである。それは，ACCC が small business（以下，SB とする）の保護を競争政策上，重視しているためである。CCA 10 条でも，ACCC の副委員長に SB 経験者もしくは SB 関連の識者を最低一人は含めることとされている。

SB のイメージは，所有と経営が一致しているような事業者であり，小売・サービス業であれば従業員 20 人未満，製造業であれば 100 名未満である[3]。そして，SB 保護政策の柱となる競争政策は，①市場支配力の濫用規制，②SB に対する不公正取引規制とに大別できる。②に関して ACCC は，SB は豪州経済の重要な地位を占めており，不公正取引により SB が倒産等の苦境に陥れば，SB による投資・雇用・輸出・輸入が減少することから，市場経済に重大な悪影響が生じ，市場競争力が損なわれるがゆえに，SB に対する不公正取引規制は重要な競争政策であり[4]，UC への対応は経済効率性を高めるという立場をとる[5]。

この傾向は，競争法（TPA）の成立当初から明確だったわけではない。例えば，1979 年の報告書では，TPA が直接対象とすべき効果は競争促進であり，商行為における倫理問題は扱うべきではないとされていたようである。しかし，1995 年の報告書では相対的経済力の濫用を問題視していたことが窺われる[6]。最終的には 1997 年の報告書（注3）参照）により，SB 保護の方向性が明確となった。そこでは，ビジネスにおける不公正行為は SB の成長阻害要因であり，社会的コストを発生させるとし，対応すべき SB 問題として，①テナントの不動産賃貸，②FC，③市場力の濫用，④SB 向け金融が列挙されていた。

SB 保護の傾向は法改正の動向にも表れており，当初は消費者のみを保護対象として導入された規制が，後に SB も保護対象とすべく改正されるということが繰り返されてきた。例えば，UC 規制はエクイティに起源を有し，1986 年

---

3) Finding a balance (Report by the House of Representatives Standing Committee on Industry, Science and Technology, May 1997), p.2.
4) Liam Brown, *The Impact of Section 51 AC of The Trade Practices ACT 1974 (CTH) on Commercial Certainty*, 28 (3) Melbourne U.L.R.589, 620 (2004).
5) *See, supra* note 3, at 6.
6) *See, supra* note 3, at 7-8.

にTPA 52条（1992年に51AB条へ移動。現ACL 21条，22条）に導入された。UC規制とは，当事者間の相対的な取引上の地位（bargaining position）の不均衡に着目し，非良心的といえるほどの不公正な行為を規制するもので，日本の独禁法上の優越的地位の濫用規制に近いと考えられている[7]。その適用対象は消費者取引のみであったため，1992年に商取引も規制対象とするUC規制を設けた（TPA 51AA条。現ACL 20条）。ただし，条文の解釈はunwritten lawの範囲内でと規定されていたため，解釈が基本的にはエクイティ上のUC規制の範囲に留まる[8]。それでは不十分だと批判され[9]，1998年にTPA 51 AC条（現ACL 21条，22条）が加えられた。これは，商取引を適用対象とするUC規制であり，その解釈はunwritten lawの範囲に限定されない。

さらに2010年，豪州はTPAを廃止し，旧豪州消費者法と統合する形でCCAを制定する。その際にUnfair Contract Terms規制（約款規制）を導入するが，その規制対象は消費者契約のみであった。しかし，SBも保護対象とすべきだとの指摘が相次ぎ[10]，2015年の法改正により，保護対象をSB（この場合，従業員20人以下）に拡張している。

## III 非良心的行為規制の条文概要（本稿での分析に必要な条文のみ）

### 1 ACL 21条(1)

ACL 21条(1)は，非良心的である供給または取得を禁止している。そして，その解釈は伝統的な手続的非良心性（経済的地位の強い当事者が作成した標準書式を用いており交渉可能性がない場合，契約に際して素人には理解できない言葉が用いられた場合，一見しただけでは判別できないような形で不利な条項が契約に埋め込まれて

---

7) 公取委CPRC「諸外国における優越的地位の濫用規制等分析」(2014) 124頁。
8) Bryan Horrigan, *New Directions in How Legislators, Courts and Legal Practitioners Approach Unconscionable Conduct and Good Faith*, Queensland Legal Yearbook 2012, 171 (2013).
9) *See*, Liam Brown, *supra* note 4, at 598.
10) Aviva Freilich & Eileen Webb, *Small Business – Forgotten and in need of protection from unfairness?*, 37 (1) University of Western Australia L. Rev. 134 (2013). Elizabeth Crawford Spencer, *The Applicability of Unfair Contract Terms Legislation to Franchise Contracts*, 37 (1) University of Western Australia L. Rev. 156 (2013).

いる場合など[11]）には限定されていない。そして，手続的非良心性及び実体的非良心性（当該契約に基づく義務などが一方当事者にとって不合理なほどに有利であるといえるかどうか[12]）の双方が存在していることを違法要件とはしておらず，実体的 UC のみでも規制可能と解釈されている[13]。実際，FC 契約後のザーの行為（いわば実体的 UC）が UC だとして規制されてきた。

## 2　ACL 21 条(4)

ACL 21 条(4)は，立法府の意図を示しており，①21 条は unwritten law に限定されないこと，②21 条は，一定の行為・行動様式に対して適用されうるし，それはその者が当該行為・行動により不利となっているか否かにかかわらないこと，③裁判所は，当該行為が非良心的か否かの判断に当たり，契約条件，及び当該契約の履行状況を考慮しうるのに加えて，考慮要因に関しては，契約の形成状況に限定されないと規定されている。

## 3　ACL 22 条(1)

ACL 22 条(1)では，問題の行為が 21 条に該当するか否かに関して判断する際に，裁判所が考慮できる事項として，供給者（FC の文脈でいえばザーに該当する）と顧客（加盟者に該当する）の交渉上の地位の相対的強さや，顧客が従った条件の合理的必要性，書類が理解できたか否か，不当な圧力の有無，産業規約の内容，誠実に行動した程度などが列挙されている[14]。これらは非限定列挙であるし，例示でもない。UC 規制の適用事例が増えないため，法適用及び解釈の手がかりとなるものが必要だとされて[15]，UC の例示をする，定義を定める，規制方針を示すなどの提案がされたが，考慮事項を列挙する方式が維持されてい

---

11)　石川優佳「米国の非良心性法理の判断基準について——実体的非良心性をめぐる議論の現状」大阪学院大学法学研究 39 巻 2 号（2013）159〜160 頁。
12)　同上。
13)　See, Liam Brown, supra note 4, at 600, 612.
14)　日本語訳の詳細は，前掲注 7）126 頁参照。当該和訳は，22 条(2)（取得者＝大規模小売業者などが供給者＝納入業者などに対して UC を行う場合の考慮事項）についての和訳であるが，supplier（supply）が acquirer（acquisition）に変更され，customer が supplier に変更されている程度で，文言はほぼ同様である。

る。また，解釈に関しては，契約の全過程を通して，個々の事象の積み上げがUC に達しうることを認定するという方式がとられているため，個々の行為がUC に該当するか否かについては，詳細な分析がないことも多い（後述の規制事例参照）。

## Ⅳ　Franchising Code of Conduct（FC 規約）

### 1　概　　要

FC 規制については，1980 年代以降，立法化も試みられてきたが，1993 年に自主的 FC 規約が導入された。規約とは，CCA 51 ACA 条～51 AE 条に規定された産業規約（Industry Code）制度に基づいて連邦大臣が定める，当該産業の参加者が遵守すべき行動規約である。当該産業の全参加者を拘束する「義務的産業規約」と，当該規約に加盟（署名）した事業者のみを拘束する「自主的産業規約」とがある。FC 規約のほか，石油燃料規約（義務的），園芸品産業規約（義務的），食品小売産業規約（自主的）などが存在している。

前述の自主的 FC 規約は，約 65% のザーしか加盟せず，機能しなかった。そこで，1998 年に義務的 FC 規約が導入された。当該規約は，①ザーと加盟者（フランチャイジー。以下，ジーとする）間の力の不均衡に対処すること，② FC 部門の行動基準を設定すること，③紛争解決費用を下げること，④リスクを低減し，FC の成長を促すことを目的とする。ビジネスフォーマット型 FC のほか，自動車ディーラー及び一部のライセンス契約にも適用される。また，

---

15) The need, scope and content of a definition of unconscionable conduct for the purposes of Part IVA of the Trade Practices Act 1974 (Report by Standing Committee on Economics, Dec. 2008).
16) 菅富美枝「契約当事者間における交渉力格差と契約の有効性」経済志林 83 巻 2 号（2015）26頁。
17) Review of the Franchising Code of Conduct (Report by Mr. Alan Wein, 2013), pp. 1-3.
18) See, supra note 3, at 95.
19) TRADE PRACTICES (INDUSTRY CODES - FRANCHISING) REGULATIONS 1998, 1998 NO. 162.
20) 自動車ディーラーには，投資額が莫大なのに短期間契約が多いという特有の問題があり，他の FC と同様の規制では不十分ではないかとの指摘がある。See, supra note 17, at 152.

初の義務的行動規約であることから，他の規約への影響力も大きい[21]。

なお，2014年，FC規約はFranchising Code 2014に改定された。改定目的としては，ザー及びジーの倒産防止が挙げられている[22]。また，Obligation to act in good faith（誠実行動義務）が加わった。英米法圏に信義則概念は存在していないが[23]，近年はそれ類似のgood faithの適用範囲が広がり[24]，豪州でも2008年の報告書でFC規約への導入が提案され，大論争となった[25]。とりわけFCA（ザーが主な会員であるThe Franchise Council of Australia）が，当該義務の導入に強硬に反対したが，2013年の報告書（注17）参照）では，FCAの当該規制の受け入れ姿勢が軟化しつつあるとされ，2014年，誠実行動義務が導入された。

## 2 主たる規制内容

(1) Obligation to act in good faith（規約6項）

2014年改定で加わった誠実行動義務は，ザーとジーの双方に課され，契約に関わる取引・紛争，契約交渉やFC規約が関わる場面で適用される。裁判所は，当事者が誠実に行動し，独断的行動をとっていないか，加えて，当事者が契約目的達成のために協力しているかなどを考慮することができる。また，当該義務を契約により排除することはできない。

(2) 情報開示書（規約8項）

FC規約は主要な規制内容の1つとして，情報開示書面を加盟希望者等に提供するザーの義務について定めている。具体的開示項目は規約のAnnexure 1で定められており，その項目は，1）表紙に記載すべき事項，2）ザーの詳細，

---

21) Strengthening statutory unconscionable conduct and the Franchising Code of Conduct (Report by the expert panel, Feb. 2010), p.44.
22) COMPETITION AND CONSUMER (INDUSTRY CODES-FRANCHISING) REGULATION 2014 (SLI NO 168 OF 2014) EXPLANATORY STATEMENT.
23) 舩越優子「コモン・ローにおける信義誠実の原則の展開」神戸法学55巻2号（2005）232頁。
24) 状況は国によって異なる。米国では以前よりgood faithの適用・議論が盛んであるが，英国では，近年，商事分野でも当該義務の適用が認められるなど適用範囲が広がりつつある。
25) Opportunity not opportunism: improving conduct in Australian franchising (Report by Parliamentary Joint Committee on Corporations and Financial Services, Dec. 2008).

3) ザーの直近10年間の事業経験等, 4) 訴訟に関する情報, 5) エージェントへの支払い, 6) 既存のジー及び過去3年間に譲渡及び契約を終了するなどしたジーの数に関する情報[26], 7) マスターFCについて, 8) 知的財産権について, 9) FCビジネスを営む範囲（排他的テリトリーの有無, ザーがジーと同様の事業を営んでいるのか, FCビジネスの範囲をザーが変更する可能性があるのか等）, 10) ジーへの商品・原材料の供給先等, 11) ジーが供給する役務・商品, 12) ジーもしくはザー等がオンライン供給する役務・商品, 13) FCビジネスの地理的範囲, 及び当該テリトリー選択等に関するザーの方針, 14) その他の支払い, 15) マーケティング・ファンド等の詳細, 16) ザーからジーへの融資条件の詳細等, 17) 契約条件の一方的な変更（過去3年間に契約の一方的変更が行われた場合にはその状況, 契約変更の可能性がある状況等）, 18) 契約終了時に関する契約内容の詳細（ジーの更新権の有無, 更新手続等）, 19) FC譲渡時の契約書の修正, 20) 収益予測等（収益予測等を示す場合には, その元データ等も添付する必要がある。収益予測を提示しない場合には, その旨を明確に提示すること[27]等）, 21) ザーの財務状況（破産の可能性の有無を含む）, 22) 情報の更新, 23) 受領書である。

### (3) 情報開示ルール（規約8項）及び契約締結ルール（規約10項）

上記の情報開示書は, FC契約締結日もしくは返還しない金銭等の支払いをザーが受領する日の遅くとも14日前に, ザーが「FC規約の複写」・「契約書」・「近時に更新された情報」とともに加盟希望者ら（契約更新時や期間延長時のジーも含む）に渡すこととなる。そして, ジーが当該書類を受領し, 読み, 助言を受けた（もしくは助言は不要とジー自身が判断した）旨の内容につき, ジーが署名するのでなければ契約を締結できない。

「加盟希望者が開示書類を事前に熟読してくれない」というのが, FC契約の開示規制を有する各国共通の悩みである。そこで豪州では, 上記制度を導入

---

[26] 規約32項では, 元ジーが自己の情報の詳細を開示しないよう, ザーに要求できるが, ザーは元ジーに対して当該要求を行うように影響力を行使してはならないとされている。

[27] 売上予測に根拠があれば, 説明義務違反とはならない。木村義和「フランチャイズ契約締結準備段階における売上・利益予測情報の提供——オーストラリア法の考察を中心に(1)〜(3・完)」愛大167号29〜50頁, 168号27〜46頁, 169号79〜134頁 (2005)。

した。加えて，政府の報告書では，毎回，加盟希望者に対する教育の重要性が強調されている。Terry 教授は，FC を熟知しているジーが増えれば，ザーにとっては，より良いものを作らねばというプレッシャーになるし，ジーが適切な投資判断ができるようにもなると評価している。[28]

(4) 契約終了に関する告知（規約18項）

ザーは，ジーに対して，契約終了の最低でも6か月前に，契約を延長するのか，または，新しい契約を締結することになるのか否かに関して，書面で通知しなければならない。

(5) 契約終了後の取引制限条項（競業避止義務）に対する制限（規約23項）

以下の場合，契約書中の取引制限条項は効力を有しないとされている。それは，①ジーが書面で現契約の延長を要求し，なおかつジーが契約違反を犯しておらず，加えて，ジーが契約期間中にザーの知的財産や営業秘密を侵害していないが，FC 契約が延長されない場合，もしくは，②契約が延長されなかったことを理由としてジーが自己の goodwill の補償を要求したにもかかわらず，その補償が真の補償となっていない場合か，③契約が延長されないにもかかわらず，ジーが goodwill の補償を請求することを認めていない場合である。

(6) クーリング・オフ（規約26項）

加盟希望者は，FC 契約締結日または契約上の何らかの支払いを行った日から7日以内に，FC 契約をクーリング・オフすることができる。この場合，ザーは，クーリング・オフの申し入れから14日以内に，当該加盟希望者から受領した全ての金銭をその者に返還しなければならない。ただし，契約において，ザーが要した合理的な費用の額またはその費用の計算方法を定めている場合には，その費用を控除して返還することができる。

---

28) Final Report Franchises (Report by Economic and Finance Committee, May 2008), p.84.

(7) 解約規制（規約 27 項～29 項）

　ⅰ）　ジーの契約違反を理由としてザーが解約する場合には（規約 27 項），ザーはジーに対して，書面で違反理由，及び，その違反を是正するために行うべきことを通知し，ジーに対して違反行為を是正するために合理的な時間的猶予を与える必要がある。

　ⅱ）　ジーの契約違反がない場合（規約 28 項）に，ザーが解約する場合，書面でその理由を告げなければならない。この場合生じる紛争には本規約の紛争解決規定が適用される。

　ⅲ）　破産に至った場合や，FC ビジネスによって公衆衛生に危険が生じる場合など，特別な事情がある場合には，前 2 項にかかわらず，ザーは契約を終了できる（規約 29 項）。

　FC 規約では，更新拒絶や解約に関して規制をしているが，それは，ザーが更新拒絶等に際して，棚ぼた（ジーの成果の横取り）を得てはならないという考えによる。[29]

(8) ジーに対する追加投資の要求に関する規制（規約 30 項）

　以下の場合を除いて，ザーはジーに対して，契約中に多額の出費を要求してはならない。それは，契約前に当該出費について情報開示がされている場合，全ジーもしくはジーの過半数に対して当該出費が求められる場合にはジーの過半数の同意を得た場合，当該ジーの同意を得た場合（個別の出費の場合），ザーがその出費を必要であると思料した場合で出費の合理性・金額・その結果及び利益・リスク等を，影響を受けるジーに対して書面で説明した場合である。豪州では，FC 契約終了間際の投資の要請が特に問題視されている。[30]

(9) 紛争解決手段（規約 38 項～43 項）

　ⅰ）　FC 組織内部での紛争解決手続については（規約 38 項・39 項），紛争が生じ，相手方に通知した後 3 週間以内に紛争解決方法に関して同意できなかった場合，当事者は FC 契約もしくは FC 規約上の調停のいずれかを選択しうる。

---

29) *See, supra* note 25, at Chapter 6.
30) *See, supra* note 21, at 53-60.

調停者の任命について当事者間で合意できない場合には，調停アドバイザー（規約44項）に対して調停者の任命を依頼できる。

ⅱ）FC規約上の調停手続に従う場合（規約40項〜43項）には，規約38項・39項と同様の規制のほか，調停開始後30日で調停は終了すること，契約に別の定めがある場合を除き調停費用は当事者間で折半すること等が定められている。

⑽　そ の 他

一方的な免責条項の禁止（規約20項），ジーによるFCの譲渡に関する規制（ザーは，不合理な合意の留保をしてはならないことなど。規約24項・25項），マーケティング及び広告フィー（ジーから徴収した当該費用は別会計で管理し，ジーのために公平に用いられなければならない。規約31項），ジーの団結に対する妨害の禁止（規約33項），係争中の行動（話し合いに応じ，供給拒絶をしないことなど。規約36項）なども規定されている。

## Ⅴ　公的エンフォースメント（救済）手段

虚偽的もしくは欺瞞的行為の規制（ACL 18条）及び非良心的行為の規制（ACL 20条〜22条）違反はACL違反となり，FC規約違反の場合には，CCA違反となる。公的執行・救済手段を下記にまとめて記載する。なお，被害者たる私人も，差止・仮差止・損害賠償・補償等の救済を求めることができる。

1）ACCCは，以下の命令を求めて，裁判所に提訴できる。

①　制裁金（pecuniary penalties. ACL 224条），もしくはFC規約で定められている民事制裁金（CCA 76条）の賦課。ただし，ACCCは，合理的な根拠があれば，反則通知（infringement notice. 一種の行政罰）を発することができ（CCA 134A条・CCA 51ACD条），反則通知を受けた者は，過料を支払うことで制裁金を免れる。

②　違反行為の差止（ACL 232条・CCA 80条(1)），仮差止（ACL 234条・CCA 80条(2)）。

③　違反行為の被害者が被った損害の補償命令（ACL 237条・CCA 87条）。

④ 審査手続に関与していない者のための補償命令（ACL 239 条・CCA 51ADB 条）。

⑤ その他の命令（ACL 243 条・CCA 87 条）：契約の無効・変更・履行差止命令等。

⑥ 非懲罰的命令（ACL 246 条・CCA 86C 条）：コンプライアンス教育，訂正広告等。

⑦ Adverse publicity order（ACL 247 条・CCA 86D 条）：一定の情報開示命令。

⑧ UC を行った者が会社経営に関与する資格を剥奪する命令（ACL 248 条・CCA 86E 条）。

2) ある行為の UC 該当性に合理的根拠がある場合等には，公衆への公表告知（Public warning notice. ACL 223 条・CCA 51ADA 条）を発することができる。

3) 確約もしくは強制的確約（undertaking. ACL 218 条・CCA 87B 条）：ACCC は，事業者から提出された書面による確約の内容が十分なものである場合には，これを受理し，事業者に確約どおり実行させることによって事案を解決することもできる。

4) FC 規約と関連して，ACCC には，ザーに対するランダム監査の権限が付与されている（CCA 51ADD 条）。規約違反の可能性等は要件となっていない。実はジーからの申告に基づく調査であっても，あくまで ACCC による随時任意の監査・情報収集であるとすることで，違法行為の申告に対する報復行為からジーを保護している。

## Ⅵ 規制事例[31]

### 1 ACCC の主張が認められた事例

(1) **ACCC v Simply No-Knead (Franchising) Pty Ltd [2000] FCA 1365 (22 Sep. 2000)**

Simply No-Knead（以下，Sとする）は家庭用のパン・クッキーのミックス粉

---

31) 以下，判例番号の記載がある事例以外は ACCC のプレスリリースを参考とした。

等を販売するFCの本部である。ACCCは，Sの以下の行為が違法だと訴えた。1) 4名のジーに対する商品の供給拒絶行為，2) 3名のジーの電話番号を電話案内から同意なく削除した行為，3) 紛争に関する話し合いの拒絶，4) 販促グッズからジーらの名前を削除した行為，5) ジーらのテリトリー内や近隣でSが商品を販売した行為，6) 3名のジーが要求した開示書類（FC規約上，12か月に一度，最新の開示書類をザーに要求可能）の提供拒否である。

判決は，1) はUCに当たるとしたが，2) は証拠がないとした。3) は，Sはジーからの相談を拒否したり，取引条件を押し付けたり，強要行為をするなどしており，交渉拒否は不公正かつ非合理的だと判示している。4) は，Sからの購入についてのみ記載されたチラシをジーは配布させられており，不公正かつ非合理的で抑圧的とした。5) の行為は，ジーに損害を与えると予測されたし，Sはそのように予測すべきだったとして，不誠実でジーとザーの関係と矛盾するとしてUCに該当するとした。最終的に結論として，あらゆる状況に鑑みてSの行為はUCに該当するとしている。加えて，6) はFC規約違反とされた。

(2) **ACCC v Cheap as Chips Pty Ltd (2001)**

Cheap as Chips（以下，Cとする）はクリーニングサービス等を取り扱うFCのザーである。裁判所は，Cが3名のジーに対して，1) 不当な解約，解約の脅し，ジーの団結を妨害するための脅迫，FC事業とは無関係なセミナーへの出席要請，規約違反に関する交渉の拒否，ジーらが自らへ支払われるべき金銭を確認するために行おうとした文書閲覧の拒否（以上，UCとされた），2) FC規約上の紛争手続や解約手続の不遵守（FC規約違反），3) ジーらが団体を結成しないように誘導（FC規約違反を企図）等を行ったと認定した。

以上の行為に関して，文書の閲覧をさせること，補償金8万2000ドルをジーらへ支払うこと，Cの取締役が同様の行為に関与する資格を3年間剥奪すること，ACCCの訴訟費用を支払うことが命じられた。加えて，Cはコンプライアンスの整備をACCCに確約している。

(3) **ACCC v Suffolke Parke Pty Ltd（2002）**

Suffolke Parke（以下，Sとする）はチーズケーキ店のマスター・ジーである。ジーらがSの取締役の行為に対して不満を述べたことへの報復として，店舗の賃貸を中止した。さらに，ジー（A）が調停を申請したが，Sの取締役Gは調停を欠席した。裁判所は，これらはUCに該当し，加えて，FC規約に反するとして，S及びGに対して，行為の差止，Aに対する1万ドルの補償金の支払い，及びACCCの訴訟費用の支払いを命じている。

(4) **ACCC v Kwik Fix International Pty Ltd（2003）**

Kwik Fix International（以下，Kとする）は，車の修理サービス等を提供するFCのザーである。ACCCは，KがFC費用等についてジーらに誤解を与えるなど，UC・欺瞞的行為・FC規約違反行為等を行っていると主張したようだが，No declarationで終了しており，詳細は不明である。Kは，FCの買戻しや同様の行為を行わないこと等について同意し，コンプライアンス・プログラム等に関する確約を行った模様である。

(5) **ACCC v Arnold's Ribs and Pizza（Australia）Pty Ltd（2004）**

Arnold's Ribs & Pizza（以下，Aとする）はピザ等のレストランFCのザーである。ACCCは，Aが，FC販売時に売上高や利益について欺瞞的な説明を行い，利益とならない条件をジーに押し付け，さらに，ジーに契約を正確に理解させておらず，Aの行為は欺瞞的かつ非良心的だとして差止等を求めて提訴した。詳細は不明だが，裁判所はAの行為の違法性を認め，ACCCは，被害者たるジーらに分配するための20万ドルをAから獲得している。

(6) **ACCC v Australian Industries Group Pty Ltd（2005）**

ACCCは，Australian Industries Group（以下，AIGとする）が施工業者とのシャッター施設ライセンス契約に当たり，FC規約違反（誤った利益予測の提示），及びUCを行ったとして，差止等を求めて提訴していた。ACCCの主張は認められ，AIGは7万7594ドルを3事業者に返金することも命じられているが，詳細は不明である。

(7) **Scotty's Premium Pet Foods Franchising Pty Ltd** (2006)

　Scotty's Premium Pet Foods Franchising（以下，Sとする）はペットフード販売のFC本部である。ACCCは，Sが，契約に違反したジーらに対して14日以内に違反行為を是正せよと通知した行為や（ACCCは，日数設定が非合理的で，違反行為の通知内容も不十分だと指摘した），Sがジーのテリトリー内でジーの顧客に直販しようとしたことなどが，FC規約違反及びUCに該当しうると懸念していた。最終的にSは，将来同様の行為を行わないこと，FC規約を遵守すること，30日間の契約違反是正期間を認めること，FC契約違反を通知する際には違反行為を特定するに十分な内容の通知をすること，ジーの排他的地域内の顧客には一定の基準を満たすのでなければ接触しないこと等を確約している。

(8) **ACCC v Seal-A-Fridge Pty Ltd** [2010] FCA 525（28 May 2010）

　Seal-A-Fridge（以下，Sとする）は冷蔵庫のパッキンを取り換えるサービスを提供するFCの本部である。ACCCが，Sの行為はUC及びFC規約違反行為だとして提訴した。①Sが，Sの全国的な電話番号（当該電話番号にかければ，各地域のジーにつながる）のフィー（手数料）を一方的に50％値上げし，ジーがそれを支払わなかった場合には当該電話番号からは当該ジーにつながらないようにした行為について，裁判所は，Sには，契約上，フィー値上げの権限がないと判示し，①の行為はザーの一方的な利益強要であり，UCに該当するとした。また，②Sが契約前に加盟希望者に対して情報開示を十分に行わなかったこと，及び最新の開示書類をジーに提供しなかった行為はFC規約違反だと判示した。そして，上記行為の差止，S社の取締役に対するコンプライアンス・セミナーへの出席，ジーらへの本件命令に関する説明，ACCCが負担した訴訟費用の支払い等をSらに命じている。

(9) **ACCC v Allphones Retail Pty Ltd & Ors** [2011] FCA 538（20 May 2011）

　Allphones Retail（以下，Aとする）は，携帯電話等を小売販売するFCのザーである。Aはジーらに情報を開示せずに供給事業者らと手数料やボーナスの交渉を行って本来ジーに渡すはずの手数料等を渡さず，加えて，それを隠蔽

するために書類を改竄していた。また，Aは一方的に設定した売上に達しなかったジーに対して，契約を終了すると脅すなどした。なお，ジーらはFC規約上の紛争解決手段等に頼ろうとしたが，Aが妨害している。裁判所は，Aのこれらの行為が，虚偽的説明，FC規約違反及びUCに該当するとした。

最終的には，55名のジーらに対して総額約300万ドルを支払うこと，将来同様の行為を行わないこと，ACCCの訴訟費用を負担することがAに命じられている。

(10) ACCC v South East Melbourne Cleaning Pty Ltd [2015] FCA 25 (29 Jan. 2015)

South East Melbourne Cleaning（以下，Sとする）は清掃サービスを提供するFCのザーである。契約では，ザーがジーに清掃の仕事を紹介すること，顧客は清掃料金をザーに支払い，ザーからジーに仕事の代金が支払われること，ジーが支払うフィーの額によって紹介される仕事量が異なること，加えて月々の最低収入保障が定められていた。

裁判所は次のように判示した。

1) Sに関しては，①根拠なしに収益予測を説明しており，虚偽的説明に該当する，②①やFC規約上の情報開示をしない等の行為はFC規約違反である，③Sがジーに支払うべき金銭の未払い，ジーを著しく遠方の顧客のところへ派遣することによるジーへの負担の賦課，契約に定めがないフィーの徴収などはUCに該当する。加えて，④被害者たるジーEはSに比し弱い交渉力しか有していないこと，23歳の若者で事業経験もなく，法的な書類の理解力も限られていること，他方，Sは経験豊富であって，Eが第三者からの法的助言を得ていないことも知っており，それがEの被害に影響を与えたと指摘している。⑤ジーPに関しても，Pに支払うべき金銭をSは支払わず，また，Sが仕事を紹介しなかったため，Pが解約しようとしたところ，Sは，解約時にはSからの借入金の即時返済をPに要求すると通告するなどしており，UCに該当すると判示した。加えて，SとPの力関係に関して④と同様の指摘がされている。⑥最後に，E・PとSとのFC契約が無効とされた。Sに対しては50万ドルの民事制裁金の支払いも命じられている。[32)]

2) Sの取締役Jと営業マネージャーHは，2年間FC事業に関わらないことを確約した。

3) Jについては，Sの行為を幇助・推奨し，また知っていながら関わっていたとして，2年間，会社経営の資格を剥奪すること，制裁金3万ドルを支払うこと，EとPに対して計2万3000ドルの補償金を支払うこと，ACCCに訴訟費用を支払うことが命じられている。

## 2 ACCCの主張が否定された事例——ACCC v 4WD Systems Pty Ltd [2003] FCA 850 (13 Aug. 2003)

4WD Systems（以下，4WDとする）は車の整備工場FCの本部である。ACCCは，4WDが，①商品の供給拒絶，②顧客から頻繁に返金を求められるような低品質の商品を供給したにもかかわらず，ジーに対する当該商品の返金を拒んだこと，③商品の品質等に関する虚偽的説明，④FC契約を書面で提供しなかったこと，⑤契約締結時の契約に関する交渉拒否，⑥ジーの排他的地域内で商品を直販したこと，⑦ジーと誠実に取引しなかった等の行為をしており，FC規約違反（虚偽的説明），UCに該当するとして提訴した。

裁判所は，4WDの虚偽的説明に関しては違法性を認定し，以後，加盟希望者に対して商品の品質と供給に要する時間を通知せずに契約を締結してはならないとした。しかし，UCに関して，①は，4WDの当時の経営上・財務上の問題が絡んでおり，非良心的とは言えない，②は，保証書類が正しく記入された上で，問題の商品が返品されなければ返金しないという手続きをザーが採用していたためであり，非良心的とは言えない，④・⑥は事実ではない，⑤FC契約が標準契約を用いることに驚きはなく，ジーも認識して署名しており（判決は，契約締結後の交渉拒否の場合とは区別している），非良心的とは言えないとし，⑦については意図的に不誠実な行為をしたとは見受けられないとして，UCの存在を否定した。

---

32) ACCC v South East Melbourne Cleaning Pty Ltd [2015] FCA 257 (23 Mar. 2015).

## Ⅶ 検　討

### 1　オーストラリアにおける FC 規制の特徴とその問題点

豪州は，米国の複数の州にて採用されているような FC 契約に関する開示書類の登録制度を採用していない。この点に関して，規制費用不足を補うため，豪州も登録制にして登録料を徴収すべきだとの意見や，登録制度により FC 契約に関するデータベースが出来上がることから ACCC の規制に役立つ上に，弁護士等にとっても他の FC の開示書類と比較して加盟希望者に助言できる等の利点があるとの指摘もある[33]。他方，ACCC に登録されているというだけで加盟希望者が安心してしまうのではないかとの意見も見られた[34]。

次に，解約に関して米国の複数の州が導入しているような good cause 規制（正当な事由なく解約できない）は行っていない。豪州の FC 規制の中心たる FC 規約は開示規制を柱としており，契約内容に関しては自主規制を基本とするため，ジーとザーの力関係に何ら変化をもたらすものではないとか，事前規制になっていないとの批判がある[35]。2008 年には，数州から，連邦の規制が不十分だとの指摘が相次ぎ，New South Wales のように，独自の立法提案をした州もある。連邦と州の FC 法が併存するという米国のような状況は避けたいという考えが，連邦レベルの規制強化を後押ししている側面がある。

### 2　紛争解決手法について

FC 規約は，FC 紛争に関して義務的調停制度を採用しているが，ジーとザーのように力の不均衡がある当事者間での調停は危険であり，加えて，ジーは調停に際して情報も準備も不足している上に，調停時点で問題は既に激化しており，紛争の防止になっていないし，調停は契約上の権利義務（ザーに有利な内容であることが珍しくない）を変えるわけでもないと批判されている。また，

---

33) *See, supra* note 28, at 31-34. Elizabeth Spencer, *Reconceiving The Regulation of The Franchise Sector*, 8 Macquarie L. J. 103, 117 (2008).

34) *See, supra* note 28, at 33.

35) *See*, Elizabeth Spencer, *supra* note 33, at 108-112.

集団調停の規定がないため,ジーが個人で調停に臨んでもザーに対抗できないとも指摘されている。加えて,調停の場合,情報が表に出ず,先例が蓄積されない上にジー及び加盟希望者が情報を得ることもできないと批判されている。[36]

調停の成功率は 20〜25% とも 80% とも言われており,明確なデータがない。[37] Compromise の義務がない点が調停失敗の一因ともされている。また,OFMA (Office of the Franchising Mediation Advisor) 以外での調停の場合,FC 規約上の手続が遵守されていないとの指摘がある。加えて,Franchisees Association of Australia は,調停対象となったジーの 90% が,結局は FC システムから脱退している点を問題視している。[38]

これら問題点の改善策として,競争審判所へ案件を直接に持ち込む,Tribunal 型(厳密な立証を求めない)にする,FC オンブズマンを設置する,ACCC 内に仲裁パネルを設置する等の案が出されているが,何を導入しても紛争の「層」が増えるだけとの意見もある。[39]

## 3 非良心的行為(UC)規制について

UC 規制に関しては,機能していないと評価されることも多い。その原因として,ACCC による規制事例が少ないこと,ACCC に UC を申告した者に対する違法行為者等からの報復行為を規制する規定がないことが挙げられている。また,裁判所の解釈が消極的で,ACL 21 条の UC に関しては unwritten law の範囲内に限られないとされているにもかかわらず,その特徴を生かし切れず,エクイティ上の UC の範囲の解釈に留まりがちであるとか,非良心性の立証水準が高すぎるとの意見も見受けられる。[40] これら批判に対しては,ACCC が規制事例を増やすことの重要性が報告書で繰り返し指摘され,ACCC もその要望に応えて,規制件数を増やしてきた。また,UC の評価についても,UC の

---

36) *See,* Elizabeth Spencer, *supra* note 33, at 119. Jeff Giddings, Lorelle Frazer, Scott Weaven & Anthony Grace, *Understanding the dynamics of conflict within business franchise systems,* 20 Australian Dispute Resolution Journal 24, 31 (2009).
37) *See, supra* note 28, at 48.
38) *See, supra* note 28, at 48-49.
39) *See, supra* note 17, at 110-123.
40) *See, supra* note 21.

規制がFCの発展に悪影響を与えているようには見えない上に，逆に投資しやすくなり，FCの拡大を助けているとの意見などを見ても，UCの規制は，現状その機能が不十分であっても不要と考えられているのではなく，より活発な運用・活用が期待されていると言えるだろう。

## Ⅷ　おわりに

豪州では，FC契約の規制内容に留まらず，公的執行手段や紛争解決手段についても熱心に議論されている。これら規制内容の拡張や，詳細かつ活発な議論・改正提案を支えているのは，SB保護の議論に見られるような広い競争法観と頻繁な調査報告である。加えて，ACCC内にFC業界の代表や実務家・研究者等からなる Small Business & Franchising Consultative Committee が設けられており，年2回，SB及びFC問題等について議論をするなどしている。これら報告書や意見聴取により，FC問題の現状を委細にわたり具体的に把握している。日本でも，優越的地位の濫用規制に関しては，実体調査の重要性がよく指摘されるところであるが，豪州でも実態調査が度重なる法改正へとつながっている。豪州のFC規制は開示規制に加えて内容規制も増えつつあるが，上記の問題点の指摘を見るに（Ⅶ参照），その傾向は継続する可能性が高く，今後も注視し続けたい。

＊　本研究は科研費26245006および16K03335の助成を受けたものである。

---

41)　*See*, Robert W. Emerson, *supra* note 1, at 483.

# 保険業への景品表示法適用
―― 優良誤認表示と有利誤認表示

山 本 裕 子

I　はじめに
II　保険業で問題となる不当表示
III　保険業法による広告・情報提供に関する規制
IV　事業者団体によるガイドラインの公表
V　結びに代えて――今後の検討課題

## I　はじめに

　不当景品類及び不当表示防止法（以下，景品表示法）は2014（平成26）年改正によって，不当表示規制の抑止力を高めることで不当表示を防止することを目的として課徴金制度が導入され，課徴金対象行為による一般消費者の被害の回復を促進するという観点から，返金措置を実施した事業者に対する課徴金の減額等の措置を講ずることが可能になっている。このような制度設計は課徴金制度を有する他の法律には見られない，消費者法体系に属する景品表示法に特徴的なものと評価されている[1]。この景品表示法改正を受けて，多くの事業者が不当表示への対応強化を企図している[2]。
　保険商品は極めて技術的な商品であり，顧客がその内容を十分に理解しない

---

1) 加納克利＝古川昌平＝染谷隆明「改正景品表示法における課徴金制度の解説――本邦初となる，返金措置の実施による課徴金額の減額等の概観とともに」判タ1409号（2015）28頁。
2) 日本経済新聞2016年1月4日付朝刊。

ままに保険契約を締結していることが少なくないため,契約内容の誤解に起因する紛争が生じやすい契約類型であると指摘されている[3]。本稿は,保険会社に対して改正前の景品表示法に基づく排除命令が行われた事例や,公取委が2003(平成15)年に実施した「保険商品の新聞広告等における表示の調査」等を素材として,保険業において問題となる不当表示について検討を試みるものである。

## II　保険業で問題となる不当表示

　優良誤認表示とは,商品または役務の内容に関する表示について,実際のものよりも著しく優良であると示し,または事実に相違して当該事業者と同種または類似の商品・役務を供給している他の事業者に係るものよりも著しく優良であると示すことによって,一般消費者による自主的かつ合理的な選択を阻害するおそれのある表示である(景表5条1号)[4]。有利誤認表示とは,「商品又は役務の価格その他の取引条件」について行われる不当表示である(同条2号)。「価格その他の取引条件」とは,商品または役務の内容そのものを除いた取引に係る条件をいい,商品または役務の価格・料金の額のほか,数量,支払条件,商品または役務の本体に付属する各種の経済上の利益等,種々のものを幅広く含むとされている[5]。
　保険会社による景品表示法違反の事例は,優良誤認表示を問題とするもののみであったが,公取委が2003(平成15)年に実施した実態調査で問題が指摘された事例[6]では,優良誤認表示に該当するおそれのあるものだけでなく,有利誤認表示に該当するおそれがあると考えられるものも含まれている。

### 1　景品表示法に基づき措置をとった事例

　保険会社に対して景品表示法に基づいて措置をとった事例は,いずれも消費

---

3) 遠山聡「保険商品の広告等に関する規制について」生命保険論集179号(2012)153頁。
4) 真淵博編著・景品表示法(第4版,2015)67頁。
5) 真淵編著・前掲注4) 88〜89頁。
6) 公正取引委員会「保険商品の新聞広告等における表示について」(平成15年5月9日)。

者庁移管前の事例であり，排除命令が2件存在する。

**事例1）　日本生命保険に対する排除命令[7]**

　日本生命保険相互会社（以下，Nとする）は，平成13年1月から平成14年11月頃までの間，被保険者ががんに罹患し，病理組織検査によりがんと診断確定されたことを条件として，がん診断給付金，がん入院給付金，がん手術給付金を支払うことを内容とするがん保険（ニッセイがん保険EX）を一般消費者に販売していた。Nは，同社の営業職員ががん保険を一般消費者に販売するにあたり，リーフレットおよび提案書（給付金額，合計保険料等を記載したもの）を提示させて，同保険契約の勧誘を行わせていた。さらに，保険契約の締結を承諾した消費者に対して，「特に重要なお知らせ」と題する書面に挟み込んだ「保険料・保障などに関する留意点」と題する書面に記載した内容に基づく説明をさせ，これらの書面およびニッセイがん保険の約款等を記載した「ご契約のしおり」と称する冊子を配布させていた。

　提案書には，「入院給付金は，入院1日目から日数に制限なくお支払いします」等と記載し，「保険料・保障などに関する留意点」と題する書面には，「がん治療以外の目的で入院していた場合で，入院中にがんと診断確定されたときに，診断確定前の入院については，がん入院給付金の支払い対象となりません」と記載されていた。また，リーフレットには，「がん入院給付金は入院1日目から入院日数・お支払回数に制限なくお支払いします」と記載されていたが，その裏面には「『ニッセイがん保険EX』に関するご留意点」として，「がんの治療以外の目的で入院していた場合で，入院中にがんと診断確定されたときは，診断確定前の入院については，がん入院給付金の対象となりません」と記載されていた。

　リーフレット等には，医師からがんの疑いがあるとして入院を指示され，入院中にがんと診断確定された場合には，入院1日目から遡って入院給付金が支払われるかのように表示しているが，実際には裏面に記載された制限条件によって，入院中にがんと診断確定された日，またはがん治療を目的とする手術の行われた日のいずれか早い日から，退院する日までの入院期間のみについてが

---

[7]　平成15年5月9日（平成15年（排）第12号）。

ん入院給付金が支払われるという保険商品であった。

当時，景品表示法を所管していた公取委は，Nに対して，「ニッセイがん保険の内容について，実際のものよりも著しく優良であると一般消費者に誤認される」ものとして，景品表示法4条1項1号（平成21年改正前）に該当するとした。

**事例2)** アメリカン・ライフ・インシュアランス・カンパニー（アリコ）に対する排除命令[8]

アリコ（以下，Aとする）は，平成17年7月頃以降，被保険者ががんに罹患した場合に，「ガン診断一時金」および「生活習慣病一時金」と称する給付金を支払うこと等を特約した「元気によくばり保険」と称する10年を満期とする生命保険を通信販売の方法により一般消費者に販売していた。Aは一般日刊紙，Aが開設したホームページ等に広告を掲載し，当該広告を見て資料請求を行った一般消費者に対して，同商品の内容を紹介するパンフレット，申込書等を配布していた。

資料請求を行った一般消費者に交付したパンフレットの見開き左側の紙面には，「生活習慣病」と題して，「Aの元気によくばり保険なら　生活習慣病ガン（悪性新生物）　一括300万円（上皮内新生物60万円）」と記載され，さらに次の見開きの左側紙面には，「『標準コース（YAHプラン）』のポイント」と題して，「ガン（悪性新生物）の場合，一括300万円が受け取れます」と記載の上，「生活習慣病の中でも，ガン（悪性新生物）の場合には，特に手厚く保障します（上皮内新生物の場合は一括60万円）」と記載していた。しかし，このパンフレットにおいて，「保障プラン」と題する表の欄外ならびに最終紙面の「支払事由について」と題して一時金等の支払事由を列挙している欄のうち，「生活習慣病一時金」の欄および「ガン診断一時金」の欄に，被保険者が上皮内新生物に罹患した場合に一時金が支払われるのは，上皮内新生物に罹患していると診断され，かつ，その治療を目的とした入院中に所定の手術をしたときである旨をそれぞれ記載していたが，これらの記載は，本件パンフレットの記載と同一視野に入る箇所に記載されたものではなく，かつ，本件パンフレ

---

8) 平成19年10月19日（平成19年（排）第35号）。

ットの記載と比較して小さい文字で記載されたものであって，見やすく記載されたものではなかった。

　Aは，被保険者が上皮内新生物に罹患していると診断された場合には一時金が60万円支払われるかのように示す表示をしていたが，実際には，当該一時金は，被保険者が上皮内新生物に罹患していると診断され，かつ，その治療を目的とした入院中に所定の手術をしたときに支払われるものであり，上皮内新生物に罹患していると診断されただけでは支払われないものであった。

　当時，景品表示法を所管していた公取委は，Aの表示は「元気によくばり保険の内容について，一般消費者に対し，実際のものよりも著しく優良であると示す」ものであるとして，景品表示法4条1項1号（平成21年改正前）に該当するとした。

## 2　公取委による実態調査[9]にみる不適切な広告表現

　保険商品の広告について，公取委は消費者に対する適正な情報提供の観点から，2003（平成15）年に保険商品の新聞広告等の表示について調査を行っている。この実態調査において不適切な広告表示として例示されたものの中には，優良誤認表示に該当するおそれのあるものと，法的措置をとった事例は存在しないものの有利誤認表示に該当するおそれのあるものとが含まれると考えられる。

(1)　優良誤認表示に該当するおそれのある事例

**事例3）　がん保険の責任開始時期**

　保険会社が被保険者に対して給付金の支払い等責任の負担を開始する日を責任開始時期という。消費者は初回保険料払込日から保障が開始されるものと認識すると考えられるところ，がん保険では，初回保険料払込日から90日間を保障の免責期間とし，91日目を責任開始時期としている商品が多くみられる。公取委による実態調査では，新聞広告において，がん保険の責任開始時期の表示がないものが4社，「ガンに対する保障は，保険始期日よりその日を含めて

---

9)　公正取引委員会・前掲注6)。

91日目から開始します。90日以前にガンと診断された場合には保険契約は無効となります」等と著しく小さく表示しているものが3社指摘された。当事会社からは，責任開始時期については別途パンフレットおよび重要事項説明書等に記載しているので，新聞広告等では表示しなかったとの説明が公取委に対してなされていたが，パンフレットについても，責任開始時期が裏面に小さな文字で一括して記載されているもののみである等，消費者に対して明瞭に表示されているとはいえない事例の存在が指摘されている。

  事例4)　高齢者向け入院保険の責任開始時期

  病気およびケガによる入院を保障する高齢者向けの入院保険において，「誰でもカンタンに入れる」，「面倒な医師の診査などは不要。あきらめていた方でも今すぐはいれます」などと表示していたが，その保障内容については，病気による入院については，責任開始時期が初回保険料払込日から91日目以降という制限があるもの，また，責任開始日以前に発病した病気との因果関係が認められた病気（入院保険金，手術保険金の請求書類に添付された診断書等により判断される）については，責任開始時期以降2年間は保障しないという制限が付されているものがあり，これらの制限条件については新聞広告等にその旨の表示が行われていなかった。

  事例5)　高齢者向け終身保険（死亡保障）の責任開始時期

  死亡保障を内容とする高齢者向けの終身保険の新聞広告において，「誰でもはいれる終身保険」，「病気，災害（不慮の事故等）による死亡を一生涯保障」，「あきらめていた方でも今すぐはいれます」等と，加入制限なく誰でも加入できる保険である旨を強調して表示しているが，実際には，契約後2年以内の病気死亡については免責対象のため保険金は支払われず，既払込保険料のうち病気による死亡保障分（払込保険料の90％程度）が払い戻されるものであって，責任開始時期が2年後であることが小さな文字で記載されているのみで明瞭に表示されているとはいえないものとなっていた。

  事例6)　がん入院給付金の支払額の減額

  がん保険の新聞広告において，入院給付金が「1泊2日から無制限」，「ガンで入院1日につき10,000円」と入院日数に関わりなく入院給付金が支払われる旨を強調して表示していたが，実際には，入院61日目からガン入院給付金

は1日につき5,000円に減額される旨を,同一視野には入るものの小さな文字で記載していた。

**事例7)　三大疾病保険の診断給付金支払いの制限条件**

　三大疾病保険の新聞広告において,診断給付金の支払いに関して「3大成人病(ガン・脳卒中・急性心筋梗塞)で所定の状態になられたら,一括150万円が受け取れます」と表示しながら,「所定の状態」についての記載がなかった。実際には,診断給付金の支払いを受けられるのは,急性心筋梗塞については,初めて医師の診療を受けた日から60日以上労働の制限を必要とする状態が継続すると医師によって診断された場合のみであり,脳卒中については,初めて医師の診療を受けた日から60日以上言語障害等の他覚的な神経学的後遺症が継続すると医師によって診断された場合に限られていた。また,これらの診断給付金の支払いに係る制限条件については,パンフレットに記載されているものの,裏面に小さな文字で一括して記載されており,消費者に対して明瞭に記載されているとはいえないものとなっていた。

**事例8)　病気・ケガによる入院等の保障の制限条件**

　医療保険の新聞広告において,「病気・ケガの生涯保障」,「一生涯続く保障」等と記載することにより,病気またはケガ等で入院した場合に入院給付金または手術給付金の支払い保障が一生涯にわたり受けられるかのように強調して表示しながら,実際にはケガの保障は90歳までという制限条件が付されており,この制限条件について新聞広告では小さな文字で記載していた。

**(2)　有利誤認に該当するおそれのある事例**

**事例9)　三大疾病保険の保険料免除の制限条件**

　三大疾病保険の新聞広告において,特約を付加することにより「『三大疾病』と診断されたら,以後の保険料は免除します」等と強調して表示しながら,診断以後の保険料の免除を受けるための,当該診断内容に関する制限条件を記載していなかった。実際には,保険料の免除を受けられるのは,急性心筋梗塞については,初めて医師の診療を受けた日から60日以上労働の制限を必要とする状態が継続すると医師によって診断された場合のみであり,脳卒中については,初めて医師の診療を受けた日から60日以上言語障害等の他覚的な神経学

的後遺症が継続すると医師によって診断された場合に限られていた。また，これらの保険料の免除に係る制限条件については，パンフレットに記載されているものの，最終頁に小さな文字で一括して記載されており，消費者に対して明瞭に記載されているとはいえないものとなっていた。

**事例10)　低年齢層の保険料の強調表示**

保険料の安さを強調して表示し，その保険料が適用される年齢等について「満20歳女性の場合。年齢などの条件によって異なります」等と小さな文字で表示していた。保険商品の保険料の用例については，当該商品の主たる契約者層である30代から40代の保険料を例示している保険会社がある一方で，若年層の保険加入を促進する目的で保険料の安い若年層の保険料を用例としている保険会社もあり，後者では実際の主たる保険契約者層との乖離が見られる例があった。ただし，パンフレットでは年齢階層ごとの保険料を一覧にして表示していた。

**事例11)　特定年齢層のみの払込保険料還付の表示**

入院保険の新聞広告において，「無事故なら10年後に20万円のボーナス。払込保険料の約40％がキャッシュバックされます」，「35歳男性本人型Aプランに御契約の場合，10年間の保険料払込総額と無事故給付金より計算」と記載していたが，実際には，契約年齢によりキャッシュバック比率が異なり，例えば50歳男性では28.2％，60歳男性では17.1％にとどまるが，加齢とともにキャッシュバック比率が下がることについて明瞭に表示されていなかった。

## 3　小　　括

保険は，保険事故の発生を条件として保険給付を行うことが役務の内容となっている（保険法2条1号参照）。したがって，事例1)，事例2)のいずれも，特定の疾病についての保険金支払いの条件に関する表示が問題となっているものであるが，保険による保障の範囲という役務の内容に関する表示が問題となるため，景品表示法5条2号にいう「その他の取引条件」（有利誤認表示）ではなく，5条1号の優良誤認表示に該当することとなる[10]。また，事例3)，事例

---

10)　真淵編著・前掲注4) 68頁。

4),事例 5)では保険による保障が開始される時期が,事例 6)および事例 7)では給付金の額(事例 6))や給付金支払の条件(事例 7))といった保障の範囲が,事例 8)では保障を受けることのできる期間が問題となっていた。いずれの表示も実際のものよりも保険による保障範囲が広いとの誤認を生じさせるものとなっているため,優良誤認表示に該当するおそれがあると考えられる。これらの事例に対して,保険料免除の条件に関する表示が問題となった事例 9),年齢によって異なる保険料についての表示が問題となった事例 10)および保険料還付の条件についての表示が問題となった事例 11)では,いずれも保険給付の対価である保険料等に関する表示が明瞭に記載されていなかったり,当該商品の主たる顧客層と乖離した例を用いたりする等していたため,有利誤認表示に該当するおそれのあるものと考えることができる。

(1) 表 示 物

保険募集において顧客を誘引したり,説明の資料として用いられたりする表示物には多様なものが含まれ得る。一般消費者に向けた広告には,紙媒体のもののみならず,TV コマーシャルや保険会社のホームページ等も含まれ,広告によって保険契約の締結を検討するにいたった見込み客に対しては,リーフレット,パンフレット等が提供され,さらに,営業職員等が保険契約の締結を勧誘する際には,説明の資料として提案書等の個別の資料が作成され,これらの表示物を用いて営業職員による説明を受け,保険商品の内容について重要な事項を説明した「契約のしおり」等の書面も交付される。

事例 1)では,営業職員がリーフレット等に表示されている内容に基づいて説明を行っていたという状況の下で,「リーフレット」,「提案書」,および「保険料・保障等に関するご留意点」と題する書面の表示を,一般消費者を誘引する表示物として認定している[11]。また,事例 2)では,新聞または A のホームページを見て資料請求を行った消費者に配布されたパンフレットの表示が問題となっている。

広告で実際と異なる表示が行われた場合であっても,消費者は当該商品等を

---

[11] 田中賢一 = 佐藤政康 = 小林暁「日本生命保険相互会社に対する排除命令について」公取 633 号(2003)65 頁。

最終的に購入する前のいずれかの段階で，販売員等から正しい情報を提供される等して誤認が排除されることもあり得る。しかし，広告での一つの完結した表示が不当表示に該当する場合は，他の異なる表示でそれを補正する表示が行われたとしても，当初の表示の不当性は排除されないと考えられている[12]。

　事例3）で指摘された4社，事例4），事例7），事例9）および事例10）では，消費者が保険会社に資料請求等を行った後に交付されるパンフレット等には制限条件等が記載されていたものの，消費者を誘引し，資料請求等を行わせる契機となった新聞広告等において条件の記載がなかった事例である。これに対して，事例1），事例2）のほかに事例3）で指摘された3社，事例5），事例6），および事例8）でも，給付金等の支払いに係る制限条件そのものを表示しなかったものばかりではなく，制限条件は表示されていたものの，当該条件が表示されていたのが小さな文字であったり，リーフレットの裏面など同一視野に入る箇所ではなかったこと等から明瞭に表示しているとはいえないため，一般消費者は制限条件が付されていることに気づかず，実際の保険商品よりも多額の給付金等を受け取ることができると誤認するおそれのある表示となっていることが問題となっていた。広告やリーフレット等の表示物に制限条件等が表示されていない，あるいは，表示されてはいても明瞭な表示とはいえないために，一般消費者に誤認が生じたとしても，保険契約の締結に至るまでに営業職員からの説明を受け，契約のしおりや保険約款等の書面を交付されることによって当初の誤認が解消されることもあり得るが，これによって広告等の不当表示該当性が治癒されるわけではない。

### (2) 表示の内容

　事例1）では，「医師からがんの疑いがあるとして入院を指示された場合」は「がん治療を直接の目的とする入院」と表示された給付金支払いの条件に含まれないとされる等，本件保険商品では「がんとの診断確定を受けたこと」が給付金支払いの条件として肝要なものであるにもかかわらず，その旨が一般消費者に理解しがたい表示となっている点に問題があると考えられる。このこと

---

[12] 原一弘「『不当な価格表示についての景品表示法上の考え方』について(上)」公取599号(2000) 5頁。

に加えて，リーフレットでは，表面で「がん入院給付金は入院1日目から入院日数・お支払回数に制限なくお支払いします」という，本件の保険商品の優良性を強調する表示をしながら，「がん治療を直接の目的とする入院」に限るという制限条件が裏面に記載されているため，一般消費者が給付金支払いの条件について誤認するおそれがあることが問題となり得る。このことによって，一般消費者が期待する入院給付金の支払開始日（入院1日目）よりも実際の支払開始日（入院後にがんと診断確定された日またはがん治療を目的とする手術が行われた日）のほうが遅くなってしまい，実際に給付される入院保険金の額が期待していた額よりも少なくなってしまうことで，「実際のものよりも著しく優良であると示す」優良誤認表示にあたるものとされた。

また，事例2）では，ガン診断一時金（上皮内新生物に罹患した場合）の支払いに係る制限条件が本件表示と同一視野に入るものではなかったため，一般消費者が制限条件にかからないものとして支払いを期待していたガン診断一時金が実際には支払われない可能性があるため，実際のものよりも著しく優良であると誤認させる表示に該当することとなる。

保険契約に特有の事情として，契約締結後に保険契約者が誤認に気がついて当該保険契約を中途解約して新たな保険契約を締結しようとしたり，特約等を追加しようとしても，加齢や健康状態の変化等によって保険契約の締結が不可能になったり，保険料負担が増大する可能性があるばかりではなく，給付金等の支払いを請求すべき事態が出来した後に，誤認に基づいて保険契約を締結した保険契約者が期待していた給付金等を受け取れないという，当該保険契約者にとって不測の事態が生ずると，療養中の生活設計にも多大な悪影響が及ぶ危険性もあることがあげられる。広告表示においては保険商品の内容の優良性が強調されがちであるが，保険給付に係る制限条件等，保険契約者にとって不利益となり得る情報については特に，一般消費者に理解可能な，そして十分な情報開示が必要となる。[13]

---

13) 田中＝佐藤＝小林・前掲注11) 66頁。

## Ⅲ 保険業法による広告・情報提供に関する規制

### 1 保険業法による規制の概要

保険業法 300 条では，保険契約の締結および保険募集に関する禁止行為を定めている。

保険業法 300 条 1 項 1 号において，保険会社，保険募集人等保険契約の締結・募集に携わる者が，保険契約者または被保険者に対して，虚偽のことを告げ，または保険契約の契約条項のうち，重要な事項を告げない行為が景品表示法上の不当表示にも該当する可能性があるかが問題となり得る。虚偽の告知等の対象については，見込み客に対して禁止される行為を行った結果，保険契約が成立した場合には本号の対象となり，保険契約の成立に至らなかったために保険契約者や被保険者が存在していない場合には本号による規制の対象とならないと解する見解がある一方で[14]，このように解すると本号の対象となる行為があまりに限定されてしまうために，全消費者を保護の対象とすべきとする見解[15]も示されている。後者の見解によれば，虚偽の事実を告げられた者の範囲は，景品表示法による保護の対象と同一と考えることができるが，前者の見解によれば，景品表示法による保護の対象となり得る者であっても，本号による規制の対象とならない可能性がある。また，2014（平成 26）年改正で後述のように情報提供義務が新たに規定されたことに伴い，本号で禁止の対象となるのは，「保険契約者又は被保険者の判断に影響を及ぼすこととなる重要な事項」についての虚偽の事実の告知や重要事実の不告知とされ，刑事罰によって履行を担保すべき情報提供義務を定めた条項であると位置づけられるようになっている[16]。

このほかに，保険業法 300 条に列挙されている行為のうち，景品表示法上の不当表示にも該当する可能性のある行為として，他の保険契約と比較した事項であって誤解させるおそれのあるものを告げ，または表示する行為（保険業 300 条 1 項 6 号），および，将来における契約者配当等，将来における金額が不

---

14) 鴻常夫監修・コンメンタール保険募集の取締に関する法律（1993）219 頁〔江頭憲治郎〕。
15) 里村育施「募集取締法の見通し——生保募集を中心に」保険学雑誌474 号（1976）135 頁。
16) 山本哲生「顧客への情報提供義務」ジュリ 1490 号（2016）18 頁。

確実なものについて断定的な判断を示し，または確実であると誤解させるおそれのあることを告げ，もしくは表示する行為（同項7号）を挙げることができる。

　保険業法が比較情報の提供に関する規制を設けているのは，多様化する保険商品の中から消費者が自己のニーズに合致する的確な商品を選択しようとするときには，比較情報に依存する度合いが高くなること，比較情報は提供する側の意思によって情報の内容に濃淡が生じやすい性質をもつことから，提供される情報そのものは虚偽のものではなくても，保険契約者側の意思形成に影響を及ぼす可能性が高くなること等の点において，他の情報提供行為と性質を異にする面があるためであるとされている[17]。また，同項7号で「断定的判断を示し，又は確実であると誤解させるおそれのあることを告げ，若しくは表示する」行為が禁止されているものとして，契約者配当，社員に対する剰余金の分配のほか，内閣府令で定めるものとして「資産の運用実績その他の要因によりその金額が変動する保険金，返戻金その他の給付金又は保険料」（保険業法施行規則233条），保険金等が外貨建てで支払われる場合の為替の変動リスクなどに関する事項が含まれるとされている。

　保険業法300条1項6号および7号にいう「表示する」とは，情報提供者と被情報提供者との間に個別的な密着性がない場合をいい，広く不特定多数の者に対して比較情報を提供することをいうとされており，監督指針によれば，表示を行う媒体は，パンフレットや契約のしおり等，募集のために使用される文書に限らず，新聞，雑誌等の出版物に掲載される広告，放送による広告やインターネット等による広告等も含まれる[18]。また，「誤解させるおそれ」とは，一般的・合理的な消費者を基準として，虚偽の情報や不確実な情報を提供される場合に限らず，被情報提供者の判断を誤らせ，結果的に自己に不適合な保険契約を締結してしまう可能性がある場合も含まれるとされる[19]。

---

17) 北村雅史「保険業法逐条解説（XXXⅧ）」生命保険論集186号（2014）220～221頁。
18) 金融庁「保険会社向けの総合的な監督指針（Ⅱ-4-2-2保険契約の募集上の留意点）」2016（平成28）年9月公表（http://www.fsa.go.jp/common/law/guide/ins/）。
19) 北村・前掲注17) 229頁。
　　竹濵修「保険業法逐条解説（XXXⅨ）」生命保険論集187号（2014）233頁。

保険業法300条は重要な事項を告げない行為を禁止するという形で，いわば裏側から保険契約者等に対する情報提供を義務付けていたのに対して，2014（平成26）年改正の保険業法では，作為の強制という意味での顧客に対する積極的な情報提供義務が保険会社等に対して課されることとなった（保険業法294条）[20]。保険業法294条では，保険契約の内容その他保険契約者等に参考となるべき情報を提供すべきこととされ，保険契約と関連性の強い付帯サービス（例えば自動車保険の付帯サービスとしてのロードサービス）に係る情報等も含まれることとなる[21]。

保険業法300条1項各号に抵触する行為は，罰則の対象となっていないものであっても業務改善命令等の対象となり得る。金融庁は優良誤認表示で排除命令を受けたNに対して，2回にわたり保険業法に基づく業務改善命令を行っている。

Nが景品表示法に基づく排除命令を受ける以前にも，2001（平成13）年11月に，保険契約等に関する事項であって保険契約者等の判断に影響を及ぼすこととなる重要なものについて，誤解させるおそれのある資料を作成し，保険契約者等に配布・提示していたことが確認されたとして，金融庁は，Nの行為が保険業法300条1項9号に基づく保険業法施行規則234条4号に抵触するため，保険業法132条1項の規定に基づき，業務改善命令を行っていた[22]。

さらに，Nが公取委より排除命令を受けた行為についても，契約者に対し誤解を与える表示により保険募集を行ったこと，および，当該募集文書により契約した契約者に対して，保険金支払いの取扱いについて十分な説明がなされていないことが認められたとして，保険業法132条1項の規定に基づき金融庁から業務改善命令を受けている[23]。

---

20) 上原純「金融審議会ワーキング・グループ報告書における保険募集規制の見直し」生命保険論集187号（2014）197頁，山本・前掲注16) 14頁。
21) 山本・前掲注16) 15頁。
22) 金融庁「日本生命保険相互会社に対する行政処分について」2001年11月1日（http://www.fsa.go.jp/news/newsj/13/hoken/f-20011101-2.html）。
23) 金融庁「日本生命保険相互会社に対する行政処分について」2003年5月13日（http://www.fsa.go.jp/news/newsj/14/hoken/f-20030513-1.html）。

## 2 小　括

　保険業法は「保険業を行う者の業務の健全かつ適切な運営及び保険募集の公正を確保することにより，保険契約者等の保護を図」ることを目的とする法律である（1条）。景品表示法が目的とする，「商品及び役務の取引に関連する不当な景品類及び表示による顧客の誘引を防止するため，一般消費者による自主的かつ合理的な選択を阻害するおそれのある行為の制限及び禁止について定めることにより，一般消費者の利益を保護すること」(1条) を保険契約の締結という側面からみれば，一般消費者が自己のニーズに適合する保険商品を選択できるための環境が整備されることによって保険契約者等の保護を図ることは，保険業法・景品表示法が共通して目的とするところであるともいえる。保険業法以外の事業監督法規の中にも，消費者の利益保護等を目的として広告・表示を規制する規定をおいているため，一般法である景品表示法と重複するものもあるが，いずれにおいても規制の趣旨は消費者の合理的な商品・役務の選択を保護することにあるため，両者が競合して適用され得る[24]。

　保険業法300条には，保険契約者または被保険者に対し，告知義務違反を誘発するような行為を罰則の対象とする規定（1項2号・3号参照）もおかれているが，保険契約者等の誤解を生じさせるおそれのあるものを規制の対象とする300条1項6号および7号は，景品表示法による不当表示規制と重複する可能性がある。保険業法300条1項6号および7号にいう「誤解させる」は一般的・合理的な消費者を基準として，その判断を誤らせ，結果的に自己に不適合な保険契約を締結してしまう可能性がある場合も含まれるとされるため，景品表示法にいう誤認と共通する要素が多い。6号で問題となる「他の保険契約の契約内容と比較した事項であって誤解させるおそれのあるものを告げ，又は表示する」は，「当該事業者と同種若しくは類似の商品若しくは役務を供給している他の事業者に係るものよりも」（景表5条）著しく優良，または有利であると誤認させる表示ともいうことができる。これに対して，7号で規制の対象となる，契約者配当，社員に対する剰余金の分配のほか，内閣府令で定めるものとして「資産の運用実績その他の要因によりその金額が変動する保険金，返戻

---

24) 丹宗暁信＝伊従寛・経済法総論（1999）481頁。

金その他の給付金又は保険料」(保険業法施行規則233条) は,「商品又は役務の価格その他の取引条件」(景表5条2号) に係るものとして,有利誤認表示に該当する可能性がある。

## IV　事業者団体によるガイドラインの公表

　保険商品や保険契約に特有の性質を踏まえ,事業者団体である日本損害保険協会（以下,損保協会）および生命保険協会（以下,生保協会）では,表示に関するガイドラインを作成し,公表している[25]。

　損保協会が公表しているガイドラインは,保険商品の販売に関わる募集文書およびマス媒体による広告での表示を対象としている。これらは紙の文書に限らず,ホームページ上の保険商品の販売に係る募集文書,電子メール等を利用した商品の販売に係る募集文書等をも対象としている。表示の内容については,募集文書において一般消費者が補償（原文ママ）内容,保険料または加入条件等の優良・有利性を示す情報にのみ着目して誤認を生じさせることのないよう,制限条件等について,わかりやすく明瞭に表示すること,優良・有利性を示す情報と同一視野に入るように表示すること,文字の大きさが優良・有利性を示す情報と比べてバランスを欠いて小さくならないようにすること,に留意すべきとしている（5. 留意事項(1)）。また,留意することが望ましい事項として,一般消費者にとって理解しにくいと思われる言い回しの使用を避けるように努めることとし,可能な限りわかりやすい表現に書き換えるか,注意書き等で説明を加えることを挙げるとともに,別途「保険約款および募集文書等の用語に関するガイドライン[26]」を作成し,公表している（5. 留意事項(2)）。

　生保協会が公表しているガイドラインでは,消費者に著しく優良・有利であるとの誤認を与えることを防止することを目的として,保障内容の優良性を表示する場合に,責任開始時期,給付金の減額,保険料払込免除の要件等,前述

---

25)　一般社団法人日本損害保険協会「募集文書等の表示に係るガイドライン」(2015年7月公表),生命保険協会「生命保険商品に関する適正表示ガイドライン」(2013年6月公表)。
26)　一般社団法人日本損害保険協会「保険約款および募集文書等の用語に関するガイドライン」(2012年4月公表)。

の公取委の実態調査において問題のある広告表示の例として指摘された事項について，表示媒体の特性に応じてわかりやすく表示されていることに留意することとしている。さらに，銀行での窓口販売が主要な販売チャネルとなっていることに鑑みて，銀行等での保険販売を行う場合の留意事項が示されている。また，少子・高齢化や低金利を背景として貯蓄性を重視した保険商品が人気となっているが，金融商品取引法の規定が準用される市場リスクを有する保険商品（特定保険商品）に関する留意事項も示されている。

## V　結びに代えて――今後の検討課題

　2005（平成17）年から2008（平成20）年にかけて，多くの保険会社で保険金の不払いや請求勧奨漏れが発覚し，保険業法に基づく業務停止命令を受けた生命保険会社の事例が2件，損害保険会社の事例は8件，生命保険会社に対する業務改善命令が13件，損害保険会社に対するものは38件に上るに至って，保険会社に対する一般消費者の信頼が大きく損なわれた[27]。その背景として，保険契約者の多様なニーズに対応することを目的として特約の組み合わせによる柔軟な商品設計を企図したものの，保険商品があまりにも複雑化してしまったために，保険金支払業務における不適切な対応や保険契約者が本来受け取ることのできる給付金等の請求漏れが生じたりしたと指摘される[28]。多様なニーズへの対応は他方で，保険契約者側の適切な選択に基づく特約等を組み合わせた商品設計の提案を要求し，保険募集に際して適切な情報提供が必要となる。さらに，少子化・高齢化を背景として，死亡保障よりも医療・介護費用を生前に受け取るタイプの保険商品に注目が集まっていることから，保険契約者が給付金等の請求を適切に行うことのできるように，保険契約締結後にも継続的に適切な情報提供を行うことも必要となるが，契約締結後の情報提供は一般消費者ではな

---

27)　金融庁行政処分事例集（http://www.fsa.go.jp/status/s_jirei/kouhyou.html）。同一の保険会社が複数回業務停止命令や業務改善命令を受けている場合もある。

28)　徳常泰之「不適切な保険金不払い・支払い漏れ問題に関する一考察」保険学雑誌611号（2010）112頁，宮地朋果「保険金等の支払い問題と契約者保護をめぐる一考察」保険学雑誌601号（2008）40～45頁，日本経済新聞（2008年7月2日）等。

く，特定の保険会社との間で保険契約を締結した者を対象とするため，保険業法に基づく規制が中心となると考えられる。

　最後に，不当表示行為による誤認に起因する一般消費者の損害回復について検討する。事例1）に関連してNは，がん入院保険金の支払いに係る約款上の記載内容は変更していないものの，リーフレット等の記載内容を度々変更している。平成14年12月頃以降（排除命令で問題とされた時期以降）のリーフレット等には，診断確定日以前の入院については給付金の支払い対象とならない旨を明記したが，平成15年3月頃には，がん入院給付金についてがん治療の目的で入院し，入院中にがんと診断確定された場合には，がん入院給付金を入院1日目に遡って支払うことに変更し，その旨をリーフレットに記載した。さらに，平成15年3月頃までに契約した者のうち，診断確定日前の入院についてがん入院給付金を支払わなかった者に対しては，給付金査定の見直しを行い，入院1日目に遡って追加支払いを行うこととした。[29]

　2014（平成26）年の景品表示法改正で導入された返金制度は，課徴金の減額対象を金銭の交付に限定している。その趣旨として，一般消費者の被害回復として，商品の交換や商品券やポイント等の代替物の提供といった方法も想定されるものの，金銭交付以外の方法では，他の事業者の商品または役務を選択することができず，引き続き不当表示を行った事業者との取引が維持されるため，消費者が自主的かつ合理的な選択をすることができないためであると説明されている。[30]誤認による消費者の損害回復のためには，当該事業者との契約関係から一旦離脱し，他の事業者が提供する商品または役務を含めて自主的かつ合理的な選択を行うべきであるとしてこのような規定を設けたとしても，保険契約の場合，前述のように，中途解約することによってかえって保険契約者等に不利益となる可能性も低くはない。そのため，前述のNの事例のように保険契約を継続しつつ誤認によって生じた保険契約者等の損害を回復する方策を検討する必要もあろう。ただし，保障範囲を実質的に変更するような場合には，保険契約者間の公平の確保や当該保険会社の財務状態に与える影響等について慎重に考慮する必要がある。

---

29）　田中＝佐藤＝小林・前掲注11）65頁。
30）　加納＝古川＝染谷・前掲注1）30頁。

# 域外の資源国有企業に対する競争法的規律
―― ガスプロム事件の背景

武 田 邦 宣

I　はじめに
II　ガスプロムによる競争法違反行為
III　対外エネルギー政策
IV　域内エネルギー政策
V　競争法の執行
VI　おわりに


## I　はじめに

　2015年4月，欧州委員会（以下，「委員会」という）から，ガスプロム（以下，「GP社」という）に対して異議告知書が送付された。[1] 委員会が問題にするのは，仕向地条項，石油連動価格制といった天然ガス取引にかかる伝統的な取引内容である。委員会は，本件を近年における最も重要な競争法違反事件と明言している。

　GP社は世界最大のガス生産者であり，ロシア最大の企業である。GP社は，その株式の過半数を政府が保有する国有企業である。[2] 委員会による調査に対して，GP社そしてロシア政府は，市場原理に反する介入，政治的理由に基づく

---

1) 本稿は，拙稿「資源国有企業に対する競争法的規律――ガスプロム事件」RIETI ディスカッション・ペーパー 15-J-058（2015）（川瀬剛志代表「現代国際通商・投資システムの総合的研究（第II期）」）に加筆・修正したものである。

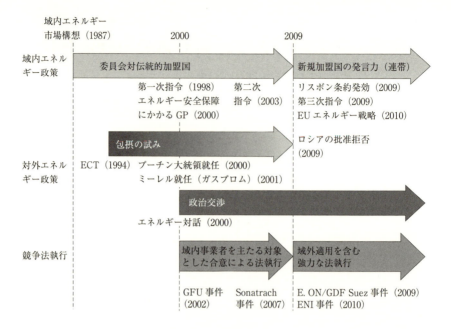

介入として，強く反発している。石油連動価格制の見直しが，東シベリアのガスパイプラインを通じた中国との取引など，GP 社の全ての取引に影響を及ぼすことになるからとも言われる。他方，EU のアルムニア競争政策担当委員（当時）は，GP 社に対する調査は，政治的理由に基づくものではないと主張する[3]。

　本稿では，EU の①域内エネルギー政策，②対外エネルギー政策，③競争法執行の関係から，本件の背景を検討してみたい[4]。議論の大枠は，上図に記すとおりである。以下，まずⅡにおいて，両当事者の主張，本件の経済的背景を明

---

2) GP 社の所有・組織・経営について，田畑伸一郎編著・石油・ガスとロシア経済（2008）55 頁以下〔塩原俊彦執筆部分〕。国有企業に関する，いわゆる競争中立性の問題について，オーストラリアにおける制度を素材に検討する，川島富士雄「オーストラリアにおける競争中立性規律──TPP 国有企業規律交渉への示唆」RIETI ディスカッション・ペーパー 15-J-026（2015）。

3) J. Almunia, Better Working Markets at the Service of Growth, SPEECH/12/653 (2012). *See also* Commission Press Release, Commissioner Piebalgs and Minister Bartenstein Clarify Key-Point of the EU-Russia Gas Trade Relationship in a Letter to the Russian Government, IP/06/556 (2006).

らかにする。次にⅢにおいて，EUの対外エネルギー政策の展開を検討する。そしてⅣおよびⅤにおいて，域内エネルギー政策の展開，同政策を補完してきた競争法執行の特徴，また本件をめぐるEUとロシアの対立を明らかにする。Ⅵにおいて，本件に至る上記①～③の関係を整理する。

## Ⅱ　ガスプロムによる競争法違反行為

### 1　両者の主張

委員会は，ブルガリア，チェコ，エストニア，ハンガリー，ラトビア，リトアニア，ポーランド，スロバキアの8つの加盟国における，①国境間ガス取引の制限，②不当な高価格の設定，③パイプラインに関係する拘束条件を付した上でのガス供給という3つの行為が，EU機能条約（TFEU）102条で禁止される支配的地位の濫用行為に該当するという。

これら行為のうち①および②は，「仕向地条項（destination clause）」，「引取義務条項（take or pay clause）」，「石油連動価格制（oil index prices clause）」といった天然ガス市場に特有の取引条件を直接に問題にし，またはそれらを背景にする。また③は，サウスストリームへの参加を条件として，ブルガリアにおいて卸供給を行う行為，ヤマルパイプラインについて，投資の意思決定にかかるGP社の関与を条件として，ポーランドにおいて卸供給を行う行為を指し，新たな取引に対応するといった合理的理由なく，単にウクライナの通過を回避するためだけのパイプライン建設に投資を求めるという，取引条件の不合理性を問題にする。[5]

これらのうち最も大きな問題となっているのは，石油連動価格制による高価格の設定行為である。[6]本件は，リトアニアの申立てを契機にする。委員会は，

---

[4]　EUとGP社との関係について，政治経済学的視点からの研究は多い（たとえば，塩原俊彦・パイプラインの政治経済学〔2007〕，鈴木一人「EUの『資源外交』を巡る戦略とその矛盾」年報公共政策学6号〔2012〕139頁）。本稿は，本文における①ないし③の関係を示すことにより，それら先行研究との差別化を図ってみたい。

[5]　J. Stern, Russian Responses to Commercial Change in European Gas Markets, in J. HENDERSON & S. PIRANI, THE RUSSIAN GAS MATRIX: HOW MARKETS ARE DRIVING CHANGE (2014) [hereinafter cited as Russian Responses], at 77-79.

石油連動価格制自体は問題でなく，また加盟国ごとにガス価格が異なることも問題でないとした上で，石油連動価格制により，5つの加盟国（ブルガリア，エストニア，ラトビア，リトアニア，ポーランド）における価格が不当なものになっていることが問題とする。GP社は，旧西側諸国の加盟国には低廉な価格で，旧東側諸国の加盟国には高価格で，ガスを供給していると指摘される。

　EUから見て，このような価格差別は，「パイプライン外交」とか「ガス外交」と呼ばれるように，政治的目的を伴う[7]。他方，GP社から見て，委員会による規制こそが政治的なものである。ロシアは，旧ソ連邦の加盟国や旧東側諸国に対する実質的な補助金（隠れた補助金）を廃止し，市場価格による取引への移行を図ろうとする[8]。これに対して，委員会は，競争法を梃子として，ロシアに対し，EUの新規加盟国であるそれら諸国にEU加盟前と同様の補助を継続するように強制するというのである。本件は競争法により料金の引下げを図ろうとする事例であり，その背景として，高価格の設定に政治的目的があるのか，高価格の排除に政治的目的があるのかが，争われている。

## 2　EU・ロシアの相互依存関係

　ガス取引について，EUとロシアは相互依存関係に立つ[9]。EUは，エネルギーの純輸入国である。消費されるエネルギーの23%は，ガスによる（2012年）。ガスの約65%は輸入により，輸入依存度は上昇傾向にある。輸入量の32%は，ロシア（GP社）による。他方，GP社にとってもEUは重要な存在である。ロシアのガス輸出のうち70%はEU向けである。ロシア国内において長くガス料金は規制下にあったことから，GP社にとってEUは最も利益を生み出す市場であった[10]。EUの市場環境，EU企業との取引条件は，GP社の収益に大きな

---

6)　U. Scholz & S. Purps, The Application of EU Competition Law in the Energy Sector, 6 J. EUR. COMP. L. & PRAC. 200, 204 (2015).

7)　リトアニアにおけるガスパイプラインのアンバンドルの動きに対抗して，GP社はガス価格の引上げを決定した。また，エネルギー共同体に2010年に参加したモルドバに対しては，ガス価格の値下げをもって，その脱退を迫ったと言われる（S. Bennett, The European Commission v. Gazprom, 31 WIS. INT'L L. J. 886, 893 (2014))。

8)　田畑編著・前掲注2) 20頁〔本村眞澄執筆部分〕。

9)　以下の統計は，EUROPEAN COMMISSION, EU ENERGY IN FIGURES: STASTICAL POCKETBOOK (2014) による。

影響を与える。

　ロシアに対する輸入依存度は，加盟国によって異なる。ドイツ，イタリア，フランスなど伝統的な加盟国に比して，中欧，東欧の加盟国は，ロシアからのガス輸入に大きく依存する。そのような依存度の相違は，ガス取引にかかる地理的市場の狭さに起因する。ガスの取引はパイプラインを通じてなされ，ボトルネックとしてのパイプラインの敷設・管理は，地政学的力学に大きな影響を受ける。LNG 取引が拡大する近年に至るまで，市場の自由化はこのようなボトルネックを解消できず，中欧，東欧諸国のロシアへの依存状態が残された。本件の背景には，このようなガス取引にかかる交渉力の絶対的差異が存在する。

## 3　フローニンゲンモデル

　本件で問題とされる天然ガスの伝統的取引内容は，1962 年の「フローニンゲンモデル」に遡る。同モデルは，上流市場における投資回収を目的とした 10 年ないし 30 年の長期取引を特徴とし，さらに石油連動価格制，国別供給条項，引取義務条項などの個別条項を含む。長期取引，引取義務条項は，西シベリアなどにおけるガス田開発，パイプライン敷設にかかる投資を誘引し，欧州におけるエネルギー供給の安全保障を支えた。また石油連動価格制は，ガス小売市場が規制され市場価格が存在しない状況において，どのように卸価格を決定するかとの問題を解決するために，採用されたものであった。ガス生産者の多くは石油生産者であり，石油連動価格制の導入に大きな抵抗はなかった。同

---

10) Stern, Russian Responses, *supra* note 5, at 50.
11) パイプライン敷設国の存在は，ガス取引において三面関係を生み出し，ガス市場特有の法的・政治的問題を引き起こす。中谷和弘「パイプライン輸送をめぐる紛争と国際経済法──ロシア・ウクライナ間のガス紛争を中心として」日本国際経済法学会年報 22 号（2013）30 頁。
12) K. TALUS, VERTICAL NATURAL GAS TRANSPORTATION CAPACITY, UP-STREAM COMMODITY CONTRACTS AND EU COMPETITION LAW (2011) [hereinafter cited as VERTICAL NATURAL GAS TRANSPORTATION CAPACITY], at 11-12.
13) 蓮見雄「EU の対外エネルギー安全保障政策とロシア」ERINA REPORT 106 号（2012）14 頁，21 頁。投資回収の機会を与える需要の確保を「エネルギー需要の安全保障」とし，これとパイプライン等の整備にかかる「エネルギーインフラの安全保障」を合わせて，「エネルギー供給の安全保障」とする。
14) A. J. Melling, Natural Gas Pricing and its Future (2010), at 10.

制度は，ガス生産者に一方的に有利というわけではなく，ガスのスポット取引市場が未成熟な段階において，GP 社等，ガス生産者の市場支配力の行使を回避するとの機能を有した。

しかし，世界的な LNG 取引の拡大，スポット取引市場の成立，域外および域内におけるシェールガスの採掘といった市場の変化は，需要者にとって長期取引の必要性を弱いものとする。[15] 特に 2005 年を境とした域内におけるガス需要の減少は，GP 社から需要者へと，取引当事者間の交渉力に変化をもたした。[16] また近年，LNG 取引の拡大という，加盟国による GP 社への依存を低下させるための戦略的対応も見られる。本件法執行の背景には，ガス取引にかかるこのような交渉力の相対的変化が存在する。

## III 対外エネルギー政策

### 1 エネルギー憲章条約

EU における「エネルギー安全保障」概念は多義的であるが，[17] なかでもエネルギーの安定供給が最重要と考えられてきた。同確保の方法は，時代により異なる。概ね 2009 年発効のリスボン条約に至るまで，委員会は，国際条約による資源国の包摂および競争法の穏便な執行により，エネルギーの安定供給を確

---

15) TALUS, VERTICAL NATURAL GAS TRANSPORTATION CAPACITY, *supra* note 12, at 13-14; L. Rimsaite, The Perspective of Long-Term Energy Supply Contracts in the Context of European Union Competition Law, 5 SOCIETAL STUD. (Mykolas Romeris Univ.) 885, 887 (2013). 長期契約によるガス取引（数量）は 2012 年ないし 2014 年にピークとなり，微減傾向が続いた後，2027 年ないし 2028 年以降，大きく減少すると予想されている（Stern, Russian Responses, *supra* note 5, at 52-53, Figure 3.1)。また，日本エネルギー経済研究所ほか編・石油・天然ガス開発のしくみ（2013）198 頁。
16) 1970 年代半ばから継続してきた「ガスの黄金時代（Golden Age of Gas)」が 2005 年に終了したとする，Stern, Russian Responses, *supra* note 5, at 52-54。
17) European Commission, Towards a European Strategy for the Security of Energy Supply, COM (2000) 769 final, at 2 は，「エネルギー供給の安全性について EU の長期的戦略は，EU 条約 2 条および 6 条に明示されるように，環境にかかる関心に目配りをし，持続的な発展を期待するとともに，市民の厚生および経済の適切な機能のために，家庭および産業の全ての需要者に入手可能な (affordable) 料金にて，エネルギーが継続的に市場に供給されることを確保することにある」とする。

保しようとした。[18]

　前者について，欧州における最大のガス・石油生産国であるノルウェーは，EEAによって，EUのエネルギー政策に服する[19]。これに対してロシアについて，EUは，「エネルギー憲章条約」という国際法的枠組み，そして①「パートナーシップ協力協定（PCA）[20]」，②「エネルギー対話（EU-Russia Energy Dialogue／Prodi Initiative）」，③EU条約26条の「共通戦略」に基づく「ロシアに対する共通戦略[21]」という3つの政治的枠組みをもって，その包摂を図ろうとしてきた。[22]

　とりわけ重要であったのが，1994年のエネルギー憲章条約，およびそれを補完する「通過議定書（Transit Protocol）」であった。エネルギー憲章条約は，投資保護に加え，エネルギー原料・産品の通過にかかる積極的措置，「エネルギー効率及び環境関連に関するエネルギー憲章条約議定書（PEEREA）」を通じたエネルギー効率の達成，「開かれた競争的市場」の確立（3条），「市場の阻害および競争の障壁を取り除くこと」（6条1項）など，エネルギー市場の幅広い項目を規定する。エネルギー企業の独占的契約の排除もその内容である（22条）。[23]

　エネルギー憲章条約による資源国の取り込みは，「共同体アキ（Acqui Com-

---

18) *See* D. Finon & C. Locatelli, Russian and European Gas Interdependence: Could Contractual Trade Channel Geopolitics?, 36 ENERGY POL'Y 423, 427 (2008).

19) A. Goldthau & N. Sitter, A Liberal Actor in a Realist World?: The Commission and the External Dimension of the Single Market for Energy, 21 J. EUR. PUB. POL'Y 1462 (2014).

20) Agreement on Partnership and Cooperation Establishing a Partnership between the European Communities and their Member States, of one part, and the Russian Federation, of the other part (1994).

21) COMMON STRATEGY OF THE EUROPEAN UNION of 4 June 1999 on Russia, 1999/414/CFSP, O. J. L 157/1 (1999).

22) TALUS, VERTICAL NATURAL GAS TRANSPORTATION CAPACITY, *supra* note 12, at 18-19.

23) エネルギー憲章条約前文は「漸進的な自由化（progressive liberalization）」，「合併，独占，反競争的慣行，独占的地位の濫用」への言及とともに，競争市場の価値を認める。具体的に6条2項が，「競争」について定める。加盟国は，単独のまたは共同の反競争行為に適切に対応すべきことが定められており，単独の反競争行為には搾取的濫用も含むと考えられている（Energy Charter Secretariat, Analysis on Issues Related to Competition under the Energy Charter Treaty (2012), at 8)。なお，草案はより厳格な内容を規定していた。

munautaire）の輸出によるエネルギー安全保障の確保」を目的とする[24]。しかしロシアにとって，エネルギー憲章条約は，次のようなリスクをもたらす[25]。①ロシア国内に競争を導入しEU市場への供給者を増加させるリスク，また，②通過議定書によりパイプラインを開放することにより，中欧アジアからEUへのガス供給を可能にするとのリスク（①と同様に，EU市場における競争者を増大させる），③ISD条項（26条・27条）による直接訴訟のリスクである[26]。2000年のプーチン大統領就任により，ロシアは資源の国家管理に軸足を移し[27]，2001年には，GP社の代表にプーチン大統領の意を受けたミーレル（A. Miller）が就任した[28]。政策転換の中で，エネルギー憲章条約の上記リスクが大きく評価され，2009年，ロシアは，エネルギー憲章条約の批准を拒否した[29]。EUによる包摂の試みは失敗したのである。

むしろロシアは，2006年，GP社にガスの輸出独占権を付与する国内法を制定した[30]。GP社への輸出独占権の付与は，域内の閉ざされた競争を生み，Ⅳ1で見るように，加盟国ナショナルチャンピオンが国境に沿って市場を分割することを支えた。

---

24) C. Locatelli, EU-Russia Trading Relations: The Challenges of a New Gas Architecture (2013), at 2.
25) エネルギー憲章条約を，エネルギー消費国に有利な内容と評価する，R. Leal-Arcas & A. Fills, The Energy Community and the Energy Charter Treaty: Special Legal Regimes, their Systemic Relationship to the EU, and their Dispute Settlement Arrangements, 12 OGEL (2014), at 22。資源国であるノルウェーは，エネルギー憲章条約を未締結である。
26) Locatelli, *supra* note 24, at 5.
27) 安達祐子・現代ロシア経済（2016）第5章242頁以下。
28) J. Stern, The Impact of European Regulation and Policy on Russian Gas Exports and Pipelines, in J. HENDERSON & S. PIRANI ED., THE RUSSIAN GAS MATRIX: HOW MARKETS ARE DRIVING CHANGE (2015) [hereinafter cited as Impact of European Regulation and Policy], at 83.
29) ロシアによる批准拒否の原因，背景について，中谷・前掲注11）42～43頁。ロシアによるエネルギー憲章条約に代わる提案について，毛利忠敦「天然ガス供給安定のための国際法規範──エネルギー憲章条約に対抗するロシア提案の意義」国際協力論集20巻1号（2012）31頁。また，酒井明司「二つの顔を持つガスプロム──国家と私企業の狭間で」石油・天然ガスレビュー45巻1号（2011）6頁。
30) エネルギー消費国が「市場」を志向するのに対して，エネルギー資源国が再び「国家」を志向する（"re-nationalization"）例とする，TALUS, VERTICAL NATURAL GAS TRANSPORTATION CAPACITY, *supra* note 12, at 19-20。

## 2 エネルギー対話

ロシアの包摂に失敗する一方で，EU は，加盟国拡大等により，エネルギー安全保障の観点から，大きなリスクを抱えた。すなわち 2004 年および 2007 年の第 5 次拡大により中東欧諸国およびバルト諸国が EU に加盟し，また 2010 年および 2011 年に，モルドバおよびウクライナがエネルギー共同体に参加した。GP 社にとって，前者は安定的需要へのリスク，後者は安定的輸送（パイプライン輸送）へのリスクを意味する[31]。これらロシアのリスク要因への刺激が，結果として，EU とロシア間の対立を先鋭化させた。

包摂の失敗により，EU とロシア間のエネルギー交渉は，もっぱら政治に委ねられることになった。特に，1994 年のパートナーシップ協力協定[32]から生まれ，2000 年から開始された「エネルギー対話」が重要である[33]。エネルギー対話は，仕向地条項の扱いなどについて一定の成果を上げたほか，2011 年に設置された「ガスアドバイザリー理事会（Gas Advisory Council）」が EU とロシア間の重要な対話の場，また制度調整の場として機能する[34][35]。しかし政治的調整が条約による包摂に代替することはない。包摂の失敗の延長線上に，強力な競争法執行により自由化を図ろうとする本件を位置付けることができる。

## IV 域内エネルギー政策

### 1 加盟国ナショナルチャンピオンの存在

GP 社にとって，競争的なガス市場の生成を妨げてきたのは，とりもなおさず加盟国のナショナルチャンピオンである。仕向地条項（地域制限）が加盟国外からの競争圧力を排除する機能を果たすように，フローニンゲンモデルは，

---

31) 蓮見・前掲注 13）14〜15 頁。
32) PCA, *supra* note 20.
33) T. Romanova, Russian Energy in the EU Market: Bolstered Institutions and Their Effects, 74 ENERGY POL'Y 44, 47-50 (2014).
34) 消極的評価もある。たとえば，TALUS, VERTICAL NATURAL GAS TRANSPORTATION CAPACITY, *supra* note 12, at 21-22。
35) Romanova, *supra* note 33, at 49. 最新の成果として，2013 年 3 月に，2050 年までのロードマップにかかる協定が締結されている（The Coordinators of the EU-Russia Energy Dialogue, ROADMAP EU-RUSSIA ENERGY COOPERATION UNTIL 2050 (2013））。

域内事業者にとって，自らの独占利潤を保障する機能を果たす。また，小売市場に独占価格の転嫁が可能な加盟国の独占企業は，石油連動価格制の変更を強く主張するインセンティブを有することがなかった。加盟国の後押しを受けたナショナルチャンピオンは，競争者よりも有利な取引条件を得るべく，GP 社，そしてロシア政府に接近しようとした。

EU のガス市場は，1998 年の第一次指令（1998/30/EC），2003 年の第二次指令（2003/55/EC），2009 年の第三次指令（2009/73/EC）に基づき，漸次，自由化が進められてきた。緩慢ではあるが自由化が進展し，国境を越えてナショナルチャンピオンの相互参入が見られる中で，特に 2005 年以降，加盟国政府によるナショナルチャンピオンの保護・育成の動きが目立つことになった。E. ON 社（ドイツ）による Endesa 社（スペイン）の買収について，スペイン政府が公然と反対したのは，その例である。これら背景には，次に見るように，2009 年まで EU において共通エネルギー政策が存在しなかったという事情がある。

## 2 共通エネルギー政策

2009 年のリスボン条約に至るまで，EU は，共通エネルギー政策を遂行するための明示の根拠規定を持たなかった。その間，EU は，「市場統合」と「環境保護」という 2 つの一般的政策の組み合わせにより，エネルギー政策を遂行せざるを得なかった。エネルギー産業に対して積極的に競争法が適用されてき

---

36) Stern, Russian Responses, *supra* note 5, at 57.
37) A. Goldthau, The Politics of Natural Gas Development in the European Union (2013), at 12.
38) V. Milov, The EU-Russia Energy Dialogue: Competition Versus Monopolies (2006), at 5-6 (GP 社の独占的地位は，加盟国に保障されたと評する).
39) A. Nourry & N. Jung, EU State Measures Against Foreign Takeovers: "Economic Patriotism" in All But Name, 2 COMP. POL'Y INT'L 99 (2006).
40) クルース競争政策担当委員（当時）は，この動きを「保護主義の再来」と呼んだ（N. Kroes, European Competition Policy Facing a Renaissance of Protectionism-Which Strategy for the Future?, SPEECH/07/301 (2007)）.
41) W. Berg & J. Lohrberg, On the Road to Pan-European Energy Markets: Some Remarks on the Application of EC Competition Law, 1 BLOOMBERG EUR. BUS. L. J. 356, 363 (2007).
42) Leal-Arcas & Fills, *supra* note 25, at 11.

た背景には，このような事情が存在する。しかし，2000年および2006年の2つのグリーンペーパーを経て締結されたリスボン条約によって，加盟国は「連帯の精神」によりエネルギー市場の機能を確保するとともに，供給の安全を確保し，エネルギー効率を改善し，エネルギーネットワークの相互接続を促進することが義務付けられた（TFEU 194条1項）。

委員会への申立てを行ったリトアニアのエネルギー当局は，今回の事件を，「連帯の精神」に基づくEUの共通エネルギー政策に資するものとして歓迎する。リトアニアなど中欧，東欧の加盟国は，西欧，北欧の加盟国とは異なり，域内全域で活動し得るエネルギー事業者を持たず，不十分な規制改革により市場統合から取り残されていた。本件の背景には，共通エネルギー政策確立後における，西欧・北欧の加盟国から，委員会，中欧・東欧の加盟国へのパワーバランスの移動が存在する。

### 3 アンバンドル・ガスプロム条項・市場の二極化

リスボン条約により共通エネルギー政策の遂行が可能になると同時に，2009年の第三次指令およびアクセス規則は，ガスパイプラインについて，所有分離を含む厳格なアンバンドルの実施を加盟国に求めた。このように強力なアンバンドルは，次のような3つの個別論点を生んだ。第一に，パイプラインがガス

---

43) Commission Green Paper of 29 November 2000, Towards a European Strategy for the Security of Energy Supply, COM (2000) 769 final; Commission Green Paper of 3 August 2006, A European Strategy for Sustainable, Competitive and Secure Energy, COM (2006) 105 final.

44) 2項は，エネルギーミックス等について，なお加盟国の権限を認めるものの，リスボン条約によって初めてEUレベルでのエネルギー政策が認められることになった。リスボン条約とエネルギー政策について，たとえば，友岡史仁・ネットワーク産業の規制とその法理（2012）286頁以下。

45) Ministry of Energy of the Republic of Lithuania, Lithuania's Constantly Raised Questions about Gazprom Evolved to the European Commission Investigation (2012).

46) Regulation (EC) No 715/2009 of the European Parliament and of the Council of 13 July 2009 on Conditions for Access to the Natural Gas Transmission Networks and Repealing Regulation (EC) No 1775/2005, O.J.L 211/36 (2009).

47) 三浦哲男「EUエネルギー法制の展開とその問題点――EU電力指令を通しての考察」富大経済論集54巻1号（2008）111頁。

供給におけるボトルネックとなり，ガスの長期供給契約と，パイプラインの利用契約との間にミスマッチが生じかねないという論点である[48]。第二に，アンバンドルが，新たなパイプライン投資についてディスインセンティブを生むとの論点である[49]。第三に，域外企業が域内パイプラインを取得することにより，エネルギー安全保障に脅威が生じるとの論点である。

第三の論点に対処するため，第三次指令は「ガスプロム条項」を設けた。これは TSO (Transmission System Operator) の承認にあたり，供給の安全の考慮を認めるものである[50]。ガスプロム条項は，GP 社によるパイプライン取得を危惧する中欧，東欧，バルト諸国の強い求めに応じて，設けられた。GP 社は，2003 年頃から，パイプラインの取得により域内小売市場への参入を進めよう

---

48) これは，「Supply・Capacity ミスマッチ」，「Contractual ミスマッチ」などと呼ばれる。ミスマッチはスポット市場の流動性を高め，GP 社に対して，量的リスクに加えて，価格リスクを負わせる。しかもアクセス規則は，伝統的な加盟国国境での引渡方法 (PP: Point to Point) に代わり，一定範囲のパイプライン網をゾーンとして画定した上での，仮想ハブ (VTP: Virtual Trading Point) での引渡方法 (EE: Entry/Exit) を提示する (Stern, Impact of European Regulation and Policy, *supra* note 28, at 84-86)。さらに利用権限の配分について定める新しいコードは，オークションによる権限の配分を志向し (Commission Regulation (EU) No 984/2013 of 14 October 2013 Establishing a Network Code on Capacity Allocation Mechanisms in Gas Transmission Systems and Supplementing Regulation (EC) No 715/2009 of the European Parliament and of the Council, O. J. L 273/5 (2013))，また現実的利用のない容量についてその確保を禁じるなどして，ミスマッチのリスクを大きなものにする。エネルギー憲章条約をめぐる交渉において，ロシアは，長期契約に対応した，パイプラインの「優先利用権 (Right of First Refusal)」の確保を主張していたが，第三次指令は，そのようなロシアの希望を完全に拒否する（中谷・前掲注 11）42～43 頁。TALUS, VERTICAL NATURAL GAS TRANSPORTATION CAPACITY, *supra* note 12, at 25)。

49) 同問題に対処するために，第三次指令は，大型の投資を伴うパイプラインなどについてアクセス規制に関する例外（個別適用除外）を定める。しかし，同適用除外制度は運用が不確実・不透明であり，投資インセンティブの保護に十分な機能を果たしていないと批判されている (Stern, Impact of European Regulation and Policy, *supra* note 28, at 87)。制度に対する投資家・金融機関の不信感が，具体的に，サウスストリーム計画の中止をもたらしたと評価されている (A. V. Belyi & A. Goldthau, Between a Rock and a Hard Place: International Market Dynamics, Domestic Politics and Gazprom's Strategy, EUI Working Paper RSCAS 2015/22 (2015), at 6-7)。

50) 第三国の供給者により支配されている TSO が加盟国で事業を行うためには，その設立前に EU にて承認を得る必要があるとする。またガスについては，電力にはないアンバンドルの形態 (ITO) を認める。ITO は，所有分離によってパイプラインがロシアに取得されることを回避するものである。

とした。しかしガスプロム条項は，GP 社の参入を阻止する効果を持つ[52]。これは「市場」では説明できない規定であり，自由化を進めようとする第三次指令の精神に矛盾するようにも見える。

第三次指令について，自由化に果たした役割は十分でないとの意見がある。これによれば，西欧，北欧では，旺盛な需要を背景として，越境取引が増大し，またハブ取引への移行が進んだのに対して，中欧，東欧では，第三次指令によっても，加盟国を越えてガス取引にかかる地理的市場は拡大せず，GP 社への依存が解消されることはなかった[53]。これが，本件における搾取的濫用の前提となった。

## V 競争法の執行

### 1 本件の位置付け

電力産業における E.ON 事件 (2009 年) のように[54]，EU では，エネルギー産業に対して積極的に競争法が適用されてきた。共通エネルギー政策がない中で，規制改革を推進し，補完するために，積極的な競争法の適用がなされてきたのである。しかし競争法の域外適用については，一定の留保が示されてきた。たとえば，仕向地条項に関する事例が，これを示す。

従前，委員会は，GP 社をはじめとする域外のガス生産者と国内のナショナルチャンピオン間の垂直取引について，競争法の域外適用に躊躇を示してきた。仕向地条項は，域内市場の分断効果から，EU 競争法違反が明白である。2000 年頃から，委員会による仕向地条項の積極的調査が始まった[55]。結果，たとえば

---

51) C. Locatelli, EU Gas Liberalization as a Driver of Gazprom's Strategies? (2008), at 11-12.
52) 酒井・前掲注 29) 6 頁。
53) T. Boersma, T. Mitrava, G. Greving, & A. Galkina, Business As Usual: European Gas Market Functioning in Times of Turmoil and Increasing Import Dependence, Brooking Institution Energy Security Initiative, Policy Brief 14-05 (2014), at 4-5.
54) E. ON, O.J.C 36/8 (2009). 小畑徳彦「EU における電力自由化と E.ON 事件」公取 731 号 (2011) 100 頁。
55) H. Nyssens, C. Cultrera, & D. Schnichels, The Territorial Restrictions Case in the Gas Sector: A State of Play, 1 COMP. POL'Y NEWSLETTER 48, 48 (2004).

2004 年の GdF/ENI・GdF/ENEL 事件（COMP/38.662）では，ノルウェー産ガス，アルジェリア産ガスのパイプライン輸送を行う GdF が付した仕向地に関する拘束が，101 条 1 項に違反するとされた。仕向地条項の拘束は，域外の生産者を起源とする。しかし同事件では，域内の事業者のみが名宛人とされた。また，域外の生産者に対しては，正式決定を行わず，合意に基づき事件を終了するとの実務（非公式事件としての処理）も見られた。これらの事件処理には，自由化の過渡期であったとの理由に加えて，政治的理由が指摘されている。

これら先例とは異なり，102 条の事例であるが，本件は，域外のガス生産者に対して競争法を直接適用する。ガス市場においては，第三次指令（2009 年）以降，特に競争法の積極的執行が指摘される。本件も同流れに沿う。本件は，Ⅱ3 で見た市場環境の変化を前提として，第三次指令による市場の自由化の不十分さを補完するために，積極的な競争法の適用がなされた事例と評価することができる。

## 2 ロシアによる対抗立法

ロシアにとって，第三次指令，またそれを補完する積極的な競争法執行につ

---

56) 紺野博靖「欧州委員会が天然ガス取引の地域制限を競争法違反と決定した事件を振り返る——GdF/Eni 事件と GdF/Enel 事件」石油・天然ガスレビュー 49 巻 1 号（2015）17 頁。
57) 自由化の途中であることを理由として，制裁金は課されなかった。
58) 2003 年以降における一連のガスプロム事件（COMP/38.085，COMP/38.307，COMP/38.308），ナイジェリア国営企業を対象とした 2007 年の Sonatrach 事件（COMP/37.811）が，その例である。
59) Nyssens, Cultrera, & Schnichels, *supra* note 55, at 50.
60) 競争法の完全な執行による政治的リスクおよびエネルギー安全保障への配慮が働いたと考えるべきとする，東條吉純「グローバル LNG 市場の形成過程における競争法の役割」舟田正之編・電力改革と独占禁止法・競争政策（2014）623 頁。*See also* TALUS, VERTICAL NATURAL GAS TRANSPORTATION CAPACITY, *supra* note 12, at 165.
61) 2009 年の E.ON/GdF Suez 事件では，域内事業者による水平的市場分割について多額の制裁金が課されたが，変化を示す事例と評価されている（Berg & Lohrberg, *supra* note 41, at 359-360; M. WALOSZYK, LAW AND POLICY OF THE EUROPEAN GAS MARKET (2014), at 180-181）。変化の要因として，2003 年の競争法の現代化を指摘する，*id.*, at 172，また，2006 年のウクライナ・ガス危機を指摘する，P.S. Morris, Iron Curtain at the Border: Gazprom and the Russian Blocking Order to Prevent the Extraterritoriality of EU Competition Law, 12 E.C.L.R. 601, 608 (2014) がある。

いて，ソ連時代に東欧，中欧へのガス供給のために建設したパイプラインが，それら諸国が EU に加盟した結果，アンバンドルの対象となる事態は，受け入れがたい。[62] ロシアは，第三次指令につき，最恵国原則および内国民待遇原則違反などを理由に，WTO の紛争解決手続に基づき協議要請を行なう。またロシアは，GP 社への立入調査がなされてから 1 週間後に，戦略的企業が外国当局へ情報提供等を行うことを禁じる大統領令を公表して，委員会の調査に対抗する。[63]

大統領令は，次のように定める。まず，1 条によれば，別の大統領令[64]により定められた「戦略的地位を有するジョイントストックカンパニー」およびその子会社は，外国政府や国際機関から，①活動に関する情報の提供，②外国企業ないし外国政府との契約の改定，③外国企業について有する持分，外国における事業活動の免許，不動産等の処分を求められた場合には，別途定めるロシア政府機関の事前承認を得なければ，それらを行うことはできない。そして 2 条は，ロシアの「経済的利益（economic interest）」に反する場合には，同承認を与えることができないと定める。[65] 別の決議[66]によって上記承認権限を有する 11 の機関が定められており，GP 社，ロスネフチ，トランスネフチについては，エネルギー省が承認権限を有する。[67] 本件をめぐる EU とロシアの激しい対立は，競争法執行における国際的協力の時代から，国際的対立の時代へと逆戻りさせるようである。[68]

---

62) *Id.*, at 609.
63) Russia Presidency, Executive Order on Measures Protecting Russian Interests in Russian Legal Entities' Foreign Economic Activities (2012).
64) Executive Order of President of the Russian Federation No 1009 of 4 August 2004.
65) 「経済的利益」については，不透明さが指摘される（Bennett, *supra* note 7, at 892)）。
66) Resolution of an Order of the President of the Russian Federation No 1285.
67) 大統領令が委員会による調査の足かせとなることはなく，むしろ GP 社の今後の事業活動の妨げになるのではとの指摘もある。大統領令は，外国国内法にしたがった情報の適時開示や，外国での訴訟提起を困難にするからである（M. Martyniszyn, Legislation Blocking Antitrust Legislations and the September 2012 Russian Executive Order, 37 WORLD COMPETITION 103, 114 (2014))。
68) *Id.*, at 113. EU とロシアは，2011 年に競争当局間の協力にかかる相互了解覚書（MoU）を締結している（Memorandum of Understanding on Competition between the FAS Russia and DG Competition of the European Commission (2011))。

## VI おわりに

　本件に至る，①EUの域内エネルギー政策，②対外エネルギー政策，③競争法執行を見てきた。本件は，域内市場改革の不十分さにより市場の統合から取り残された東欧・中欧諸国が，EU法上の新しい指導原理である「連帯」を根拠に措置を求めた事件である。事件の背景には，国際的なエネルギー市場の拡大とともに，①域内エネルギー政策の決定権限が加盟国からEUへと移り，②対外エネルギー政策が包摂から対立へと変化したとの事情がある。同過程において，競争法は，当初はナショナルチャンピオン（域内事業者）に対して自由化を迫る道具として機能したが（①の道具），本件では域外事業者に対して自由化を迫る道具として機能している（②の道具）[69]。そしてこれは激しい国家間対立を生んでいる。以上の流れは，先に示した図の通りである。

　ガス市場における競争法の適用については，域内事業者からも異論が示されることがある[70]。また，伝統的取引内容がパイプライン投資にかかるインセンティブ確保という一定の経済的合理性を有したことを前提に，本件が，将来のパイプライン投資へのディスインセンティブといった副作用を伴うことを危惧する意見もある。しかしEUにとって見れば，後者は世界的なLNG市場の拡大によっていまや大きなリスクでなく，また共通エネルギー政策の下での戦略的なパイプラインの敷設によって十分に回避し得るリスクであると，判断されたものと考えられる。

---

[69] 競争法の適用により石油連動価格制の放棄を迫る本件の方法は，かつて市場統合を完成させるために，競争法の適用により仕向地条項の放棄を迫った方法と共通する（J. Stern, Russian Responses, *supra* note 5, at 68. Goldthau, *supra* note 37, at 15)。

[70] GP社に不満を有する域内ガス事業者も，ガス市場における委員会の競争法適用のあり方には，GP社と同様の不満を有すると指摘される（Belyi & Goldthau, *supra* note 49, at 8)。

# 競争法と国際的二重処罰

土田和博

はじめに
I　若干の問題の整理
II　基本的枠組みを形成した判決
III　金銭的不利益措置の調整に関する判決，決定
おわりに


## はじめに

　独占禁止法において，不当な取引制限を行った事業者に刑事罰に加えて課徴金を賦課することが憲法39条の禁止する二重処罰に当たるかどうかは，課徴金制度を導入した1977年改正の前後から議論されてきたが，刑事罰を維持しつつ課徴金制度を強化した2005年改正，機械保険連盟事件最高裁判決[1]，内閣府独占禁止法基本問題懇談会報告[2]（2007年）などを経て，憲法違反には当たらないという結論にほぼ落ち着いた[3]。

　他方，不当な取引制限を行った事業者が日本の独禁法に違反するだけでなく，外国の競争法にも違反する場合（主に国際カルテルの場合），日本と当該法域（国

---

1) 平成17年9月13日（民集59巻7号1950頁）。
2) 2007年6月26日。全文はジュリ1342号（2007）109頁。
3) 刑事罰金と課徴金が併科された場合，罰金の半分に相当する額を課徴金額から控除する7条の2第19項，63条1項は2005年改正で導入されたが，違憲であるとの判断を避けるために設けられたものではない（一種の政治的妥協というのが立法事実）。

や地域）が刑事罰，行政制裁金，課徴金などを課（科）すことになるが，これが国際的二重処罰（international double jeopardy, international *ne bis in idem*）として禁止されるかどうかという問題は燻りつづけているように思われる。これは，特にアメリカ合衆国の刑事処罰が峻厳であり，欧州連合（以下，EUという）の課す行政制裁金が高額であること，これらの法域以外の競争法後発国でも刑事罰金や行政制裁金（以下，金銭的不利益処分，措置あるいは金銭的サンクション・ペナルティということがある）を賦課する例が増えていることなどが背景にあるものと推測される。以下では，複数の法域が同一の事業者の「同一の違反行為」に対して不利益処分を行う場合，これが国際的二重処罰として禁止されるか，されないとしても刑事罰や行政制裁金等の調整が必要であるかについて検討することにしたい（参考のため，日本の独禁法が適用されない場合も含めて検討する）。

## I　若干の問題の整理

　この問題は，同一のカルテルに参加した事業者に対する2以上の法域による①刑事処罰（例えばベアリングカルテル事件[4]），②刑事罰と行政制裁金（例えばアメリカ合衆国の刑事罰金と EU の行政制裁金）の併科，③行政制裁金，課徴金等（例えば日本の課徴金と EU の行政制裁金）の並行的賦課に整理できる。

　①を国際的二重処罰と呼ぶことは可能である。日本国憲法は「同一の犯罪について，重ねて刑事上の責任を問はれない」（39条）とするが，外国での処罰に二重処罰禁止ないし一事不再理効が及ばないことは刑法5条の規定からも明らかである[5]（ただし，同条は，外国で言い渡された刑の全部または一部の執行を受けたときは，刑の執行を減軽または免除するという算入主義を採用する）。また多くの国際人権条約の二重処罰禁止規定は[6]，複数国が同一事件を刑事的に処罰することを禁止しないと解されており（sovereign equality），例外的に国際的二重処罰禁

---

[4]　日本精工（NSK）は日米で罰金刑を科され（東京地判平成25年2月25日，米国の量刑合意は http://www.justice.gov/file/506606/download），ミネベアは米韓で起訴された（司法省の起訴状は，http://www.justice.gov/file/504406/download を参照。韓国ではソウル地裁が2015年10月30日，ミネベアと韓国子会社に罰金刑を言い渡している）。

[5]　髙山佳奈子「腐敗防止に関する管轄権の競合と二重処罰の危険」法時86巻2号（2014）14頁。

止を明文で規定するのは，Schengen 条約 54 条のみであるといわれる[7][8]（非締約国が拘束されないことはいうまでもない）。

②③は厳密な意味で二重処罰の問題といえるかは疑問であるが，同一の違反行為に対して複数の法域の賦課するサンクション・ペナルティの総計が罪刑均衡原則ないし比例原則に反するかどうかという別の問題は存在する[9]。換言すれば，*Ne bis poena in idem*（前訴を後訴は考慮すべし）という法諺が示唆する問題は別に存在し，このような金銭的不利益処分の調整こそを事業者は求めているようにも思われる。この場合，法源は（国内法の問題では憲法 31 条または 13 条とする見解が有力だが），国際法においては「法の一般原則（a general principle of law）」ないし国際慣習法と主張される（後述）。

以上のように，競争法において「国際的二重処罰」として問題にされるのは，①よりもむしろ②，③であるように思われることから[10]，本稿ではこれを中心に検討する（②，③は「国際的な罪刑均衡ないし比例原則」とでもいうべき問題）。

---

6) 例えば，国連国際人権規約（UN International Covenant on Civil and Political Rights（ICCPR））自由権規約 14 条 7 項，欧州人権条約（ECHR）第 7 議定書 4 条，国際刑事裁判所に関するローマ規程（Rome Statute of the International Criminal Court）20 条など。

7) 1985 年シェンゲン協定を実施する 1990 年施行の条約。54 条は「A person who has been finally judged by a Contracting Party may not be prosecuted by another Contracting Party for the same offences provided that, where he is sentenced, the sentence has been served or is currently being served or can no longer be carried out under the sentencing laws of the Contracting Party.」と規定する。

8) G. Conway, *Ne Bis in Idem in International Law*, 3 International Criminal Law Review 217, 220-1 (2003).

9) 国内法の文脈であるが，佐伯仁志・制裁論（2009）125〜126 頁を参照。

10) ただし，①に関連して，個人が複数の法域により競争法違反の罪で自由刑を言い渡された場合，sovereign equality の原則により，自由刑が重ねて科されるとすれば，これが二重処罰禁止や罪刑均衡原則に反しないかは，重要な問題であり得る。もっとも，これが問題となった珍しいケースであるマリンホース事件では，英国人経営コンサルタントについて，米国の裁判所が言い渡した 30 箇月の自由刑と同じ刑期の自由刑を英国の控訴審裁判所が宣告し，米国での執行は免除されるという形で，事実上の調整が行われているように思われる。International Bar Association, Report of the Task Force on Extraterritorial Jurisdiction 54-56 (2009) を参照。

## II 基本的枠組みを形成した判決

I でみた複数の法域の競争法（独占禁止法）違反を理由として賦課された金銭的不利益処分が国際的な比例原則（あるいは国際的二重処罰禁止）に反するかどうかを検討した国内の判例や論文は見当たらない。他方，国外で特に上記②，③の問題について基本的な枠組みを形成したのは，次の3つの欧州司法裁判所の判決・先決裁定である。

### 1 Walt Wilhelm and Others v. Bundeskartellamt, [1969] ECR 1.

ドイツ連邦カルテル庁は，アニリンの価格を1967年10月16日から8％値上げするとした合成染料の国際カルテル参加事業者の合意に対して過料を課したが（1967年11月28日），その取消訴訟がベルリン高等裁判所（Kammergericht）に提起された。他方，欧州委員会は同じ事業者を含むアニリン製造業者の国際カルテルについて手続を開始したが，欧州委員会の調査対象となった行為には1967年10月16日からのアニリンの値上げも含まれていた（制裁金の賦課につながる可能性があった）。ベルリン高裁は，1968年7月，欧州司法裁判所に，手続の重複可能性等について先決裁定を求めた。

先決裁定は，①同一の合意に対して，欧州委員会が加盟国間の取引の障害を除去する観点から手続を開始し，加盟国が加盟国法に基づいて同法の目的を達成する観点から手続を開始することがあり得ること（パラ5），②両者のカルテル法に関する判断が異なった場合には共同体法が加盟国法に優先すること（パラ6）を述べた上，③二重のサンクションの可能性について問うた質問に対して，そのような可能性がある場合には「自然的正義（natural justice）の要請は……これから賦課されるサンクションの判断において先に課した決定を考慮しなければならないことを求める」と回答した（パラ11）。

### 2 Boehringer Mannheim v. Commission, [1972] ECR 1281.

国際キニーネカルテルの参加事業者 Boehringer Mannheim は，1969年7月3日，アメリカ合衆国の裁判所においてシャーマン法1条，2条違反により8

万ドルの罰金刑の宣告を受け,これを支払った。その直後7月16日に欧州委員会はEEC条約85条違反により同社に19万 u.a.(計算単位)の制裁金の支払いを命じたが,これは1970年7月に欧州司法裁判所により18万 u.a. に減額された(減額の理由はアメリカで罰金が科されたこととは無関係)。Boehringer Mannheim は1969年9月,書簡により合衆国で科された罰金相当額を欧州委員会が制裁金額から減額するよう求めたが,欧州委員会は1971年11月25日の決定でこれを斥けた。同一の行為に対する二重処罰を禁止する法の一般原則 (a general priniciple of law prohibiting double penalties for the same action) に欧州委員会が違反したとして,この決定の取消または制裁金の減額を求めて同社が出訴したのが本件である。

裁判所は,欧州委員会が共同体の領域において行われた同一の行為について加盟国のカルテル法違反により既に課されたペナルティを制裁金賦課に当たって考慮しなければならないが,(加盟国でない)第三国で行われた行為との調整が問題となる場合には,これと共同体の領域で行われた行為が同一である (identical) といえる場合にのみ同様の考慮が必要となるにとどまると判示した(パラ3)。そして,2つの法域が取り上げた本件の行為は,その目的や地理的な重点 (geographical emphasis) が異なるから,単にそれらが一連の同一の取決め (the same set of arrangements) から生じただけでは同一の行為とするには足りないとした。また判決は,欧州委員会の決定が対象としたBoehringer Mannheim らによる行為が共同体市場および英国市場の分割と合成キニジン(キニーネの異性体)の生産をカルテル参加3社に制限することであるのに対して,アメリカで司法取引が行われた事件は,より広い行為,特にキナ皮 (quinquina bark) に関する合意,アメリカでの戦略的株式の取得と分割,1966年中頃までの高販売価格の維持を含むものであること,問題となる行為が同一であると立証する責任は Boehringer Mannheim にあるがこれに成功していないことを指摘して(パラ5),請求を棄却した。

## 3 Showa Denko v. Commission, [2006] 5 CMLR 840.

異なる法域間の金銭的不利益処分調整の要否を最も端的かつ包括的に述べたのは本件の欧州司法裁判所判決である。日独米の電気炉用黒鉛電極のメーカー

8社が価格協定と市場分割協定を結んだ本件において，欧州委員会によって制裁金を課された昭和電工が決定の取消と制裁金の減額を求めて上訴したものである。特に違反抑止のために世界市場の売上高に基づいて基本制裁金額を算定するのであれば，アメリカ，カナダ等が賦課した罰金や課徴金を欧州委員会は考慮しなければならなかったはずだが，これを不要とした第1審裁判所判決は取り消されるべきだとの昭和電工の主張について，欧州司法裁判所は，次のように判示した。

> 欧州人権条約第7議定書4条（前掲注6を参照——土田）にみられる non bis in idem の原則は，共同体と加盟国が同一事件に介入した場合とは異なり，共同体と非加盟国が独自の管轄権に基づいて介入した場合には適用されないとした第1審裁判所の判断は十分に可能なものである（パラ56）。また欧州委員会が他の国が行った手続やペナルティを考慮しなければならないという他の法原則もなければ（パラ57），裁判所を含めたある国の機関が，同じ事件につき同一の自然人または法人を別の国が既に裁いたからという理由で審理し違法と宣告してはならないという国際公法上の原則も，非加盟国の当局が賦課した金銭的サンクションを欧州委員会が考慮しなければならないという国際条約もない（パラ58）。さらに比例原則との関係でも，欧州委員会が時に他国の金銭的不利益処分（fines）を考慮することは可能であるが，そうせよと要求することはできない（パラ60）。

比較的に短い判決文であるが，裁判所は，①欧州人権条約の定める二重処罰禁止が欧州共同体と非加盟国が競争法を適用した場合には妥当しないこと，②欧州委員会が非加盟国の賦課したペナルティを考慮しなければならないという他の法原則も国際条約も存在しないこと，③手続的にも同一人（自然人，法人）が同じ事実につき複数の法域で裁かれるという負担が許されないという国際公法上の原則もないこと，④比例原則との関係でも欧州委員会はその裁量で他国が賦課した金銭的不利益処分を考慮することは可能であるが，そうしなければならない義務はないことを判示したものである。

## III 金銭的不利益措置の調整に関する判決，決定

以上の判決によれば，少なくともEUが制裁金を賦課した事業者に関する限り，EUとその加盟国間においては，後の手続においてサンクションの調整が

求められるものの、EUと非加盟国の間では問題となる行為が「同一である(identical)」と評価されるのでなければ、調整を要しないことになる。このような考え方は、他の法域においても踏襲される可能性が高いように思われる。そうだとすれば、複数の法域で競争法違反として問議される行為が「同一である」といえるかどうかが重要な問題だということになる。「一連の同一の取決めから生じただけでは足りない」(Boehringer判決)とすれば、それに加えて何が必要であるか、実際に同一と判断される場合があるかが問われる必要がある。この点は国際カルテルの対象となる商品・サービスによって異なると考えられることから、以下では商品・サービスごとに分類して検討することとする。

### A　原料カルテル

　Aricher Daniels Midland とその子会社に関する判決においては、欧州委員会の取り上げた事件とアメリカ合衆国（およびカナダ）の取り上げた事件の「同一性」が問題となった。本件は複数の栄養製品用原料に係る国際カルテル事件の一部であり、Aricher Daniels Midland 社に関しては、欧州委員会はリジンを、米国司法省はクエン酸とリジンを対象として金銭的不利益処分を行ったものである。欧州司法裁判所は、対象商品の違いに加え、非加盟国で賦課された不利益措置が当該国の市場に及ぼした当該カルテルの影響を基礎とするものであり、他方、欧州共同体が課した制裁金が共同体市場に対する影響に基づくものである場合には「事実は同一でない」（したがって、欧州委員会が他の法域

---

11)　加盟国の側で調整を明文化するものもある。イギリス競争法38条9項は、Directorや裁判所にこの義務を規定している。OFT's guidance as to the appropriate amount of a penalty 2.24（2012年9月）を参照。

12)　現にシンガポール競争委員会（CCS）は、日本とシンガポールによる金銭的不利益措置の調整を不要と判断した文脈で、欧州司法裁判所の昭和電工判決を引用している（後掲注29）を参照）。

13)　Archer Daniels Midland Co. and Archer Daniels Midland Ingredients Ltd. v. Commission, 18 May 2006, Judgment of the Court, Case C-397/03 P.

14)　Case COMP/36.545/F3-Amino Acids, 7 June 2000.

15)　DOJ, Information, United States v. Archer Daniels Midland, United States District Court Northern District of Illinois Eastern Division, Criminal No.: 96-CR-00640 (October 15, 1996).

16)　パラ69。

477

の賦課した金銭的不利益措置を考慮しなくとも，二重処罰禁止のコロラリーに反しない）と判示した。

## B 部品カルテル

TV 用および PC 用ブラウン管カルテル事件[17]（EU）で韓国企業は，韓国公正取引委員会（以下，KFTC という）が算定の基礎とした取引の売上額と同じ取引の売上額を欧州委員会が制裁金算定の基礎とするならば，二重処罰の禁止に反することになると主張したが（パラ 1025），欧州委員会は，①ブラウン管が直接に EEA に供給された売上額（Direct EEA Sales）および同一企業グループ内でカルテル対象ブラウン管が最終製品に組み込まれて輸入された当該部品の売上額（Direct EEA Sales Through Transformed Products）のみを制裁金算定の対象としており（パラ 1026），金銭的サンクション算定の基礎は重ならないこと，②二重処罰禁止原則は，欧州委員会と KFTC がそれぞれの法域の法秩序を維持するという異なる目的の下に行う手続と賦課するペナルティには当てはまらないこと（パラ 1031）を挙げて，韓国企業の主張を斥けた。

液晶パネルカルテル事件でも，欧州司法裁判所は，「二重処罰禁止原則もその他のいかなる法原則も，欧州委員会に対して，当該事業者が非加盟国において服した手続とペナルティを考慮に入れねばならないことを要求するものではない」と端的に判示している[18]。

## C 輸送サービスに関する近年の判決，決定

### 1 国際旅客燃油サーチャージ（OFT 決定）

本件は，British Airways（BA）と Virgin Atlantic Airways（VAA）が 2004 年 8 月から 2006 年 1 月まで長距離旅客燃油サーチャージ（passenger fuel surcharges for long-haul flight: PFS）を旅客に直接または間接に請求する合意を形成し実施した事件である[19]（VAA はリニエンシー申告により制裁金を免除された）。英国・公正取引庁（以下，OFT という）は，1998 年競争法 Chapter I（カルテ

---

17) CASE 39437-TV and computer monitor tubes，2012 年 12 月 5 日付の暫定決定書。

18) InnoLux Corp. v. Commission, Judgment of the Court, 9 July 2015, Case C-231/14 P, at para. 75.

ル）禁止または TFEU 101 条違反の場合，市場画定をしなければ，ある行為が英国の取引に影響するか，加盟国間の取引に影響するか判断できないときにはそれが必要となるが，本件合意は，その性質によって，これらの取引に影響を及ぼすこと，またそれを目的とすることが明らかなものであるから，違反認定との関係では市場画定をする必要はないとした（パラ 58, 59）。

しかし，制裁金算定のためには関連市場を画定する必要があるとして（パラ 60），OFT は，制裁金を課される事業者（BA）に不利にならないように控え目なアプローチ（売上額が不当に大きくならないよう狭い市場）を採るとの基本方針の下，次のような市場画定を行った。すなわち，本件合意は，両者が競合する路線だけでなく，いずれかが就航する全ての長距離路線で燃油サーチャージを旅客に請求するものであるから，両者がこれを請求した全ての路線が affected markets であるが，狭い（少ない）市場画定でも，違反抑止の目的を達成できるとして，出発空港と到着空港または出発地（都市）と到着地（都市）の組み合わせで考えて，両者が競合する路線であって，フルサービス（LCC を一応除外している）の直行便（乗継便を一応除外している）で定期就航する（チャーター便を一応除いている）航空便（鉄道，自動車，船舶による輸送を一応除いている）の市場を一応画定した。ただ，LCC，乗継便，チャーター便，鉄道等が競争者に含まれないかは，その必要がないとして確定的な判断を行っていない。その結果，21 + 1 路線が affected markets であるとされ（パラ 79, 80），これらの市場において両者は 1 路線を除いて 47～100％ のシェアを占めるとされた[20]。これらの路線における 2004/2005 年度の BA の PFS の合計額（非公表）を制裁金算定の出発点となる基本額として，加重軽減要因とリニエンシー申告を考慮して加減算が行われた結果，最終的な制裁金額は 5850 万ポンドであるとされた（パラ 456）。加減算のプロセスで注目されるのは，「BA が既に合衆国の当局によって罰金を科されている事実を考慮して」[21]，基本額に違反期間の係数（本件では 17 箇月違反が継続したとして 1.5）を乗じた後の制裁金額から 3 分の 1 を減額し

---

19) British Airways & Virgin Atlantic Airways, OFT Decision No. CA 98/01/2012, 19 April 2012.
20) パラ 86。ロンドン・ヒースロー空港－シドニー空港の路線のみが 18％ のシェアとされている。

たことである（パラ443）。

英米のBAに対する金銭的不利益措置は，両国間の航空旅客運送の対価の一部である燃油サーチャージに係るカルテルという同一の行為を対象としており，それ故にOFTが減額したと考えられる。

## 2 国際航空貨物運送に係るサーチャージ

(1) ACCC v. Air New Zealand, [2014] FCA 1157；ACCC v. P.T.Garuda Indonesia Ltd., [2016] FCAFC 42.

オーストラリアの競争当局である「オーストラリア競争および消費者委員会（Australian Competition and Consumer Commission：ACCC）」は，Air New ZealandとP.T.Garuda Indonesiaが参加した国際航空貨物運送カルテルのうち，香港，シンガポール，インドネシアの各空港発オーストラリア着の航空貨物運送に係るサーチャージと運賃のカルテルについて，競争および消費者法45条，45A条に違反するとして提訴した。具体的には，①燃油サーチャージ，②保安安全サーチャージ（insurance and safety surcharge），③ガルーダ航空のみ問題となるカスタムズ・フィー（インドネシア政府が航空貨物運送会社に課す料金），④ガルーダ航空のみ問題となる航空運賃に関するカルテルが上記路線の航空貨物運送について行われたとするものであった（オーストラリア発外国着の便については，1路線を除いてACCCは訴えを提起していない）。判決の共同行為の存否に関する要旨は以下のとおりである。

---

21) United States v. British Airways, Criminal No.07-183, Plea Agreement（August 23, 2007）によれば，BAは，米国発着の①国際航空貨物運送（international air transportation services for cargo）に係る料金（cargo rate）カルテル（2002年3月から2006年2月まで）および②長距離国際航空旅客運送の対価の一部（燃油サーチャージ）に係るカルテル（2004年8月頃から2006年2月まで）の2つの訴因により起訴され，①につき2億ドル（米国着の航空便のcargo rateは基本罰金額算定の基礎となるaffected commerceに算入されていない），②につき1億ドルの罰金の支払いで合意が成立した。OFTは②を考慮したのではないかと思われる。

22) オーストラリア競争当局が取り上げたその他の航空会社に関する多くのケース，例えば，ACCC v. Qantas Airways Ltd., [2008] FCA 1976やACCC v. Cargolux Airlines International SA, [2009] FCA 342（いずれも国際航空貨物運送に係る燃油サーチャージの価格カルテル事件）は，競争当局と事業者が合意した制裁金額を裁判所が追認する形で終結している。本件は両者の合意が成立しなかったケースである。

(A) 香港発オーストラリア着の貨物運送について，両者は価格協定をしたことを否定し，香港法により協定を申請するよう強制されたと主張したが，裁判所は一部の価格協定があったとし，強制されたとの主張を斥けた。

(B) シンガポール発オーストラリア着の貨物運送（Air NZ の共同行為が問題とされた）については，①燃油サーチャージに関する Air NZ の共同行為への関与は立証されていない，②保安安全サーチャージの共同行為への参加はあったと認めるとした。

(C) インドネシア発オーストラリア着の貨物運送（ガルーダ航空のみが問題とされた）については，ガルーダ航空が前記①，②，④の共同行為を行ったと認め，③のうちインドネシア発オーストラリア着の便については共同行為があったと認めるが，オーストラリア発インドネシア着の便については証明がないとした。

このように少なくとも一部の共同行為の存在は認定したにもかかわらず，裁判所は最終的に ACCC の訴えを棄却した。その理由は，航空会社がフォワーダーに対して，①，②，④を出発地の空港において請求し，③をインドネシアを発着する両方の便について請求するものと認定したこと（それにもかかわらず，上記のとおりオーストラリア発インドネシア着の便については，共同行為の存在の立証がないとしたこと），ならびに競争および消費者法の要件に関する次のような独特の規定と解釈によるものである。すなわち，同法は，共同行為が「競争」を実質的に減殺することを要件とするところ（45条2項，45A条），45A条にいう「競争」とは「契約，協定または了解の当事者である会社……が商品またはサービスを供給する市場における競争」（45条3項）であり，「市場」とは「オーストラリアにおける市場（market in Australia）」（4E条）であると明示的に規定している。香港，シンガポール，インドネシア発オーストラリア着の航空貨物運送サービスの対価を含めた取引条件は，出発地における市場（航空会社と主としてフレイト・フォワーダーで構成される市場）で交渉され，決定されると裁判所は認定したから，「オーストラリアにおける市場」の競争を実質的に減殺す

---

23) オーストラリア発インドネシア着の③カスタムズ・フィーに関するもので，オーストラリアで徴収されたとされている（パラ1130）。他方，インドネシア発オーストラリア着の便のカスタムズ・フィーは，インドネシアで徴収されたのではないかと思われる。

るとの要件を充足しないと判断したわけである。

　ところが，控訴裁判所（Full Court of Federal Court）はこれを覆した。[24]すなわち，まず「オーストラリアにおける市場」の意義を判断することは，「議会がその立法権限（legislative power）を行使しようと選択した範囲を画定することである」とした上（パラ151），裁判所は，出発地において供給者が存在するということだけが「オーストラリアにおける市場」の判断基準となるわけではなく，需要を満たすために供給者がどこで活動しなければならないかをも認定することが必要であるとするACCCの主張を認め（パラ157），貨物がオーストラリアに運送され，地上ハンドリングサービスがオーストラリアで行われ，貨物の遅延，紛失等の追跡サービスや破損への対応等のサービスがオーストラリアで行われることも，本件行為が「オーストラリアにおける市場」に係るものであることの理由の1つとした（パラ164）。そのほか合計7つの理由を挙げて，外国発オーストラリア着の航空貨物運送サービスが取引される市場は「オーストラリアにおける市場」であるとしている（制裁金の調整は今後）。

(2)　**Commerce Commission v. Air New Zealand, [2011] 9 NZBLC 103.**

　他方，同様に国際航空貨物運送サービスの対価の一部である燃油サーチャージと保安サーチャージに係る多数の航空会社によるカルテル事件をとりあげたニュージーランド商業委員会（Commerce Commission: CC）は，2008年12月，1986年商業法（Commerce Act: CA）に基づく手続を開始した。その後，一部の航空会社はカルテル禁止違反の責任を認めたが，ニュージーランド航空を含む8社が争ったため，CCはニュージーランド高等法院（the High Court of New Zealand）に提訴した。[25]

　商業法も「市場における競争を実質的に減殺する目的を有し，もしくはその効果を有し，または有する可能性のある規定を含む契約，協定……了解」を禁

---

24)　ACCC v. P. T. Garuda Indonesia Ltd., [2016] FCAFC 42 (21 March 2016).
25)　ニュージーランド発外国着の国際貨物運送の対価の一部に関する共同行為については，ニュージーランドに市場が存在し，本裁判所が管轄権を有することは，当事者間に争いがなかった（パラ5）。したがって，以下の裁判所による審理は外国発ニュージーランド着の便に関するものである。

止する (27 条)。また同法はニュージーランド国外で行われた行為であっても，当該行為が「ニュージーランドにおける市場」に影響を及ぼす限りで，ニュージーランドにおいて所在し，または事業活動を行う者の行為に適用されるとしている (4 条)。したがって，本件でも国際航空貨物運送事業者らによる行為が影響を及ぼし，その競争を実質的に減殺する市場がニュージーランド国内に存在するかが問題となった。これについて裁判所は，問題となる市場の全部がニュージーランドに存在する必要はなく，その一部があれば足り (パラ 241)，本件では輸入者が国内に所在するからこの要件を充足するとしたとした。

この結論は，上記(1)のオーストラリアの事件と同じく，国際航空貨物運送サービスの取引が主として出発地において行われるとの認定を行った[26]にもかかわらず導かれた点が注目に値する。裁判所のこの結論に影響を与えたと思われるのが，derived demand (外国に由来する需要) の理論である[27]。すなわち，大部分の国際航空貨物運送サービスは出発地において航空会社とフレイト・フォワーダーの間で取引が行われるから市場は出発地に存在するとの航空会社側の意見書にもかかわらず，裁判所は，出発地のフォワーダーの需要が到着地の輸入者の需要に由来するものであるから，この意見書は現実を無視した狭いものであり，実際には到着地の輸入者が運送サービスの取引条件を指示し，支払いを行い，時に航空会社を選択するのであるとした (パラ 183)。またフォワーダーが輸入者に請求する料金のうち，航空会社がフォワーダーに請求する料金 (air cargo rate) が占める割合は 30〜95% であるとされ (パラ 149)，SSNIP テストによって仮定的独占者 (国際航空貨物運送業者) の 5〜10% 程度，1 年程度の値上げが最終的な支払者である輸入者の需要の変化につながるとし，上の結論を導いている。

その後の判決において，ニュージーランド高等法院は，Air NZ が得たオーストラリア，日本，マレーシアからニュージーランドへの航空貨物運送における燃油サーチャージおよび日本，マレーシアからニュージーランドへの航空貨物運送における保安サーチャージの額に基づいて基本制裁金額を決定した上，

---

26) パラ 33。
27) C. Niels, *Back to First Principles of Market Definition: The New Zealand High Court Air Cargo Cartel Case*, 36 World Competition 373 (2013).

一部の法域が金銭的不利益処分を行っていることも考慮して，20％の減額を適当とした[28]（最終制裁金額は750万ニュージーランドドル）。

### 3　航空フォワーダーサービス（CCS決定）

11の航空貨物利用運送事業者（フォワーダー）グループ（日系10社とドイツポストの子会社，関連会社）は，2002年9月から2007年11月，2004年11月から2007年11月の間において，「航空貨物運送協会（Japan Aircargo Forwarders Association）」の会議に際して，日本の空港における爆発物検査料金，セキュリティチャージ（国土交通省の航空運送保安対策に対応するために必要な料金）および日本発の航空燃油サーチャージを荷主に請求することを共同して決定した[29]。その決定には日本からシンガポールへの航空貨物利用運送サービス（air freight forwarding services）の一定の料金とチャージも含まれていたことから，シンガポール競争委員会（以下，CCSという）は，11社（親会社）の合意または協調的行為が，日本からシンガポールへの航空貨物利用運送サービスに関するシンガポール国内の競争を妨げ，制限し，もしくは歪曲する目的を有し，これが日本法人とシンガポール法人（子会社等）によって実行されたとして（パラ214），10社に合計715万0852シンガポールドル（×当時のレート90円≒6億4350万円）の制裁金を課した。

この事件において，K Line，近鉄，郵船は，日本の公取委も日本発シンガポール着の便について上の各種料金をベースに課徴金を課しているから[30]，これを控除すべきと主張したが，CCSは，①本件違反の重大性を考慮すれば，違反抑止のために必要であること（控除しなくとも，制裁金額は，これらの会社の年間売上額の一定割合（非公表）を下回る制裁金額にとどまること），②二重処罰禁止原則は，問題となる人と違反行為が同じであるだけでなく，守られるべき法的

---

28)　Commerce Commission v. Air New Zealand, [2013] NZHC 1414, at para. 53.
29)　Freight Forwarder, Case No. CCS 700/003/11（シンガポール競争委員会決定，2014年12月11日）。シンガポールから日本への航空利用運送に関しては，シンガポール国内でセキュリティサーチャージや爆発物検査料金の徴収は行われなかったようであり，カルテルはこのルートについては対象としなかったようである。
30)　公取委は，これらの事業者を含む12社に対して，総額90億5298万円の課徴金を納付するよう命じている（国際航空貨物利用運送事業者らに対する課徴金納付命令，平成21年3月18日）。

権利の単一性(言い換えれば,適用される法が同じであること)を前提とするところ,日本とシンガポールの競争法の手続とペナルティはそれぞれの法目的を達成しようとするものであるから,この原則の適用はないことなどを挙げて,減額の主張を斥けた(パラ700,701)。

## D 小 括

以上から明らかなように,金銭的不利益措置の調整を行った判決・決定は,輸送サービスに関する国際カルテル事件に多い。それぞれの国・地域で実施される製品の国際カルテルなどと異なり,国際輸送サービス・カルテルに関しては,出発地と到着地を結ぶ同一ルートについて少なくとも2つの法域が管轄権を有する可能性があり,「同一である(identical)」と考えられる行為にそれぞれの競争法を適用する可能性があるからである。ただし,輸送サービスに関連する国際カルテル事件であっても,違反抑止力を維持するため調整を行わなかった例もある(上記C3CCS決定)。

## おわりに

各法域の金銭的サンクション・ペナルティ調整に関する法実務(判決,決定)は,さまざまである。一般的には,(欧州司法裁判所の昭和電工事件判決等が参照されて)異なる法域間の調整は不要としつつ,行為の同一性が認定されやすい輸送サービスに関する国際カルテルについて,金銭的不利益措置の一定の調整が行われているといえよう。ただし,輸送サービスに関連する国際カルテル事件であっても,違反抑止力の観点から調整が行われない場合もある。

輸送サービス以外の商品・サービスについては,行為が同一であるとの判断を避けるために,競争当局間で取り上げるべき商品・サービスにつき協議・調整が事実上行われているのではないであろうか。国際カルテルの対象とする商品・サービスのうち,各法域の競争当局が自国に関係の深い(影響の大きい)ものを選択するよう協議・調整が少なくとも一部については行われているようにも思われる(例えば,ベアリング事件では,米国が自動車用ベアリングにつき司法取引を行ったのに対して,韓国は電子機器メーカーが輸入する小径ベアリング,鉄鋼メ

ーカーが使用する鉄鋼設備用ベアリング等に限定して取り上げたり，シンガポールは補修用ベアリングに限って制裁金の対象としている）。

　仮に行為の同一性が認められた場合，法域間で金銭的不利益処分の調整が要求されるとすると，どのような原則に則って，どのように調整することになるのであろうか。各法域（競争当局）は一方では違反抑止力のある水準の金銭的不利益処分を維持する必要があり，他方，事業者はトータルの不利益処分の大きさが違反行為と比例的であるレベルまで減額するよう求めることができるとすると，競争法の金銭的不利益措置として妥当と考えられるものは，「比例的であると同時に違反抑止力のある制裁（proportionate and deterrent punishment）」であるということになる。昨今，欧米や競争法後発国による金銭的不利益処分が活発化していることから，金銭的サンクション・ペナルティの国際的調整方法や競争法の適用を行うべき最も妥当な法域への執行権限の委譲を検討するよう求める声が事業者だけからではなく，一部の競争当局からも聞かれるようである[31]。しかし，そのような議論に飛躍する前に，現在の金銭的サンクション・ペナルティが本当に比例的でないか（狭義）を検証する必要があるといえよう[32]。この点は残された課題である。

31) 公取 2015 年 8 月号 48 頁を参照（オランダ消費者・市場庁の ICN カルテル作業部会全体会での発言とされる）。なお，競争当局間の不十分な国際協力と国内重視の競争政策およびこれを克服するための global welfare の観点からの「多角的な主導法域モデル（multi-level lead jurisdiction model）」の提唱について，Oliver Budzinski, *International Antitrust Institutions*, in R. D. Blair & D. D. Sokol, The Oxford Handbook of International Antitrust Economics, Vol. 1, 119 (2015) を参照（ただし同論文は，輸出カルテルの許容等の「近隣窮乏化」政策，ナショナルチャンピオンの形成，「戦略的な競争政策」，国際企業結合の手続の重複，弱小な法域が抜け穴となること，競争法の目的と実定法の判断に国際的齟齬が生じることを主として「国際的外部性」としており，金銭的不利益処分の非調整は少なくとも明示的には問題とされていない）。
32) 今井猛嘉「刑法と独占禁止法」公取 2015 年 7 月号 10 頁は，国内法の文脈で「課徴金と罰金の総額がどの程度になれば，違反事業者に対して罪刑均衡（比例性原則違反）となるかを，より具体的に探ることは，今後の課題である」とこの趣旨を説く。

# 公正取引委員会の裁量処分にかかる司法審査
—— 直接訴訟を見据えて

林　秀弥

I　問題の所在
II　措置の必要性・妥当性についての裁量, 事件選択の裁量, 構成要件についての裁量
III　結　び

## I　問題の所在

　これまで，公正取引委員会（以下，「公取委」という）の認定した事実については，実質的な証拠がある場合は裁判所の事実認定を拘束する（実質的証拠法則）という特則があった。平成25年の「私的独占の禁止及び公正取引の確保に関する法律」（以下，「独占禁止法」という）の改正では，審判制度の廃止に伴い，実質的証拠法則等の特則（平成25年改正前の独占禁止法80条）も廃止されることになった。改正法（現行法）では，排除措置命令および課徴金納付命令に係る抗告訴訟は，第一審を東京地裁とする行政訴訟で行われることになる（以下，かかる訴訟を巷間の用語法に倣って「直接訴訟」という）。そして，改正後の排

---

1) あわせて平成25年改正では，新証拠提出制限（公取委が審判手続において正当な理由なく当該証拠を採用しなかった場合等に限り，被処分者は裁判所に対して新たな証拠の申出をすることができる旨の規定）も廃止された（改正前の81条を削除）。
2) 抗告訴訟とは，行政庁の公権力の行使に関する不服の訴訟のことをいい（行政事件訴訟法3条1項），処分または裁決の取消しの訴え（同条2項・3項）のほか，無効等確認の訴え（同条4項），不作為の違法確認の訴え（同条5項），義務付けの訴え（同条6項）および差止めの訴え（同条7項）が法定されている。

除措置命令等の取消訴訟に係る審理においては，他の行政庁による一般の行政処分の取消訴訟と同様に，処分の前提となる事実の存否や法令の適用，処分手続の法令違反については，実質的証拠法則等の制約を受けず裁判所により審査されることとなった。

　一般に，行政事件訴訟法に基づく取消訴訟においては，「行政庁の裁量処分については，裁量権の範囲をこえ又はその濫用があった場合に限り，裁判所は，その処分を取り消すことができる」(行訴30条)こととされている[3]。これとの整合性から，公取委の裁量権の範囲内において行われた処分の妥当性については，取消訴訟の審理の対象とはならない。この点は，異論がないと思われる。もちろん，処分に行政庁の裁量が認められるとしても，その判断の基礎とされた重要な事実に誤認があることにより当該判断が重要な事実の基礎を欠く場合や，事実に対する評価が明らかに合理性を欠くこと等によりその判断が社会通念に照らし著しく妥当性を欠くと認められる場合には，裁量権の逸脱または濫用がある違法な処分として，取消訴訟において取り消されることになるのは，通常の行政訴訟の場合と同様である[4]。

　そのように考えると，これまでの行政審判手続との違いは，一つは，行政審判が訴訟に変わることにより，行政上の不服申立てであれば可能であるところの裁量の当・不当の審査が裁判でできなくなるということと，もう一つは，実質的証拠法則が廃止されたことで，(かつての高裁以降の手続について)事実の部分に関しても裁判所の判断代置が可能になることである。この二つは分けて考えなければならない。

　前者の点すなわち，行政審判から直接訴訟に変容することにより，公取委の裁量に対する審査にどのような影響がもたらされるかという問題については，被処分者が，裁量権の逸脱・濫用の点しか争えないか，それに加えて処分の当・不当まで争えるかという点にかかわる。すなわち，審判手続においては，

---

[3] 同条は，従来の行政法の裁量論を明文化したものと言われることがある(他方，同条の「限り」という文言に，過去の審査抑制的理解の残滓を見る見解もある)。そこで示された裁量統制の原則は，三権分立を前提にし，司法と行政の役割分担を示したものと理解されている。

[4] マクリーン事件＝最大判昭和53・10・4民集32巻7号1223頁，および小田急高架事業認可取消訴訟＝最判平成18・11・2民集60巻9号3249頁をそれぞれ参照。これに関する判例法の形成については，南博方＝高橋滋編・条解行政事件訴訟法(第3版補正版，2009)529頁以下参照。

公取委の裁量権の範囲を超えることがなくとも，公取委の命じた処分が競争秩序の回復のために妥当であったか否かという点，すなわち裁量権の行使の当・不当の問題も含めた幅広い事項が審理対象であった。このため，主文すなわち処分内容を一部変更することも可能であった[5]（平成25年改正前独占禁止法66条3項参照）。

後者の点すなわち，実質的証拠法則の場合に裁判所の審理がどうなるかという問題については，妥当する分野があまり多くなかったこともあって，行政法学では「実質的証拠があるか」といった抽象的なレベルでしかこれまで議論してこなかったように思われる[6]。今後の独占禁止法の直接訴訟においては，実質的証拠法則が認められない通常の行政分野として，裁判所はいわばゼロから事実認定を行うことになるため，これまでの審判事件と，判決の書き方の面で違いが出てくることが予想される。

以上の予備的検討をふまえて，本稿は，このような行政裁量に焦点を当てて，公取委の行う排除措置命令等の行政処分[7]にかかる裁判所の審理について検討するものである。

本稿の問題意識を端的に表現するとこうである。すなわち，実質的証拠の問題は，手続保障のある審判機関のなす判断，とりわけ審決内容について，裁判所があらためてどこまで立ち入って適否を判断するかという問題なのであって，審決は行政手続法上の聴聞よりも手厚い手続保障があり，聴聞記録に基づく処分が求められることから，あらためての裁判所の審理は不要という考え方である。したがって，その廃止は一方で，裁判所の審査強化を意味するが，反面，審判機関の弱体化の象徴ともなる諸刃の剣である。これは本稿の前提となる問

---

[5] この点を論じたものとして，拙稿「平成22年独占禁止法改正法案の検討」新世代法政策学研究8号（2010）197頁参照。

[6] よく議論の対象になるのは，土地調整委員会の裁定（最判昭和37・4・12民集16巻4号781頁），公害等調整委員会の棄却裁定と実質的証拠（東京高判平成10・11・25判時1665号34頁）であり，他には，東京12チャンネル事件＝最判昭和43・12・24民集22巻13号3254頁や，メリヤス編機事件＝最大判昭和51・3・10民集30巻2号79頁で新証拠提出制限の問題が議論されている。

[7] なお，公取委が行う排除措置命令等の行政処分については，行政手続法（第2章および第3章）の適用が除外されている（独禁70条の11〔旧70条の21〕）。これは，独自に独占禁止法において審査手続や意見聴取手続が規定されており，それらの事前手続で代替されるからである。

題意識である。

　ただし，いうまでもなく，本稿は行政裁量に関する包括的な検討を企図するものではない[8]。あくまで，独占禁止法違反事件の訴訟に限って検討するものである。注意すべきは，裁量の実体的議論と裁判所の審査の問題は別問題であるところ，本稿の主たる関心事は，後者である。そこで本稿では，処分の審査における判断過程や考慮要素といった議論を以下で紹介しているが，しかし，これはドイツ法的な発想であって（少なくとも経済法の人間には，そのように見える），かつ，聴聞や審判のような手続保障を前提にしているわけではない一般論である。公取委の審判は，準司法的な手続を経たものであることから，判断過程や考慮要素は本来，審決の中に示されているはずである。実質的証拠法則は，それらに一応の合理性があれば裁判所は尊重するということであるから，この法則の廃止の意味するところは，裁判所の審査拡大ということになる。これは一見すると歓迎すべきことのように思われるが，平成25年改正までになされた議論が，その一面において，公取委の審判手続そのものへの敵意と一体となっていた経緯にかんがみると，ナイーブな考え方なのかもしれない。この点の結論は現時点ではとりあえず留保せざるをえない。

　前述のように，平成25年改正により，審判制度が廃止され，排除措置命令および課徴金納付命令に対する不服申立ては，審判手続を経ずに東京地裁に対して抗告訴訟を提起するものとされた。すなわち，裁判所が主宰する訴訟手続であり，行政法が適用される抗告訴訟に移行することとなった。このことから，これまでの審判制度下での前提とは異なる法運用が想定される。独占禁止法上の取消訴訟は，他の取消訴訟と同様，公取委の行った行政処分の公定力を排し，取消判決すなわち請求認容判決により当該公取委の行政処分の効力を遡及的に

---

8) 行政裁量一般に関する先行研究については，行政法の分野で汗牛充棟であるが，代表的なものとしては次のものがある。高橋滋・現代型訴訟と行政裁量（1990），亘理格・公益と行政裁量（2002），深澤龍一郎・裁量統制の法理と展開（2013），小早川光郎「基準・法律・条例」小早川光郎＝宇賀克也編・塩野宏先生古稀記念・行政法の発展と変革（下）（2001）381～400頁，山下竜一「行政法の基礎概念としての行政裁量」公法67号（2005）214～222頁，山本隆司「日本における裁量論の変容」判時1933号（2006）11～22頁，村上裕章「判断過程審査の現状と課題」法時85巻2号（2013）10～16頁，藤田宙靖「自由裁量論の諸相」日本学士院紀要70巻1号（2015）71～90頁。

覆滅せしめるという意味においては，一種の形成訴訟である。この意味で，裁判所の役割は極めて重要である。他方で，公取委は，独立して独占禁止法を所管・執行する専門的行政機関であり，その判断には事実上の重みがある。そして，公取委には，処分要件の認定判断の局面（要件裁量）であれ，処分するかどうかの判断の局面（効果裁量）であれ，多かれ少なかれ裁量を働かせる余地が認められるとされている。しかし，これ以上具体的に述べられることは学説上も少なく，具体的にどの局面で，どの程度公取委の裁量が認められるのか，なかんずく実質的証拠法則等が廃止された今日，かつて認められていた裁量の幅に変化が生じるのかどうか，必ずしも明らかではない。本稿は，この点について若干の考察を行うものである。

以下，本稿では，抗告訴訟のうち，取消訴訟に焦点を当てて，義務付け訴訟等の取消訴訟以外の抗告訴訟については議論の外に置く。

## II 措置の必要性・妥当性についての裁量，事件選択の裁量，構成要件についての裁量

### 1 序　説

伝統的な考え方によれば，行政行為は，法が行政庁に処分を行わせる場合を厳格に一義的に定めている覊束行為と，法が行政庁に処分を行わせるについて裁量を認める裁量行為とに分けられ，さらに，裁量行為は，法規が必ずしも一義的な定めをしていないが，法が存在を予定する客観的な準則に従ってその裁量が行使されるべき法規裁量行為（ないし覊束裁量行為）と，法が判断の準則を示すことを放棄し，それを行政庁の自由な判断にゆだねて，その判断を最終的なものとする自由裁量行為とに分けられる。そして，自由裁量行為は，これについての判断の誤りは単に当・不当の問題となるにすぎず，違法の問題を生じないのが原則である。ただし，法が許容した裁量の範囲を逸脱し，また，法が行政庁に自由な裁量を認めた目的を無視し，著しく妥当性を欠き，権利の濫用と認められる場合には，その裁量権の行使は違法となる[9]。

最近の考え方によれば，行政裁量論の分析をするにあたっては，行政行為がなされる際の判断過程の段階，言い換えれば当該処分にかかる法令の適用段階

を，次の五段階に分けるのが一般的である。[10]

① 事実認定
② 事実認定の構成要件への当てはめ（要件の認定）
③ 手続の選択
④ 行為の選択：すなわち処分をするかしないか，するとしてどの処分を選択するかの決定
⑤ 時の選択：いつその処分をするか

　この五段階に区分し，それぞれの段階ごとに裁量の有無や司法審査の基準を考察するのが標準的な説明であり，伝統的見解によれば，②の段階で認められる裁量が要件裁量，④の段階で認められる裁量が効果裁量であるとされる。[11]
　また，裁量審査の方法には，大きく分けて以下の二つの考え方があるとされている。[12]
　一つは，裁量権の逸脱・濫用の統制であって（以下，裁量濫用型審査という），裁量権があることを前提に，前提となる事実の誤認，法律の目的ないし動機違反，平等原則違反，比例原則違反などの有無を判断するものである。[13]
　もう一つは，判断過程統制方式といわれるものであり，裁判所が行政庁の立場に立って判断をやり直すのではなく，行政庁の判断過程の合理性を審査する

---

9) 司法研修所編・行政事件訴訟の一般的問題に関する実務的研究（改訂版，2000）179頁。同書は，裁判官が執筆した実務書であるが，これを行政法学者がどう受けとめているかは別論として，裁判実務での理解をうかがい知るには便利な書である。
10) 塩野宏・行政法Ⅰ（第5版，2009）125頁に基づく。同書は第6版が既に出ているが，ここでは第5版の頁数に基づき引用する。
11) 塩野・前掲注10）126頁以下。
12) ここでは，いかなる場合にいかなる審査の型が用いられるのかが問題であって，実質的証拠が問題となる場合，以下に述べる二類型とどういう関係があるのかについてはひとまず置く。実質的証拠法則は，行政手続法が整備されたアメリカを母国とする司法審査制約法理であるが，日本の（これまでの消極的な）司法審査のあり方とどうリンクするのかは，それはそれとして慎重な検討が必要であるが，この点も問題意識の指摘に留める。
13) 詳しくは，南＝高橋編・前掲注4）530頁以下参照。なお，裁量濫用型審査の対極にあるのが，実体的判断代置方式といわれるもので，裁判所が全面的に審査し直し，その結果と行政庁の判断が一致しない場合には，裁判所の判断を優先して行政行為を取り消す方式である。

ものである。処分にあたって，ⓐ何が重視すべき諸要素であり，それらが軽視されていないか，ⓑ他事考慮となる事項が考慮されたか，ⓒ本来過大に評価すべきでない事項が過大評価されたか，などという実体面に踏み込んで行政庁の判断過程を審査する方式である。[14]

いずれにしても，法改正により実質的証拠法則は廃止されたため，公取委の事実認定については全面的に司法審査の対象となる。[15] 事実認定についてはそもそも，公取委に裁量があるかどうかの問題ではない。[16] では，前述のⓓの段階，すなわち処分をするかしないか，するとしてどの処分を選択するかの決定については，公取委に裁量があるであろうか。結論的にいえばこれは肯定されよう。公取委の排除措置命令についてみると，当該措置を命じるか否か，（措置の必要性），また，いかなる措置を命じるか（措置の妥当性）については，公取委に広範な裁量が認められ，公取委に当該裁量権の逸脱または濫用があったかどうかが上訴審の審査の対象となる。そしてその場合，公取委の裁量権の逸脱・濫用を根拠付ける事実については原告に，当該措置の必要性・妥当性を基礎付ける事実については公取委に主張立証責任があると解される。

## 2　措置の必要性・妥当性に関する裁量

措置の必要性・妥当性については，判例上も公取委に広い裁量を認めている。たとえば，郵便区分機事件で最高裁は，「『特に必要があると認めるとき』の要件に該当するか否かの判断については，我が国における独禁法の運用機関として競争政策について専門的な知見を有する上告人〔公取委のこと——引用者注〕の専門的な裁量が認められるものというべきであるが，上記説示したところに

---

14) 詳しくは，南＝高橋編・前掲注 4) 532 頁以下参照。
15) 伝統的には，裁量とは，法規の解釈について行われるのであって，事実認定には裁量は認められない。ただし，伊方原発訴訟（最判平成 4・10・29 民集 46 巻 7 号 1174 頁）が示すように，「専門技術的判断」が問題になる場合には，裁量が一定範囲で認められるかのごとき判示を行っている（最判がこの場合の裁量を認めたのか否かの理解は分かれている）。藤田・前掲注 8) 77 頁以下参照。
16) 実質的証拠法則の下であれば公取委による事実認定が合理的か否かの審査にとどまり，個別的な適否の審査をしないということになるのであって，このことから，同法則の廃止前はあたかも公取委の裁量が認められているかのような効果を有していた。裁量行使の実体的問題と，これに対する審査の問題を混同してはならない。

よれば，『特に必要があると認めるとき』の要件に該当する旨の上告人の判断について，合理性を欠くものであるということはできず，上告人の裁量権の範囲を超え又はその濫用があったものということはできない」としているし，「『特に必要があると認めるとき』の要件該当性を判断するに当たり違反行為の終了原因や違反行為以外の事情を考慮したことのみをもって，裁量権を逸脱するものであるとか，これを濫用するものであるとはいえない。その判断の前提となる事実や判断基準を限定すべきであるとの原告らの主張は独自の見解であって，当裁判所の採用するところではない」と述べて，裁判所は公取委の裁量を一貫して認めている。

　このことは，不当景品類及び不当表示防止法（以下，「景品表示法」という）に関する事件における必要な措置等の判断についても同じである。これに関する二つの主要な高裁判決では次のように判示されている。すなわち，「景品表示法6条1項は，被告〔公取委のこと――引用者注〕に対して，同法4条1項に違反する不当表示行為すなわち違反行為があるときは，一般消費者の誤認を排除する措置及び再発を防止する措置をとるよう命じる排除命令を事業者に対して発することができるとしており，排除命令は，不当な顧客の誘引を防止し，不公正な競争状態を公正な競争状態に復し，もって一般消費者の利益を保護するために被告に与えられた権限である。そして，被告がこの権限を行使して排除措置とることを違反者に命じるか否か，命じる場合にどのような内容の排除措置をとるよう命じるか，については，被告に広範な裁量権が与えられているものである。〔中略〕もっとも，原告に対して再発防止のための措置を講ずるよう命じるについては，前記のとおり，不当表示行為すなわち違法行為がなされるに至った経緯，原告のこれに対する認識，原産国調査確認義務についての原

---

17)　最判平成19・4・19裁判集民224号123頁。

18)　同旨，JFEエンジニアリング(株)ほか4名に対する件・東京高判平成20・9・26（平成18年（行ケ）11号ないし13号）。

19)　あわせて参照，(株)サカタのタネほか14名に対する件・東京高判平成20・4・4（平成18年（行ケ）18号ないし20号）。

20)　あわせて参照，昭和シェル石油(株)ほか2名に対する件・東京高判平成21・4・24（平成19年（行ケ）7号ないし9号），(株)トクヤマほか3名に対する件・東京高判平成21・9・25（平成19年（行ケ）35号ないし38号）。

告の違反態様，同様の不当表示行為すなわち違法行為が再発するおそれがあるか否か，等を総合考慮して判断すべき」としている[21]。

このように独占禁止法7条1項および20条1項における「行為を排除するために必要な措置を命ずることができる」との規定や，7条2項本文の「特に必要があると認めるとき」の要件については，立法者が公取委に対して，処分を命じるか否か，命じるとしていかなる処分を命じるか，についての要件および効果の双方において裁量を認めたものであるということができる。ただしこれらの要件は，違反行為やその効果を排除するために必要な措置を命ずることができるという効果裁量の問題であるとともに，要件裁量の問題にも関わり，両者がオーバーラップすると思われる。しかし，そもそも行政行為には，処分要件の認定判断の局面（要件裁量）であれ，処分するかどうかの判断の局面（効果裁量）であれ，多かれ少なかれ裁量を働かせる余地が認められていると解され，その裁量の質ないし幅がそれぞれの処分により様々に異なるものである。してみると，裁判所も，その質ないし幅の相違に応じた裁量行為の審査をすべきものであろう[22]。

すなわち，選択された排除措置についてなぜ選択する必要があったのか，他の方法による場合の効果や影響について検討されたか，といった判断過程を裁判所は問うべきであって，その措置が必要とされる根拠について具体的に審査すべきである。特に，近時主流となってきている，いわゆる判断過程統制方式によるならば，とりわけそうである。前掲の(株)ベイクルーズに対する件において，裁判所が，「原告に対して再発防止のための措置を講ずるよう命じるについては，〔中略〕不当表示行為すなわち違法行為がなされるに至った経緯，原告のこれに対する認識，原産国調査確認義務についての原告の違反態様，同様の不当表示行為すなわち違法行為が再発するおそれがあるか否か，等を総合考慮して判断すべき」としているのは，そのような裁量審査を留保する趣旨と解される。

次に，課徴金納付命令についてはどうであろうか。課徴金納付命令の場合，

---

21) (株)ベイクルーズに対する件・東京高判平成20・5・23（平成19年（行ケ）5号）。同旨，(株)ビームスに対する件・東京高判平成19・10・12（平成19年（行ケ）4号）。
22) 司法研修所編・前掲注9) 179頁。

独占禁止法7条の2で,「次の各号のいずれかに該当するものをしたときは……課徴金を国庫に納付することを命じなければならない」と規定されている。これは,違反行為がある以上,法定の算出方法で計算した金額を命じなければならないことが一義的に定められた羈束行為であると考えられるため,公取委に裁量の余地はなく,全面的に司法審査の対象となる。

### 3　事件選択の裁量

次に事件選択の裁量についてである。いかなる事件を取り上げ立件するかは,公取委の判断に委ねられていると考えられている。事件選択の適否については平等原則違反が問題となる。この点については,長谷川土木工業に対する審決において,公取委が,行政運営における実効性の観点から,対象を違反行為による社会的影響の大きい部分に限定した上で調査を行い,違反行為の存否を認定し,法的措置の対象とすることには合理性があり,一部の取引分野に対象を限定して調査および措置を行っても平等原則には違反しないと説示していることが参考となる。[23]

また,公取委が取り上げる事件について,ガイドライン等において一定の基準を明らかにしている場合がある。たとえば,排除型私的独占ガイドライン(「排除型私的独占に係る独占禁止法上の指針」)では,「執行方針」として,「行為開始後において行為者が供給する商品のシェアがおおむね2分の1を超える事案であって,市場規模,行為者による事業活動の範囲,商品の特性等を総合的に考慮すると,国民生活に与える影響が大きいと考えられるものについて,優先的に審査を行う」とされている。[24]このように,行政庁が処理基準を設けている場合において,合理的理由なく当該裁量基準を適用しないことは,平等原則に反し違法とされることがあり得よう。仮にこのガイドラインの執行方針に沿っていない事件を取り上げ,処分を行った場合は,平等原則違反が裁判所により審査されることになると考えられる。[25]

---

23)　公取委審決平成18・4・26審決集53巻57頁。あわせて,根岸哲編・注釈独占禁止法(2009)153頁〔岸井大太郎〕参照。
24)　「排除型私的独占に係る独占禁止法上の指針」(2009)第1を参照。

## 4 独占禁止法違反の構成要件についての裁量

独占禁止法違反の構成要件である「共同して」,「相互にその事業活動を拘束し」,「他の事業者の事業活動を排除し」,「競争を実質的に制限」,「公正な競争を阻害するおそれ」などは,一般的・抽象的な表現がされているため,これらの要件妥当性について裁量の有無が問題になり得る。しかし,このような幅のある規定が常に裁量を認めているわけではなく,また,「競争の実質的制限」や「公正競争阻害性」の判断は,いずれも客観的,定性的あるいは定量的になされ得るものであり,公取委のそのときどきの政策目的に応じて判断されるべきものではない。特に,私的独占や不当な取引制限はいずれも刑事罰の対象であるため,これらの定義規定である独占禁止法2条5項および6項は犯罪行為の構成要件を定める規定でもある。さらに不公正な取引方法の規定(独禁2条9項)は民事上の差止請求権の要件を定める規定でもあって(独禁24条),いずれにおいても,その解釈と認定は裁判所が行うことが予定されている。したがって,いずれも公取委に裁量は認められず,全面的に司法審査の対象となると考えられる。

また,不公正な取引方法の各類型において,規定上,「正当な理由がないのに」,「不当に」が違反要件とされているものが存在するが(独禁2条9項),通説的見解によれば,不公正な取引方法において,「正当な理由がないのに」,「不当に」は,公正競争阻害性そのものをいうと解されていることからすれば,これらの有無に関する判断にも同様に裁量は認められない。

現に,「競争の実質的制限」,「正当な理由がないのに」,「不当に」の判断に係るこれまでの判例は,いずれもその解釈を裁判所が自ら行って規範を提示し,その規範に裁判所自らが事実を当てはめて結論を導く,いわゆる実体的判断代置方式によっており,公取委の判断が裁量権の逸脱・濫用であるかどうかという観点から判断しているものは皆無であるといってよい。

---

25) 最判平成27・3・3民集69巻2号143頁では,処分基準からの逸脱が裁量権の逸脱にあたることが明示されており,今後はこの統制手法に,より重みが出てくるかもしれない。

## III 結　び

　以下，本稿の結論を述べる。

　一般に，取消訴訟が提起されると，当該行政処分の一切の違法性の有無が審理の対象とされることとなり，直接訴訟における訴訟物は，公取委が行う行政処分の違法性一般となる[26]。とりわけ公取委の行う処分は，国民の権利を制限し，国民に義務を課す，いわゆる不利益処分（侵害処分）そのものであるから，処分の適法性については，処分庁たる公取委が主張立証責任[27]を負うべきものである。その際，前述のように，「裁量処分については，裁量権の範囲をこえ又はその濫用があつた場合に限り，裁判所は，その処分を取り消すことができる」（行訴30条）とされているため，裁量権の逸脱・濫用については原告側に主張立証責任があると解されている。ただし，原告側が主張立証すべきは，裁量権の逸脱・濫用，すなわち裁量権の逸脱・濫用を基礎付ける事実であり（裁量権の逸脱・濫用は法的評価の問題であるから，主張立証対象はその根拠事実である），処分の基礎とした事実が法的根拠を有するものであることについては，行政庁に主張立証責任があるものと解されている。

　現行独占禁止法の枠組みの下では，前記の裁量権の逸脱・濫用を基礎付ける根拠事実については，原告側に主張立証責任がある。これに対して，たとえば，排除措置命令について，当該措置の必要性・妥当性を基礎付ける事実については公取委に主張立証責任がある。独占禁止法7条1項および20条1項における「行為を排除するために必要な措置を命ずることができる」との規定や，7

---

26) 一般に，訴訟物とは，原告が主張し，裁判所が審理・判断する対象である具体的な権利または法律関係のことを指すが，取消訴訟における訴訟物については，処分が取り消されるべきものであるかどうかは，その処分に法律が規定する処分要件を欠く違法性がなかったかどうかによって決まるため，取消訴訟の訴訟物は，行政処分の違法性一般であるとするのが判例であるとされている。判例につき，最判昭和49・7・19民集28巻5号897頁参照。

27) ここで，主張立証責任とは，民事訴訟における定義に依拠するものとする。主張責任とは，主要事実（要件事実）について主張しなかった場合，仮に証拠上その存在が認められたとしてもその事実はないものとして扱われる不利益のことをいい，立証責任とは，ある主要事実が真偽不明である場合に，その事実を要件とする自己に有利な法律効果が認められないという一方当事者の不利益のことをいう。

条2項の「特に必要があると認めるとき」の要件については，要件裁量の問題であるとともに，いわゆる「効果裁量」，すなわち，「処分をするかしないか，するとしてどのような処分を選択するか」について認められる裁量に属するものとして，公取委の裁量が認められる。処分の違法性を主張する原告（処分の名宛人）としては当該処分に対して，公取委の裁量権の逸脱・濫用を主張立証することになる。[28]

これに対して，共同性や相互拘束，競争の実質的制限や公正競争阻害性といった，独占禁止法の違反要件の解釈と，認定事実の当該要件への当てはめについては，裁判所が行うものであって，これらが一般的・抽象的な要件であるからといって公取委の裁量が認められるわけではない。これらの要件については，裁判所が自ら解釈を示し規範を定立するのであって，公取委の判断が裁量権の逸脱・濫用であるかどうかという観点から判断されるわけではなく，全面的な司法審査が及ぶ。公取委のした事実認定においても同様に，公取委に裁量は認められず，全面的な司法審査が及ぶ。[29] 以上が本稿の結論である。

上で述べた点は，少なくとも経済法学界ではあまり詳しく議論されていないと思われたため，本稿で検討した次第である。というのも，伝統的には，裁量とは，法規の解釈について行われるのであって，事実認定には裁量は認められないとの記述にとどまっていることが多いが，そもそも法律問題と事実問題とは明確に区別し得るという前提自体，それほど自明ではない。前記の公正競争阻害性の要件を充足するか否かは法的判断の事項であるのに対して，それを構成する事実の認定は，事実問題に属するとは抽象的にはいえても，そもそも法律問題と事実問題を明確に切り分けることのできない場合も多い。

この点について，かつて舟田教授は次のように述べて，法律問題と事実問題を切り分けることのむつかしさを指摘していた。すなわち，「『公正な競争を阻害するおそれがある』という要件は，論理的には法概念であって，公取委による審決は，ある事実にこの概念を解釈・適用してなされる一種の行政行為であ

---

28) 行政事件訴訟法30条は，「効果裁量」と「要件裁量」の双方に適用がある，とするのが現時の行政法の通説であると目される。

29) 一般に要件裁量は不確定概念で，法律の規定が置かれているだけでは認められにくい傾向にあることから，独占禁止法でも同様の路線で裁判所が判断しているものと思われる。

る。その際の判断過程は，①この概念自体が何を意味するかの『解釈』，②この概念に包摂しようとした当該事実の認定，③認定された事実を，前記①において明らかにされた概念へ包摂すること（「適用」），の３段階によって構成される。このうち，①が法律問題，②が事実問題であることにはほとんど異論はない。しかして，③は法律問題か事実問題かという形で議論されることがある。もっとも実際には，①の法の解釈から，③の法の適用へどの時点で切り換えられるかは，理論上考えられるようなはっきりしたものではない。その意味で，法と事実の混合問題が存在することは，論者の説くとおりである」と。この法と事実の混合問題が存在するときに裁量がどう関わってくるか，あまり議論されたことはない。残された課題であるとともに，今後の直接訴訟の成り行きが注目される。

〔附記〕
　本稿のドラフトについて，紙野健二・名古屋大学大学院法学研究科教授，原田大樹・京都大学大学院法学研究科教授から懇篤な御教示とコメントを頂戴した。記して感謝したい。もちろん，本稿にあり得べき誤りは筆者のみに属する。

---

30) 舟田正之・不公正な取引方法（2009）336 頁。

# 実質的証拠法則について

鵜瀞惠子

I　はじめに
II　審判制度における実質的証拠法則の意義
III　判決に現れた実質的証拠法則
IV　考　察
V　おわりに

## I　はじめに

　2005年独占禁止法改正法の附則により検討がスタートしてから長い時を経て，公正取引委員会の審判制度が2013年の独占禁止法改正により廃止され，2015年から新しい直接訴訟の制度となった。これに伴い，実質的証拠法則，新証拠申出制限，少数意見などの規定も廃止された。

　審判制度の廃止は，「公正取引委員会が検事役と裁判官役を兼ねることは，手続の公正さに欠ける」との年来の批判に応えたものであり，言わば，見た目の公正らしさを重視した制度変更である。審判制度廃止に反対する側からは，審判制度は公正取引委員会の独立性・中立性の根拠であり，その廃止は公正取引委員会の存在意義にかかわるという強い懸念が示されていた[2]。

---

1)　吉川大二郎「公正取引委員会の審判手続」民商60巻6号（1969）821頁，和田英夫・行政委員会と行政争訟制度（1985）など。
2)　経済法学者有志「独占禁止法等の改正案に関する意見」2008年4月14日（法時80巻5号掲載）など。舟田教授はこの意見の呼びかけ人の一人である。

上記附則を踏まえて内閣府に設置された独占禁止法基本問題懇談会の報告書 (2007年6月)[3]は，審判制度を維持することが適当との結論を述べ，その理由として，概要，①実質的証拠法則を伴う審判制度は，独占禁止法に求められる高度な専門性に基づく執行・判断を担保すること，②専門的知見を加えた審決の蓄積等を通じて独占禁止法の法解釈の形成に果たしてきた役割が大きいこと，③独占禁止法の執行にあたっては独立性・中立性が重要な要素であり，(審判制度という) 準司法的機能を持つ公正取引委員会がこの機能を果たし得ること，④取消訴訟においては行政庁による裁量権の濫用等があった場合に当該処分の取消しがなされるにとどまるが，不服審査型審判方式を採用する場合には，幅広い事項が審理の対象になることの4点を挙げている[4]。

　審判制度に限らず近年めまぐるしく改正されてきた手続規定に対し，独占禁止法の基本的な実体規定は，制定以来ほとんど変わっていない。その適用対象である事業者の事業活動は，ますます広がりと複雑さを増しており，独占禁止法執行に求められる「高度な専門性」はいささかも減じられてはいないと思われる。本稿では，審判制度に付随していた実質的証拠法則に焦点を当て，審決取消訴訟において公正取引委員会の判断の専門性がどのように担保されてきたのかについて少々の考察を行うこととしたい。

## II　審判制度における実質的証拠法則の意義

### 1　判例に見る法解釈

　2013年改正前の独占禁止法は，審決取消訴訟について，「公正取引委員会の認定した事実は，これを立証する実質的な証拠があるときには，裁判所を拘束する」，「実質的な証拠の有無は，裁判所がこれを判断するものとする」(旧80条) という規定を置いていた。この規定は独占禁止法制定時から存在した[5]。

　実質的証拠法則の解釈については，これまで次のような司法判断が示されてきた。

---

　3)　独占禁止法基本問題懇談会「独占禁止法の改正に関する報告書」(2007年6月26日)。

　4)　日本経済法学会では，2010年の年次総会において，「独禁法執行のための行政手続と司法審査」と題するシンポジウムを開催し，広範な議論を行っている。

まず,「実質的な証拠」については,審決認定事実の合理的基礎たり得る証拠の意味であり,その証拠に基づき,理性ある人が合理的に考えてその事実認定に到達し得るところのものであればその証拠は実質的な証拠である[6]。証拠の範囲については,審判開始前のものも含むとされたが[7],後の事件で,審判に提出された証拠に限られることとされた[8]。

次に,実質的証拠法則の意味については,公正取引委員会の事実認定に対する裁判所の審査の範囲を事実を立証する実質的な証拠の有無に限定し,公正取引委員会の引用する証拠自体が実験則に反する等の理由によりこれを信じることが合理的でないと判断される場合,あるいは,反証と対照してその信憑力が阻却される場合以外は,公正取引委員会の判断は裁判所を拘束するものであり,証拠の取捨選択も証拠の信憑力に対する公正取引委員会の判断である[9]。

さらに,司法審査の範囲については,裁判所は,審決の認定事実については,独自の立場で新たに認定をやり直すのではなく,審判で取り調べられた証拠から当該事実を認定することが合理的であるかどうかの点のみを審査する。審判は,制度上訴訟の前審手続ではないけれども,審判で取り調べられた証拠はすべて当然に裁判所の判断資料とされるべきものであり,右証拠につき改めて通常の訴訟におけるような証拠調に関する手続を行う余地はないと解すべきである[10]。

## 2 実質的証拠法則の理論

実質的証拠法則は,米国において行政行為の司法審査にあたって採られている制限的司法審査の理論であり,それが,戦後設立された公正取引委員会などの行政審判に継受されたものである[11]。

---

5) 「公正取引委員会の認定した事実」については,2013年改正前の68条において「審決においては,被審人が争わない事実及び公知の事実を除き,審判手続において取り調べた証拠によって事実を認定しなければならない」と規定されており,証拠に基づく認定を強調して実質的証拠法則とリンクさせているが,この規定は1977年改正により確認的に追加されたものである。
6) 日本出版協会事件=東京高判昭和28・8・29行集4巻8号1898頁。
7) 前掲注6)の事件。
8) 明治商事事件=東京高判昭和46・7・17行集22巻7号1022頁。
9) 石油価格協定事件=東京高判昭和31・11・9行集7巻11号2849頁。
10) 和光堂事件=最判昭和50・7・10民集29巻6号888頁。

米国においては，最初の独立行政委員会である州際通商委員会について，委員会の事実認定に対する司法審査の範囲が検討され，1913年の連邦最高裁判決で，司法審査にあたっては，委員会の審決を支持する実質的証拠の有無を決定する目的で記録を調査することが必要であると判示されて，委員会の事実認定の終局性が確立した。早速，1914年の連邦取引委員会法に「委員会の事実に関する認定が証拠により支持されているときは終局的のものとする」との規定が設けられ，1946年には，連邦行政手続法（FAPA）10条（行政処分の司法審査）に，裁判所は，法律の定める行政官庁の聴聞記録に基づき審査される事件で，実質的証拠で支持されないときは，行政処分，事実認定及び決定を違法として取り消さなければならない旨の規定が取り入れられた。[12]

　制限的司法審査の理論とは，このように，行政行為の司法審査に際して，裁判所は法問題を審査するが，事実問題については，行政庁の認定が合理的か否かのみを審査するとの考え方を採るものである。そして，司法審査の範囲をどう限定するかについては，次のような説明がされている。[13]

　司法的決定の過程を，次のように分解してみる。
　　第1段階　証拠を採用し，その正確性と信憑性について吟味する。
　　第2段階　証拠から基礎的事実（生の事実）を認定する。（第一次的認定）
　　第3段階　基礎的事実から，要件事実（究極的事実）が認定され，あるいは認定されない。（推論過程）
　　第4段階　究極的事実を法規範にあてはめ，決定・判断が引き出される。
　ここで，実質的証拠法則は，第2段階というより，第3段階において重要である。というのは，ある生の事実が起こったかどうかの認定は証拠に基づくこ

---

11）行政委員会は戦後の占領下に多数設立されたが，そのすべてが行政審判を行うわけではなく，一方，行政委員会以外にも行政審判制度はある。実質的証拠法則が導入されたのは，公正取引委員会のほか，外国為替管理委員会，電波監理委員会等に限られ，現在は，公害等調整委員会及び電波監理審議会に残るのみとなった。米国では，司法と行政の線引きが日本と異なり，日本のような行政処分は特別に授権された行政委員会が行う（したがって，すべての行政行為に実質的証拠法則が適用される）という点に留意が必要である。

12）以上，猪俣幸一「実質的証拠」曹時3巻6号（1951）402頁以下による。なお，同論文は東京高裁の内部に組織された独占禁止法研究会の資料とするため研究された成果とのことである。猪俣判事は，前掲注6）及び注9）の判決を担当されている。

13）以下，2の最後まで，高柳信一・行政法理論の再構成（1985）251頁以下による。

とを要し，それは合理的人間が見て合理的と思う証拠でなければならず，その合理性の程度の相違はそれほど大きな問題にはならない。しかし，推論過程においては，ある基礎的事実から複数の究極的事実を推論することは可能であり，この場合に，行政庁のとった推論が合理的であれば，裁判所はそれを退けて，自身がより合理的と思う推論を行政庁の推論に代置してはならない，すなわち，行政庁の推論の合理性のテストのみをするというのが実質的証拠法則である。

なお，大方の事件は，純粋に法律解釈の争いであるか，基礎的事実の存否に関する争いであるか，いずれかである場合が多く，真正性のテストが妥当すべき場合であるが，基礎的事実から究極的事実を引き出す推論の過程においてこそ，行政の専門技術性が効用を発揮し得る余地があるのであって，そこに初めて制限的司法審査が認められる合理的根拠がある。

## 3 独占禁止法における実質的証拠法則の適用

米国の理論である実質的証拠法則を我が国の行政審判制度に取り込むについては，学説には，積極説（忠実かつ好意的に受け入れて日本に定着させようとする立場）と消極説（日本的行政法の風土との関係で批判的に受け止める立場）があったようである。判例は，1で見たとおり積極説である。[14]

積極説の学説では，例えば，「ある証拠からどのような事実を推論するかは，公正取引委員会の役目であって裁判所の仕事ではない。裁判所は，その推論が合理的であるかどうかを判断しうるのみで，それが合理的なものと認められる限り，他の事実認定も可能であり，一層妥当であると考えられても，それをとるべきではないのである」[15]などとされる。

消極説としては，実質的証拠法則は違憲の疑いがあるとの見解が挙げられる[16]であろう。ただし，判例は憲法違反ではないとしている[17]。

しかし，判例は，法解釈としては積極説であっても，実際のあてはめは必ず

---

14) 納谷廣美「実質的証拠の法則」新堂幸司先生古稀祝賀・民事訴訟法理論の新たな構築(下) (2001) 275頁。
15) 今村成和・独占禁止法 (新版, 1978) 263頁。
16) 吉川・前掲注1)。
17) 前掲注6)の事件。

しもそうではなかったことが指摘されている。例えば，「実際には，アメリカの裁判所が，比較的容易に委員会の事実認定を支持する傾向があるのに対し，わが国の裁判所は，記録により自ら事実を再構成することにより，委員会の認定の当否を判断しようとする傾向があって，実質的証拠法則の実際的な機能の仕方は，日米両国において，必ずしも同一ではないようである」[18]とか，「現状では，委員会の認定事実を司法の目で見直すという形式がとられており，アメリカ法よりも，実質的証拠の原則を限定的に適用して」[19]いるとの指摘があり，最近でも「実質的証拠法則の意義や妥当性は実際上限定されている」として，実質的証拠法則は，生の事実（基礎的事実）の認定にしか及ばず，公正取引委員会の専門性発揮が期待される要件事実へのあてはめの作業には及んでいないとする見解がある。[20]

　実質的証拠法則の規定があることにより，取消訴訟は法律審であると誤認する向きもあるかもしれない[21]が，理論的にも実態的にもそのような理解は当たらない。それでは，実質的証拠法則は，どのように適用され，いかなる機能を果たしてきたのか。

　独占禁止法においては禁止規定の要件が抽象的であり，さらに，例えば，共同行為にあっては，通常，共同性を示す直接証拠に乏しく，間接事実を積み上げて要件事実を導き出すことが多い。2で見たような米国の理論に基づけば，「もしある一群の証拠から，二個の異なった事実が推定される場合に，いずれの推定をとるかは，行政委員会に委ねるべきである」[22]ということになる。これまでの審決取消訴訟判決において，どのような司法審査が行われてきたのか，実質的証拠法則の適用ぶりを見ることとしたい。

---

18)　今村・前掲注15) 265頁。
19)　園部逸夫「審決取消訴訟の法理㈡」公取417号（1985）37頁。
20)　根岸哲「総論：独禁法執行のための行政手続と司法審査」経法31号（2010）6頁。
21)　そのため，一層，公正取引委員会の審判制度への嫌悪感があったのかもしれない。
22)　猪俣幸一「公取委の事実認定は裁判所をどの程度拘束するか」公取178号（1965）4頁。

## III 判決に現れた実質的証拠法則

### 1 審決取消訴訟判決の外観

　平成 14 年 4 月 1 日から平成 28 年 3 月 31 日までの 14 年間[23]の審決取消訴訟の東京高裁判決は 69 件，最高裁判決は 6 件である（末尾表参照）。高裁判決 69 件のうち，審決の事実認定に実質的証拠がないとして，取消しないし一部取消しとした判決は 5 件である（後記 2 参照）。他の理由で取消しないし一部取消しとした判決が 2 件[24]あり，残り 62 件においては審決取消請求が棄却されている。

　次に，これら 62 件の判決において，実質的証拠法則の適用ぶりをチェックしてみると，大部分の判決では，冒頭か末尾に「審決の認定は実質的証拠に基づく」，「実質的証拠に欠けるところはない」，「実質的証拠を備えた合理的なもの」等の表現で，「実質的証拠がある」ことを認定し，審決の認定ぶりを概略紹介するとともに，原告の反論に対する判断を追加している。すなわち，合理性のテストが行われたと見てよいであろう。

　しかし，必ずしも，そのような書きぶりの見られない判決もある。

　まず，8 件においては，実質的証拠法則への言及が全くない。このうち，事実問題が争点でない事案が 2 件ある[25]。残り 6 件においては，1 件を除き，事実認定について審決の認定ぶりを紹介せず，証拠に基づき詳しく述べている（後記 3 参照）。

　実質的証拠法則への言及がある判決 54 件の中でも，II 2 で見たような審決の事実認定の合理性のテストをしているようには見えず，冒頭に「実質的証拠がある」などとしながら，続けて，証拠に基づく事実認定をやり直しているように見える判決がある（後記 4 参照）。

　以下，東京高裁判決のうち，審決に実質的証拠がないとされたもの，事実問

---

23) この期間としたのは，実質的証拠法則の具体的適用について論じた納谷・前掲注 14）の文献，猪俣・前掲注 22）の文献や，諏訪園貞明ほか「我が国の審決取消訴訟における実質的証拠法則について」公取 618 号（2002）36 頁などの他の論稿でカバーされていない範囲と思われるためである。

24) 末尾表の番号 6 及び番号 8 の事件。

25) 末尾表の番号 19 及び番号 62 の事件。

題が争点であるのに実質的証拠法則に言及のないもの，実質的証拠があるとしながら，判断代置的内容と見られるもののそれぞれについて，審決の認定と対比しながら，具体的認定ぶりを検討することとしたい。検討にあたっては，Ⅱ2で見た第1段階から第4段階のいずれの段階か，特に，基礎的事実と要件事実のどちらが問題となったのかを意識して述べることとしたい。[26]

## 2　審決に実質的証拠がないとされた判決

前述のとおり，審決に実質的証拠がないとして取消しないし一部取消しとした判決は5件あり，そのうち，審決とは異なる法解釈を採ったことによるもの（末尾表の番号7及び番号36の事件）及び差戻し審判中の事件（末尾表の番号63(73)の事件）を除き，番号46と番号71の事件について，検討する。

### (1)　大森工業（株）による審決取消請求事件（番号46）[27]

本件は岩手談合事件であり，TST親交会に途中参加した原告が違反行為を行ったかどうかが争点である。

判決では，TST親交会に参加するということは受注調整を行うことを意味することの根拠として審決が挙げた基礎的事実のうち6項目（例えば，TST親交会への加入にあたって受注調整の説明をしていること，総会において受注調整を継続する旨の説明をしたことなど）について，証拠上そのような事実認定はできないと判断し，原告が入札に参加した2物件においても，受注調整を行っているとの認識の推認を妨げる事情があるとし，要件事実（原告が受注調整に参加したこと）は認定できないと判断している。逆に，証拠から原告がTST親交会に参加したことについて別の理由（TST親交会に参加したのは，基本合意の下で受注することではなく，下請での受注機会を増やすことが目的である）が合理的に認定できるとしている。

---

26)　独占禁止法違反行為の要件事実が何であるかについて，判決において必ずしも階層化して記述されているわけではなく，個別の事案ごとに異論があり得るが，本検討にあたっては，法規範にあてはめる直前の認定事実を要件事実としてとらえることとする。

27)　審決集58巻第2分冊11頁。

(2) エア・ウォーター（株）による審決取消請求事件（番号 71）[28]

本件は，エアセパレートガスの価格カルテルの課徴金事件である。

争点は，原告の課徴金算定率の業種が製造業か卸売業かである。

判決では，大阪ガスの子会社と原告との合弁会社であるクリオ・エアーの株主構成・役員構成から見て原告がクリオ・エアーに対して支配権を有しているとは言えず，大阪ガス及びその子会社の方が，生産計画や販売計画に対する影響力は大きく，クリオ・エアーを原告の製造部門の一つとして位置付けた場合に近いなどと認めることはできず，実質的に見て原告が製造業の事業活動を行っていると認められる特段の事情は認定できないとした。審決が特段の事情の根拠とした，クリオ・エアーが製造したガスの引取権と引取義務，購入割合，クリオ・エアーの運営や製造への関与については，大口顧客や業務提携先との間で通常認められることであって，原告が製造業の事業活動を行っていると認められる特段の事情とは言えないと評価している。

判決は，審判において証拠に基づいて認定した株主構成，取引条件，取引内容などの基礎的事実はそのまま用いて，それに対して異なる評価を行って，要件事実が認定できないとしたものである。

## 3 事実問題が争点であるのに実質的証拠法則に言及のない判決

前述のとおり，事実問題が争点であるのに実質的証拠法則に言及のない判決は 6 件あり，そのうち，審決の事実認定を是認しているとみられる 1 件[29]を除く 5 件（末尾表の番号 2，番号 39，番号 42，番号 57 及び番号 66 の事件）の判決について，検討する。

(1) 国際地質（株）による審決取消請求事件（番号 2）[30]

本件は，千葉の地質調査業務の談合事件であり，原告が本件違反行為を行ったかどうかが争点である。

判決は，審決の事実認定のうち，原告らが本件合意に基づき受注予定者を結

---

28) 審決集 61 巻 217 頁。
29) 末尾表の番号 29 の事件。
30) 審決集 49 巻 608 頁。

成し，受注予定者が受注できるようにして，そのほとんどを受注するという本件行為を行っていた等の部分は，審決引用の証拠に基づき，合理的な事実認定と認めることができる等としており，一見，要件事実に実質的証拠があるとしているように見える。[31]

一方で，「原告は，……本件行為は行っていないと主張するので，さらに詳しく検討することとする」として，基本合意の認識及び22物件の受注調整状況について，証拠を挙げて一つ一つ認定しており，審決においては4物件しか具体的受注調整を認定していないのに対して，基礎的事実に関して独自の認定をしていると見られる。

(2) (株)カクダイによる審決取消請求事件 (番号39)[32]

本件は，携帯電話の受信状態が大幅に向上する等の効果を標榜する商品についての，いわゆる不実証広告事件である。

争点は，公正取引委員会の求めに応じて，表示の裏付けとなる合理的な根拠を示す資料として提出した5点の資料が，上記効果が得られることを客観的に実証するものであるか否かである。

判決は，審判において提出された専門家7名の見解に基づき，5点の資料がいずれも上記効果を客観的に実証するものではないと判断している。

審決が，上記効果ごとに根拠とされる資料の一つ一つについて評価を加えているのに対し，判決では，それぞれの資料が上記効果を客観的に実証するものではないとする専門家見解を肯定する形で判断を述べており，専門家見解以外に審決が依拠した証拠には言及していない。要件事実が認定されないとの結論を得るにあたり，審決が用いた反証のすべてを用いるまでもないとの判断はあり得るが，全体として，審決とは独立に反証の評価をやり直しているように見える。

---

31) 「この事実認定は，証拠に基づくもので，その推論にも問題がなく，合理的なものということができる」等の記載もあり，合理性のテストは意識されていると見られる。
32) 審決集57巻2分冊152頁。

(3) 出光興産（株）による審決取消請求事件（番号42）[33]

本件は，ポリプロピレン価格カルテルの課徴金事件である。

争点は，販売先のうちの2社について，原告の加工部門と同視できるとして課徴金対象売上額から除外されるかどうかである。

判決では，2社に販売した商品について，証拠に基づき，本件対象商品の範ちゅうに含まれ，特に本件違反行為の対象から除外した事実は認められないと認定し，続けて，原告の主張に対し，証拠に基づき認定した事実を基に評価を行い，同一企業内における加工部門と同視し得るような事情等はないとの結論に至っている。

その際，審決が用いた証拠のうち判決では根拠としていないものが2点（査3号証，審18号証）あること，審決では，特段の事情が認められないことから，当該2社に販売した商品について「本件違反行為により拘束を受けたものと推定し」としているところ，判決では，「除外した事実は認められず」，「相互拘束から除外されていることを示す事情も認められない」との結論を述べているところが注目される。この事件も，審決とは独立に証拠評価を行い，特段の事情の有無という要件事実からあてはめをやり直しているように見える。

(4) 昭和シェル石油（株）による審決取消請求事件（番号57）[34]

本件は，防衛庁発注石油製品の談合の課徴金事件である。

事実認定に関する争点は，硫黄島物件と春日物件が課徴金対象かどうかである。

判決では，基本合意に基づき，発注の都度配分会議という個別調整行為が行われ，硫黄島物件・春日物件を含めて受注予定者が決定され，原告が受注していたことから，両物件について競争制限効果が発生していたと認定している。

両物件については競争がないため競争制限効果が及んでいないとの原告の主張に対しては，原告主張の理由とそれを支持する証拠を細かく挙げ，別の9点の証拠に基づき4つの事実を認定し，「競争が全くなかったとまで断定することはできない」と丁寧に述べている。この原告の主張は，審決における主張

---

33) 審決集57巻2分冊194頁。
34) 審決集59巻第2分冊1頁。

（両物件は配分会議の対象からは除外されていた）とは異なる主張であるため，判決においては，競争があったかなかったかという基礎的事実の存否について，既存の証拠を洗い直し，評価を加えて新たな判断を示したと言える。

争点に関する判断をする前に不当な取引制限に該当する行為は何かについて，後の認定の前提となる法解釈を述べている点や，それを踏まえて，原告の主張の矛盾点（競争がないというなら，両物件について配分会議の対象としている理由を説明すべき）を指摘している点も注目される。

(5) 藤正建設（株）による審決取消請求事件[35]（番号66）

本件は，岩手談合の課徴金事件である。

争点は，花巻養護学校工事が課徴金対象かどうかである。

本件までに，入札談合における課徴金対象役務の考え方については，「本件基本合意の対象とされた工事であって，本件基本合意に基づく受注調整の結果，具体的な競争制限効果が発生するに至ったものをいう」[36]（以下「新井組最高裁規範」という）[37]とされ，さらに，入札の対象物件が本件基本合意の対象工事である場合には，基本合意の参加者のいずれかが入札に参加し，受注した工事については，特段の事情のない限り，基本合意に基づいて受注予定者が決定され，競争制限効果が及んでいたものと推認するとの考え方（以下「日立造船規範」という）[38]が示されている。

本件審決では，新井組最高裁規範を示し，証拠に基づき，「本件基本合意に基づき，受注予定者となって受注した」旨の認定をした後，なお書で日立造船規範を示して，この点からも認定は裏付けられるとしているところ，本件判決では，日立造船規範を用いていない上，原告の主張に対する判断を示す部分で，審決では触れていないいくつかの証拠を挙げ，新井組最高裁規範への該当性を詳しく述べている。

---

35) 審決集60巻第2分冊117頁。
36) 多摩ゼネコン談合事件＝最判平成24・2・20民集66巻2号796頁（末尾表の番号53）。
37) ただし，この事件で初めて示された考え方ではなく，従前からそのような解釈の下に法運用が行われてきた。
38) ストーカ炉談合事件＝東京高判平成24・3・2審決集58巻第2分冊188頁（末尾表の番号55）。

原告の主張は審判におけるのとほぼ同様であるのに，それに対する判断の論理と用いた証拠が異なるところが注目される。

### 4 実質的証拠があるとしながら判断代置的内容と見られる判決

最後に，実質的証拠があるとしながら，実質的に判断代置的内容と思われる判決を検討する。これに当たるかどうかは，客観的線引きが困難であるため，全体の件数は挙げられないが，例えば以下の5件の判決（末尾表の番号33，番号48，番号54，番号67，番号70の事件）が該当すると思われる。

(1) エイベックス・マーケティング（株）ほか3名による審決取消請求事件[39]（番号33）

本件は，楽曲の原盤権の利用許諾の共同取引拒絶の事件である。

争点は，共同性の有無であり，行為者相互間に当該取引拒絶を行うことについての「意思の連絡」があったかなかったかである。

判決では，審決が4つの基礎的事実を総合勘案して意思の連絡があったと判断しているのに対し，基礎的事実を14項目に分け直して，証拠に基づき詳細に認定している。冒頭，審決認定事実は実質的証拠に基づくもので，その認定は相当なものであるとし，また，要件事実の考え方も審決と同様であるので，審決認定事実を形式的に書き直しているに過ぎないようにも見えるが，原告の主張に対する判断は審決とはかなり異なり，多くの新規の判断をしている。ただし，原告の主張は審判における主張から相当拡大している。

(2) JFEエンジニアリング（株）による審決取消請求事件[40]（番号48）

本件は，ストーカ炉談合の課徴金事件である。

争点は，各工事が課徴金対象かどうかである。

判決では，「当該事業者が基本合意に基づいて受注予定者として決定されて受注する」場合を競争制限効果が及んでいるものの例に挙げ，さらに，「前提事実に照らせば，個別の入札について，当該事業者が受注予定者として決定さ

---

39) 審決集56巻第2分冊498頁。
40) 審決集58巻第2分冊37頁。

れるに至った具体的経緯まで認定することができないとしても，当該入札の対象となった役務又は商品が本件合意の対象の範囲内であり，これにつき受注調整が行われたこと及び事業者である原告が受注したことが認められれば，特段の反証がない限り，原告が直接又は間接に関与した受注調整手続の結果，競争制限効果が発生したものと推認するのが相当である」との解釈を示し，基礎的事実から要件事実への推認経路を新設した。[41]

次いで，個別の工事のあてはめについては，審決が5件について，競争制限効果の推認を妨げる事情の存否を検討しているところ，判決では，対象物件を7件に拡大し，その全部について証拠を詳細に挙げて，受注調整が行われたことに結びつく事実を認定し，原告の主張に対する判断を示している。その際，審決では判断にあたって必ずしも明記されていない証拠が数多く取り上げられている。

(3) (株)クボタによる審決取消請求事件[42] (番号54)

本件は，鋼管杭の価格カルテルの課徴金事件である。

争点は，特定の1社を経由して販売された製品（本件製品）の売上額がクボタの売上額として課徴金対象となるかどうかであり，審決では「課徴金対象売上額は本件製品について違反行為の実行としての取引を行った者の売上額を意味する」として判断が示されたところ，判決では，争点を，本件製品について違反行為の実行として行われた事業活動か，本件製品は当該商品に該当するかとの点（争点1）と，本件課徴金納付命令の名宛人となるべき者は原告か（争点2）の2点に分けた。

争点1について，判決は，証拠を挙げて事実を詳細に認定し，「当該商品とは違反行為の対象とされた商品であって，当該違反行為による拘束を受けたものをいうものと解される」として，本件製品の価格は本件違反行為の拘束を受けており，当該商品に当たると判断している。争点2については，判決は，「違反行為を実行したか否かは，事実上の営業活動を行ったか否かにより判断される」として，事実認定をあてはめ，原告の主張についての考え方を示して

41) これが後に日立造船規範に形を整えていくものと考えられる。
42) 審決集58巻第2分冊166頁。

いる。

　本件判決は，認定に用いた事実もあてはめた結果も審決と同じであるが，論理の経路が異なると言える。

(4) 真成開発（株）ほか1名による審決取消請求事件（番号67）[43]

　本件は，川崎市の下水道工事の談合事件である。

　争点は，違反行為の有無から課徴金の終期まで多岐にわたる。

　まず，基本合意の成立に至るまでの平成20年2月26日の会合に原告代表者が出席していたかどうかについて，審決では，出席していないことを支持する証拠3点について，信用できないとの判断を示しているが，判決では，出席していないことを支持する証拠を11点挙げて，にわかに措信できないとした上で，別の証拠を多数挙げて「出席していなかったとしても（2月26日の）会合の内容は知っていたはず」との論理を追加している。

　次に，競争の実質的制限の有無について，フリー物件でないとする認定に用いる証拠に審決と異同があるほか，22件は受注希望者が一人であったとの事実の評価にあたって，すべて他に入札希望者がいたことを指摘し，入札希望者が受注調整を行わずに辞退したとしても，それは基本合意に基づいた行為であるとし，さらに落札率の変化の分析結果も用いて，競争の実質的制限を認定している。

　違反行為の終期の認定においても，依拠した証拠に審決と異同がある。

　本件判決は，審決の認定と大筋において同様の論理を用いて同じ結論に至っているのであるが，証拠の評価や論理を追加して認定を補強していると見られるところがある。これは，訴訟において，原告の主張に対応して被告公正取引委員会が主張を詳細に展開していることを反映しているとも考えられる。

(5) 大東建設（株）による審決取消請求事件（番号70）[44]

　本件は，奥能登談合の課徴金事件である。

　争点は，4物件が課徴金対象かどうかである。

---

43) 審決集60巻第2分冊130頁。
44) 審決集61巻204頁。

入札談合における課徴金対象役務の考え方については，前記のとおり，新井組最高裁規範及び日立造船規範があり，審決ではそれらにあてはめて判断が行われた。

判決では，本件4物件について基本合意に基づいて受注調整が行われたかどうか検討する前に，「前提事実（当事者間に争いがないか，又は弁論の全趣旨ないし括弧内掲記の審判手続提出証拠により容易に認められる。）」として，4物件に関する事情を含めて多くの事実を認定している。そして，争点に関する判断において，前提事実と証拠を多数引用することにより，本件基本合意の内容及び基本合意に基づく受注調整の状況を詳細に認定し，本件工事については特段の事情がない限り本件基本合意の対象とされたものと推認することができ，そのうち原告が受注した物件は，特段の事情がない限り本件基本合意の下での受注調整によって原告が受注予定者として決定されて受注したものを推認することができる，との判断を示している。これは，日立造船規範をさらに進めた推認経路であり[45]，具体的な受注調整の事実が必ずしも認定できない場合の推認方法を示したものとして注目される。

その上で，物件4について証拠に基づき受注調整の事実を認定し，それを用いて，他の3物件についても受注調整を行って受注したと推認している。

この結論に至るまでの事実認定の積み重ねの順序が審決と全く異なり，すべて並べ直しているとさえ受け取れる書き方である。

## Ⅳ 考　察

### 1　実質的証拠法則の意義

Ⅱで見たとおり，実質的証拠法則の趣旨は，「審判で取り調べられた証拠から当該事実を認定することが合理的であるかどうかの点を審査する」（合理性のテスト）ということである。公正取引委員会の審判制度が，高度な専門性に基づく執行・判断を担保するとされてきたことを踏まえると，実質的証拠法則があったことにより，そのような機能が発揮されてきたかどうかの検証は重要で

---

45) 同様の推認方法を採るものとして，末尾表の番号68，番号69及び番号72の事件がある。

ある。

## 2 実質的証拠法則の適用の実態

Ⅲにおける検討によれば，次のことが見て取れる。

① 事実認定が問題となるほとんどの判決において，実質的証拠の有無について判断しており，その際，多くの事件では，審決の事実認定ぶりを概略紹介しており，合理性のテストが行われたものと考えられる。

② 実質的証拠がないとされた判決のうち，1件は，基礎的事実のいくつかが反証に照らし認定されなかった事件（末尾表の番号46）であり，もう1件では，同じ基礎的事実を基に要件事実が認定できないとされ，他の合理的説明が付された（末尾表の番号71）。

③ 実質的証拠法則に言及のない判決では，証拠に基づく事実認定を全面的にやり直しているように見えるものがある。例えば，審決が依拠した証拠の一部のみを用いて認定した事件（末尾表の番号39，番号42）や，改めて要件事実の認定を説明している事件（末尾表の番号2，番号66）がある。

④ このほか，審決が依拠していない証拠も用いて基礎的事実を認定した事件（末尾表の番号57），基礎的事実から要件事実を認定する段階において，異なる経路を辿っている事件（末尾表の番号54，番号70），審決の認定を補強したり，新しい判断を追加したりしている事件（末尾表の番号33，番号48，番号67）がある。これには，原告の主張（審決の事実認定に対する反論）が審判段階からかなり拡大した事案があることも関係していると思われる[46]。

## 3 専門性の担保機能

(1) Ⅲ1の冒頭で見たように，審決取消訴訟高裁判決69件において，審決の取消し・一部取消しがされた事件は7件あるが，そのうち2件（末尾表の番号6と番号8）は事実認定の問題ではなく，2件（末尾表の番号7と番号36）は異なる法解釈を採ったことによるものであるから，審決の事実認定が取消訴訟において支持されなかった事件は少ないと言えるだろう。これは，実質的証拠法

---

[46] この点，訴訟段階での新証拠の申出・採用の有無も関係するが，判決文から明らかでない場合も多いので，本稿では検討しなかった。

則の故と言えるであろうか。

　2にまとめたとおり，実質的証拠法則に言及がない判決に限らず，審判を行って時間をかけて反証に晒して合議により検討したはずの基礎的事実についても，さらに専門性を発揮すべき要件事実への推論過程についても，裁判所が判断代置している事案が相当数に上る。

　必ずしも，実質的証拠法則により公正取引委員会の専門技術的判断が尊重されただけではなさそうである。

(2)　実質的証拠法則の趣旨は，審決が取り調べた証拠から事実を認定した経路が合理的かどうかを審理するのであって，当該認定事実の証拠があるかどうか調べ直すことではない。判例によりこの理念は確立しているのに，実際には合理性のテストにとどまらずに積極的に事実認定に介入している事案があることは，どう考えたらよいだろうか。

　中には，実質的証拠法則の趣旨について異なる理解をしている判決もあるかもしれない。

　また，理念は理念として，あてはめにおいては必ずしも実質的証拠の有無だけでは決していないということも考えられる。実質的証拠がないときには，裁判所は「拘束されない」だけであるので，審決を取り消すとは限らない。要件事実の存否という結論において審決を肯定しつつ，裁判所としての事実認定を改めて説明した判決もあるのではないだろうか。

　さらに，実質的証拠法則は法解釈に及ぶものではないが，推論過程を新設することにより新たな法規範（例えば日立造船規範）が形成されることも重要な意味を持つ。判断代置により法解釈が発展しているのである。

(3)　それでは，このような判断代置と公正取引委員会の専門性とはどのような関係にあるのだろうか。

　裁判所の判断は当事者の主張立証なくしてはあり得ない。審決取消訴訟において，被告公正取引委員会は，審決の法解釈と事実認定に基づき，争点に応じ

---

47) 審判においては，被審人の主たる反証手段は参考人審尋であり，申出があれば，採用されることが多い。

て主張立証を行う。その過程で審決における事実認定の根拠と論理が説明されているはずであり，原告の反論反証も踏まえて，実質的証拠があるかないかの判断が行われる。つまり，審決の事実認定が一つのフレームワークを提供しているのであり，ここに，公正取引委員会の専門性が発揮されていると考えられる。判断代置的判決は，その上に積み上げられていると見てよいのではないだろうか。

## V おわりに

以上，実質的証拠法則の意義と審決取消訴訟判決を概観し，裁判所が合理性のテストにとどまっていない場合があることが判明した。

2015年に施行された直接訴訟制度の下では，公正取引委員会は，訴訟においては単なる一方当事者であり，行政処分の当否についての司法判断を仰ぐ存在となる。これまでのように審判事件について審決という形で法解釈規範を示すことはなく，証拠に基づく事実認定とあてはめも判決が出るまでわからない。被告としての公正取引委員会は，審決の法解釈と事実認定の枠から解放され，証拠による事実認定という縛りもない。[48]

しかし，独占禁止法は，経済活動についての広い知識と市場メカニズムについての深い理解がなければ適切に執行できない。公正取引委員会は，自らの行政処分について，その専門的判断の根拠を説明する責任があり，直接訴訟制度の下においてもその重要性は変わるところはないであろう。

今般，TPP対応として，独占禁止法に確約手続を導入することとされた。[49] 事実認定より競争回復が重視される傾向にあるかもしれない。そうすると，公正取引委員会は，あるべき競争秩序に向けて経済の基本法をより機動的に執行することが可能であり，ますますその専門性の発揮が求められると考える。

---

48) 前掲注5) 参照。
49) 環太平洋パートナーシップ協定の締結に伴う関係法律の整備に関する法律による独占禁止法改正（平成28年12月16日法律第108号。未施行）。

表　独占禁止法取消訴訟判決一覧（平成14年4月1日から平成28年3月31日まで）

| 番号 | 裁判所 | 判決年月日 | 事件名 | 主な関係法条 | 審決年月日 |
|---|---|---|---|---|---|
| 1 | 東京高裁 | 平14.6.3 | （株）カンキョー管財人 | 景品表示法4条1号 | 平13.9.12 |
| 2 | 東京高裁 | 平14.10.25 | 国際地質（株） | 独占禁止法3条後段 | 平13.9.20 |
| 3 | 東京高裁 | 平15.3.7 | 岡崎管工（株） | 独占禁止法3条後段 | 平14.7.29 |
| 4 | 最高裁 | 平15.3.14 | 協業組合カンセイ（東京高裁判決 平11.1.29） | 独占禁止法7条の2 | （平10.3.11） |
| 5 | 東京高裁 | 平15.4.25 | （株）オーエヌポートリー | 独占禁止法8条の3 | 平14.9.25 |
| 6 | 東京高裁 | 平15.9.12 | 協業組合カンセイ（差戻し審） | 独占禁止法7条の2 | （平10.3.11） |
| 7 | 東京高裁 | 平16.2.20 | 土屋企業（株） | 独占禁止法7条の2 | 平15.6.13 |
| 8 | ［東京高裁］ | 平16.4.23 | （株）東芝ほか1名 | 独占禁止法3条後段 | 平15.6.27 |
| 9 | 最高裁 | 平17.9.13 | 東京海上日動火災保険（株）ほか13名 | 独占禁止法8条の3 | 平12.6.2 |
| 10 | 東京高裁 | 平18.2.3 | （株）横石興業 | 独占禁止法7条の2 | 平17.5.19 |
| 11 | 東京高裁 | 平18.2.24 | 東燃ゼネラル石油（株） | 独占禁止法7条の2 | 平17.2.22 |
| 12 | 東京高裁 | 平18.12.15 | （株）大石組 | 独占禁止法3条後段 | 平18.4.12 |
| 13 | 最高裁 | 平19.4.19 | （株）東芝ほか1名（東京高裁判決 平16.4.23） | 独占禁止法3条後段 | 平15.6.27 |
| 14 | 東京高裁 | 平19.10.12 | （株）ビームス | 景品表示法4条1項3号 | 平19.1.30 |
| 15 | 東京高裁 | 平20.3.28 | （株）木下内組 | 独占禁止法7条の2 | 平19.6.19 |
| 16 | 東京高裁 | 平20.4.4 | （株）サカタのタネほか14名 | 独占禁止法3条後段 | 平18.11.27 |
| 17 | 東京高裁 | 平20.5.23 | （株）ベイクルーズ | 景品表示法4条1項3号 | 平19.1.30 |
| 18 | 東京高裁 | 平20.6.20 | （株）栗本鉄工所 | 独占禁止法7条の2 | 平19.9.7 |
| 19 | 東京高裁 | 平20.7.11 | （株）大石組 | 独占禁止法7条の2 | 平19.6.19 |
| 20 | 東京高裁 | 平20.9.12 | （有）賀数建設 | 独占禁止法7条の2 | ※平20.1.23 |
| 21 | 東京高裁 | 平20.9.26 | JFEエンジニアリング（株）ほか4名 | 独占禁止法3条後段 | 平18.6.27 |
| 22 | 東京高裁 | 平20.12.5 | 新明和工業（株） | 独占禁止法3条後段 | 平20.4.16 |
| 23 | 東京高裁 | 平20.12.19 | （株）東芝ほか1名（差戻し審） | 独占禁止法3条後段 | （平15.6.27） |
| 24 | 東京高裁 | 平21.4.24 | 昭和シェル石油（株）ほか2名 | 独占禁止法3条後段 | 平19.2.14 |
| 25 | ［東京高裁］ | 平21.5.29 | 東日本電信電話（株） | 独占禁止法3条前段 | 平19.3.26 |
| 26 | 東京高裁 | 平21.5.29 | 西松建設（株）ほか5名 | 独占禁止法3条後段, 7条の2 | 平20.7.24 |
| 27 | 東京高裁 | 平21.9.25 | （株）トクヤマほか3名 | 独占禁止法3条後段 | 平19.8.8 |
| 28 | 東京高裁 | 平21.10.2 | （株）港町管理ほか2名 | 独占禁止法3条後段, 7条の2 | ※平20.6.2 |
| 29 | 東京高裁 | 平21.10.2 | （株）宮地鐵工所 | 独占禁止法7条の2 | 平20.10.14 |
| 30 | 東京高裁 | 平21.10.23 | （株）加賀田組ほか3名 | 独占禁止法3条後段, 7条の2 | 平20.7.24 |

| | | | | | |
|---|---|---|---|---|---|
| 31 | 東京高裁 | 平21.12.18 | (株)松村組ほか3名 | 独占禁止法3条後段, 7条の2 | 平20.7.24 |
| 32 | 東京高裁 | 平22.1.29 | (株)植木組ほか6名 | 独占禁止法3条後段, 7条の2 | 平20.7.24 |
| 33 | 東京高裁 | 平22.1.29 | エイベックス・マーケティング(株)ほか3名 | 独占禁止法19条 | 平20.7.24 |
| 34 | 東京高裁 | 平22.1.29 | (株)野里組 | 独占禁止法7条の2 | ※平21.2.16 |
| 35 | 東京高裁 | 平22.3.19 | 桜井鉄工(株) | 独占禁止法7条の2 | 平20.11.14 |
| 36 | [東京高裁] | 平22.3.19 | (株)新井組ほか3名 | 独占禁止法3条後段, 7条の2 | 平20.7.24 |
| 37 | 東京高裁 | 平22.4.23 | (株)アスカム | 独占禁止法7条の2 | 平19.12.4 |
| 38 | 東京高裁 | 平22.4.23 | (株)バイタルネット | 独占禁止法7条の2 | 平19.12.4 |
| 39 | 東京高裁 | 平22.7.16 | (株)カクダイ | 景品表示法4条1項1号 | ※平22.1.20 |
| 40 | 東京高裁 | 平22.10.29 | (株)オーシロ | 景品表示法4条1項1号 | ※平21.10.28 |
| 41 | 東京高裁 | 平22.11.26 | ミュー(株) | 景品表示法4条1項1号 | ※平21.10.28 |
| 42 | 東京高裁 | 平22.11.26 | 出光興産(株) | 独占禁止法7条の2 | 平22.2.24 |
| 43 | 東京高裁 | 平22.12.10 | 三菱レイヨン(株)ほか1名 | 独占禁止法3条後段 | 平21.11.9 |
| 44 | 最高裁 | 平22.12.17 | 東日本電信電話(株)（東京高裁判決 平21.5.29） | 独占禁止法3条前段 | （平19.3.26） |
| 45 | 東京高裁 | 平23.4.22 | ハマナカ(株) | 独占禁止法19条 | ※平22.6.9 |
| 46 | 東京高裁 | 平23.6.24 | 大森工業(株) | 独占禁止法3条後段 | 平22.3.23 |
| 47 | 東京高裁 | 平23.10.7 | 南建設(株) | 独占禁止法3条後段 | 平22.3.23 |
| 48 | 東京高裁 | 平23.10.28 | JFEエンジニアリング(株) | 独占禁止法7条の2 | 平22.11.10 |
| 49 | 東京高裁 | 平23.10.28 | 日本鋳鉄管(株)ほか2名 | 独占禁止法7条の2 | 平21.6.30 |
| 50 | 東京高裁 | 平23.11.11 | (株)タカヤ | 独占禁止法3条後段 | 平22.3.23 |
| 51 | 東京高裁 | 平23.11.11 | (株)タクマ | 独占禁止法7条の2 | 平22.11.10 |
| 52 | 東京高裁 | 平24.2.17 | (株)東芝ほか1名 | 独占禁止法7条の2 | 平22.10.25 |
| 53 | 最高裁 | 平24.2.20 | (株)新井組ほか3名（東京高裁判決 平22.3.19） | 独占禁止法7条の2 | （平20.7.24） |
| 54 | 東京高裁 | 平24.2.24 | (株)クボタ | 独占禁止法7条の2 | ※平23.3.9 |
| 55 | 東京高裁 | 平24.3.2 | 日立造船(株) | 独占禁止法7条の2 | 平22.11.10 |
| 56 | 東京高裁 | 平24.3.9 | 日本道路興運(株) | 独占禁止法3条後段, 7条の2 | ※平22.12.14 |
| 57 | 東京高裁 | 平24.5.25 | 昭和シェル石油(株) | 独占禁止法7条の2 | 平23.2.16 |
| 58 | 東京高裁 | 平24.10.26 | ケイラインロジスティックス(株) | 独占禁止法3条後段, 7条の2 | ※平23.10.17 |
| 59 | 東京高裁 | 平24.11.9 | 郵船ロジスティクス(株) | 独占禁止法3条後段, 7条の2 | ※平23.7.6 |
| 60 | 東京高裁 | 平24.11.30 | 古河電気工業(株) | 独占禁止法7条の2 | ※平23.12.15 |

| | | | | | |
|---|---|---|---|---|---|
| 61 | 東京高裁 | 平24.12.20 | 樋下建設(株)ほか2名 | 独占禁止法3条後段 | 平22.3.23 |
| 62 | 東京高裁 | 平25.5.17 | オリエンタル白石(株) | 独占禁止法7条の2 | 平24.9.25 |
| 63 | [東京高裁] | 平25.11.1 | (株)イーライセンス | 独占禁止法3条前段 | ※平24.6.12 |
| 64 | 東京高裁 | 平25.12.13 | 日新製鋼(株) | 独占禁止法3条後段, 7条の2 | ※平24.6.13 |
| 65 | 東京高裁 | 平25.12.20 | 愛知電線(株) | 独占禁止法7条の2 | ※平25.2.4 |
| 66 | 東京高裁 | 平25.12.20 | 藤正建設(株) | 独占禁止法7条の2 | 平25.5.22 |
| 67 | 東京高裁 | 平26.1.31 | 真成開発(株)ほか1名 | 独占禁止法3条後段, 7条の2 | ※平24.11.26 |
| 68 | 東京高裁 | 平26.2.28 | (株)高光建設 | 独占禁止法7条の2 | 平25.5.22 |
| 69 | 東京高裁 | 平26.3.28 | (株)匠建設 | 独占禁止法7条の2 | 平25.5.22 |
| 70 | 東京高裁 | 平26.4.25 | 大東建設(株) | 独占禁止法7条の2 | ※平25.9.30 |
| 71 | 東京高裁 | 平26.9.26 | エア・ウォーター(株) | 独占禁止法7条の2 | ※平25.11.19 |
| 72 | 東京高裁 | 平26.11.21 | (株)タカヤ | 独占禁止法7条の2 | 平25.5.22 |
| 73 | 最高裁 | 平27.4.28 | (株)イーライセンス(東京高裁判決 平25.11.1) | 独占禁止法3条前段 | (※平24.6.12) |
| 74 | 東京高裁 | 平27.7.31 | (株)生田組 | 独占禁止法7条の2 | ※平26.12.10 |
| 75 | 東京高裁 | 平28.1.29 | サムスン・エスディーアイ(マレーシア) | 独占禁止法3条後段, 7条の2 | ※平27.5.22 |

出典：公正取引委員会審決集及びホームページにより筆者作成
注1：裁判所欄の[東京高裁]とあるのは，上告審判決のある事件であり，その他の東京高裁判決は，番号75の事件以外すべて確定している。
注2：平成20年改正前の景品表示法に基づく排除命令については，独占禁止法の審判手続の対象であり，実質的証拠法則も適用されていた。
注3：審決年月日欄の※印は，平成17年改正後の独占禁止法66条に基づく審決である。
注4：(株)イーライセンスに係る審決は，一般社団法人日本音楽著作権協会に対する審決である。

# 課徴金減免制度の効果の検討

泉 水 文 雄

I　問題の所在
II　定義，検討の制約
III　申 請 件 数
IV　法的措置件数のうちの減免制度利用率
V　調査開始後の申請――証拠提出，協力
VI　調査開始前の申請――事件発見の端緒効果
VII　残された課題

## I　問題の所在

　課徴金減免制度（リニエンシー制度）は 2005 年独禁法改正により導入され，2006 年に施行された。2009 年改正では，減免対象者数を最大 3 名から 5 名（調査開始後は最大 3 名）に拡大され，会社グループによる申請が認められるようになった。制度導入時には，わが国になじまないなどの意見もあった課徴金減免制度は，カルテル，入札談合等の調査の端緒としておよび審査方法において不可欠な制度となるとともに，審査官の調査や弁護士の防御方法に大きな変更を加えて現在に至っている。[1]

　課徴金減免制度が導入されてから 10 年を超えようとしている現在，新たな 2 つの動きがある。

---

1) 経緯については，公取委「独占禁止法研究会報告書」(2003)，諏訪園貞明編著・平成 17 年改正独占禁止法 (2005) 10 頁以下，25 頁以下，品川武＝岩成博夫・課徴金減免制度等の解説 (2005) 4 頁以下等。

第1に，公取委はいわゆる裁量型課徴金制度またはより柔軟な課徴金制度の導入を検討し，その中では，課徴金減免制度の改正も検討している。すなわち，2016年2月に，公取委に独占禁止法研究会が設けられ，より柔軟な課徴金の制度設計が検討されている。[2] 第2に，公取委は，申請の事実や事業者名を積極的には公表していなかったが，[3] 免除の事実または減額の率を一律に公表するよう方針を変更した。[4]

　第1については，今後議論がなされることが期待される。「論点整理」では，「第2(2)調査協力インセンティブの欠如」において，「我が国では，課徴金減免制度が存在するものの，諸外国に比して，事業者が当局の調査に協力するインセンティブ及び調査への非協力・妨害へのディスインセンティブを確保する仕組みが不十分である。例えば，事業者が調査協力を行ったとしても，課徴金の額は減額されない。他方，事業者が調査協力を拒否したり調査妨害を行ったりしたとしても，課徴金の額が増額されることもない……このため，例えば，／① 事業者が自主的・積極的に違反行為を発見して是正するメリットや，そのための実効性あるコンプライアンス体制を整備するメリットにも欠けるところがある／② 公正取引委員会と事業者とが対立した関係で事件審査が行われているとの指摘もあり，効率的・効果的な実態解明や事件処理が困難となっている（さらに，これにより，摘発率の低下＝抑止力の低下につながるおそれがある）／③ 課徴金減免申請を含め，国際カルテルにおいて外国当局の調査への協力が優先され，我が国の調査への協力が軽視されるおそれがある／といった問題があり，結果として，我が国においては，事業者による自主的な違反行

---

2) 見直しの視点は，公取委「課徴金制度の概要と見直しの視点（資料編）」（独占禁止法研究会第1回会合配布資料）（2016）。2016年7月には，公取委「課徴金制度の在り方に関する論点整理」（以下，「論点整理」という）が公表され，意見募集がなされた。

3) 国，地方公共団体等の多くは減免が認められれば入札参加資格停止期間を2分の1とするために，減免を受けた事業者が公表を希望すれば，公取委はその事実をウェブサイトに掲載するとしていた。

4) 「課徴金減免制度の適用につきましては，……従来，……公正取引委員会から積極的に公表しないとしておりましたが，法運用の透明性確保等の観点から，今後は，当該事件に対する法的措置を公表する際，免除の事実及び減額率を一律に公表することとしたいと思っております」（公取委事務総長定例会見記録〔2016年5月25日〕公取委ウェブサイト）とし，2016年6月1日以後の減免申請者について適用するとしている。

為の発見・是正や未然防止の取組み及び公正取引委員会による違反行為の早期発見・早期排除が実現しにくい状況にあると考えられる。/したがって，以上のような問題を解消すべく，事業者が公正取引委員会の調査に協力するインセンティブ及び調査への非協力・妨害へのディスインセンティブを十分確保する仕組みを導入する必要があると考えられる」とする。

第2については，公表する国・地域は少なく[5]，事業者の報告するインセンティブに悪い影響を与えないか検証を要する。すなわち，課徴金減免の状況，とくに課徴金がゼロ円の事業者については，調査開始前の1番目の報告者であることは容易にわかる。また，多くの事案では最終的にはだれが報告したかわかるであろう。しかし，少なくとも法的措置の公表時に公表されることを嫌う事業者が存在し，申告を躊躇する可能性がある。この点は，法運用の開始後に検証されるべきであろう。

本稿では，このような課徴金減免制度について，検討をしたい[6]。なお，筆者は課徴金減免制度についてすでに分析したことがあり[7]，本稿はそれと一部重複するが，そこで十分に論じきれなかった内容を検討したい。

---

[5] たとえば，米国司法省では一切公表せず，EU 等の他の競争当局にも伝えない。

[6] 10年近い経験に基づき課徴金減免制度の運用等を検討するもので，公取委担当者等のものに，高居良平「課徴金減免制度の概要・利用状況と今後の課題」自由と正義66巻12号（2015）37頁，同「課徴金制度の現状と課題」公取787号（2016）2頁，公取委事務総長定例会見記録（2016年2月24日），塚田益徳「課徴金減免申請」商事2094号（2016）35頁があり，実務家等によるものに，平林英勝「最近の公取委審決にみる課徴金減免制度の運用と問題点——フジクラ事件審決および愛知電線事件審決の検討」中央ロー・ジャーナル10巻2号（2013）109頁，特集「国際カルテル規制の最前線」ジュリ1462号（2014）11頁，白石忠志＝多田敏明編著・論点体系独占禁止法（2014）204頁〔内田清人〕，村上政博編集代表・条解独占禁止法（2014）364頁〔石田英遠＝原悦子＝高嵜直子〕，ステーヴェン・ヴァン・アーツル「課徴金減免制度と日本の独占禁止法——カルテルの防止になり得るか？ あるいは戦略的日和見主義の道具か？」法政81巻1＝2号（2014）154頁，村上政博ほか編・独占禁止法の手続と実務（2015）261頁〔栗田誠〕，伊永大輔「課徴金減免制度(1)～(3)」公取776号35頁，777号61頁，780号41頁（2015），山島達夫「実務家から見た課徴金減免制度の10年」公取787号（2016）22頁等がある。

[7] 泉水文雄「課徴金減免制度10年の評価と課題」公取787号（2016）10頁。また，課徴金制度の制度設計については，同「独禁法における課徴金制度の機能，問題点，法改正のあり方」国民経済雑誌213巻1号（2016）1頁で検討したことがある。

## II 定義，検討の制約

　まず課徴金減免制度は成功したのか，失敗したのかを，わずかに公表されている資料から確認してみよう。公取委の公表資料には，「減免申請数」，「当該違反行為」，「法的措置件数」の数字が出てくる。10年間でのこれらの推移等を検討の基礎としたい。この実態を知るにはこれらの数字が何を意味するかを確認する必要がある。しかし，これらの定義は実はわかりにくい。筆者の調査の結果は，以下のようになる。

　公取委が毎年公表している「課徴金減免制度の適用状況」の件数は，排除措置命令の事件番号によっており，公取委ウェブサイト掲載の「法的措置一覧」の番号により計算されていると考えられる。また，3条後段（不当な取引制限）とともに8条1号（事業者団体による競争の実質的制限）事件が計算に加えられている。「課徴金減免申請件数の推移」の「減免申請数」は，1つの事業者の1回の申請を1件としている。「当該違反行為」（7条の2第10項等）は，その1件ごとに，課徴金減免制度が適用される申請件数の上限（調査開始前の1件目，2件目，3件目，4・5件目，調査開始後の3件目等）が計算される。そして，不当な取引制限を定義する2条6項の要件が成立するごとに「当該違反行為」は1件となる。同じ事業者が供給者および需要者であったとしても，「一定の取引分野」が異なれば，別の違反行為となる。「法的措置件数」は，複数の事業者の行為が2条6項に該当し3条に違反し，複数またはいずれかの事業者に排除措置命令，課徴金納付命令が出されても，あわせて1件と計算される。したがって，たとえば5つの事業者が1つの「当該違反行為」を行い，この違反行為について3つの事業者が課徴金減免申請をし，5つの排除措置命令と5つの課徴金納付命令が出されれば，「当該違反行為」は1件，「法的措置件数」は1件，「減免申請数」は3件となる。なお，調査開始前の1番目で，課徴金納付命令と排除措置命令の両方を免れ，それ以外に排除措置命令，課徴金納付命令を受けた事業者がいない場合も，当然といえるが，「法的措置件数」は1件とされている。

　「法的措置件数」，「当該違反行為」のこの算定方法については，不当な取引

制限においては，商品および地域からなる一定の取引分野が画定され，それごとに1件の違反行為が成立するとされることから，事件数の計算方法として一応合理的だといえる。

ただし，入札談合等においては，実質的に1つの事件が，発注者ごとにそれぞれ違反行為とされるために，たとえば一連の自動車部品事件では，1つの部品について，発注する自動車メーカーごとに「法的措置件数」，「当該違反行為」が1件と計算されることに注意したい。たとえば，自動車用ワイヤーハーネスについて，自動車メーカーごとに5件の「当該違反行為」，5件の「法的措置件数」がある[8]。また，公取委は課徴金減免申請のインセンティブを高めるために，できるだけ多数の申請者に減免を受ける権利を与え，あるいはまた申請者が抗告訴訟を提起して争うインセンティブを低くするためにも，一定の取引分野を細分化して画定している場合があるとも考えられる[9]。そうすると，「法的措置件数」，「当該違反行為」が実態よりも増えていることとなる。

他方，1件の申請により芋づる式に事件が拡大するというように，課徴金減免制度が事件調査の端緒になったか否かは，課徴金減免制度の効果を確認する上で重要である（Ⅵ）。その場合は，その一連の事件のいずれかに調査開始前の申請があったか否かを確認し，それが肯定されれば一連の事件のすべてに対して調査開始前の申請が端緒効果をもったと評価することができる。この場合には，一連の事件を1つと捉えることが考えられる。そこで，「法的措置件数」ごとのデータとともに，一連の事件を1件として調査開始前の申請の有無を確認してみよう。一連の事件か否かは，公取委の報道発表において同時に報道されているか否かによった。実際には，数年にまたがって法的措置がとられた事件，さらに関連したり隣接した商品へ芋づる式で調査が進む事例が，1つの報告を端緒としていることは相当あると考えられるが（典型的には，自動車部品カルテル，電線等のカルテル），本稿では，法的措置件数の年月日が同一の事件ごとおよび商品が同一の事件ごとにしか検討できなかったため，これらの芋づる

---

[8] メーカーにより仕様が異なることにより，そのような市場画定が正当化される可能性があるが，つねにそういえるわけではなかろう。

[9] 課徴金納付命令平成20・12・18審決集55巻768頁（ニンテンドーDS・DS Lite用液晶モジュール事件）について，金井貴嗣「本件評釈」ジュリ1374号（2009）84頁。

式で調査が進む事例については，検討できていない。このような制約および公表されていない課徴金減免制度適用例があることから，調査開始前の申請の端緒効果の実態について過小評価となっていると考えられる。他方，論理的には，調査開始前の申請があったが，調査開始後の申請が排除措置命令等に大きく貢献したという過大評価の可能性もある。

なお，すでに述べたように，「課徴金減免申請件数」は事業者が公表を申し出たものに限定され，実際の件数とは異なることにも注意を要する。[10]

## Ⅲ 申請件数

毎年公表されている「課徴金減免申請件数の推移」をグラフにしたのが図1である。[11]

件数は，申請件数であるので，1つの「当該違反行為」に対して多数の申請がなされ，また1つの事業者が複数の「当該違反行為」に対して申請を行っていると考えられ，数字自体にはあまり意味を見出すべきではないが，一定の傾向は見て取れる。制度導入時には申請が殺到しその後減少したと予想されたが，意外にも，導入した2005年度（施行日の関係で3ケ月間のみ）から2011年度まで徐々にまたは急激に増えており，その後2013年まで減少し，最近再度上昇傾向にある。

図1の数字を見ると，申請件数は数十件から100件を超えている。申請者は，それぞれ法的措置，とりわけ課徴金納付命令において減免を受けることを目的に申請する。減免申請件数に対する「課徴金減免制度の適用が公表された事業者」の割合は，減免申請が目的を一応達成した数字であり，100からそれを除した数字は，申請が法的措置につながらなかった（申請したが，いわば意味がなかった，申請しなくても法的措置は受けなかった）割合を表すといえる。この点で，2015年度までの減免申請総件数は938件，「課徴金減免制度の適用が公表され

---

[10] 公表により国や地方公共団体による指名停止期間の短縮の利益を得ない公共調達の比重の少ない事業者や外国事業者は数字に入っていない可能性が高い。

[11] 以下は，公取委公表の「課徴金減免申請件数の推移」，「課徴金減免制度の適用状況」（「平成27年度における独占禁止法違反事件の処理状況について」〔2016年5月25日〕等）によった。

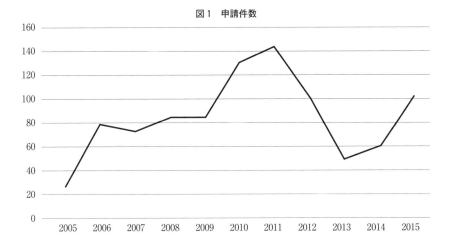

図1　申請件数

た事業者」数は264件であり，減免申請が目的を一応達成したといえる率は28.1%である。約3分の2の申請は法的措置につながらず，いわば無駄骨であったともいえる。では課徴金減免制度は失敗したのか。

## Ⅳ　法的措置件数のうちの減免制度利用率

では，「法的措置件数」のうち，どの程度のものが課徴金減免申請をされていたのだろうか。公取委公表の「課徴金減免制度の適用状況」から得たのが図2である。

課徴金減免制度が適用された「法的措置件数」とそれが適用されなかった「法的措置件数」の年度別推移を示している。「法的措置件数」のうち課徴金減免制度が利用されているものが大部分を占める。10年間の平均でも80.1%である。この数字は，課徴金減免制度が法的措置に影響を与えていることを示唆するものといえそうである。公取委の事務総長定例会見も，この数字（2015年度の途中までのために79.2%）のほか，2006年「1月以降に調査を開始した事件

---

12) 課徴金減免申請が法的措置につながるには，数年の審査期間を要するため，直近の数年間の申請はすべて法的措置につながらなかったと評価されており，この数字は過小であることに注意したい。

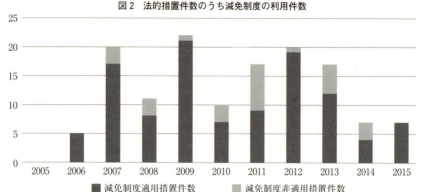

のうち，課徴金の総額が100億円を超える事件……12件……の全てについて課徴金減免制度が活用され」，「刑事告発を行った4件……全て課徴金減免制度が活用された事案」と指摘する[13]。もっとも，どのように影響を与えているかは，より具体的な検討を要する。

## V 調査開始後の申請——証拠提出，協力

### 1 課徴金減免制度の2つの機能

調査開始前1位，2位の申請者の課徴金の減額の程度は，それぞれ全額，5割であるのに対し，調査開始前の3位から5位および調査開始後の申請者は順位を問わずすべて一律に3割の減額である。

課徴金減免制度の目的・機能は，2つある。調査開始前の申請（とくに1位から3位の申請）は調査の端緒情報の収集にあり，調査開始後の申請（あるいは，さらに調査開始前の4位，5位の申請）は調査への協力，新たな証拠の収集にあり，2つの課徴金減免制度は異なる機能・目的を有するといえる。

### 2 調査開始後の申請は機能しているか

調査開始後の申請について，それが協力や新たな証拠の収集にどの程度機能

---

13) 前掲注6)・事務総長定例会見記録（2016年2月24日）。

しているかを検証することは，結論としていえば，難しい。まず制度としては，提出する証拠の新規性については，提出資料について，調査開始前の4位，5位の事業者および調査開始後の事業者については，「既に公正取引委員会によつて把握されている事実に係るものを除く」とし，提出資料に新規性を求めている（7条の2第11項3号かっこ書き，第12項1号かっこ書き）。しかし，この証拠は，過去のメモや手帳等の提出や新しい供述の提出により，それまでに判明していた会合等の開催日以外の日にも会合が開催されていたことが明らかになるという場合や，公取委が入手済みの資料であっても，その資料についての申請事業者またはその役職員の認識等を内容とする陳述書等[14]は当該事実の報告と認められることがあるなど，何らかの追加的証拠の提出により把握されていない事実の報告があると認定されることが多いとされる[15]。また，調査開始前の申請では広く行われる追加報告要請もほとんど行われないようである[16]。そして，前記の「論点整理」にもあるように，最大5件の申請に対して自動的に3割の減額を行うことは適切でない，協力のインセンティブが確保されていない等が指摘されている。しかし，協力のインセンティブとなっているか，価値ある証拠が提出されているかを実証する方法はない。

## 3　2009年度改正の影響？

2009年改正において課徴金の3割の減額を受けうる調査開始後の申請者の数は，最大3名から5名に増えた。その効果はあったのだろうか。その前後で状況は変わったか。2009年度には「法的措置件数」に占める申請件数もその比率も高い。申請件数は2010年度から2年間大きく増加している。これは2009年改正の影響である可能性がある。そして，その申請が法的措置に至ったと考えられる数年後，とくに2012年度は「法的措置件数」も課徴金減免制度を利用した「法的措置件数」も利用割合が多い。しかし，2013年以降は，

---

14) 村上編代・前掲注6) 372頁〔石田＝原＝高嵜〕。
15) 白石＝多田編著・前掲注6) 214頁〔内田〕。
16) EUでは，当局に把握されていない新しい事実について，厳正に判断され，それまでに判明している事実と異なる，重要な付加価値（significant added value）のある証拠を提供する必要がある。Commission Notice on Immunity from fines and reduction of fines in cartel cases, (30) a.

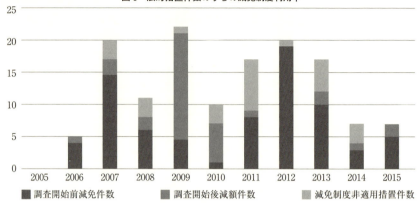

図3　法的措置件数のうちの減免制度利用率

「法的措置件数」も減免制度を利用した「法的措置件数」も減少している。すると，2009年改正は，調査開始後の申請を増加させ，さらに「法的措置件数」を増加させるという意味で成功だったのだろうか。

申請件数を調査開始前の申請と調査開始後の申請に分けて検討しよう。図2の減免制度利用件数を，さらに調査開始前の申請（2位まで）がなされたものと調査開始後の申請「のみ」がなされたものに分けたのが図3である。

これは「課徴金減免制度の適用事業者一覧」と「独占禁止法法的措置一覧」により，「法的措置件数」，それに占める調査開始前および開始後の減免を受けた事業者数を計算し作成している。

2009年度には「法的措置件数」に占める申請件数とその比率が高いだけでなく，調査開始後のみの申請が数も比率も高い。これは2009年改正の影響であろうか。この申請のほとんどは，電力用電線事件（6件），国交省発注車両管理業務事件（8件）であるが，申請から法的措置までは数年を要すると考えれば，これは2009年改正の影響ではないであろう。

申請件数が2010年度から2012年度に多いが，これも法改正の影響ではない可能性が高い。なぜなら，これは2012年度，2013年度に法的措置に至る一連の自動車部品カルテル事件の申請の影響であると推測されるからである。しかし，図3にあるように調査開始後のみの申請の比率は小さく，自動車部品カルテルに係る申請はすべて調査開始前の申請であり，法改正の影響とは考えられ

ない。ただし，2010年度については，調査開始前の申請が法的措置に至ったと考えられる件数が6件と多く，比率も高く，「法的措置」までの期間は短いが，2009年改正の影響かもしれない。結局，2009年改正後の件数や比率は様々な影響を受けている可能性が高く，判断は難しいが，法的措置に行きつく上では効果はなかったか，効果は2年程度の短期間で終わった可能性が高い。

## Ⅵ　調査開始前の申請——事件発見の端緒効果

### 1　調査開始前の申請は機能しているか

次に，課徴金減免制度の調査の端緒としての機能に着目する。図3に加えて，Ⅱで述べた「一連の事件」を1件として計算した図4も参照する。

図3と図4は，調査開始前の申請が端緒となって審査され法的措置に至ったと考えられる事件がどの程度あるかを把握しようとするものである。「法的措置件数」に対する調査開始前の申請件数は平均でも55.9％であった。また，課徴金減免制度利用件数に占める調査開始前の申請の利用率が100％近い年度（2012年度）もあり，平均でも68.8％であった。また，調査開始前の申請事案は，大型の事件で，関連する商品に係る事件が多い事案が相当数あり，審査が芋づる式に拡大したと推測されるものが多い。なお，2010年度に比率が低いことにはⅤで触れた電力用電線事件および国交省発注車両管理業務事件が調査

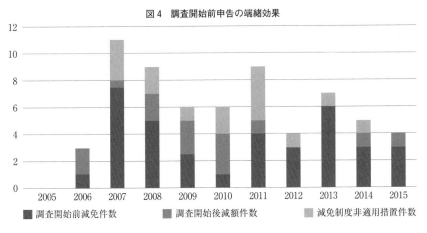

図4　調査開始前申告の端緒効果

開始後のみの申請事案であることが，2012年度，2013年度に比率が高いことには自動車部品カルテル事件がいずれもすべて調査開始前の申請事案であることが寄与している。

　ここで，あらためて「法的措置件数」に占める課徴金減免制度の利用件数の比率を見よう。その割合は80.1％であった。調査開始前の申請の利用率は，上記のように55.9％である。一連の事件を1件とした場合には，57.8％である。直近の5年間では，それぞれ66.2％，65.5％に上昇する。しかも大きな事件や多数の事件につながったものが多く，調査開始前の申請は事件審査の端緒として重要な役割を果たしているといってよい。一連の事件を1件とした方が比率が全体的には低くなった。それは単発的な事件（課徴金額も少ないものが多い）と一連の事件を同じ1件としたからであり，端緒効果を知る上では図3の方が実態に近いといえよう。

　結論としては，法的措置に至る際に減免制度が利用された「法的措置件数」の相当部分が調査開始前の申請の端緒効果によっていると考えられる。そして，調査開始後の申請のみがなされたという事件は少ない。例外は，調査開始後に初めて多数の申請が出された上記の電力用電線事件および国交省発注車両管理業務事件である。

　これらの理由は様々考えられる。まず，課徴金減免制度は十分に機能しており，法的措置に至る重要な手段となっているといえる。他方，これを裏から見れば，課徴金減免制度がなければ法的措置がとれない状況にあり，公取委の独自の審査能力が落ちているという皮肉な見方もあろう。もっとも，調査開始後の申請のみがなされた事件も含め，調査開始前の申請が端緒になっていない事件の比率も全体で40数％，直近の5年間でも30数％台あるともいえ，公取委の独自の審査が端緒や法的措置に至る事案も一定数あり，もっぱら調査開始前の申請に頼っているわけではないともいえる。さらに，審判開始決定がされ，争われる事件が増え，ここ数年，従来以上に確実な証拠がないと摘発しなくなっているということもこれらの数字に影響しているかもしれない。近年，1件あたりの審査期間が増えていることからは，そのような状況が推測される。

　　〔追記〕
　　　本稿では，調査開始前の申請の端緒効果について，①公表されていない申請数が

あること，②同一年月日に法的措置をとられていない申請の端緒効果が確認できず，過小評価にならざるをえないことを指摘した[11]。本稿脱稿後に接した朝日新聞2016年11月7日朝刊は，同紙の独自調査の結果として，①は13件，②は14件だとする。真偽を確認する方法はないが（なお，この2つ以外の記事中の数字は本稿の分析と一致する），仮にそれが真実であるとすれば，調査開始前の申請の利用率は65.4%，芋づる式効果（本稿の数字と重複するものがある可能性がある）は最大75.7%となり，本稿の分析以上に，端緒効果は大きいこととなる。

## 2 調査開始後の申請の再考

他方，「法的措置件数」のうち調査開始後の申請しかない事例は約24.3%，一連の事件を1つの事件とした場合にも18.6%にとどまる。証拠の収集や調査協力としてもどの程度機能しているかは明らかでない。この数字は，直近の5年間では，さらに低下し，それぞれ約9%，約11%となっている。調査開始後の減額件数は，最大5件（2009年改正までは最大3件）であり，また申請することのデメリットはあまりないから，申請件数は多いものの，調査開始後の申請の性格から当然予想されることではあるが，調査の端緒としてはあまり機能していないことがここでもわかる。また，繰り返しになるが，2009年改正による減額対象者の拡大が審査に貢献した証拠もないことがわかる。

## 3 リニエンシーへのレース

調査開始前の申請は，1位が全額，2位が半額，3位が3割の減免となり，2009年法改正後は3位から5位まで3割の減額と拡大された。このように証拠の提出等を要件とせず，申請が早いほど減免率を上げるのは「囚人のジレンマ」ゲームを利用して，事業者に公取委に駆け込むレースをさせることを目的としている。では，調査開始前において，実際に駆け込むというレースは行われているのだろうか。公表資料からは，調査開始前の複数の申請者に対して課徴金が減免される事例は，意外にも，1年に1事件程度しかない。レースはあまり行われていないのか，おそらくはレースは同一の市場で行われるよりも，自動車部品カルテルや電線のカルテルのように，関連する商品や別の商品について公取委に駆け込むという形態で行われているのであろう。ただし，2011年度には5件，2013年度には例外的に2件ある。2011年度は自動車用ワイヤ

ーハーネス事件において古河電工，住友電気工業，あるいはさらに矢崎総業の間で，2014年度には自動車用ヘッドランプおよびリアコンビネーションランプについてスタンレー電気，市光工業，あるいはさらに小糸製作所との間でレースが行われたことが窺える。

### 4 その他

　データはないが，外国事業者は日本の課徴金減免制度の利用に消極的である可能性がある。外国事業者がコストをかけて調査に協力するには具体的なメリットが必要であり，協力しても実際の課徴金額が予測した金額より低かったり，課徴金が課されないと，コストをかけて調査に協力しにくいという問題もある。[17]ある弁護士によれば，費用の関係からアジアで2カ国に課徴金減免申請する場合に日本がこれに入らないこともあるという。もっとも，実際に審査開始に値する案件であれば，外国競争当局が申請者に対して日本への申請を強く勧めることが予想され，最終的には日本へも申請が行われるのかもしれない。なお，外国民事訴訟におけるディスカバリー手続等に備え，口頭での陳述が広く行われている。外国事業者については，課徴金減免申請時の陳述書作成時，さらに供述録取時にも弁護士の立会いが通訳人に準じて認められる。[18]

　いずれにせよ，課徴金減免制度は，不当な取引制限の審査において不可欠の端緒になっているといえそうである。また，課徴金減免制度は，事業者と公取委の関係を変え，事業者間に利益衝突をもたらし，弁護士は事業者ごとに選任されるようになった。審査官と弁護士との関係は対立型からより協調的・対話型なものになった。このように，課徴金減免制度は審査や弁護方法に大きな変化をもたらしたといえる。立入検査時の弁護士の役割も，調査開始後の減免申請および他の違反行為の調査・その調査開始前の減免申請の準備となっているようである。この点は，立入調査時に事業者の担当者等をいかに確保するかと

---

17)　川合弘造「独占禁止法の海外企業・外国人への執行と課題」西村利郎先生追悼論文集・グローバリゼーションの中の日本法（2008）479～480頁，座談会「公正取引委員会の将来像」公取723号（2011）51頁〔川合発言〕。

18)　公取委「独占禁止法審査手続に関する指針」（2015）第2の2(3)イかっこ書き。従来の運用を確認したものとされる。

いう問題を生じさせている。報告の順番のみによる制度をやめ、協力の程度に応じた課徴金減免、課徴金算定ができればこのような問題も解消されよう。

　データはないものの、違反事実を争う審判も減少したといえるかもしれない。[19]他方、課徴金減免制度を利用しても、審判、抗告訴訟で争う事例は少なくない。減免申請しなかったことを理由に、株主代表訴訟が提起されるおそれさえある。[20]

## Ⅶ　残された課題

　統計に係る専門知識のない筆者による限られた情報に基づく検討には限界があり、誤りもあろう。そして、重厚な研究をされてきた舟田先生の古稀をお祝いする場においてこのような推測を繰り返す軽薄な研究成果しか出せないことは恥じ入るばかりである。最後にわずかながら得られた示唆と課題を示して終わりとしたい。

　調査開始前の1位（あるいは、さらに2位、3位）の課徴金減免申請は、端緒発見機能として重要な役割を担っていることが明らかになった。そして、それは早さだけで決めるのが合理的である。他方、調査開始後の申請の効果は十分に確認できない。しかし、それを今後維持するとすれば、調査開始後の申請や調査開始前の4位以下の減額率は、EU等の多くの課徴金減免制度のように、順位よりも、提出される証拠の価値に重きをおいて判断するのが適切であろう。さらに、申請者に対しては、全面的、継続的な調査協力義務を課すことが考えられる。これにより、課徴金減免制度はより効果的に機能するであろう。調査開始後の申請については、少なくとも端緒発見としての効果は少なく、「法的措置件数」に調査開始後の申請のみが占める割合も少なかった。立法論としては、縮小の方向で見直すか、あるいは新たな証拠や実質的な証拠を提供するなどの調査に貢献する場合に限定しかつその程度に応じて課徴金の減額率を決め

---

19)　他方、自動車部品カルテルで審判開始請求が少ないのは、審判手続において証拠が閲覧謄写され、米国等において提起が予想される民事訴訟において使用されることをおそれたためからかもしれない。

20)　日本経済新聞2014年5月8日（朝刊）（光ケーブルや自動車用電線「ワイヤーハーネス」について住友電工が5億円支払いで和解）。

る制度にすべきであろう。

　なお，課徴金減免の際に協力義務を課すとして，違反行為の「自認」まで求めるのか，そうでないにせよ，違反事実や法解釈を争えば勝てる可能性がある場合にも争うことを躊躇させるほどの裁量や全面的な協力義務を課してよいのか，より本質的には「協力」とは何かについて，さらに検討されるべき課題は残るであろう。

　いずれにせよ，現行の課徴金減免制度は，非裁量型で協力のインセンティブを与えない課徴金制度の存在を前提として設計されており，裁量型課徴金制度の導入および調査を早期に終了させるインセンティブを与える和解制度の導入[21]とあわせて論じるべきといえよう。確約制度は[22]，20016年12月に成立したTPP協定整備法に導入されているが，同法がいつ発効するかは未定である。確約制度については，別の方法での導入も含めて検討することが適切かもしれない。独占禁止法研究会における検討結果とその立法化が期待される。

　課徴金の免除の事実または減額の率を一律に公表するという方針変更については，多くの場合に関係事業者にわかったり，その後明らかになる例が多いとしても，少なくとも法的措置の公表時に明らかになることを嫌う事業者がいる場合には，減免申請するインセンティブに悪い影響を与えないか検証が求められる。

---

21)　違反事実等について事業者の同意が得られた場合に，簡略化された方法で処分を行う手続である。

22)　事業者が，競争当局の指摘する競争上の懸念を解消する措置を自主的に申し出て，その内容について競争当局が合意した場合に，約束した措置の実施を法的に義務付ける行政処分を行う手続である。

# 競争法違反と金銭的ペナルティー算定
## ── シンガポール競争法を素材として

西 村 暢 史

I　問 題 意 識
II　シンガポール競争法と金銭的ペナルティー算定手法
III　改正ガイドライン（案）
IV　むすびにかえて


## I　問 題 意 識

　競争法に基づく法執行，特に，競争法違反行為に対する時に厳格な制裁は世界的広がりを見せている。従来の欧米を中心とする厳格な競争法の執行だけではなく，競争法を持って間もない国々が積極的な競争法に基づく法執行を行っている点は，企業にとっても競争法リスクを考えなければならない状況は増えていると言える[1]。

　同時に，日本においては，課徴金制度の見直しの検討が「独占禁止法研究会」において展開している。その中の議論の一部としてではあるが，課徴金賦課の際にこれまでの原則として売上高に一定率を乗じる方式から，課徴金の算定における「裁量型」への移行が大きく取り上げられていることも事実である[2]。

　競争法違反行為に対する法執行として最も重要な金銭的ペナルティーに関する議論については，世界的に事業活動を展開している日本企業として欧米に止まらない状況の把握は重要であると考える。

　特に，シンガポール競争当局（以下，CCSとする）は，2015年よりシンガポ

ール競争法全体の運用に重要な影響力を持つ一連のガイドラインの改正手続に入った。この事実は，競争法違反行為に関する実体規定の解釈の精緻化のみならず，違反行為に対する法執行としての金銭的ペナルティーの運用やその減免等が従来に比してどのように企業側の行動に変化を及ぼすのかという観点からも，企業側にとっては喫緊の検討事項であると考える。[3]

本稿は，このように近年において極めて積極的な情報発信を継続しているシンガポール競争法を素材にして，競争法違反行為に対する金銭的ペナルティーの制度設計に関する情報基盤を構築するという特徴を持っている。

## II シンガポール競争法と金銭的ペナルティー算定手法

シンガポール競争法69条(2)(d)は，CCSが認定したシンガポール競争法に違反する行為（競争制限的合意，支配的地位の濫用行為，そして，実質的な競争制限またはその可能性のある企業結合）に対して金銭的ペナルティー賦課（CCSに対す

---

1) その一例として，たとえば，国際カルテルに対するシンガポール競争当局（CCS）による積極的な競争法に基づく法執行の説明として，長橋宏明「シンガポール競争法の執行状況と法的リスクの高まり」公取762号（2014）27頁，同「シンガポール競争法の法執行とコンプライアンスに向けた若干の示唆――日本企業への執行例としてベアリングカルテル事件を中心に(上)(下)」際商43巻5号（2015）649頁，43巻6号（2015）849頁，花水康＝副田達也「シンガポールにおける日系企業によるカルテルの摘発事例とリニエンシーの実務」The Lawyers（2014）22頁，西村暢史「日本企業と海外競争法(1)シンガポール競争法と国際カルテル」比較法雑誌49巻2号（2015）1頁参照。

　これらの文献では，CCSのシンガポール競争法違反に基づいた金銭的ペナルティー賦課に関して，日本企業を含め世界的に競争法の審査対象となった国際カルテル2件（ベアリングカルテル，航空サーチャージ料金カルテル）について分析検討している。

2) 特に，「裁量型」課徴金賦課制度に関しては，相互に関連する論点として，公取委の調査に対する協力に伴う手続（防御権）保障，課徴金減免制度等に関しても，「独占禁止法研究会」第1回議事概要においても確認することができる（公正取引委員会「独占禁止法研究会（第1回会合）議事概要」平成28年2月26日，2頁）。このように，「裁量型」課徴金賦課制度の導入において単なる「裁量型」の定義に止まらない派生する諸論点への配慮はもちろん必要となってくる。しかしながら，本稿はあくまでもシンガポール競争法における金銭的ペナルティー賦課の制度設計に着目している。このことは，「裁量型」を謳うシンガポール競争法の検討作業を追体験するという意義があると考える。

3) An interview with Toh Han Li by Sonya Lalli (18 April 2016), Global Competition Review website, 18 April 2016.

る支払い）を規定している[4]。そして，CCSは，2007年にガイドラインを制定して，金銭的ペナルティー賦課の趣旨，その算定方法の明確化を図ってきた[5]。

具体的には，金銭的ペナルティー賦課制度の全体像を示したCCSによるガイドラインであるCCS(2007a)[6]および具体的な金銭的ペナルティー算定枠組みを示したCCS(2007b)[7]である。

CCS(2007a)は，シンガポール競争法に違反する行為に対する金銭的ペナルティーの目的を，競争法違反行為の重大性を反映させた当該違反行為に対する効果的な抑止に資するものであると位置付けている[8]。この点は，CCS(2007b)が，具体的かつ適切な金銭的ペナルティーの算定方法を示す際に[9]，金銭的ペナルティーには，①競争法違反行為の持つ重大性を反映させること，②事業者らによる競争制限的行為を抑止することという2つの目的（twin objectives）を再

---

[4] なお，金銭的ペナルティー賦課制度の全体像の特徴としては，シンガポール競争法が明示的にCCSに対して競争法違反行為が故意または過失により行われたことの証明を求めている点にある（69条(3)）。このような金銭的ペナルティー賦課要件としての主観的要素の組み込みに関して，後掲注6）のCCS(2007a)は次のように整理している。

まず，故意に該当する場合として，①競争制限目的の協定や行為，②問題となっている企業が自身の行為について競争制限であること，または合理的にその可能性があることに気付いている，または，当該企業が競争制限行為を行うことを望んでいるか準備をしている，③企業が競争制限的合意，支配的地位の濫用行為，実質的な競争制限またはその可能性のある企業結合について知らなかったとしても，競争制限効果を持つ協定等諸行為に気付いていないことはないといった点を挙げている（para.4.7）。直近の生命保険商品の割引を断念させるような競争制限的合意に関する事例においても，先例を踏まえた上で，上記①～③と同様の言及を行っている（Infringement of the section 34 prohibition in relation to the distribution of individual life insurance products in Singapore, 17 March 2016, Case number: CCS 500/003/13, paras. 264, 269）。なお，過失については対照的に，極めて簡潔に，競争を制限または歪曲する結果を生じさせる協定等諸行為について知っているべき場合を挙げているに止まる（para.4.10）。

[5] これまでに（2016年5月現在）13のガイドラインが公表されている。その大半が，シンガポール競争法制定の2007年と同時であることも，ガイドラインの持つ法運用における重要性を裏付けていると言える。

[6] CCS, Guidelines on Enforcement(June 2007). 以下，本文および脚注ではCCS(2007a)とする。

[7] CCS, Guidelines on the Appropriate Amount of Penalty(June 2007). 以下，本文および脚注ではCCS(2007b)とする。

[8] CCS(2007a), *supra* note 6, para. 4.2.

[9] CCS(2007b), *supra* note 7, at 1.6以下参照。

[10] *Id*., at 1.6.

*541*

度確認していることからも，シンガポール競争法の法執行が持つ趣旨はあまりにも明確に表現されている[11]。

CCS(2007a)は，金銭的ペナルティー額の具体的算定の起点として，違反行為当事会社の売上高（turnover）を最も基礎となる数値として位置付けている[12]。

競争法違反行為である競争制限的合意と支配的地位の濫用に対する具体的な金銭的ペナルティー額の算定の際の「考慮要素」に関しては，CCS(2007a)が次の5項目を挙げている[13]。

① 当該違反行為の性質，期間，重大性
② 当該違反行為により影響を受ける商品及び地理的関連市場に関するシンガポール所在の事業者の事業活動による売上高
③ 市場の状況
④ 違反行為当事者の過去の反競争的行為等の存在を含む加算事由
⑤ コンプライアンスプログラムや競争当局への協力等を含む減額事由

そして，CCS(2007b)が，実際の金銭的ペナルティー額の算定の際の以下の5つの「考慮要素」をより詳細に論じている[14]。

① 競争法違反行為の重大性

---

11) シンガポール競争法69条(4)が定める3年を上限とするシンガポールでの当該違反行為事業者の年間売上高の上限10%とした金銭的ペナルティーの法定上限額（*id.*, at 2.14において当然確認されている）に関しては，CCSの「裁量」による法定上限額の範囲内での金銭的ペナルティーの増額が可能となるということも想定されるであろう。その意味では，競争法違反行為に対する抑止効果と整合的な趣旨に基づいた規定であるが，実際の運用では，「裁量型」の金銭的ペナルティー賦課に対する上限という「歯止め」としても機能することも想定される。なお，事業者団体の構成事業者の行為が関わった当該事業者団体による競争法違反行為に対する法定上限額は，構成事業者ごとの売上高の合計の10%を超えない金銭的ペナルティーとなるとしている（*id.*, para. 2.15）。このように，事業者団体については明確化されたわけであるが，実際上は，同一企業であっても，競争法違反行為の「数」での法定上限額という論点は今後も継続することになろう。

12) CCS(2007a), *supra* note 6, para. 4.16.

13) *Id.*, para. 4.18 も列挙している。なお，CCS(2007a)は，その他，最近の欧州における競争法違反に該当する国際カルテル事件（たとえば，T-82/13, Panasonic Corp., MT Picture Display Co. Ltd. v. European Commission, Judgment of the General Court(Third Chamber), 9 September, 2015, T-104/13, Toshiba Corp. v. European Commission, Judgment of the General Court(Third Chamber), 9 September, 2015）においても頻繁に論点となっている金銭的ペナルティーの支払い責任の主体に係る親会社の位置付けについても記述している（*id.*, para. 4.23）。

金銭的ペナルティーの総額は違反行為の性質に特に依拠するものであり，違反行為がどの程度重大性を有し，波及しているかという点を問うことになる。CCS（2007a）や CCS（2007b）では言及されていないが，実務としては，特定の割合を指標（売上高に乗じる指数）として算出することになる。いわゆるハードコアカルテルに該当するような行為については，この割合が一般的に高いと想定している[15]。そして，重大性の評価にあたっては，CCS は，様々な要素を挙げているが[16]，特に違反行為が有する市場への直接的または間接的な影響と効果を重要視する要素と位置付けている[17]。

② 違反行為企業の前営業年度の違反行為により影響を受ける関連商品市場および関連地理的市場に関するシンガポールにおける企業の事業売上高

　そして，上記①の市場に対する直接的または間接的な影響と効果について，様々な考慮要素の中でも，特に②が考慮されることになるのである[18]。競争法違反行為の有する市場への影響を見るという点で，当該違反行為の持つ市場への直接的または間接的な影響の程度を反映させるため，金銭的ペナルティーの基礎となる金額としての売上高を指標として位置付けようとしている点が確認される。シンガポール競争法における金銭的ペナルティーの建付けでは，関連市場という絞りの下での売上高が算定されること

---

14) CCS（2007b）, *supra* note 7, at 2.1～2.13. これは CCS（2007a）の上記 5 項目に沿う形で整理されたものであり，後掲注 25）の ASEAN（2010）の枠組みの原型でもあると言える。なお，ほぼ同様の「考慮要素」を掲げる OECD, Recommendation on International Co-operation（2014）も参照。

　もちろん，本文のような 5 項目の中で，特に④は，違反行為によって奪取された経済的または財政的な便益の客観的規模や違反行為を行った企業の金融資産力等も考慮されるなど，競争法違反行為に対する抑止効果を極めて強く意識した建付けとなっている（CCS（2007b）, *id.*, para. 2.9）。

　また，5 つの「考慮要素」の後に，金銭的ペナルティーの法的上限額および免除と減額に関する考慮を行うとしている（*id.*, paras. 2.14～2.16）。

15) CCS（2007b）では，価格カルテル，市場分割カルテル，入札談合，生産や投資を支配するような協定が挙げられている（*id.*, para. 2.2）。もっとも，具体的な割合については，決定では秘匿情報として公開されていない。

16) 商品の性質，市場構造や市場状況，違反行為を行った事業者らの市場シェア，市場への新規参入に関する諸条件，そして，競争事業者や第三者への影響等である（*id.*, para. 2.3）。

17) *Id.*, para. 2.3.

18) *Id.*, para. 2.4.

から，常にその範囲に関する議論が必要となる点に留意が必要である。
③　競争法違反行為の期間

特に企業側はたとえ1年に満たない場合であっても，違反行為の期間算定の目的に鑑みて計算上は1年全体に及ぶものとされている点に注意が必要である。[19]

④　金銭的ペナルティー賦課の目的達成のために考慮する諸要素として，違反行為を抑止することの価値を含めた関連考慮要素

「考慮要素」の中でも，特に④については，CCSが，最終的に仮に適切であると判断する場合，いわゆる価格カルテルや市場分割，入札談合といった競争法上重大な違反行為（その他，重大な支配的地位の濫用事案）には，「厳しい（severe）」金銭的ペナルティーを賦課することを可能としている点が特徴的である。

これは，金銭的ペナルティーの目的が，競争法に違反する諸行為を行うことに対する抑止のみならず，同様の行為を行うような将来の可能性を抑止することも同時に考慮している点と関連している。確認すべきは，金銭的ペナルティーの最終的な算定は極めて（競争法違反に応じた判断を可能とする）「裁量的」な点である。[20]

⑤　さらなる加算要素または軽減要素[21]

金銭的ペナルティー額の加算要素としては，違反行為者が当該行為の先導者または扇動者であること，取締役や上級経営者による関与，違反行為継続のための他企業に対する強制的または報復の手段等の実施，CCSによる調査開始後の違反行為の継続，同一企業等による繰り返された違反行為，過失を超えた故意に基づく違反行為，リニエンシー制度利用者に対する報復や営業上の仕返しを挙げている。

その一方で，減額要素としては，厳しい脅迫や様々な圧力を受けた結果としての行為であった場合，協定等が違反行為を構成するか否かについて真に不確実であった場合，コンプライアンスプログラムの存在とそれに依

---

19)　*Id.*, para. 2.8.
20)　この点を強調する *id.*, at 1.7 参照。
21)　*Id.*, paras. 2.10〜2.13.

拠した正当な手続の実施，CCS の介入後直ちに違反行為を中止した場合，法執行を可能とする協力をより一層効果的，迅速に対応した場合であるとされている。その中でも，コンプライアンスプログラムの存在については，当該プログラムにおいて適切な目標とそれに至る手続が構築されているか，実際に履行されているか，上級経営者による支援と監視がなされているか，競争法と関連しうる事業活動に携わる全従業員に対して競争法研修が行われているか，定期的な評価および見直しが当該プログラムに対して行われているかという詳細な検討事項もあわせて記述されている[22]。

以上のような5つの「考慮要素」は，実際の金銭的ペナルティーの算定においては，個々の事案ごとの判断に基づくものではあるが，一般的に①から⑤を順番に検討するというような5段階の検討作業という形で運用されている。たとえば，欧米だけではなく，日本を含めた競争当局も同時に関与した国際カルテル事件として，また，複数の日本企業が関与し金銭的ペナルティー賦課が確認された（シンガポール競争法上最初の国際カルテル事件である）ベアリングカルテル事件，そして，航空サーチャージカルテル事件において確認することができる[23]。

そして，アジア地域において日本企業が留意すべき点としては，以上のよう

---

[22] コンプライアンスプログラムに関する記述については，具体的にどのようなレベルを満たせば減額要素となるのか現時点では事例等の蓄積を待たなければならない。同時に，コンプライアンスプログラムの存在とその実際の運用に関して，競争法違反行為が認定された場合にいかに評価するのかは，企業側と競争当局の双方にとって極めて難解な作業を要求することになると考えられる。

[23] この2つの事件は，シンガポール競争法の実体規定の解釈よりも，金銭的ペナルティー賦課の際に重要となる諸事実に注目が集まった。特に，日本企業のみならず企業一般にとって大きな関心事項であろう金銭的ペナルティー賦課の基本となる「競争法違反行為に関連する売上高」の具体的な算定が重要な論点となった。

たとえば，ベアリングカルテル事件では，競争法違反企業の自社商品の取引先である流通業者を介して最終的に輸出品となる場合の当該輸出品に関する違反企業の売上高が「一定の場合」において金銭的ペナルティー賦課の際の算定基礎となる売上高に含まれることが確認された。また，航空サーチャージカルテル事件では，複数の競争制限的合意の対象となった各々のサービスの価格について，これら価格が当該サービスを合わせたサービス全体の価格からは分離が不可能な状態であって，このサービス全体に対して顧客が支払いを行っている場合，当該サービス全体への影響を問うことが確認された。以上の事案の詳細については，前掲注1)の2つの長橋論文および西村論文を参照。

なシンガポール競争法における金銭的ペナルティーの制度設計が ASEAN レベルにおいても強い影響を及ぼしている点である。[24]

たとえば，ASEAN（実質的には ASEAN 競争法専門グループである AEGC）が2010年に公表した ASEAN 諸国が競争法体系を構築する際に参照すべきガイドライン（ASEAN(2010)[25]），そして，2012年に公表した ASEAN 諸国に対する競争法および競争政策の「真の適格性（core competencies）」に係る諸原則を含む競争法執行の展開に関する実際のプロセスを整理したガイドライン（ASEAN(2012)[26]）と強い関連性を有している。[27]

いずれのガイドラインも，競争法違反行為に対する抑止効果を制度設計の起点として位置付けている点は確認すべき重要な点である。たとえば，前者のガイドラインは，競争法違反行為を行うことのインセンティブを削ぐだけに十分な金額の金銭的ペナルティー賦課の必要性に言及している。[28] そして，後者のガイドラインは，競争当局は過去の競争制限的行為に対するペナルティーと将来の違反行為の抑止との適切なバランスを追求する点が重要であると言及している。[29]

## III 改正ガイドライン（案）

CCS は，2015年9月25日に一連のガイドラインの全面的見直しに着手し，

---

24) シンガポール競争法の ASEAN レベルに対する影響について，ASEAN レベルでの域内競争法の重要性やシンガポールの関わりを強調するものとして，Burton Ong, Competition Law and Policy in Singapore, ERIA Discussion Paper Series, ERIA-DP-2015-53(August 2015), at 13-5 や An interview with Toh Han Li, *supra* note 3 参照。
25) ASEAN, Handbook on Competition Policy and Law in ASEAN for Business(2010), at para. 6.8.
26) ASEAN, Guidelines on Developing Core Competencies in Competition Policy and Law for ASEAN(2012).
27) それぞれの内容と，シンガポール競争法における継承に関しては，西村・前掲注1）参照。
28) たとえば，事業者の前年度の年間売上額に係る一定の上限額や一定率の上限を用いることになるとしている（ASEAN, *supra* note 25, at 6.8.2）。
29) 競争法違反行為により獲得した利潤に対する「吐き出し」や「返還」といった点については，そもそも当該利潤の具体的金額の算定が競争状況下での想定価格を前提とした不確実な計算に依拠せざるを得ないという前提で制度設計が行われる必要がある。

その原案を公表して意見募集の手続に入った（第一次意見募集[30]）。その中に，CCS(2007a)およびCCS(2007b)が含まれていた。

次いで，CCSは，2016年6月8日において先の意見募集の際に得たフィードバックに基づいて再度CCS(2007a)およびCCS(2007b)の改正案を作成し意見募集の手続を開始した（第二次意見募集[31]）。

いずれの改正ガイドライン（案）においても，その趣旨である競争制限的行為の状況を反映させた金銭的ペナルティーとそれらに対する抑止効果という2点に関して何らの変更はない[32]。

以下では，第一次意見募集の対象となった改正ガイドライン（案）について，その変化（正確には，内容の精緻化や運用との整合性の確保を目指した変化）を検討する[33]。

Review 2015作成の趣旨は，CCSによる金銭的ペナルティー算定に関する透明性と明確化の確保であるとされている[34]。

特に，CCS(2007b)は様々な箇所が改正の対象となっている[35]。

第1に，金銭的ペナルティーの2つの目的について，趣旨は維持されているが，「違反行為の重大性を反映させて違反行為企業にペナルティーを賦課すること」，そして，「違反行為企業と他の企業の双方が競争制限的行為を行わないようにペナルティーに基づく脅威を確保すること」というように，ペナルティー賦課の効果に実効性を持たせるような文言への変化が確認される[36]。

その一方で，CCS(2007b)においてハードコアカルテルに対する厳格な対応

---

30) Review of the CCS Guidelines on the Appropriate Amount of Penalty; CCS Guidelines on the Powers of Investigation; and CCS Guidelines on Enforcement(25 September 2015). 以下，「Review 2015」とする。なお，2015年11月27日までの意見募集となっていた。

31) Review of the CCS Guidelines on the Appropriate Amount of Penalty and CCS Guidelines on Enforcement (8 June 2016). 以下，「Review 2016」とする。なお，2016年7月8日までの意見募集となっていた。

32) おそらく本稿の検討対象であるシンガポール競争法違反行為に対する金銭的ペナルティー賦課の制度のみならず，実体規定を含めたシンガポール競争法全体に強い影響を有している欧州競争法においても，競争制限的行為に対する抑止効果の指摘は明示されている（European Commission, Guidelines on the method of setting fines imposed pursuant to Article 23(2)(a) of Regulation No 1/2003, [2006]OJ C 210/2, paras. 4～5）。以下，脚注では「欧州制裁金ガイドライン」または「2006 Guidelines」とする。

の指摘は削除された[37]。理由は，後述するように，実際の金銭的ペナルティーの算定を行う際，具体的には，金銭的ペナルティーの基礎額を決定する際の競争法違反行為の重大性を評価する際に，いわゆるハードコアカルテル等特定の競争制限的行為に関して厳格な対応をとることを明示したためと考えられる。これは，単なる一般的な姿勢を示すという意味ではなく，より法運用の中での明確化を図った結果であると考えられる。

　第2に，金銭的ペナルティーの算定枠組みでは明確に「考慮要素」という文言を削除して，「6段階アプローチ」を採用した[38]。

　なお，改正ガイドライン（案）では，「6段階アプローチ」を示した直後においては下記のような順番での記述となっているが，各段階の詳細な説明時においては，修正等変更履歴の影響であろうが，③と④の順番が逆となっており，第3段階として「加算要素または軽減要素に基づく調整」，第4段階として「それ以外の考慮要素に基づく調整」となっている。

---

33) Review 2016の内容は，金銭的ペナルティーの算定における財政年度の終期に関するものであった。具体的には，競争法違反行為を行った企業の当該違反行為への参加が終了した日の前の財政年度が算定の際の終期となるのである。CCSは，このような改正により，欧州および英国における競争法上の取り扱いと平仄を合わせたことを確認している。

　このような改正の理由としては，違反行為企業の行為の結果として実際に生じた価値（影響）を反映しているとしている。そして，関連売上高の決定の際，CCSがその調査を終えて競争法違反行為の認定を行う委員会決定（案）に手続を移行した場合（また，さらに適切な場合は，競争法違反行為の認定を行う委員会決定に続いて移行した場合）という状況に依拠していないからである。結果，CCS(2007a)およびCCS(2007b)が，金銭的ペナルティーの算定の基礎額となる関連売上高を，違反行為企業の営業前年度としてのCCS決定の前の財政年度としていた点を，競争法違反行為が終了した前年度としたのである（Review 2016, *supra* note 31, at 4〜5）。

　その一方で，法定上限額を定めたシンガポール競争法69条(4)の算定との関係では，総売上高の算定の際に用いる財政年度をCCS決定の前年度と明確化して，上記の金銭的ペナルティーの算定の基礎額とは区別したことの確認が必要であろう。

34) Review 2015, *supra* note 30, Annex G.
35) その一方で，CCS(2007a)に関する改正は，金銭的ペナルティーに関する箇所のみに限定すると，CCS(2007b)に比して特筆すべき大きな改正はない。
36) Review 2015, *supra* note 30, para. 1.7. 特に後者において，違反行為企業のみならずそれ以外の企業に対する言及を行った点は，欧州制裁金ガイドラインが違反行為企業以外の企業に対する競争法違反行為の抑止効果を言及している点と軌を一にしている（2006 Guidelines, *supra* note 32, para. 4）。
37) Review 2015, *supra* note 30, para. 1.8.

① 競争法違反行為の重大性（割合で表現），そして，違反行為企業の前営業年度の違反行為により影響を受けた関連商品市場および関連地理的市場における当該企業のシンガポールでの事業売上高（関連売上高）に依拠したペナルティー基礎額（base penalty）の算定
② 競争法違反行為の期間に基づく調整
③ 他の関連する考慮要素に基づく調整
④ 加算要素または軽減要素に基づく調整
⑤ シンガポール競争法 69 条(4)に基づく法定上限のペナルティーを超える場合の調整
⑥ 金銭的ペナルティーに対する免除，減免，そして（または），簡易手続に依拠した減額に基づく調整

　まず，CCS(2007b)では「考慮要素」とされていた 5 項目が，その後のシンガポール競争法の運用実態に沿った形で「段階アプローチ」として整理された。企業側にとって，金銭的ペナルティーの算定手順に関する自己審査を可能とする意味でも，また，特に金銭的ペナルティー算定の具体的過程の透明性を図るものであると評価することができる。

　次いで，⑤と⑥という新しい「段階」を加えている。⑤については法定上限額であって，CCS(2007b)では 5 項目とは別に建て付けられていた箇所から移動した形となっている。また，⑥については，⑤と同様の理由および新しく導入された手続制度に基づいた整理となっている。これまでの 5 項目を全て考慮

---

38) Id., para. 2.1. 欧州制裁金ガイドラインが，制裁金の基礎額算定とその増減作業を「2 段階アプローチ」(2006 Guidelines, *supra* note 32, para. 9) と表現している点を意識していると言える。もっとも，単なる「2 段階」ではなく，欧州制裁ガイドラインは，第 1 段階において，競争法違反行為の重大性の程度に依拠した売上高と当該違反行為の期間を乗じて基礎額を算定し，第 2 段階において，基礎額からの加算および軽減に関する諸要素，また，抑止効果を念頭に置いた特定の加算，（規則に基づく）上限額，減免制度，支払能力を考慮することになるとしており，実質的には多段階アプローチであると言える。しかしながら，実際の運用においては，垂直統合企業グループにおけるグループ内取引等の売上高を制裁金の基礎額に含めるか否か等近年では欧州委員会の裁量の範囲が拡大している点に懸念を示す見解もある (Lukas Solek, Administrative and Judicial Discretion in Setting Fines, WORLD COMPETITION 547, 551, 569(2015))。その意味では，シンガポール競争法においても，ペナルティー基礎額の算定において明確な指針があるわけではない。

した後に判断されてきた「考慮要素」を「段階アプローチ」に含めた点は，手続の明確化に資する対応であると言える。

以下，各々の「段階アプローチ」について改正ガイドライン（案）を整理する。

①は，CCS(2007b)における①と②を合わせて，ペナルティー基礎額の算定を行う「段階」とした。そこには，第1に，競争法違反行為の重大性，第2に，違反行為企業の関連売上高という2つの指標の算定が求められている[39]。

前者については[40]，特にCCS(2007a)やCCS(2007b)では明示されていなかったが，実務上確認されてきたペナルティー基礎額の算定に係る起点としての関連売上高に乗じる割合に関する記述を明確化した点が重要である[41]。そこで，上述のように，ハードコアカルテル等競争制限的合意を重大な競争法違反行為と位置付けて，重大性とその波及する範囲が大きければ大きいほど，上記起点として高い割合を設定するようにしたわけである。

加えて，支配的地位の濫用行為に関しては，企業の支配的地位の状況と問題となる行為の性質から競争過程への悪影響を持つ（または，持つ可能性のある）特に略奪的価格設定（predatory pricing）を重大な競争法違反行為の具体例として挙げ，また，合併等企業結合に関しては，たとえば，合併により生じる（または，生じる可能性のある）関連市場における競争の実質的制限が重大であることは，上記起点を評価する際の「1つの考慮要素になりうる（may be a factor）」としている。

重大性の判断要素としては，上記の競争制限行為自体の性質の他にもCCS(2007b)に掲げた市場シェア等を継承しつつ，事案ごとの「総合考慮」を新たに確認している。

---

39) Review 2015, *supra* note 30, para. 2.2.
40) *Id.*, paras. 2.3〜2.4.
41) *Id.*, para. 2.8. 具体的な割合については，事案ごとの対応となるであろうし，これまでと同様に秘匿情報として取り扱われることになろう。欧州の状況に関しては，欧州制裁金ガイドラインが，競争法違反行為の重大性の評価指標（割合）として，30%を上限として販売価額に乗じるとしている（2006 Guidelines, *supra* note 32, point 21）。具体的な割合については，個々の事案に強く依拠することになる（Eric Barbier de la Serre, Eileen Lagathu, The Law on Fines Imposed in EU Competition Proceedings: Consolidating the Foundations Before the Tide Goes Out, 7 J. EUROPEAN COMPETITION L. & PRACTICE 335, 339〜340(2016)）。

後者については,CCS(2007b)とは異なり,関連売上高の確定を行うための手続面の整理を行ったという点で特徴的である。

まず,CCS(2007b)は,上記の「総合考慮」の中でも重要視する競争法違反行為が有する市場に対する直接的または間接的な影響の程度に関して,関連売上高をその評価のための特に重要な指標としていた。その一方で,改正ガイドライン(案)は,より明確に,関連売上高の定義として,「違反行為企業の前営業年度の違反行為により影響を受けた関連商品市場および関連地理的市場における当該企業のシンガポールでの事業売上高」を掲げたのである。関連売上高を算定する際に考慮される要素が複数あるような書き振りのCCS(2007b)を変更して定義付けした点は評価されよう。

次いで,CCSが問題となった企業に対して,関連売上高に関する情報をシンガポール競争法63条に基づく証拠提出の規定により要請するということである。一般的には企業の監査された会計に基づく関連売上高の算定であるが,それが入手できない等の場合はCCSの裁量により異なる指標に基づいた関連売上高を当該企業に対して適用することも可能としているのである。結果,ペナルティー基礎額は関連売上高に対する割合を適用して算定することになる。

②自体は,CCS(2007b)が金銭的ペナルティーの総額を算定するための1つの「考慮要素」としていたものを,①で算定されたペナルティー基礎額に乗じる指標としての競争法違反行為の期間として明確に位置付けた。その上で,年数だけではなく,CCSの裁量に基づいて近似値としての月数も乗じる指標として明示した。なお,入札談合に対しては,当該競争制限的合意は元の競争状態に戻ることは一般的にはなく,その期間も入札談合が生じてから(最初の合意があってから)かなり継続しているという性質を有することを根拠にして,

---

42) Review 2015, *supra* note 30, paras. 2.5〜2.7.
43) 改正ガイドライン(案)は,欧州制裁金ガイドラインの影響を受けていたCCS(2007b)では,欧州域内における関連地理的市場に直接的または間接的に影響を与えるような違反行為に関わる商品等の違反行為企業の販売額としていた点を削除している。単純に「総合考慮」の中に含まれているという点もあろうが,「直接的または間接的」という影響の範囲を削除した点は,実際の運用の観点からはいずれにせよ考慮せざるを得ない状況であることに変わりはないと考えられる。
44) Review 2015, *supra* note 30, para. 2.9.
45) *Id.*, paras. 2.10〜2.11.

CCSは，1年以下の期間設定は一般的には行わないとしている点が特徴的である。[46]

④も，CCS(2007b)が金銭的ペナルティーの総額を算定するための1つの[47]「考慮要素」とされていたものを，上記②で算定された数値の増減作業を行う「段階アプローチ」であることを明確化している。

そして，加算要素として，CCS(2007b)に加えて，①の関連売上高の企業側からの届出に対応する形で，CCSに対する情報提供を合理的理由なく懈怠したこと，②の競争法違反行為の期間に関する入札談合に対する理解に対応する形で，最初の競争制限的合意以降に参加した競争制限的合意ごとに加算要素を考慮していくこと（具体的には，これに比例する割合を加算していくこと）を新たに示した。[48]

なお，軽減要素とその1つであるコンプライアンスプログラムの存在に関する記述に関しては，CCS(2007b)からの変化はない。

CCS(2007b)からも明らかであったように，加算要素およびコンプライアンスプログラムの存在を含めた軽減要素は極めて定性的な取扱いを重要視している。これらがどのような程度において認定されるのかについては，個々の事案での取扱いを蓄積する他ないであろう。

③は，金銭的ペナルティーの賦課に関する全体枠組みの中では，違反行為企業のみならず他の企業に対する競争制限的行為を行わないようにする抑止効果の実効性確保の観点から，CCSによる金額の上乗せ的側面を持つとされている。[49] そして，このような上乗せを判断する要素としては，上記CCS(2007b)の要素を1つとして変更することなく踏襲している。

⑤は，法定上限額という性質上，改正ガイドライン（案）においても変更は

---

46) *Id.*, at 2.12.
47) ガイドラインの目次的な説明箇所においては，修正等変更履歴の関係であろうが，④に位置付けられていたが（para. 2.1），「段階」としては第3番目に考慮される要素として説明がなされている（para. 2.13）。
48) 欧州制裁金ガイドラインが，競争法違反行為の繰り返し・欧州委員会に対する協力拒否・競争法違反行為の先導者といった大きく3つの要素に絞っていることに比して，かなり詳細に加算要素を明確化した姿勢は，厳格な運用を表明したという側面とともに企業側の競争法理解と対応を迫っている点において重要であろう。
49) Review 2015, *supra* note 30, para. 2.17.

されていない。

⑥については，従来の減免等金銭的ペナルティーの賦課に対する軽減措置に加えて，新しく簡易手続が導入されたことに伴うさらなる軽減措置が整備された。特に，減免等軽減措置に上乗せする形での金銭的ペナルティーに対する軽減措置という点で企業側の当該制度の利用を促進するものと言える。

## Ⅳ　むすびにかえて

シンガポール競争法に基づく法執行は，特に，金銭的ペナルティー算定の手法を定性的にも徹底的に明確化しようとする姿勢が改正ガイドライン（案）において確認される点が特徴的である。当然ではあるが，個々の事案に対する具体的な金銭的ペナルティー算出に関しては実際の運用とその蓄積を待たなければ評価することは難しい。しかしながら，競争当局の指針としてのガイドラインとはいえ，金銭的ペナルティー賦課の趣旨を明示した上での同算定手法の具体的な手順とそれらの内容の提示は，日本独禁法の課徴金制度に関する議論の方向性を考える上でも参照すべき姿勢であると考える。同時に，ガイドラインによる法運用の明確化という不断の取り組みが行われているアジア地域の競争法執行の「先導役」ともなりうるシンガポール競争法の現状に，日本企業は最大限留意すべきであると考える。

〔追記〕
　2016年11月1日，CCSは，Review 2016に対する意見募集を経て，一連の改正ガイドライン集，本稿の検討対象としては金銭的ペナルティーの適正額に関するガイドライン（CCS, Guidelines on the Appropriate Amount of Penalty 2016）および意見に対する考え方（CCS, Amendments to the Competition Commission of Singapore Guidelines, 1 November 2016）を公表した。
　Review 2016からの主な変更点は，前掲注33）に関連して，第1段階の「関連売上高（relevant turnover）」および第5段階の「総売上高（total turnover）」の算定手法の精緻化であった。

# EU 競争法における確約決定の制度と運用

金 井 貴 嗣

I　はじめに——本稿の課題
II　確約決定制度
III　規制的競争政策
IV　司法審査——Alrosa 事件判決
V　競争法執行のあり方
VI　結　語

## I　はじめに——本稿の課題

　EU 競争法の執行制度は，この 10 年間に大きな変化を遂げている。2003 年に，1962 年理事会規則 17 号を廃止して，新たに 2003 年理事会規則 1 号（以下「2003 年規則」と略記する）が制定され，新たに確約決定（commitment decision）の制度が導入された。導入されてから，EU 競争法 102 条の規定に基づく市場支配的地位の濫用に係る事件の多くが確約決定手続によって処理されている。2007 年以降でみると，エネルギー事業分野の自由化を促す目的で確約決定が用いられている事件が相当数ある。
　翻って，わが国の独占禁止法においても，競争当局と対象事業者の合意によって競争法上の問題を解決する制度の導入に向けて検討が開始されている[1]。検討に際しては，EU 競争法における確約決定制度がモデルとされている。しか

---

1) 確約決定の導入に向けた検討については，さし当たり，柿沼重志「確約手続を導入するための独占禁止法の改正——TPP を契機とした『国際標準』の競争法への歩み」立法と調査 376 号（2016）47 頁を参照。

し，モデルとされる EU 競争法の確約決定制度についてみてみると，導入されてから 10 年余りが経過し，EU 競争法を執行する欧州委員会（以下「欧州委」と略記する）が，この間の確約決定の運用について回顧し，詳細な資料を作成して，問題点を指摘している。この間における欧州委による確約決定の運用についても，積極的に評価する見方がある一方，批判的に捉える見方も少なくない。

本稿は，EU 競争法における確約決定制度の概要，運用状況，問題点等について，主に市場支配的地位の濫用規制に焦点を当てて紹介，検討し，わが国において確約決定の制度の設計および運用において留意すべきポイントを示唆しようとするものである。検討に際しては，EU 競争法に限定せずに，競争法一般の執行制度のあるべき姿ないし原型と関連付けて考察することとする。

## II 確約決定制度

### 1 禁止決定と確約決定

EU 競争法を執行する欧州委が，競争法違反について調査を行った結果，事業者の行為について EU 競争法 102 条違反の疑いがあると判断したときにとる手続には，2003 年規則 7 条の規定に基づく「禁止決定（prohibition decision）」と同規則 9 条の規定に基づく「確約決定（commitment decision）」がある。

7 条の禁止決定は，欧州委が EU 競争法 101 条または 102 条違反を認めたときに，違反行為者に対して違反行為を除去するために必要な措置を命じるもの

---

2) Communication from the Commission to the European Parliament and the Council, COM (2014)453. この報告書には，資料として Commission Staff Working Document: Ten Years of Antitrust Enforcement under Regulation 1/2003, SWD (2014)230/2（以下，「Staff Working Document (2014)」として引用する）が添付されている。

3) わが国において，EU の確約決定制度や米国の同意命令制度に相当する制度の導入を唱えるものに，小畑徳彦「競争当局と審査対象者の合意による事件解決制度」経法 34 号（2013）112 頁がある。EU 競争法の確約決定制度の運用について，問題点を指摘するものに，岡田直己「欧州競争法の確約決定制度に関する基礎的研究──近年の批判的議論にみる特徴と課題」青山ローフォーラム 4 巻 2 号（2016）97 頁がある。

4) EU 競争法の執行制度および手続については，井上朗・EU 競争法の手続と実務（全訂版，2016）が最新の情報を詳細に紹介・解説している。

である。命じられる措置は，違反行為に比例し（proportionate），違反行為を効果的に（effectively）排除させるものでなければならない。行為措置（behavioral remedy）だけでなく構造措置（structural remedy）もとることができるとされているが，構造措置は，有効な行為措置がない場合または行為措置が構造措置以上に事業者に負担を強いる場合にのみ課すことができる（2003年規則7条）。7条の禁止決定事件において，違反行為者が，故意または過失によって（intentionally or negligently）違反行為を行ったときは，違反行為者に対して制裁金を課すことができる（2003年規則23条2項）。

確約決定については，2003年規則9条1項の規定が次のように定めている。すなわち「委員会は，事業者が違反行為を停止し，委員会が予備的評価（preliminary assessment）において指摘した競争上の懸念（competitive concerns）に対処するために申し出た確約について，決定によって，当該確約を事業者に対して拘束力を有するものとして命じることができる。委員会の決定は，期間を限定して採択される。」。

事業者が確約に従わない場合や決定の基礎となった事情に重大な変更が生じたときは，委員会は手続を再開することができる（2003年規則9条2項）。確約決定を遵守しない事業者に対しては履行制裁金を課すことができる（2003規則23条2項（c））。課せられた例に，マイクロソフト（抱き合わせ）事件[5]がある。

## 2 確約決定制度

EUの確約決定制度は，米国反トラスト法における同意命令（consent decree）の制度を移植したものといわれている。しかし，移植に際して，競争法の執行制度全体の仕組みが異なるEUにおいて，同意命令に相当する制度の必要性，対象行為，司法審査のあり方等について，十分な検討がなされずに移植されたといわれている[6]。EU競争法に確約決定の制度が導入されて，少しずつ確約決定による事件処理が増えるにつれて，制度の趣旨等について理解が深められるようになる一方，問題点も顕わになってきている。

---

5) Case COMP/39.530, Microsoft (Tying), Commission Decision of 6 March 2013.
6) George S. Georgiev, "Contagious Efficiency: The Growing Reliance on U.S.-Style Antitrust Settlements in EU Law," 2007 Utah L. Rev. 971, at 974 (2007).

確約決定制度の趣旨は，競争を制限するおそれのある行為について，当事者の協力を得て，迅速且つ効率的に，すなわち，より少ない時間内に，より小さなコストで競争法上の懸念を解消することができる点にある。[7]

7条の禁止決定が欧州委による違反行為の認定を前提としているのに対して，9条の確約決定は，欧州委が予備的評価によって競争上の懸念を指摘し，事業者が競争上の懸念を解消するために一定の措置をとることを確約したときに，委員会の決定として当該確約の遵守を命じるものである。迅速且つ低コストでの事件処理を可能にしているのが，欧州委と対象事業者間での措置についての交渉と同意である。交渉・同意を可能にしているのは，確約決定の制度が，欧州委と事業者の双方にとってメリットがあるからである。欧州委にとっては，7条の場合と違って，違反行為を厳密に認定する必要がないこと，事業者が同意すれば事件を迅速に且つ手間をかけずに処理することができること等のメリットがある。他方，事業者にとっては，7条事件の場合には，事件の処理が長期間にわたる上に，違反行為が認定されたときには，制裁金が課される可能性や，その後に民事訴訟が提起される可能性もある。事業者は，7条の場合よりも措置が重いと思っても確約決定で済ませた方が，トータルのコストが少なくて済むと考えて確約決定の手続に応じる。[8]ただし，欧州委と事業者の双方にメリットがあるということは，公共の利益に適合していることを保証するものではない。

## 3 確約決定の運用状況

欧州委は，2003年規則が施行されてからの10年間（2004年5月1日から2013年12月31日の間。以下「規則施行後10年間」と略記する）における同規則の運用状況を報告・公表している[9]。ここでは，EU競争法102条が適用された事件の処理状況について概観しておく。

規則施行後10年間において，EU競争法102条が適用された事件で，2003年規則7条の禁止決定または9条の確約決定によって処理された事件は，合計

---

7) Commission v. Alrosa, C-441/07, [2010]ECR II 5949, para 35.
8) Staff Working Document (2014) *supra* note (2) para 21.
9) Staff Working Document (2014) *supra* note (2).

24件である。濫用行為のタイプで分類すると，排除型濫用に係る事件が19件，搾取型濫用に係る事件が5件である。事件処理手続でみると，2003年規則7条の禁止決定の事件が6件で，この6件の内5件において制裁金が課されている。これに対して2003年規則9条の確約決定事件が18件ある（排除型濫用が13件，搾取型濫用が5件）。2003年規則制定以降，市場支配的地位の濫用に係る事件の多くが，確約決定手続によって処理されてきたことがわかる。

規則施行後10年間における9条の確約決定事件18件の内，半分の9件がエネルギー事業分野（電気・ガス）における事件である（排除型が7件，搾取型が2件）。これらの事件はすべて2007年以降に手続がとられ，9件の内7件において確約に構造措置が含まれている[10]。これまで，7条の禁止決定事件において構造措置がとられていないのと対照的である。

## III 規制的競争政策

### 1 エネルギー事業分野における確約決定の利用

エネルギー（電力・ガス）事業分野において確約決定事件が多用され，構造措置までとられていることについては，EUに特有の事情がある。

EUでは，1990年代以降，政府規制事業分野の改革が進められている。エネルギー事業分野については，欧州委は電力市場の自由化を図るために，電力自由化指令を第一次（1996年），第二次（2003年）および第三次（2009年）と段階的に出して，加盟国の規制機関に，小売市場の自由化に加えて，垂直統合型事業者の送電部門について，段階的に機能・会計分離，法人格分離，所有権分離の措置をとるよう求めてきた[11]。しかしながら，必ずしも競争が機能するまでには至らなかった。この間，欧州委は，2003年規則17条の規定（委員会は，特定の事業分野において競争が制限または歪曲されていると認めるときは当該事業分野の調

---

10) Staff Working Document (2014) *supra* note (2) para 188, n.268.
11) EUにおける電力市場の自由化については，小畑徳彦「EU電力市場の自由化と電力市場における競争」都市問題104巻7号（2013）55頁，同「EU電力市場の自由化とEU競争法」流通科学大学論集（経済・情報・政策編）20巻2号（2012）25頁，武田邦宣「EUの電力市場改革」舟田正之編・電力改革と独占禁止法・競争政策（2014）343頁，参照。

査を行うことができる旨定める）に基づいて，エネルギー事業分野の調査を行い，2007年1月に最終報告を公表している[12]。報告では，送電網・伝送管網への接続が統御されていること，余剰生産設備が存在していること，および販売部門において主に企業向けに長期供給契約が締結されていること等によって新規参入が阻害されていると指摘されている。競争を有効に機能させるには，さらに送電網・伝送管事業部門と販売部門の分離等，新規参入を促す措置を講じる必要があると指摘されている。この報告を受けて，欧州委は，エネルギー事業分野における競争法違反について調査を開始し，調査を行った14件のうち8件について確約決定によって構造措置をとっている[13]。以下，代表的な事例を紹介する。

　2008年のE.ON事件[14]では，E.ONがドイツの電力卸売市場において他の2社と共同して市場支配的地位にあるとされ，所有する発電施設を稼働させれば収益をあげることができるのに，電力の卸売価格を引き上げるために一定期間稼働させなかった行為に競争上の懸念が指摘された。確約として，E.ONが所有する発電施設を譲渡する措置がとられている[15]。Distrigaz事件[16]は，ベルギーの高カロリーガス供給市場において支配的地位にあるDistrigazが，購入量の多い企業との間で長期間の供給契約を締結していたことが新規参入を阻害しているとされ，契約期間を短縮する措置が確約された。EDF事件（2010年）でも長期供給契約がもたらす新規参入阻害に対して契約期間を短縮する措置がとられている[17]。RWE事件[18]では，ガス伝送網を保有し且つガスの供給も行ってい

---

12) Inquiry pursuant to Article 17 of Regulation (EC) No.1/2003 into the European gas and electricity sectors (Final Report), COM (2006) 851 final.
13) 欧州委のエネルギー事業分野に対する調査報告を受けて行われた確約決定については，Javier Tapia and Despoina Mantzari, "The regulation/competition interaction," in Ioannis Lianos and Damien Geradin eds. Handbook on European Competition Law: Substantive Aspects (2013) at 611-618参照。
14) Case COMP/30.388, German electricity wholesale market [2009] OJ C36/8.
15) 小畑徳彦「EUにおける電力自由化とE.ON事件」公取731号（2011）100頁。
16) Case COMP/37.966, Distrigaz [2008] OJ C 9/8.
17) 電力長期契約に対してEU競争法を適用した事件については，佐藤佳邦「自由化後の電力長期契約をめぐる競争上の課題——EU競争法の適用事例を通じた検討」電力経済研究61号（2015）39頁参照。
18) Case COMP/39.402, RWE Gas Foreclosure [2009] OJ C133/10.

るRWEが，伝送サービスの供給量の上限を，自社が生産したガスの供給量と同程度に設定することによって，ガス供給市場における競争者がガス伝送サービスの供給を受けられないようにしていた。また，RWEは，ガス供給市場における競争者に対するガス伝送サービス料金を高く設定するマージン・スクイーズも行っていた。RWEは，欧州委の予備的評価は受け入れなかったが，指摘された競争上の懸念を解消するための措置として，ガス伝送サービス事業の他社への譲渡を確約している。

## 2 確約決定による「規制的競争政策」

欧州委が，2007年以降に，エネルギー事業分野において自由化を推進するために競争法を適用し，それも確約決定手続を用いて市場構造を改変しようとする規制は，「規制的競争政策（regulatory antitrust）」と呼ばれている。この規制については，(1)規制事業分野への競争法の適用に関わる問題と，(2)確約決定を用いることの問題があることが指摘されている。両者は一応区別して検討する必要がある。

規制事業分野における自由化に向けた規制改革は，一般的には，「事前に」規制機関が，事業法の規定に基づいて，参入規制や料金規制を緩和・撤廃する形で行われる。これに対して，競争政策は，競争法で禁止されている行為が行われたときに，「事後に」違法な行為の存否を認定して，違法状態を排除する措置を命じる形で行われる。EUにおけるエネルギー事業分野における競争法の適用が問題なのは，一見，後者の形をとりつつ，行われた行為が違法か否かの認定はさておき，当該市場を自由化するために，市場構造を変革するための措置をとらせることに力点が置かれていることにある。このことを可能にしているのが確約決定制度である。[19]

EUにおいて欧州委が確約決定制度を用いて規制的競争政策を行う背景には，それを可能ならしめるEU法の構造がある。EUにおいては，事業分野規制は加盟各国の事業規制に基づいて行われる。欧州委が，指令（directive）を発して加盟各国の規制当局に規制の改革・緩和を促すが，各国の利害が対立して改

---

19) Tapia & Mantzari (2013) *supra* note (13) at 611.

革が進まない。このような隘路を抜け出す役割を果たしてきたのがEU競争法である。EU競争法は，いうまでもなく各国の法律よりも「優越」しているから，域内における規制事業分野にEU競争法を適用することで実質的に規制政策を遂行することも可能である[20]。

## IV 司法審査——Alrosa事件判決

### 1 Alrosa事件

2004年以降の欧州委の確約決定の運用に対して，初めて司法の判断が下された事件がAlrosa事件である（本件確約決定：Case COMP/B-2/38.381-De Beers）。主に，競争上の懸念と確約の措置とが比例原則に適合しているかが争われた。原審・一般裁判所判決は，本件確約決定が比例原則に反していることを理由に確約決定を取り消した[21]。これに対して欧州委が上訴した。欧州司法裁判所は，原審判決を覆して本件確約決定を認める判決を下した[22]。この判決は，欧州委による確約決定の運用に事実上お墨付きを与えるもので，実務上重要な影響を及ぼしている。

### 2 事実の概要

本件確約決定の対象事業者であるDe Beersは，ダイヤモンドの採掘および販売の事業を行っており，ダイヤモンド原石（rough diamond）の採掘・販売の事業分野において世界第一位の事業者である。Alrosaは，同じくダイヤモンド原石の採掘・販売の事業分野で世界第二位の事業者で，主にロシア・CIS地域において事業を行っている。De Beersは，2001年に，Alrosaとの間で，向こう5年間，Alrosaが採掘したダイヤモンド原石を毎年8億ドルに相当する量購入する旨の契約（以下「本件契約」と略記する）を締結した。

---

20) Alexandr Svetlicinii and Marco Botta, "Enforcement of competition rules in regulated industries: abuse of dominance practices in the new EU Member States, candidate countries and potential candidates," in Josef Drexl and Fabiana Di Porto (eds), Competition Law as Regulation at 210-211 (2015). 武田・前掲注11) 354～355頁参照。
21) Alrosa v. Commission, Case T-170/06, [2006] ECR II 2601.
22) Commission v. Alrosa, C-441/07, [2010] ECR II 5949.

2002年，両社は，共同で，本件契約について，欧州委に，EU競争法101条3項の個別適用除外に係るネガティブ・クリアランスを得るための届出を行った。欧州委は，本件契約にはEU競争法101条および102条の規定に違反するおそれがあるとして，両社に対して101条違反に係る競争上の懸念を指摘した。両社が，De BeersのAlrosaからのダイヤモンド原石の購入量を2010年までに7億ドルから2億7500万ドルに減らす確約案を提出したが，欧州委の承認が得られず101条違反に係る確約決定手続は停止された。これに対して102条違反については，De Beersが「単独で」，Alrosaからの購入量を段階的に減らして2009年に本件契約を解消する旨の確約案を申し出た。欧州委は，この確約案を受け入れて確約決定を行った（以下「本件確約決定」と略記する）。

Alrosaが，本件確約決定は，同社の同意も得ずに本件契約上の権利を奪うものであるとして，2006年6月に，欧州一般裁判所に対して本件確約決定の取消を請求した。争点は，（1）本件確約決定の名宛人ではないAlrosaに，本件確約決定の取消を請求する権利があるか，（2）本件において確約された措置が競争上の懸念を解消するのに必要な範囲を超えていないか（比例原則に反していないか），および（3）欧州委は，Alrosaの聴聞を受ける権利を侵害していないか，である。

### 3 欧州一般裁判所判決

一般裁判所は，上記の争点のいずれについても，原告Alrosaの主張を認めて，本件確約決定を取り消す判決を下した。これに対して欧州委が，欧州司法裁判所に上訴した。一般裁判所判決と見解が分かれたのが，争点（2）の比例原則についての判断である。

比例原則について，原審・一般裁判所判決は，以下のように述べる。すなわち，2003年規則9条の規定には，同規則7条の規定には入っている比例原則についての文言が定められていないが，EUの一般原則に関する判例によって，同規則9条の確約決定も欧州委による措置である点では変わりがないことから比例原則の適用がある。さらに，比例原則の適用については，同規則7条の措置の場合と9条の措置の場合とで異なった取扱いをすべきでない。9条の場合には，違反行為の認定はなされないが，競争上の懸念を指摘するに際して，市

場支配的地位や濫用行為の特定がなされる。また，確約決定の手続は，当事者の任意性に基づいているが，そのことは，比例原則について7条の手続と異なった取扱いをする理由にはならない。なぜなら，確約決定は，最終的に欧州委が確約を適当と認めて，決定として法的拘束力が生じるものだからと（パラ100-105）。

### 4 欧州司法裁判所判決

　欧州委は，一般裁判所判決を不服として，欧州司法裁判所に上訴した。欧州司法裁判所判決（2010年6月29日）は，原審判決を取り消し，以下のように述べて，本件確約決定を有効とした。

　2003年規則9条の規定は，EU競争法の規定が効果的に適用されることを確保するために定められた。すなわち，欧州委が確認した競争上の懸念を迅速に解消するために，違反事実の認定を行うことなく，当事者が申し出た確約を欧州委が適当と認めたら，それに拘束力を付与する手続である。特に，訴訟経済の観点から，事業者に，競争上の懸念を解消するに最も適当な解決策を提案させることを可能にするものである（パラ35）。

　規則7条の禁止決定の場合と9条の確約決定の場合とで，欧州委が，比例原則について負う義務の範囲および内容は異なっている。7条の規定は，行為措置または構造措置が，違反行為に比例し，違反状態を除去するのに必要であることと定めているのに対して，9条の確約決定の場合には，違反事実を認定する必要はなく，単に，対象事業者が申し出た確約の内容が，欧州委が指摘した競争上の懸念に照らして受け入れることができるものか判断すれば足りる。要するに，9条の場合には，比例原則の適用は，対象事業者が申し出た確約の内容が，欧州委が指摘した競争上の懸念に対処するものとなっていること，および当事者はより制限的でない確約を申し出なかったことを確認できれば足りる。比例原則についての司法審査も，委員会の判断が明白に誤りである場合に限られる。[23]

　その理由として，判決は，7条と9条の規定の趣旨・目的の違いをあげる。すなわち，7条は違反行為を止めさせることであるのに対して，9条は予備的評価において示された競争上の懸念に対処することにあり，9条に基づいて確約を申し出た事業者は，その確約が，7条の決定がなされた場合に課せられる措置の範囲・内容を超えていたとしても，それを自ら受け入れることにし，その代わり違反事実の認定と制裁金賦課は行わないこととしたのである。[24]

---

23) *Ibid*. paras 38-42.
24) *Ibid*. paras 46-48.

## 5 Alrosa 事件判決をめぐる議論と実務への影響

判決は，確約決定における比例原則の適用について，規則7条の場合より緩やかに解し，欧州委の裁量を広く認めた。その理由は，7条の禁止決定と9条の確約決定のそれぞれの規定の趣旨・目的，目的を達成するための仕組みや手段の違いに求められている。すなわち，確約決定の趣旨・目的が，競争上の懸念を迅速且つ少ないコストで解消すること，それを実現するために当事者と欧州委の交渉・合意という仕組み・手段が採用されていることにあると。

確約決定の法的拘束力の根拠あるいはその法的性質については，対象事業者と欧州委の間の交渉・合意ないし任意性に求める考え方（「契約法的アプローチ」）と，事実上は交渉・合意によるとはいえ，最終的には欧州委の行政上の処分として命じられ，強制力を有している点に求める考え方（「公法的アプローチ」）とがある。[25] Alrosa 事件の一般裁判所判決が公法的アプローチ，欧州司法裁判所判決は，契約法的アプローチに近い立場と評されている。[26] 判決の見解は，要するに，事業者が申し出た措置が，競争上の懸念を解消するのに必要な範囲を超えていたとしても，事業者が，7条の禁止決定による場合の負担と9条による場合の負担を比較衡量して，自らの意思で確約手続を選んだのだからそれに拘束されても仕方がないという考え方である。判決の契約法的アプローチに対しては，次のような批判が加えられている。すなわち，事業者と欧州委の交渉・合意といっても，対等な立場での交渉・合意とは言い難い。なぜなら欧州委は当事者が確約手続に応じなければ7条の手続をとる用意があり，制裁金を課すことを示唆して確約手続に応じさせることができる立場にあるからである。事業者にとって厳しいと思われる構造措置が確約されているのもそのような理由からである。[27]

判決が，比例原則を緩やかに解し欧州委の裁量を広く認めた背景には，Kokkot 法務官意見が強い影響を与えている。要旨は以下の通りである。[28]

---

25) これら二つの捉え方とその検討については，Ioannis Lianos, "Competition law remedies in Europe," in Ioannis Lianos and Damien Geradin (eds), Handbook on European Competition Law: Enforcement and Procedure, 362 at 449-454 (2013).

26) Alison Jones and Brenda Sufrin, EU Competition Law, 5th ed. at 988 (2014).

27) Giorgio Monti, "Managing the Intersection of Utilities Regulation and EC Competition Law," 4 Competition L. Rev. 123 at 141 (2008).

委員会の決定が比例原則に適合しているかについて，厳格な司法審査に服するとすれば，委員会は，競争上の懸念がある市場を分析し，確約措置が市場の行動に将来どのような影響を及ぼすか，また代替措置が考えられるのであれば当該措置についても同様の分析・検討を行わなくてはならない。この分析・検討だけとってみても複雑な経済分析を必要とする。このような将来予測を伴う分析・検討については，委員会に広く裁量を認め，司法審査は緩やかにすべきである。

判決が欧州委の裁量を広く認めたことに対しては問題点も指摘されている[29]。第一に，事業者と委員会の交渉・合意によって事件が解決されることから，第三者とりわけ競争者の利益が損なわれることはないか。例えば，対象事業者が競争戦略として競争者を不利にする措置を提案することが指摘されている（「サラミ・タクティクス〔salami tactics〕」と呼ばれている）。他方，競争秩序維持の観点からみて，事業者にとってより制限的でない措置があり得てもその検討がなされない可能性もある。

第二に，事業者と欧州委の交渉の過程とその結果について，手続の透明性と裁判所を含む外部のチェック機能が十分に働くようになっているか。この点については，本稿Ⅴで言及するが，米国の同意命令の手続と比較して，EUの確約決定手続は十分でないことが指摘されている。チェック機能や手続の透明性の確保は，競争当局による競争法の執行が法執行システムから乖離しないようにするために必要である。

第三に，欧州委が個別の事件における競争上の懸念の解消を超えて，欧州委が構想する市場構造に変革したり，競争政策以外の目的を達成するための手段として利用されるおそれがある[30]。最後に，EU競争法，とりわけ102条の市場支配的地位の濫用について，確約決定による事件処理は102条の規定の解釈において先例としての意味がないから，法の予測可能性に資するところがない[31]。

---

28) Commission v. Alrosa, C-441/07, [2010] ECR Ⅱ 5949, paras 51, 55.
29) Alrosa事件欧州司法裁判所判決を批判的に検討するものに以下の研究がある。Frederic Jenny, "Worst Decision of the EU Court of Justice: the Alrosa Judgment in context and the future of Commitment Decisions," 38 Fordham International L. J. 701 (2012); Florian Wagner von Papp, "Best and even better practices in commitment procedures after Alrosa: the dangers of abandoning the "struggle for competition law"," 49 Common Market L. Rev. 929 (2012).
30) *Ibid.* Jenny, at 702; Heike Schweitzer, Commitment Decisions under Art. 9 of Regulation 1/2003: The Developing EC Practice and Case Law, at 27, EUI Working Papers LAW No. 2008/22 available at SSRN (2008).

## V　競争法執行のあり方

### 1　競争法の執行モデル

EUにおける2003年以降の確約決定手続の運用は，EU競争法のみならず競争法一般の執行がどうあるべきかの問題を提起している。2003年規則の前身である1962年理事会規則17号が制定される過程の議論は，この問題を考える出発点を与えてくれる。

EU競争法は，1957年にEC条約として成立したが，競争法をどのように執行するかについては条約発効後3年以内に規則で定めることとされた。執行に関する規則の内容をめぐって，ドイツとフランスの間で見解が対立した[32]。ドイツ代表は，オルドーリベラリズムが主張する「法の支配」原則に則った競争法の執行を主張した。すなわち，法令の規定で違反行為を定め，違反行為の存否を争訟手続を通して認定し，違反行為があればそれを除去するために競争回復措置を講じるという一連の手続をとって執行される制度である。これに対して，フランス代表は，フランスが伝統的にとってきたディリジステ（dirigiste）といわれる政府による経済計画をモデルとした行政統制型の競争政策を構想していた。フランスは，法の規定は行政的規制を行う際のガイドライン程度に過ぎず，違反行為の存否については厳格な認定はせずに，行政機関に広く裁量を認めて競争を維持・促進する政策を遂行させる執行制度を考えていた。

歴史的にまた国際的にみたときに，競争法の執行について上記の2つのタイプがあることが指摘されている[33]。ここでは前者を「法執行モデル（law enforcement model）」，後者を「行政統制モデル（administrative control model）」と呼ぶことにする。法執行モデルによる執行は，違反行為の存否について，司法的手

---

31) Damien Gerard, "Negotiated Remedies in the Modernization Era: The Limits of Effectiveness," in Philip Lowe, Mel Marquis and Giorgio Monti (eds), European Competition Law Annual 2013, 139 at 165-168 (2016).
32) 拙稿「EU市場支配的地位濫用規制の生成」中央ロー・ジャーナル12巻1号（2015）43頁，55〜57頁参照。
33) David J. Gerber, Law and Competition in Twentieth Century Europe: Protecting Prometheus at 173-183 and 241-255 (1998).

続または行政機関における準司法手続を踏んで判断・認定を行う。競争法の規定は，大体が抽象的な内容であるが，規定の意義は個別の事件における適用の積み重ねによって明らかになっていく。当該規定の意義や違法基準が明確になることで，法の予測可能性が高まる。法執行モデルによる執行にはこのような意義・利点がある反面，違反行為の認定に時間がかかり，そのためコストも嵩む。違反行為の存否は，市場支配的地位の濫用行為の場合には，市場支配的地位を認定する際の市場の画定，行為の「濫用」該当性の判断をともなう。これらの判断には，「どのようなストーリー」で競争者が「排除」されたか，あるいは取引相手が「搾取」されたかについて，検討するための理論とその理論を用いた分析を必要とする。

これに対して，行政統制モデルによる競争法の執行は，法執行モデルによるのとは異なり，法の規定は，違反行為の有無を判断する基準というより，行政的規制を行う際のガイドライン程度に捉えられ，違反行為の認定は厳密にはなされることがなく，もっぱらとるべき措置に焦点を当てて手続が進められる。措置の内容は，違反行為の除去というよりも行政庁の規制目的の観点から設計される[34]。フランスの競争法は，EU 競争法成立後も行政統制モデルによって運用され，法執行モデルによって執行されるようになったのは 1980 年代に入ってからと言われている[35]。

競争法の執行についての上記の法執行モデルと行政統制モデルは，二者択一の関係というよりもスペクトラムの両極をなしていて，実際の競争法の執行は，このスペクトラムのいずれかの地点に位置づけることができる[36]。米国が法執行モデルを基軸にして反トラスト法を執行しているが，反トラスト法の制定当初から同意命令（consent decree）の制度があり，相当数の事件が同意命令によっ

---

34) *Ibid.* at 173-176.
35) *Ibid.* at 190-193. 奥島孝康・フランス競争法の形成過程（2001）43〜44 頁参照。
36) Harry First, "Is Antitrust "Law"?," 10 Antitrust 9 (1995); Douglas Melamed, "Antitrust: The New Regulation," 10 Antitrust 13 (1995)。First 論文は，1995 年に公表されたものであるが，わが国における公取委による競争法の執行は，官僚統制的に（bureaucratically）執行されてきたと評価している。その根拠は，訴訟を回避する傾向とガイドラインを用いた行政指導に求められている。First 教授による公取委の競争法執行の評価については，平林英勝「公正取引委員会は法施行機関となりうるか——ファースト教授の批判を手がかりとして」同・独占禁止法の解釈・施行・歴史（2005）273 頁以下参照。

て処理されていることはよく知られている[37]。米国においても，過去，競争当局によって一定の規制目的を達成するために同意命令が用いられたことがあった。構造措置がとられたこともあった[38]。比較的最近では，1990年代に，同意命令による事件処理が増加して，先に指摘した「行政統制モデル」によって反トラスト法が執行されるようになったと批判が加えられている[39]。

## 2　確約決定をめぐる課題と対策

EU競争法における確約決定の制度と運用から浮かび上がってくる主な問題点として以下の点をあげることができる。すなわち，第一に，確約決定手続においては，競争法の規定の違法要件・効果について，本来個別事件への適用を通じて明らかにされて法が形成されることがない。第二に，確約決定は，競争当局によって特定の規制目的を達成する手段として用いられるおそれがある。第三に，欧州委と事業者の間の交渉から決定に至る過程が，外部からみえないために，第三者の権利や公共の利益が確保されなくなるおそれがあることである。

上記の問題点は，確約決定制度それ自体にともなう問題と，競争当局による確約決定の運用の仕方にともなう問題とがある。上記の問題にともなう弊害を防ぐための方策として，ここでは，以下の2つを指摘しておきたい。

第一の方策は，確約決定をそれを用いるに相応しい事件に限ることである。事件をどの手続で処理するかについて欧州委は，2003年規則7条の禁止決定事件にするか同規則9条の確約決定事件にするかの裁量を有している。この点について，2003年規則・前文では，制裁金を課すべき事件に確約決定を用いるべきではないと定めるだけで，それ以外に定めはない。この点以外に指摘されているのは，違反行為の競争制限効果を認定し，規定の解釈・適用を先例として示すべき事件については，確約決定ではなく2003年規則7条の禁止決定

---

[37] Douglas H. Ginsburg and Joshua D. Wright, "Antitrust Settlements: The Culture of Consent," in William E. Kovacic, An Antitrust Tribute, Liber Amicorum-Vol. I, 177 at 178 (2012).

[38] Richard A. Epstein, Antitrust Consent Decrees in Theory and Practice: Why Less Is More, at 18-21 (2007).

[39] First, *supra* note (36); Melamed, *supra* note (36).

によるべきであると指摘されている[40]。例えば，ランバス事件，マイクロソフト（抱き合わせ）事件，IBM メンテナンス・サービス事件を確約決定で処理すべきでなかったと批判されている[41]。また，本稿Ⅲで取り上げたエネルギー事業分野における確約決定の利用についても，批判的に捉えられている。

10 年余の運用を経て，近年，確約決定に相応しい事件として，市場の状況が急速に変化する事業分野における競争制限行為があげられている。例えばIT 産業等の先端技術産業においては，競争制限行為が当該市場の趨勢を左右することもあり得る。このため競争制限行為に迅速に対処し，将来的に競争が維持・促進されるようにすることが必要である。欧州委も Policy Brief において，この点を明らかにしている[42]。この点，米国においても同様の指摘がなされている。すなわち，製品のデザインや製造過程が短期間で変わる産業において競争を制限する行為が行われたときは，適切な措置を迅速に講じなければ，市場の状況が変わってしまい，時間が経ってから措置を講じたのでは意味をなさなくなってしまう場合があると指摘されている[43]。

確約決定がもたらす問題を解消するための第二の方策は，手続の透明性を高めることである。EU の確約決定は，米国の同意命令の制度を移植したといわれているが，手続において大きな違いがある[44]。それは，米国では司法省が同意命令を利用する場合には，同意命令案を連邦地方裁判所に提出して，同意命令が公共の利益に適合しているか否かについて審査を受けることとされていることである。また，裁判所への提出に先立って，同意命令案の競争への影響評価

---

40) Robert O'Donoghue and Jorge Padilla, The Law and Economics of Article 102 TFEU, 2nd ed. at 899; Jones and Sufrin, *supra* note (26) at 982.
41) COMP/38.636 Rambus IP/09/1897; COMP/39.530 Microsoft (tying) IP/13/2013; COMP/39.692 IBM Maintenance Services IP/11/1539.
42) European Commission, To Commit or not to Commit ?: Deciding between prohibition and commitments, 3 Competition Policy Brief at 3-4 (2014).
43) American Bar Association, Monopolization and Dominance Handbook, at 255 (2011); William E. Kovacic, "Designing Antitrust Remedies for Dominant Firm Misconduct," 31 Conn. L. Rev. 1285 at 1314-1315(1999).
44) 米国ほど透明性を確保するための手続的保障が担保されていないことについては，Jenny, *supra* note (29) at 708. 手続の透明性の確保が必要なのは，外部からみえないことによって，贈収賄や政治的介入をもたらすおそれがあるからである。Georgiev, *supra* note (6) at 1018.

を記載した文書を公表して，パブリック・コメントに付さなければならない。それへの回答も公表しなければならない。これらの手続が，法律の規定（Tunney Act）で明文化されていることである。

EUの確約決定の手続については，2003年規則には定めがなく，欧州委のベスト・プラクティスに解説が記されている[45]。概要は以下の通りである。すなわち，まず，欧州委は，予備的評価において事件の主要な事実と競争上の懸念（competition concern）を指摘する。予備的評価は，事業者が確約を申し出るか否かを判断する基礎となる。確約の内容は，明確且つ実行可能なものでなければならない。第三者の同意がなければ実行できない場合には，それを証明する文書を提出しなければならない。欧州委は確約決定を下す際には，申し出られた確約の市場テスト（market test）を行い，その結果を事件の概要，確約の内容とともにオフィシャル・ジャーナルに公表しなければならない（2003年規則27条4項）。また，透明性を高めるためにプレス・リリースを行うこととされている。利害関係のある第三者は，意見を提出することができる。欧州委は，市場テストの文書を，事件の結果に関心があると思われる者（例　消費者団体）にも送ることができる。

上記の手続については，以下のように評価されている。すなわち，確約決定の手続は，欧州委の予備的評価が起点となるが，この予備的評価の文書については，記載事項について定めがない上に，内容が簡素で，当事者が自らの行為について2003年規則7条の規定が適用されたら違法となったのかを判断することが難しいといわれている。また，第三者は予備的評価の文書を閲覧することができない[46]。

競争当局が措置の内容を重視して確約を行おうとすると，措置に合うように予備的評価が作られるおそれがある。本来，行為がどの市場にいかなる効果を及ぼすかについての理論に基づいた分析から違反行為の認定がなされ，その分析を踏まえてどのような措置が適切かが判断される。確約手続においては，措置が先行して後から予備的評価を作るとなると，行為と競争制限効果の関係に

---

45) Commission notice on best practices for the conduct of proceedings concerning Articles 101 and 102 TFEU, 2011/C 308/06).

46) Georgiev, *supra* note (6) at 1018.

ついての理論的検討がおろそかになり，ひいては，先例性の欠如につながるとの指摘もある。[47]

## VI 結　語

　本稿において，EU競争法における確約決定の制度およびその運用についてみてきた。改めていうまでもなく，確約決定の特徴は，(1) 違反行為の認定をすることなく，(2) 対象事業者と欧州委の間の交渉・合意によって競争を回復する措置を決める事件処理の手続である。競争上の懸念に迅速に対処することができるというメリットを有している。その反面，違反行為の認定がなされないために，法の形成に資するところがない。

　本稿でみてきたように，確約決定の制度それ自体というより，制度の設計ないしその運用の如何によって弊害が生じるおそれがある。対象事業者と競争当局との間で措置の内容が決められることから，第三者とりわけ競争者や取引相手の利益を侵害するおそれがないか，また公共の利益確保の観点から適正であるかをチェックする必要がある。このチェック機能は，第一に司法審査によることが考えられるが，EUの場合には，裁判所が欧州委の裁量を広く認めたために司法審査に服する機会が無いに等しい状況がもたらされているように思われる。第二に競争当局が上記の適正性を自らチェックすることが求められる。確約決定を用いる事件をガイドラインで示すこと，第三者からの意見聴取の手続，いわゆるパブリック・コメントの手続を設けること等が考えられる。

　本稿の最後に述べておきたいことは，競争法は，米国においてもEUにおいても法執行モデルを基礎にして法の形成がなされてきた。法の支配原則に立脚することで，競争政策は，社会的に支持されてきた。確約決定は，迅速で低コストの事件処理というメリットを有する反面，法の支配原則から乖離するおそれを孕んでいる。そうならないように制度を設計し運用する必要がある。

---

47) Gerard, *supra* note (31) at 155.

# 許可事業者に対する監督処分をめぐる訴訟について
―― タクシー乗務距離制限をめぐる近時の判例を中心に

神橋一彦

I　はじめに
II　乗務距離制限をめぐる法的仕組み
III　監督処分に至るまでの過程と訴訟手段
IV　若干の考察
V　おわりに


## I　はじめに

　一定の営業活動が許可制とされている場合において，当該許可を受けた事業者（以下，「許可事業者」という）が行う事業活動について法令上の規制（行為規範の設定）がなされ，その違反に対し，事業の停止や許可の取消しなど制裁的な不利益処分（以下，「監督処分」ともいう）が規定されることがある。
　このような許可事業者に対する規制をめぐっては，行政法上，①そもそも当該規制が実体法上適法かという問題（実体法上の問題）のほか，②監督処分を行う場合の行政手続にかかわる問題（手続法上の問題），さらには③当該規制や監督処分の違法性を争う際に適切な訴訟手段は何かという問題（訴訟法上の問題）が生じる。この3つの問題は相互に関連するものであるが，特に③の訴訟手段の選択の問題については，監督処分が実際に行われた事後の段階であれば，当

該監督処分に対し取消訴訟ないし無効確認訴訟を提起することになるものの，監督処分が実際に行われていない事前の段階において，どのような訴訟を提起することができるかについては，当該許可事業者が訴訟提起の段階でどのような状況にあるかによって結論が異なることになる。すなわち，当該許可事業者がまったく規制について違反行為を行っていないが，当該規制は違法であると考える場合もあれば，当該許可事業者が一定の違反行為を行い，それについて処分行政庁によって指摘を受けている場合，あるいはさらに進んで不利益処分を行うために聴聞や弁明の機会の付与がなされている場合など，いくつかの段階が考えられよう。そしてそのような当該許可事業者が立たされている状況に応じて，何らかの監督処分がされようとしていることを前提に抗告訴訟の一類型である処分差止訴訟（行訴 3 条 7 項）を提起すべきか，それとも当該許可事業者の一定の地位（ないし規制によって課される義務の不存在）を確認する公法上の当事者訴訟としての確認訴訟（行訴法 4 条後段）を提起すべきかが，具体的には問題となるのである。

　このような差止訴訟と確認訴訟との関係については，近時，教職員国旗国歌訴訟（予防訴訟）上告審判決（最判平成 24・2・9 民集 66 巻 2 号 183 頁。以下，「平成 24 年最判」という）が議論に大きな一石を投じたところである。すなわち，同判決は，校長が発した職務命令に従わないことを理由とする教職員に対する懲戒処分の差止訴訟の適法性を肯定したうえで，職務命令に基づく公的義務の不存在確認訴訟については，将来の不利益処分たる懲戒処分の予防を目的とする訴訟として構成される場合には，無名抗告訴訟と位置づけられるべきであり，差止訴訟が適法である以上，補充性要件を充たさないとして却下しつつも，行政処分以外の処遇上の不利益の予防を目的とする訴訟として構成する場合には，公法上の当事者訴訟としてその適法性を肯定したのである。

　この最高裁判決自体，その理論的妥当性や射程をめぐって議論のあるところであるが，このような差止訴訟と当事者訴訟との関係が問題となり，上記平成 24 年最判を引用する下級審裁判例の多くは，タクシー事業者に対する規制と監督処分をめぐる事件，中でも事業者（タクシー会社）がその勤務運転者につき 1 乗務あたり一定距離以上の乗務をさせることを制限する乗務距離制限の違法性を争う事件である。本稿は，このタクシーの乗務距離制限をめぐる事件を

素材に，差止訴訟と当事者訴訟の役割分担の問題について考察することを目的とする。[1]

本稿では，まず考察の前提として，乗務距離制限をめぐる法的仕組みについて概観したうえで（Ⅱ），乗務距離制限関連の下級審裁判例において差止訴訟と当事者訴訟との関係がどのように判断されているかについて紹介する（Ⅲ）。そのうえで，平成 24 年最判などとの関係も含め，2 つの訴訟の関係について若干の考察を行う（Ⅳ）。

## Ⅱ　乗務距離制限をめぐる法的仕組み

まず，本稿で素材とするタクシーの乗務距離制限をめぐる法的仕組み[2]について概観する。

### 1　実体法上の規定

許可事業者に対する規制（行為規範の設定）とそれを前提にした違反事業者に対する監督処分については，〈法的義務の展開過程〉[3]として，さしあたり次のように整理することができる（なお，道路運送法〔以下，「法」という〕の規定は，本稿で取り上げる裁判例にかかる事件当時の平成 25 年法律第 83 号による改正前のものである）。

　①　許可制の設定　　タクシー事業（一般乗用旅客自動車運送事業）も含め，法律により許可制が設定されることによって，当該営業は一般的に禁止される。すなわち，そこでは当該営業をすることについて，名宛人を特定しない一般的

---

1) タクシー乗務距離制限を素材に処分差止訴訟と確認訴訟の関係を論じる先行業績として，濱和哲「処分差止訴訟との交錯が生じうる場面における当事者訴訟（確認訴訟）の活用について」水野武夫先生古稀記念論文集・行政と国民の権利（2011）113 頁がある。
2) タクシー事業規制の変遷については，日野辰哉「タクシー事業規制における競争自由と公益」法教 409 号（2014）49 頁参照。
3) 本稿筆者は既に，当事者訴訟としての確認訴訟が活用される場面として，「法令の要件に該当することによって直ちに義務が発生する場合」を挙げ，河川法上の河川区域に該当しないことの確認を求めた横川川事件（最判平成元・7・4 判時 1336 号 86 頁）などを素材に，試論的な説明を試みた（神橋一彦・行政救済法〔第 2 版，2016〕252 頁以下）。本稿はいわばその応用として，さらに考察を深めようとするものである。

不作為義務が設定されることになる。そしてそれを前提に，申請をして許可された者については，その一般的不作為義務は個別に解除され，自由が回復されることになる（法5条・6条）。

② 規制（行為規範・義務の設定）　許可によって回復された営業の自由について，許可事業者を対象に法令上種々の規制（行為規範の設定）が行われる。タクシー事業についてみると，法27条1項及び同条を受けて制定された旅客自動車運送事業運輸規則22条に基づいて，地方運輸局長は，地域を指定して運転者の乗務距離の最高限度を定め，これを公示することになる（乗務距離制限）。そしてこの規制によって，事業者はこの限度を超えて運転者に乗務させてはならないということになるから，事業者は運転者に乗務距離制限を超えて乗務させることが禁止され，乗務をさせないことについての一般的不作為義務を負うことになる。

③ 規制違反に対する不利益処分（監督処分）　かかる規制に違反した場合，法40条1号により，「この法律〔道路運送法〕若しくはこの法律に基づく命令若しくはこれらに基づく処分又は許可若しくは認可に付した条件に違反したとき」に該当するものとして，国土交通大臣は「6月以内において期間を定めて自動車その他の輸送施設の当該事業のための使用の停止若しくは事業の停止を命じ，又は許可を取り消すことができる」。このような監督処分は義務違反に対する制裁と捉えることができるが，それ以上，刑事罰が定められているわけではない。

このようにみてくると，規制によって課された一般的作為義務を前提に，それに違反した場合の制裁的な不利益処分に至る一つのプロセスが想定されることになる。

### 2　監督処分の手続

1で述べたプロセスのうち，③規制違反に対する不利益処分（監督処分）については，さらに行政手続との関係が問題となる。すなわち，行政手続法上，不利益処分については処分基準の定立が原則的に求められているところ（行手12条），タクシー事業の場合，道路運送法に基づく不利益処分（法40条）については，処分基準が設定公示されており，一般には㋐行政処分等の種類，㋑違

反行為ごとの行政処分の原則的な基準，(ウ)特定地域における車両数の増減による処分の加重，(エ)自動車等使用停止処分，事業停止処分及び許可取消処分などについて定められている。(ア)の行政処分等の種類については，勧告→警告（以上，処分性なし）→自動車等使用停止処分→事業停止処分→許可取消処分の順に重い措置となる。また(エ)の不利益処分については，違反行為を点数化し，累積点数が一定点数を超えた場合については，事業停止処分や許可取消処分を行う旨の基準が設けられている。この点数制度は，他の業種の監督処分においても導入されているところである（後述Ⅴ参照）。

このような処分基準は，法規性を有しない裁量基準（行政規則）であるが，近時の最高裁判例は，処分基準に対する行政庁の自己拘束を重視し，不利益処分についての理由の提示の内容・程度（最判平成23・6・7民集65巻4号2081頁）や，不利益処分の取消訴訟における狭義の訴えの利益（最判平成27・3・3民集69巻2号143頁）について注目すべき判断を示している。

## Ⅲ　監督処分に至るまでの過程と訴訟手段

### 1　考察の視点

このようにみてくると，①規制（行為規範・義務の設定）が行われたものの，違反行為がさしあたり問題とならない段階と，②何らかの違反行為に対する不利益処分（監督処分）が行われる段階（行われようとしている段階と行われた後の段階）の2つの段階がありうることになる。そして後者の②については，違反行為が軽微ないし回数が少ない段階や処分性のない措置（警告等）に留まっている段階から，何らかの不利益処分がなされようとしている段階（違反点数が累積している場合や聴聞や弁明の機会の付与がなされている場合）まであり，具体的な不利益処分も比較的軽微なもの（例えば，経営には大きな影響のない程度の自動車の使用制限）から重いもの（事業停止処分や許可取消処分）まである。

そして，そこでは当事者訴訟と抗告訴訟の役割分担，すなわち(i)当事者訴訟としての（規制によって課される）義務不存在確認訴訟と，(ii)不利益処分（監督処分）の差止訴訟の2つの訴訟の関係が問題となる。そしてこの2つの訴訟については，それぞれ訴訟要件が問題となるところであるが，(i)義務不存在確認

訴訟においては，確認の利益（即時確定の利益）をどのように考えるかが問題となり，(ii)差止訴訟においては，(a)「処分の蓋然性」，すなわち一定の処分がなされようとしていること（行訴3条7項）と，(b)「重大な損害」，すなわち一定の処分がされることにより重大な損害を生ずるおそれがあること（行訴37条の4第1項）が問題となる。とりわけ，具体的な事案が一連のプロセスのどの段階にあるかということと，差止訴訟の以上2つの要件の充足とがどのような関係に立つかが問題となる。

## 2 裁判例の動向

　乗務距離制限の違法性を主張して提起された不利益処分の差止訴訟や地位等の確認訴訟の適法性について判断した裁判例として次のものが挙げられる。

　(1)差止訴訟は不適法としたうえで，確認訴訟は適法とするものとして，〔判例①〕大阪地判平成25・7・4裁判所ウェブサイト，〔判例②〕福岡地判平成26・1・14判例集未登載，〔判例③〕札幌地判平成26・2・3裁判所ウェブサイト，〔判例④〕東京地判平成26・3・28判時2248号10頁がある。そしてこの中には，(ア)「処分の蓋然性」を否定するものと，(イ)「処分の蓋然性」は認めつつも，「重大な損害」を否定するものがある。

　(2)差止訴訟と確認訴訟の両方を適法とするものとして，〔判例⑤〕名古屋地判平成25・5・31判時2241号31頁，そして〔判例⑥〕同控訴審・名古屋高判平成26・5・30判時2241号24頁がある。なお，判例⑥については，上告受理申立てがなされたが，上告不受理で確定している（最決平成28・1・21判例集未登載）。

　これらの訴えに共通しているのは，いずれも2つの請求を立て，第1の請求で主位的に当該公示の取消しを求めるとともに，予備的に当該公示の定める乗務距離制限を超えて運転者を事業用自動車に乗務させることができることの地位確認を求め，第2の請求で乗務距離制限を超えたことを理由とする不利益処分の差止めを求めていることである。すなわち，差止訴訟と確認訴訟はそれぞれ独立の請求として立てられている（主位的・予備的の関係にはない）こと，また確認訴訟は公示の取消訴訟の予備的請求として位置づけられていることに注意が必要である。そして判例①から判例⑥すべてにおいて，公示の取消訴訟は

公示には処分性がないとして,却下されている[5]。

(1) 差止訴訟は不適法としたうえで,確認訴訟は適法とするもの
(ア) 「処分の蓋然性」を(全部または一部)否定したもの

「処分の蓋然性」については,単に処分がされるということについて主観的なおそれがあるだけでは足りず,客観的にみて相当程度の蓋然性があることを要するとされる(判例③)。少なくとも,行政庁が処分要件の外形的充足を認識している必要があるとされている。具体的には,処分行政庁が監査等によって違反事実の存在を認識した段階で,蓋然性要件が認められることになるが,例えば,判例①(原告3社のうち2社)及び判例②のように,処分行政庁が監査等によって違反事実を認識したとはいえない場合には「処分の蓋然性」は認められない。

他方,判例①(原告3社のうち1社),判例③及び判例④は,当該事業者の違反点数の累積状況などの違反状況に鑑み,自動車等使用停止処分についてのみ「処分の蓋然性」を認め,程度の重い事業停止処分や許可取消処分についてはこれを否定している。この場合,「処分の蓋然性」が認められた限りにおいて「重大な損害」の有無が判断されることになる。

(イ) 「重大な損害」を否定したもの

判例①(原告3社のうち1社)は,「処分の蓋然性」につき,処分行政庁が監査等によって違反事実の存在を認識するとともに,事業者に対しこれを指摘した後に,当該事業者に対し,弁明の機会を付与したことから,これを肯定しながらも,「重大な損害」については,処分基準を当てはめた場合の予想される不利益処分が最大でも120日車の自動車等使用停止処分であれば,当該営業所の車両数の20%にとどまり,利用者の信用が低下するとしても,それについて金銭賠償によることが社会通念上不相当であるとまではいいがたいとして,これを否定する[6]。

---

4) その点で,同趣旨の内容の請求を抗告訴訟と当事者訴訟として構成し,一方を主位的請求とし,他方を予備的請求として訴えた事案とは請求の立て方が異なるということになる(そのような事案として,第4次厚木基地訴訟にかかる東京高判平成27・7・30判時2277号13頁)。
5) 公示の処分性については,常岡孝好「判批」自治研究90巻10号(2014)127頁以下参照。

判例③は,「処分の蓋然性」については,少なくとも,平成21年11月1日から平成22年4月12日までの間に6件,本件公示に違反した例がみられるものの,これら違反行為に対する法40条に基づく不利益処分は現在に至るまで課されておらず,処分基準等によっても違反行為から一定期間を経過した場合には当該違反行為に対する処分は行わない旨の定めは設けられていないことからすれば,本件乗務距離規制違反を理由として原告に対してなされる処分としては,自動車等使用停止処分についてのみこれを肯定する[7]。しかし,「重大な損害」については,自動車等使用停止処分によって使用停止を余儀なくされるのは,原告の事業用自動車のごく一部にとどまること,及び処分期間がそれほど長期に及ぶとは認められないことなどに照らせば,原告の当該営業所の事業用自動車数からして,そのすべてが予約配車に用いられているとは想定できず,処分期間中も配車のやりくりで相当程度の不利益は回避可能であると考えられるから,自動車等使用停止処分によって直ちに顧客からの信頼が失われるとは考えがたいなどとして,これを否定する。

　判例④は,違反点数51点以上で事業停止処分,81点以上で許可取消処分とされているところ(点数の累積は原則3年),処分行政庁が監査を通じて原告に一定割合の乗務距離規制違反が発生していることは認識しているものの,そのことを前提にしても15日車の使用停止処分(違反点数1点)の蓋然性しかなく,現時点での累積違反点数も2点にとどまることを理由に,自動車等使用処分についてのみ「処分の蓋然性」を認める。しかし,平成24年最判の「重大な損害」の定式を引用し,想定される程度の自動車使用停止処分は「その営業に深刻な打撃を与えるものではなく,事後的に金銭による回復が可能」として「重大な損害」を否定する。

---

6)　朝田とも子「判批」法セ707号(2013)113頁は,判決①は,平成24年最判を引用せず,事後的な金銭賠償可能性をもって「重大な損害」の判断基準としたことが特徴であるが,国家賠償法1条は過失責任主義をとっているため,処分が違法でありさえすれば常に金銭的補償が得られることにはならないとして,国賠請求が可能であることを理由に重大な損害要件を否定すべきではないとする。(さらに,常岡・前掲注5) 138頁も参照)。

7)　処分の蓋然性に関するかかる判断について,日野辰哉「判批」法教414号別冊・判例セレクト2014〔Ⅱ〕(2015)11頁は,「これは救済のタイミングに関し,紛争の早期解決を目的とする確認訴訟との距離が縮まることを意味した」とする。

(ウ) 確認訴訟に関する判断

　判例①～④はすべて，確認訴訟につき確認の利益を認めている。そしてその理由としては，(a)処分行政庁と被告との間には本件公示の合憲性，適法性について争いがあり，原告らと被告との間には現実的かつ実際の紛争が生じていること（判例①），(b)本件公示によって，原告の法的地位に危険ないし不安が現に生じており，日々営業の自由の制約を受けており（判例①②④），かつそれは憲法によって保障された権利であること（判例③），(c)本件公示には処分性がないため，それ自体に対する抗告訴訟を提起することはできず，また不利益処分がなされたのちの抗告訴訟では，事業者の早期救済という点で妥当ではないこと（判例③④）などが挙げられている。

　特に確認の利益について詳細な言及を行った判例④は，本件では，「原告の従業員たる運転者の中には，最高乗務距離規制により制限された距離を越える乗務を行う者が一定の割合で存在しており，その他の者も，同規制に違反する事態を防止するため，最高乗務距離に至る35kmないし40km前に営業を終了して帰庫することを余儀なくされ，それ以上の営業活動を断念していることが認められる」こと，さらに「この乗務距離規制は，タクシー事業における収入の特性（すなわち，顧客が支払う運賃が距離に応じた一定のものとして定められているため，その収入は顧客を乗車させて走行した距離に応じて増大するという特性）に照らせば，タクシー事業の営業の自由を直接に制約する性質のものであるということ」を挙げたうえで，原告が，関東運輸局東京運輸支局から，最高乗務距離規制違反がある旨の指摘を受け，口頭注意を受けている状況のもとにおいて，「乗務距離規制という公的義務の存在が，その営業活動を反復継続的に阻害しており，それにより営業の自由が直接的に制約を受けているという状況にあって，乗務距離規制の違反に関して行政指導を受けていることを考慮すると，原告が乗務距離規制により被っている不利益は，その法律上の地位に関わるものであり，かつ，現実的に生じているものというべきである」としている。

(2) 差止訴訟と確認訴訟の両方を適法とするもの

　これに対して判例⑤は，差止請求につき，まず(i)「処分の蓋然性」について

は，原告が，「名古屋交通圏内に営業所を有する一般乗用旅客自動車運送事業者であって，約100台の事業用自動車を保有し，これらを日々運行させて営業していること」，「隔日勤務運転者について平成21年12月に5件，日勤勤務運転者について同月及び平成22年1月に4件ずつ，本件乗務距離規制に違反した例が見られ，現に，平成21年12月の中川営業所における本件乗務距離規制違反を理由として平成22年6月7日付けで本件処分〔事業用自動車の使用停止処分及び附帯命令〕がされたこと」を理由に，自動車等使用停止処分，事業停止処分，許可取消処分についてその蓋然性を肯定するとともに，(ii)「重大な損害」についても，「原告には，本件乗務距離規制違反を理由として法40条に基づく処分（自動車等使用停止処分，事業停止処分又は許可取消処分）が反復継続的かつ累積加重的にされる危険が現に存在するというべきであり，日々運行している原告の事業用自動車の本件乗務距離規制違反を契機として，同条に基づく処分が反復継続的かつ累積加重的にされていくと，事後的な損害の回復が著しく困難になるというべきである」として，これを肯定した。

　さらに確認請求については，「原告は，本件公示前には，乗務距離を制約されることなく運転者を乗務させていたが，本件公示後は，本件乗務距離規制が設けられたために，乗務距離の最高限度を超えた乗務による営業を行うことができなくなったものであり，……〔中略〕……本件乗務距離規制違反を理由として法40条に基づく処分や警告を受ける蓋然性が高く，これが反復継続的かつ累積加重的にされる危険が現に存在するのであるから，本件乗務距離規制によって，原告の法的地位に現実の危険ないし不安が生じており，事後的な損害の回復が著しく困難な状況にあるというべきで」あり，「本件確認の訴えは，単に抽象的，一般的な本件公示の違法性の確認を求めるものではなく，上述のような立場にある原告がその具体的な法的地位の確認を求めるものであるから，

---

8) 常岡・前掲注5) 133頁は，「処分の蓋然性」について，判例⑤は予想される3つの処分を並列的に取り上げるのみで，これらを個別に分けてその発動の蓋然性を細かく検討しているわけではないが，原告が既に処分を受けた事実にも触れていることから，処分基準公示の存在と，その運用の実態に着目したものであるとする。またこの点につき，友岡史仁「判批」判評683（判時2274）号（2016）9頁は，当該交通圏の事業規模（事業用自動車が多ければ，乗務距離制限の存在が多くの違反行為を生み，さらに加重要件に照らして最終的に許可取消処分に至る蓋然性が生ずること）も考慮に入れられていると指摘する。

具体的事件性（争訟性）を備えたもの」であるとして，確認の利益を認めている。

　この判決は，差止訴訟と確認訴訟の双方の適法性を認めた。そして差止訴訟の訴訟要件である「重大な損害」要件で考慮された要素（不利益処分の反復継続・累積加重性）が，ほぼそのまま確認訴訟の確認の利益を基礎づけるものとされている。[9]

　判例⑥（控訴審）も，判例⑤を基本的に是認し，両方の請求を認容している。

## Ⅳ　若干の考察

　以上のような裁判例の動向も踏まえながら，許可事業者に対する監督処分をめぐる訴訟について，若干の検討を行うことにする。ここでは，平成24年最判との関係が問題となるが，紙幅の関係から，同最判に関する立ち入った検討は避け，むしろそれとの差異があるとすれば，どのような点が考えられるかを中心に検討をすすめることにしたい。

### 1　差止訴訟と確認訴訟の関係

　義務不存在確認訴訟と義務違反を理由とする不利益処分の差止訴訟との関係については，特に当該義務の賦課行為に処分性がない場合（平成24年最判の事案における公務員に対する職務命令や，前掲裁判例における乗務距離制限の公示など）において，とりわけこの両者についてある種の排他性があるか否かが問題となるところである。すなわち平成24年最判の理解によっては，(i)義務不存在確認訴訟という形式をとったとしても，不利益処分の予防を目的とする限りにおいて，無名抗告訴訟と解されるのであって，そのような訴えは法定の差止訴訟との関係で補充性を充たさず不適法であり，(ii)当事者訴訟としての義務不存在確認訴訟は，不利益処分以外の不利益の予防を目的とする場合に限り認められる，と一般化される。しかしそのような理解に対しては，そもそも判決の理解

---

[9]　湊二郎「予防訴訟としての確認訴訟と差止訴訟」法時85巻10号（2013）34頁注32）は，判例⑤は「処分の予防をも目的とする当事者訴訟を認めたようにもみえる」とする。この点については，後のⅣ2(2)参照。

自体として問題があるとの指摘があるほか，例えば未だ何らの違反行為を行っていないが，規制（義務の賦課行為）は違法であると主張して当事者訴訟として義務不存在確認訴訟を提起することができるか，仮にできるとすれば，そのような確認訴訟の趣旨が自らの地位に関する将来の不安を除去するものであったとしても，その時点で実質的にはその後の不利益処分も差し止められたのと同じことになり，限定的な要件の下で差止訴訟を法定したこととの関係をどのように考えるべきかが問題となる。具体的には，Ⅲの判例⑤の如く，義務不存在確認訴訟と差止訴訟を重畳的に認めることが可能かという点が問われることになる。

ここで義務違反を理由とする不利益処分の差止訴訟と義務不存在確認訴訟を比較してみると，義務不存在確認訴訟の本案審理では当該義務の存否のみが問題となるのに対して，不利益処分の差止訴訟の本案審理では，処分事由の有無だけではなく，処分内容の選択などが問題となる。[10]したがって，例えば乗務距離制限違反以外の違反事実があって[11]，それも理由に違反点数が付与されている場合（前掲・判例⑤の事案），そのような乗務距離制限の適法性以外を含めて，自分は監督処分を受けるいわれはないとしてその差止めを求めるとすれば，差止訴訟によって監督処分を差し止めるということが実態にかなった救済であるといえるであろう。

さらに差止訴訟の要件である「処分の蓋然性」は，当該訴訟係属中に変動する可能性がある。すなわち最後のⅤで紹介する一般廃棄物収集運搬業者に対する監督処分の例がそれに当たるが，不利益処分を課すにあたって点数制度がとられている場合でも，処分基準で，付与した違反点数の有効期間が例えば3年間といった形で限定されると定められていることがある。そうなると，例えば訴えの提起の時点では一定の処分についてその蓋然性が認められる状況にあるとしても，訴訟係属中に古い違反点数から有効期間が終了して消滅していくと

---

10) 平成24年最判につきこの点を指摘するものとして，中川丈久「行政訴訟の諸類型と相互関係」岡田正則ほか編・現代行政法講座第2巻（2015）85頁。
11) 判例⑤の事件では，処分行政庁から事業者に対して，乗務距離制限違反のほか，点呼の記録義務違反，運賃・料金の額の表示義務違反などが指摘されていた（この点については，友岡・前掲注8) 9頁）。

すれば，場合によっては当該訴訟の口頭弁論終結時までに違反点数が著しく減少したり，あるいは消滅したりして，結果として「処分の蓋然性」が認められなくなるということもありうる。つまり，「処分の蓋然性」といっても，それは固定的なものではなく，流動的なものであることに注意する必要がある。また差止訴訟の場合は，「償うことのできない損害を避けるため緊急の必要」（行訴37条の5第1項）がある場合は，仮の差止めの活用も考えられる[12]。

これに対して確認訴訟は，改めていうまでもなく，原告の権利または法的地位に不安が現に存在し，かつ不安を除去する方法として認められるものである[13]。そして乗務距離制限の事案についていえば，前掲・判例④も述べるように，乗務距離制限によって営業の自由に・直・接制約を受ける事業者が，その制約のゆえに自己の法的地位に対する不安を除去するために確認訴訟を提起しているのである[14]。

## 2　確認訴訟の構成

このように差止訴訟と確認訴訟は救済の目的が一部は重なるとはしても，全く同一というわけではない。乗務距離制限の事案において，許可事業者の提起する確認訴訟について，その対象と確認の利益は何かについて検討する。

### (1)　確認の対象

乗務距離制限の事案に関する確認訴訟では，《1乗務当たりの乗務距離が$a$kmを超えて乗務用自動車を乗務させることができる・地・位》を有することの確

---

12)　大貫裕之「実質的当事者訴訟と抗告訴訟に関する論点 覚書」阿部泰隆先生古稀記念・行政法学の未来に向けて（2012）644頁は，差止訴訟と確認訴訟双方が提起可能に見える場合，①機能的アプローチ（仮の差止めはこれに当たる），②確認の利益アプローチ，③抗告訴訟優先アプローチがあると指摘する（さらに，黒川哲志「公法上の当事者訴訟の守備範囲」芝池義一先生古稀記念・行政法理論の探究〔2016〕415頁参照）。
13)　新堂幸司・新民事訴訟法（第5版，2011）270頁。
14)　山本隆司「行政処分差止訴訟および義務不存在確認訴訟の適法性」論ジュリ3号（2012）127頁は，「理論的に総括していえば，抗告訴訟と当事者訴訟の区別は，処分の法効果となる法関係を訴訟の対象にすべきか否かによっておこなうべきである」とし，「こうした法関係から区別できる法関係ないし法状態にまで，処分の1つの要件になるからという理由で，抗告訴訟の対象を拡張すべきではない」と指摘する。

認を求める形で請求がなされている。このような事業者の一定の「地位」は，既に述べたように理論的には，公示の規定する制限距離を超えて乗務させることを禁止する不作為義務の不存在と考えられる。そして後に予定される制限違反に対する監督処分は，そのような不作為義務違反に対する制裁という意味をもっている。一般に不作為義務は義務が賦課された後，継続的に存在するものであることや，原告自らの権利ないし法的地位に対する不安の除去という確認訴訟の目的からすれば，そのような不作為義務のない状態（すなわち，端的にいえば「自由」）を一種の法的に保護された「地位」として，その確認（積極的な確認）を求める形のほうが，確認の対象としては適切な構成（表現）なのであろう。つまりそこでは，義務違反の後の不利益処分による制裁に至る一連のプロセスを視野に入れた「義務」の問題というより，「権利」ないし「法的地位」にひきつけて確認の対象の構成がなされることになる。[15]

そのように考えたとき，乗務距離制限の事案は，平成24年最判の事案よりむしろ，医薬品ネット販売の権利確認訴訟の事案（最判平成25・1・11民集67巻1号1頁。以下，「平成25年最判」という），あるいは古くは後になって注目されるに至った薬剤師の薬局開設許可・許可更新義務不存在確認請求事件（最大判昭和41・7・20民集20巻6号1217頁）に類するものであるといえる。つまり法令に基づく処分行政庁の公示か法律の施行規則かの違いはあるものの，営業の自由に対する一般的な制限であることには変わりがない。周知のように，平成25年最判は，「新施行規則の規定にかかわらず郵便等販売をすることができる権利ないし地位を有すること」の確認請求に対して，当該訴えが適法であることを前提として請求に対する判断を行って注目されたところである。現に同事件の第1審判決（東京地判平成22・3・30民集67巻1号45頁）は，「この規制は営業の自由に係る事業者の権利の制限であって，その権利の性質等にかんがみ

---

15) この地位は，自由権（消極的地位）に由来するものである（小早川光郎・行政法（上）〔1999〕220頁は，「許可・認可を与えられる権利」も「人がその権利自由を制限されないで生活する権利としての自由権の一つの発現形態」であるとする）。ちなみに「地位」という用語は，法律上保護される何らかの状態を指すものであろうが，往々にして多義的である（神橋・前掲注3）78頁参照）。したがって「地位」の概念については，できるだけ「権利」「義務」「法律関係」などの基本的な概念との関係や，実体法，訴訟法，手続法のいずれの関係を表現しているのかなどの視点を念頭におきつつ分析することが必要であろう。

ると，原告らが，本件各規定にかかわらず，第一類・第二類医薬品につき郵便等販売の方法による販売をすることができる地位の確認を求める訴えについては，……本件改正規定の行政処分性が認められない以上，本件規制をめぐる法的な紛争の解決のために有効かつ適切な手段として，確認の利益を肯定すべきであり，また，単に抽象的・一般的な省令の適法性・憲法適合性の確認を求めるのではなく，省令の個別的な適用対象とされる原告らの具体的な法的地位の確認を求めるものである以上，この訴えの法律上の争訟性についてもこれを肯定することができる」(傍点本稿筆者)としている。[16]

### (2) 確認の利益──自由権に由来する「地位」

　確認の利益の判断においては，事案ごとの個別事情が問題となる。もっとも，乗務距離制限の場合，原告が規制区域内のタクシー事業者である限り，それ以上各事業者の個別事情が問題となることは少ないとおもわれる。したがって，乗務距離制限一般について，営業規制としてどのような特質があるかが問題となろう。この点は，確認の対象とも重複するが，以下検討する。

　まず規制違反に対する制裁であるが，乗務距離制限の場合，違反に対しては監督処分にとどまり，刑事罰が科されることはない。しかしこの点については，その態様が異なるにせよ，許可事業者の違反行為を違法なものとし，制裁によって間接的に強制している点で質的な差異はないというべきであろう。

　次に規制のあり方をみると，判例④も述べているように，乗務距離制限は営業の自由に対する「直接」の制限に当たる。この「直接」ということの意義であるが，(i)公示の後，行政処分の介在なしに，事業者に義務を課し，自由を制限するという意味と，(ii)制限の目的そのものが営業の自由の規制にある（目的志向性）という意味の2つを含意するものであろう。[17] その意味で，基本権に対する直接的な介入（制約）ということができる。この点は，医薬品ネット販売の規制についても同様である。したがって，許可事業者が確認訴訟を提起した場合，実際に営業活動を行っていないなどの特段の事情のない限り，原則とし

---

16) これについて平成24年最判を前提にすれば，医薬品ネット販売の地位確認は無名抗告訴訟と捉えられる可能性があることを示唆するものとして，北見宏介「判批」新・判例解説Watch vol.14（2014）59頁，村上裕章「判批」判評651（判時2178）号（2013）5頁。

て確認の利益が認められるべきとおもわれる。また，前掲・判例⑤は，「本件乗務距離規制違反を理由として法40条に基づく処分や警告を受ける蓋然性が高く，これが反復継続的かつ累積加重的にされる危険が現に存在する」ことを確認の利益を肯定する理由として挙げている。差止訴訟における「重大な損害」要件に類似した判断要素であるが，判例④の事例のように仮に監督処分にかかる「処分の蓋然性」が認められなくても，許可事業者においてそのような危険は存在するのであり，上記のような基本権に対する直接的な制約にいわば付随するものとして，確認の利益を肯定する際の一考慮要素とすることは妥当であろう。

要するに，「権利」や「法的地位」の確認といっても，そこに法令上規制違反に対する不利益処分が規定されている限り，やはりそこには不利益処分の予防目的は存在するのではないかという指摘はありうる。確かに，Ⅱで述べた〈法的義務の展開過程〉のような「義務」のアプローチからすればそのようにみえないでもない。しかし，上述のような憲法上の自由権に由来する「地位」の確認ということを重視するとすれば，そのような確認の訴えは端的に当事者訴訟と捉えるべきであって，「義務」のアプローチに立ってあえてこれを不利益処分に対する抗告訴訟に引き付けて理解する必要はない。

## Ⅴ　おわりに

以上，タクシーの乗務距離制限に関する裁判例を素材に検討を行ったが，これと類似の事例は，他の業種においてもみられる。

例えば，一般廃棄物収集運搬業については，廃棄物の処理及び清掃に関する

---

17) 基本権「侵害」というときの「侵害」（介入・制約――Eingriff）については，伝統的な自由権理論にいう「侵害」は，①目的志向性，②直接性，③法形式性，④命令性の4つのメルクマールからなる。行政法における「侵害」概念もこれとほぼ同様であると解されるが（「侵害留保」の概念など），憲法学では，上記のメルクマールを欠くものであっても基本権「侵害」と捉える，「侵害」概念の拡大が論じられる（渡辺康行ほか・憲法Ⅰ〔2016〕64頁以下。行政法との関係については，神橋一彦「憲法と行政法――行政法における基本権『侵害』の意義を中心に」岡田正則ほか編・現代行政法講座第1巻〔2016〕59頁以下参照）。
18) 憲法上の権利（地位）という点でいえば，在外国民選挙権訴訟（最大判平成17・9・14民集59巻7号2087頁）との親和性も認められよう。

法律(以下,「廃掃法」という)7条1項において許可制が定められ,同条11項で許可に条件を付すことができると規定されているが,これを受けて大阪市では「大阪市廃棄物の減量推進及び適正処理並びに生活環境の清潔保持に関する条例」及び「大阪市廃棄物の減量推進及び適正処理並びに生活環境の清潔保持に関する規則」に所要の規定が設けられている。すなわち同規則16条は許可条件として,「収集した一般廃棄物は,第10条各号に掲げる基準に従い,速やかに市長が指定する処理施設に搬入すること」(2号)を挙げており,10条は基準の1つとして「一般廃棄物処理計画に従い一般廃棄物を適正に分別すること」(1号)を挙げている。そして許可業者がこれに違反したときは,要綱の定める点数制度に従い,違反点数が一定の基準に累積したときは,事業の停止(廃掃法7条の3)と許可の取消し(同7条の4)を行うこととされている。

かかる条例等のもとで,ある許可業者が,清掃工場に廃棄物を搬入した際の抜き打ち検査(展開検査)において,病院から出された一般廃棄物の中に産業廃棄物が混入していたことを理由に,許可条件(清掃工場への受入基準)違反により違反点数を付与された。これに対して当該業者が,一般廃棄物の分別義務は,廃棄物を実際に排出した者に課されるべきものであって,運搬業者は実際には廃棄物の中をチェックすることはできず,運搬業者にそのような分別義務を課すことは違法であると主張して,不利益処分の差止訴訟と地位の確認訴訟を提起した事件がある。[20]この事件においても,原告は上記のような許可業者に対する規制が違法であるということを主張しているのであるが,訴訟係属中も

---

[19] 濱・前掲注1)122頁は,当事者訴訟が差止訴訟に吸収されない理由の一つとして,実際に乗務するタクシー運転手への影響等,乗務距離制限があること自体によって生ずる支障・不利益の除去を挙げる。また常岡・前掲注5)は,確認の利益の有無を判断するにあたって,最高裁判決(平成17・9・14民集59巻7号2087頁及び平成24年最判)のように事前救済の必要性なり事後的損害回復の困難性を要求することは不要であるとしたうえで(141頁),「一つの紛争において,現在の法律関係における危険や不利益とともに,将来の一定の処分による不利益とが混じり合っている場合には,確認訴訟と差止訴訟とが両立しうる」のであり,「この場合には,確認の利益を認めるために,将来の一定の処分による危険や不利益を考慮に入れる必要はないであろう」(144頁)と指摘する(同旨,岩本浩史「判批」新・判例解説 Watch vol.14(2014)68頁。関連して,北村和生ほか・事例から行政法を考える〔2016〕309頁以下〔北村和生〕参照)。

[20] この事件(大阪地方裁判所平成25年(行ウ)第185号)については,原告訴訟代理人・玉越久義弁護士(大阪弁護士会)から情報資料の提供を受けた。

営業活動は続いているので，実際にその間2回の違反点数の付与を受けている（累積点数30から59で事業停止1日間，60以上で許可取消しとされているところ，当該業者の累積点数は15であった）。しかしながら，その後違反点数の付与は行われず，違反点数の有効期限は3年であるため，訴訟係属中に違反点数そのものが消滅した。結局，原告はかかる事態を受けて訴えを取り下げたとのことであるが，かような場合において，仮に違反点数が消滅しても，規制そのものが存続する限り，基本的に地位確認請求にかかる確認の利益は存在すると考えるべきであろう。

　抗告訴訟と当事者訴訟の関係については，近時も理論的な検討が行われているところである。本稿では，以上のように経済的自由に対する規制の一場面につき，裁判例を素材に若干の考察を行うにとどまり，この点にかかる本質論的な検討に立ち入ることはできなかった。経済法や営業の自由との関係などについても同様である。それらも含めた本格的な検討は，改めて他日を期したい。

---

21) 中川丈久「行政訴訟の基本構造――抗告訴訟と当事者訴訟の同義性について(1) (2・完)」民商150巻1号1頁，2号1頁（2014）参照。
22) 近時の論稿として，舟田正之「経済法序説(1)〜(3)（未完)」立教法学90号1頁，91号118頁，92号234頁（2014〜2015），赤坂正浩「職業遂行の自由と営業の自由の概念――ドイツ法を手がかりに」立教法学91号（2015）142頁などがある。

# タクシー事業に対する運賃規制および参入・増車規制の問題点

渡 辺 昭 成

I　本稿の目的
II　タクシー事業に対する規制の変遷
III　タクシー事業に対する料金規制の問題点
IV　タクシー事業に対する参入・増車規制の違憲性
V　特定地域における減車の間接的な強制の問題点
VI　結　語


## I　本稿の目的

　本稿の目的は，特定地域及び準特定地域における一般乗用旅客自動車運送事業の適正化及び活性化に関する特別措置法（以下，「特措法」とする）のもとで行われている現在のタクシー事業に対する運賃規制および参入・増車規制の問題点を検討することにある。
　タクシー事業は，平成12年道路運送法改正により，いわゆる需給調整が撤廃されたことから新規参入および増車が促進され，また，その運賃についても一部において多様化した。しかし，平成21年に制定され，その後，平成25年に改正された特措法は，タクシーによる供給輸送力が輸送需要量に対し過剰である等の要件を満たした「特定地域」における供給輸送力の削減および活性化措置の実施等を行うことにより，タクシー事業の適正化および活性化を推進し，地域における交通の健全な発達に寄与することを目的とするとしている。しか

し実際には，同法，および，各地方運輸局による公示に基づく現在の規制は，タクシー事業に対する料金規制と参入・増車規制を柱とするものであり，規制は現実には強化されることとなった。これはタクシー事業者の営業の自由を侵害するものであり，その違憲性，違法性，また，これらの告示およびその運用についてもその違法性が問題となりうる。

　以下では，タクシー事業に対する規制の変遷を概観した後，料金規制と参入・増車規制とに問題を分けて，検討することとする。また，国土交通省は後述するように特定地域および準特定地域において間接的に減車を強制するための手段を用いていることから，これについても併せて検討する。

## II　タクシー事業に対する規制の変遷

### 1　平成12年道路運送法改正以前

　道路運送法9条の3第1項は，タクシー事業における旅客の運賃は，国土交通大臣の認可を受ける必要があることを規定し，第2項は，その認可基準を示している。

　平成12年改正以前は，9条2項（現行法9条の3第2項）1号で「能率的な経営の下における適正な原価を償い，かつ，適正な利潤を含むものであること」とし，2号，4号（現行法の3号）は現行と同様であり，3号において，「旅客の運賃及び料金を負担する能力にかんがみ，旅客が当該事業を利用することを困難にするおそれがないものであること」としていた。そのもとで，運輸省は昭和27年以来，いわゆる同一地域・同一運賃の原則を行政方針として採用してきた。この原則は，日本全国を交通・経済活動の面的一体性や，都市部・郡部等の地域性を考慮して各陸運局長が定めた各運賃適用地域（以下，「運賃ブロック」とする）に区分し，同一の運賃ブロックに複数の運賃の存在を認めないというものであった。また，運賃変更認可の申請手続も，この原則を前提として，各運賃ブロック内のタクシー事業者で組織する事業者団体が，その所属する事業者の運賃改定認可申請を一括して行い，運輸当局も，この一括申請を前提として，これら事業者のうちから標準的な事業者を基準として，運賃変更の要否，値上げ幅を決定していた。しかし，京都MKタクシー事件判決において，同[1]

一地域・同一運賃の原則をとらなければ9条2項（判決当時は8条2項）1号，4号の要件に合致しないということはなく，運賃改定を申請した各事業者について，9条2項各号が定める各基準に合致する限りはその申請を認可しなければならないとされた。

## 2 平成12年道路運送法改正

　平成12年改正により，上記9条2項3号が削除され，また，旧9条は9条の3となった。また，同条2項1号は，「能率的な経営の下における適正な原価に適正な利潤を加えたものを超えないものであること」とされた。そのもとで同項の基準に適合することが合理的に推認される一定の範囲内の運賃については，行政運用上の措置として，個別事業者の原価計算書類等を個別に審査することなく，申請が出されれば自動的に認可することとする（この申請が出されれば自動的に認可される運賃を「自動認可運賃」という）とともに，自動認可運賃の下限を下回る運賃（以下ではこれを「下限割れ運賃」という）については，労働条件および事業の集積基盤の悪化を招く等のことが懸念されるとして，個別の審査が行われてきた。また，同改正により，新規参入につき，需給調整規制を前提とした免許制を廃止し，輸送の安全，事業の適切性等を確保する観点から定めた一定の基準に適合している場合にそれを許可し（6条），増車につき，それを届出制とした。これにより，タクシー事業者への新規参入や増車による事業の拡大が容易となった。その一方で，特定の地域において供給輸送力が輸送需要量に対し著しく過剰となり，当該地域における輸送の安全および旅客の利便を確保することが困難となるおそれがあると認められるときは，国土交通大臣は，当該地域を，期間を定めて緊急調整地域として指定し，新規参入および増車を認めないこととする緊急調整措置を講ずることができるとした（8条。平成25年改正で削除）。

　また，平成13年には，通達により，タクシーの供給過剰の兆候がある地域を特別監視地域に指定し，同地域については事故や法令違反の多い事業者に対し，行政処分および点数制の点数の賦課について厳格化する等の措置が講じら

---

1) 大阪地判昭和60・1・31行集36巻1号74頁。

れた。さらに，平成19年度の特別監視地域の指定に伴い，通達により，特別監視地域の指定のうち供給拡大により運転手の労働条件の悪化を招く危険が特に大きな地域を特定特別監視地域，特別監視地域の指定を解除された地域のうち一定の営業区域を準特定特別監視地域として指定し，これらの地域においては，新規参入や増車に際して，事業者に運転手の労働条件等に関する計画を求め，安易な供給拡大に対する事業者の慎重な判断を促す等，著しい供給過剰を未然に防止するために各種措置を講ずることとされた。しかし，これについて，道路運送法40条が付与している国土交通大臣の監督処分権限に関し，特定特別監視地域等において車両数を減少させず，または増加させたことを理由に不利益処分を加重したことにつき，その裁量権を濫用したものであるとの判決が下されている。[2]

### 3 特措法の制定

その後，平成21年に特措法が制定され，供給過剰の状況等に照らして，当該地域の輸送需要に的確に対応することにより，輸送の安全および利用者の利便を確保し，その地域公共交通としての機能を十分に発揮できるようにするため，タクシー事業の適正化および活性化を推進することが特に必要であると認めるときは，供給輸送力が輸送需要量に対し過剰であること等の要件を満たした地域を，期間を定めて特定地域と指定することができるとされた。この特定地域においては，当該特定地域内の関係者が自主的に協議会を組織し，タクシー事業の適正化および活性化を推進するための計画を定め，実施することができるとされた。また，特定地域およびそれに準ずる準特定地域運賃につき，能率的な経営を行う標準的なタクシー事業者が行うタクシー事業に係る適正な原価に適正な利潤を加えた運賃を標準として，旅客の運賃の範囲を指定することができるとされた。また，新規参入・増車につき，通達により，「新たに発生する輸送需要によるものであることが明らかであること」が必要であるとされた。これ以降，全国で約40のタクシー営業区域のうち約4分の1（法人車両ベースでは約9割）に当たる営業区域が特定地域として指定され，自主的に減車

---

[2] 大阪高判平成25・4・18判例集未登載。

や活性化の取り組みが各社でなされてきた。

　しかし，それに加え，供給過剰対策を今後とも効果的に進めていくための制度やタクシー利用の安全性やサービスの向上のための制度の在り方について議論を重ねてきた議員による立法により，特措法改正案が作成され，平成25年11月に特措法改正法が成立した[3]。特措法における特定地域の運賃については上述したとおりであるが，この改正により，新規参入・増車については，特定地域においてはそれを禁止した（14条の2，14条の3）。また，協議会が供給輸送力の削減（減車等）について定めた特定地域計画を作成した場合には，構成員として参加した特定地域内に営業所を置くタクシー事業者のタクシーの台数の合計が当地域内のタクシーの総台数の3分の2以上である場合等の条件を満たした場合には，国土交通大臣の認可を受け，それを実施するものとし，運輸審議会への諮問を経て，協議会に参加しない事業者に対してもこれを強制することができるとされた（8条の11）。準特定地域においては，新規参入・増車について，「供給過剰とならないこと」が必要とされ，また，増車については，これに加えて，「収入の状況，法令の遵守の状況，事業用自動車の運行による事故の発生の状況その他の状況が国土交通大臣が定める基準に適合するもの」（15条の2）であることが必要とされた。

## Ⅲ　タクシー事業に対する料金規制の問題点

　特措法18条に基づき，国土交通大臣からその権限の委譲を受けた各地方運輸局長は，その範囲内にないタクシー事業者の営業を禁ずる公定幅運賃を公示により定めている。しかし，これについては，従前から定められていた自動認可運賃の範囲を消費税率の変更等を考慮してスライドさせたものにつき，タクシー事業者の公定幅運賃の範囲内にない営業を禁ずるものであること，また，自動認可運賃の下限を下回る運賃について個別審査を経て，その認可を受けた上で営業をしていたタクシー事業者が存在していたことから，公定幅運賃の範囲を狭く解する必要性があるとは考えられず，また，タクシー事業者の利益を

---

[3]　瓦林康人「議員立法で成立した改正タクシー特措法等の概要について」運輸政策研究 Vol.17 No.2（2014）40頁。

斟酌していないとして，その前提となる事実の基礎を欠き，また，社会通念に照らして妥当性を欠くものであることから，違法であるとの判断が下されている[4]。

以下では，問題となった従来から定められていた自動認可運賃の幅をスライドさせた公定幅運賃の違法性，および，タクシー事業者の営業の自由を制限することとなる公定幅運賃制度それ自体の違憲性について検討する。

## 1 公定幅運賃制度の違法性

行政手続法 38 条 1 項は，命令等を定める機関は，命令等を定めるにあたっては，当該命令等がこれを定める根拠となる法令の趣旨に合致するものとなるようにしなければならないとしている。これについて，行政による立法が法律の委任の範囲を超えた場合には行政裁量の逸脱，濫用として違法なものとなり，一般的には，「その基礎とされた重要な事実に誤認があること等により重要な事実の基礎を欠くこととなる場合」，または，「事実に対する評価が明らかに合理性を欠くこと」，「判断の過程において考慮すべき事情を考慮しないこと等によりその内容が社会通念に照らし著しく妥当性を欠くものと認められる場合」であるとされてきた[5]。上記のタクシー事業に関する判決においても同様に，公定幅運賃制度はタクシー事業者の公定幅運賃の範囲内にない営業を禁ずるものであること，また，自動認可運賃の下限を下回る運賃について個別審査を経て，その認可を受けた上で営業をしていたタクシー事業者が存在していたことから，公定幅運賃の範囲を狭く解する必要性があるとは考えられず，また，タクシー事業者の利益を斟酌していないとして，その前提となる事実の基礎を欠き，また，社会通念に照らして妥当性を欠くものとしている。

また，最高裁は，旧薬事法，および，医薬品の郵便等による販売を制限する省令の関係につき，以下のように述べている[6]。

「憲法 22 条 1 項による保障は，狭義における職業選択の自由のみならず職業活動の

---

4) 大阪高決平成 27・1・7 判時 2264 号 36 頁，大阪高判平成 28・6・30 判時 2309 号 58 頁，大阪高判平成 28・6・17 判例集未登載，福岡地判平成 28・2・26 D1-Law.com 判例体系。
5) 最判平成 18・11・2 民集 60 巻 9 号 3249 頁。
6) 最判平成 25・1・11 民集 67 巻 1 号 1 頁。

自由の保障をも包含しているものと解されるところ，(中略) 旧薬事法の下では違法とされていなかった郵便等販売に対する新たな規制は，郵便等販売をその事業の柱としてきた者の職業活動の自由を相当程度制約するものであることが明らかである。これらの事情の下で，厚生労働大臣が制定した郵便等販売を規制する新施行規則の規定が，これを定める根拠となる新薬事法の趣旨に適合するもの（行政手続法38条1項）であり，その委任の範囲を逸脱したものではないというためには，立法過程における議論をもしんしゃくした上で，新薬事法36条の5及び36条の6を始めとする新薬事法中の諸規定を見て，そこから，郵便等販売を規制する内容の省令の制定を委任する授権の趣旨が，上記規制の範囲や程度等に応じて明確に読み取れることを要するものというべきである。」

この趣旨に則って考えた場合，従前から定められていた自動認可運賃の範囲を消費税率の変更等を考慮してスライドさせた公定幅を定める公示つき，特措法がタクシーの運賃を規制する内容を定めることを大臣に委任することが明確に読み取れることに加え，その内容がその範囲や程度に関し，特措法に沿ったものであることが必要である。

特措法16条1項は，国土交通大臣は特定地域または準特定地域において，協議会が組織されている場合には，当該地域における運賃の範囲を公表しなければならないとし，2項1号はその範囲について，能率的な経営を行う標準的な一般乗用旅客自動車運送事業者が行う一般乗用旅客自動車運送事業に係る適正な原価に適正な利潤を加えた運賃を標準とすること等を基準とするとしているが，この2項1号における「標準とすること」という文言は，道路運送法においてはこれまで用いられてこなかったものであり，その意味は曖昧である。

公示において定められた公定幅運賃の範囲は，従前から定められていた自動認可運賃の範囲を消費税率の変更等を考慮してスライドさせたものである。しかし，従前，下限割れ運賃については，人件費，その他の費用について，地域の標準的，能率的な経営を行っているタクシー事業者により査定するものとされ，また，運転者の労働条件の確保のために必要な措置を講ずること等を求めることとされていたものの，一律に禁止されていたわけではない。また，この公示による平成21年特措法の運用自体も，その方法および内容において，法それ自体から明確に読み取れるか疑わしい。加えて，下限割れ運賃が道路運送法9条の3第2項が定める要件に合致しているとされた場合があったことは確

かである。[7]

このことから，公示により公定幅運賃を定めることは国土交通大臣の委任を受けた地方運輸局長に委任されているものの，このような公示は，その内容において，道路運送法9条の3第2項と同様の規定を置く特措法16条2項から明確に読み取れるものではなく，主に供給過剰対策，運転手の賃金の改善を検討していた特措法改正の過程を斟酌した場合であっても，従前の下限割れ運賃を消費税率の変更などを考慮してスライドさせた運賃までも禁止する趣旨は特措法には見受けられない。

したがって，このような内容を定める公示は，国土交通省および各地方運輸局長に与えられた裁量権の範囲を逸脱し，濫用したものといえる。

### 2　公定幅運賃制度の違憲性

憲法22条1項は，職業選択の自由を規定している。これについて，最高裁は，「職業は，人が自己の生計を維持するためにする継続的活動であるとともに，分業社会においては，これを通じて社会の存続と発展に寄与する社会的機能分担の活動たる性質を有し，各人が自己のもつ個性を全うすべき場として，個人の人格的価値とも不可分の関連を有するものであ」り，「右規定が職業選択の自由を基本的人権の一つとして保障したゆえんも，現代社会における職業のもつ右のような性格と意義にあるものということができ」，「このような職業の性格と意義に照らすときは，職業は，ひとりその選択，すなわち職業の開始，継続，廃止において自由であるばかりでなく，選択した職業の遂行自体，すなわちその職業活動の内容，態様においても，原則として自由であることが要請されるのであり，したがって，右規定は，狭義における職業選択の自由のみならず，職業活動の自由の保障をも包含しているものと解すべきである」と解している。この職業活動の自由は，一般に営業の自由を保障するものであるとされる。[8]

また，憲法22条1項は，同時に，「公共の福祉に反しない限り」にとしている。これは，営業の自由が公共の福祉を理由とする行政処分等の法律以外の国

---

7) 名古屋地決平成22・11・8判タ1358号94頁。
8) 最大判昭和50・4・30民集29巻4号572頁。

家作用によっても規制されるかのようにみることもできる。しかし，法治国家においては，この規制は法律に基づくものであることを当然の要請としており，さらにその法律の内容が公共の福祉に合致したものであることを同項は規定しているものと見るべきものである[9]。

営業の自由は，無制限に認めた場合，社会生活に不可欠な公共安全と秩序の維持を脅かす事態が生じるおそれが大きいこと，また，現代社会の要請する社会国家の理念を実現するために政策的な配慮に基づいて，積極的な規制を加える必要があるとされる。しかし，いかなる場合であっても営業の自由に対する制限が公共の福祉の名のもとにおいて合憲とされるわけではなく，規制の目的，必要性，内容，制限される職業の自由の性質，内容および制限の程度を検討し，これらを比較衡量したうえで慎重に決定されなければならない。

営業の自由に対する規制は，これまで最高裁判決により，規制二分論が確立されたとされる。一方は，主として国民の生命および健康に対する危険を防止もしくは除去ないし緩和するために課せられる規制である消極目的規制，一方は，福祉国家の理念に基づいて，経済の調和のとれた発展を確保し，とくに社会的・経済的弱者を保護するためになされるものであり，社会・経済政策の一環として取られる規制である積極目的規制に分類される[10]。前者については，「重要な公共の利益のために必要かつ合理的な措置であることを要し」，かつ，「自由な職業活動が社会公共に対してもたらす弊害を防止するための消極的，警察的措置である場合には，許可制に比べて職業の自由に対するよりゆるやかな制限である職業活動の内容及び態様に対する規制によっては右の目的を十分に達成することができないと認められることを要するもの」[11]とされ，後者については，「目的達成のために必要かつ合理的な範囲にとどまる限り」[12]合憲であるとされる。

特措法についてこれを見るに，その目的として，「一般乗用旅客自動車運送

---

9) 芹沢斉ほか編・新基本法コンメンタール憲法（別冊法学セミナー210号，2011）199頁〔棟居快行〕。
10) 芦部信喜（高橋和之補訂）・憲法（第6版，2015）225頁。
11) 前掲注8) 最大判昭和50・4・30。
12) 最大判昭和47・11・22刑集26巻9号586頁。

事業の適正化及び活性化を推進し，もって地域における交通の健全な発達に寄与すること」(1条)を挙げており，また，その制定・改正過程からは，その目的は，運転者の労働条件の悪化に起因したサービス・安全性の低下の防止とサービス面などの運賃以外での健全な競争を促すことにある。これらの目的から，特措法は，社会・経済政策の一環であり，また同時に，国民の生命・身体等にも関わる重要な利益を保護するためのものであることから，積極目的規制，消極目的規制双方の性質を有する。これが合憲であるといえるためには，第一に当該規制により目的が実現できることが必要である。つまり，改正特措法の運用により，その目的が実現できることが必要である。

　しかし，特定地域において公定幅運賃制度，併せて，後述する新規参入・増車の抑制・減車の強制が実現された場合であっても，目的は実現できないと思われる。なぜなら，公定幅運賃制度の導入により，自由な価格の設定によるタクシー事業者による創意工夫の可能性が奪われ，利用者の利便性は失われる危険性があることから，需要の抑制につながるものであり，また，供給過剰と輸送の安全性の因果関係が不明である状態では，仮に供給過剰が解消された場合であっても，輸送の安全は実現できない。むしろ，運転者の労働条件の悪化については，タクシー運賃の高さ，歩合制賃金，サービスの質の低さに原因があると思われる。

　また，特措法によるタクシー事業者に対する規制が仮に消極目的規制であるとした場合，これが目的を実現するために必要最小限である必要がある。公定幅制度，新規参入・増車の抑制，減車の強制より緩やかな手段が存在しないことが必要である。これらの規制は，タクシー事業の選択・遂行を直接的に制限するものであるため，その規制の度合いは非常に強いものである。前述のように仮に労働条件の悪化を防止するためであれば，歩合制賃金の改善といった手段を講ずること，また，輸送の安全ということであれば，道路運送法40条，旅客自動車運送事業運輸規則が規定するタクシー事業者による規則違反行為に対する措置を厳格に適用すること，ないし，それを正当な理由がある場合には加重するといった手段を講ずることが考えられる。

　公定幅運賃制度によって規制されるのは，特定地域または準特定地域として指定される一定の地域内における一定の幅の範囲内にない運賃等定めて行う営

業にとどまるものであり，タクシー事業者においてもその幅の範囲内においては運賃等の設定の自由が残されており，また，運転者の労働条件の悪化に起因したサービス・安全性の低下の防止とサービス面などの運賃以外での健全な競争を促すためにはどのような規制手段・態様を採用するのが適切妥当であるかは，主として立法政策の問題として，立法機関の裁量的判断を待つほかないとする裁判所判断も存在するが，公定幅運賃制度および新規参入・増車の抑制，減車の強制を実施したとしても，上記で検討したように改正特措法の目的の実現が疑わしい。また，その方法としても必要最小限とは言えない以上，違憲と判断すべきである。

## Ⅳ　タクシー事業に対する参入・増車規制の違憲性

現在，一般にタクシー事業への新規参入に関しては道路運送法6条，増車に関しては同15条が適用され，国土交通大臣の審査を受けることとされている。これに加えて，上述のように特措法において特定地域についてはそれを禁止し（14条の2，14条の3），また，一定の要件を満たした場合には減車を望まない者にも減車を強制することができるとされた（8条の11）。また，準特定地域においては，新規参入・増車について，「供給過剰とならない」ことが必要とされ，また，増車については，これに加えて，「収入の状況，法令の遵守の状況，事業用自動車の運行による事故の発生の状況その他の状況が国土交通大臣が定める基準に適合するもの」（15条の2）であることが必要とされた。しかし，タクシー事業への新規参入・増車を制限することは営業の自由を侵害することとなるため，その違憲性が問題となる。

特措法はその目的として，「特定地域及び準特定地域における一般乗用旅客自動車運送事業の適正化及び活性化を推進し，もって地域における交通の健全な発達に寄与すること」を挙げている（1条）。しかし，ここにいう「適正化及び活性化」，「交通の健全な発達」という文言については，意味が漠然としている。平成21年特措法制定時における国土交通大臣の諮問機関である交通政策

---

13)　前掲注4)　大阪高決平成27・1・7。

審議会における議論では，供給過剰の進行により深刻化している諸問題への対策を講じる場合，様々な問題の背景にある根本的な問題である供給過剰への対応を行うことはやむを得ないものと考えられるが，一方で創意工夫が促され，それが消費者利益の増進につながり得ることにも留意する必要があるものの，様々な問題が供給過剰により深刻化している地域においては，問題解決のために真に必要とされる取組みを必要とされる期間に限って行うべきであるとして，供給の増加，つまり，新規参入や増車を必要な限度で，かつ，有効に抑制する必要があるとされている。また，国会審議における大臣による答弁，衆議院・参議院における附帯決議においては，特措法によって指定される特定地域においては，需要増が明らかに見込めるもの以外は，新規参入や増車を原則として認めないこととされている。このような新規参入，増車の抑制を行う理由としては，タクシーの供給輸送力が輸送需要に対し著しく過剰になれば，歩合制賃金の下では，乗務距離の増加や長時間労働による過労運転等を行うといった事態が生じかねず，これら労働条件の悪化等によって輸送の安全および旅客の利便を確保することが困難であることが挙げられている。特措法の目的が，その制定過程から，仮に，タクシー産業の「適正化及び活性化」，「交通の健全な発達」，つまり，輸送の安全および旅客の利便の確保にあり，その手段として，特定地域における新規参入・増車の抑制による歩合制賃金の下での乗務距離の増加，長時間労働による過労運転等といった労働条件の悪化の防止にあるとすれば，特措法は，積極目的規制であるとみることができ，また，「労働条件の悪化」の防止，「輸送の安全」にあるとすれば，消極目的規制であるとみることができる。いずれの場合であっても，それが合憲であるといえるためには，当該規制により目的が実現できることが必要である。
　しかし，特措法に基づき，特定地域において新規参入，増車の抑制が実現された場合であっても，目的は実現できないと思われる。なぜなら，交通審議会において述べられたタクシー事業者による「創意工夫」の可能性を奪うものであることから，利用者の利便性は失われる危険性があり，また，「供給過剰」と「輸送の安全」の因果関係が不明であり，仮に「供給過剰」が解消された場合であっても，「輸送の安全」は実現できないためである。むしろ，「労働条件の悪化」については，タクシー運賃の高さ，歩合制賃金に原因がある。

また，仮に特措法が，積極目的規制であると解した場合，より緩やかな手段が存在しないことが必要である。新規参入，増車の抑制は，タクシー事業の選択・遂行を直接的に制限するものであるため，その規制の度合いは非常に強いものである。仮に「労働条件の悪化」を防止するためであれば，上述したように歩合制賃金の改善といった手段を講ずること，また，「輸送の安全」ということであれば，道路運送法40条，旅客自動車運送事業運輸規則が規定するタクシー事業者による規則違反行為に対する措置を厳格に適用すること，ないし，それを正当な理由がある場合には加重するといった手段を講ずることが考えられる。

## V 特定地域における減車の間接的な強制の問題点

特措法3条に基づいて定められる特定地域については，通達により，以下のように，道路運送法40条に基づく処分につき，特定地域に存在する営業所における一定の違反行為に関する処分日車数について，行政処分の特例が定められている。

（ア）特定地域における違反行為　1.2倍

（イ）特定地域における特定地域指定後に減車させた者による違反行為　1.1倍

（ウ）準特定地域における違反行為　1.1倍

（エ）準特定地域における準特定地域指定後に減車させた者による違反行為　1倍

このような行政処分の特例については，特措法制定以前においても問題となったが[14]，現行法のもとでもなお，裁量権の逸脱が存在すると考えられる。

行政行為の裁量の問題に関しては，現在，行政行為をする際の行政庁の判断過程のどこに裁量があるのかを探求するのが裁量論の意義であるとされ，この行政過程は，①事実認定，②事実認定の構成要件へのあてはめ，③手続の選択，④行為の選択，⑤時の選択に分類できる。また，それぞれの過程における行政

---

14) 大阪地判平成24・2・3判時2160号3頁。評釈として拙稿「タクシー事業者に対する輸送施設使用停止命令処分取消請求」ジュリ1458号（2013）83頁。

行為における裁量権の逸脱・濫用を統制する理由として，事実認定における重大な事実誤認，当該行政行為の根拠法規によってはカバーされない目的のために裁量権を行使することを違法とするもの（目的違反ないし動機違反），平等原則違反，比例原則違反が挙げられ，近年では手続的コントロールとして行政行為の手続について統制をし，行政決定の公正さを担保しようとするものがある。[15]その中で，本件のように，裁量処分をする際の考慮事項に着目した審査においては，考慮に入れてはならない事項を考慮に入れたか否か，あるいは，考慮に入れるべき事項を考慮に入れたか否かを審査する「他事考慮・考慮逸脱審査」，過大（過小）に考慮してはならない事項を過大（過小）に評価したか否か，あるいは，重視（軽視）すべき事項を重視（軽視）したか否かということを審査する「過大考慮・過小考慮審査」がある。[16]前者における要考慮事項については，法の解釈を通じて導かれる。

　特措法は，特定地域における新規参入・増車を禁止し，要件を満たした場合には協議会が定めた供給輸送力の削減については国土交通大臣の認可等を受け，協議会に参加しない事業者においてもこれを強制することができ，準特定地域においても，新規参入・増車について要件が課されている。また，タクシー事業者に対しては，地域における輸送需要の把握およびこれに応じた適正かつ合理的な運営の確保を図るための措置，地域における利用者の需要の多様化および高度化に的確に対応した運送サービスの円滑かつ確実な提供を図るための措置その他の一般乗用旅客自動車運送事業の適正化および活性化のために必要な措置を講ずるよう努めなければならないとしている（5条）。特措法は，これらの措置を実施することにより，「一般乗用旅客自動車運送事業の適正化及び活性化を推進し，もって地域における交通の健全な発達に寄与すること」を目的としている（1条）。

　それでは特措法の目的，および，その実施手段を前提として，特定地域における行政処分の特例は裁量権の逸脱があると言えるのであろうか。本特例は，

---

15)　塩野宏・行政法Ⅰ（第6版，2015）138〜139頁，147〜149頁，阿部泰隆・行政法再入門(上)（2015）253〜271頁。

16)　土田伸也「学校施設使用許可と考慮事項の審査」行政判例百選Ⅰ（第6版，別冊ジュリスト211号，2012）156頁。

実質的には，特定地域ないし準特定地域での違反行為，および，それらの地域の指定後に新規参入ないし増車した者の処分を加重するものである。しかし，特措法のもとにて減車が行われるのは，自主的なもの以外では上記の手続に基づくもののみである。このような中で，両地域内での違反行為および，新規参入等を行った者に対する処分を加重することは，特措法本文に記されていない手段を用いて運行される車両数を減少させる，ないし，間接的に減車を強制するものである。上述したように仮に特措法の目的が輸送の安全および旅客の利便の確保にあり，その手段として新規参入・増車の抑制による歩合制賃金のもとでの乗務距離の増加等の労働条件の悪化の防止にあるとすれば，処分を加重することによる効果も不明である。また，事業者の車両数の増加とその事故数，事故確率との間に明確な因果関係も存在しない。

　本件加重制度は，タクシー事業者の事業活動の自由を制約するものである以上，特措法において明確な形で読み取れる範囲や程度に応じた法執行と考えられる必要がある。しかし，本件加重制度はそのように考えることはできず，また，特措法が定める目的を実現できるとも考えられないため，特措法の趣旨，目的からから逸脱するものであると言える。

## Ⅵ　結　語

　平成12年道路運送法改正後，タクシーの車両数は増加し，タクシー1台あたりの収入は平成16年までは減少したものの，その後平成19年までは増加し，平成20年のリーマンショックを契機に減少に転じた。この事実からは，タクシーの車両数の増加とタクシー1台あたりの収入の因果関係は明らかではない。また，平成20年以降，タクシーの車両数は減少しているものの，それを上回る率でタクシー1台あたりの収入は増加している。また，タクシー車両数と交通事故の発生確率の間の因果関係も明らかではない[17]。

　このような背景がある中で，本稿においては，特措法に基づく現在のタクシー事業に対する運賃規制および参入・増車規制について検討した。特措法は，

---

17) 国土交通省ホームページ http://www.mlit.go.jp/common/001118854.pdf

平成12年道路運送法改正後に通達によって行われていた間接的に新規参入の抑制および減車を促していた措置を強制力のあるものとし，また，運賃についても一定の範囲内に定めさせるという強制力を有するものである。これはタクシー事業者の営業の自由を制限するものであり，また，タクシー事業者間の競争を抑制することから消費者利益を侵害するものであるため，その内容および運用については違憲性および違法性が問題となる。

　上記において検討したように現在の特措法に基づいて行われている公定幅運賃を定める公示についてはその公定幅の決定方法に問題があり，かつ，公定幅運賃制度そのものが違憲であると考えられる。また，参入・増車規制についてもそれ自体が目的の達成をすることができるわけではないことから違憲である。加えて，現在，特定地域において採用されている行政処分の特例に関する通達についても特措法に明確な根拠を置くものではなく，かつ，特措法が定める目的を実現できないことから行政裁量を逸脱するものである。

　特措法は，その条文において国土交通大臣が公定幅運賃を定めること，また，減車を強制すること自体も許容されている。しかし，これは違憲性が疑われるのみではなく，国土交通省が，独占禁止法がいうところの不当な取引制限および私的独占と同様の行為を行うことを認めるものである。したがって，その結果として消費者に経済的な不利益を生じさせることとなる。その中で，特措法は輸送の安全および旅客の利便の確保を実現するとしているが，その実現性には疑問があり，特措法の必要性自体に疑問がある。

# 近時の米国におけるコモン・キャリア規制をめぐる議論について

松 宮 広 和

I　はじめに
II　インターネットの基本構造及びブロードバンド・インターネット・アクセス・サービスの普及がもたらした問題について
III　開放されたインターネットの保護及び促進を目的とする 2015 年の FCC の判断について
IV　考　　察
V　むすびにかえて

## I　はじめに

　米国では，インターネットは，経済全体に大きな影響を与える「ジェネラル・パーポス・テクノロジー/汎用目的技術」(GPT) であると認識されてきた。同時に，米国のブロードバンド政策では，所謂「ネットワークの中立性」をめぐる議論の活発化とともに，ブロードバンド・インターネット・アクセス・サービスを，連邦通信法第 II 編の下で規制される電気通信サービスであると判断する規制の再分類をめぐる議論が，顕在化してきた。本稿は，特にインター

---

1) 例えば，拙稿「インターネット接続のブロードバンド化が電気通信事業に与える影響について」六甲台論集（法学政治学篇）48 巻 3 号 1 頁以下（2002）等を参照のこと。なお，本稿は，拙稿「インターネットの開放性と情報サービス規制」川濱昇ほか（編）・競争法の理論と課題－独占禁止法・知的財産法の最前線（根岸哲先生古稀祝賀）539 頁以下（2013）等で考察した内容に対して，その後の発展について検討を加えたものである。

ネットの開放性の議論と関連するものを中心に，より広く「IPへの移行」が，進展しつつある状況における，近時の米国におけるコモン・キャリア規制をめぐる議論に対して検討を行うことを，その目的とする。

## II インターネットの基本構造及びブロードバンド・インターネット・アクセス・サービスの普及がもたらした問題について

### 1 インターネット及びそれが維持してきた技術的・制度的に開放的な基本構造，及びそれに対するコモン・キャリアの貢献について

インターネットは，技術的には，概念的に隣接する独立したネットワークを，基本的にその同意のみにもとづいて共通の「インターネット・プロトコル」（IP）で接続する形で成立した，数多くのネットワークの緩やかな集合体である。その利用の初期において，個々のネットワークは，その上流部分は，既存の電話会社が提供する専用線として，その末端部分は，エンド・ユーザーが，ダイヤル・アップ接続を行う際に使用する加入者回線網として，各々主に「コモン・キャリア」（common carrier）[2]によって，提供されていた。技術的・制度的に開放性を有するインターネットの基本構造は，そこでの革新的競争及び消費者の利益の増大に大きく寄与してきた。

### 2 ブロードバンド・インターネット・アクセス・サービスの普及がもたらしたインターネットの開放性に関する問題について――伝送路に対する支配のあり方を中心に

インターネットの開放的な基本構造に改変がもたらされ得るという危険性は，ネットワークの末端部分の「伝送路」（pipeline）を保有する事業者が提供する，「伝送」（transmission）の構成要素を有する「ブロードバンド・インターネット・アクセス・サービス」（Broadband Internet Access Service／以下「BIAS」）の到来によって，もたらされた。

1996年電気通信法では，「電気通信」（telecommunications）[3]，[4]「電気通信サービ

---

2) 47 U.S.C. § 153 (10) (2016); 47 C.F.R. § 21.2 (2016).

ス」(telecommunications service)、「情報サービス」(information service) 及び「ケーブル・サービス」(cable service) 等が、定義された。しかし、同法では、「インターネット・サービス・プロバイダー」(ISP(s))、ISP サービス及びケーブル・モデム・サービス等は、明示的に定義されなかった。1998 年に、「連邦通信委員会」(FCC) は、所謂「スティーヴンス報告書」(Stevens Report) を公表し、ISP サービスを電気通信サービスとしてではなく、情報サービスとして分類したが、「伝送」の構成要素を含むサービスの法的性質には言及しなかった。

1990 年代末期、ブロードバンド・サービスへの要求が高まる中で、ケーブル・モデム・サービスの普及が進展した。同時に、ケーブル事業者による競争者に対するケーブル施設の開放、すなわち、「オープン・アクセス」(open access) を求める声が高まった。2000 年 6 月 22 日、第 9 巡回区連邦控訴裁判所は、ケーブル・モデム・サービスの双方向性を根拠として、それは、ケーブル・サービスとしては性質決定されず、情報サービス及び電気通信サービスの要素を含む、と判示した。

2000 年 9 月 28 日、FCC は、「ケーブル及びその他の施設を経由するインターネットへのアクセスに関する調査の告示」を公布した。その後、2002 年 3

---

3) The Telecommunications Act of 1996, Pub. L. No. 104-104; 110 Stat. 56 (1996) (codified as amended at 47 U.S.C. §§ 151-714 (1996)).
4) 47 U.S.C. § 153 (43) (2016).
5) 47 U.S.C. § 153 (46) (2016).
6) 47 U.S.C. § 153 (20) (2016).
7) 47 U.S.C. § 522 (6) (2016).
8) 13 FCC Rcd 11501 (以下「Stevens Report」).
9) Id. ¶ 73.
10) 当時の FCC の定義では、下り方向及び上り方向で ISP(s) と消費者との間で 200 KBps 以上の帯域を有するものを意味する、とされていた。14 FCC Rcd 2398, 2406.
11) 当時のケーブル・モデム・サービスは、従来型の 28.8 KBps モデムと通常の電話の加入者回線を使用してダイヤル・アップ接続を行う場合の約 100 倍の情報伝送が可能であるとされていた。
12) AT & T v. City of Portland, 216 F.3d 871, 877-878 (9th Cir. 2000) (以下「Portland_2」)。例えば、拙稿「アメリカ合衆国地方政府による AT & T 社のケーブル回線の非 AT & T 社系インターネット・サービス・プロバイダーに対する接続義務付けの合法性―ブロードバンド通信回線網へのオープン・アクセス問題を中心に―」公取 620 号 87 頁以下 (2002) 等を参照のこと。
13) 15 FCC Rcd 19287.

月15日，FCCは，「宣言的判断」(Declaratory Ruling) を公布し，ケーブル・モデム・サービスは，ケーブル・サービスではなく，州際情報サービスである（すなわち，分離して提供される電気通信サービスは存在しない），と結論付けた。[14]

2005年6月27日，合衆国最高裁判所は，前記の宣言的判断の再考を求める新たな訴訟において，「先例拘束性の原理」(stare decisis) ではなく，所謂「Chevron判決/理論」[15]を採用して，原審判決の破棄・差戻しを命じた[16]。その結果，ケーブル・モデム・サービスが，統合された情報サービスとして規制されることが，最終的に確定した。

一方，2001年に成立した共和党政権下のFCCは，最小限の規制によって，競争市場のもとでブロードバンド・サービスに対するより多くの投資と革新を助長するという自由放任政策を推進した。2005年9月23日，FCCは，有線のBIASの施設ベースの提供者に対して，当該サービスの一部である「伝送」の構成要素を，スタンド-アローンのコモン・キャリア・ベースで提供する義務を廃止する規則を公表した[17][18]。

そのため，特にネットワークの利用者の視点から，BIASが，統合された情報サービスであることを前提としつつも，「エンド・トゥー・エンド」(end to end)[19]の考えにもとづいて構築されたインターネットが，その誕生から現在に至るまで保持してきた，技術的・制度的に開放性を有する中立的な基本構造を維持することによって，それが実現してきた革新的競争及び消費者の利益を保護するべきであるという「ネットワークの中立性」(network neutrality)[20] という

---

14) 17 FCC Rcd 4798, 4802, ¶7.
15) Chevron U.S.A., Inc. v. Natural Resources Defense Council, Inc., 467 U.S. 837 (1984).
16) National Cable & Telecommunications Assn v. Brand X Internet Services, 125 S. Ct. 2688, 2712 (2005)（以下「Brand X」）。例えば，拙稿「近時のアメリカ合衆国におけるケーブル・モデムを経由するブロードバンド・インターネット・サービスに対する規制をめぐる議論について・再論－National Cable & Telecommunications Assn v. Brand X Internet Servicesにおける合衆国最高裁判所判決を中心に－」群馬大学社会情報学部研究論集 第13巻125頁以下 (2006) 等を参照のこと。
17) 20 FCC Rcd 14853, ¶86.
18) 但し，iLEC(s)が選択する場合には，コモン・キャリア・ベースでのサービスの提供の継続も認められた。Id. ¶¶89-95.
19) 通信の端点に知識を集中させ，2つの端点の間にあるネットワークを可能な限り簡単に構成するという考え。

考えが主張され，激しい議論を提起することとなった。2005年9月23日，FCCは，公共インターネットの開放され相互接続される性質を維持し促進するための4原則を示す，所謂「インターネット政策声明」(the Internet Policy Statement)[21]を公布した。

　BIASを情報サービスであると分類する，共和党政権下のFCCによる規制緩和政策は，更に推進された[22)23]。その一方で，「ネットワークの中立性」をめぐる議論は，実際の事件として，更に顕在化した。2008年8月20日，FCCは，エンド・ユーザーの「ピア-ツー-ピア」(peer-to-peer or P to P/P2P)トラフィック/通信量を遮断したケーブル事業者であるComcast Corporationに対して，当該行為の終了を命じたが[24]，2010年4月6日，コロンビア特別区連邦控訴裁判所は，FCCが，その権能の制定法上の根拠を明らかにしていないことを理由として，当該命令を取り消した[25]。同年12月23日，FCCは，インターネットの開放性を維持することをその目的とする最初の規則制定である所謂「2010年のオープン・インターネット命令」(FCC Open Internet Order 2010)[26]を公表した。しかし，2014年1月14日，[Ⅳ 1]で後述する様に，コロンビア特別区連

---

20) 例えば，拙稿「近時のアメリカ合衆国における「ネットワークの中立性」をめぐる議論について」群馬大学社会情報学部研究論集 第14巻175頁以下（2007）等を参照のこと。

21) 20 FCC Rcd 14986. 当該政策声明では，消費者が，(1)インターネット・コンテンツ，(2)アプリケーション及びサービス，(3)接続に必要な機器，を適法に選択し，(4)ネットワーク，コンテンツ，アプリケーション及びサービスの提供者間の競争を享受する，権利を有する，という，開放され相互接続される公共インターネットの性質を維持し，促進するための4原則が示された。Id. ¶4.

22) 21 FCC Rcd 13281（以下「FCC BPL-Enabled Broadband Order」）.

23) 22 FCC Rcd 5901（以下「FCC Wireless Broadband Order」）.

24) 23 FCC Rcd 13028（以下「FCC Comcast BitTorrent Order」）. 当該命令で，FCCは，特に全米インターネット政策を監督し，かつ，強制する責任をFCCに付与する連邦通信法§230(b)，並びに同法のその他の6つの条項（すなわち，同法§1，同法§4(i)，同法§201，同法§706，同法§256，同法§257，及び同法§601）にもとづく付随的な権能によって，インターネット政策声明に記された原則及びその他の規則制定等において記された考えを，(たとえ，当該政策声明それ自体は強制可能な規則ではないとしても)強制し得る，と判断した。例えば，拙稿「近時のアメリカ合衆国における情報サービス規制をめぐる議論について－ケーブル事業者であるComcast CorporationによるエンドユーザーのP2Pトラフィック/通信量の遮断が提起する問題に対するFCCの判断を中心に－」群馬大学社会情報学部研究論集 第17巻71頁以下（2010）等を参照のこと。

邦控訴裁判所は，FCC Open Internet Order 2010 の一部を取り消して，当該事件を FCC に差し戻した。[27]

## 3　問題の所在

問題は，「伝送」の構成要素を有する事実上全ての BIAS が，統合された情報サービスであると，FCC 及び合衆国裁判所によって，判断されたこと，並びに，更に，FCC が，少なくともその主張する法的根拠において，当該サービスのプロバイダーに対して，その規制権限を行使し得ない，と再び裁判所によって判断されたこと，である。そして，FCC は，BIAS を，連邦通信法第 II 編に服する電気通信サービスである，と判断する規制の再分類を行う，新たな規則制定を行うことを含めて，当該権限の法的根拠を明らかにする必要に迫られることとなった。

---

25) Comcast Corp. v. FCC, 600 F.3d 642, 661 (D.C. Cir.2010). 本判決では，当該命令には記されていない連邦通信法§623 も考察の対象となった。その一方で，ケーブル通信の発展等を目的とする同法§601 は，当該判決には記されていない。例えば，拙稿「近時のアメリカ合衆国における情報サービス規制をめぐる議論について・再論－ケーブル事業者である Comcast Corporation による差別的なネットワーク運営実務の終了を命じた FCC の命令を取り消したアメリカ合衆国連邦控訴裁判所の判決を中心に－」群馬大学社会情報学部研究論集 第 18 巻 97 頁以下（2011）等を参照のこと。

26) 25 FCC Rcd 17905（以下「FCC Open Internet Order 2010」）。例えば，拙稿「インターネットの自由及び開放性の維持を目的とする 2010 年の FCC の判断について (1)・(2・完)」群馬大学社会情報学部研究論集 第 19 巻 135 頁以下，161 頁以下（2012）等を参照のこと。

27) Verizon v. FCC, 740 F.3d 623, 659 (D.C. Cir.2014)（以下「Verizon」）。例えば，拙稿「インターネットの自由及び開放性の維持を目的とする 2010 年の FCC の判断をめぐる議論について－Verizon v. FCC におけるアメリカ合衆国連邦控訴裁判所判決を中心に－(1)・(2・完)」群馬大学社会情報学部研究論集 第 22 巻 77 頁以下，109 頁以下（2015）等を参照のこと。

## III 開放されたインターネットの保護及び促進を目的とする 2015 年の FCC の判断について

### 1 2009 年に成立した民主党政権下の FCC による中立性政策について —— ブロードバンド・インターネット・アクセス・サービスの規制の再分類をめぐる議論を中心に

2009 年 1 月に就任した民主党の Barack H. Obama, Jr. 大統領は，情報通信政策を，米国の経済再生を目的とする最重要課題の 1 つに位置付けた。そして，2008 年に顕在化した世界的な経済危機への対応も 1 つの目的とする所謂「景気対策法[28]」の制定，及び同法にもとづく「全米ブロードバンド計画」（the National Broadband Plan 2010[29]）の策定に代表される，政権主導型の具体的，かつ，積極的な情報通信政策の遂行を試みた。

一方，FCC は，BIAS を，連邦通信法第 II 編に服する電気通信サービスである，と判断する規制の再分類を行うことも見据えて，より直接的に「ネットワークの中立性」の維持と関係する幾つかの政策を実施してきた。まず，景気対策法にもとづく政府の支援に際して，非差別及び相互接続等の義務が課された[30]。また，2009 年 10 月 22 日，FCC は，「開放されたインターネット・ブロードバンド産業実務の維持に関する規則制定提案の告示[31]」を行い，2005 年の FCC による「インターネット政策声明」で採択した公共インターネットの開放され相互接続される性質を維持し促進するための 4 原則に代替する，新たな 6 原則を提案した。

2009 年 6 月 29 日に FCC の委員長に着任した Julius Genachowski 氏は，連邦通信法第 II 編の適用を目的とするブロードバンド・サービスの規制の再分類に代表される中立性規制の推進を試みた。2010 年 5 月 7 日，Genachowski

---

28) H. R. 1, 111th Cong., 1st Sess. (2010).
29) FCC, Connecting America: The National Broadband Plan (rel. Mar. 16, 2010).
30) 74 Fed. Reg. 33, 104, 33, 110-33, 111 (2009).
31) 24 FCC Rcd 13064. 当該規則制定提案の告示では，既存の 4 原則に加えて，ブロードバンド・プロバイダーのネットワーク運営実務における (5) 非差別，及び (6) 実務に関する情報の開示が，法文化され，当該 6 原則が，全てのプラットフォームに適用されることが，提案された。

委員長は，「第3の道：アメリカにおけるインターネット政策の未来」[32]と題されるビデオ・アドレスで，ブロードバンド・インターネット・サービスを同法第II編のもとで電気通信サービスとして分類した上で規制を差し控える[33]，という考えを提案した。しかし，当該提案は，連邦議会の内外でも，広くは支持されなかった。更に，2010年11月の連邦議会の中間選挙で民主党が大敗した結果，連邦通信法の改正によって既存の規制上の枠組みを変更することは，極めて困難となった。その様な状況の下で，同年12月23日，FCCは，従前と同様に，BIASが，連邦通信法の第I編のもとで情報サービスとして規制されることを前提として，FCC Open Internet Order 2010[34]を公表した。しかし，2014年1月14日，［IV 1］で後述する様に，コロンビア特別区連邦控訴裁判所は，FCC Open Internet Order 2010が定める3つの規則の中の「開示」（disclosure）の規則を維持する一方で，「非差別」（anti-discrimination）及び「ブロッキング/遮断の禁止」（anti-blocking）の規則の両方を取り消して，当該事件をFCCに差し戻した。[35]

　2013年11月4日にFCCの委員長に着任したTom Wheeler氏は，2014年2月19日，コロンビア特別区連邦控訴裁判所の判決を充足する形で新たな中立性規則の策定を行う旨の報道発表を公表した。同年4月30日，Wheeler委員長は，新たなネットワークの中立性規則の草案を委員間で回覧していることを明らかにして，当該規則制定提案の告示に関する所見を述べた。そこで，Wheeler委員長は，「商業的に合理的な」（commercially reasonable）というテスト/試金石の導入が，「優先のための支払い」の無制限の容認を意味するかの様なその当時の報道を批判した。そして，同年5月15日，FCCは，新たなネットワークの中立性規則の規則制定提案の告示を行うことを公表し，同日当該告示を公表した。[36]

---

32) FCC, The Third Way: The Future of Internet Policy in America (posted May 6, 2010).
33) 当該取扱いは，成功した「移動体サービスの規制上の取扱い」（47 U.S.C. §332）をモデルとする。当該条項には，同法同条が定める規制を差し控え得ることが明記されている。
34) *See supra* note 26.
35) *See supra* note 27.
36) 29 FCC Rcd 5561 (以下「FCC Open Internet NPRM 2014」).

## 2 開放されたインターネットの保護及び促進を目的とする2015年のFCCの判断の概要について

　FCCは，2015年3月12日，所謂「2015年のオープン・インターネット命令」(FCC Open Internet Order 2015)[37]を公表した。FCCは，消費者及び/又はエッジ・プロバイダーがもたらす革新の高潔なサイクル/循環を尊重して，非常に多くの証拠は，アメリカが，より多くの，より良い，そして，開放されたブロードバンド・ネットワークを必要とすることを示し，開放されたインターネットが無ければ，より少ないブロードバンドの投資及び提供が存在したであろう，と主張する。そして，FCCは，これらの3つは，当該オープン・インターネット規則，及び同日採択されるバランスが取られた規制上の枠組みによって，更に推進される，と主張する。

　そして，FCCは，例外なく開放されたインターネットに損害を与える以下の3つの行為に対して，(1)「ブロッキング/遮断の禁止」(No Blocking)，(2)「スロットリングの禁止」(No Throttling)，及び(3)「優先のための支払いの禁止」(No Paid Prioritization)，という「クリア，ブライト-ライン・ルール/単純明白な区分線の準則」(Clear, Bright-Line Rule(s))を定めて，これらの規則を，固定(の)及び移動体(の)BIASに同一の規則を適用して，それらの各々を禁止する。

　また，ブロードバンド・プロバイダーが，消費者及びエッジ・プロバイダーの間に立つ「門番」(gatekeeper(s))としての役割を果たす当該誘因及び当該能力の両方を有し，かつ，その力が，多岐に渡る技術的及び経済的手段によって行使され得る危険性を考慮して，これらの規則の「包括的な基準」(catch-all standard)として，「消費者又はエッジ・プロバイダーに対する非合理的な干渉の禁止又は非合理的な不利益の禁止」(No Unreasonable Interference or Unreasonable Disadvantage to Consumers or Edge Providers)が，定められた。

　一方，当該Verizon判決によって支持された，FCC Open Internet Order 2010の「透明性」(Transparency)の規則は，完全にその効力を維持・強化された。

---

37) 30 FCC Rcd 17905 (以下「FCC Open Internet Order 2015」)。

これらのオープン・インターネット規則は，固定（の）及び移動体（の）BIASの両方に対して適用される。また，BIASの語は，FCCが，当該サービスと機能的に同等であると認定したもの，又は，当該保護を回避する目的で使用されるものを含む，と判断された。

FCC Open Internet Order 2010と同様に，本件命令でも，「合理的なネットワーク運営」（Reasonable Network Management）のためのある例外が，容認され得るが，それは，当該「優先のための支払い」（Paid Prioritization）の規則に対しては，認められない，とされた。

また，本件命令では，FCC Open Internet Order 2010で記される「特殊化されるサービス」（Specialized Service(s)）に置換する概念として，BIASを経由しないIP-サービスである「非ブロードバンド・インターネット・アクセス・サービス（である）データ・サービス」（Non-Broadband Internet Access Service Data Services/以下「Non-BIAS Data Services」）[38]という概念が，採用された。概して，当該サービスは，当該オープン・インターネット規則の当該射程の内部に位置しないが，FCCは，実際にBIASと機能的に同等のものを提供するあるサービスが，当該オープン・インターネット規則を回避する目的で使用されている場合には，行動する権能を明示的に留保するとされた。

［IV 1］で後述する様に，従前とは異なって，本件命令では，BIASは，連邦通信法第II編の下で，ある電気通信サービスとして再分類されて規制されることとされた。

ブロードバンド・プロバイダーとの相互接続のためのトラフィック/通信量の交換のための「商業的な取り決め」（commercial arrangement(s)）についても，連邦通信法第II編の当該射程に含まれ，FCCは，当該オープン・インターネット規則を相互接続には適用しないが，「一件一件の/ケース-バイ-ケースの」（case-by-case）ベースで，紛争を審理する（であろう），とされた。

更に，強制の仕組みも強化された。当該命令の規則の違反に対して，FCCは，当該オープン・インターネット規則を，審査，並びに正式な及び非正式な/略式の/簡略の不服申立ての当該過程によって，強制し得る。また，FCCは，

---

38) 例えば，施設ベースのVoIPの提供，心臓のモニター，又はエネルギー消費センサー/感知器の様な，アプリケーションを提供するサービスが，挙げられ得る。

オンブズパーソンの任命，及び「執行局/強制局」(the Enforcement Bureau) に対する書面によって意見を外部に要求する当該権能の付与を行い得る。

## 3 小　　括

以上の様な経緯を経て，FCC によって，BIAS を，連邦通信法第Ⅱ編に服する電気通信サービスである，と判断する規制の再分類が，行われる形で，「インターネットの開放性」の保護及び促進を目的とする新たな規則制定が，行われた。

その後，2016 年 6 月 14 日，コロンビア特別区連邦控訴裁判所は，本件命令の適法性が争われた事件において，FCC による FCC Open Internet Order 2015 を，支持する判断を示した。[39]

## Ⅳ　考　　察

### 1　「21 世紀型の」コモン・キャリア規制のあり方をめぐる議論について

従前から，「ネットワークの中立性」又は「インターネットの開放性」の規制の賛成論者は，BIAS を，連邦通信法第Ⅱ編に服する電気通信サービスである，と判断する規制の再分類を行うことを，長く主張してきた。[40]

2014 年の Verizon 判決で，コロンビア特別区連邦控訴裁判所は，(1) 1996 年電気通信法 § 706 が，[41] FCC に，ブロードバンド・インフラストラクチャーの当該提供を促進する手段を制定する積極的な権能を与えたこと，(2) FCC が，それにブロードバンド・プロバイダーのインターネットの通信量/トラフィックの取扱いを支配する規則を公布する能力を与える目的で，当該条項を合理的

---

39) United States Telecom Association, et al. v. FCC, 825 F. 3d 674, 744 (D.C. Cir. 2016).
40) 例えば，Yeshiva University の Benjamin N. Cardozo School of Law の Susan Crawford 教授は，インターネット・サービス・プロバイダーは，コモン・キャリアであり，それらは，その様に政府の監督及び規制を必要とする，と主張する。Susan Crawford, Crawford: Why net neutrality matters to you, Newsday, Jan. 15, 2014, *available at* ⟨http://www.newsday.com/opinion/oped/why-net-neutrality-matters-to-you-susan-crawford-1.6807160⟩ (visited Jan. 21, 2014).
41) 47 U.S.C. § 1302 (2016).

に解釈したこと、及び(3)それらの規則が、（特にエッジ・プロバイダー及び消費者によって実現される）革新の高潔なサイクル/循環を維持し、かつ、容易なものとするという、争点となった当該特定の規則のための当該正当化は、合理的であり、かつ、実質的証拠によって支持されたこと、を認定した。しかし、当該裁判所は、(4) FCC は、明示的な制定法上の義務に違反する要求を課すことは出来なかったこと、すなわち、(5) FCC が、ブロードバンド・プロバイダーを、それらがコモン・キャリアの取扱いを免除される様なやり方で分類したが故に、連邦通信法は、それらをその様に規制することを明示的に禁止したこと、を指摘して、(6) FCC が、「非差別」及び「ブロッキング/遮断の禁止」の規則が、本来的にコモン・キャリアの義務を課さないことを示さなかったが故に、それらを、取り消した。また、当該裁判所は、ブロードバンド・プロバイダーが、小売りの消費者に対してのみならず、エッジ・プロバイダーに対しても、「キャリア」(carrier(s)) として機能している、と説明した。

　FCC は、当該判決における判断を受ける形で、本件命令を策定した。FCC は、本件命令で、2002 年に、FCC が、ケーブル・モデム・サービスを情報サービスであると判断し、その後、当該判断を、その他のブロードバンド・サービスに適用した時点とは、全く異なって、今日、ブロードバンド・プロバイダーは、スタンド-アローンの伝送能力を提供している、と認定した。[42]

　FCC は、本件命令で、今日入手可能な小売りの BIAS は、分離して確認可能な、(1)電気通信サービスである、ある BIAS（その電気通信サービスの当該運営及び制御のために使用される、調和の取れた機能及び性能を含む）、並びに(2)一般的には情報サービスである、多岐に渡る「アド-オンの」(add-on) アプリケーション、コンテンツ、及びサービス、の提供として、最も良く見ることが出来る、と判断して、特に BIAS を、連邦通信法第 II 編に服する電気通信サービスである、と判断する規制の再分類を、行った。

　そして、FCC は、FCC Open Internet Order 2015 を、1996 年電気通信法 § 706、並びに連邦通信法第 II 編及び第 III 編を含む、複数の法的権能の多岐

---

[42]　2005 年の Brand X の反対意見において、合衆国最高裁判所の Antonin Scalia 判事は、ブロードバンド・プロバイダーが、電気通信サービスを提供している、と結論付けていた。125 S. Ct. 2688, 2713-21.

に渡る源に基礎付ける。

　また，FCC は，移動体（の）BIAS は，（コモン・キャリア規制に服し得ない）ある「私的移動体サービス」(private mobile service) であるという，FCC の従前の分類についても再考した。そして，FCC は，それは，ある「商業用移動体サービス」(commercial mobile service)，又は，選択的に，商業用移動体サービスの機能的に同等なものとして，最も良く見ることが出来る，と認定した。当該判断に際して，FCC は，「公衆交換網」(Public Switched Network(s)／以下「PSN(s)」) の定義を，（従来型の回線交換型のネットワークのみならず）「公共 IP アドレス」(public IP address) を使用するサービスを含めるものに更新することによって，前述の認定を可能とした。そして，FCC は，これらのオープン・インターネット規則を，従前とは異なって，固定（の）及び移動体（の）BIASの両方に対して適用することを可能とした。

　BIAS のプロバイダーにコモン・キャリア規制を課すことに対しては，物理的ネットワークを保有する事業者，及び中立性規制の反対論者が，強く反対してきた。[43]

　そのため，FCC は，BIAS が，連邦通信法第 II 編に服すると判断する一方で，ある「軽いタッチの」(light-touch) 規制上の枠組みを確立する目的で，30 の制定法の条項及び 700 以上の法典化された規則を差し控える，その（規制の）差し控えの権能を，同時に行使する。より具体的には，「ラスト-マイル／最後の１マイル」(last-mile) の施設のアンバンドリング，料金表の作成，料金（率）規制，及び費用会計規則等を含む，広範な「公益事業型の」(utility-style) 条項を含む，連邦通信法第 II 編の下で採択される規則の大多数を差し控える。

　FCC は，また，拡張的な（規制の）差し控えを付与して，公衆を，依然として適切に保護する一方で，ブロードバンド・プロバイダーの当該負担を最小化する。

　しかし，FCC は，FCC Open Internet Order 2015 を執行する目的で，必要

---

43) 例えば，University of Pennsylvania の Law School の Christopher S. Yoo 教授は，過去約半世紀の歴史的経緯を考察して，コモン・キャリア規制をインターネット-ベースのサービスに対する規制の基礎とすることに疑問を提起する。Christopher S. Yoo, Is There a Role for Common Carriage in an Internet-Based World?, 51 Hous. L. Rev. 545, 608 (2013).

である，§201 のサービス及び料金，§202 の差別及び優遇，及び§208 の FCC に対する不服申立て（又は，関連する強制の条項）を差し控えない。更に，FCC は，§222 の消費者のプライバシーの保護，§225，§255，及び§251(a)(2) の障害者のアクセスの保証，§224 の（電柱等の）インフラストラクチャーへのアクセスの保証，並びに§254 のユニバーサル・ブロードバンドの促進等，を差し控えない。

　FCC は，当該規制を，21 世紀のために仕立て上げられた連邦通信法第 II 編であると，主張する。今後は，この様な「軽いタッチの」規制上のアプローチが採択される余地は，更に拡大する様にも思われる。

## 2 「IP への移行」が，進展しつつある状況におけるユニバーサル・サービスのあり方をめぐる議論について

　ユニバーサル・サービスとは，全てのアメリカ人が，通信サービスに対するアクセスを有するべきである，という当該原則である。その考えは，情報通信技術の発展にともなって，進化してきた。ユニバーサル・サービス制度の改革は，現在，「IP への移行」（IP transition）にともなって，急速に実現されつつある。

　1996 年電気通信法は，同法§254 で，ユニバーサル・サービスに関する規定を初めて明文で規定し，その目的を，伝統的な電気通信サービスのみならず，ブロードバンド・サービスの様な「高度なサービス」（advanced service）の，

---

44) 特に，§206，§207，§208，§209，§216§ 及び§217 に記される強制の権能は，差し控えられない。

45) FCC による本件判断は，University of Pennsylvania の Kevin Werbach 准教授が述べる「公益事業という何年もの古き当該概念」の「現代の環境へ（の）翻訳」の 1 形態であると解釈することも可能である様に思われる。Kevin Werbach, The Network Utility, 60 Duke L. J. 1761, 1840 (2011).

46) 歴史的に，ユニバーサル・サービスという概念は，「1 つのシステム，1 つの政策，ユニバーサル・サービス」という標語に示される様に，（旧）AT＆T Corporation 及びその子会社である Bell 電話会社によって構成される Bell システムが，独占の下で全米的な電話サービスの提供の実現を意図することから，全ての消費者に対して，ある合理的な価格で電話サービスを提供する，あるインフラストラクチャーの当該発展を意味することへと変化してきた。

47) 47 U.S.C. §254 (2016).

「入手可能性」(availability) 及び「支払可能性」(affordability) を実現するものへと拡張した。[48]

FCC は，同法，特に，同法 § 254 の条項を履行/実行する目的で，「ユニバーサル・サービス・ファンド」(the Universal Service Fund/以下「USF」) の中に，(1) 周辺地域のための「高費用サポート」(High-Cost Support)，(2) 低所得の消費者のための「ライフライン」(Lifeline)，(3) 学校及び図書館のための「E-レート」(E-rate)，及び (4) 周辺地域の健康介護のための「周辺地域健康介護」(Rural Health Care)，という4つのプログラムを，確立した。

連邦の USF の財源は，事業者が，州際及び国際の，電気通信サービス及び「相互接続される VoIP サービス」(interconnected VoIP service) を利用するエンド・ユーザーから得た収入に基づいて算定される貢献に由来する。[49]

2010年3月16日に公表された「全米ブロードバンド計画」は，4つの主要な計画の中の1つとして，特にユニバーサル・サービスに関連して，高費用区域におけるブロードバンド及び音声の当該提供を支持することを目的として現行のユニバーサル・サービスの仕組みを改革すること，低所得のアメリカ人が，ブロードバンドを支払い得ることを確かなものとすること，及び，加えて，(ブロードバンドの) 採用及び利用を引き上げることを目的とする努力を支持すること，を含む，当該政府が，当該ブロードバンドのエコシステム/生態系に影響を与え得るやり方に焦点を合わせた。[50]

2011年11月18日，FCC は，当該計画を受けて，一般に「USF/ICC 変革命令」(FCC USF/ICC Transformation Order 2011)[51] と呼ばれる当該判断を公表した。そこで，FCC は，(1) 音声サービスの維持及び前進，(2) 家庭，事業者及び地域の「碇となる」(anchor) 施設に対する，音声及びブロードバンドの普遍

---

48) 当該状況が提起する問題及びそれらに対する多岐に渡る考察を記した著作として，例えば，Robert W. Crandall & Leonard Waverman, Who Pays For Universal Service?: When Telephone Subsidies Become Transparent 129-72 (2000) 等を参照のこと。

49) 米国における VoIP サービス規制については，例えば，拙稿「近時のアメリカ合衆国における IP 電話規制について」群馬大学社会情報学部研究論集 第13巻93頁以下 (2006年) 等を参照のこと。

50) 「全米ブロードバンド計画」については，拙稿・前掲注25) [3.1] 等を参照のこと。

51) 26 FCC Rcd 17663 (以下「FCC USF/ICC Transformation Order 2011」)。

的な/ユニバーサルな入手可能性を確かなものとすること，(3)アメリカ人が，生活し，働き，又は旅行する場所での，移動体（の），音声及びブロードバンドの当該入手可能性を確かなものとすること，(4)ブロードバンド及び音声サービスのための合理的に比較可能な料金（率）を確かなものとすること，並びに，(5)消費者及び事業者へのユニバーサル・サービスのための貢献の負担を最小化すること，というその目的を確立した。

当該命令は，従前の音声サービスに加えて，ブロードバンド・サービスを提供し得るインフラストラクチャーの提供を目的として，「適格電気通信事業者」（eligible telecommunication carrier(s)）のための当該公共の利益の義務を，拡張した。加えて，当該命令は，全ての既存の高費用区域における支援の仕組みを置換する目的で，特に，ブロードバンド・サービスに焦点を合わせた「コネクト・アメリカ・ファンド」（Connect America Fund/以下「CAF」）を設立した。

CAFの設立の目的は，(1)提供されていない地域に対して，ブロードバンド・サービスをもたらすこと，(2)周辺地域，島嶼及び高費用区域における高度な移動体（の）音声及びブロードバンド・サービスを実現するネットワークを支援すること，並びに(3)固定（の）ブロードバンドを拡張し，そして，キャリア間の補償制度の改革を容易なものとすること，である。当該判断では，伝統的なユニバーサル・サービスのための貢献を，ブロードバンドの当該提供に即時に向け直す，専ら公的支援に依存するアプローチと，より長期的な観点から競争入札にもとづく市場原理等も活用するアプローチとを組み合わせるやり方が，採用された。また，公的資源/公的資金の効果的な使用のために，事業者の責任/責務及び誘引を増大させるやり方が，模索された。更に，高度な移動体（の）音声及びブロードバンド・サービスの普遍的な/ユニバーサルな入手可能性を支援する目的で，CAFの一部として，「モビリティ・ファンド」（Mobility Fund）が，設立された。

CAFは，ユニバーサル・サービスを，ある効果的で，技術的に中立的な制度に移行する一方で，ブロードバンド・サービス及び高度な移動体サービスの即時の入手可能性を実現することを，意図する。

FCC Open Internet Order 2015では，特に§254(d)及び関連する規則を，それらが，BIASに関連する強制的なユニバーサル・サービスの貢献を，即時

に要求する限りにおいて，差し控える，と判断された。今後，少なくとも「IPへの移行」が，ある一定の水準に進展するまでは，この様な規制の差し控えを伴うブロードバンド・サービス及び高度な移動体サービスの提供に対する支援が，継続されるものと思われる。

## 3　将来における課題について——より広くレイヤー型規制の導入のあり方を中心に

　米国の「インターネットの開放性」をめぐる従前の議論では，BIASの「伝送」の構成要素に対する規制のあり方が，主たる対象とされてきた[52]。それは，ブロードバンド・プロバイダーが，トラフィック/通信量にその影響力を行使し得る「門番」としての役割を果たす当該誘因及び当該能力の両方を有する危険性に対する認識にもとづく。しかし，今日では，BIASに対する規制だけでは，必ずしも十分ではない。何故なら，ブロードバンド・プロバイダー以外のものが，「門番」としての役割を果たし得るという更なる危険性が，発生してきたからである。

　まず，情報通信産業で，コンテンツ，アプリケーション，サービス及び機器等の多岐に渡る第三者が提供する補完的な商品及び/又は役務を巻き込んで成長していく「エコシステム/生態系」（ecosystem）が形成され，それらの提供の「鍵となる」「プラットフォーム」（platform）によって，競争が引き起こされるという状況の発生である。この様なプラットフォームの鍵を握る企業の代表的なものとして，Google Inc.（以下「Google 社」），Apple Inc.（以下「Apple 社」），Amazon.com, Inc.（以下「Amazon.com 社」），及びFacebook, Inc.（以下「Facebook 社」）の4社が挙げられ，それらの間で激しい競争が行われている[53]。

　これらの事業者は，それらの中核事業は異なるが，エコシステム/生態系の構築によって実現を意図するそれらの目的は，概して，直接的には中核事業で

---

52) このことは，従来から殆どの固定（の）ブロードバンド・サービス市場では，地域電話会社とケーブル事業者による複占が存在していたことに加えて，移動体（の）ブロードバンド・サービス市場では，主に地域Bell電話会社による寡占化が進行し，一方，より高速の固定（の）ブロードバンド・サービス市場では，事実上ケーブル事業者が独占的地位を獲得してきた，という米国の状況を，反映するものである。

商品及び/又は役務を提供することから得られる利益を追求するのと同時に，それらの影響力を上下のレイヤーに拡大することによって，(複数のレイヤーからの)利益の獲得における相乗効果を追求し，更に，顧客自身(及び彼らに関するデータ)を囲い込むことによって，将来的に利益をもたらし得る情報の源を確保することに存在する。彼らは，可能な場合には，公共インターネット上に「壁に囲まれた庭」(walled garden)を構築し，それに対する支配からはほぼ排他的に利益を得ることを実現してきた。この様な状況は，近年，一般に「ビッグ・データ」(big data)と呼ばれる大量の情報を，必要な場合には，「人工知能」(Artificial Intelligence/AI)を活用して，迅速，かつ，効果的に解析する技術が，確立されてきたこと等によって，更に加速されつつある。概して，これらの事業者は，特に，「ソーシャル・ネットワーキング・サービス」(Social Networking Service/以下「SNS」)，及び(音楽，動画及びオンライン・ゲーム等の)コンテンツ配信等に代表される各種の情報サービスが提供される上位レイヤーへと，その事業領域を拡大する傾向が存在する。[54] この様な状況は，スマートフ

---

53) 例えば，Apple社は，本来は(電子)機器の製造・販売業者であったが，近時では「アップ」(app(s))を中心とするアプリケーション，サービス及びコンテンツ等のプラットフォームの提供，検索・地理情報関連サービスへの拡大，更に「移動体(の)支払い」(mobile payments)サービスであるApple Pay®の提供へと事業を拡大してきた。Google社は，本来は検索・広告事業者であったが，近時ではAndroid® OS搭載の(電子)機器の普及・自らによる販売，アプリケーション，サービス及びコンテンツ等のプラットフォームの提供，SNS機能の拡充(及びe-コマース/電子商取引)，更に「金融取引」(financial transaction)サービスであるGoogle® Wallet及びAndroid Pay®の提供へと事業を拡大してきた。一方，Facebook社は，本来はSNS事業者であったが，近時では広告・検索(を含む機能)，メッセージング，更にアプリケーション，サービス及びコンテンツ等のプラットフォームの提供へと事業を拡大してきた。また，Amazon.com社は，従来からe-コマース/電子商取引を中核事業とするが，近時では(電子)機器であるAmazonKindle®等を販売して，当該事業を強化し，広告事業及びオリジナルのものを含むコンテンツの配信，更にクラウド・コンピューティング・サービスであるAmazon Web Services®の提供へと事業を拡大してきた。更に，Apple社及びGoogle社は，自動運転車の開発等を推進するのと同時に，前者は，Apple Carplay®を，後者は，Android® Autoを，各々提供して，次世代の自動車におけるエコシステム/生態系の構築及び獲得を意図している。同様に，Apple社は，(Works with) Apple HomeKit®を，Google社は，Google Home®を提供して，スマート・ホームにおけるエコシステム/生態系の構築及び獲得を意図している。

54) 近時では，特に若年層を中心に利用者が急増してきた，WhatsApp®及びLineに代表される，VoIP及び電子メール等のサービスを無料で実現するアップも，SNS機能を拡充させ，更に，ゲーム等のアプリケーションのプラットフォームとしての機能を具備しつつある。

ォン及びタブレット型コンピュータに代表される移動体機器が，インターネット利用の主要な手段となり，「クラウド・コンピューティング」(cloud computing) の利用が進行する過程で，更に進行することが予測される。[55]

また，例えば，Apple 社が，自らが開発・販売するスマートフォンである iPhone® を，移動体通信事業者である AT & T Mobility LLC にかつては独占的に提供していた様に，中核事業を異にする事業者間の合従・連携も行われ得る。そして，Verizon Communications Inc. が，2015 年 5 月 12 日に，AOL Inc. を，更に，2016 年 7 月 25 日に，Yahoo! Inc. の中核事業を，買収する旨の報道発表を行った様に，この様なエコシステム/生態系は，通信事業者を含む形で，その構築を意図され得る。

次に，「物のインターネット」(Internet of Things/以下「IoT」) の発展にともなう通信のあり方の変化である。IoT の発展は，機械と機械が，コモン・キャリアが保有する移動体無線通信ネットワークを経由してのみならず，それらを経由することなく，直接に，又は（必要な場合には）非常に局地的な範囲で第三者の，機器，施設，若しくは設備を経由して，相互に自律的に通信を行う状況を，増大させる。[56] 例えば，「プレミス・オペレーター/構内オペレーター」(premise operator(s)) は，従来からオープン・インターネット規則の適用の対象外であった。[57] しかし，IoT の発展にともなって，それが，「門番」としての

---

55) 汎用的なブラウザではなく，移動体機器とアップを使用するクラウド上で提供されるサービスの利用を推奨することによって，これらの事業者は，顧客自身（及び彼らに関するデータ）を，より効果的に囲い込むことを可能とし得る。

56) IoT の実現に適する無線通信規格には，ナロー・バンド，低消費電力，及び広範なカバレッジ等が，要求される。それらの代表的なものとして，Third Generation Partnership Project (3GPP) によって策定された，ライセンスを必要とする周波数帯域で，200 KHz 以下の帯域幅で，数 km の範囲で，100 KBps 以下の通信速度を実現する Narrow Band IoT (NB-IoT)，Wi-Fi® や Bluetooth® 等の従前の無線通信規格を補完する目的で，IEEE によって策定された，ライセンスを必要としない 2.4 GHz 帯の周波数帯域で，数十 m の範囲で，250 KBps 以下の通信速度を実現する IEEE 802.15.4 等が，存在する。

57) FCC は，その理由として，（今日では）珈琲店，書店，航空会社，（例えば，図書館及び大学等の）私的エンド・ユーザー・ネットワーク，並びに他の事業者の様な，プレミス・オペレーター/構内オペレーターが提供するインターネット・サービスが，典型的には，彼らによって，顧客に対する付随的な利益として提供されることを挙げる。FCC Open Internet Order 2015, *supra* note 37, ¶191.

役割を果たし得る危険性も，また，発生してきた。今後は，プレミス・オペレーター/構内オペレーターを含む，非コモン・キャリアである事業者が提供するサービスに対する規制のあり方に対する考察も，必要となり得るであろう。

この様な状況の下では，専らBIASの「伝送」の構成要素に対する規制のあり方を検討するのみでは不十分である。本件命令は，FCCの規制が，インターネット層に及ぶと判断した点において，画期的である。将来的には，特にアプリケーション層（及び/又はより上位）に対するより精緻な考察をともなう形で，レイヤー型規制の導入（及び/又はアプリケーション層（及び/又はより上位）における規制を可能とする権能の確保）が必要とされるものと思われる（その一部は，既存の通信規制の枠組みを越える可能性も存在し得るものと思われる）[58]。

## V　むすびにかえて

ブロードバンド・サービスは，今日の社会のGPTの1つである。「電気通信サービス」の根幹は，「伝送」及び「相互接続」であり，その必要性は，特にIP化の進展によって，ユニバーサル・サービス及び/又は伝統的な公益事業規制のあり方等が修正されざるを得ない状況においても，変わりない。今後は，必要な場合には，より広く，非コモン・キャリアを含めて，如何なる範囲で，如何なるものに対して，従前のコモン・キャリア規制の根幹部分を，そして，必要な場合には，その周辺部分を課すべきか，という議論が，より精緻な分析とともに検討されるべきであるものと思われる。IT技術の活用，及びその社会経済に対する貢献のあり方において，米国は，過去約20年間比類無い成功を収めてきた。それは，数多くの有益な示唆を提供する。その様なより広い考察において，米国の情報通信産業及びそれに関連する領域における競争政策及び規制政策のあり方をめぐる議論は，我が国でも一定の意義を有するものと思われる。

---

58) *See, e. g.,* Richard S. Whitt, A Horizontal Leap Forward: Formulating a new communications public policy framework based on the network layers model, 56 Fed. Comm. L. J. 587, 672 (2004). Whitt氏の当該見解は，本稿執筆の時点でも，技術的側面に対する最も正確な考察に基づいて，適切な規制のあり方を説明し得るものであると思われる。

〔付記〕

　本稿は，研究題目「持続的な経済成長の促進を可能とする ICT 利活用のあり方に関する総合的研究」（基盤研究(C)）（平成 24 年度 - 28 年度）（JSPS 科研費 JP 24530056）に対して交付された，科学研究費補助金の成果の一部を含むものである。

　本稿は，研究題目「モバイル・ブロードバンドの利活用を促進する情報通信政策のあり方に関する研究－周波数利用の更なる拡大及びエコシステム間の事業者間競争を促進する規制的枠組みの構築を中心に－（継続）」に対して支援された，平成 25 年度公益財団法人電気通信普及財団研究助成の成果の一部を含むものである。

　本稿は，研究題目「「物のインターネット」（IoT）の発展を可能とする ICT 政策のあり方に関する研究」に対して支援された，平成 27 年度公益財団法人村田学術振興財団研究助成の成果の一部を含むものである。

# インターネット相互接続市場における競争政策上の課題
―― ネットワーク中立性規制の外延

東條吉純

I　はじめに
II　オンライン映像番組配信市場の進展
III　インターネット構造の変貌
IV　2015年オープンインターネット指令
V　MVPD間の合併案件に対するFCC審査
VI　結びに代えて

## I　はじめに

　ブロードバンド事業者の市場支配力懸念を巡って，近年，米国において，インターネット相互接続市場の取引慣行に対する規制のあり方についての議論がにわかに活発化している。この問題を考察するに当たっては，米国のオンライン映像番組配信市場における競争状況の急速な変化，及び，インターネット構造の変貌という二つの文脈を理解することが必要である。
　近年，インターネット上のトラフィックにおいて，伝送遅延が深刻な問題となる動画コンテンツの占める割合が急増し，伝送遅延問題を解決するため，主[1]

---

1) 北米においては，ピーク時の固定系下りトラフィックの50%超をYouTube及びNetflixのトラフィックが占めると報告されている。Sandvine Report: Netflix and YouTube Account for 50% of All North American Fixed Network Data, Sandvine (Nov. 11, 2013).

要インターネットサービスプロバイダー（ISP）のネットワーク内に接続・配置された多数のサーバーの中から最寄りの最適サーバーを選択し，加入者ユーザーに動画コンテンツを配信するCDN（Contents Delivery Network）サービスの重要性が高まった。後述の通り，Netflix，Hulu等のオンライン映像番組配信事業者（OVD: Online Video Distributors）は，ケーブル事業者等が提供する多チャンネル映像番組配信サービスと競合するサービスを提供するとともに，ケーブル事業者の加入者ユーザーへのコンテンツ配信において，当該ケーブル事業者等のブロードバンドサービスに全面的に依存するという関係に立つ。また，ComcastやTime Warner Cableといった大手ケーブル事業者は，バックボーン回線設備への継続的な設備投資の結果，相互接続市場におけるプレーヤーとしての存在感を高めている。CDNサービス等を通じたコンテンツ提供には，ケーブル事業者との相互接続が必要となるところ，相互接続において，接続料金の引上げ等によるライバル費用引上げ戦略が懸念されることとなる。

また，従来のインターネット基本構造は，「Tier 1」と呼ばれるISPを頂点とし，その下流に「Tier 2」ISP，「Tier 3」ISPが位置する階層構造によって成り立ち，階層ごとの役割分担がなされ，各ISPネットワークを相互接続することによって形成されてきた。その後，伝送トラフィック量の急増とインターネットの商業化が進展する中で，この階層構造は崩れ，インターネット構造の多様化・複雑化が進行している。相互接続にかかる接続形態及び契約条件の設定は，当事者間の商業的な交渉に委ねられてきたが，上流バックボーンISPとしても存在感を高めるブロードバンド事業者と，コンテンツ・アプリケーション（C/A）事業者やCDN事業者との相互接続においては，ブロードバンド事業者による上記のような競争阻害行為が問題となりうる。

このような状況の進展を受けて，連邦通信委員会（FCC）は，2010年に制定したオープンインターネット指令（ネットワーク中立性規則）を改定した2015年オープンインターネット指令において，相互接続市場における取引慣行に対しても，自己の規制権限を及ぼすことを決定した。またこの動きとも連動して，2016年4月，FCCは，三つのケーブル事業者間の水平合併案件であるCharter/Time Warner Cable/Bright House Network合併審査にかかる合併承認の条件として，相互接続市場の取引に関する条件設定を行った。

## Ⅱ　オンライン映像番組配信市場の進展[2]

　ケーブルテレビというインフラとともに飛躍的な発展を遂げた有料多チャンネル番組配信市場は，政府による3大放送ネットワークの影響力排除政策にも支えられて，上流市場において映像番組の制作・流通（配給・シンジケーション）産業の成長を促し，下流市場においてはケーブル事業者の地域市場における独占的地位の形成をもたらした[3]。

　ケーブル事業者は，地域ごとにフランチャイズ免許を取得して事業活動を行い，ブロードバンドサービス，映像番組配信，IP電話のトリプルサービスを提供し，多くの地域において市場支配的なシェアを維持している。1990年代中頃の衛星事業者による有料多チャンネル番組配信市場への参入，電話会社の参入などにより，ケーブル事業者の市場シェアは低下傾向にあるが，今なお，多くの地域市場において50％超の支配的シェアを占める[4]。

　映像番組配信市場の参加者には，多チャンネル番組配信事業者（MVPD：Multichannel Video Programming Distributors）と，オンライン映像番組配信事業者（OVD）の双方が含まれる[5]。

　伝統的なMVPDには，ケーブル会社（Charter, Time Warner Cable（TWC）等），衛星放送業者（DirecTV, DISH等），電話会社（Verizon, AT＆T等），オーバービルダー（Google Fiber, RCN等）が含まれ，自社ネットワークを通じて映

---

2) ここで，「映像番組」とは，番組制作会社（プロダクション）等によって商業的に制作された全編の映像番組を指し，ユーザー制作動画やクリップ映像とは区別される。
3) Susan Crawford, Captive Audience: The Telecom Industry and Monopoly Power in the New Gilded Age (Yale Univ. Pr. 2013), pp. 64-85.
4) FCC, Annual Assessment of the Status of Competition in the Market for the Delivery of Video Programming, 17th Report, MB Docket No. 15-158, adopted on May 6 2016, para. 18（以下，「17th Annual Report」と引用する）. See also, 2015 Open Internet Order, infra, paras. 78-85.
5) FCCは，2014年12月，OVDを「MVPD」概念の中に含める規則制定提案告示を行った。FCC, NPRM in the Matter of Promoting Innovation and Competition in the Provision of Multichannel Video Programming Distribution Services, MB Docket No. 14-261, adopted on Dec. 17, 2014. 本稿においては，原則として，自社ネットワークを通じて番組配信を行うMVPDを「MVPD」，自社ネットワークをもたないMVPDを「OVD」と表記する。

像番組コンテンツを加入者ユーザーに配信する。

　2014年末時点において，業態ごとの市場占有率は，ケーブルMVPDは52.8%，衛星MVPDは33.8%，電話MVPDは13%である。原則として，ケーブルMVPDは1フランチャイズ地域に1社のみ免許を取得するため，ケーブル会社同士の競合はない。ケーブル・オーバービルダーが存在する地域では2以上の選択肢をもつ。電話MVPDは相互に競合関係にないが，ケーブル会社が提供するエリアに新規参入する。この結果，38.3%の世帯がMVPD 4社にアクセス可能となっている。[6]

　これに対して，OVDは，ブロードバンドサービス市場の発展とともに映像番組配信サービス市場に近年参入し，インターネット上で多様なライブ番組やオンデマンド番組を提供する（Netflix, Hulu, Amazon Prime Instant Video等）。OVDのビジネスモデルは多種多様であり，自社ネットワーク設備をもたず，ブロードバンド事業者（Charter, TWC等）の提供するブロードバンドサービスに依存する形で，番組コンテンツをユーザーに配信する。

　映像番組制作・配信産業は，大きく二つの市場に分かれる。上流市場では，番組制作会社（以下，「プログラマー」という）が，番組配信事業者（以下，「MVPD/OVD」という）に対して，番組コンテンツの配信許諾（ライセンス）を行う。下流市場では，MVPD/OVDがユーザーに対して多様な映像番組配信サービスを提供する。

　【上流市場取引】プログラマーは自社制作・購入等の手段を通じて映像番組・映画を入手し，これらを編成して24時間スケジュール化されたブランド・チャンネル（例：NBC, History Channel）をパッケージ化する。大手プログラマーが自社ネットワークを保有することも少なくない。

　番組配信事業者は，プログラマーから1加入者当たり単価により配信ライセンスを購入し，このライセンス料収入及び映像番組に配置される広告料収入がプログラマーの主な収入源となる。プログラマーは，自社コンテンツを多数の経路を通じてエンドユーザーに配信し，ライセンス料・広告料収入を最大化することを欲している。したがって，エンドユーザーにコンテンツ配信するため

---

6)　17th Annual Report, paras. 18-20.

のネットワークをもつ MVPD に依存する関係にあり，多数の加入者ユーザーをもつ大規模 MVPD の番組パッケージの中に自社コンテンツがラインナップされることが，事業上高い重要性をもつ。プログラマーがある特定の MVPD と契約できないということは，当該 MVPD の加入者ユーザーに対しては番組コンテンツを配信できないことを意味するため，大規模 MVPD はプログラマーとのライセンス交渉において顕著な交渉上のレバレッジをもつことになる。

他方において，MVPD/OVD の側も，十分な質・量及び多様性をもつコンテンツを揃え，魅力ある多チャンネル番組配信サービスを提供することが必要であり，各 MVPD/OVD の事業戦略やプログラマーに対する交渉力の大きさは，その事業規模や加入者数などによって大きく変わってくる。

【下流市場取引】MVPD が数百超の映像番組をパッケージ化した多チャンネル番組配信サービスを行うのに対して，OVD は多様なビジネスモデルを展開する。OVD は，もともと TV ドラマ番組過去シーズンや映画のオンデマンド配信サービス（SVOD）を提供していたが，MVPD 類似のライブ番組の提供も始めた。また，CBS, HBO などのケーブルプログラマーも，SVOD による自社コンテンツの直接配信を開始した（例："HBO NOW"）。2015 年には，衛星事業者の DISH が「Sling TV」を，SONY が「PlayStation Vue」をそれぞれ開始する等，ケーブル事業者の多チャンネル番組配信サービスと競合するサービス提供が始まり，OVD 加入者ユーザーも，スポーツライブ番組やニュース番組，TV ドラマ番組最新シーズンの視聴が可能となった。

このような OVD のビジネスモデルの発展により，従来，MVPD の多チャンネル番組配信サービスの補完的サービスと考えられてきた OVD 番組配信サービスが部分的に代替的サービスへと変貌を遂げつつある。MVPD からの不当な干渉がなければ，近い将来，一部 OVD は成長を続け，MVPD のより強力な競争者になると予想される。こうした状況に直面して，ケーブル事業者等のブロードバンド事業者は，「ゲートキーパー」としての市場支配力を行使し，プログラマーに対して様々な拘束条件を課し，OVD による番組ライセンス取得を阻害するとともに，相互接続市場におけるライバル費用引上げ戦略をとる誘因が高まっている。

## III インターネット構造の変貌

### 1 相互接続形態の多様化

　インターネットは，無数のインターネットサービスプロバイダー（ISP）の間の相互接続によって，ネットワーク同士のネットワークを構成することによって成立する。インターネット利用者が世界中のISPの利用者やコンテンツとデータ交換が可能となるのは，世界中のすべてのISPとの相互接続が確保されているからであり，データは，細分化されたパケットとして伝送（送受信）される。

　初期のインターネットにおいては，世界規模のバックボーン回線設備を有する「Tier 1」と呼ばれるISPを頂点として[7]，その下流に，規模に応じて，「Tier 2」ISP，さらに「Tier 3」ISPが位置する階層構造が形成された。これらISP間の相互接続には，大きく分けて，「ピアリング」と「トランジット」という二つの接続形態がある[8]。ピアリング接続とは，ISP間で相手方ISP宛のトラフィックのみを相互に無償で交換・伝送する相互接続形態であり，双方が概ね送受信されるトラフィック精算に要するコストを節約し，双方が概ね同等の経済的価値を得るとの了解の下で接続されるため，一切の支払い義務は生じない。これに対して，トランジット接続とは，あるISPが，他のISPの帯域幅（伝送路）を購入することによって，自己のトラフィックをインターネット全体に中継することを他のISPに有償で委ねる接続形態であり，伝送されるデータ量単価に基づき，トランジット需要者（他社ネットワークを利用する事業

---

[7] 「Tier 1」資格には法的な定義はないが，世界規模のインターネットアクセスを提供し，相互のピアリングを通じて，無償で世界中のネットワークとの相互接続性を確保できる規模及び地位をもつような大規模ISPであり，Level 3, Cogent, AT＆T, NTT Com/Verio, Softbank/Sprint 等の数社が例示されることが多い。また，国等の特定地域内において Tier 1 と同様の地位をもつ主要国の大手 ISP のことを「地域 Tier 1」と呼ぶこともある。

[8] 日本においては，全国規模のバックボーンを有する全国規模 ISP と各地域で接続サービスを提供する地域 ISP とに分かれ，地域 ISP は全国規模 ISP とのトランジットにより，全国規模 ISP は，インターネット相互接続ポイント（IX）等で他の全国規模 ISP とピアリングを行うことにより，国内の相互接続性を確保するとともに，Tier 1 やそれにつながる ISP とのトランジットにより，世界中の ISP との相互接続性を確保している。

者）からトランジット供給者（自社ネットワークを利用させる事業者）への支払い義務が発生する。したがって，初期のインターネット階層構造においては，Tier 1 同士はピアリングにより相互接続し，Tier 2 以下の ISP に対しては順次，上流 ISP が下流 ISP に対してトランジットを提供するという相互接続網が形成された。

　こうした初期のインターネット階層構造は，トラフィック量の急増及びインターネットの商業化が進展する中で，その後，急速に変貌しつつある[9]。というのは，ISP 間においてより多様な相互接続の網の目が発達し，相互接続の交渉及び契約条件においても，複雑化・多様化がもたらされたからである。より具体的には，各 ISP は，伝送セキュリティを確保するとともにトランジット供給者である上流 ISP（バックボーン事業者）による市場支配力懸念を緩和するため，複数の上流 ISP とトランジット接続し（マルチホーミング），かつ，同等のトラフィック交換需要のある他の同規模 ISP とのピアリング接続を行い（2次ピアリング），より安価あるいは効率的なトラフィック伝送を実現すると同時に，競争的な相互接続市場の形成を促した[10]。また，Google，Microsoft，Netflix 等の大規模コンテンツ・アプリケーション（C/A）事業者は，上流バックボーン回線をバイパスし，トランジット費用を節約するため，地域 ISP とピアリング接続した多数のサーバーを活用するサーバーファーム技術や，地域 ISP ネットワーク内に接続・配置した多数のキャッシュサーバーの中で，ISP 加入者ユーザーの最寄りかつ最適のサーバーからデータ伝送を行い，伝送遅延問題を解消すると同時に効率的で安価なコンテンツ配信を実現する CDN サービスを発展させた。

　このようなインターネット構造の進化から生み出された，相互接続市場における新たな取引慣行の代表例が「有償ピアリング」と呼ばれる接続形態である[11]。有償ピアリング接続は，一方から他方への支払い義務が生じること以外は，従

---

9) Christopher Yoo, "Innovations in the Internet's Architecture that Challenge the Status Quo", J. on Telecomm. & High Tech. L. Vol. 8, 79 (2010).
10) ピアリング接続による伝送経路をたどることができる場合には，伝送コストを節約するためにネットワーク利用の観点からはあえて非効率的な経路が選択される場合もある。このことは，同様の状況にあるパケット間で伝送速度及びコストに顕著な違いが生じうることを意味する。Yoo (2010), p. 88.

来のピアリング[12]と同一の性質をもつ。これは，ピアリングを行うISPが，サービス提供対象に応じて，コンテンツ側とエンドユーザー側とに分かれるようになったことに起因する。この場合，前者のネットワーク負荷は小さく，後者は大きいというデータ交換量の不均衡が生じる。また，C/A事業者が直面する二面市場の性質上，C/A事業者の広告料収入はエンドユーザーの視聴数に依存するため，コンテンツ側からエンドユーザー側への「補助」が経済合理性をもちうる[13]。オンライン映像番組配信サービスという文脈から見た有償ピアリングの最大の利点は，伝送速度及びアクセス品質の向上にあり，上流バックボーン回線をバイパスして効率的に伝送することにより遅延問題を解消するとともに，ネットワークに不測の負荷がかかる場合の代替経路の確保もできる。

有償ピアリング接続それ自体は，多様な場面において活用可能であるが，主要な需要者は，言うまでもなくCDNサービス事業者であり，放送局ネットワークにおけるキー局と地方局の関係と同様[14]，コンテンツ側（例：Netflix, Hulu, YouTube）がエンドユーザー側（Comcast, Verizon, Time Warner）に支払いを行うことが経済合理性をもちうる。

もっとも，YouTubeやNetflixなど競争力の高い有力コンテンツを提供するC/A事業者との接続においては，真逆の状況も生じることがある。すなわち，有力コンテンツへのアクセスにおいてパケットロスや伝送遅延が生じるということは，ブロードバンド事業者にとって，加入者ユーザーに提供するサービス品質の低下を意味し，加入者数減少をもたらすおそれがあるからである[15]。このような場合においては，ブロードバンド事業者のネットワーク内へのC/A事業者サーバー設置費用の分担といった逆方向の資金的移転が生じることもあ

11) 有償ピアリング接続件数は急増を続けており，もはや無償ピアリング／トランジットに対する例外というより典型的な接続形態の一つと認識されている。"Paid Internet Peering on the Rise, Disputes Possible", Communications Daily, Vol. 33, No. 126 (July 1, 2013).
12) 「有償ピアリング」と区別するため，従来の「ピアリング」を「無償ピアリング」と表記する。
13) より厳密には，C/A事業者からコンテンツ側ISPに支払われる料金の一部を，エンドユーザー側ISPが収受し，加入者ユーザーの経済的負担を軽減することに経済的合理性がある。
14) Yoo (2010), pp. 97-98.
15) 例えば，Netflixが自社コンテンツに関する各ISPの伝送速度を公表する「Netflix ISP Speed Index」は，エンドユーザー側ISP各社を競わせ，自社コンテンツ伝送品質の向上を図ると同時に，相互接続交渉におけるレバレッジを得る意図があると推測される。

りえよう。

　また，Google，Facebook，Microsoft，Amazon といった巨大 C/A 事業者は，国際海底ケーブル敷設を含め[16]，バックボーン回線への積極的な投資を行い，トランジット接続コストの節減及び相互接続市場における交渉レバレッジの向上を図っている。

　このように，近年においては，初期インターネットの階層構造は崩れ，C/A 事業者，ブロードバンド事業者，バックボーン事業者等，インターネット上のあらゆる事業者が，様々なビジネスモデル及び事業戦略の下でバックボーン回線設備を増強し，相互接続市場において行動するという活況を呈している。相互接続市場における取引慣行に対する規制のあり方という問題は，このような文脈の中で検討することが求められる。したがって，相互接続協定の条件設定についても，誰が誰に対して，いかなる基準に基づき対価を支払うのかを含め，一般的には予測困難であり，個別事案ごとの交渉レバレッジ分析，及び，対象行為が消費者厚生に及ぼす悪影響の分析が必要となる。

　本稿の考察対象である，相互接続市場におけるケーブル事業者等のブロードバンド事業者による市場支配力行使という問題は，多数の加入者をもつケーブル事業者等が「ゲートキーパー」独占者として，かつ，バックボーン回線設備増強による有力バックボーン事業者として，有償ピアリング接続料金の引上げや OVD への差別的取扱い等の市場支配力を行使し，映像番組配信サービス市場の競争を阻害するおそれに対して，規制の必要性が認識されたものである。

## 2　相互接続市場における紛争の変化

　上述の通り，相互接続を巡る交渉及び契約条件の設定は，近年，極めて複雑な様相を呈している。また，交渉及び契約内容には，通常，秘密保持義務が課せられるため，相互接続紛争が表面化することは少ないが，近年の相互接続市場における取引慣行及び市場参加者の顔ぶれの大きな変化を反映して，相互接続取引を巡る紛争の性質にも変化がみられる。例えば，従来は，トラフィック

---

[16] 直近では，Google による太平洋（日米間）海底ケーブル「FASTER」（2016 年 6 月運用開始）への投資，Microsoft と Facebook による大西洋横断海底ケーブル「MAREA」（2017 年 10 月完成見込み）への投資などがある。

量の不均衡を理由としたピアリング接続の解除が紛争の主因であったが，近年は，ISP 間のポート輻輳に起因する伝送遅延が紛争原因として挙げられる。紛争期間も，従来は数日間であったものが，より長期化し，1 年以上に及ぶ場合もある。また紛争当事者についても，従来のバックボーン事業者間のそれに対して，ブロードバンド事業者を一方当事者とし，トランジット提供者，CDN 事業者，C/A 事業者等を他方当事者とする紛争件数が増加している[17]。

例えば，2010〜2015 年の Level 3 = Comcast 間の相互接続紛争は，ブロードバンド事業者の競争者排除懸念とともに，ネットワークへの負荷コストの合理的な分担のあり方という問題を巡って，相互接続市場における交渉レバレッジのシフトを浮き彫りにした。Level 3 は，トランジット提供と CDN サービスを行うバックボーン事業者であり，Comcast は全米第 1 位のケーブル事業者である。従来，両社の相互接続は，Comcast が自社ネットワークのトラフィック伝送について Level 3 から有償のトランジット提供を受け（トランジット接続），Level 3 の CDN サービスについては無償ピアリング接続するというものだった。2010 年，Level 3 が Netflix の CDN サービスを受託したことに伴い，Comcast は，Level 3 から自社ネットワークに伝送されるトラフィックに対して課金しようとした（有償ピアリング接続の要請）。Level 3 は，Comcast が自社ネットワークに流入するデータに対して「料金所」を設けようとしており，自社コンテンツと競合するコンテンツの差別的取扱いを意図するものであると主張した。これに対して Comcast は，双方のトラフィック量に不均衡が生じており，Level 3 は適正なコストを負担することなく大量のトラフィックの受入れを求めようとしていると反論した。

この紛争は，FCC に正式に付託されたが，FCC は，2010 年オープンインターネット指令（後述）は CDN サービスやバックボーンサービスには適用がなく，有償ピアリング協定を含め，既存の相互接続協定に影響を及ぼすものではないことを確認するにとどまった[18]。その後 2013 年，詳細は不明ながら，Level 3 が有償ピアリング接続を受け入れる形で事態の収拾を図ったものと推測され

---

17) FCC, In the Matter of Protecting and Promoting the Open Internet, GN Docket No. 14-28, Report and Order on Remand, Declaratory Ruling and Order (Feb. 26, 2015), para. 199 （以下，「2015 Open Internet Order」と引用する）。

るが，両社の相互接続紛争が最終的に収束したのは，2015 年のことである。というのは，その前年の 2014 年，Netflix が Comcast その他のブロードバンド事業者と有償ピアリング接続協定を結んだことを受け，Netflix 伝送トラフィックの受入れは交渉上の争点でなくなったからである。

## Ⅳ　2015 年オープンインターネット指令

　米国におけるネットワーク中立性問題は，ブロードバンド市場において，ボトルネック設備を保有する電気通信事業者やケーブル事業者などのブロードバンド事業者の市場支配力に関して，公的規制を通じてどのようにコントロールすべきかという問題である。とくに，ブロードバンド事業者が，自社のコンテンツ・アプリケーション（C/A）サービスを提供する場合に，ブロードバンドサービス・レイヤーにおける市場支配力をレバレッジして，上位の C/A レイヤーにおいて自己と競争関係に立つ C/A 事業者を差別的に取り扱う等の競争者排除が懸念された。このような反競争的行為のリスクに対して，個別行為に対する事後規制としての反トラスト法規制に加えて，一律の事前規制としての事業法規制を導入すべきか否かを巡って大論争が展開された結果，2010 年，FCC によりオープンインターネット指令（以下，「2010 年指令」という）が採択され，透明性義務，遮断禁止義務，不当な差別禁止義務という三つの基本ルールが定められた[20]。

　その際に，2010 年指令のルールを適用しない例外領域の一つと定められたのが，インターネット相互接続市場における取引慣行である。2010 年指令のルールの適用対象は，「加入者向け又は加入者からのデータ伝送に対するブロードバンド事業者の自社ネットワーク内のコントロール範囲」に限定するもの

---

18) FCC, In the Matter of Preserving the Open Internet and Broadband Industry Practices, WC Docket No. 07-52, Report and Order (Dec. 23, 2010), para. 47, para. 67, n. 209（以下，「2010 Open Internet Order」と引用する）．

19) Wall Street Journal, "Netflix to Pay Comcast for Smoother Streaming", Feb. 23, 2014; Wall Street Journal, "Netflix Reaches Interconnection Deal with Verizon", Apr. 28, 2014.

20) 拙稿「米国連邦通信委員会によるネットワーク中立性規則――差別行為の規範的分類の試み」立教法学 85 号（2012）486-518 頁．

であり，ネットワーク間のトラフィック交換，CDN サービス，バックボーンサービス等は，それらサービスがブロードバンド接続と切り離されたものであるならば，「ブロードバンド・インターネット接続サービス」(以下，「ブロードバンドサービス」という) の定義から除外されるとした[21]。

その後，2010 年指令制定にかかる FCC の規制権限の不存在を巡って提起された無効確認訴訟において，2010 年指令の実体ルールのうち，遮断禁止義務と不当な差別禁止義務が連邦控訴裁判所によって無効と判断されたことを受けて[22]，FCC は 2015 年 2 月，新たに改定オープンインターネット指令を採択した (以下，「2015 年指令」という)。

2015 年指令の最大の変更点は，ブロードバンドサービスを「情報サービス」から「電気通信サービス」に再分類し，通信法第Ⅱ編に基づく FCC の規制権限の対象としたことにある。また，実体ルールの明確化を図り，遮断禁止義務，伝送遅延禁止義務，有償の伝送優先禁止義務，不当干渉・不利益取扱い禁止義務，及び透明性義務という 5 つの義務を定めた。相互接続市場については，ブロードバンドサービスの分類変更に伴い，「ブロードバンドサービス」概念が，相互接続市場における C/A 事業者等とブロードバンド事業者との間のインターネットトラフィック交換にまで拡張されるとした[23]。というのは，同概念中の「インターネットのあらゆる終端[24]」にデータを伝送するためには，C/A 事業者＝エンドユーザー間のアクセスを可能とする相互接続協定の締結が確約されることが必要だからである。したがって，ブロードバンドサービスに関するエンドユーザーのトラフィックに干渉する相互接続市場の紛争は，通信法第Ⅱ編の FCC 規制権限に服することになる。

先に述べたように，インターネット構造が大きく変貌する中で，バックボーン回線設備の増強を続けるブロードバンド事業者は，多数の加入者を有する「ゲートキーパー」として，かつ，有力バックボーン事業者として，相互接続市場において市場支配力を行使する懸念がある。また，相互接続ポイントにお

---

21) 2010 Open Internet Order, para. 47, n. 150.
22) Verizon v. FCC, 740 F. 3d 623 (D. C. Cir. 2014).
23) 2015 Open Internet Order, paras. 193 & 204.
24) 47 C. F. R. §8.11 (a)；47 U. S. C. §§201(b), 202(a).

ける輻輳問題は，ネットワークにおける伝送遅延，スループット低下，パケットロス等をもたらし，エンドユーザーが損害を被る。

　これについて，C/A 事業者側によれば，相互接続市場におけるブロードバンド事業者の反競争的行為として，例えば，ピアリング接続ポートにおける必要な処理能力増強を放置することによって相互接続ポイントにおいて人為的な輻輳状態を作り出し，有償ピアリング接続への切り替えを余儀なくさせることが挙げられる。これはラストマイル伝送における有償の伝送優先と同一の損害をエンドユーザーに及ぼし，インターネットの開放性を損なうものであり，ラストマイル部分にのみ着目する規制では，C/A 事業者＝エンドユーザー間伝送経路の「ゲートキーパー」であるブロードバンド事業者の反競争的行為を適切に制御できない。[25]

　これに対して，ブロードバンド事業者側によれば，Netflix のような C/A 事業者は，コンテンツ需要の増加に応じた設備更新のための投資コストをブロードバンド事業者に強いており，ブロードバンド事業者がこのコストを吸収しなければならないとすれば，結局，加入者ユーザーに一律の負担として転嫁することになる。これは Netflix 等のコンテンツ配信を購入しない加入者ユーザーにとっては不公正である。無償ピアリング接続は，相互接続する両 ISP がともに経済的価値を見出すことによって成り立つところ，一方的なトラフィック伝送の受け入れという状況下では，ブロードバンド事業者側には何らメリットがない。[26]

　双方の主張を踏まえて，FCC は，相互接続市場の取引慣行について以下のように述べた。相互接続協定は商業的な交渉を経て締結されており，その多様性と活発な競争状況に鑑みると，特定ルールを適用するのは時期尚早であり，現時点で 2015 年指令の実体ルールを相互接続市場の取引慣行に適用するのは適切でない。新たな接続形態である有償ピアリング接続に対する政策上の評価についても同様であり，当面の間，2015 年指令の実体ルールの適用を差し控え，市場の発展をモニターするとともに，通信法 201 条及び 202 条の「不正又は不合理な差別的行為」にかかる紛争事案ごとに審査を行うべきである。[27]

---

25)　2015 Open Internet Order, para. 200.
26)　*Id.*, para. 202.

なお，2015年指令についても，FCC規制権限の有無を巡って無効確認訴訟が提起されたが，2016年6月14日，連邦控訴裁判所は，FCCが，①「ブロードバンドサービス」を「情報サービス」から「電気通信サービス」へ分類変更したこと，②相互接続市場にまで規制権限が及ぶと決定したこと，のいずれも支持する判決を下した。[28]

## V　MVPD間の合併案件に対するFCC審査

　1934年通信法の下で，情報通信分野の合併に伴う認可ないしライセンスの移転・承継の際に，FCCは，当該合併が「公共の利益」に資するかどうかを審査する権限を与えられており，[29]「公共の利益」基準に基づく審査にあたっては，同分野における競争の維持・促進のほか，インターネット開放性（ネットワーク中立性），ブロードバンドアクセス向上支援，コンテンツ・サービスの多様性維持，表現の自由保障なども考慮される。上記2015年指令の採択と連動して，MVPD間の合併審査において，合併後新会社の相互接続市場における取引慣行について検討が行われるようになった。

　2015年のAT＆T／DIRECTV合併審査では，制限的条件の設定はされなかったが，合併後4年間，すべての相互接続協定の契約条件及び伝送トラフィック量を報告する義務が条件として課せられ，FCCは相互接続協定の条件及び効果についてモニターすることとされた。[30]

　また，2016年のCharter／Time Warner Cable／Bright House Network合併審査では，合併承認の条件として，合併後7年間，無償ピアリングによる相互接続の義務付け，及び，すべての相互接続協定の条件の詳細についての報告義務が課せられた。[31]以下，本件審査における相互接続市場の分析について検討す

---

27)　*Id.*, paras. 202-205.
28)　United States Telecom Association, et al. v. FCC, No. 15-1063 (D.C.Cir.), decided on June 14, 2016.
29)　Section 214(a) and 310(d) of the Communications Act of 1934, *as amended*.
30)　FCC, Memorandum Opinion and Order in the Matter of Application of AT＆T Inc. and DIRECTV for Consent to Assign or Transfer Control of Licenses and Authorizations, MB Docket No. 14-90, adopted on July 24, 2015, paras. 217-219.

る。

　関連市場は，固定系ブロードバンドサービス加入者アクセスにかかる全国の相互接続市場と画定された。地理的市場が，合併当事会社のブロードバンドサービス提供エリアでなく「全国」とされた理由は，C/A事業者は加入者ベースと広告ベースの二つの収入源をもつところ，一方が他方に影響する二面市場の性質をもつため，異なるブロードバンド事業者との相互接続は，エンドユーザー「視聴」の獲得という意味で代替的関係にあるからである。

　ブロードバンド事業者の相互接続市場における取引慣行は多様であるが，小規模事業者がトランジット接続に依存するのに対して，大規模事業者はバックボーン回線を保有し有償ピアリング接続を求める。ブロードバンド事業者が交渉を通じて有償ピアリング接続を獲得できるかどうかを左右する要因として，①ブロードバンド事業者のもつ加入者数，及び，②自社ネットワークに対する支配力の高さがあり，②について，ブロードバンド事業者のトランジット接続の割合が低ければ低いほど，自社ネットワークに対する支配力が高く，C/A事業者等がトランジットリンクを経由して当該ブロードバンド事業者のネットワークにコンテンツを伝送することが困難になる。また，ブロードバンド事業者は，裁量的に，有償ピアリング向け伝送能力を確保し，無償ピアリング向け伝送能力を制限できるところ，人為的な伝送遅延が生じても，加入者ユーザーは，高い切り替えコストと代替的選択肢の乏しさから，他のブロードバンド事業者に切り替えることはしない。したがって，ブロードバンド事業者は，その規模が大きくなればなるほど，ゲートキーパーとしての地位を強化することができる[32]。

　Charterは，全国第6位のブロードバンド事業者（4.8百万加入者）であり，8大都市とピアリング接続するバックボーン回線を保有。ピアリング接続とトランジット接続の組み合わせによりブロードバンドサービスを提供し，合併前

---

31) FCC, Memorandum Opinion and Order in the Matter of Applications of Charter Communications, Inc., Time Warner Cable Inc., and Advance/Newhouse Partnership for Consent to Assign or Transfer Control of Licenses and Authorizations, MB Docket No. 15-149, adopted on May 5, 2016（以下，「Charter/TWC/NH Order」と引用する）。

32) Charter/TWC/NH Order, paras. 94-100.

時点で，有償ピアリング接続はない。TWC は，全国第 3 位のブロードバンド事業者（11.7百万加入者）であり，Bright House（1.9百万加入者）の相互接続交渉を受託し，7 大都市とピアリング接続するバックボーン回線を保有。合併前時点で，多くのバックボーン事業者とピアリング接続し，部分的にトランジット接続する。また，いくつかの C/A 事業者及び CDN と有償ピアリング接続する。

本件合併により，新会社は全国第 2 位のブロードバンド事業者（18.4百万加入者）で市場シェア 20％ 超となる。また，バックボーン回線設備と加入者の統合は，相互接続市場において新会社に大きな交渉力を与え，かつ，TWC の相互接続ポートフォリオも承継されるため，有償ピアリング接続比率の増加及び相互接続料金の引上げ等，単独行為として，C/A 事業者等のコスト引上げによる競争排除の誘因及び能力が高まる。

とくに，映像番組配信サービス市場において競合する OVD を差別的に取り扱う誘因は高い。高速伝送を必要とする番組コンテンツを配信する OVD は相互接続関連の反競争的行為による悪影響を受けやすく，新会社は，高料金を課すのみならず，OVD が提供する番組コンテンツの伝送品質を人為的に低下させることにより，加入者を奪取するという潜在的悪影響も認められる。

このような分析に基づき，以下の条件が設定された。合併後 7 年間にわたり，①接続を求める C/A 事業者等の資格条件を緩和した上で，新会社ネットワークへの無償ピアリング接続を義務付ける。②すべての相互接続協定の契約条件の詳細について FCC への報告を義務付ける。

## VI 結びに代えて

以上検討した通り，相互接続市場は，インターネット階層構造の変貌及び相互接続形態の多様化，同市場に参加する有力事業者の交代，各事業者の交渉力レバレッジの変化など，急速な変化の波にさらされており，今後，この市場がどのような方向に発展するか予測することは困難である。また，「コンテンツ側」ISP（C/A 事業者等）と「エンドユーザー側」ISP（ブロードバンド事業者）は，ともに二面市場に直面しており，相互接続市場における取引慣行の結果と

して，どちらがレントを獲得するか，消費者厚生にどのような影響を及ぼすのか等，いまだ未解明の問題も多い。実際のところ，有償ピアリング接続を巡る問題は，「コンテンツ側」がNetflixやGoogleのような市場支配的なC/A事業者である場合には，「エンドユーザー側」がレントの再配分を求める単なる合理的な企業行動にとどまり，有償ピアリング接続への変更によって当事者間で資金的移転が発生しても，両当事者の産出量決定には何ら影響を及ぼさないという見方もある。[33]

しかしながら，ほとんどのC/A事業者は市場支配力をもたない小規模事業者であり，「ゲートキーパー」として買手独占力をもつ有力ブロードバンド事業者は，C/A事業者の産出量減少という非効率性を生み出し，価格引上げにより加入者ユーザーに悪影響を及ぼすおそれが強い。また，ブロードバンドサービス市場における競争の欠如により，ブロードバンド事業者が相互接続市場で得たレントは加入者ユーザーに十分に移転されず，アクセス可能なコンテンツの価格上昇及び多様性減少による損失の方がはるかに上回ることになる。

これに関して，日本においても，問題の本質は同じである。というのは，第一種指定電気通信設備のアンバンドリング義務とISP間の活発な競争の存在という市場状況から，事前規制としてのネットワーク中立性規制こそ導入されていないが，[34]急増を続けるデータトラフィック伝送を支えるネットワーク設備への投資コストを誰が負担するのかという根源的な問題は今も未解決の課題として存在するからである。また，インターネット相互接続市場においても，ピアリング中心の接続形態から，一部の大手ISPが規模の小さなISPとのピアリングに応じない傾向が指摘されて久しい。[35]

また，ネットワークへの負荷が大きく高速伝送を必要とする動画コンテンツについては，米国と同様に，オンライン映像番組配信市場が2015年ころから急成長期入りしたとの観測もあり，[36][37]さらに，IoT時代のトラフィック需要増も予想される。[38]関連市場の進展の方向性次第では，多数の加入者ユーザーをもち，

---

33) Charter/TWC/NH Order, para. 120, n. 390.

34) 総務省「ネットワークの中立性に関する懇談会」報告書（2007年9月）。

35) 総務省「21世紀におけるインターネット政策の在り方」「第3部 インターネット基盤の高度化」（情報通信審議会中間答申〔平成13年諮問3号〕）（2001年7月）68頁。

バックボーン回線設備の増強を続ける大手 ISP が，今後，オンライン映像番組配信事業者やその委託を受けた CDN 事業者等に対して，有償ピアリング接続を求めるケースも容易に予想されるからである。ただし，米国のように，ケーブル事業者が，「ゲートキーパー」として長期にわたり顕著な市場支配力を維持するような市場状況が存在しない日本において[39]，この問題を情報通信政策上の事前規制の対象とすべきか，それとも独占禁止法による個別の事後規制による対応で十分と考えるかについては慎重な検討を要する。いずれにせよ，規制当局には，急速に進化を続ける ICT 市場の各レイヤーにおける競争状況及び複数レイヤー間にまたがる複雑な競争関係をできる限り可視化し[40]，検知された競争政策上の問題に対して迅速かつ適切な対応が求められることになる。

---

36) サイバーエージェント社が 2015 年に実施した市場調査によれば，2015 年の動画広告市場は 506 億円，前年比 160％ の成長率とされ，2016 年にはスマートフォン比率が過半数を占め，2017 年に 1000 億円規模，2020 年には 2000 億円規模に到達するとの予測値が示された。サイバーエージェント・プレスリリース（2015 年 10 月 27 日）。

37) 国内における主要な MVPD として，J：COM 等のケーブル事業者，IPTV サービス事業者（テレコム系），スカパー！（衛星事業者）等がある。これに対して，OVD として，TV 局系の見逃し配信ポータルサイトのほか，Netflix，Hulu，Amazon プライムビデオ，dTV，ニコニコ動画，AbemaTV，GYAO!，U-NEXT，Rakuten SHOWTIME 等がある。

38) 総務省「平成 28 年版 情報通信白書」（平成 28 年 7 月）。

39) 2016 年 3 月末時点において，固定系ブロードバンドサービス契約数（約 3800 万件）に占めるケーブルテレビ回線によるブロードバンドサービス契約数（約 670 万件）のシェアは，約 18％ にとどまり，かつ，NTT 東西その他の FTTH 回線によるブロードバンドサービス事業者が競争者として存在する（総務省「電気通信サービスの契約数及びシェアに関する四半期データの公表（平成 27 年度第 4 四半期（3 月末））」（平成 28 年 6 月 29 日））。また，有料多チャンネルサービス契約数は，ケーブル（約 630 万件），IPTV（約 90 万件），衛星（約 350 万件）を合算しても 1070 万件にとどまる（多チャンネル放送研究所「2015 年多チャンネル放送実態調査 報告書」（2015 年 10 月））。

40) 例えば，公正取引委員会＝総務省「電気通信事業分野における競争の促進に関する指針」（平成 28 年 5 月最終改定）等。

# 英国における市場調査の役割
## ―― エネルギー市場に関する調査事例を手がかりに

若林亜理砂

　はじめに
　I　英国の市場調査
　II　英国のエネルギー小売市場改革
　III　OFGEM 及び OFT による市場調査付託
　IV　英国エネルギー市場に関する市場調査
　V　検　討
　おわりに


## は じ め に

　規制の自由化が進み規制市場において競争の果たす役割は益々大きくなっている。従来規制がなされてきた電気通信・電力・運輸等様々な分野において，事業者の行為が競争法違反とされる事例も増加している。他方，規制当局もその規制法上の責務の一つとして，規制対象分野における競争の維持促進を担っている場合も多く，規制当局による「競争」の解釈あるいはその維持促進のための行為と競争当局の考え方との整合性が問題となり得る。
　日本においては，規制分野に関する公正取引委員会及び規制当局の共同のガイドラインが公表される場合も多く，作成のプロセスを通して，当該市場における競争について一定の共通理解が形成されているとも考えられるが，実際に

---

1) 例えば，電力分野においては 2016 年 3 月に公正取引委員会・経済産業省による共同のガイドラインである「適正な電力取引についての指針」が公表されている。

規制当局が所管する市場における競争の維持促進のための措置を採った場合にそれは公正取引委員会の解釈と整合的であるのか，また，そもそも整合的であるべきなのか，必ずしも一致した見解には至っていない。[2]

米国においては，市場において競争阻害的な行為が行われそれが規制法上の問題となる場合に規制当局は規制法に基づき何らかの措置を採ることとなるが，濫訴の懸念があるため，裁判所は反トラスト法上の措置を重ねて採ることを避ける傾向にある。[3]

英国の場合には，競争当局のみならず各規制当局が競争法を共管している点が制度的に特徴的である。規制当局が事業者に対して競争法を適用する場合，通常は競争当局が公表したガイダンスに従い審査がなされると考えられるため，規制当局と競争当局の間で大きな解釈適用の相違が生じるとは考えられないが，万一そのようなことが疑われる場合であっても，当局の行った判断に対して事業者は Competition Appeal Tribunal に控訴することができ[4]，その意味で最終的な判断の統一性は保たれているといえよう。他方，規制法上，規制当局は所管する市場における競争の促進をその責務の一つとして負っていることも多く，規制法上の措置として競争を促進するための何らかの措置を採った場合に，これが競争当局の考え方と整合的であるのか，そうでない場合にどのように対処すべきなのかという点は残ることとなる。これに関しては，競争当局が行う市場調査（market investigation）が一定の役割を果たしていると考えられ，これにつき近年のエネルギー市場調査を手がかりに検討することが本稿の目的である。

---

2) この点について舟田正之「市場支配力のコントロール――本連載を始めるに当たって」ジュリ 1327 号（2007）113 頁では，「競争（自由）か規制か，あるいは独占禁止法の適用・運用か，個別産業との競争政策か，などの二分法的な考えではない，総合的な検討が要請され」るとの指摘がなされている。

3) Trinko 事件最高裁判決（Verizon Communications Inc. v. Law Office of Curtis V. Trinko, LLP, 540 U.S. 398（2004））においては，すでに反競争的な弊害を抑止し是正するための仕組み（事業法）がある場合に，重ねて反トラスト法を適用する競争上の利点は少ない，としており，少なくとも裁判所の判断においては先行する事業法上の競争回復措置を尊重する態度を示している。

4) *See*, Competition Act of 1998, as amended by the Enterprise Act of 2002, § 46 *infra*.

## I　英国の市場調査

### 1　市場調査（Market Investigation）

　市場調査は 2002 年企業法（以下,「企業法」とする）131 条に定められており，同 1 項は,「CMA は，……英国における商品または役務の市場の 1 または複数の特徴（feature）が，英国あるいはその一部における商品または役務の供給または獲得と関連し，競争を阻害，制限，または歪曲していることを疑う合理的な理由がある場合」に行うことができるとしている（下線部のような状況が生じている場合に，Adverse Effect on Competition〔AEC〕があるとされており，以下では「反競争効果」とする）。市場調査は，従来は競争委員会（Competition Commission）により行われていたが，Enterprise and Regulatory Reform Act 2013（企業規制改革法）の制定により，競争委員会は公正取引庁（OFT）と統合され，現在は競争・市場局（Competition and Market Authority. 以下,「CMA」とする）が所管している。

　企業法 131 条 1 項に言う「特徴（feature）」とは，(a)当該市場の構造または構造の特色，(b)当該市場において商品または役務を供給し，または供給を受ける 1 または複数の者の行為（当該市場における行為かどうかを問わない），または(c)商品または役務を供給しまたは供給を受ける者の，顧客の当該市場に関する行為を意味する（同条 2 項）。

　市場の特徴が反競争効果を生じさせているかを判断する際，CMA が検討する事項は，①市場の特徴及び当該市場における競争の成果，②関連市場画定，及び，③市場における競争の状況，特に競争を阻害する特徴が存在するか，である。これらの検討は順を追ってなされるわけでは必ずしもなく，場合によって同時並行的にも行われ得る。③について，競争を阻害する特徴は，市場構造に由来する場合と市場参加者の行為に由来する場合の双方がある。ここで言う市場構造とは，集中度の高さ，高い参入障壁，競争的な設備についての共同所有，購入者の市場力，などを含む。市場参加者の行為には，作為か不作為か，

---

5) Competition Commission, *Guidelines for market investigations: Their role, procedures, assessment and remedies*（April 2013），§ 94.

意図的なものであるか，単独行為であるかを問わず，また，顧客の行動も含め，幅広い行為が含まれる。市場構造あるいは市場参加者の行為から生じる反競争効果は，主として以下の5つに関するものであるとされる。(a)市場集中を含む単独の市場支配力，(b)参入及び拡大障壁，(c)協調行為，(d)垂直的関係，及び，(e)顧客の脆弱な反応。これらの競争阻害効果を検討すると同時に，競争促進効果についても検討がなされる。

　CMA は，反競争効果があると決定した場合であって，各反競争効果に関し，措置を採ることが合理的かつ現実的であると考える場合に，(a)関連する反競争効果を改善し，緩和し，防止するために，及び，(b)消費者への悪影響が反競争効果に起因し，または起因すると予想される限りにおいて，当該悪影響を改善し，緩和し，防止するために措置を採る（企業法138条2項。以下，「改善措置」という）。改善措置としては，事業者等に対する命令と，他の政府機関等に対して行われる勧告がある。事業者等に対する命令は，企業分割等の構造措置を含む幅広い内容が含まれ得る。この命令の名宛人は，当該命令の内容に従う義務を有しており，この義務に当該事業者が違反している場合には，CMA（及び場合によっては大臣）は差止を求めて民事訴訟を提起することができる（企業法167条）。反競争効果が，規制当局の行為や政策によってもたらされるものであるような場合，CMA は関連する規制当局等に対して勧告を行うことができる。

　CMA は，措置を採る代わりに，適切であると考えられる場合には，事業者からの自発的な申し出を認め，受け入れることもできる（企業法159条）。後述する市場調査の付託がなされた日から2年以内に CMA は報告書を公表しなければならない（企業法137条）。報告書公表後6ヶ月以内（4ヶ月延長可）に，CMA は事業者からの申し出を受け入れる決定を行うか，最終決定を行わなければならない。

## 2　市場調査の付託

　市場調査は，CMA 及び規制当局，及び例外的な場合に大臣が市場調査の付託を行うことにより開始される。これら付託機関は，英国において市場の一ないし複数の特徴が組み合わさり，競争を阻害，制限，または歪曲していること

を疑う合理的な理由がある場合に付託を行う。付託を行う際には，付託機関は市場に関する検討をあらかじめ行う。多くの場合，CMA による市場スタディ（Market Study）が行われる。[7]

## II　英国のエネルギー小売市場改革

### 1　英国のエネルギー自由化
#### (1)　電力の自由化

英国において，1990 年までは国営の中央電力公社が発送電を一貫して行っており，配電は 14 の地域配電公社がそれぞれ行っていた。1989 年電気法（Electricity Act 1989）の成立により，1990 年に中央電力公社は 3 つの発電会社と 1 つの送電会社（National Grid）に分割民営化[8]，14 の地域配電公社はそのまま民営化され，当該地域の配電及び小売を行うこととなった。また，同年に 1000 kW 以上の需要家に対する小売が自由化された。1994 年には 100 kW 以上の需要家対象の小売まで自由化され，その後 1999 年には家庭用を含め全面的に小売の自由化がなされた。その後，2000 年公益事業法（Utilities Act 2000）が成立し，これにより配電ライセンスを有する事業者は小売ライセンスを有することができなくなった。

小売参入自由化後も小売料金規制は残されていたが，2000 年 4 月より順次自由化がなされていった。家庭用小売については，まず，2000 年 4 月より口座引落し（direct debit）を選択している消費者から順次自由化が進み，2002 年 4 月には，原則全面的に自由化がなされている。

---

6)　市場調査の付託を行い得る規制当局は，CMA とともに競争法を共管する規制当局であり，具体的には，Office of Communications（OFCOM），Gas and Electricity Market Authority（OFGEM），Director General of Water Service（OFWAT），Northern Ireland Authority for Energy Regulation（OFREG NI），Office of Rail Regulation（ORR），Civil Aviation Authority（CAA）である。

7)　規制分野であっても，空港管理会社 BAA に関する付託のように，CMA（当時 OFT）の市場スタディを経て付託される場合も多い。

8)　スコットランドについては例外的な措置が採られており，近年まで既存電力事業者が発送配電につき垂直統合する形でサービス提供を行っていた。

(2) ガスの自由化

　英国におけるガスの自由化は，1986 年ガス法（Gas Act 1986）の成立により本格化した。同法により，国営の独占事業者であった British Gas が民営化され，年間消費量 2 万 5000 サーム超の需要家に対する供給が自由化された。

　90 年代に入り，年間消費量 2500 サーム超の需要家に対する供給がさらに自由化され，また，British Gas の輸送部門が販売部門から会計上分離され，同社は部門制を採ることとなった。1995 年ガス法（Gas Act 1995）により，ガス事業は，卸・輸送・小売につきライセンス制となり，輸送ライセンスを取得した事業者は他部門のライセンスを得られないこととされた。さらに 1998 年には家庭用小売を含むすべての需要者に対する小売が自由化された。料金についても，電力と同様に 2002 年に完全自由化を達成している。

(3) 英国のエネルギー小売市場の特徴

　英国のエネルギー小売市場の特徴として挙げられるのは，特に電力分野に関しては寡占化の進行であろう。自由化時点での 14 既存事業者（及びガス分野での独占事業者であった British Gas グループの Centrica）が 6 事業者グループ[9]に集約されていることが大きな特徴である（以下，「6 大事業者」とする）。6 大事業者はすべて垂直統合されており，Centrica を除き，すべてその小売販売量は自らの発電で賄われているという。2008 年当時 6 大事業者は家庭用エネルギー小売市場において 99% 以上のシェアを有していた[10]。

　また，小売はもちろんのこと，発電及び送配電（ガスについては，生産・貯蔵・輸送）も含め，外資規制を行っていないことも一つの特徴として挙げられよう。6 大事業者のうち，E. ON 及び RWE npower がドイツ系事業者，EDF Energy がフランス系事業者，ScottishPower がスペイン系事業者である。

　取引面で指摘されるのが，電力とガスのセット販売，いわゆるデュアル・フュエルの浸透である。自由化当時，Centrica（旧 British Gas）が電力とガスのセット販売で大きくシェアを伸ばして以来，6 大事業者を含む多くの事業者が

---

9) British Gas (Centrica), RWE (npower), SSE, ScottishPower, E. ON, EDF Energy を指して 6 大事業者と呼ぶ。

10) OFGEM, Energy Supply Probe, October 2008.

デュアル・フュエルを提供している。一般家庭にとっては電力及びガスを別個に契約するシングル・フュエルよりもむしろ一般的であると言ってよい。

(4) エネルギー小売市場に関する調査

ガス及び電力小売料金完全自由化直後は、エネルギー市場は競争的であると評価されていた。自由化2年後の2004年4月にOFGEMが公表した調査結果によれば、需要者の取引先変更率は高く、競争の導入によりすべての需要家がメリットを享受しているとされていた。

2005年、価格自由化後初めて小売価格の値上げが既存事業者により行われ、2006年にはすべての小売事業者が値上げを行った。これは卸売価格の大きな上昇を受けてのもので、競争が行われなくなったことを原因とするものではないとされており、OFGEMは当時、競争は活発に行われていると評価していた。2007年には、EU委員会がEnergy Sector Inquiryを公表しているが、その中では英国における電力市場は最も競争が活発であると評価されている。[11]

しかしながら、エネルギー事業者による価格引上げがなされ、市場が効率的に機能していないのではないかという批判が社会的に広くなされるようになった。[12] OFGEMは毎年小売市場に関する競争評価を公表してきていたが、2008年にもこの批判に対応した調査が行われている。その報告書においてOFGEMは市場での競争は機能しているとしたが、エネルギー小売市場について6大事業者による協調的関係などいくつかの懸念を初めて示した上で複数の提案を行っている。[13]

---

11) EU Commission Staff Working Document, Accompanying Document to COMMUNICATION FROM THE COMMISSION TO THE COUNCIL AND THE EUROPEAN PARLIAMENT, Prospects for the internal gas and electricity market (COM (2006) 841 final) -Implementation report, 01/10/2007 (SEC (2007) 12).

12) 例えば、The Independent, *British Gas tries to defuse profits anger* (February 22, 2008), available at http://www.independent.co.uk/news/business/news/british-gas-tries-to-defuse-profits-anger-785092.html。

13) OFGEM, *supra note 10*.

## 2 小売市場改革（Retail Market Review）

2008年の調査における提案を受け，OFGEMは2010年後半にエネルギー小売市場に関する調査を新たに開始した。OFGEMはいくつかの問題については改善が見られるものの，顧客の取引先変更行動との関係では多くの問題が残っており，特に以下の3点が問題であるとした。

① 多数の料金プランがあり，その多くは複雑な構造及び割引を有するものである。これにより，多くの消費者にとって市場に参加することが魅力的でなくなっており，また，消費者が各自にとって最善の選択を行うことを困難にしている。

② 小売事業者から消費者に提供される情報のギャップ及び明確性の欠如により，消費者が市場に参加することに消極的になり，また，市場における選択肢を評価するために必要なすべての情報を得られないことにつながっている。

③ 信頼性の欠如及び小売事業者の低いパフォーマンスにより，市場へ参加することについての消費者の信頼性がさらに低くなり，他の消費者が参加しないことにつながっている。

2012年11月，大臣はEnergy Billを提出し，それに基づき最終的な制度変更の提案が2013年3月に行われ[14]，2013年以降順次，上記①～③の問題に対応する以下(1)～(3)の改革によりライセンス条件の変更が行われている（この改革を以下，「RMR改革」とする）[15]。この改革の内容は「Simpler, Clearer, Fairer」というタイトルで呼ばれている。

### (1) Simpler

小売事業者が提供できる基本料金プランの種類を，メーターの種類またはモードごとに4つまでに限定することとした。小売事業者は基本プランごとに，支払方法，オンラインアカウント管理割引，デュアル・フュエル割引についての選択肢を提供し，顧客に対してバンドル割引を提供することもできる。

また，料金を単純な2部構成とする（例えば，基本料金及び電力量料金）こと

---

14) OFGEM, *The Retail Market Review-Final Domestic Proposals*, March 2013.
15) (3)については2013年6月より，(1)(2)については2014年4月より，ライセンス条件の変更により施行されている。

| エネルギー | core tariff | → | オフライン／オンライン | → | 支払手段別 | |
|---|---|---|---|---|---|---|
| 電力 | 4 | 各基本プランはオンイン／オフライン双方で提供可能 | 8 | 各支払手段のコストを反映した変更 | 24 | プラスデュアル・フュエル割引，バンドル割引の反映（全基本プラン） |
| ガス | 4 | | 8 | | 24 | |
| 計 | 8 | | 16 | | 48 | |

出典：OFGEM, Retail Market Review-Final Domestic Proposals, March 2013.

が義務付けられ，小売業者は，異なる消費量レベルによって基本料金や電力量料金を変えるような複雑な料金体系を提供することは認められないこととされた。割引，セット販売，ポイントについても消費者が理解しやすいようにシンプルなものとされ，割引の前払いや忠誠率割引は認められなくなった。

さらに，契約変更を行わない顧客の保護のため，新規に顧客が選択不可能な料金プラン（dead tariff）であってかつ高い料金プランの顧客を，最も安いプランに移行させることが義務付けられた。

(2) Clearer

消費者が確実に自らの契約プランや内容を理解するために，情報提供について以下の義務が小売事業者に課されることとなった。①代替的プランについての認知度を高めるための義務（有利なプランについての情報提供や比較ツール「料金比較レート」の創設等），②適切な情報へのアクセス改善のための義務（過去12ヶ月の電力消費量等情報を請求書等に含めること，簡易な用語を使用すること等），③代替的プランの評価・選択を可能とするための義務（次年度予想コスト算出ツール「Personal Projection」，標準化フォーマット「Tariff Information Label」創設等）。

(3) Fairer

2008年のOFGEMによる調査結果を受けて，小売事業者による自主的な行為規範（standards of conduct）が策定されたが，その後も小売販売において様々な問題が生じたため，新たな行為規範を拘束性のあるライセンス条件の一部とすることとした。

## Ⅲ　OFGEM及びOFTによる市場調査付託

### 1　市場評価報告書

　OFGEMはRMR改革の一環として市場の状況をフォローすると述べていたが，この頃には電力制度及び事業者に対する社会的批判が一層激しくなっていたこともあってか，エネルギー・気候変動大臣の指示により，2013年11月，OFTはCMAと共同でエネルギー小売市場の競争評価を行うことで合意をし，2014年3月27日，市場評価報告書を公表した。[16]報告書の概要は以下の通りである。

(1)　**市場の状況**
（i）　価格及び利潤は上昇
　電力市場での6大事業者の市場シェアは調査期間中11～25％となっている。小売事業者の既存地域でのシェアは全体のシェアと比較してかなり高くなっている。近年の小規模事業者は増加しているが牽制力を獲得できるかは未知数である。
　取引先変更による価格低下の可能性があるにもかかわらず，2008年以降継続して変更率は下降している。また，多数の顧客が取引先変更を全くあるいはあまり行っていない。
（ii）　顧客による信頼性欠如
　信頼性のレベルは，期待とは程遠く，また，悪化している。満足していない消費者の割合は，基本的サービスを提供する事業分野では異例の高さである。
（iii）　固定的に隔絶された市場の存在
　顧客層ごとに料金が異なり，特に既存の事業者から購入している顧客にはより高い料金が課されている。顧客ごとのコストの違いはこの価格差に見合わない。

---

16)　OFT, Ofgem and CMA, *State of the Market Assessment* (March 2014).

(2) 市場の特徴
 (i) 市場の細分化
　6大事業者は既存地域で不均衡に高いシェアを有しており，その顧客の多くは自由化以来取引を変更していない顧客である。これらの多くがシングル・フュエルのプランを選択しており，取引先変更により節約できるにもかかわらず他の顧客より高い価格を支払わされている。したがって小売事業者が既存地域の顧客に対し支配力を及ぼし得る。反対に，固定的な価格プラン，あるいはオンラインのような新しい価格プランについては，かなりの程度の競争が認められ，それが低価格につながっている。
 (ii) 黙示の協調的行動
　エネルギー市場の多くの特徴（市場集中度の高さ，企業構造・商品・コストの類似性，参入障壁の大きさ等）が黙示の協調的行為を助長する。2008年の調査においても，協調的戦略が採られているという直接の証拠が挙げられており，これは必ずしも競争法の積極的な違反行為ではなく，また意図的なものではないが，競争を減殺する効果を持ち得る。
 (iii) 参入及び事業拡大への障壁
　ヒアリングの結果，小売事業者が購入を開始する前に多額の保証金を要求されたり，卸市場の流動性が低いこと，ライセンスだけでなく行動規範により制約を受けること，一定の社会的環境的義務負担に加え，規制変更，政治的・報道上の審査，及びネガティブな報道の可能性が高いこと，等が参入及び事業拡大への障壁となっている。
 (iv) 垂直統合
　垂直統合は，英国電力市場の特徴であり，6大事業者は発電量の約70％を直接所有している。ガス市場にはそのような特徴はない。垂直統合は変化しやすい卸売価格に対する経済的ヘッジやバランスリスクに対するヘッジを提供するだけでなく，資金調達コストを減らすことができる。このことは，低価格及び安定供給により消費者に多くの利益をもたらす。しかし，卸売市場における流動性の低さは参入障壁及び事業拡大の妨げにもなる。OFGEMの流動性改革はこの点に焦点がおかれているが，効果については評価が分かれている。
　これらの要因の衡量は詳細には行わないが，その検討が必要ないと言い得る

ほどそのメリットが大きいとは言えない。

(v) 消費者からの圧力の弱さ

プラン及び事業者変更可能性についての認識は一定程度高まってはいるが，最善のメニューを評価し見定めるための障害があることが調査でも明らかとなった。プロセスの複雑さや結果への不満など，消極的な理由で変更しない消費者が一定程度存在する。また，小売業者に対する総合的な満足度及び信頼も低下している。

このように，電力小売市場においては，消費者の取引先変更が少なく競争圧力が弱いことが重要な特徴となっており，この特徴は近年強まっている。

### 2 市場調査付託

上記市場評価に基づき，2014年3月にパブリックコメントにかけられた後[17]，OFGEMは市場調査の付託を2014年6月26日に行った[18]。付託決定においては，小売市場に限定することなく，英国におけるエネルギー市場全体に関し調査の付託が行われている。

## IV 英国エネルギー市場に関する市場調査

### 1 市場調査の概要

市場調査付託を受け，2014年7月1日に調査を担当するMarket Investigation Reference GroupがCMA内で任命され，2015年7月7日に中間報告書及び措置案が公表された。その後，2015年9月21日に調査期間延長が決定され（当初期限2015年12月25日が2016年6月25日に延長），2016年6月24日に最終報告書（以下，「報告書」とする）が公表された[19]。

報告書は，本件市場調査の目的を3つ挙げている。①競争上の問題が存在す

---

17) OFGEM, *Consultation on a proposal to make a market investigation reference in respect of the supply and acquisition of energy in Great Britain* (March 2014).

18) OFGEM, *Decision to make a market investigation reference in respect of the supply and acquisition of energy in Great Britain* (June 2014).

19) CMA, Energy market investigation Final Report (June 2016).

る場合にはそれを特定し，これに対して強力な競争回復措置を提示すること，②一般的な関心あるいは政治的議論の対象となっている点であって，検討の結果問題のない点については，規制を行うことが正当化されないと考える理由を説明すること，③将来に向けて強力な規制体制を構築することを助けることにより，不安定さを減少させること。

報告書は，検討の対象となる関連市場として，英国における卸電力市場及び卸ガス市場，英国における家庭用顧客への電力小売及びガス小売，英国における零細事業者を含む中小事業者への電力小売及びガス小売の6つを画定した上で，検討を行った。

その結果として，ガス卸売市場に関しては，反競争効果を生じるいかなる特徴も見出せず，また，電力需要者への供給コストの約半分を構成する電力卸売価格についても，構成事業者が搾取的な価格設定を行い得るという証拠はなく，コストを反映したものとなっていたと述べる。

小売市場においては，6大事業者以外の参入者が増加し，調査時にはこれら参入者のシェアがガス及び電力市場双方において約13%と自由化以来最高値となっていると述べた上で，6大事業者の垂直統合による反競争効果の証拠は見出せなかったとする。垂直統合は統合事業者に穏やかな利点をもたらしているが，近年6大事業者のうち2社が発電及び小売事業を切り離す決断を行ったことからも，独立の発電事業者及び小売事業者が効果的に垂直統合事業者と競争し得ることが判明した，とし，上記の点については基本的に問題がないとしている。

その上で，以下の3つの点に関して反競争効果が認められるとした。①小売エネルギー市場の需要サイド，特に，多くの顧客について，市場への参加が消極的であり，これによって小売事業者が高価格をつけることにより搾取することが可能となっていること，②卸売市場及び小売市場の供給サイドについて，

---

20) この点が反競争効果とされたことについては異論もある。例えば，取引先変更率自体は市場が競争的であることとは無関係であること，転換コストが高い市場においては新規参入者は新たな顧客を求めて低価格で販売せざるを得ないのであり，価格差があることは，競争が「ないこと」の証拠ではなくむしろ「あること」の証拠なのではないか，との指摘がある。Frank Maier-Rigaud, Sean Gammons & George Anstey, *The UK Energy Market Investigation: A Desparate Search for Evidence of a Lack of Competition?* (2013).

特に，規制及び技術的な制限の組み合わせが消費者にとって害悪となっていること，③広い意味での規制枠組が，消費者の利益となる政策及び規制の適時の発展を阻害していること。

上記の様々な反競争効果により，消費者に重大な損害が生じているとされる。CMAの試算によれば，2012年から2015年までの間，市場が良好に機能していた場合と比較して，家庭用顧客全体として年間平均14億ポンドの損失を被り，2015年にはその損失が20億ポンドにも達するとされており，特にプリペイドの顧客については損失が大きいことが示されている。

最終的に，上記反競争効果に対応するために，事業者に対する命令及びOFGEM及びエネルギー・気候変動省への勧告の組み合わせによる30以上の措置が公表された。この措置は，非常に広範で詳細なものであり，長期的に効果を生じる抜本的な措置のみならず，プリペイドの顧客に対するプライスキャップの再導入の勧告などの暫定的な措置も含まれる。

### 2 RMR改革に関する評価

OFGEMが行ったRMR改革については，前述1②における小売市場の供給サイドに関する規制上の制限として問題であるとされ，報告書では以下のように評価されている。[21]

2010年に開始されたRMR改革の目的は，小売エネルギー市場における消費者の参加の促進により，顧客による取引先変更という競争圧力を改善することであるとされている。しかし，RMR改革の一部であるSimplerは，競争を歪め消費者厚生を低下させるような形で小売事業者の行動を制約し，顧客の選択を制限するものである。

CMAが行った調査の結果も芳しいものではなかった。契約事業者変更などの消費者の直接的行動の面でも，料金の複雑さに関する意識などの認識面でも，顧客の関与が大きく改善したという証拠はほとんど見当たらなかった。4種類の料金ルールについては，それが長期的に顧客の関与を改善するか疑問である。というのは，小売事業者の数を考慮すれば，市場において最も安い料金を見つ

---

21) CMA, *supra* note 19, 9.477 *infra*.

けようとする顧客は，同ルールが存在するか否かにかかわらず，比較ツールである標準化フォーマットに頼らざるを得ないからである。

　他方，4種類の料金ルールには競争に悪影響があることが懸念される。同ルールの導入により，6大事業者は，低使用量の顧客向けプランなど革新的なプランを含む多くの料金プランや割引を廃止し，料金構成を変更せざるを得なかった。これにより，少なくとも顧客の一部の状況は悪化したと考えられる。この4種類の料金ルールは，小売事業者が競争及びイノベーションを行う能力，及び消費者に利益をもたらすような商品を提供する能力を制限するものである。特に，長期的な観点で見た場合に，RMR改革がスマートメーターをめぐるイノベーションを阻害し得ることが懸念される。

　より一般的には，RMR改革は，小売事業者がより低額な料金プランや割引を提供することにより競争を行う能力及びインセンティブを制限することにより，価格競争を阻害するものであると考えられる。また，Simplerによって，PCW（ブローカー）が低価格で顧客に電力を提供するために小売事業者と価格につき交渉すること，自らのコミッションを原資とするキャッシュバックを提供することも不可能となった。RMR改革は，顧客をめぐるPCW間の競争がエネルギー料金に与える圧力を減殺している。

　結論的に，RMR改革のSimpler部分は，反競争効果を生じる英国エネルギー小売市場の特徴の一つであるとされ，解消措置としてRMR改革のうちSimpler部分の撤回が勧告された[22]。

## V　検　討

### 1　Simplerの目的及び評価

　RMR改革は，複雑な構造を有する多数の料金プラン及び割引の存在，小売事業者及び消費者の間の情報ギャップ及び明確性の欠如，小売事業者に対する信頼性の欠如等の，当時エネルギー市場に関して明らかとなった問題点に対応するために行われた。その中で，料金プランの膨大さ及び複雑性に割引の存在

---

22)　CMA, *supra* note 19, 12.356 *infra*.

も加えると,消費者にとってはどのプランが適切なのか理解することが困難であり,他の要素も加わって,事業者及びプランを変更する消費者の割合が多いとは言えない状態であること,それによって,本来小売事業者間の競争を促進するはずの消費者からの競争圧力が働かなくなっており,消費者,中でも標準料金プランで契約を行っている社会的に弱者とされる層に悪影響が及んでいる状況を改善するために,Simpler の改革は導入されたものである[23]。

これに対して,CMA は報告書において,Simpler の期待された効果に疑問を呈している。各社が最大 48 プラスアルファのプラン数に削減するとしても,市場には多くの事業者がおり,消費者にとって一見して比較できるものではないこと,そして,実際にも消費者の契約変更率が高まったという証拠は出てきていないことを指摘し,反対に,Simpler が競争に与える悪影響を懸念した。報告書は,Simpler が適用されることにより各社が 4 つの基本プランしか維持できないのであれば,多くの消費者が好むようなプランを残すことになると考えられ,であるとするならば,比較的少数の顧客をターゲットとしたユニークなプランを提供することが行われなくなり,消費者の選択肢が減少し競争に悪影響を与えると述べている。

この悪影響について OFGEM が事前に考慮しなかったことが本件の結論を招いたわけでは必ずしもない。RMR 改革に先立って行われた影響評価においては,Simpler の影響の一つとして,事業者が従来提供してきた最も有利なプラン及び最も不利なプランを撤回することにより,従来最も不利なプランを提供されてきた消費者がメリットを受ける一方で,最も有利なプランを享受してきた消費者が不利益を被ると述べられている[24]。しかし,不利益を被り得る層である敏感な消費者にとっても,需要者からの圧力により価格全体が引き下がれば長期的にメリットがあると述べられており,小売事業者にとっても既存事業者が細分化された一部需要者向けに大きく値下げをすることができなくなるた

---

23) 自由化された市場において,消費者に提供されるプランが複雑で理解されにくく市場の競争阻害要因ともなることは,電力市場にのみ妥当する現象ではない。わが国においては,電気通信分野において提供されるサービス及びプランの内容が消費者に理解されにくいとして議論が行われ,様々な提案がなされている。例えば,総務省「CS 適正化イニシアティブ──スマートフォン時代の電気通信サービスの適正な提供を通じた消費者保護」(2013 年 7 月) 参照。

24) OFGEM, *supra* note 14.

めに参入及び拡大が容易になると述べられている。また，Simpler がイノベーションを妨げるという主張に対しても，OFGEM は，この改革は消費者が最も安価なプランを認識しやすくするものであって，単純化された市場においてもイノベーションは可能であるし，懸念されているスマートメーターの普及に向けてのイノベーションも，スマートメーター向けに選択肢を提供できるために（4種類までではあるものの），これを妨げるものではないとしている[25]。

　結局，この最後の点の評価が OFGEM と CMA の結論の違いとして現れた最大の要因であると思われる。OFGEM は4種類という限られた範囲の中でスマートメーター向けを含めたイノベーションは可能であるとしたのに対し，CMA はいわゆるニッチ商品を展開できなくなることによるイノベーションへの影響を重視している[26]。そして，仮に，消費者の状況が変わらないとしても（つまり Simpler による利益が少ないとしても）他の改革を含めて考慮すると利益の方が大きいと OFGEM は評価していたのに対し，CMA の調査時にはすでに Simpler をもってしても変更率に大きな変化がなかったという結果がある程度出ていたことも影響していたとも思われる[27]。また，CMA は特定の顧客層の状況の変化について特に考慮に入れているとは思えないが，OFGEM は社会的に脆弱な層が多い標準プランの顧客が利益を得ること，すなわち，競争圧力改善のための措置と述べつつも，競争上の観点と言うよりはむしろ社会公共的な観点をより強調していることや，勧告を見る限り，CMA は消費者に対する情報の明確化や，OFGEM により管理される固定的な顧客についてのデータベースへのアクセス（オプトアウト可）等，より競争制限的でない手段で対応することが可能であると考えていた点も，Simpler の評価に違いを生じた要因であったと思われる。

---

25) Id. §4.62。
26) 学説上も，CMA と同様の立場での Simpler に対する有力な批判があった。例えば，Stephen Littlechild, *A response to OFGEM's consultation on its Retail Market Review-Updated domestic proposals* (2012).
27) RMR 改革のパブリックコメント段階で OFT が反対意見を表明していないことから，導入当初は必ずしも OFT が反対していたとは言えず，実際に変更率に影響がでていないことが重要な要因だったとも言える。

## 2 解消措置における勧告の効力及び規制当局に与える影響

上述のように，CMA は事業者に対する命令を行うこともできる一方で，他の政府機関や公的機関等に勧告を行うこともできる。命令とは異なり，勧告は相手方に対する拘束性は有しないが，英国政府は自らに対して勧告が行われた場合には，CMA の最終報告書の公表から 90 日以内に対応することを表明しており[28]，また実際にそのような対応がなされてきている。

例えば，2011 年 12 月に公表された地域バス事業に関する市場調査の最終報告書においては，全国で約 1245 社あるバス会社のうち大手 5 社が乗車人数で 70％ のシェアを占めており，英国の多くの地域において大手同士の競争が行われていないため，消費者は低頻度の運行回数や高料金といった不都合を受けざるを得ない状況となっていることが認定されている[29]。そして，新規参入者に対して合理的な条件での停留所へのアクセスを認めることなどの，事業者に対する命令に加え，運輸省に対しては，地域の交通所管当局に対してベストプラクティスガイダンスを更新することを提案し，同様にスコットランド及びウェールズ政府に対しても顧客が対価に対して最大のサービスが得られるように地域所管当局に対して適切なガイダンスを提供することを提案している。また，地域の所管当局に対しては，地元における競争の活性化のために自らとバス事業者の間で協働する可能性を検討することなどを勧告している。これを受けて，英国政府は，同年から次年度にかけスコットランド及びウェールズ政府と共同して，地域の所管当局のためのベストプラクティスガイダンスを作成することを含む，自らに対するすべての勧告への対応を行う旨を 2012 年 3 月に公表をしている[30]。

また，2009 年 3 月に公表された，空港所有会社 BAA の空港市場に関する市場調査における最終報告書においては[31]，BAA がイングランド南東部及びスコットランド南部において複数の空港を所有していることにより，空港間の競

---

28) Dept. of Trade and Industry, *The Enterprise White Paper, A World Class Competition Regime* (July 2001), Cm 5233.

29) Competition Commission, *Local bus services market investigation, A report on the supply of local bus services in the UK (excluding Northern Ireland and London)* (Dec. 2011).

30) UK Department for Business Innovation & Skills, *Government Response to the Competition Commission's Report "Local Bus Services Market Investigation,"* (March 2012).

争が存在せず反競争効果が生じていると認定され，競争委員会は，BAA に対してイングランドの Gatwick 及び Stansted，スコットランドの Edinburgh か Glasgow いずれかを売却することを命じた。それに加えて，依然として BAA が所有することとなる英国のハブ空港としての Heathrow に関し適切な投資が行われていない点について，BAA 及び航空会社の間でコンサルテーション手続きが十分になされるためのイニシアチブを取るよう，民間航空局（CAA）に勧告がなされた。また，運輸省に対しては，長期的な政策形成において同命令における売却の影響を考慮に入れることが勧告され，また，規制の硬直性が競争阻害要因となっていることからこれを柔軟化することが勧告された。これに対し，運輸省はこの勧告内容を反映する形で新たな規制を導入し，Civil Aviation Act 2012 として法制化を行い，CAA に空港の経済的機能につき専属的な権限を与えた。また，空港事業にライセンス制を導入することにより CAA がより柔軟な規制を行い得るようになった。

　このように，これまで規制分野に関して市場調査が行われ，規制当局に対し勧告が行われた場合には，当該当局は当該勧告に従って行動をとっている。従来問題とされたのは，地域バス市場の件における運輸省によるガイダンスの欠如であったり，BAA の件における民間航空局の調整不足のように制度不備や当局の不作為により競争が機能していなかった場合や，BAA の件で問題とされた運輸省による滑走路の建設計画のように他の政策目的への考慮から当局が採用した政策が競争を阻害している場合がほとんどであった。これに対し規制当局が，規制法に基づくものではあるが主として競争促進の目的で採った措置が正面から否定され，それを撤回するように勧告がなされたのはおそらく本件における Simpler の撤回に関するものが初めてである。

　この勧告を受けて，OFGEM は 2016 年 8 月 3 日にプレスリリースを公表し，最終報告書の勧告に従い必要な措置を採ることを明言した。このうち，Simpler の撤廃についてはこれを内容とするライセンス条件変更に関し同日パブ

---

31) Competition Commission, *BAA Airport Market Investigation, A Report on the Supply of Airport Services by BAA in the UK* (March 2009).
32) BAA はこの命令につき，Court of Appeal に控訴したが棄却されている。
33) OFGEM, *Implementing the Competition & Market Authority（CMA）remedies*（Aug. 2016）.

リックコメントにかける旨正式に公表している。市場調査における Simpler の評価については事前に CMA との間で意見調整が行われており，OFGEM は同年4月段階ですでに Simpler に関するライセンス条件については積極的に規制を行わない旨を公表していた。Simpler は提供料金プランの数の制限等の大きな改革であったが，わずか2年足らずで撤廃され，再び制度変更がなされることとなる。

　英国における市場調査は，第一義的には競争が充分に機能していないと考えられる市場に関して調査を行い，それに対して命令及び勧告の形により可能な解決策を示し，競争を回復することをその目的とするものであると考えられている[34]。規制分野に関して市場調査が行われた場合には，競争阻害要因となる規制制度や規制法上の競争維持以外の目的で行われた措置について，その撤廃や変更を勧告するのみならず，競争維持の目的のために行われた規制法上の措置であっても，それが競争当局の専門的な見地からその目的に適っていないと考えられる場合には，その旨の指摘を行い是正を求めるものである。この意味で，規制法上も競争維持をその任務の一つとして掲げている規制当局と競争当局の間で，競争に関する見解やそれを維持するための手段についての見解が一致しない場合にも，2者の見解を調整するための一つの重要な機会として市場調査及びそれに基づき行われる勧告が機能しており，エネルギー分野に関する市場調査はそれを示す好例であると考えられる。さらに，規制市場における競争の維持はそれぞれの市場の特徴を踏まえた上で達成される必要があり，その要請を踏まえつつ両者の見解を調整するためには，単に最終報告書における解消措置の勧告だけではなく，最終報告書に至るまでに行われる CMA と対象当局との調整のプロセス及びその後に採られる措置に関する両者のコミュニケーション[35]が重要であると考えられる。その意味で，市場調査は当該市場の競争を回復するという直接的な役割以外にも重要な役割を担っていると考えられる。

---

34) Richard Whish & David Bailey, Competition Law (7th Ed.), p 451.
35) 関係当事者からの意見聴取は調査の初期段階から行われる。*See*, Competition Commission, *Guidelines for market investigations: Their role, procedures, assessment and remedies*（April 2013），§65.

## おわりに

　以上では，CMAが行う市場調査の果たす役割について，近年のエネルギー市場調査を手掛かりに見てきた。同市場調査の最終報告書本体は，それ自体1400頁を超える大部なものであり，本件のテーマ及び紙幅との関係でRMR改革のSimpler部分のみしか取り上げることはできなかった。それは報告書の中の一部でしかなく，その他に垂直統合についての評価やエネルギー・気候変動省とOFGEMの所管関係など踏み込んだ部分についての評価など多岐にわたり取り上げられ，また，解消措置についてもプライスキャップの再導入など非常に興味深い措置が提示されている。これらについての検討は他日を期したいと考えている。

# 地域医療法人の連携促進に伴う競争政策上の課題に関する一考察
―― 地域医療連携推進法人制度を中心に

佐 藤 吾 郎

Ⅰ　はじめに
Ⅱ　地域医療提供体制の法的枠組み
Ⅲ　地域医療法人の連携促進に伴う競争政策上の課題
Ⅳ　おわりに


## Ⅰ　はじめに

　近時，医療機関相互の機能の分担及び業務の連携は，重要な政策課題である。医療機関相互の機能の分担及び業務の連携を促進するための一つの手段として，平成27年医療法改正（第7次医療法改正）によって，地域医療連携推進法人制度が創設された。

　医療介護提供体制の再構築に関する政策論の過程において，「競争から協調へ」というスローガンが強調されてきた。従来の自由開業制度を前提とした個々の医療法人をプレーヤーとする自由競争から，医療機関相互の機能の分担及び業務の連携を図っていく趣旨と理解することができる。

　従来，医療分野に対する独禁法が適用された著名な判決として，事業者団体による診療科，開設の制限が問題となった観音寺医師会事件があるが[1]，当時とは，医療提供体制の法的枠組み，医療機能の分担，連携の必要性の程度，実施主体が異なる状況にある。医療分野においては，社会的規制における一分野と

して，規制と競争のバランスが問われる。医療サービスの提供主体（経営主体）の組織再編（多様化）により，医療法人制度に求められる機能は変化せざるをえない。[2] 地域完結型医療提供体制における連携を促進するための組織（医療法人）改革において，競争政策上，どのような課題があるだろうか。

このような問題関心から，本稿では，まず，地域医療連携推進法人制度の地域医療提供体制における位置づけを明らかにするために，地域医療提供体制の法的枠組みの概要を示したうえで，医療法人の連携を促進するための制度である同制度導入に伴う競争政策上の課題に関する若干の考察を行う。

## II　地域医療提供体制の法的枠組み

### 1　医療介護総合確保推進法による地域医療提供体制の構築

地域における医療及び介護の総合的な確保を推進するための関係法律の整備等に関する法律（以下，「医療介護総合確保推進法」という）は，平成26年6月18日に成立し，同月25日に公布された。[3] 医療や介護をはじめとする社会保障制度の改革は，社会保障と税の一体改革の議論の中で本格化したものである。自民・公明・民主の三党合意に基づき，社会保障制度改革推進法（以下，「改革推進法」という）が，平成24年8月10日に成立し，同月22日に公布された。平成24年11月30日からは，社会保障制度改革国民会議が改革推進法に基づき設置され，翌平成25年8月6日に報告書（以下，「国民会議報告書」という）が取りまとめられた。国民会議報告書には，医療や介護を地域において総合的に確保するという考え方が記載されており，「高度急性期から在宅介護までの一連の流れにおいて，川上に位置する病床の機能分化という政策の展開は，退院

---

1) 観音寺医師会事件東京高裁判決（東京高判平成13・2・16判時1740号13頁）。本件の評釈として，根岸哲・判評512（判時1755）号（2001）2頁，和田健夫・NBL 719号（2001）33頁，泉水文雄・独禁法審決・判例百選（第6版，2002）4頁，江口公典・経済法判例・審決百選（2010）80頁，石田道彦・社会保障判例百選（第4版，2008）72頁参照。
2) 医療法人制度を包括的に検討した研究として，石田道彦「医療法人制度の機能と課題」社会保障法研究4巻（2014）3頁参照。
3) 平岡敬博「法令解説　患者の状態に応じた医療と介護を地域で安心して受けられる基盤の整備：地域における医療及び介護の総合的な確保を推進するための関係法律の整備等に関する法律」時の法令1966号（2014）4頁参照。

患者の受入れ体制の整備という川下の政策と同時に行われるべきものであり，また，川下に位置する在宅ケアの普及という政策の展開は，急性増悪時に必須となる短期的な入院病床の確保という川上の政策と同時に行われるべきものである」と提言されている。国民会議報告書の提言内容をふまえ，社会保障制度改革の全体像や進め方を明らかにするための「持続可能な社会保障制度の確立を図るための改革の推進に関する法律」（以下，「社会保障改革プログラム法」という）が，平成25年12月5日に成立し，同月13日に公布されている。現行の医療提供体制を基礎づける医療介護総合確保推進法は，社会保障改革プログラム法に基づく措置として，患者がその状態に応じた医療や介護を地域で安心して受けられるよう，2025年に向けた医療や介護の基盤整備を進めることを目的とする法律である。医療介護総合確保推進法は，「効率的かつ質の高い医療提供体制」と「地域包括ケアシステム」の構築により，地域における医療と介護を総合的に確保するため，医療法や介護保険法等の関係法律を改正するものであり，地域における医療と介護の総合的確保，効率的かつ質の高い医療提供体制の構築，地域包括ケアシステムの構築と持続可能な介護保険制度の構築を三つの柱としている。

## 2 病床機能報告制度と地域医療構想

　病床の医療機能の分化・連携を進めるため，①病床機能報告制度によって医療機関から報告される情報と，都道府県が策定する地域医療構想により，地域の医療提供体制の現状と医療機能ごとの将来の病床数の必要量を明らかにしたうえで，②これらの内容を地域の医療機関等で共有し，「協議の場」において協議を行いながら，医療機関の自主的な取組みを通じて地域医療構想の達成を目指すことにしている。

　病床の医療機能の分化・連携を推進するにあたっては，まず，地域において，それぞれの医療機関が担っている医療機能の情報を都道府県が把握し，分析することが必要である。このため，医療法改正により，病床機能報告制度を創設し，一般病床または療養病床を有する機関は，①その病床で担っている医療機能（高度急性期機能，急性期機能，回復期機能，慢性期機能のいずれか）の現状と，②今後の医療機能の予定のほか，③患者に提供している医療の内容等を都道府

県に報告することとしている（医療法30条の12。平成26年10月1日施行）。また，病床機能報告制度は，地域医療構想を策定するうえで必要な情報を収集する手段であり，病床の医療機能の分化・連携を推進するうえで重要であることから，報告義務を負っている医療機関が報告をしなかった場合等には，①都道府県知事は，当該医療機関の開設者に対し，報告を行うよう命令することができ（同法30条の12第2項），②この命令に従わないときには，都道府県知事はその旨の公表をすることができる（同条3項）ほか，30万以下の過料に処することとされている（同法75条の3）。

　都道府県は，地域の医療需要の将来推計や病床機能報告制度により医療機関から報告された情報等を活用し，二次医療圏等ごとに，各医療機能の将来の病床数の必要量のほか，2025年に目指すべき医療提供体制を実現するための施策を定めた「地域医療構想」を医療計画において策定することとしている（医療法30条の4第2項7号。平成27年4月医療計画策定開始）。地域医療構想の達成にあたっては，まずは，医療提供体制の現状と2025年に目指すべき医療提供体制について，地域の都道府県等の行政関係者のほか，医療機関や医療保険者等，あるいは住民を含めて共有することが議論の出発点である。このため，都道府県は，こうした者との「協議の場」を設置し（同法30条の14第1項），医療機関等による自主的な医療機能の分化・連携を図ることを基本としている。一方で，協議の場が機能しなくなり，医療機関の自主的な取組みだけでは機能分化・連携が進まない場合等は，都道府県知事は，医療審議会の意見を聴いて，地域で不足している医療機能を担うことを要請（公的医療機関等には指示）する措置等を講ずることができることとしている（同法30条の15～30条の18）。

## III　地域医療法人の連携促進に伴う競争政策上の課題

### 1　地域医療連携推進法人制度創設の経緯

　医療提供体制改革の基本的な考え方を示した国民会議報告書は，医療法人制度・社会福祉法人制度の見直しについて，「地域における医療・介護サービスのネットワーク化を図るためには，当事者間の競争よりも協調が必要であり，その際，医療法人等が容易に再編・統合できるよう制度の見直しを行うことが

重要である」と指摘し，制度改革の一例としてホールディングカンパニー型が提示された。また，平成26年6月に閣議決定された「日本再興戦略（改訂2014）」では，「地域内の医療・介護サービス提供者の機能分化や連携の推進等に向けた制度改革を進め，医療・介護サービスの効率化・高度化を図り，地域包括ケアを実現する。このため，医療法人制度において，その社員に法人がなることができることを明確化したうえで，複数の医療法人や社会福祉法人等を社員総会等を通じて総括して，一体的な経営を可能とする『非営利ホールディングカンパニー型法人制度（仮称）』を創設する」として，新制度創設に向けての本格的検討が開始された。平成26年1月には，安倍首相が，ダボス会議において，「日本にも，メイヨー・クリニックのような，ホールディングカンパニー型の大型医療法人ができてしかるべき」と発言したことから，議論が始まった当初は「大病院がグローバルで力を発揮するための仕組み」とのイメージが強調された。

　実際には，社会医療審議会における「医療法人の事業展開等に関する検討会」において議論され，平成26年2月，地域医療連携推進法人の仕組みを盛り込んだ報告書を公表し，同報告書をベースに，医療法改正案が作成され，同年9月改正医療法が成立した。[4]

　前述のように，平成26年に成立した医療介護総合確保推進法に基づき，各都道府県において，地域医療構想の策定が進められ，医療提供体制の整備を図ることとされている。そのための一つの選択肢として，地域の医療機関相互間の機能の分担・業務の連携を推進し，質の高い医療を効率的に提供するための新たな法人制度を創設することが必要であり，さらに，医療の公共性に鑑み，医療法人の経営の透明性を一層高める等の必要から，医療法が改正された。その内容は，医療機関相互間の機能の分担及び業務の連携を推進するため，地域医療連携推進法人の認定制度を創設するとともに，医療法人について，貸借対照表等に係る公認会計士等による監査，公告等に係る規定及び分割に係る規定を整備する等の措置を講ずることを二つの柱とする。

---

4) 医療法人の事業展開等に関する検討会「地域医療連携推進法人制度（仮称）の創設及び医療法人制度の見直しについて」（平成27年2月9日）。

## 2 地域医療連携推進法人制度の概要[5]

### (1) 目　的

　医療機関相互間の機能の分担及び業務を推進し，地域医療構想を達成するための一つの選択肢として，地域医療連携推進法人の認定制度を創設し，これにより競争よりも協調を進め，地域において質が高く効率的な医療提供体制を確保することを目的とする。

### (2) 組　織

　地域医療連携推進法人は，一般社団法人のうち一定の基準を満たすものを都道府県知事が認定するものであり，認定に際しては，地域医療構想との整合性に配慮するとともに，都道府県医療審議会の意見を聴いて行われることとなる。

　地域医療連携推進法人においては，二法人以上の医療法人等が参加法人となる。参加法人は，病院等の医療機関を開設する医療法人等の非営利法人とされており，医療法人以外にも，社会福祉法人，公益法人，NPO法人，国立大学法人，学校法人，日赤，厚生農業共同組合連合会（厚生連），独立行政法人，地方独立行政法人，自治体など，現在，法人形態で医療を行っているもの全てが対象となる。加えて，介護事業等の地域包括ケアシステムの構築に資する事業を行う非営利法人を加えることができるという制度になっており，介護事業，生活支援事業等を行う社会福祉法人等も参加可能となる。

　これらの参加法人が集まり，社員総会で医療連携推進方針を決定することになる。医療連携推進方針の内容としては，医療機関相互間の機能分化，業務連携に関する事項，それに関連する目標，医療連携推進区域等を規定する。医療連携推進区域は，地域医療構想区域を考慮して病院等の業務の連携を推進する区域を定めることとされており，原則二次医療圏とされている地域医療構想区域の範囲を考慮して，地域医療連携推進法人において決定し，都道府県知事の認可を受けることになる。

---

[5]　本改正の概要については，水野忠幸「地域医療連携推進法人の創設及び医療法人制度の見直しについて」時の法令 2000 号（2016）35 頁参照。

(3) 業務内容等

　グループ病院の特長を活かして，地域医療・地域包括ケアを推進すること，グループ病院の一体的経営により経営効率を向上させること等を実現するために，以下の業務を行う。

　① 統一的な医療連携推進方針（病院等の連携推進の方針）の決定
　② 医療連携推進業務等の実施
　　診療科（病床）再編（病床特例の適用），医師等の共同研修の実施，医薬品等の共同購入，資金貸付け（基金造成を含む），関連事業者への出資等
　　医師の配置換え，救急患者受入ルールの策定，訪問看護等による在宅生活支援等
　③ 参加法人の統括

　地域医療連携推進法人は，参加法人の予算，事業計画等へ意見を述べることができる。また，参加法人が合意すれば，その意見の効力を強めることが可能である。社員は各1個の議決権を有する。ただし，不当に差別的な取扱いをしないこと等を条件に，定款で別段の定めをすることが可能である。必ず行わなければならない業務というものはなく，その業務内容は各地域医療連携推進法人ごとに決定されることとなる。

　地域医療連携推進法人により，地域医療・地域包括ケアを推進するとともに，経営効率を向上させていくことに目的がある。その特色として，地域医療連携推進法人は，その実施する業務の内容，地域医療連携推進法人と参加法人との関係性等について，参加法人で構成する社員総会において，幅広い範囲で自由に意思決定することが可能な制度になっている。

　地域医療連携推進法人は地域医療に与える影響が大きいと考えられるので，地域の関係者等を構成員とする地域医療連携推進評議会を法人内に設置することとされている。

　医療法人と同様に非営利性を確保することとされており（医療法70条の3），剰余金の配当禁止（同法54条），残余財産の分配禁止等が規定されている。また，都道府県知事による監督として，重要な定款変更並びに代表理事（理事長）の選定及び解職については都道府県知事の認可が必要とされるとともに，地域医療連携推進法人の業務が法令に違反している疑いがあり，運営が著しく適正

を欠く疑いがあるという場合には，報告徴収，立入検査及び業務停止を行うことが可能とされている。不正の手段により地域医療連携推進法人の認定を受けた場合等については，認定が取り消されることになる。

(4) 想定される事例

地域医療連携推進法人は，平成29年4月に正式に設立される予定であるが，すでに，設立に向けた地域での動きが紹介されている[6]。ここでは，想定される二つの典型的な想定事例を示したうえで，設立に向けての具体的な事例を紹介する。

① 地域の複数の総合病院のグループ化

大きな総合病院が地域に複数あり，診療内容が重複し，病院間の機能分化が果たされていない場合に，例えば，地域医療連携推進法人が中心となって，各総合病院における診療内容の重点化を進めていくことが考えられる。

政令指定都市等で典型的にみられる課題は，病院間の役割分担がないこと，診療内容が競合していること，医師が適正に配置されていないこと，医療機器を別々に購入していること，高難度症例が分担されていないことなどの点である。課題解決のための対策として，統一的な方針を決定して病院間の役割分担を図ることが考えられる。具体的には，診療内容の重点化，医師の集約化により，医師を確保し，質の向上を図ること，共同研修で専門性を高めるとともに，共同購入により効率化を図ること，専門性の高い病院への患者紹介の円滑化を図ること等である。

総合病院のグループ化の代表的な例が，岡山大学メディカルセンター構想[7]である。同構想は，岡山大学付属病院を別法人化し，同病院を中核として近隣病院を包含した岡山大学メディカルセンター（OUMC）を構築する。同一のガバナンスのもとで競合・分立していた診療内容を再編し，競合を避け，各々の診療領域の規模及び質を向上させ，日本一の規模と質を持った医療事業体を創出する。国際レベルのメガホスピタルを創出し，県外及びアジア等海外からも患

---

6) 厚生労働省「地域医療連携推進法人の設立に向けた地域での動き」産業競争力会議第35回実行実現点検会合資料（平成28年3月28日）。

7) 厚生労働省「岡山大学メディカルセンター構想」参照。

者を受け入れる医療事業の核とするとともに，日本のサービスを海外へ輸出する拠点とする。大学医学部における教育の質を担保するため，新法人は岡山大学と，「教育」，「研究」機能を確実に提供する契約を締結するなどの措置を行う（従来の大学付属病院の機能を継続的に担うべく運営費交付金等については他大学付属病院と同等の扱いとする）。国立大学法人岡山大学は新法人の構成員として，新法人の意思決定に参画することを主な内容とする。前述のようなダボス会議での安倍首相の発言により，「大病院がグローバルで力を発揮するための仕組み」というイメージに近い事例として，注目されてきた。平成29年4月の設立を予定している。

② 地域の病院ネットワークの法人化

現在，地域医療において，急性期病院が過剰であるため，過剰な設備投資，医療従事者確保競争が行われていること，また，回復期病院が不足するため，在宅復帰への橋渡し役の不足が生じていること。慢性期病院が過剰であるため，在宅復帰ではなく，長期入院がなされること，在宅医療機関が不足するため，在宅医療への対応体制が不十分であること，歯科診療所が偏在しているため，入院者，入所者への対応が不十分であること等の課題がある。慢性期の病院が過剰である一方，回復期・在宅医療機関が不足しているという状況において，例えば，地域医療連携推進法人が中心となって，急性期病院から回復期病院への病床融通（急性期病院の減床・回復期病院の増床），慢性期病院の機能転換による在宅医療の充実（慢性期病院の減床・在宅医療の体制強化，医療従事者の研修），医療機関と介護施設・高齢者住宅の連携の強化（入所者・在宅の訪問看護・診療の充実）等が考えられる。

地域医療連携推進法人の設立に向けて，協議が行われている一つの例が，岡山県真庭市における二つの病院である[8]。人口減少が進む岡山県北部の真庭市における最大規模の二つの病院が，診療科の再編，医師の効率的配置を念頭に，連携協力推進協定を締結するに至っている。

---

[8] 朝日新聞2015年5月19日（岡山版）27頁。

## 3 地域医療法人間の連携促進に伴う競争政策上の課題

### (1) 独禁法の適用（一般論）

あらゆる事業分野に適用される独禁法と医療分野に適用される事業法である医療法との関係は，医療の提供が独禁法の適用対象となるとの理解を前提として，一般的には以下のように理解されている[9]。

独禁法は，経済法の基本法であって，原則としてあらゆる事業分野に公正で自由な競争のルールの適用を要請している。一方，医療の分野は，医療法や健康保険制度に基づく参入規制や料金規制に服する一種の規制産業であり，自由な競争が制限されている。しかしながら，規制によって自由な競争が制限されているということは自由な競争の余地を否定するものではなく，規制の枠内においてサービス競争や料金競争を行う余地が認められており，自由な競争の余地が認められる範囲においては独禁法の適用が要請される。

観音寺医師会事件東京高裁判決[10]も「医療の提供が，非営利事業で，価格競争の働く余地が少ないとはいえ，……提供する医療の内容，質において競争原理の働く局面は多く，……独禁法の適用対象となる」，都道府県が定める「医療計画制度は，無秩序な病院病床の増加の制御により医療資源の地域的偏在の是正を図り，医療関係施設間の機能連係の確保を図ることを目的とするもので，その限りで自由競争を制限しており……しかし，独禁法の求める自由な競争の例外である以上，医療の提供に対する制限は，あくまでも医療法の目的である『医療を提供する体制の確保を図り，もって国民の健康の保持に寄与すること』の目的に沿うものであり，その手段も医療法の認める範囲内のものに限られる。……医療機関も，医療法の公的規制の枠内で，自由競争の原則を通じて医療役務の提供の質的向上等を図ることが求められている」と判示している。

### (2) 地域医療法人間の連携促進に伴う競争政策上の課題

既にみてきたように，地域医療連携推進法人制度は，医療機能の分化・連携を進めるために，医療機関の自主的な取組みを通じて地域医療構想実現のための一つの手段として創設されたものである。

---

9) 根岸・前掲注1) 4頁参照。
10) 前掲注1) 参照。

連携の実施主体としての特徴は，グループの一体性と参加法人の自主性のバランスを取り，ゆるやかな連携を可能とする組織である点にある。法制度としては，独立した医療法人間の業務提携と合併の間の中間的な組織形態と評価することができる。参加主体と地域医療連携推進法人との関係（関与の程度，拘束の程度，業務内容の多様性）は，きわめて幅のある制度設計となっている。複数の医療法人のグループ化の効果として，国民会議報告書は，「病床や診療科の設定，医療機器の設置，人事，医療事務，仕入れ等を統合して行うことができ，医療資源の適正な配置・効率的な活用を期待することができる」としている。また，医療機能の分化と連携の推進の際には，「医師・診療科の偏在是正や過剰投資が指摘される高額医療機器の適正配置も視野に入れる必要がある」[11]と指摘する。

　一連の医療提供体制の改革は，医療法上の要請からの制度設計，すなわち，医療・介護サービスの地域における統合化，包括的提供を志向するものである。地域医療連携推進法人の創設は，医療をメインとするが，統合化された医療・介護サービスの提供主体が新たに創設されたことを意味する。そのサービス提供主体である経営主体は，定款の定めの内容次第では，一定の経済力を有することとなる。また統合化される医療・介護サービスに必要な投入要素を購入する有力な経済主体でもある。医療・介護サービスの提供のみならず，その提供に必要な財・サービスの購入に際しても，競争政策上の視点からの法的検討が重要になると考えられる。特に，地域の総合病院のグループ化の場合，競争関係にあった総合病院が組織を立ち上げるため，実現自体が困難な場合もありうることも予想されるが，総合病院のグループ化が実現した場合，一定の経済力を背景とした競争者排除行為，共同購入に対する独禁法3条後段の適用も想定しうる。特に，高額医療機器の購入は，各医療法人の経営判断に基づくものであるが，地域全体における配置で考えるならば過剰投資となっている場合もあり，政策課題として，いかにして高額医療機器の適正配置，過剰投資の抑制を

---

11) 社会保障制度改革国民会議報告書「第2部 社会保障4分野の改革 Ⅱ医療・介護分野の改革 2医療・介護サービスの提供体制改革 (1)病床機能報告制度の導入と地域医療ビジョンの策定」参照。

進めていくかが重要な課題の一つである。

## Ⅳ　おわりに

　第7次医療法改正で導入された地域医療連携推進法人は，医療機能の連携及び業務の連携の促進のために，地域医療構想を実現するための一つの手段として位置づけられる。地域医療連携推進法人と参加法人との関係は，独立性の程度は柔軟に決定することができ，また，業務内容は，幅広く設定することが可能である。総体的にみて，ゆるやかな連携を可能とする組織である。従来，医療法人間の合併は，持分の有無，法人格の違いなどから，必ずしも，有効に活用されなかった面があるため，地域の病院ネットワークの法人化促進の面においては，特に有効に活用しうると思われる。

　一方，医療・介護サービスの統合化，包括的提供という政策志向の下で，地域における経営主体の力は強まる。特に，総合病院ネットワーク化の場合，参加法人の地域医療連携推進法人からの独立性の程度が低く，二次医療圏のほとんどを占めるような場合には，一定の経済力を有しうる。競争政策上の配慮のうえで，制度を運用していくことが，本来の趣旨に適合すると考えられる。同時に，医療・介護サービスの統合化の流れのなかで，医療法人のガバナンスは，地域医療に対して多大な影響を与えうる。医療法人及び社会福祉法人のガバナンスに対する規制が強化されるゆえんである。

　地域医療連携推進法人制度の導入は，地域医療介護提供体制における提供主体の多様化の一環として位置づけることができる。今後，多様な提供主体間で連携して行われる業務について，競争政策上どのように評価するか，特に，各提供主体の独立性（地域医療連携推進法人の各参加法人の独立性），一定の取引分野の画定（地理的範囲を第二次医療圏とすべきか），正当化事由（医療介護費の国家財政に占める割合が高まるなかで，国家財政の健全化を正当化事由とすべきか）等を，市場の実態に即して，個別具体的に検討することが今後の課題となりうると考えられる。

　地域医療連携推進法人制度の運用にあたって，今後，政省令が整備され，平成29年4月から法が運用されることとなる。本稿は，制度創設の経緯，法改

正の内容等から，今後，検討すべき若干の課題を示したにすぎない。地域医療提供体制における連携と競争はどうあるべきか，地域における医療介護提供体制構築において必要な視点は何かという視点[12]から，今後，具体的な課題を検討することとしたい。

---

12) 拙稿「地域医療提供体制における連携と競争に関する法的考察」岡法63巻（2014）1頁以下，同「地域医療介護提供体制構築に関する一考察——連携，競争，公私協働」岡法64巻3＝4号（2015）33頁以下参照。

# 舟田正之先生　略歴

1947（昭和22）年 2 月 6 日　中国（旧）満州・大連生まれ
1969（昭和44）年 6 月　東京大学法学部卒業
　　　　　　　　　 7 月　東京大学法学部助手
1972（昭和47）年11月　立教大学法学部専任講師
1975（昭和50）年 4 月　立教大学法学部助教授
1978（昭和53）年 4 月　公正取引委員会・独占禁止法研究会 委員（1982年まで）
1982（昭和57）年 4 月　立教大学法学部教授
1983（昭和58）年 4 月　学生部 副部長（1985年まで）
1984（昭和59）年 4 月　軽音楽部 部長（1991年まで）
1985（昭和60）年 4 月　郵政省・電気通信審議会 専門委員（1993年まで）
　　　　　　　　　10月　経済法学会 理事（現在に至る）
1987（昭和62）年 4 月　法学科長（1988年まで）
1988（昭和63）年 4 月　日本エネルギー法研究所 研究部長（1996年まで）
1990（平成 2 ）年 4 月　（旧）女子テニス部 部長，テニス部 副部長（2009年 3 月まで）
1991（平成 3 ）年11月　日本国際経済法学会 理事（2004年まで）
1992（平成 4 ）年 4 月　建設業適正取引推進機構 理事（2013年まで），同年から評議員（現在に至る）
1993（平成 5 ）年 4 月　電気通信審議会 委員（2001年まで）
1999（平成11）年 4 月　経済産業省・電気事業審議会・基本政策部会料金制度部会・合同小委員会 委員（2000年まで）
　　　　　　　　　　　　 日本エネルギー法研究所 理事（2013年まで），同年から監事（現在に至る）
　　　　　　　　　11月　日本経済法学会 常務理事（2005年まで）
2001（平成13）年 4 月　総務省・情報通信審議会 臨時委員（2002年まで）
2004（平成16）年 4 月　公正取引委員会・独占禁止懇話会 委員（2016年 3 月まで）
　　　　　　　　　　　　 法務省・「経済法」の新司法試験問題検討会 委員（2005年まで）
　　　　　　　　　11月　日本国際経済法学会 常務理事（2006年まで）
2005（平成17）年11月　日本経済法学会 理事長（2011年まで）
2006（平成18）年 4 月　法務省・「経済法」の新司法試験考査委員（主査）
　　　　　　　　　　　　 公正取引協会 理事（2008年まで）
　　　　　　　　　　　　 都市再生機構入札監視委員会 委員（2008年度：委員長）（2008年まで）
2008（平成20）年 4 月　情報通信審議会 専門委員（2010年まで）
　　　　　　　　　　　　 公正取引協会 副会長（現在に至る）
2009（平成21）年 4 月　国土交通省・タクシー運賃制度研究会 委員（同年 8 月まで）
2011（平成23）年 4 月　情報通信審議会電気通信事業政策部会・ブロードバンド普及促進のた

| | |
|---|---|
| | めの競争政策委員会（いわゆる「光の道」委員会）委員（2013年まで） |
| 2012（平成24）年 4 月 | 立教大学名誉教授 |
| | 電気通信普及財団 理事（現在に至る） |
| 2013（平成25）年 4 月 | 情報通信審議会2020-ICT基盤政策特別部会・基本政策委員会 委員（2014年まで） |
| | 国際交流基金契約監視委員会 委員（2015年まで） |
| 2014（平成26）年11月 | 総務省・携帯電話の料金その他の提供条件に関するタスクフォース 委員（現在に至る） |

# 舟田正之先生　研究業績

> I　編著書・監修等

**1983 年**
新・不公正な取引方法（金子晃・実方謙二・根岸哲と共著，青林書院新社）
独占禁止法入門（根岸哲・野木村忠邦・来生新と共著，有斐閣）

**1991 年**
通信新時代の法と経済（黒川和美と共編，有斐閣）

**1995 年**
情報通信と法制度（有斐閣）
公益事業の多角経営と法規制（編著，第一法規出版）

**1997 年**
周波数オークション（舟田正之監修，郵政省電波資源の有効活用方策に関する懇談会編，日刊工業新聞社）

**2000 年**
独占禁止法概説（根岸哲と共著，有斐閣）

**2001 年**
放送制度の現代的展開（長谷部恭男と共編，有斐閣）

**2003 年**
独占禁止法概説〔第 2 版〕（根岸哲と共著，有斐閣）

**2006 年**
独占禁止法概説〔第 3 版〕（根岸哲と共著，有斐閣）

**2007 年**
日本禁止垄断法概论〔第 3 版〕（王为农・陈杰訳，中国法制出版社）（本書は，上の『独占禁止法概説』の中国語訳である）

**2009 年**
不公正な取引方法（有斐閣）

**2010 年**
独占禁止法概説〔第 4 版〕（根岸哲と共著，有斐閣）
経済法判例・審決百選（別冊ジュリスト 199 号）（金井貴嗣・泉水文雄と共編，有斐閣）

**2011 年**
放送制度と競争秩序（有斐閣）

**2014 年**
電力改革と独占禁止法・競争政策（編，有斐閣）

**2015 年**
独占禁止法概説〔第 5 版〕（根岸哲と共著，有斐閣）

## Ⅱ 論　文

### 1975 年
職業の自由と"営業の自由"——西ドイツ連邦憲法裁判所 1958 年 6 月 11 日判決を素材として（ジュリスト 592 号）

ドイツ「経済制度」理論史(1)(2)（國家學會雑誌 88 巻 7・8 号，9・10 号）

### 1976 年
ドイツ「経済制度」理論史(3)〜(5)（國家學會雑誌 89 巻 1・2 号，5・6 号，11・12 号）

### 1977 年
公害規制法としての下水道法（公害研究 7 巻 1 号）

「経済制度」論と経済法理論（経済法 20 号）

ドイツ「経済制度」理論史(6)(7・完)（國家學會雑誌 90 巻 5・6 号，9・10 号）

### 1978 年
「独占的状態」に対する規制の意義（経済法 21 号）

### 1979 年
「公共企業法」に関する一試論——国際電信電話株式会社を具体例として（『国際電気通信関係法制の研究』（国際電信電話株式会社））

イギリスの原子力法（電力中央研究所・経済研究所・資料調査室資料 50 号）

### 1980 年
特殊法人の位置づけと法的性格（ジュリスト増刊『行政法の争点』）

企業誘致の法律問題（ジュリスト増刊『行政法の争点』）

第一編　西ドイツ（『欧米の交通公企業』（運輸経済研究センター））

イギリスの核燃料サイクルの規制（塩野宏編著『核燃料サイクルと法規制』（第一法規出版））

流通系列化と独禁法上の規制(1)(5・完)（公正取引 355 号，356 号，357 号，359 号，361 号）

### 1981 年
協同組合と独占禁止法（経済法学会編『独占禁止法講座Ⅲ　カルテル(上)』（商事法務研究会））

西ドイツ　公共近距離旅客運送における個別処分の行政手続（成田頼明と共著）（成田頼明編著『行政手続の比較研究』（第一法規出版））

諸外国における流通対策についての調査研究（公取委・独占禁止法研究会資料）

西ドイツにおける需要力とその規制（公取委・独占禁止法研究会資料（海外調査報告書））

公共企業法における規制原理——運輸事業法令を中心として（経済法学会年報 2 号）

### 1982 年
公共工事に関する独禁法の適用除外の可否（全建ジャーナル 21 巻 10 号）

談合入札——独禁法上の規則および関連問題をめぐって（月刊法学教室 19 号）

臨調基本答申における電電公社改革論について（ジュリスト 777 号）

電気通信事業における公的独占と競争——データ通信の自由化を中心として（郵政省『電電公社経営形態問題等調査研究会　論文集』）

### 1983 年
経済法の生成と展開（森実＝依田精一編『日本の現代法』（法律文化社））

業務提携と競争秩序（稗貫俊文と共著，ジュリスト 789 号）

日本道路公団とその事業の法的性格（高速道路と自動車 26 巻 3 号）

### 1984 年
衛星放送の事業主体（郵政省・衛星放送制度研究会『衛星放送の制度的諸問題』）
特殊法人と"行政主体"論（立教法学 22 号）
石油カルテル刑事事件の最高裁判決について（商事法務 1004 号）
東洋精米機製作所事件における審決取消し判決（商事法務 1006 号）

### 1985 年
独禁法と市場支配力（電気通信総合研究所『電気通信事業における市場の画定と市場支配力のとらえ方に関する調査研究』）
差別対価・差別的取扱い（経済法学会編『独占禁止法講座Ⅴ　不公正な取引方法(上)』（商事法務研究会））
消費者取引における価格の適正化（遠藤浩＝林良平＝水本浩監修『現代契約法大系第 4 巻　商品売買・消費者契約・区分所有建物』（有斐閣））
新電電における公共性の確保（ジュリスト 832 号）
情報化による企業結合と競争秩序（ジュリスト 851 号）
衛星放送の事業主体（立教法学 25 号）
電気通信事業と独占禁止法（公正取引 415 号）

### 1986 年
取引における力の濫用(1)——西独における「購買力濫用」問題を素材として（立教法学 27 号）
電気通信事業における公共性と競争秩序——国際通信を素材として（経済法学会年報 7 号）
公企業の解体・再編と法——国鉄改革案をめぐって（法律時報 58 巻 8 号）
「公正な競争」の規範的意義(上)(下)（公正取引 423 号，424 号）
第一種電気通信事業と競争秩序（公正取引 426 号）

### 1987 年
金澤良雄先生を偲んで——経済法の業績を中心に（公正取引 437 号）
電気通信事業と「経営の多角化」（情報通信学会誌 5 巻 1 号）
電気通信事業法見直し上の問題点を探る——自由化 2 年の実績を顧みて（国際電気通信連合と日本（日本 ITU 協会）17 巻 9 号）
取引における力の濫用(2)——西独における「購買力濫用」問題を素材として（立教法学 28 号）
公共企業に関する法制度論序説(1)（立教法学 29 号）
技術・情報による企業結合と法（本間重紀と共著，法社会学 39 号）
スペース・ケーブルネットと法制度（電気通信政策総合研究所『ネットワーク統合化に関する調査研究』）

### 1988 年
公社の設立と廃止（ジュリスト 900 号）
規制緩和と法制度（公正取引 451 号）
情報の取引とプライバシー——NTT のデータベース事業をめぐって（ジュリスト増刊『ネットワーク社会と法』）
ネットワーク社会における個人情報の保護（東京工業大学情報社会研究会編『高度情報社会』（ジャパンタイムズ））

流通の情報化と独占禁止法(上)(下)（NBL 401 号, 403 号）
「ネットワークの統合化」ないし「放送と通信の融合化」——法制度の再検討（電気通信政策総合研究所報告書『電気通信法制の諸問題——「ネットワークの統合化」ないし「放送と通信の融合化」を中心にして』）
特殊法人の組織法的諸問題（公法研究 50 号）
法的視点から見た中小企業の今後の発展方向（中小企業事業団・中小企業研究所『中小企業研究論文集』）

### 1989 年

Monopoly and Competition in Energy Supply (Japan) (Journal of Energy & Natural Resources Law, December 1989 Supplement)
最近の欧州諸国における国際通信の動向（国際通信に関する諸問題（国際電信電話株式会社）1989 年 10 月秋季号）
通信の自由化と通信主権（「国際電気通信連合と日本」日本 ITU 協会, 1988 年 12 月号）
規制緩和の周辺問題雑感（公正取引 470 号）
財産権と私人間の関係（公法研究 51 号）
通信・情報サービスの競合領域における競争秩序（法とコンピュータ 7 号）

### 1990 年

国際通信における競争と制限（電気通信政策総合研究所『欧米諸国における電気通信事業の競争問題』）
特殊法人の位置づけと法的性格（ジュリスト増刊『行政法の争点〔新版〕』）
電気通信事業における独占と競争（『現代経済法講座(9)通信・放送・情報と法』（三省堂））
公共的事業に関する「民活」・「規制緩和」（雄川一郎先生献呈論集『行政法の諸問題(上)』（有斐閣））
日本におけるエネルギー供給事業に関する独占と競争（日本エネルギー法研究所報告書『日本におけるエネルギー供給市場の独占と競争』）
わが国の流通システムにおける取引の固定性（経済法学会年報 11 号）
価格メカニズムと取引慣行——内外価格差との関連において（ジュリスト 965 号）

### 1991 年

EDI〔Electronic Data Interchange〕をめぐる法的諸問題——競争政策・電気通信政策との関連を中心に（立教法学 35 号）
国際第一種電気通信事業（舟田正之＝黒川和美編『通信新時代の法と経済』（有斐閣））
国際 VAN の自由化と ITU 体制（山本草二先生還暦記念『国際法と国内法』（勁草書房））
国際 VAN をめぐる法制度の再検討（電気通信政策総合研究所報告書『国際第二種電気通信事業の法的諸問題』）

### 1992 年

事業規制とカルテル——大阪バス協会事件を中心として（公正取引 499 号）
放送事業と競争秩序(1)(2・完)（公正取引 503 号, 504 号）
公共企業に関する法制度論序説(2)——コージェネレーションに関する法制度（立教法学 37 号）
日本型企業システムの再検討と「私法秩序」（ジュリスト 1000 号）

舟田正之先生　研究業績

### 1993 年
放送産業に高まる規制緩和の重要性（レポート JARO 217 号）

### 1994 年
不当廉売と関連事件事例（独禁法研究協議会編『独禁法の動向と展開』（東洋企画））
わが国の電気通信事業における基本サービスと付加価値サービス（立教法学 38 号）
公共企業に関する法制度論序説(3)——コージェネレーションに関する法制度（立教法学 39 号）
公益事業の規制緩和——電力を中心として（ジュリスト 1044 号）
今後の情報通信に関する法制度のあり方（ジュリスト 1057 号）
現代経済法の体系（丹宗暁信＝厚谷襄児編『現代経済法入門〔第 3 版〕』（法律文化社））

### 1995 年
国際化の下での放送の競争秩序——英国の場合について（松下満雄先生還暦記念『企業行動と法』（商事法務研究会））
情報・通信分野における規制緩和（立教法学 41 号）

### 1996 年
規制緩和の過程における「公正な競争」（ジュリスト 1082 号）
不公正な取引方法（正田彬編著『アメリカ・EU　独占禁止法と国際比較』（三省堂））
持株会社の一部解禁に関する意見（立教法学 45 号）

### 1997 年
「電気事業と独占禁止法」,「都市ガス事業と簡易ガス事業の競争」（日本エネルギー法研究所報告書『公益事業における新規制』）
放送の多チャンネル化と競争秩序（郵政研究所編『有料放送市場の今後の展望』（日本評論社））
持株会社の一部解禁について（ジュリスト 1123 号）
「NTT 分割」に関する法的諸問題（立教法学 46 号）
放送メディアの将来像（テレビ朝日 IP 賞記念講演）

### 1998 年
多チャンネル時代の放送番組規律——「多チャンネル懇」報告書の検討（成田頼明先生古稀記念『政策実現と行政法』（有斐閣））
競争政策（日本マルチメディア・フォーラム企画・監修『マルチメディアの現状と展望——サイバーワールドの幕開け '98』（産業調査会事典出版センター））
放送衛星のデジタル化と規制システム（立教法学 49 号）
持株会社ガイドライン・金融会社の株式保有ガイドラインに関する意見（立教法学 50 号）

### 1999 年
電気事業における託送と「公正な競争」（正田彬先生古稀祝賀『独占禁止法と競争政策の理論と展開』（三省堂））
電気産業における競争の促進のための法制度の検討（日本エネルギー研究所報告書『電気・ガス事業における規制緩和と制度改革』）
流通系列化の諸形態（正田彬＝実方謙二編『独占禁止法を学ぶ〔第 4 版〕』（有斐閣選書））
経済法の性格，独占禁止法の目的，独占禁止法の体系（丹宗暁信＝厚谷襄児編『新現代経済法入門』（法律文化社））

### 2000 年
「通信インフラの設置・利用のあり方」（行政＆ADP（行政情報システム研究所）36 号）
電力の自由化・競争導入に関する法的検討（立教法学 54 号）
「官製談合」と独禁法（立教法学 56 号）
コンピュータ法学最前線(5)法の学び方はどう変わるか——立教大学法学部（月刊法学教室 239 号）

### 2001 年
日本における放送制度改革（舟田正之＝長谷部恭男編『放送制度の現代的展開』（有斐閣））
電気通信分野の競争政策（法とコンピュータ 19 号）
放送産業と経済法——補足的覚書（立教法学 59 号）
IT 革命推進のための電気通信審議会第一次答申について(上)(下)（ジュリスト 1197 号，1199 号）
特殊法人等の情報公開制度（塩野宏先生古稀記念『行政法の発展と変革(上)』（有斐閣））

### 2002 年
新司法試験選択科目としての独占禁止法（経済法）導入の必要性について（根岸哲・来生新・金井貴嗣・川濵昇と共著，公正取引 621 号）
環境規制と独占禁止法制（淡路剛久教授・阿部泰隆教授還暦記念『環境法学の挑戦』（日本評論社））
放送産業と経済法（日本経済法学会編『経済法講座第 1 巻　経済法の理論と展開』（三省堂））
マスメディア集中排除原則の見直し——一試案（立教法学 62 号）
「集中排除原則」見直し試案（月刊民放 2002 年 11 月号）

### 2003 年
放送政策研究会の最終報告書について（人レポート 23 号）
課徴金制度の強化に向けて（NBL 774 号）
NHK のホームページ・サービス（立教法学 64 号）

### 2004 年
独禁法上の「事業者」（判例タイムズ 1134 号）
課徴金制度の強化——補足的メモ（立教法学 65 号）
談合と独占禁止法（日本経済法学会年報 47 号）

### 2005 年
公取委の審判事件記録開示（厚谷襄兒先生古稀記念論集『競争法の現代的諸相(下)』（信山社出版））

### 2006 年
防衛庁石油製品談合刑事事件・東京高裁判決（平成 16 年 3 月 24 日）について（立教法学 70 号）
「電力適正取引ガイドラインについての検討」，「競争対抗料金——研究ノート」（日本エネルギー法研究所報告書『新電気事業制度と競争に関する課題』）
公正競争阻害性の再検討——優越的地位の濫用を中心に（公正取引 671 号）
優越的地位の濫用の再検討（公正取引 674 号）
次世代ネットワークと規制システム——接続規制・ドミナント規制・NTT に対する構造規制を中心に（ジュリスト 1318 号）
経済法の性格，独占禁止法の目的，独占禁止法の体系（丹宗暁信＝厚谷襄兒編『新現代経済法入

門〔第 3 版〕』(法律文化社))

### 2007 年
市場支配力のコントロール——本連載を始めるに当たって(ジュリスト 1327 号)
電力産業における市場支配力のコントロールの在り方(ジュリスト 1335 号)
放送番組のインターネット配信と著作権(立教法学 73 号)

### 2008 年
「市場支配力のコントロール」,「電力市場における市場支配力のコントロール」(日本エネルギー法研究所報告書『新電気事業制度と競争政策』)
携帯電話事業者間の接続——「ぶつ切り料金」と「エンドエンド料金」(立教法学 75 号)
「独占禁止法等の改正案に関する意見」について(ジュリスト 1357 号)

### 2009 年
組合の行為(根岸哲編『注釈独占禁止法』(有斐閣))
正田彬先生の人と業績を振り返る(ジュリスト 1388 号)

### 2010 年
不当廉売を理由とする差止請求——ヤマト運輸対日本郵政公社不当廉売等差止請求事件控訴審判決を素材として(立教法学 78 号)
公取委の審判制度——消費者・国民の立場から(法律時報 82 巻 4 号)
放送番組製作取引の適正化——独占禁止法・下請法との関連で(ジュリスト 1403 号)

### 2012 年
互換品インクカートリッジ特許侵害訴訟と独占禁止法(伊藤隆史と共著,法律時報 84 巻 1 号)
東京電力の料金値上げ注意事件について(公正取引 744 号)

### 2013 年
ソーシャルゲームと競争秩序——グリー対 DeNA 損害賠償請求事件(法律時報 85 巻 11 号)
道路運送法と独占禁止法によるタクシーの低額運賃規制(根岸哲先生古稀祝賀『競争法の理論と課題』(有斐閣))
消費税転嫁対策特別措置法の意義と問題点(公正取引 756 号)

### 2014 年
スマートフォンのサービス構造と通信市場の適正化(現代消費者法 25 号)
経済法序説(1)(立教法学 90 号)
談合の「実効性」——「競争の実質的制限」・「当該商品又は役務」との関係(立教法学 90 号)

### 2015 年
経済法序説(2)(立教法学 91 号)
経済法序説(3)(立教法学 92 号)
協同組合による価格カルテル——網走管内コンクリート製品協同組合事件を検討素材として(立教法学 92 号)
日本の電力改革——発送電分離および小売全面自由化を中心として(日本エネルギー法研究所報告書『独占禁止法・競争政策の観点から見た日本と諸外国の電力市場改革』)

### 2016 年
経済法序説(4)(立教法学 94 号)
携帯電話の料金その他の提供条件(公正取引 788 号)

電力会社と移動通信キャリアによる「セット割り」(日本エネルギー法研究所報告書『電力自由化による新たな法的課題――独占禁止法・競争政策の観点から』)

## Ⅲ 判・審決解説・評釈等

### 1970 年
取締法規違反の法律行為(行政判例百選〔新版〕)
愛知県牛乳商業組合事件(経済法 13 号)
相手方の販売先を制限することを条件とする取引(行為)(独禁法審決・判例百選)
農業協同組合法 42 条の 2 の趣旨――役職員に競業避止義務を課した規定かそれとも就任資格を制限した規定か(法学協会雑誌 87 巻 7・8 号)
ハマナカ関東代理店会事件(公正取引 236 号)
株式会社からその専務取締役に対する借地権の無償譲渡があったとしてなされた同会社に対する法人税の更正決定等が取り消された事例(税理 13 巻 11 号)

### 1971 年
公務員の懲戒免職処分取消訴訟において原告たる当該公務員が死亡した場合にその相続人は訴訟承継適格を有するか(自治研究 47 巻 1 号)
旭硝子(株)他 2 社事件(経済法 14 号)
信用組合の表見参事が権限なくして約束手形を振り出した場合の信用組合の手形責任(ジュリスト 470 号)
小売商業調整特別措置法に基づく小売市場店舗の賃料変更に関する都道府県知事の許可の性質及び効力(ジュリスト 480 号)
価格引上げ,数量制限の実施――ブリヂストンタイヤほか 6 社に対する件(ジュリスト 482 号『昭和 45 年度重要判例解説』)
漁業協同組合に対し共同漁業権放棄の代償として交付された漁業補償金の処分と組合総会の議決の要否(ジュリスト 491 号)
宅地建物取引の媒介において宅地建物取引業法に基づいて定められた報酬の額をこえる額についてなされた報酬契約の効力(法学協会雑誌 88 巻 2 号)

### 1972 年
金銭消費貸借契約無効確認請求事件(経済法 15 号)

### 1973 年
三重運賃制事件(経済法 16 号)
海運業における特定の不公正な取引方法――三重運賃事件(ジュリスト 535 号『昭和 47 年度重要判例解説』)
銀行法 22 条による業務停止命令の効力(ジュリスト 547 号)

### 1974 年
国立大学大学院在学期間延長申請不許可処分の執行停止の可否(自治研究 50 巻 3 号)
合併当事会社の関連企業の労働組合による審決取消訴訟(ジュリスト 565 号『昭和 48 年度重要判例解説』)
酢酸エチル価格協定・数量調整協定事件(経済法 17 号)

化合繊国際カルテル事件（公正取引 285 号）

### 1975 年
協同組合脱退命令事件（アサノコンクリートほか）（経済法 18 号）

### 1976 年
行政処分取消請求事件（薬事法距離制限違憲判決（経済法 19 号））

### 1977 年
白元(株)一店一帳合制事件（経済法 20 号）

一般指定の法的効力（独禁法審決・判例百選〔第 2 版〕）

金融機関による融資の拒絶（独禁法審決・判例百選〔第 2 版〕）

事情変更による行政処分執行停止決定の取消しの可否（自治研究 52 巻 9 号）

### 1978 年
児童福祉法に基づく保育所設置費用に対する国庫負担金についての具体的請求権の有無（自治研究 54 巻 7 号）

表見代理の成否――信用金庫が代理権の有無を本人に確認することを怠った場合に民法 110 条の表見代理の成立を否定した事例（ジュリスト 656 号）

宮川対岐阜商工信用組合事件（公正取引 331 号）

### 1979 年
取締法規違反の法律行為（行政判例百選 I）

私法上の法律行為の要件としての公法行為の欠缺（行政判例百選 I）

競争事業者たる相手方の同意なくして非限定の乗合自動車事業を経営しない旨の合意の効力の有無（ジュリスト 699 号）

### 1981 年
鶴岡灯油訴訟（損害賠償請求事件）（公正取引 373 号）

新産都市建設促進法に基づく新産都市建設基本計画は抗告訴訟の対象となるか（消極）（自治研究 57 巻 8 号）

### 1982 年
電気供給規程の拘束力と内容上の瑕疵の有無（ジュリスト 777 号）

### 1983 年
勧告審決は独禁法違反行為の存在につき損害賠償請求訴訟における裁判所の判断を拘束するか（消極）（自治研究 59 巻 4 号）

### 1984 年
競争の実質的制限〔東宝株式会社ほか事件〕（独禁法審決・判例百選〔第 3 版〕）

### 1985 年
都立屠畜場の不当廉売（ジュリスト 838 号『昭和 59 年度重要判例解説』）

### 1986 年
需給適合要件を充足しないことを理由とする廃油処理事業許可申請の却下処分の適否（自治研究 62 巻 2 号）

消費者による石油価格カルテルの損害賠償請求（ジュリスト 862 号『昭和 60 年度重要判例解説』）

1987 年
独禁法違反の法律行為（行政判例百選Ⅰ〔第 2 版〕）
農地法施行令旧 16 条の法適合性（行政判例百選Ⅰ〔第 2 版〕）

1989 年
都市計画制限と補償の可否（街づくり・国づくり判例百選）
買収農地の売払いと農地法施行令旧 16 条（街づくり・国づくり判例百選）

1991 年
カルテルと損害賠償請求(2)——民法上の不法行為〔鶴岡生協組合員損害賠償請求事件〕（独禁法審決・判例百選〔第 4 版〕）

1993 年
独禁法違反の法律行為（行政判例百選Ⅰ〔第 3 版〕）
委任の範囲(1)——農地法施行令旧 16 条（行政判例百選Ⅰ〔第 3 版〕）
公営ガス事業の特別供給規定（地方自治判例百選〔第 2 版〕）

1994 年
エレベーターの保守部品とその取替調整工事の「抱き合わせ」の不当性（東芝エレベーター事件）（ジュリスト 1056 号）

1996 年
大阪バス協会運賃等カルテル事件（ジュリスト 1091 号『平成 7 年度重要判例解説』）
都市ガス供給区域内の簡易ガス事業は「過剰設備」に当たるか（ジュリスト 1099 号）

1997 年
不当廉売となる原価の基準（独禁法審決・判例百選〔第 5 版〕）
エムケイタクシー運賃値下げ認可執行停止申立事件（ジュリスト 1116 号）

1999 年
独禁法違反の法律行為（行政判例百選Ⅰ〔第 4 版〕）
委任の範囲(1)——農地法施行令旧 16 条（行政判例百選Ⅰ〔第 4 版〕）
豊田商法と公取委の不作為責任——豊田商法国家賠償大阪訴訟（ジュリスト 1169 号）

2001 年
個人信用情報センターと独占禁止法（ジュリスト 1200 号）

2002 年
公正競争阻害性——安全性と公正競争阻害性（独禁法審決・判例百選〔第 6 版〕）
公取委審判事件記録閲覧謄写許可処分取消請求事件（ジュリスト 1236 号）

2003 年
経済法判例・審決例の動き（ジュリスト 1246 号『平成 14 年度重要判例解説』）
公営ガス事業の特別供給規定（地方自治判例百選〔第 3 版〕）

2004 年
経済法判例・審決例の動き（ジュリスト 1269 号『平成 15 年度重要判例解説』）

2005 年
入札談合における基本合意・個別調整と「相互拘束」・「共同遂行」の関係——防衛庁石油製品談合刑事事件（ジュリスト 1288 号）
経済法判例・審決例の動き（ジュリスト 1291 号『平成 16 年度重要判例解説』）

NTT 東西の加入者回線網の接続料認可に対する取消訴訟（メディア判例百選）

### 2006 年
独禁法違反の法律行為（行政判例百選Ⅰ〔第 5 版〕）

委任の範囲(1)——農地法施行令（行政判例百選Ⅰ〔第 5 版〕）

### 2007 年
公正取引委員会が事件記録閲覧謄写の範囲を一部制限することの可否——函館新聞社事件記録閲覧謄写請求事件（ジュリスト 1341 号）

### 2009 年
不当廉売における原価の算定方法と構成要素——ヤマト運輸対日本郵政公社（不当廉売等差止請求）事件控訴審判決（ジュリスト 1374 号）

### 2010 年
公共の利益〔石油価格協定刑事事件〕（経済法判例・審決百選）

### 2012 年
独禁法違反の法律行為（行政判例百選Ⅰ〔第 6 版〕）

委任の範囲(1)——農地法施行令（行政判例百選Ⅰ〔第 6 版〕）

### 2014 年
多摩談合（新井組）事件の最高裁判決平成 24・2・20 について（立教法学 90 号）

### 2016 年
著作権使用料の包括徴収等と私的独占における排除効果——JASRAC 審決取消事件（民商法雑誌 151 巻 3 号）

## Ⅳ　座談会・共同討議

### 1974 年
〈対談〉統制経済と法の果たす役割——作られた"危機"と消費者の権利（正田彬＝舟田正之）（法学セミナー 222 号）

### 1977 年
〈東京経済法研究会・討論〉企業合併の法構造(1)〜(6)（ジュリスト 640〜646 号）

### 1978 年
〈座談会〉これからの経済法学（ジュリスト 655 号）

### 1979 年・1980 年
〈東京経済法研究会・共同研究会〉共同子会社の法構造(1)〜(12)（ジュリスト 697〜708 号）

### 1983 年
〈座談会〉公共経済と行政システム(上)(下)（玉野井芳郎＝島野卓爾＝成田頼明＝舟田正之）（経済セミナー 219 号，220 号）

### 1985 年
〈シンポジウム〉国際的技術移転と法——昭和 59 年度シンポジウムの記録〈回顧と展望〉（経済法学会年報 6 号）

### 1986 年
〈討論〉国鉄分割・民営化の焦点（法律時報 58 巻 12 号）

〈座談会〉国鉄分割・民営化の問題点（ジュリスト 860 号）

`1987 年`

〈シンポジウム〉情報・通信と競争政策——昭和 61 年度シンポジウムの記録〈回顧と展望〉（経済法学会年報 8 号）

`1989 年`

〈シンポジウム〉通信・情報サービスの競合領域における競争秩序（法とコンピュータ 7 号）

`1992 年`

〈共同研究〉日本の取引と契約法(上)(下)（NBL 500 号，501 号）

〈座談会〉下請取引の法構造（ジュリスト 999 号）

`1993 年`

〈座談会〉独占禁止法と刑事罰——事業者処罰の強化を契機として（ジュリスト 1020 号）

〈座談会〉独占禁止法の刑事罰強化をめぐる問題（公正取引 508 号）

〈共同研究〉現代契約法の新たな展開と一般条項(1)(5・完)（NBL 514〜518 号）

`1994 年`

〈座談会〉規制緩和と法の視点（ジュリスト 1044 号）

〈座談会〉BS-4 の展望は拓けるか（放送ジャーナル 1993 年 1・2 月号）

`1996 年`

〈座談会〉出版物の法定再販制度について（ジュリスト 1086 号）

`1999 年`

〈座談会〉最近の独占禁止法違反事件をめぐって（公正取引 584 号）

`2000 年`

〈座談会〉最近の独占禁止法違反事件をめぐって（公正取引 596 号）

〈座談会〉特殊法人等の情報公開制度をめぐって（ジュリスト 1187 号）

`2001 年`

〈座談会〉最近の独占禁止法違反事件をめぐって（公正取引 608 号）

## V　書評・エッセイ・インタビュー等

`1979 年`

立教での 7 年間をふり返って（立教大学・法学周辺 14 号）

`1980 年`

独占禁止法の 1 年の動き（回顧と展望）（経済法学会年報 1 号）

`1981 年`

書評 正田彬著『全訂　独占禁止法 I』（法律時報 53 巻 2 号）

`1982 年`

書評 正田彬著『全訂　独占禁止法 II』（法律時報 54 巻 2 号）

`1983 年`

〈コメント〉（岡野行秀＝植草益編『日本の公企業』（東京大学出版会））

`1985 年`

同調と拘泥の狭間で（ニューズ立教 1985 年 3 月 25 日号）

# 舟田正之先生　研究業績

### 1986 年
端末機器市場における『公正且つ自由な競争』の展開に向けて（JATE 通信 1986 年 9 月号）
単位認定のあり方について（立教大学・法学周辺 17 号）

### 1987 年
金澤良雄先生への追悼の辞（日本エネルギー法研究所月報 51 号）

### 1988 年
自由化と国際協調の間を揺れ動く国際 VAN（On The Line 1988 年 8 月 1 日号）
国際通信設備をめぐる競争と規制（On The Line 1988 年 9 月 1 日号）

### 1989 年
一般電気事業と特定供給関係について(1)(2)（日本エネルギー法研究所月報 65 号，66 号）
エネルギー供給における独占と競争――IBA のミーティングでの議論について（日本エネルギー法研究所月報 76 号）
消費税と消費者の立場（開成会会報 69 号）

### 1990 年
系列取引，違法性の排除を（日本経済新聞「経済教室」1990 年 9 月 5 日付朝刊）

### 1991 年
『企業社会』と企業論理――雑感（日本エネルギー法研究所月報 95 号）
アーサー・ヘイリー『ニュースキャスター』（季刊・立教 136 号）

### 1993 年
電話・自転車・談合入札（季刊・立教 145 号）
若い諸君に薦める三冊（立教大学・法学周辺 20 号）
放送産業に高まる規制緩和の重要性（レポート JARO 217 号）

### 1994 年
追悼　澤木敬郎先生（経済法学会年報 15 号）

### 1996 年
経済法・独禁法――規制大国的な状況を見直す（AERA Mook 16『法律学がわかる。』（朝日新聞社））

### 1998 年
パソコン・インターネット利用のすすめとその陥穽（立教大学・法学周辺 25 号）

### 1999 年
本研究所理事就任に当たって（日本エネルギー法研究所月報 139 号）
追悼　神島二郎先生（岡敬三＝大森美紀彦編『回想　神島二郎』（神島二郎先生追悼書刊行会））

### 2000 年
情報公開は組織の内と外をつなぐ（立教経済人クラブ会報 2000 年 10 月 15 日号）

### 2002 年
ATP シンポジウム 2002／パネリスト・コメント（ATP WORLD 41 号）

### 2004 年
放送のデジタル化（InfoCom REVIEW 33 号）

### 2005 年
独禁法改正――審判手続を中心に（日本エネルギー法研究所月報 174 号）

`2008 年`
キャリア意識の形成（季刊・立教 207 号）
`2009 年`
弔辞　正田彬先生を偲んで（公正取引 705 号）
`2010 年`
消費者にとって公取委の審判制度はなぜ大事か？㊤㊦（婦人時報 2010 年 2 月号，3 月号）
日本的取引慣行はどう変わるか？──『不公正な取引方法』を刊行して（書斎の窓 593 号）
あとがき（正田彬『消費者の権利〔新版〕』（岩波新書））
`2011 年`
インタビュー記事「道運法と独禁法が相互補完的に機能する仕組みの構築を」（交通界 21 2011 年 8 月 8・15 日合併号）
`2012 年`
〈最終講義〉1972 年～2012 年　私の研究と『経済法』の軌跡（立教大学・法学周辺 40 号）
`2013 年`
インタビュー記事「独禁法適用除外は？　一定の効果あろうが違憲の疑いも」（交通界 21 2013 年 6 月 24 日号）

# あ と が き

　立教大学名誉教授・舟田正之先生は，本年2月，めでたく古稀を迎えられました。本祝賀論文集は，各方面で舟田先生にお世話になってきた研究者や実務家が古稀をお祝いするとともに，本書を献呈して先生の学恩に感謝の意を表そうとするものです。

　舟田先生は，本書の年表にも記されているとおり，1947年2月，(旧)満州・大連にお生まれになり，69年に東京大学法学部を卒業された後，同大学法学部助手を経て，72年に立教大学法学部に奉職されました。爾来，一貫して立教大学で教鞭をとられ，2012年3月末に定年により退職されましたが，その後も日本経済法学会，日本国際経済法学会や東京経済法研究会，経済法判例研究会などを中心に研究活動を続けられるとともに，総務省・情報通信審議会（旧電気通信審議会），公正取引委員会・独占禁止懇話会，日本エネルギー法研究所等で社会貢献活動を継続されてきました。その間，2005年から2011年まで日本経済法学会理事長を務められてもいます。

　このように半世紀以上にわたって経済法学の研究に携わり，経済法学会をリードされてきた舟田先生の学問的特徴は，社会経済の実態を踏まえつつ，理論を重視する姿勢を堅持されてきた点や経済法における独占禁止法の枢要な地位を認めつつ，経済規制法にも広く深い考察を加えられてきた点に求めることができます。理論を重視する姿勢は，先生の助手論文「ドイツ『経済制度』理論史(1)～(7・完)」國家學會雜誌88巻7・8号～90巻9・10号（1975～1977年）に始まり，「経済法序説(1)～(4)（未完）」立教法学90号～94号（2014～2016年）に至るまで一貫しています。

　また経済規制法にも広く深い考察を行われてきたことは，先生の研究領域が

電気通信事業法，放送法，電気事業法，ガス事業法，道路運送法等に渉り，その成果が総務省や国土交通省などの審議会，研究会における社会貢献活動に活かされていることからも明らかです。これらの分野の研究は，『情報通信と法制度』（1995年，有斐閣），『放送制度と競争秩序』（2011年，有斐閣）などの著書に結実しています。さらに独占禁止法の分野では，ドイツ・カルテル法の影響を受け，正田（彬）理論を引き継いだ独特の見地から，特に不公正な取引方法の研究に力を注いで来られました。とりわけ，「取引の自由」，「力の濫用」等の基本概念，独禁法における不公正な取引方法の位置付け，取引上の優越的地位濫用規制の重視等は，『不公正な取引方法』（2009年，有斐閣）の中でも述べられているように，舟田先生の独禁法理論の支柱となるものです。

このようにご自身の研究や社会的活動を行う一方で，舟田先生は，後に続く後輩のために，多くの時間とエネルギーを割いて来られました。特に毎月一回開かれる東京経済法研究会と経済法判例研究会では，20年以上，報告を聴いた上，的確なコメントをして来られました（ちなみに，ジュリストに掲載される経済法判例研究の第1回は，舟田先生による東芝エレベーター甲事件の評釈です〔1056号・1994年11月15日〕）。コメントは時に，研究会の場だけでなく，終了後のメーリングリストによっても行われます。余談になりますが，研究会の報告者らが当日の研究会を終え，ビールを飲みながら談笑して帰宅すると，舟田先生のコメントが届いていたということも少なくありません。

身近で教えを受けた私達は，舟田先生が野暮を嫌い，洒脱さを尊ぶスタイリストであることを知っています。パイプを燻らせ，中折れ帽を被った先生の絵になる姿を目にした者も少なくありません。しかし，その一方で，舟田先生には，律儀で義理がたい面があることも知っています。このようなモダンとプレモダンの融合が舟田先生の魅力の一つかもしれません。

ともあれ，執筆者一同は，舟田先生が，お元気で，ますますご活躍されることを祈念するとともに，今後とも私共にご指導，ご鞭撻を賜るようお願い申し上げる次第です。

最後になりましたが，本祝賀論文集の上梓に当たっては，有斐閣書籍編集第一部の土肥賢氏（現・営業部長），高橋俊文氏（現・校閲部長），伊丹亜紀氏（現・営業部課長）にお骨折りいただきました。特に高橋氏には企画，集稿，校正，出版に至るまで大変なご苦労をおかけすることになりました。還暦記念論文集はもとより，古稀記念論文集も出版が難しくなりつつあるといわれる中，本論文集を出版していただいた有斐閣の皆様に心よりお礼を申し上げたいと思います。

　2017 年 2 月

金　井　貴　嗣

土　田　和　博

東　條　吉　純

経済法の現代的課題
舟田正之先生古稀祝賀

2017年5月25日 初版第1刷発行

|編　者| 金 井 貴 嗣 |
|---|---|
| | 土 田 和 博 |
| | 東 條 吉 純 |
|発行者| 江 草 貞 治 |
|発行所| 株式会社 有　斐　閣 |

郵便番号 101-0051
東京都千代田区神田神保町 2-17
電話(03)3264-1314〔編集〕
　　(03)3265-6811〔営業〕
http://www.yuhikaku.co.jp/

印刷・大日本法令印刷株式会社／製本・牧製本印刷株式会社
ⓒ 2017, 金井貴嗣・土田和博・東條吉純.
Printed in Japan
落丁・乱丁本はお取替えいたします。
★定価はケースに表示してあります。

ISBN 978-4-641-14491-0

|JCOPY| 本書の無断複写(コピー)は、著作権法上での例外を除き、禁じられています。複写される場合は、そのつど事前に、(社)出版者著作権管理機構(電話03-3513-6969, FAX03-3513-6979, e-mail:info@jcopy.or.jp)の許諾を得てください。